Europe
Vision trip

유럽비전트립1

지은이 | 박양규
초판 발행 | 2011. 7. 21.
2판 1쇄 | 2024. 7. 19.
등록번호 | 제1988-000080호
등록된 곳 | 서울특별시 용산구 서빙고로65길 38
발행처 | 사단법인 두란노서원
영업부 | 2078-3333 FAX | 080-749-3705
출판부 | 2078-3331

책 값은 뒤표지에 있습니다.
ISBN 978-89-531-4888-8 03230

독자의 의견을 기다립니다.
tpress@duranno.com http://www.duranno.com

두란노서원은 바울 사도가 3차 전도여행 때 에베소에서 성령 받은 제자들을 따로 세워 하나님의 말씀으로 양육하던 장소입니다. 사도행전 19장 8-20절의 정신에 따라 첫째 목회자를 돕는 사역과 평신도를 훈련시키는 사역, 둘째 세계선교(TIM)와 문서선교(단행본·잡지) 사역, 셋째 예수문화 및 경배와 찬양 사역, 그리고 가정·상담 사역 등을 감당하고 있습니다. 1980년 12월 22일에 창립된 두란노서원은 주님 오실 때까지 이 사역들을 계속할 것입니다.

Europe Vision trip

유럽비전트립 1

종교개혁과 신앙의 발자취

(독일, 벨기에, 네덜란드, 오스트리아, 체코, 폴란드)

박양규
지음

두란노

C O N T E N T S

서문

Part 1
역사의 발자취

Part 2
종교개혁과 신앙의 발자취

01

루터 가도

02

경건 가도

06

독일 남부

07

벨기에

08

네덜란드

09

오스트리아

10

체코

11

폴란드

위대한 믿음의 선진들의 발자취를 경험한 젊은이들은 확실히 삶의 변화를 보였다. 많은 여행객들이 지금도 유럽 곳곳을 누비며 소위 '인증샷'을 남긴다. 그러나 지난 시절 나와 함께 유럽으로 날아간 청년들은 선진들이 걸어온 현장에서 기도하고, 찬양하고, 신앙을 나누었다. 몇 시간을 달려간 곳은 고작 95개조 반박문이 붙어 있던 교회 하나, 또 헤매고 헤매며 찾아간 곳에 순교자들의 동상이 있었던 것이 전부였다. 그러나 그곳에서 우리는 뜨거운 눈물을 흘렸고, 솟구치는 감동과 은혜에 젖었다.

이 책을 남기는 목적은 두 가지다. 지난 10년간 믿음의 청년들과 유럽을 방문하면서 우리에게 방문지에 대한 정보를 준 책이나 사이트는 어디에도 없었다. 그런 까닭에 나와 청년들은 여행책을 찾기보다 역사책에서 방문지를 선정하고 머리를 맞대고 고민해야 했다. 선진들의 책을 읽고 검색하면서 방문지 위치를 일일이 찾아내는 식이었다.

고로, 우리가 흘린 땀방울들이 다른 믿음의 젊은이들에게는 길을 찾는 포문이 될 수도 있다는 생각으로 이 책을 집필하게 됐다. 이 책에 수록된 많은 지역들은 우리 신앙과 삶에 풍성한 은혜와 지식을 선사할 것이다. 우리가 그랬던 것처럼 단체로 갔든 혼자 갔든 그곳에서 뜨거운 은혜와 감격의 눈물을 흘릴 수 있도록 정보를 모으고 또 엄선했다.

이 책을 집필한 또 다른 목적이 있다면 다음과 같다. 에펠탑과 알프스의 융프라우는 천재지변이 일어나지 않는 한 항상 관광객들로 넘쳐날 것이다. 그러나 믿음의 발자취를 따라가다 보면 그나마 존재하던 박물관도 점점 사라지고 기념비는 형체를 알아보기 힘들 정도로 훼손됨을 볼 수 있다. 많은 사람들이 찾지 않기 때문인지, 아니면 그곳에 대한 정보가 없기 때문인지는 모르겠으나, 분명한 것은 믿음의 유산들이 소멸되고 있다는 사실이다. 그래서 나는 믿음의 유산을 소중히 여기고 그 발자취를 찾아 떠나는 믿음의 젊은이들이 많아지기를 바라는 마음에서 이 책을 집필했다. 부디 이 책을 읽는 독자라면 '인증샷'을 찍으러 비행기에 몸을 싣는 다른 사람들의 흔한 모습을 버리길 바란다.

아울러 많은 교회들이 유럽으로 '비전트립'이라는 이름으로 떠나지만 엄밀히 말하면 '교회에서 진행되는 유럽 여행' 그 이상도 이하도 아니다. 이 책이 그 이상이 되기를 바라며, 적어도 유럽으로 떠나는 비전트립이 믿음을 찾아 나서는 여정이 되도록 인도할 것이라 확신한다.

끝으로 이 책의 진짜 목적은 유럽에서 보게 될 중세 유럽 교회의 모습과 현대의 부끄러운 유럽 기독교 역사 속에 투영된 한국교회의 현실을 읽는 것이다. 작고 보잘것없는 이 책이 한국교회가 회복되고 개선되는 데 사용되기를 진심으로 기도한다.

박양규 목사
영국 애버딘대학교 연구실에서

지난 2006년 비전트립 이후 책을 출판해 보자고 의기투합했다. 5년이라는 시간 동안 변함없이 함께해 준, 그리고 이 책이 나올 수 있도록 작업에 동참하고, 유럽 길에 동행해 준 동역자들에게 진심으로 감사의 마음을 전한다. 이들이 있었기에 오늘의 이 작업이 빛을 볼 수 있었음을 고백한다. 그런 까닭에 '감사의 글'이 아닌 이곳의 지면을 빌려 이들을 향한 나의 무한한 감사와 사랑을 전한다.

소문수 목사 나는 그를 '구원투수'로 부른다. 내가 항상 일을 추진하면 늘 곁에서 묵묵히 도와주던 든든한 동역자였기 때문이다. 내가 유학 중임에도 불구하고 한국에서 내 빈자리를 잘 메워 주었다. 원고 작업을 위해 유럽까지 날아와 준 그와 아내 김연희 사모, 아들 하율 군과 딸 하은 양에게도 깊은 애정과 감사를 전한다. 제2의 츠빙글리와 같은 사역자가 될 것을 확신한다.

최연규 바쁜 직장 생활 중에서도 원고를 위해 여러 번 유럽에서 동행해 주었고, 책이 나오는 순간까지 원고 수정 작업을 도와주었다. 지겹고 번거로운 일들을 묵묵히 감내해 주어 그저 감사할 뿐이다. 우수한 과학도답게 그녀의 꼼꼼하고 빈틈없는 성격이 이 책을 더욱 빛내 주었다. 어려운 박사 과정도 잘 마치기를 기도한다. 또한 뒤에서 기도로 섬겨 주신 이춘희 집사님께도 감사를 드린다.

한희진 비전트립마다 앞장 서서 부족한 사역자를 충심으로 도와준 사실을 잊을 수 없다. 특히 작년에는 무려 6주를 나와 함께 동행하면서 원고가 탄생될 수 있도록 모든 궂은 일들을 마다하지 않았다. 그에게 진심으로 감사하며, 어려움들을 감내해 준 아내 우정아 자매와 아들 한재서 군에게 감사를 전한다. 특히 부모님이신 한상남, 장금자 집사님께 감사의 마음을 전한다.

김자영 원고 작업을 시작하고, 두란노 출판사를 만나기까지 길고 암울했던 시간 동안 변함

없이 격려해 주고, 힘이 되어 주던 고마움을 잊을 수 없다. 출판사 접촉을 위해 손수 디자인과 원고 작업을 감당해 준 당시 기억이 생생하다. 여러 번 흔쾌히 유럽으로 날아와 주던 헌신. 그녀의 도움이 있었기에 출판이 가능함을 고백한다. 또한 김정만 장로님과 박효순 권사님의 기도와 도우심에 큰 감사를 드린다.

정지환 국어 선생님으로서 교정, 편집은 물론 문학 코너에 혼을 불어넣어 주었다. 작업할 때마다 외면하지 않고 유럽으로 날아와 주었고, 뜻을 함께 모아 준 고마운 마음에 큰 감사를 전한다. 음식과 환경 때문에 많은 고생을 했으면서도 인내해 주었고, 그것이 이 책의 밑거름이 되었음을 고백한다.

아들의 동역을 믿고 도와주신 정원기 아버님과 김선애 어머님께 이 지면을 빌려 큰 감사의 마음을 전한다.

배미숙 바쁘고 어려운 중에도 함께 작업하며 힘을 보태 주었다. 독일, 벨기에와 네덜란드를 동행하며 생생한 경험담들을 이 책에 기록하였고, 그 외 원고 작업에 큰 도움을 주었다. 그녀가 장차 한국의 코리 텐 붐과 같은 위대한 인물이 되리라는 확신은 지금도 변함이 없다. 지난 2006년부터 5년간 신실하게 도와준 손길들을 잊을 수 없으며 많은 감사를 전한다. 뒤에서 큰 도움을 주신 배구한 아버님과 백문옥 어머님께 감사의 마음을 드린다.

다음의 내용은 각 장(chapter)마다 소개된 코너들이다.
기획 의도를 잘 정독한 후 그 코너를 120% 활용하기 바란다.

1. 역사의 발자취 역사의 흐름을 쉽게 파악할 수 있도록 구성했다. 부담 없이 객관적인 내용을 접하면서 관련 지역들을 방문할 수 있도록 연결고리 역할을 할 것이다.

2. 프롤로그 백과사전식 소개가 아니라 분명한 방문 목적 및 참가자들의 생생한 소개로 구성했다. 방문 목적을 확실히 부여해 줄 것이다.

3. Story 여행자들의 서로 다른 취향을 고려해서 직접 테마를 정해 방문할 수 있도록 구성했다. 혹 테마가 하나일 경우 가장 효율적으로 방문할 수 있는 루트이기도 하며, 지도와 함께 순서를 표시해 두었다. 방문 스토리를 세우지 못했을 경우 이 스토리 내용을 무작정 따라가도 큰 도움이 될 것이다.

4. 방문정보 기존 여행책에서 필요 이상으로 지면을 차지하던 고급 호텔, 레스토랑 소개를 과감히 없앴다. 대신 독자들이 방문하고 싶은 현장을 자세히 소개했고, 찾아가는 방법과 방문지 정보, 입장 정보, 요금 등 직접 방문해서 얻은 정보를 담았다. 교통 정보는 하차 지점을 기록한 것이며, 지도를 자세히 보려면 '지도CD'를 참고하기 바란다. 여행시 소지하거나 프린트 해서 가져가도 좋다. 그리고 음악, 미술, 문학, 역사 등의 교양 지식은 기독교와는 무관해 보이는 내용이지만 이 땅을 사는 젊은이로서 공유해야 할 내용이라 수록해 두었다.

5. 비전노트 믿음의 선진들과 관련된 신앙 유적지들을 직접 발로 찾아갔을 때 '참된 비전이란 무엇인가'를 고민해 보도록 고안한 코너다. 사실 방문 지역 그 자체의 정보보다 그곳이 우리에게 어떤 의미를 주는가에 대해 다루고 있다. 따라서 이 '비전노트'는 해당 지역에서 은혜와 감동을 받는 큰 도구가 될 것이다. 비전노트를 120% 활용하는 방법을 아래와 같이 병기해 둔다. 큰 도움이 되길 바란다.

> 01. 해당 지역에서 반드시 비전노트를 활용하라. 그 지역의 감동을 기록하는 것은 두고두고 귀중한 재산이 될 것이다.
> 02. 적용과 다짐을 반드시 구체적으로 적으라. 적는 것과 마음속으로 간직하는 것은 천지차이다.

6. 세상을 바꾼 그리스도인 방문 지역에서 하나님의 인물들을 깊이 묵상하는 코너다. 그 인물들을 느끼고 그들을 닮아 가려고 다짐하는 동안 비전이 명확해지는 체험을 하게 될 것이다.

7. 현장취재 방문지 중에서 특별히 중요하게 다루어야 할 부분이 있거나, 참가자들이 느낀 경험들을 구체적으로 소개해야 할 경우가 있는 곳은 이 코너에서 다루었다.

8. 개념정리 신학생, 혹은 목회자들도 이해하기 어려운 내용들을 일반 청년들이 이해할 수 있도록 쉽게 정리한 코너다. 이 코너를 통해 방문지를 이해하고, 의미 있는 시간을 갖게 될 것이다.

9. 찬송가 기행 우리가 무심코 부르던 찬송가의 작사자 혹은 작곡가들에 대해 다루었다. 해당 지역에서 제작된 관련 찬송들을 소개했으므로 그 현장에서 찬송가를 불러본다면 큰 은혜가 될 것이다.

10. 문학산책 책상에서 교과서로 접하던 내용들이나 문학가들의 작품을 현장에서 느끼는 코너다. 다만 당대의 기독교 현실을 반영한 문학 자료들로 선별했는데, 과거 유럽의 기독교와 현재 한국의 기독교를 간접적으로 비교하려는 의도다. 즉 역사의 조명을 통해 현재 기독교의 자화상을 찾는 것이 목적이다.

11. 기타 코너 유럽 여행의 즐거움 중 하나는 유명 박물관과 미술관을 방문하는 것이다. 미술관에서 기독교적 시각으로 볼 만한 작품들을 '명화 산책' 코너에 소개했다. '음악 기행'에서는 유명 음악가들의 생가 및 박물관을 소개하고 그곳에서 지어진 작품들과 배경을 담았다. 방문지에서 반드시 알아야 할 인물들은 '인물 연구'로 정리했다. '명화 산책'과 '인물 연구' 코너는 방문지에서의 감동과 깊이를 더할 것이다.

12. 참가자 다이어리 저자와 함께 비전트립 현장을 방문하던 청년들의 진솔한 수기, 메모, 일기 등의 내용을 담았다. 참가자 입장에서 쓴 글이므로 독자들에게 생생한 정보와 느낌을 전해 줄 것이다.

참고 사항

01. 이 책에 수록된 대부분의 정보들은 2010년에 유럽을 방문해서 작성한 것으로 요금, 입장 시간 등 방문지의 세부 정보들은 2010년 기준으로 정리되었다. 세부 정보들은 매년 변할 수 있으므로 해당 홈페이지를 참고하여 당해년도에 달라진 정보를 알아보기 바란다.
02. 방문지 세부 정보 중 입장 시간에는 정기적인 휴일이 반영되어 있으나, 방문지별로 비정기적인 휴관일이 있을 수 있다. 연말연초와 공휴일에 방문을 원하는 경우에는 반드시 홈페이지를 통해 입장 가능 여부를 확인하는 것이 좋다.
03. 유럽은 한국과 층 개념이 다르다. 우리나라의 1층을 유럽은 G(0층)로 표시한다. 이 책에서는 한국식 '층' 개념을 반영하는 것을 원칙으로 했다. 혹시 여기서 오는 혼란이 있을 수 있음을 양해해 주길 바란다.
04. 유럽의 한인교회 코너를 다 모았으나 유럽 현지 사정이 자주 바뀌는 관계로 어쩔 수 없이 한인교회 소개는 원고에서 제외했다. 그러나 자신의 목적지에서 한인교회를 검색하면 쉽게 접할 수 있다.

지난 7년간 가장 힘들었던 것은 방문지 선정이었다. 가령 루터가 95개조 반박문을 걸고 종교개혁을 일으킨 비텐베르크나 1077년 카노사의 굴욕 등 세계사를 바꾼 역사의 현장에 대해 알려 주는 정보가 전무했기 때문이다.

나는 유럽으로 비전트립을 떠나기 전에 6개월간 참가자들에게 강한 훈련을 시켰다. 아는 만큼 보이고 느낄 수 있기 때문이다. 지원자가 오면 가장 먼저 "유럽에서 제일 가고 싶은 곳이 어딥니까?" 하고 묻는다. 대답은 '파리와 알프스'다. 이 두 지역은 언제나 1, 2위를 다툰다. 3위는 없다. 왜냐하면 이 두 지역 외에 아는 곳이 별로 없기 때문이다. 많은 청년들이 유럽으로 배낭여행을 떠날 때 이 두 곳을 반드시 포함시키는 것도 이 때문일 것이다. 재밌는 것은 얼마 전 아홉 살짜리 초등학생 아들에게 "넌 유럽에서 제일 가고 싶은 곳이 어디니?"라고 묻자 아들의 대답은 "알프스랑 파리"였다.

누구나 유럽을 가고 싶어 하고 가니까 나도 가서 인증샷이나 남겨서 남들에게 자랑하겠다는 마음을 가진 사람이라면 이 책은 실망만 안겨 줄 것이다. 그러나 진정한 인생의 비전을 찾고, 믿음의 선진들과 시간을 뛰어넘는 만남을 갖고, 영적으로 값진 경험을 하기 원한다면 아래의 충고들을 참고하여 착실하게 준비할 수 있기를 바란다.

파리, 알프스를 제일 가고 싶다던 청년 중 한 명이 내가 펼쳐 보인 방문지를 보더니 실망스러운 듯이 물었다. "왜 죄다 교회만 가죠?" 그러나 6개월 후 착실하게 준비해서 유럽에 간 그 청년이 비텐베르크 궁성교회의 한구석에 앉아 뜨겁게 눈물을 흘리던 모습을 잊을 수 없다. 이탈리아 콜로세움와 웨일스 부흥의 현장에서 청년들이 뜨거운 눈물을 쏟던 기억은 영원히 잊지 못한다. 이제 이 책을 선택한 여러분이 그 눈물과 벅찬 감격을 맛볼 차례다.

이 책을 활용하는 방법은 다음과 같다.

어떤 여행책도 소설처럼 처음부터 끝까지 완독하기는 어렵다. 이 책도 완독할 필요는 없다. 우선 〔역사의 발자취〕를 가볍게 읽으면서 흥미로운 곳들을 체크하라. 그리고 관심 있는 사항들을 차례에서 찾으라. 이 정도만 해도 방문지 선정에 큰 도움이 된다. 만일 당신이 A, B지역을 선택했다면 그 지역 주변 도시들의 '프롤로그'를 검토하라. 이렇게 체크해 나가면 이미 훌륭한 테마 여행 경로가 생긴 셈이다. 이렇게 체크된 항목을 연결하면 자신만의 '테마여행'을 만들 수 있다. 방문 지역의 '비전노트'를 읽으면서 동기부여를 하라. 이미 마음은 현장에 있을 것이다.

1. Best case 6개월 전부터 준비하면 가장 좋다. 위 항목처럼 자신의 '테마여행' 루트를 작성한 후 관련 서적들을 접하면 깊이 있는 테마여행이 될 수 있다. 가령 종교개혁지를 방문한다면 해당 종교개혁 관련 책자를 읽는다거나 영화를 접하면 큰 감동을 현장에서 얻을 것이다. 일행이 있거나 교회에서 준비할 경우 '세미나'를 통해 '전문가'들을 양성해서 분야별로 준비시키라. 동행 멤버들이 많을수록 감동의 크기는 더 커진다.

2. Good case 여행 계획을 이미 잡아 놓은 후 이 책을 발견한 경우라면 위의 1번 항목보다는 못하겠지만 일관된 '테마'를 잡도록 해보라. 만일 A, B지역을 가려고 결정한 상황에서 이 책을 보았다면 해당 지역 사이나 주변 지역의 '프롤로그'를 체크하면서 스케줄에 포함시킬 것인지를 결정하라. 대부분의 배낭여행자들은 "유럽 교회가 처음에는 멋있는데 나중에는 그게 그것 같고, 박물관이나 탑도 다 똑같다"고 말한다. 그러나 이 책을 본다면 절대 그런 말은 하지 않을 것이다.

3. Worst case 이미 패키지여행을 신청해서 시종일관 가이드를 받아야 한다면 투어에 집중하는 게 낫다. 다음 유럽 여행을 기약하라.

여권과 비자

해외여행을 위해서는 출발일 기준으로 여권의 유효기간이 6개월 이상 남아 있어야 하므로 미리 확인해야 한다. 6개월 이하일 경우 연장하거나 다시 발급받아야 한다. 또 유럽에서 여권을 분실하는 경우를 대비해 여권 사본과 증명사진 2매를 지참하면 좋다. 유럽 대부분의 나라에서는 특별한 비자를 요구하지 않는다.

도움이 되는 증명서

국제학생증, 유스호스텔 회원증, 국제운전면허증(운전 시 필수) 등을 챙겨 가자. 국제운전면허증은 가까운 면허시험장에서 당일 30분 내로 발급해 준다.

도움이 되는 물품

01. 여름이라도 유럽은 한국만큼 덥지 않으므로 따뜻한 점퍼와 스웨터를 꼭 챙기자. 특히 궂은 날씨가 많으므로 방수 점퍼는 유럽에서 만능이다.
02. 유럽에서 몸이 아픈 것은 최악의 상황이다. 꼭 비상약을 챙겨 가자.

출발하기 전에 이 영화는 꼭 보자

루터

Luther, 2003,

감독: 에릭 틸

종교개혁가 루터의 일생과 그의 종교개혁 과정을 다룬 영화로 중세 교회의 부패와 루터가 종교개혁을 하게 된 역사적 배경을 이해하는 데 도움이 된다. 비전트립을 떠나기 전 반드시 봐야 할 영화다.

★관련 지역 독일 에르푸르트, 비텐베르크, 보름스

쉰들러리스트

Schindler's List, 1993,

감독: 스티븐 스필버그

2차 대전 당시 나치의 광기에 희생당한 유대인과 이들을 도운 독일인 사업가 오스카 쉰들러의 이야기를 다룬 영화다. 폴란드 크라쿠프와 아우슈비츠 수용소를 배경으로 2차 대전 당시 유대인 학살의 참상을 사실적으로 그려 냈다.

★관련 지역 폴란드 크라쿠프, 아우슈비츠

피아니스트

Pianist, 2003,

감독: 로만 폴란스키

1939년 독일의 바르샤바 침공을 배경으로 한 전쟁 드라마로 유명한 유대계 피아니스트 블라디슬로프 스필만의 처절한 생존 이야기를 다루고 있다. 실화를 바탕으로 한 영화로 전쟁의 참혹함과 그 속에서도 꺼지지 않은 한 예술가의 혼이 큰 감동을 준다.

★관련 지역 폴란드 바르샤바

아마데우스

Peter Shaffer's Amadeus, 1984,

감독: 밀로스 포먼

천재 음악가 모차르트와 궁정음악장 살리에르의 이야기를 다룬 영화다. 모차르트의 천재성과 거만하고 방탕한 생활 속에 빈곤과 질병에 시달리는 인간적인 면모를 잘 그렸으며, 한편으로 모차르트의 천부적인 재능을 시기하는 살리에르의 인간적인 심리와 갈등을 잘 묘사했다. 바흐의 삶과 비교하며 자신에게 주어진 재능을 어떻게 사용해야 하는지 생각해 볼 수 있는 영화다.

★관련 지역 오스트리아 빈

사운드 오브 뮤직

The sound of music, 1965,

감독: 로버트 와이즈

2차 대전 당시 나치를 피해 미국으로 망명한 가족 합창단 '트랩 패밀리 싱어즈'의 실화를 바탕으로 한 영화로 견습 수녀 마리아와 트랩 대령 일가의 사랑을 다루고 있다. '도레미송', '에델바이스', '안녕' 등 맑고 순수한 노래들이 잘츠부르크와 잘츠카머구트의 아름다운 경관과 어우러져 전 세계인들의 사랑을 받은 영화다.

★관련 지역 오스트리아 잘츠부르크, 잘츠카머구트

인생은 아름다워

La Vita é Bella, 1997,

감독: 로베르토 베니니

나치에 의해 강제 수용소로 끌려간 이탈리아계 유대인인 귀도 가족의 이야기를 그렸다. 아들 조슈아의 순수한 영혼을 지켜 주기 위해 잔인하고 참혹한 수용소의 생활을 놀이라고 속이며 늘 웃음을 잃지 않던 아버지의 사랑을 그린 감동적인 영화다.

★관련 지역 폴란드 아우슈비츠

클라라

Geliebte Clara, 2008,

감독: 헬마 잔더스-브람스

19세기 유명 음악가인 로베르트 슈만과 그의 아내 클라라 슈만 그리고 요하네스 브람스의 이야기를 담고 있다. 클래식 음악사에서 가장 유명한 러브스토리 중 하나인 세 거장의 사랑 이야기로 그들의 드라마틱한 삶과 고뇌를 잘 담고 있다.

★관련 지역 독일 라이프치히, 본, 뒤셀도르프, 오스트리아 빈

불멸의 연인

Immortal Beloved, 1995,

감독: 버나드 로즈

악성 루트비히 판 베토벤이 불멸의 연인에게 쓴 편지 속 주인공을 찾아가는 이야기다. 영화 속 이야기의 사실 여부를 떠나 베토벤의 음악과 인생을 느낄 수 있는 것만으로도 충분히 볼 만한 영화다.

★관련 지역 오스트리아 빈

바흐 이전의 침묵

The Silence Before Bach, 2007,

감독: 페레 포르타벨라

라이프치히를 배경으로 요한 제바스티안 바흐의 인생과 음악을 다양한 시선으로 담아 낸 작품이다. 바흐의 아름다운 선율을 통해 이미지와 음악의 관계를 깊이 통찰할 수 있다. 대중적인 재미는 없지만 바흐의 음악을 느끼기에 좋은 영화다.

★관련 지역 독일 라이프치히

카핑 베토벤

Copying Beethoven, 2007,

감독: 아그네츠카 홀란드

베토벤의 마지막 걸작인 9번 교향곡을 만들기 위한 베토벤의 고뇌와 번민을 다룬 영화다. 이 영화를 보고 베토벤과 관련된 지역을 거닐면 그의 아픔이 어느새 발걸음 위에 교차되는 것을 느끼게 될 것이다.

★관련 지역 오스트리아 빈

01
왜 비전트립인가?

해마다 많은 젊은이들이 유럽으로 발길을 옮긴다. 마치 몇 개국을 여행했는지가 '훈장'처럼 여겨질 정도다. 교회에서도 '비전트립'이라는 이름으로 해외로 나가는 경우를 흔하게 볼 수 있다. 그러나 여기서 말하는 비전트립이란 '교회에서 진행되는 단체 해외여행'일 뿐 그 이상도 이하도 아니다. 이 책에서 말하고자 하는 진정한 '비전트립'은 다음 세 가지로 요약할 수 있다.

1. 신앙인으로서

마르틴 루터, 존 칼뱅 등은 오늘날 개신교 형성의 근원인 종교개혁의 주역들이다. 이들의 이야기는 한 번쯤 설교를 통해서 들어 보았을 것이다. 이들이 당시 가톨릭교회의 핍박과 치열한 고민 속에서 믿음으로 종교개혁의 깃발을 높이 든 무대는 유럽이다. 그러나 해마다 많은 크리스천 청년들이 유럽 땅을 밟지만 소위 유명한 곳만 방문하는 것을 보게 된다. 그러나 믿음의 발자취를 직접 경험한 후 한국으로 돌아와서 그 지역에 관련된 설교를 들었을 때, 감동과 감격이 온몸을 휩싸는 것을 경험할 것이다.

95개조 반박문이 붙은 곳, 청교도가 최초로 출항한 곳 등은 설교에서도 단골 메뉴로 나온다. 이런 곳에서 우리들이 느끼게 될 감동은 무엇일까? 우리의 신앙이 얼마나 소중한지, 또한 신앙의 유산을 물려받기까지 어떻게 하나님이 역사를 주관하셨는지, 내가 하나님 앞에서 어떻게 살아가야 하는지를 되돌아보게 된다. 그것이 비전트립이다.

2. 젊은이로서

비전트립이 젊은이들에게 도전을 주는 것은 바로 그들이 아직 젊기 때문이다. 앞으로 사회에 진출한 후 안정된 위치과 수입을 통해 얼마든지 편안한 여행을 즐길 수도 있다. 그러나 그때는 '젊음'이라는 재산을 잃고 나서다. 젊기 때문에 앞으로 하나님을 위해 비전을 품고 삶의 방향이 바뀔 가능성이 무궁무진한 이들이 바로 젊은이들이다. 경제적으로 준비되지 않아서 비전트립이 힘들 거라는 우려도 있을 것이다. 그러나 오히려 하나님의 도우심을 체험하는 또 다른 기회이기도 하다. 그런 방법들을 곳곳에서 자세히 소개할 것이다. 젊음을 지불하고서 우리 인생의 목표와 가치, 영적 재산을 얻고 와야 한다. 젊은 시절을 놓치지 말라. 그것이 비전트립이다.

3. 공동체로서

교회 공동체에서 비전트립을 준비하는 것은 일종의 모험이다. 그러나 준비부터 귀국하는 순간까지 공동체가 함께 겪어 나가는 동안 거대한 공동체의 힘을 발견하게 된다. 주머니 사정을 함께 걱정하고 고민하며, 준비 과정에서의 난관을 넘어가는 동안 이미 달라져 있는 자신을 발견하게 될 것이다. 유럽에서 지낸 시간들은 공동체의 체질을 개선시킨다. 수년간 몰랐던 모습들을 이 기간 중에 속속들이 알게 되기 때문이다. 그러는 동안 서로의 막힌 담들이 허물어지고 공동체가 강화된다. 이런 것들을 맛보고 싶은가? 당신의 교회에서도 얼마든지 감당할 수 있다. 이 책이 그 지침서가 될 것이다.

참가자 다이어리

꿈 같은 비전트립이었다. 말 그대로 강행군이었다. 하지만 그토록 힘들고 어려운 상황이었기에 우리는 하나가 될 수 있었고, 하나님께 더욱 의지하고 매달릴 수 있었다. 말씀을 전하는 자로서 나는 늘 고난에 대한 하나님의 뜻에 온 정신을 집중하며 하루하루를 보냈다. 그런데 놀랍게도 여정이 계속될수록 고난이 내게 축복이라는 확신이 들기 시작했다.

하나님은 우리를 강하게 만들기를 원하신다. 때때로 그런 하나님이 야속하고 미울 때도 있다. 그러나 고난이 오히려 유익이며, 하나님께서 간절히 원하시는 것임을 몸으로 체득한 귀한 시간이었다. 일상으로 돌아와서는 비전트립의 꿈에서 깨어나지 않기를 바랐다. 그때의 감정, 느낌, 본 것, 들은 것들을 놓지 않으려고 발버둥쳤다. 하지만 쉽지 않았다. 역시 하나님은 과거에 얽매여 현재의 삶을 놓치는 것을 원치 않으셨다. 그래, 이제는 열매를 맺어야 한다. 과거에 나를 묶어 놓고 있을 것이 아니라, 새로운 또 하나의 열매를 맺어야 한다.

비전트립을 통해 많은 비전과 계획들도 생겼다. 이제 그것들을 향해서 조금씩 전진해야겠다. 우리가 2주 동안 아니 반년 동안 계획한 일들을 하나하나 이루어 낸 것처럼 말이다. 끝으로 함께한 모든 지체들을 진심으로 사랑한다. 우리는 같은 시간, 같은 공간에 2주 동안이나 같이 있었다. '함께'였기에 더욱 아름다울 수 있었던 시간이었다.

● 소문수 목사, 멜버른 새순교회

'종교개혁의 발자취'라는 주제에 끌렸다. 두 번의 유럽 여행을 통해 아는 만큼 보인다는 사실을 알게 되었고, 유럽에서 보내는 시간 못지않게 준비하는 시간이 중요하다는 것도 알게 되었다. 3월부터 시작된 준비 기간. 수험생으로, 직장인으로 다들 바쁜 가운데서도 열심히 준비하며 참가하는 지체들의 모습에서 비전트립에 대한 그들의 애착을 느낄 수 있었고, 우리 각자에게 보여 주실 하나님의 세밀한 음성을 기대할 수 있었다.

우리가 방문하게 될 국가, 도시들에 대한 정보, 종교개혁과 르네상스가 일어난 시대적 배경, 그리고 많은 관련 인물들에 대한 세미나…. 나뿐 아니라 대부분의 지체들이 학창 시절 세계사 시간 이후로 접해 본 적 없는 낯선 주제들이었다. 때로 이해하기 어렵고 내용도 너무 많아 소화하기 버거웠지만, 우리 모두는 유럽 땅을 밟고 나서야 깨달았다. 그 오랜 준비들이 너무나 중요했음을….

루터, 멜란히톤, 후스… 이번 비전트립을 통해 만난 종교개혁자들이다. 약 500년 전 성령의 임재하에 저 믿음의 선배들은 현실과 타협하지도, 현실의 문제를 외면하지도 않고 하나님의 음성에 따라 개혁자의 삶을 살았다. 중세 성당의 웅장함과 화려함을 보며 당시 강력하던 교황권을 실감할 수 있었고 그 앞에서 이들의 목숨을 건 싸움을 느낄 수 있었다.

특별히 개인적으로는 루터처럼 종교개

혁자라는 거룩한 타이틀도 달지 못한 채 오랫동안 이단자라는 오명으로 묻혀 온 체코의 종교개혁자 후스와의 만남이 기억에 남는다. 당시 유럽의 학문과 문화의 중심이던 프라하 대학의 총장이면서도 세상의 모든 지위와 명예를 포기한 채 로마 교황에 맞서 진리를 주장하다 화형 당한 후스, 나에겐 포기해야 할 세상의 지위도 명예도 없건만 왜 이렇게 무기력하게 살고 있는 걸까?

중세와 오늘날, 시대적 배경과 상황은 달라도, 교회 안에 그리고 우리의 삶 가운데 개혁되어야 할 현장은 동일하게 존재하고 있었다. 종교개혁은 단순히 500년 전의 역사적 사건이 아니라 오늘날 우리 삶의 현장에서도 동일하게 이루어져야 함을 깨달을 수 있었다. 내가 개혁자가 되어 하나님께 돌려드려야 할 영역은 어디일까?

혹자는 비전트립을 돈 있는 사람들이 가는 해외여행쯤으로 치부한다. 하지만 이제 우리는 고백할 수 있다. 하나님의 은혜만을 의지하며 힘겹게 걸어온 시간이었음을, 우리의 기도에 하나님께서 신실하게 응답하셨음을, 그리고 비전트립 자체도 세상에 속한 우리에겐 하나님의 은혜가 아니면 불가능한 일이었다는 것을.

비전트립 기간 동안 춥고 비가 오는 상황에서도 우리들을 지키시고, 뜻하지 않은 위기의 상황을 만날 때도 그때마다 필요한 사람들을 예비하시며 함께하신 그 하나님을 우리는 잊지 못할 것이다. 힘든 상황에서도 불평하지 않고 서로를 걱정하며 배려하던 우리들의 모습 또한 자랑스럽게 간직할 것이다.

● 최연규, 사랑의교회

비전트립 하면 선교하고 전도하는 것으로만 알던 나의 고정관념을 한순간에 바꿔 버렸다. 비전트립은 준비한 만큼 은혜를 부어 주심을 다시 한 번 깨달았다.

부와 명예와 권력과 안락이 보장된 삶을 포기하면서까지 믿음의 선배들이 말하려던 메시지는 뭘까? 불에 타고, 사자에 찢기고, 창에 찔리고, 자신 때문에 가족이 하나 하나 죽어 나가는 것을 목도하면서 그들이 끝까지 붙잡은 것은 무엇일까? 바로 '예수 그리스도'였다.

인생의 선배들은 이제 뭔가를 결정해야 할 시기라고 내게 말을 건다. 하나님은 나의 시야를 좀 더 넓히고 내 삶의 의미와 방향을 바로잡기 위해서 나를 비전트립으로 인도하신 모양이다. 하나님의 일을 하겠다고, 그 비전을 좇으며 살겠다고 했지만, 사실 그것은 행복한 삶을 전제로 한 고백임을, 나의 천한 생각에 불과했음을 깨닫게 하시려고, 삶의 우선순위와 목적을 알게 하시려고 하나님은 믿음의 선배들을 사용하신 모양이다. "살아도 주를 위해서, 죽어도 주를 위해서"라고 한 믿음의 선배들의 고백을 듣게 하시려고….

● 이호진, 승리교회

02.
비전트립 준비하기

- 어떻게 가야 할까?

1. 일정 준비

가장 기본적인 것은 일정 짜기다. 대학생들이 있기 때문에 기말고사가 끝난 직후를 이용하는 것이 좋으나 경제적으로 준비할 시간이 많지 않고, 무엇보다 각 기관 교사로 섬기고 있는 이들이 많아서 여름 행사에 지장을 초래할 수 있다.

교회를 위해서나 공동체를 위해서나 가장 좋은 기간은 여름성경학교나 수련회가 끝난 후인 8월 초나 중순의 두 주간이다. 직장인들 역시 이때에 휴가를 많이 잡는다. 교회 일정도 대개 여름 행사가 마무리되는 시점이라 다른 행사들과 겹치는 것을 피할 수 있다. 젊은이들이 교회 행사에 빠지면서까지 해외에 나가는 것은 덕이 되지 않기에 이때에 잡는 것이 좋겠다.

8월에 비전트립을 가기 위해서 지도자는 1년 전부터 계획을 세워야 한다. 방문지와 예산 등의 계획이 1년 전부터 잡혀 있어야 하며, 1년 전 9~10월부터 교회에 보고하고 행정적 준비를 병행해야 한다. 따라서 11월 무렵 교회에 허락을 얻고 연간 계획으로 반영되어 추진해야 한다. 치밀한 준비, 교회의 관심, 이것은 비전트립의 핵심이다.

교회의 허락이 떨어졌다면 멤버를 어떻게 모집할 것인가를 준비해야 한다. 허술하게 모집하면 상처 받거나 소외되는 지체들이 생길 수 있다. 비전트립이 왜 필요한지를 공동체에 설명하는 시간이 필요하고, 참가자들이 결심할 수 있도록 시간적 여유를 주어야 한다. 다시 말해 비전트립을 왜 가야 하는지에 대한 확신을 참가자들이 연초부터 분명하게 가질 수 있어야 한다.

모집 마감은 아무리 늦어도 3월 중에 하는 것이 좋다. 20~30명 규모의 단체 여행이므로 3~4월이 지나면 비행기 좌석을 구하기 어렵기 때문이다. 그리고 최소한 3월부터 시작해야 제대로 된 비전트립을 준비할 수 있다.

> **참고 사항**
>
> **인터넷 카페를 통한 운영**
>
> 모집이 시작되거나 비전트립 모집 광고가 시작되면 반드시 인터넷 카페를 따로 만들라. 카페를 활용하면 비록 자주 못 만나더라도 마음만큼은 하나될 수 있다. 늘 새롭고 신선한 내용들이 업데이트되도록 지도자와 운영자는 계획을 세워야 한다.

2. 예산 세우기

해마다 물가, 가격 변동이 많기 때문에 유동적이다. 그래도 예산을 세우는 데 매우 유용한 방법들을 소개하고자 한다. 교회에서 추진하는 행사라면 이 예산 속에 개인 '용돈'도 포함해야 한다. 그렇지 않으면 씀씀이에 따라 위화감이 조성될 수 있다.

항공권 비싼 항공, 직항은 꿈도 꾸지 마라. 젊기 때문에 오히려 2~3번 갈아타는 것도 쏠쏠한 재미가 있다. 2~3월 즈음에 항공사들이 여름을 겨냥해 '조기 항공권'을 내놓는 경우가 많다. 항공비를 줄이는 요령이다. 뿐만 아니라 15인 기준으로 1명에게 공짜 티켓이 나온다. 이 정보도 지도자에게는 한 명이라도 더 데려가기 위한 좋은 팁이다. 또 주변에 여행사 혹은 항공사 직원이 있으면 그만큼 항공료를 줄일 가능성이 높아진다. 하루 숙박비를 아끼기 위해 밤에 출발하는 것도 좋다. 캐세이퍼시픽이나 중국 동방항공, 아랍 에미레이트 항공이 밤에 출국하는 것이라서 일정에 유리하며, 가격도 저렴한 편이다.

차량 유레일 같은 대중교통은 상당히 비싸다. 단체 여행의 경우 렌트나 리스를 이용하는 것이 좋다. Hertz, Avis 같은 회사들은 유럽에도 있으며, 국내 매장을 통해서도 예약이 가능하다. 가령 9인승 1대에 8명이 타는데, 1대 렌트 값과 기름, 주차비가 300만 원일 경우 1인당 부담 금액은 1/n로 떨어진다. 유럽이 한국보다 운전하기가 훨씬 쉬운것도 장점이다.

숙식 숙식비를 줄이려면 '캠핑장'을 주로 이용해야 한다. 일정 중 마지막 날과 주일에만 호스텔이나 저렴한 민박을 이용하고, 나머지는 캠핑장을 이용하라. 지내다 보면 오히려 숙소보다 캠핑장에서 기억에 오래 남을 만한 에피소드들이 생길 것이다. 캠핑장은 확정된 일정을 토대로 목적지 근처를 검색하라. 캠핑장 이용을 위해서는 텐트를 미리 확보해야 한다. 하루 중 점심은 현지 음식을 먹어라. 단, 비싼 레스토랑 대신 인터넷 사이트 등을 통해 검색해 싸고 맛있는 집을 찾는다. 특히 '네이버 유랑' 카페가 좋은 정보를 제공하고 있다. 아침, 저녁은 캠핑장에서 취사를 하라. 버너와 코펠을 사용하면 된다. 부탄가스는 기내 반입이 안 되므로 현지 휴게소에서 구입하라. 집에 안 쓰는 작은 전기밥솥이 있으면 가져가자. 캠핑장에도 전기시설이 있으므로 밤에 눌러 놓고 자면 된다. 라면에 밥을 말아 먹는다면 1인당 경비는 뚝뚝 떨어진다. 얼마든지 저렴하면서도 좋은 아이디어가 참가자들로부터 쏟아질 것이다. 아침은 주먹밥을 해 먹기도 하고, 우유에 시리얼과 과일을 먹기도 한다.

관람료 반드시 전 인원이 공동으로 방문해야 할 지역은 전체 경비로 책정하라. 종교적으로 관련된 지역이므로 입장료가 비싼 곳은 없다. 하루 중 전체 멤버가 유료 관람을 하나씩 하도록 하자. 방문지는 미리 정해야 한다.

용돈 베를린, 바르샤바, 빈, 암스테르담, 브뤼셀 같은 대도시의 경우 모든 인원이 함께 움직이는 것은 사실상 불가능하다. 따라서 이런 경우 반드시 '함께' 가야 할 곳을 먼저 방문한 다음 그곳을 '출발지'이자 '집결지'로 선정한 후 일정한 시간을 주어 방문하게 한다. '조'를 편성해 조별 취향에 따라 움직이면 좋다. 용돈이 많이 필요한 날도 있지만 거의 들지 않는 날도 있기 때문에 치밀하게 계획을 세워야 한다. 이때 조별로 용돈을 배분하라. 돈을 쓰면서 조별로 하나가 되고 양보하는 훈련을 할 수가 있다.

예비비 이 비용으로 비상약이나 그밖에 필요 물품들을 준비하도록 하라. 만일 참가자가 15명일 경우 전체 예비비 예산은 30만 원이다. 결코 적은 돈이 아니다.

전략 비용 절감은 어떻게 하느냐에 따라 얼마든지 달라질 수 있다. 가령 차량 비용을 아꼈을 경우 용돈이나 식비에 사용되는 식으로 얼마든지 활용할 수 있다. 빠듯해 보일 수 있지만 검색하고, 찾아보고, 준비하는 만큼 비용은 줄어들 것이다.

3. 모집 및 구성

이 부분은 지도자의 영성과 결단에 달려 있다. 많은 젊은이들이 '지금 돈이 있나 없나'를 기준으로 참가 여부를 결정할 것이다. 그러나 준비 과정을 통해 하나님의 섭리를 체험하도록 도전을 주는 것이 바람직하다. 구성원 중에 경제적인 어려움 때문에 무작정 참가를 포기하거나 만류하는 것은 비전트립이 아니다. 만일 그렇다면 그것은 교회가 아니라 여행사일 뿐이다. 지도자라면 기도하면서 도전을 유도하며, 어려운 환경을 오히려 축복의 기회로 전환할 수 있어야 한다.

그리고 뒷부분의 'Fund Raising'에서 다루겠지만 다양한 방법으로 모은 후원금을 참가가 어려운 지체들을 위해 사용할 수도 있다. 따라서 처음부터 기도 무릎을 꿇으며 참가자들을 모집하는 것을 잊지 말라. 즉 당장 돈이 없다고 쉽게 그들을 포기하지 말라는 말이다.

모집과 참가자 구성 작업은 1~2월, 늦어도 3월에 이루어져야 한다. 그리고 본격적인 준비에 들어가는 3월에는 참가자들에게 일정 금액을 모을 수 있는 방법을 지도해야 한다. 그들이 땀을 흘리는 '가치'를 발견하도록 이끌라. 도저히 직장에서 일정을 허락해 주지 않는다면 어쩔 수 없지만 말이다.

4. 모임 결성 및 주의사항

참가자 모임이 시작되면서 주의할 것은 두 가지다. 첫째는 참가자들과 비참가자들 간에 위화감이 조성되지 않도록 비전트립 준비 모임은 따로 시간을 내서 가져야 한다. 예배 시간이나 공동체 모임 중에 비전트립이 거론되지 않도록 조심하라. 비참가자들에게 상처를 줄 수 있다. 둘째, 지도자가 보았을 때 어려워도 꼭 데려가고 싶은 지체들이 있다면, 최소한 항공비는 직접 부담하게 하라. 내 경험으로 봤을 때, 경제적으로 어렵다고 100% 비용을 지원하는 것은 오히려 역효과가 날 수 있다. 본인이 어느 정도 금액을 부담하게 하는 것은 참가할 마음 발판을 준비시키는 것이다. 다시 말해 땀을 흘려서 비용을 준비한 경우 비전트립 기간 중 하나라도 더 얻으려고 발버둥치게 된다. 반면에 그런 노력 없이 갔을 경우 더 나빠진 사례를 종종 본다.

5. 준비 기간에 필요한 것

준비 기간 동안 주의해야 할 것은 명확한 보고와 투명한 재정 내역이다. 지도자는 늘 균형

감을 잃지 말아야 하는데, 비전트립이 그 기관의 모든 1년 행사가 아니기 때문이다. 비전트립이라는 명목으로 교회의 다른 행사나 예배 등에 소홀해서는 곤란하다. 오히려 늘 드리는 예배와 행사가 더 중요해져야 한다. 참가하지 않는 다른 지체들을 배려하는 마음은 기본 중의 기본이다. 그리고 늘 투명한 재정 보고를 해야 한다.

• 어떻게 준비할 것인가?

- 리더들을 위한 조언

1. 방문지 선정

방문지 선정은 이미 1년 전에 나와야 한다. 그리고 방문지 목록은 철저하게 지도자가 결정해야 한다. 정말 가야겠다는 '확신'이 있는 곳을 엮어서 일정을 짜되, 왜 가야 하는지를 참가자들에게 반드시 설명하고 납득시켜야 한다.

'아는 만큼 보인다'는 말은 불변의 진리다. 따라서 모집 전에 지도자가 먼저 방문지를 선정하고 이에 대해 확신을 가져야 한다. 그리고 모집 후에는 방문지에 대해 '세미나'를 통해 준비해야 한다.

방문지에 대해 '확신'을 가지고 목록을 만들었다면 지도를 가지고 거리를 체크해서 가장 효율적인 루트를 짜도록 한다. 구간별 거리를 측정할 수 있는 사이트들이 많으니 참조하면 된다.

2. 기도 및 영성 훈련

지도자는 1년 혹은 그 전부터 기도로 준비해야 하고, 대략 모집이 완료되는 3월부터 지속적으로 함께 기도할 수 있는 시간을 확보해야 한다. 직장 문제, 가정 문제, 혹은 경제적인 문제를 놓고 서로를 위해 기도해야 한다.

영성 훈련은 반드시 비전트립 정보를 토대로 하라. 예를 들어 준비 모임을 할 때 지도자가 "1517년 루터가 종교개혁을 일으킨 비텐베르크의 궁성교회를 방문할 예정입니다" 식의 차원으로 그칠 것이 아니라, 루터가 종교개혁을 일으킬 수밖에 없던 당시 교회의 문제점들과 그 가운데서 하나님께서 루터를 어떻게 사용하고 보호하셨는지 등의 역사적 배경을 설명하는 것이다.

이것은 일석삼조의 효과가 있다. 우선 방문지에 대한 정보를 미리 접할 수 있고, 설교 시간에 그 정보가 언급될 경우 귀가 번쩍 뜨이게 될 것이다. 또 기도와 묵상을 통해 믿음의 선진을 초자연적으로 만날 수 있다. 이런 영적인 준비를 2-3개월 하다 보면 비록 외딴 시골에 후스 생가 하나를 보러 가지만 너무나 기대된다는 간증을 듣게 될 것이다. 뿐만 아니라 어느덧 신앙의 선진들의 영성을 추구하려는 마음이 생기게 된다.

3. Fund Raising

이 부분은 매우 민감해서 특별히 지도자의 지혜가 요구된다. 이것은 참가비 '전액'을 준비할 형편이 안 되는 지체들을 위한 배려이지만 이 속에서 '수혜자', '비수혜자'의 미묘한 문제가 생길 수 있다. 따라서 전체적인 금액은 반드시 투명하게 하되, 개인의 경제적 약점은 감싸고 보호해 주어야 한다.

우선 교회에 보고하여 허락을 얻고, 교회에서 얼마만큼의 '지원'을 해줄 수 있는지 파악해야 한다. 나는 '헌신예배', '바자회', '일일찻집',

'공부방' 등의 행사들을 적극 활용했다. 지난 수 년간 한 번도 하나님은 우리 청년들을 외면하신 적이 없다. 재정 문제로 호된 경험을 했다면 진작에 그만두었을 것인데, 거의 십 년간 한 번도 재정적인 문제로 주저앉은 적이 없다. 더구나 내가 사역한 곳은 부유한 동네가 아닌 서민 밀집 지역이었다.

4. 규칙

01. 개개인의 재정 현황에 대해서는 지도자들 외에 새어 나가지 않도록 주의하라.
02. 미리 규칙을 정하라. 어떻게 하면 비전트립에 탈락하게 되는지도 '미리' 각인시키라.
03. Fund Raising과 관련된 행사들을 최대한 교회와 성도들의 지지 가운데 하라.
04. 모든 구성원들이 준비 행사에 동참하도록 하라.

• 비전트립의 성공 열쇠, 세미나 준비하기

비전트립 준비는 크게 두 종류로 나뉜다. '여행'으로서와 '비전트립'으로서의 준비가 동시에 필요하다. 여행으로서의 준비는 여행에 필요한 행정적인 준비를 말하며, 비전트립으로서의 준비는 미리 공부해야 할 내용들을 분배하는 것을 말한다. 따라서 모든 참가자는 여행으로서의 '역할 팀'과 비전트립으로서의 '세미나 팀'에 각각 소속되어야 한다.

모집이 마감된 3월부터 각 기관 여름행사가 시작되는 6월까지 2주에 한 번씩 '세미나'를 준비하라. 임기응변으로 하지 말고, 미리 교회의 연간계획을 파악한 후 세미나 일정을 잡아야 한다. 그래야 그 일정에 맞춰서 개인 일정을 잡을 수 있기 때문이다.

1. 역할 팀 분배

지도자는 개인 특성에 맞게 참가자들을 다음 팀에 배치시킨다. 이 팀들은 3월부터 비전트립 종료시까지 계속 담당해야 한다.

+ 정보 팀: 국가나 지역별로 나눠서 방문지에 대한 정보를 모으게 한다(입장 시간, 요금, 먹거리, 교통정보 등).
+ 행정 팀: 회계, 금전, 티켓 등 금전과 예약에 관한 부분을 담당한다(항공, 숙소, 티켓 등).
+ 물품 팀: 관련 물품들을 준비하게 한다.
+ 운전 팀: 9인승 차량 운전자를 미리 확보해야 한다. 차량 관련 업무도 담당한다.

2. 세미나 팀 분배

역할 팀과 상관없이 세미나 팀은 세미나를 위해서 엮어진 팀이다. 즉 비전트립을 위해 공부해야 할 내용들을 혼자 다 할 수 없으므로 나눠서 공부하는 것이다.

테마별로 묶거나 주요 인물, 국가별로 묶는다. 예를 들어 종교개혁 팀, 르네상스 팀, 경건주의 팀, 문학 · 예술가 팀 등으로 나누어도 되고, 독일 팀, 이탈리아 팀, 동유럽 팀, 기타 유럽 팀 등 국가별로 나눌 수도 있다. 해당 팀들은 세미나 일정에 맞춰서 준비한 내용을 모임 시간에 발표한다. 세미나 팀은 6월 세미나가 끝나면 해체한다.

3. 세미나 요령

세미나 팀들이 한 번 모일 때마다 하나의 주제를 발표할 수 있도록 지도자는 계획을 세워 주어야 한다. 우선 필요한 정보 내용을 팀별로 배정하고, 전체 일정에 맞춰서 그 내용을 준비하도록 분류한다. 만일 종교개혁 팀이 세미나를 발표한다면 보편적인 범위로 시작해서 시간이 지나면서 세부적으로 들어갈 수 있도록 배정한다. 첫째 달에 종교개혁의 의미 정도를 발표한다면, 다음 달에는 루터의 행적과 영향력, 그 다음 달에는 95개조 반박문과 한국교회의 적용 등으로 압축시키는 것이 좋다.

이 세미나 팀의 중요성은 미리 공부하는 의미도 있지만 '가이드'를 양성하는 목적도 있다. 예를 들어, 종교개혁을 담당한 팀이 세미나를 발표했다면 '종교개혁의 의미'를 발표한 사람을 비텐베르크에 갔을 때 다시 한 번 발표시키면 생동감이 있을 것이다. 루터의 생애를 발표한 사람은 루터의 고향이나 루터박물관에서, 95개조 반박문을 발표한 사람이라면 비텐베르크 궁성교회 안의 95개조 반박문 앞에서 다시 발표시키면 감동과 지식의 스파크가 일어난다. 이들은 아주 훌륭한 가이드가 되는 것이다.

4. 세미나 필수 사항

세미나는 매우 중요하다. 3개월간 2주에 한 번씩 모여서 팀별로 공부를 하다 보면 저절로 왜 비전트립을 가야 하는지 깨닫게 된다. 이 기간은 '유명한 곳'보다 '중요한 곳'을 방문하고 싶어 하는 마음이 생길 수 있는 기간이므로 절대 소홀히 해서는 안 된다. 따라서 세미나와 같은 준비 모임을 등한히 여기는 사람들로 하여금 '비전트립 참가 박탈'이라는 엄포를 놓아서라도 세미나 준비에 참가시켜야 한다. 세미나가 부실하면 비전트립은 유럽 단체 여행밖에 되지 않는다. 또한 세미나와 준비를 소홀히 한 사람들은 유럽 현장에서 말썽을 일으키는 장본인이 된다.

방문지와 관련해서 어떤 주제를 가지고 세미나를 이끌어 갈 것인지는 지도자에게 달려 있다. 그러므로 비전트립을 위해 지도자는 최소 1년 전부터 준비해야 한다. 지도자는 방문지와 관련해 공부할 내용을 잘 계획해서 참가자가 열심히 준비하도록 해야 한다.

5. 상황 정리

지금까지의 상황을 정리하자. 비전트립 모집 시기인 2~3월부터 출발하기 전까지 몇 달의 기간이 있다. 물론 3월에 신청한 사람이 여름이 되어서 못 간다고 취소하는 경우도 있다. 그러나 일부 멤버들의 변화가 있더라도 큰 하드웨어, 즉 항공권, 숙소, 일정, 차량 등은 변할 수 없다. 따라서 운영에 관계된 역할 분담(역할 팀)에 모든 참가자들이 배정되도록 해서 역할을 주어야 한다.

그리고 일정과 관련해서 공부해야 할 목록을 뽑은 후 그것을 '세미나 팀'에 분배한다. 한 개인이 역할 팀과 세미나 팀 모두에 소속되어 준비하는 것이다.

여행이 임박하고 세미나 공부가 끝났다면 세미나 팀은 해체시킨다. 대신 발표한 사람들이 방문 현장에서 한 번 더 발표하게 하는 '가이드' 역할을 분담하자. 이제 항공, 차량, 숙박, 일정, 그리고 공부까지 끝난 것이다.

이제 참가자들이 현장에 가서 함께 생활할 운명 공동체, 즉 조를 짜 발표하는 일만 남았다.

6. 조별 발표

6월쯤 되면 참가자들의 참가 여부가 드러난다. 세미나가 끝나면 월 말부터는 새로운 조를 편성해서 '실제적'인 준비를 시키도록 해야 한다. 이 조는 비전트립 기간 동안의 운명 공동체와도 같다.

비전트립 참가자의 인원에 따라 차량을 계약한다. 우선 차량 탑승 인원에 따라 1호차, 2호차, 3호차와 같은 차량 배정을 하라. 누구와도 의논하지 말고 지도자가 결정하라. 예를 들어 1호차에 8명이 탑승하면 4명씩 2개 조로 나누라. 이 조는 전체가 함께 움직일 때를 제외하고 늘 같이 붙어 다니는 운명 공동체다. 밥도 같이 먹고, 행동도 같이 한다. 비전트립을 출발할 때까지 조별로 모여서 어디에서 사 먹을지, 무엇을 나머지 시간에 볼지 등을 의논하는 것이다.

- 조장의 중요성

조장은 연장자 중에서도 신앙으로 조원들을 이끌 사람을 세우라. 하루 일정이 시작되거나 마감할 때, 조장을 중심으로 기도하는 시간을 갖게 해야 한다. 그래야 서운함이나 상처를 이길 수 있다.

- MT를 가라

일주일에 한 번씩 집회 시간에만 보던 지체들이 2주일간 24시간 함께하기 위해서는 서로에 대한 이해가 필요하다. 따라서 반드시 6~7월에 MT를 추진하여 서로의 숨겨진 모습을 알아 가도록 해야 한다.

- 시간 활용하기

치밀한 시간 계획은 매우 중요하다. 만일 목적지가 아침 10시부터 문을 열고 그곳에 도착하기까지 3시간 운전을 해서 가야 하는데, 고속도로로 가야 한다면 어떻게 계획을 세울 수 있을까? 해가 뜬 후 샤워하고 출발하면 이미 점심때가 되어 버리고, 구경한 후 다음 목적지로 가려면 이미 늦어진다. 그러나 해가 뜨기 전에 출발하고, 운전자를 교대하면서 고속도로를 운전하면 그 동안 나머지 사람들은 차 안에서 좀 더 취침할 수 있다. 뿐만 아니라 이동하면서 빵이나 주먹밥을 준비한다면 훨씬 시간을 절약할 수 있다. 이런 아이디어를 활용한다면 하루에 한 군데 방문할 것을 두 군데까지 방문할 수 있다. 또한 샤워는 반드시 저녁에 하도록 하고, 아침에는 빨리 움직일 수 있도록 지시하라.

+ 새신자 수기

교회에서 유럽으로 비전트립을 간다는 소식을 듣고 곧바로 결정했다. 마침 유럽 여행을 가려던 참이었는데, 교회에서 단체로 가면 여러 가지 경험과 지식을 쌓을 수 있을 것이라 기대했기 때문이다.

비전트립은 평소에 말 한마디 나누지 못한 지체들과 이야기도 나누고 가까워질 수 있는 시간이었다. 친구들이랑 떠난 해외여행이었다면 구경하고 쇼핑하고 사진 찍고 하는 것이 전부였을 것이다. 하지만 비전트립은 신앙과 관련된 여러 가지 사실들을 보고 느끼고 알게 해주었고, 앞으로 내가 어떻게 살아야 하는지에 대한 방향을 잡게 해주었다. 이제는 그 방향으로 전진하는 일만 남았는데… 나태해지면 안 되는데…. 지금도 나 스스로에게 "선혜야, 유럽 캠핑장의 벤치에 누워 녹색 호수를 보며 하던 다짐을 떠올리렴!" 하고 말하곤 한다. 비전트립을 하는 동안에 갖게 된 생각과 다짐들은 나의 보물 1호가 될 것 같다.

● **김선혜, 승리교회**

+ 청년들의 고백

갈 때는 다들 비행기에서 잤는데 돌아올 때는 엽서를 쓰고 이야기를 하고 유럽에서 하지 못한 쇼핑을 기내에서 해결했다. 2주 동안의 긴장과 기대가 풀리면서 피곤이 몰려왔던 비행 시간…. 서울에 도착해서 고기를 먹고 나서 헤어지기 전 서로 격려하고 안아 주고 했다. 내일 주일이면 다시 만날 텐데도 왜 그렇게 아쉽고 허전하고 마음이 찡해지는지… 그때 알았다. 2주 동안 함께 한 생활이 우리를 정말 가족으로 만들어 주었다는 것을.

● **박지민, 승리교회**

지체들과 비전트립 관련 대화를 하다 보니 어느새 내 마음은 이미 유럽에 가 있었다. 재정 마련을 위해 여러 행사를 벌였는데 그 또한 참가할 수밖에 없었던 이유였다. 목사님께서 반드시 데려가 주겠다고 하신 약속이 가장 크게 내 마음을 움직였다.

● **이호진, 승리교회**

03.
비전트립 리더를 위한 노하우 전수

비전트립 리더들의 노하우, 이것만 기억하면 당신도 인솔자가 될 수 있다. 비전트립 리더들은 다음 사항을 머릿속에 완전히 숙지해야 한다.

1. 비전트립 시기

비전트립이 성도들의 호응과 지지를 얻으려면 여름행사를 끝내고 가는 것이 좋다. 여름성경학교나 수련회 등의 행사를 깔끔하게, 그리고 최선을 다해 마치고 나서 가도록 하자. 최선을 다해 이런 행사들과 겹치거나 마찰을 빚지 않도록 하라. 마찰을 빚으면 빚는 만큼 교회의 호응도와 기도 지원이 약해질 수밖에 없음을 명심하라. 그래서 1년 전부터 치밀한 준비를 시작하라는 것이다.

2. 비전트립 일정

너무 무리한 스케줄을 잡지 않도록 하라. 이동 구간의 거리를 치밀하게 계산해야 한다. 예를 들어 8월 10일의 방문지로 A, B, C 세 군데를 계획했는데, 실제로는 A, B를 방문하고 이미 해가 져 버렸다. 실제로 이런 일이 자주 일어난다. 따라서 너무 먼 거리를 하루에 다 해치우려는 욕심은 버리자. 일정을 짜는 일은 내 경험을 비추어 봤을 때, 3~4개월이 소요되는 엄청난 작업이다. 너무 많은 방문지도 좋지 않지만 그렇다고 하루에 하나 정도의 너무 여유로운 일정도 좋지 않다. 적절한 긴장감을 지닌 일정이 좋다.

비전트립 리더는 히든카드를 갖고 있어야 한다. 가령 A, B, C 세 곳을 방문하려고 했는데, A, B를 방문한 후 C를 방문하기가 무리라고 여겨질 때 B지점과 가까운 D라는 조커를 내놓는 것이다. 이런 히든카드가 없으면 B지점에서 하루를 종료할 경우 C지점을 기대하던 사람들이 못내 아쉬워할 수 있다. 가장 좋은 것은 일정대로 움직이도록 아침 일찍부터 서두르는 것! 그러나 만일의 경우를 생각해서 히든카드를 가질 필요가 있다.

3. 하드웨어 구축하기

앞선 준비 항목들과 해당 사이트를 보면서 숙박, 항공권, 차량, 일정을 완벽하게 세워야 한다. 숙소를 그때 가서 결정하겠다는 것만큼 무모한 것도 없다. '여행'으로서 준비 사항을 체크하라. 갈 준비가 되었다면 '비전트립'으로서 직면할 부분을 소개하겠다.

– 책 구입

일단 참가자들과 이 책을 구입해서 '공부'하는 것은 필수다. 이 책을 구입하고, 관련 부분을 더 공부하기 위해서는 관련 서적들을 아낌없이 구입하라. 사실 유럽에서 먹는 것과 쇼핑은 아낌없이 돈을 쓰면서 관련 서적들 1~2만 원에 벌벌 떤다면 난센스다. 기차를 한 번 타도 10만 원이 훌쩍 넘어가고, 심지어 유럽에서 샌드위치 하나를 1만 원으로 살 수 없는 경우도 있다. 그러나 영혼을 풍성하게 하는 책들을 구입한다고 해도 10만 원이 넘지 않는다. 참가자들과 책을 구입한 후 나눔을 가져야 마음과 마음이 하나로 통합될 수 있다.

- 유럽에서의 요술램프, 내비게이션

혼자 유럽을 가든지, 인솔해서 가든지, 가장 마음이 힘든 것은 '생소함'이다. 기차를 타고 내렸거나 운전해서 해당 지역으로 들어왔는데 도대체 여기가 지도의 어느 지점인지 파악되지 않는 것만큼 답답한 것도 없다. 나는 청년들을 인솔하면서 항상 지도를 준비해서 다녔다. 초행길을 지도를 들고 다닌 것을 생각하면 지금도 후회스럽다. 유턴도 많이 했고, 돌아간 적도 많았다.

혼자든 여러 명이든 무조건 GPS(내비게이션)를 구입하라. 일행 중 하나만 있으면 된다. 우리 돈으로 대략 15~20만 원 한다. 만일 일행이 15명이라면 1인당 1만 원만 부담하면 된다. 그 1만 원으로 전체가 생소함을 극복할 수 있다면 일인당 1만 원이 아니라 10만 원이라도 아깝지 않을 것이다. 이것이 있으면 따로 교통정보를 숙지하지 않아도 되고 위반 사례도 피할 수 있으며, 도착 예정 시간까지 알려 주므로 일정을 짜기가 매우 좋다. 아마존이나 e-bay 등에서 GPS를 주문해서 구입할 수도 있고, 유럽에서 가장 보편적이고 정확하며 조작하기 쉬운 톰톰(TomTom)을 구입하려면 톰톰 사이트에서 직접 주문할 수도 있다. 각 방문지마다 주소와 거리 이름을 기재했으므로 이를 활용하기 바란다.

4. 현장에서

참가자들이 현장에 도착하면 이 책에 나온 내용들을 발표하거나 낭독할 수 있도록 도모하라. 〔비전노트〕 코너가 있으므로 이 부분을 활용하도록 하고, 시간이 허락한다면 비전노트에 자신의 감동과 은혜를 기록해서 나누게 하면 추억과 감격이 더 오래 남는다.

리더가 할 수 있는 일은 이런 상황들을 인도하는 것이고, 여러 책들을 통해 감동을 나눌 수 있도록 장을 마련하는 것이다.

여행 tip

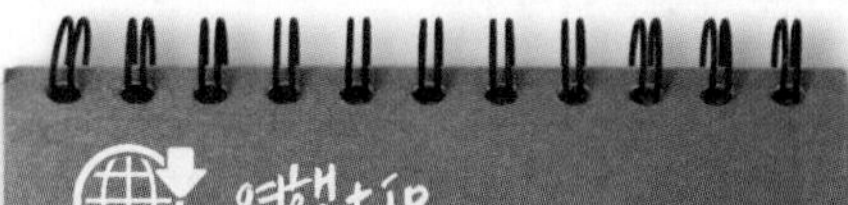

작은 전기밥솥이 있다면 매우 유용하다. 웬만한 캠핑장에는 전기시설이 있으므로 밤에 눌러 놓고 자면 오케이! 간편한 아침 메뉴로는 전날 해놓은 밥과 마른 김, 멸치볶음을 활용한 주먹밥이 단연 인기다. 그밖에 식빵과 잼에 우유나 미숫가루도 좋고, 칼로리 밸런스 같은 식품도 괜찮다. 아울러 '과일'은 저렴하므로 이동하는 곳마다 미리 구입해서 아침식사로 활용하면 좋다.

5. 분위기 잡기

참가자가 네 명이든 열 명이든 분위기는 매우 중요하다. 리더는 이 분위기를 통제할 수 있는 사람이어야 한다. 참가자들이 힘들어 하면 일정을 느슨하게 양보할 수 있고, 지출 부분도 양보할 수 있다. 그러나 양보해서는 안 될 것이 있다면 리더의 결정을 참가자들이 존중하도록 해야 한다. 출발 전과 현장에서 반드시 기도하는 시간과 나눔을 갖도록 하라. 어색하고 싫어도 해야 한다. 그것이 리더가 일정 중에 분위기를 이끌어 갈 수 있는 방법이다. 공항에서도, 기도실에서도 기도하라. 도착해서도 기도하라. 이 과정에서 믿음이 약한 지체들이 자신도 모르게 하나님을 의지하는 훈련을 하게 된다.

이런 룰을 숙지한다면 당신도 훌륭한 리더가 될 수 있다. 그렇다면 이제 준비 사항들을 점검하자.

04 비전트립 물품 준비 (차량 이동의 경우)

1. 음식류

캠핑장이나 고속도로 휴게소에서 쉽고 맛있게 먹을 수 있는 것들이다.

+ 라면(컵라면), 통조림류, 김치류, 마른반찬, 전투 식량 등
+ 기타 음식: 튜브형 고추장, 미숫가루, 칼로리 밸런스, 마른 오징어 등

2. 취사용품

+ 버너, 코펠, 수저, 주방용 세제, 수세미, 보온병 작은 것, 플라스틱 밀폐용기, 돗자리

부탄가스는 기내 반입이 불가하므로 현지에서 구입해야 한다. 현지에서는 부탄가스를 'camping gas'라고 부른다는 것도 알아 두자.

참고 사항

기내 반입이 안 되는 물건은 반드시 화물로 보내야 한다.

+ 무기류, 가스류, 성냥, 라이터, 페인트, 폭죽, 표백제, 칼, 건전지, 손톱깎이, 숟가락, 젓가락, 100ml 이상의 액체류 · 젤류

3. 기타 생활용품

+ 텐트, 침낭, 매트 등
+ 랜턴, 유럽 호환용 콘센트 플러그, 차량용품(멀티시가잭, 등쿠션, 목베개, 햇빛가리개)
+ 무전기: 생활용 무전기를 가져가면 각 차량들끼리 잊지 못할 추억을 만들 수 있다.
+ 기타: 탈취제(차 안의 냄새 제거), 세제

05
숙소 예약하기

여름에 유럽에서 저렴한 숙소를 찾기란 쉽지 않다. 따라서 치밀한 계획과 일정을 세운 후 그 일정에 맞는 숙소를 예약하는 것이 좋다.

1. 호스텔 찾기

www.hostel.com은 유럽에서도 가장 보편적인 호스텔이다. 이 호스텔은 단체로 투숙하기 좋을 뿐만 아니라 시내와도 가까우므로 시간을 절약할 수 있는 이점이 있다. 이 사이트에서는 원하는 가격과 원하는 투숙객 수를 정할 수 있으며 아주 저렴하다.

2. 캠핑장 검색하는 법

구글(google)에서 검색하면 많은 정보를 제공받을 수 있다. 우선 'campingsite near 해당 지역'을 치면 해당 지역 주변의 다양한 지역들을 접할 수 있다. 검색했을 때, 캠핑장 홈페이지가 나오는 경우라면 인터넷으로도 예약을 문의할 수 있어서 더 편하다. 캠핑으로 숙박을 해결하려면 출발하기 전 꼼꼼한 캠핑 정보와 예약이 필요하다. 여름에 예약 없이 무작정 캠핑장을 들어가는 것은 무모하다.

3. 저렴한 호텔 정보

www.galahotels.com으로 들어가서 'Group Booking'을 누르면 원하는 인원, 원하는 가격대의 호텔을 예약할 수 있다. 혹은 가장 보편적인 사이트 중 하나인 www.booking.com으로 들어가서 해당 목적지(destination)를 검색하면 다양한 가격별로 호텔을 검색할 수 있다.

4. 숙소 예약이 안 된 경우

여행을 하다가 숙소를 예약하지 못한 경우처럼 난처한 일도 없다. 그런 때일수록 오히려 침착하게 아래 방법으로 대처하자.

무선 인터넷 찾기 노트북으로 무선 인터넷을 할 수 있는 가장 좋은 곳은 맥도날드다. 다른 많은 곳에서는 사용 요금을 신용카드나 돈으로 지불해야 하지만 맥도날드에서는 무료로 인터넷을 사용할 수 있다. 맥도날드가 없다면 고속도로 휴게소에서 유료 무선 인터넷을 접속할 수 있다. 신용카드를 통해 원하는 시간만큼 인터넷을 할 수 있지만 1시간에 1만 원 정도 지불해야 한다.

인터넷에 연결되었다면 위 1, 2번으로 검색을 하라. 아마 당일 호스텔은 거의 불가능하다고 봐야 하지만 근처에 캠핑장이 있다면 들어갈 수 있을 것이다.

고속도로에 있다면 고속도로 휴게소에는 저렴한 숙박시설들이 있다. 이런 곳은 예약을 통한 투숙객이라기보다 이동하다가 들어온 경우가 많으므로 방을 얻을 가능성이 있다. 아니면 무조건 맥도날드를 찾아 노트북을 들고 가는 수밖에 없다.

06
차량 예약과 픽업

1. 비전트립의 시작과 끝은 기도로!

각 공항마다 기도실이 있다는 사실을 아는가? 탑승 수속이 끝나면 기도실을 찾아 앞으로의 모든 일정 가운데 하나님의 인도하심을 구해 보자.

여객터미널 4층 대한항공과 아시아나항공 라운지 맞은편, 지하 공항열차 타는 곳을 지나 맨 끝 왼쪽에 종교실이 있으며 24시간 개방된다. 물론 크리스천들만을 위한 공간은 아니다. 이곳에는 기독교, 천주교, 불교 신자들을 위한 기도실이 각각 준비되어 있다. 여행의 설렘으로 들떠 있는 이때 다시 한 번 하나님의 인도하심을 구하고, 비전트립의 의미를 되새긴다면 비로소 출발 준비 끝!

2. 렌터카 예약과 픽업

여러 명이 이동할 때 9인승 차량만큼 좋은 것이 없다. 아래 회사들에서 적절하게 예약하고 필요한 서류들을 준비할 수 있다. 단, 출국 전 국제면허증을 꼭 발급해 가야 한다.

허츠 www.hertz.co.kr
르노리스 www.eurodrive.co.kr
알라모 www.alamo.co.kr
푸조리스 www.eurocar.giveu.net
에이비스 www.aj-avis.co.kr
유럽카 www.europcar.co.uk
시트로엥 www.citroeneuropass.co.kr

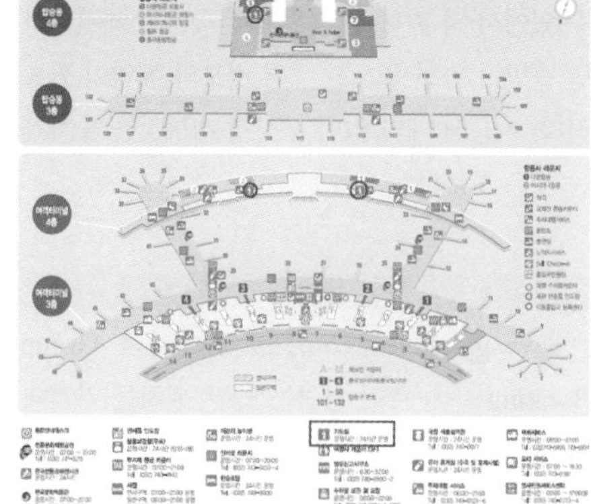

참가자 다이어리

+ 인천공항 기도실에서

정신없이 수속을 마치고 나서 기도실에 들어간 후에야 정말 가는구나 싶고 비전트립에 마음을 집중할 수 있었다.

● 박지민, 승리교회

공항 기도실에서 기도하고 찬양하면서 앞으로의 일정이 머릿속에 그려지기 시작했다.

● 정지환, 강남교회

공항에 기도실이 있는 걸 처음 알았다. 신기하고 또 살짝 긴장되기도 했다.

● 김자영, 강남교회

참가자 수기

비전트립에는 낭만과 추억이 가득하다. 무엇을 하든, 심지어 생고생을 해도 아름다운 추억이 남는다. 텐트를 치고, 길거리에서 밥을 해 먹고, 심지어 화장실에서 세면을 해도 남는 것은 미소와 추억이다.

+ 야간 이동을 하면서

첫 번째 야간 이동… 음… 그것은 결코 쉽지 않은 일이었다. 운전하는 사람들에게는 말이다. 자는 우리야… 뭐 힘들 게 있겠는가. 아침에 차에서 내릴 때 다리가 약간 저린 것만 빼고는…. 어두운 밤, 속삭임조차 없고 정적만 흐르는 차 안, 아 졸릴 운전자를 위해 노래라도 해야 하는데, 아는 노래도 없고 참으로 안타까웠다. 보조석에 앉은 나로서는 참으로 길게 느껴지는 시간이었다. 혹시 다음에 또 비트(비전트립)를 가게 된다면 노래방에서 합숙훈련이라도 하고 오리라 맘먹었다는….

● 김지연, 강남교회

개인적으로 야간 이동을 무척 좋아했다. 왜냐하면 텐트를 치고 펴는 번거로움도 없을 뿐만 아니라 캠핑장은 새벽에 너무 춥기 때문이다. 또 달리는 동안 나누는 이야기들은 교회에서는 절대 못하는 깊고 솔직한 내용들이었다. 달리는 차 안에서의 취침도 꽤나 괜찮았다.

● 이호진, 승리교회

+ 텐트 치기

아~ 절대로 잊을 수 없을 겁니다. 살면서 문득문득 힘든 시간이 찾아온다면 아마도 이날을 생각하며 위로를 얻을 것 같습니다. 너무 힘들고 너무 지친 상태… 그런데 오히려 이날 이렇게 혹독하게 훈련을 받아서 그런지 비전트립 내내 수월했습니다.

● 소문수 목사, 멜버른 새순교회

어둠 속에서 식사를 준비하는 자매들과 비를 맞으며 텐트를 치던 형제들… 모두 추위에 떨면서도 서로가 서로를 위해 섬기는 모습이 너무나 아름다웠고 감사했다. 비를 맞으며 텐트에서 잘 때 아침에 물속에서 떠다닐까 봐 살짝 걱정이 되기도 했지만….

● 서은화, 강남교회

추위와 비 덕분에 우린 더욱더 친해질 수 있었고 서로를 격려하고 위로할 수 있지 않았을까? 춥고 지친 가운데 하나가 되었다.

● 한희진, 강남교회

+ 고속도로 휴게소에서 밥해 먹기

비바람 속, 텐트 속에서 옹기종기 모여 해 먹은 밥이 어찌나 맛있던지…. 때와 장소를 가리지 않는 우리의 생존 현장을 생각하면 이제 정겹기까지 하다. 한국에서도 그럴 수 있을까?

● 최연규, 사랑의교회

날아갈 듯 바람이 부는데 용케 텐트를 치고 저녁을 해 먹었다. 바람이 너무 많이 불어 밥을 해 먹긴 무리라고 생각했는데, 해냈다!

● 김자영, 강남교회

그때 해 먹은 밥이 비트 기간 동안 먹은 밥 중 최고로 맛있었어요. 역시나 시끄럽던 2조의 음향효과도 좋았고 조명이 조금 약했지만 흔들리는 텐트 속에서 먹는 김치찌개는 일품이었지요. 냄새나는 화장실에서의 설거지도 기억나요.

● 서은화, 강남교회

+ 화장실에서 씻기

세면대에서 머리를 감았는데 그때 외국인들의 시선은 정말 치욕(?)적이었다. 심지어 어린아이는 구경하고 갔다. 노숙자들의 심정을 어느 정도 헤아릴 수 있는 기회였고 다시는 이러지 말아야지 했는데 또 세면대에서 머리 감았던 것 같다.

● 강운영, 승리교회

처음에는 어색했는데, 공중화장실이 이제는 익숙해졌다. 어딜 가도 화장실만 있으면 깨끗하게 변신되었다.

● 이호진, 승리교회

아침에 고속도로 휴게소를 볼 때마다 찬물에 분노의 머리 감기를 하게 된다.

● 김영현, 아현장로교회

추천 코스
Best 5 소개

〔추천코스 1〕

1Week

루터의 종교개혁 여행

(1주일 코스, 프랑크푸르트 in-out)

- 종교개혁과 루터에 대해 집중적으로 방문하기를 원한다면 이 코스로 이동해 보자.

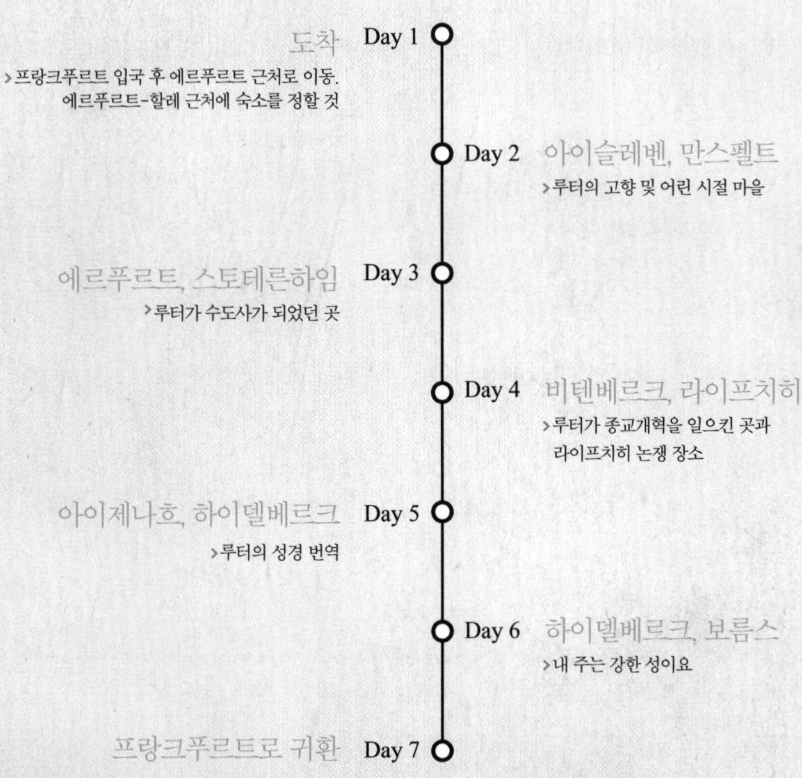

〔추천코스 2〕

2Week

종교개혁과 경건주의 여행 코스

(2주일 비전트립 추천 코스, 프랑크푸르트 in-out)

- 교회 단위로 온다면 이 코스를 강력히 추천한다. 독일과 프라하 명소를 방문할 뿐만 아니라 굵직한 교회사의 대부분을 훑어볼 수 있는 장점이 있다. 주일 밤이나 월요일에 출발한다면 그 다음 주 금요일 혹은 토요일에 귀국할 수 있다.

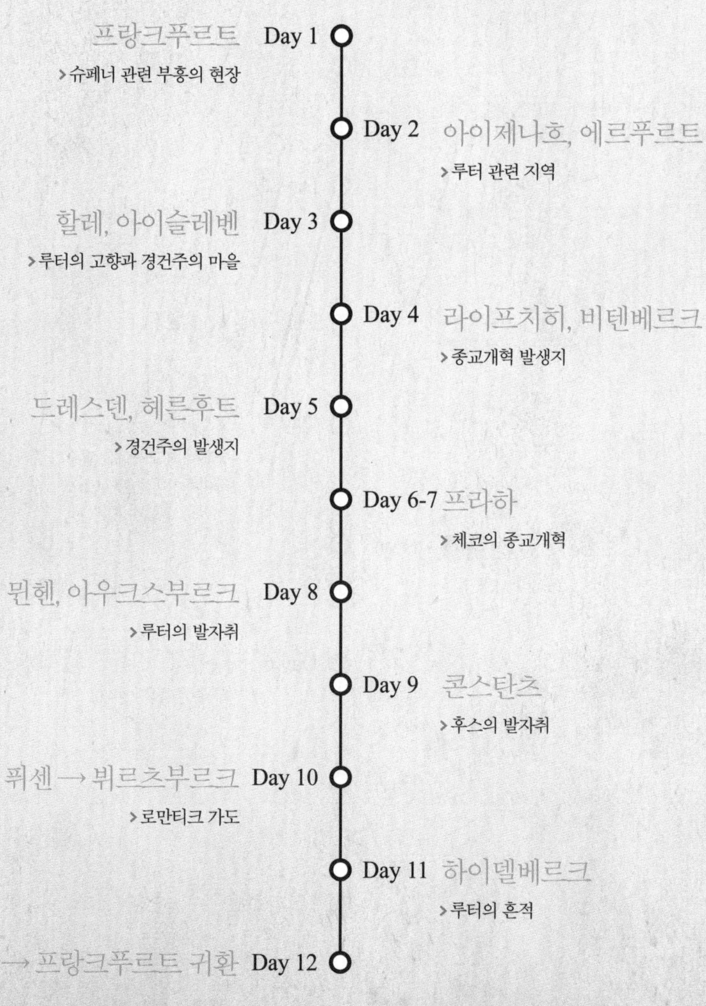

[추천코스 3]

2Week

믿음의 선진들과의 만남

(2주일 코스, 암스테르담 in, 뮌헨 out)

- 루터, 후스와 같은 개혁가, 바흐, 헨델, 드보르자크 같은 크리스천 음악가는 물론, 다양한 믿음의 선진들을 만날 수 있도록 엮어 보았다. 믿음의 선진들을 매일 만나고, 그들을 묵상하면서 나에게 주어진 비전을 발견할 수 있을 것이다. 사람은 무엇을 보느냐에 따라 삶이 달라진다. 2주일간 믿음의 선진들을 경험하다 보면 하나님이 자신을 부르신 목적을 발견할 수 있을 것이다.

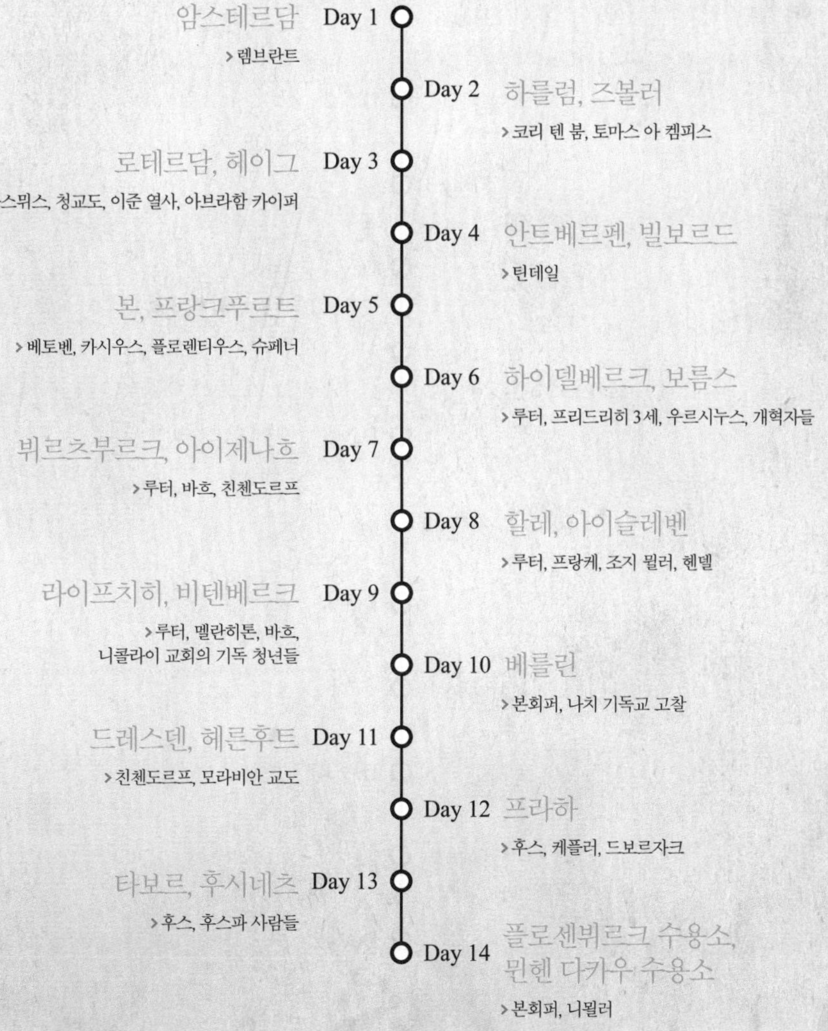

[추천코스 4]

2Week

음악기행

(2주일 코스, 프랑크푸르트 in-out)

- 클래식 음악을 좋아하는 크리스천 여행자와 다양한 재능을 가진 청년들에게 추천하는 코스다. 불후의 명곡이 탄생한 현장과 배경을 소개했으며, 특히 하나님을 찬양했던 기독 음악가들을 많이 만날 수 있다. 유명 음악가들의 삶을 통해 자신의 재능을 어떻게 사용해야 하는지에 대한 좋은 가르침을 얻게 될 것이다.

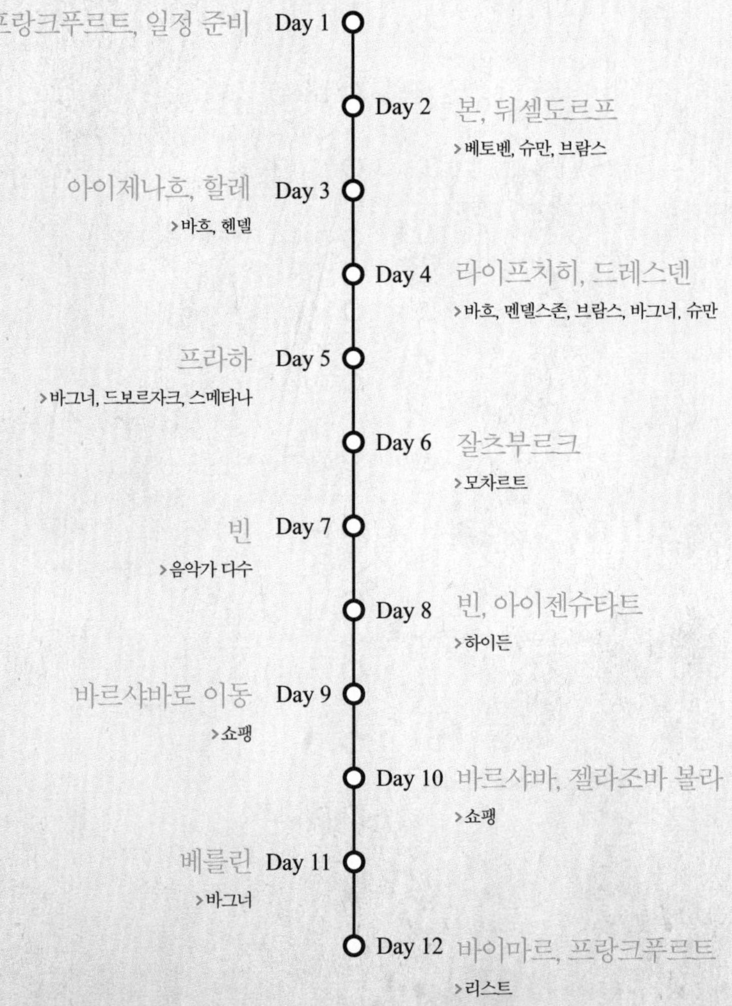

[추천코스 5]

2Week 5days

그랜드 투어

(유럽 교양 코스 2주 반, 암스테르담 → 프랑크푸르트)

- 한국인으로서, 교양인으로서, 혹은 자녀들이 있다면 이 책에서 봐야 할 부분들을 추천했다. 역사의 현장, 다양한 문학과 명사들을 접할 수 있는 코스로 엮어 보았다. 이곳에서 다양한 토론과 고민을 하게 될 것이다. 이 코스를 훑고 나면 교양인이 된 자신을 발견할 것이다.

962년, 신성로마제국의 탄생 1122년, 보름스 협약 13세기 무렵, 하멜른의 피리 부는 사나이와 우리의 자화상 1349년, 종교개혁과 윌리엄 오컴 1415년, 얀 후스와 콘스탄츠 회의 1425년, 1440년, 인쇄술이 세상을 바꾸다 1473년, 코페르니쿠스의 탄생과 패러다임의 전환 1483년, 루터의 탄생과 종교개혁자 1521년, 내 주는 강한 성이요 1536년, 주여, 영국 왕의 눈을 열어 주소서 1563년, '하이델베르크 신앙고백문'이 체결되다 1606년, 그림으로 설교하는 렘브란트 출생 1618년, 도르트 회의가 열리다 1620년, 필그림 파더스가 신대륙으로 떠나다 1685년, 바흐와 헨델이 출생하다 1720년, 친첸도르프와 모라비안 교도 1770년, 악성 베토벤이 태어나다 1856년, 마르크스와 프로이트 1900년, 니체가 남긴 발자취 1920년, 아브라함 카이퍼 사망1939년, 2차 대전과 그리스도인의 양심

역사의 발자취

역사의 발자취

1

962년,

신성로마제국의 탄생

^샤를마뉴 대제의 화려한 모습,
아헨 대성당 보물실에서 그의 금흉상을 볼 수 있다.

종교개혁을 이해하는 단초는 신성로마제국이다. 중세 권력의 다툼은 종교와 정치 간의 다툼이었다. 둘의 관계는 그야말로 달면 삼키고 쓰면 뱉는 권력 관계였다. 당연히 권력 장악을 위한 교황과 세속 군주의 관계도 예외가 아니었다. 8세기 당시 교황의 위치는 애매했다. 교황이 동방교회와 주도권을 놓고 갈등했는데다 주변 이민족의 침입으로 인해 큰 권력을 행사할 수 없었다. 주후 800년 샤를마뉴 황제는 프랑크 왕국의 기틀을 다지며 최고의 권력을 장악했다. 종교 세력을 발아래에 둔 세속 권력은 교회의 재산을 몰수하고 성직자들을 제압해 나갔다. 샤를마뉴 이후 오토 1세는 강력한 중앙집권을 완성했다. 자신이 직접 주교를 임명하고, 땅을 하사하면서 중세 봉건 사회의 피라미드 구조를 완성한 것이다. 오토 1세는 962년에 신성로마제국의 황제로 인정받게 되었다. 그는 '권력은 교황으로부터 나오는 것이 아니라 하나님으로부터 직접 내려온다'고 여겼으므로 성직자들을 자신이 직접 임명할 수 있다고 믿었다. 이런 신성로마제국의 성립 과정은 구조적으로 종교개혁이 나타날 수밖에 없었다. 왜냐하면 성직자들이 세속 권력에 의해 임명되었기 때문에 성직을 얻기 위한 온갖 부조리가 나타났고, 이로 인해 종교는 정치와 야합해야 했다. 이런 구조적인 문제로 인해, 종교개혁은 새로운 학설을 발표하는 차원이 아니라 개혁자 개인이 세상과 맞서야 하는 목숨을 건 결단이었고 투쟁이었다.

*관련 지역 독일 아헨

역사의 발자취

2

1122년, 보름스 협약

오토 1세가 신성로마제국의 황제로 등극하면서 성직자들을 직접 임명했다. 그러나 교황은 어떻게 '평신도'가 '성직'을 임명할 수 있는가 하고 불만을 제기했다. 황제와 교황의 갈등은 1077년에 일어난 '카노사의 굴욕'으로 절정에 달했다. 초대 교황 그레고리 1세 이후 교황은 성경의 권위와 동등한 위치를 가졌으므로, 교황이 '파문'을 선언하면 이것은 곧 지옥행을 의미하는 저주였다. 때문에 파문은 사람들이 가장 두려워하는 형벌이었다. 1077년 교황을 해임한 황제 하인리히 4세는 도리어 교황 그레고리 7세에게 파문을 당했다. 독일 영주들은 '하나님의 저주를 받은' 황제로부터 등을 돌렸고, 황제는 이를 만회하고자 눈밭에서 참회하며 교황에게 빌었는데 이를 '카노사의 굴욕 사건'이라 한다.

굴욕의 당사자 하인리히 4세를 몰아낸 아들 하인리히 5세는 교회에 보복의 칼날을 휘둘렀다. 이런 소모적인 싸움은 결국 1122년 보름스 대성당에서 황제와 교황의 합의하에 협약을 맺는 것으로 일단락되었다. 황제는 성직자들의 임명에 관여하지 않고, 봉토를 가진 성직자는 황제에게 세속의 의무를 다한다는 결탁이 이루어진 것이다. 교황은 보름스 협약을 통해 정치 권력을 손에 쥐게 되었고 이로써 중세 사회를 장악할 발판을 마련했다.

교황청의 횡포에 맞선 개혁자들의 투쟁은 단순한 복음 전파 차원이 아닌 세상을 상대로 개인이 벌인 투쟁이었다. 비록 바위에 던진 달걀에 불과했지만 종교개혁은 성공했고, 개혁의 불길은 전 유럽으로 확산되었다. 사람이 아닌 하나님이 하셨기에 가능한 일이었다.

★관련 지역 독일 보름스 대성당

< 보름스 대성당 입구에 세워진 대성당 설립자 부르크하르트 주교 동상

13세기 무렵,

하멜른의 피리 부는 사나이와 우리의 자화상

∧하멜른 곳곳에는 피리 부는 소년의 흔적들이 많이 남아 있다.

그림 형제가 수집하고 재구성한 이야기 가운데《피리 부는 사나이》가 있다. 마을에 나타난 쥐를 퇴치하기 위해 피리를 불던 사나이의 이야기는 독일 북부 지역에 있는 하멜른이라는 도시를 배경으로 한 것이다. 흥미로운 사실은 이 이야기가 하멜른 도시 사료(史料)에 언급되어 있다는 점이다. 비록 구전되는 민담과 설화를 그림 형제가 동화로 각색했지만 이 이야기가 사료에 있다면 당시 기독교의 단면을 엿볼 수 있을지도 모른다.

중세는 교회가 사회를 지배했고, 위생 상황은 나빴다는 것이 정설이다. 실제로 13세기 도시 사료에는 많은 쥐가 사회의 골칫거리였다고 한다. 도시는 쥐를 퇴치하기 위해 포상금을 걸었고, 한 사나이는 피리를 불어 모든 쥐를 강물에 빠뜨렸다. 그러나 사람들이 변심한 탓일까? 이 사나이가 허름해 보인다는 이유로 그를 쫓아낸다. 그러자 모든 사람들이 교회에 가서 예배를 드리는 동안 피리 부는 사나이가 나타나 아이들을 데리고 사라져 버린다. 이 내용이 도시 사료에 언급된 것이 흥미롭다.

어른들 모두가 예배를 드렸다는 내용을 볼 때 기독교는 사회의 일부가 아닌 전체였다고 해도 과언이 아니다. 그러나 쥐, 포상금, 수상한 사나이… 이것은 어쩌면 당시 중세 교회에서 한국 교회를 투영시켜 주는 키워드일 것이다.

지배 계층으로서의 교회, 그러나 성경의 가르침을 따르기보다 이익에 급급하며 약속과 정의를 행하기에는 너무도 무관심한 모습이 오버랩된다. 아쉬울 때는 간절히 무언가를 도모하지만 그것이 해결되고 나면 내가 무엇을 외쳤는지조차 잊어버린다.

이 이야기를 되뇌이며, 세상 속에서 우리의 자화상은 어떻게 비춰지고 있는지 진지하게 고민해야 할 것이다.

★관련 지역 독일 하멜른

1388년,

브뤼셀의 상징과 행운

예부터 주변 강대국들 사이에서 많은 어려움을 겪어야 했던 벨기에는, 이런 역사적 배경으로 인해 북부 네덜란드 계열과 남부 프랑스 계열로 나뉘어 뚜렷한 정치 색깔과 언어의 차이를 보인다. 최근에는 북부와 남부의 갈등으로 인해 나라를 분리해야 한다는 이야기까지 나오고 있다. 이런 탓에 벨기에 사람들은 다소 무뚝뚝해 보인다. 한편, 이러한 지정학적 특성으로 벨기에는 자국에서 추방된 프랑스, 독일, 영국의 급진적 사상가들이 건너와 정착하기에 좋은 곳이었고, 특히 브뤼셀은 자유로운 사상가들이 모이는 곳이 되었다.

브뤼셀을 지키기 위해 발과 혀가 잘린 영웅 세르클래스 이야기, 그리고 성벽에 폭발물을 설치했으나 이를 알고 오줌을 누어 폭발의 위협을 물리친 줄리안스케 이야기가 14세기에 등장하는 벨기에 민담이다.

현재 브뤼셀 그랑플라스 광장에는 세르클래스 상이 있고, 이곳에서 5분도 채 떨어지지 않은 곳에 그 유명한 '오줌 누는 소년' 상이 있다. 브뤼셀을 찾는 관광객들의 대부분이 이 '오줌 누는 소년' 상을 보러 왔다가 세르클래스 상을 접하게 되는데, 세르클래스 상이 14세기부터 행운을 가져다주는 것으로 알려지면서 대부분의 관광객들이 이 상을 만지며 자신의 행운을 빈다. 가장 열심히 세르클래스 상을 만지고 비비는 사람들은 단연 한국인이다!

★관련 지역 벨기에 브뤼셀

그랑플라스에 위치한 세르클래스 상 >
수백만 명이 어루만져서 특정 부위만 반짝거린다.

1349년, 종교개혁과 윌리엄 오컴

우리는 종교개혁을 대표하는 인물로 마르틴 루터, 존 칼뱅을 꼽는다. 분명한 것은 이들이 위대한 개혁가였고 하나님의 도구로 사용되었지만, 이들이 어느 순간에 혜성처럼 갑자기 나타나지 않았다는 사실이다. 이들은 알려지지 않은 수많은 개혁가들이 이룬 토양 위에서 결실을 맺은 열매였다.

종교개혁 이전부터 이미 개혁의 씨앗들이 뿌려졌다. 남프랑스에서 성경을 번역하고 복음을 전하며 발도파를 창시한 페트뤼스 발데스(12세기)와 이를 따르던 무리가 있었고, 최초로 영어 성경을 번역한 존 위클리프가 이미 이신칭의(믿음으로 구원을 얻는다)의 교리를 전파했다. 위클리프를 추종하던 움직임은 얀 후스를 필두로 체코 지역에서 이어졌다.

철학자 윌리엄 오컴은 중세의 패러다임을 전환시킨 사상을 가져왔다. 12~13세기에 스콜라 철학이 대두되면서 아퀴나스 같은 학자들은 신앙과 신학을 '철학과 이성'으로 규명하려고 했다. 교회는 세상을 지배하는 상징이었으므로 그 첨탑은 모든 건물을 압도해야 했다. 이 틀에서 벗어나면 이단으로 몰리던 시기가 바로 중세 시대였다. 중세 사람들은 전능하신 하나님께 도달하기 위해 개인적인 만남이 아닌 금욕적인 방법으로 다가가려고 한 것이다.

윌리엄 오컴은 하나님은 창조주인 동시에 개인과 인격적인 만남이 있어야 그 의미가 있다고 외쳤다. 오컴의 철학은 혁명에 가까웠으며 그런 만큼 무수하게 핍박을 받았다. 종교개혁자들에게 영향을 미친 오컴의 혁명적 사상은 개혁의 길을 닦는 역할을 했다. 왜냐하면 그가 다음과 같은 말을 남겼기 때문이다. "하나님을 아는 것은 철학적인 증명이나 이성적 표현이 아니라 오직 믿음으로 가능하다."

★관련 지역 독일 뮌헨 프라우엔 교회

^ 과거 오컴은 뮌헨 공동묘지에 잠들어 있었다. 그런데 그 묘지 위에 현재 프라우엔 교회가 서 있고, 교회 주변에는 수많은 묘석들이 있다. 어쩌면 이 묘석들 중에 하나가 오컴의 것일지도 모른다. 현재 그의 유해는 바바리안과학아카데미에 안치되어 있다.

1415년,

얀 후스와 콘스탄츠 회의

^ 콘스탄츠 호숫가의 임페리아 상

체코의 종교개혁자 얀 후스의 이름은 체코어로 '거위'라는 뜻이다. 그런 까닭에 후스를 반대하던 사람들은 그가 설교할 때 거위가 떠들어댄다고 비아냥거렸다. 가톨릭 당국이 후스를 화형하기로 결정하자 후스는 다음과 같이 말했다. "비록 당신들이 오늘 거위 한 마리를 태우지만 100년 후에 거위가 탄 재에서 백조가 나올 것이오. 당신들은 그 백조를 결코 구워 먹지 못할 것이오." 후스를 처형한 콘스탄츠 종교회의가 1415년에 열렸고, 루터가 종교개혁을 일으킨 것이 1517년이었으니 100여 년 만인 셈이다.

콘스탄츠 종교회의 장소는 현재 레스토랑으로 변했다. 1층에는 커피를 마시는 사람과 분주하게 서빙하는 웨이터들로 언제나 정신없다. 회의가 열린 곳은 이 건물의 2층이었다. 회의 장소 앞 콘스탄츠 호숫가에는 의미심장한 여인상이 세워져 있는데, 임페리아 상으로서 3분에 한 바퀴 회전하도록 제작되었다. 앞가슴을 드러내고 한쪽 다리를 노출시킨 여인은 양손에 벌거벗겨진 왕과 교황을 들고 있다. 이것은 무엇을 의미하는 것일까?

자세히 보면 왕은 뼈만 앙상하게 남은 초라하고 가엾은 모습이며, 교황의 표정은 거만해 보인다. 이것은 콘스탄츠 종교회의에 참가한 당시 종교인들의 윤리적 타락을 고발한 것으로 1993년에 세워졌다. 이 여인상은 16세기 발자크의 소설《발자크의 해학 30》에 등장하는 '미녀 임페리아'로, 15세기 당시 콘스탄츠 종교회의에 참석한 성직자들의 음욕을 폭로하고 있다. 당시 회의에 참석한 성직자들이 과연 하나님의 영광을 위해 이곳에 왔을까? 교황이 후스를 핍박한 이유는 교회 보호보다는 '체코'라는 '파이' 때문이었다.

21세기의 한국교회가 당시 콘스탄츠에 모인 지도자들보다 청렴하고 떳떳하다고 자부할 수 있을까? 그 교훈을 업신여긴다면 우리는 또 다른 루터를 만날지도 모른다.

* 관련 지역 독일 콘스탄츠, 체코 프라하, 타보르, 후시네츠

역사의 발자취

7

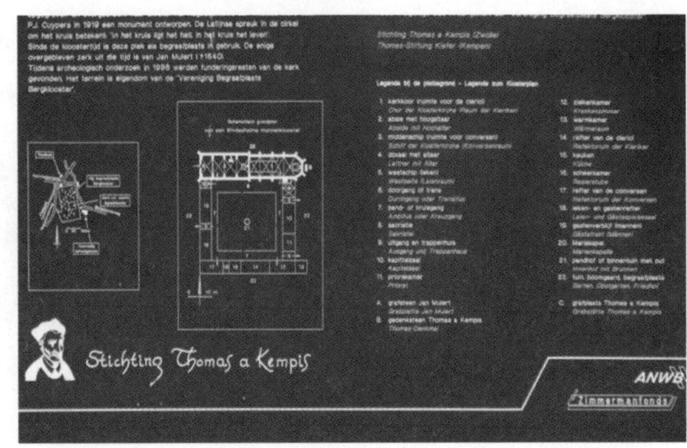

^수도원 터에서 토마스 아 켐피스가 머물며 묵상을 하던 흔적을 볼 수 있다.

1425년,

토마스 아 켐피스의 《그리스도를 본받아》

종교개혁 이전의 사람들은 어떻게 진리를 접했을까? 16세기에 이르러서야 영어, 독일어 성경이 번역되어 일반에 보급되었다는 것을 고려한다면 네덜란드 변두리에서 수도 생활을 하던 토마스 아 켐피스의 영향력은 실로 큰 것이었다. 성경이 번역되기 150년 전에 수도사 아 켐피스는 그리스도에 대한 깊은 묵상, 하나님에 대한 묵상들을 표현했는데, 그것이 바로 지금까지도 사랑을 받는 《그리스도를 본받아》이다. 아 켐피스의 고백은 당시 사회에 큰 파장을 일으키기에 충분했다. 당시 교회에서는 이미 객관적이고 논리적으로 증명된 지식 외에 어떠한 개인적인 사유(思惟)에서 나온 묵상들을 인정하지 않았다. 그런 시대에서 출간된 《그리스도를 본받아》는 글을 모르는 민중에게는 구원의 빛이었고, 그리스도의 형상을 상실한 채 종교를 이끌던 성직자들에게는 큰 반향을 일으켰으며, 수많은 종교개혁자들에게는 하나님과 개인적이고 인격적인 만남을 가능하게 해준 책이었다.

수도원에서 말씀을 읽고 묵상을 하며 일평생을 살던 토마스 아 켐피스의 25년간의 고민과 사색이 담긴 책이 바로 《그리스도를 본받아》이다. 600년 전의 묵상이 현대를 사는 우리들에게도 잔잔한 감동을 주는 이유는 시공을 초월하여 같은 진리 안에 있기 때문이다.

"성경을 모두 암송하고 모든 철학들을 섭렵하더라도 하나님을 사랑하지 않는다면 아무런 유익이 없다. 자신의 지혜로 하늘의 움직임을 이해하려는 교만한 철학자보다 하나님을 경외하는 겸손한 농부가 훨씬 낫다"(토마스 아 켐피스).

★관련 지역 네덜란드 즈볼러

1440년,
인쇄술이 세상을 바꾸다

독일과 국경을 맞댄 프랑스의 스트라스부르 광장에는 구텐베르크의 동상이 있다. 그는 독일 마인츠 출신이었지만 주된 활동은 스트라스부르에서 했다. 그의 동상 아래 새겨진 부조에는 '태초에 빛이 있었다'는 문구와 함께 스피노자, 볼테르, 데카르트, 아이작 뉴턴 등의 지성인들이 새겨져 있다. 구텐베르크는 지식과 이성의 빛을 유럽에 비춘 사람이었다.

당시 지식의 보고(寶庫)인 책은 매우 비쌌고, 일일이 수도사들이 필사해야 했으므로, 지식은 부유한 일부 사람들의 전유물이었다. 그러나 인쇄술이 발명되면서 지식의 전달은 전혀 다른 양상을 띠기 시작했다. 지식인들이 책을 출판하면 삽시간에 유럽 전역에 퍼졌고, 빈부를 막론하고 그 지식이 전달되었다.

인쇄술로 인해 에라스뮈스의 인문 사상의 씨가 퍼졌고, 종교개혁자들이 그 싹을 피웠다고 할 수 있다. 인쇄술이 가져온 변화는 실로 막대하다. 종전까지는 국가의 개념이 불분명했으나 각기 다른 '언어'로 된 인쇄물들이 쏟아지면서 언어를 바탕으로 한 '국가'의 개념이 확립되기 시작했다. 표준어의 개념이 생겨난 것도 이런 영향이다.

^구텐베르크가 발명한 당시 인쇄기 모습, 벨기에 안트베르펜의 플랜틴-모레터스 인쇄박물관

우리는 마르틴 루터를 위대한 종교개혁자로 칭송하지만 사실 루터도 인쇄술이 발명되지 않았다면 종교개혁을 할 수 없었을 것이다. 인쇄술은 '면죄부'도 인쇄했지만 95개조 반박문도 인쇄했으니 말이다. 루터가 '믿음'으로 구원을 외쳤지만, 중세 역사학자는 오직 '인쇄'에 의한 구원이라고 말할 정도로 인쇄술이 가져온 효과는 대단했다. 사실 루터는 당초에 종교개혁을 일으키려고 95개조 반박문을 내건 것이 아니었다. 단지 교황청에서 발행하는 면죄부에 대해 강력하게 항의하려는 의도였다. 그때가 1517년 10월 31일이었다. 3개월 후인 1518년 1월 말에 루터는 자신이 작성한 95개조 반박문 내용에서 미심쩍은 부분이 있음을 느꼈다. 그리고 그것을 수정하려고 하자 그에게 들려온 답변은 다음과 같았다.

"고치려고 해도 소용없네. 이미 유럽에 다 퍼졌으니 말일세."

★관련 지역 독일 마인츠, 벨기에 안트베르펜, 프랑스 스트라스부르(유럽비전트립 2권)

1466년,
에라스뮈스의 출생과 이성의 빛

로테르담의 에라스뮈스 동상

종교개혁에 도화선이 된 두 가지 사건을 꼽으라면 인쇄술과 성경 번역이다. 북유럽의 인문주의자로 불리는 에라스뮈스는 인문학과 성경을 영국, 네덜란드, 프랑스 등 북유럽에 선사한 인물이다. 그는《우신예찬》을 통해 당시 기독교의 잘못을 비판했다(벨기에 브뤼셀 부분 참고). 드디어 본격적으로 시대에 돌을 던지기 시작한 것이다. 그리고 라틴어 성경 대신 그리스 원본을 세상에 알렸다. 〈불가타〉 성경은 주후 4세기에 번역된 라틴어 성경으로서 이미 천 년간 지속되었기 때문에 본문의 의미를 명확하게 표현하지 못했고 오류들도 많았다. 에라스뮈스는 그리스 원문에서 다시 라틴어로 성경을 번역하면서 기존 〈불가타〉 성경의 오류들을 지적함과 동시에 원문을 명확히 번역해 놓았다. 원문을 접한 파리, 옥스퍼드, 케임브리지 대학의 석학들은 당시 가톨릭의 오류를 금방 깨닫게 되었고, 이를 토대로 자국어로 된 성경 번역이라는 방아쇠를 당겼다.

에라스뮈스는 서문에서 "그리스도를 눈으로 보려고 하지 말고 낭독을 통해서 보라"고 충고하면서 여자와 아이들까지 바울의 메시지를 직접 접하기 원한다고 밝혔다. 사제들의 전유물이던 성경이 만민에게 확산되는 순간인 것이다. 에라스뮈스의 영향은 루터에게 강력한 확신을 주어 종교개혁을 일으키게 했으며, 영국 틴데일로 하여금 영어 성경을 번역하게 했다. 틴데일 성경은 1611년 킹 제임스 성경의 모태가 되었다. 에라스뮈스가 케임브리지에서 이런 활동을 한 이후 케임브리지는 청교도 지도자들의 양성소가 되었다.

'에라스뮈스가 종교개혁의 알을 낳았다면 루터가 그 알을 깠다'는 말이 있을 정도다.

★관련 지역 네덜란드 로테르담, 벨기에 브뤼셀, 영국 케임브리지(유럽비전트립 3권)

1473년,

코페르니쿠스의 탄생과 패러다임의 전환

코페르니쿠스의 지동설(地動說)은 과학혁명이라고 불릴 정도로 기존의 사고 체계를 180도 바꾼 중요한 사건이다. 종전까지는 이집트의 프톨레마이오스의 천동설(天動說)이 지구와 우주를 이해하는 토대였고, 지구가 우주의 중심이라는 우주관은 16세기까지 서구 사회의 우주관으로 자리 잡고 있었다.

그런데 코페르니쿠스의 지동설은 처음부터 천동설을 반박하기 위해 준비된 것은 아니었다. 이미 과거 그리스 학자들 중에서도 지동설을 주장하던 사람들이 있었다. 코페르니쿠스는 여러 학문을 공부하면서 지동설이 옳다는 확신을 갖게 되었고, 《천구의 회전에 관하여》라는 책을 출간한 뒤 그 해에 죽고 만다. 그래서 생전에는 큰 이목을 받지 못했다. 코페르니쿠스의 지동설을 전해들은 종교개혁자 루터는 "천문학의 앞과 뒤도 분간할 줄 모르는 바보"라고 비웃었다는 말이 있다.

그 후 그의 사상이 유럽에 확산되면서 세계관을 뒤바꾸어 놓기 시작했다. 중세 교회는 성경에 지구가 돈다는 말은 없고, 태양이 돈다는 것을 암시하는 말이 있으므로 천동설이 옳다고 주장했다. 그리고 창조 기사 역시 지구가 우주의 중심임을 나타내는 것처럼 보였다. 중세시대 철학이나 과학은 신학의 시녀쯤으로 여겨졌으나 코페르니쿠스 이후 신학과 과학은 별개의 학문으로 나뉘었다. 그의 지동설은 교회의 권위를 무너뜨리는 계기가 되었으며, 이 벌어진 틈에서 인문주의가 피어났다.

★관련 지역 폴란드 바르샤바, 토루뉴, 프롬보르크, 크라쿠프 등

폴란드 바르샤바에 위치한 코페르니쿠스 동상

1483년, 루터의 탄생과 종교개혁자

1483년에 역사상 가장 영향력 있는 인물이 태어났다. 바로 종교개혁을 일으킨 마르틴 루터다. 루터가 등장하던 시기는 예수님이 오실 때처럼 "때가 차매"라는 표현이 어울리는 시기다. 인쇄술이 발명되었고, 에라스뮈스의 이성의 빛이 유럽을 활활 밝혔기 때문이다.

루터의 개혁사상은 하나님의 천사가 나타나서 갑자기 일어난 것이 아니라 철저한 성경 공부를 통해 이루어졌다. 말씀과 어긋난 현실에 대항하여 일어선 것이다.

개혁자들이 가는 곳마다 성경이 보급되었고 하나님의 말씀이 전파되었다. 또 성경이 가는 곳마다 '교육'이 시작되었다. 개혁자가 지나간 곳에 교육이 확립되고 공교육이 실시된 것은 모두가 성경을 기초로 하기 때문이다. 개혁자들은 권력자들 주변에 서성거리지 않았고, 힘없는 민중과 빈민들의 편에 섰다. 역사상 '개혁'에는 반드시 성경, 교육, 구제 등이 뒤따른다. 이런 현상은 경건주의 운동이나 웨슬리의 감리교 운동, 부흥 운동이 일어난 때에도 예외는 아니며, 심지어 평양 대부흥 운동 때도 그랬다.

요즘 유난히 '개혁'이라는 표현을 많이 쓴다. 그런데 엄밀히 말하면 '시스템 변화'가 아닌가 싶다. 개혁의 깃발이 무색할 정도로 성경의 가르침은 뒷전이고, 교육의 열망은 없다. 개혁을 외치는 자들은 권력과 기득권을 염원할 뿐 정작 지켜 주어야 할 약자들은 관심 밖이다. 그런 의미에서 한국교회의 개혁이 종교개혁자들의 개혁과 같은 의미이기를 진심으로 소망한다.

★관련 지역 루터 가도, 경건 가도

> 아이슬레벤 루터 생가. 루터가 태어난 당시를 복원한 모습.

역사의 발자취

12

1517년,

루터가 종교개혁을 일으키다

^ 비텐베르크의 궁성교회 문,
루터는 1517년 이곳에 95개조 반박문을 붙였다.

같은 사건을 두고 이렇게 극단적인 해석이 나올 수 있을까? 1517년 종교개혁을 두고 가톨릭과 개신교의 입장 차이가 그렇다. 로마 가톨릭은 루터를 교회를 어지럽히고 사람들을 미혹한 존재로 여긴다. 그런 까닭에 로마의 베드로 대성당이나 많은 가톨릭 성당에서 이그나티우스의 로욜라가 루터를 짓밟는 조각상을 보는 것은 어렵지도, 놀랍지도 않다.

그러나 개신교가 보았을 때 루터의 종교개혁은 진리를 수호하기 위한 몸부림이었다. 즉 시대와 맞서 싸우는 행위였다. 당시 모든 사람들은 '참회'를 통해서 구원을 받는다고 믿었다. 다른 방법이 있다면 면죄부를 사거나 성물(聖物)을 모으는 것이었다. 얼마나 참회를 강요했는지 그들의 심령은 씻고 또 씻어서 너덜거릴 정도였다. 헌금통에 동전이 땡그랑 하고 떨어질 때, 연옥에 있는 가족의 영혼이 천국으로 간다는 가르침도 생겨나기 시작했다. 이것이 시대정신이며, 당시 사람들에게는 '진리'였다.

모두가 '거짓'을 믿을 때 진리를 외칠 수 있는 용기가 있었으니 바로 루터의 종교개혁이었다. 루터의 외침은 성경 속에 있었고, 많은 영혼들을 압제하던 시대정신과 대결하는 것이었다. 세상이 루터를 정죄하고, 교회가 그를 파문했다. 그러나 루터는 단호했다. 성경이 유일한 근거였기 때문이다.

마귀가 루터를 정죄하려고 그에게 나타났다. 마귀는 과거에 루터가 지은 죄를 들먹이며 지옥에 갈 거라고 협박했다. 루터는 잉크병을 마귀에게 집어던지며 말했다. "그리스도는 나를 모든 죄에서 건지셨다. 이 마귀야, 내 똥이나 쳐 먹어라!"

우리의 결연함과 단호한 믿음은 오직 성경에서 나온다.

★관련 지역 루터 가도

역사의 발자취

13

1521년,

내 주는 강한 성이요

^ 보름스에서 루터가 심문을 당한 지점, 하일스호프 공원 내에 있다.
"황제와 제국 앞에 내가 여기 서 있습니다." 1521년 마르틴 루터

로마 교황청에서 볼 때 루터의 사상은 마치 급성 전염병처럼 유럽을 휩쓸고 있었다. 둑이 터지듯 루터의 개혁은 온 유럽이 진리를 모색할 수 있는 전환점이 되었다. 그러나 교황청의 반격도 만만치 않았다. 교황청은 대중의 정서를 고려하여 루터를 즉각 제거하는 대신 그의 사상이 잘못되었다는 것을 밝히기 위해 공개 토론을 시도했다. 1518년 하이델베르크, 1519년 라이프치히 논쟁이 그것이다. 그럼에도 루터가 자신의 의견을 철회하지 않고 끝까지 맞서자 1521년 제국의회는 루터를 보름스로 소환했다. 그를 파문하기 위해서였다.

보름스로 향하는 길은 절박하고도 두려운 길이었다. 그가 파문을 선고 받으면 화형을 당할지도 모르고, 그를 추종하는 사람들 역시 그럴 수도 있었다. 당시 '파문'은 지옥으로 직행하는 것을 의미했으며, 파문당한 사람을 살해하는 것은 하나님을 위하는 행위로 간주되었다. 이런 이유로 중세와 16세기에 종교전쟁이 일어나기도 했다. 그러나 루터는 '하나님이 나의 강한 성'이라고 천명하며 담대히 보름스로 나아갔다. 1521년, 1526년 보름스 제국의회를 거쳐 1529년에도 제국 당국에 루터를 추종하는 세력들이 항거하자 '항의하는 자들'이라는 의미로 '프로테스탄트'라는 명칭이 생겨났다.

크리스천들은 이단의 무리가 아니라 거대한 분파로 자리 잡기 시작했다. 1530년 루터의 조력자 멜란히톤은 루터의 개혁사상을 체계화한 '아우크스부르크 신앙고백문'을 만들었고, 믿음의 내용을 명확히 하였다.

'내 주는 강한 성이요'의 찬양 가사에는 루터의 결연한 의지와 용기를 엿볼 수 있다.

* 관련 지역 루터 가도

1536년,

주여, 영국 왕의 눈을 열어 주소서

종교개혁이 일어난 후 유럽 곳곳에서 연기가 치솟기 시작했다. 루터의 저서들을 금서(禁書)로 규정하고, 입수되는 대로 소각시켰기 때문이다. 영국에서는 토머스 모어가 이 일에 앞장섰다. 치솟는 연기 속에서도 성경이 각국의 언어로 번역됐다. 1521년 루터는 바르트부르크 성에서 독일어 성경을 번역했다. 루터는 이 성에서 번역에 몰두하면서 치질과 변비를 앓았고, 구약성경을 번역하면서는 "하나님, 왜 신약의 성경 기자들이 독일어로 성경을 기록하도록 하지 않으셨나요?"라고 하소연하기도 했다.

루터와 에라스뮈스의 영향을 받은 틴데일은 보름스에서 성경을 영어로 번역했다. 벨기에 안트베르펜에서 성경을 영국으로 밀반입했으나 당시 헨리 8세는 영국으로 반입되는 영어 성경을 불태우도록 했고, 틴데일은 체포되었다.

틴데일은 1536년 벨기에 빌보르드에서 화형을 당했다. 그는 "주여, 영국 왕의 눈을 열어 주소서!"라고 마지막 유언 기도를 했는데, 1538년 영국은 로마 가톨릭과 결별하고, 틴데일 성경을 인정해 주었다. 그의 기도가 2년 만에 응답된 것이다. 틴데일은 성경을 잘 모르는 성직자에게 "밭 가는 소년이 당신보다 성경을 더 많이 알도록 만들 것이오"라고 말했을 만큼 모든 대중이 성경을 접하기를 바랐다. 그리고 그의 바람대로 틴데일은 셰익스피어와 함께 영어의 위상을 오늘날의 수준으로 끌어올린 인물이 되었다.

오늘날 우리는 언제 어디서든 성경을 구할 수 있으며, 누구의 눈치를 볼 필요 없이 성경을 들고 다닌다. 그러나 이 성경이 우리에게 전해지기까지 얼마나 많은 피를 흘렸으며, 얼마나 많은 선진들의 땀과 노력, 기도의 눈물이 배어 있는지를 잊지 말아야 한다.

★관련 지역 벨기에 안트베르펜, 빌보르드

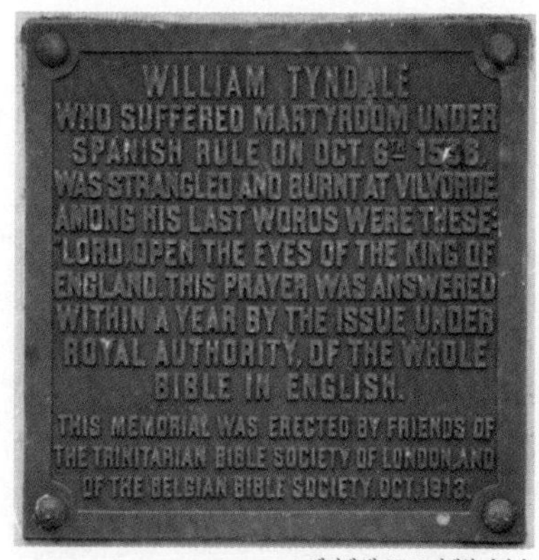

∧ 벨기에 빌보르드 틴데일 기념비. 틴데일의 마지막 기도문이 보인다.

^ 하이델베르크 성령교회.
이곳에서 하이델베르크 신앙고백문이 작성되었다.

1563년,

'하이델베르크 신앙고백문'이 체결되다

16세기는 매우 긴박한 상황이었다. 1517년 루터가 종교개혁을 일으켰지만 1518년 하이델베르크 논쟁, 1519년 라이프치히 논쟁, 1521년 보름스 회의 등을 통해 만만치 않은 반대 세력들과 직면해야 했다.

여러 차례에 걸친 저항들을 뚫고 마침내 1555년, 루터의 사상은 아우크스부르크 화의(和議)에서 정식 종교로 인정을 받았다. 루터와 동료 멜란히톤은 주로 평민보다는 귀족들에게 가까이 다가서는 인상이었다. 반면 칼뱅은 '만인 제사장', '직업 소명설' 등을 주장하면서 평민과 하층민들에게 다가가는 분위기였다. 이런 입장 차이로 인해 1555년 명암이 갈리게 된다. 독일 귀족들의 지원을 등에 업고 루터교는 정식 종교로 인정되었으나 칼뱅주의는 이단으로 취급 받으며 박해가 이어진 것이다.

1555년부터 하이델베르크의 선제후 프리드리히 3세는 기도로 준비하며 8년간의 고심 끝에 개혁 사상을 담은 '하이델베르크 신앙고백문'을 발표했다. 종전에 멜란히톤이 루터의 사상을 체계화해서 1530년에 발표한 '아우크스부르크 신앙고백문'이 믿음의 내용을 교리화했다면 하이델베르크 신앙고백문은 교리 표현은 물론, 한 걸음 더 나아가서 교육의 도구로 제작되었다. 고백문을 52개로 만들어서 매주 설교할 수 있게 했으며, 1년 동안 균형 잡힌 신앙 교육을 받을 수 있도록 했다. 이는 기독교 교육사에 한 획을 긋는 중요한 의의를 갖는다. 후에 네덜란드에서 열린 도르트 회의에는 '하이델베르크 신앙고백문'을 표본으로 채택했고, 나아가 1647년 런던에서 열린 '웨스트민스터 신앙고백문'에도 큰 영향을 주었다. 지금도 세례를 받을 때 소요리 문답으로 공부하고 있으니 500년 전에 기도로 준비한 신앙고백문이 우리에게 얼마나 큰 영향을 주는지 알 수 있다.

이렇듯 프리드리히 3세는 교회 교육을 체계화했고, 1년의 커리큘럼을 정해서 균형 잡힌 교육을 추구했다. 교육을 가리켜 백년대계(百年大計)라 한다. 한국교회는 유행과 풍조보다 멀리 내다보는 교육을 도모해야 할 것이다.

★관련 지역 독일 하이델베르크, 네덜란드 도르드레흐트

역사의 발자취

16

1606년,
그림으로 설교하는 렘브란트 출생

^ 〈탕자의 귀환〉, 이 그림은 러시아 상트페테르부르크에 있다.

믿음의 선조로서 렘브란트가 우리에게 큰 감동을 주는 것은 그림을 통해 설교하는 화가이기 때문이다. 모든 예술가의 그림들 중에 사연이 없는 것이 어디 있을까마는, 렘브란트는 성경을 깊이 묵상하고 해석한 후 그 의미를 그림으로 표현했다.

렘브란트는 1606년 부유한 가정에서 태어났고, 화가로서도 명성과 부를 누리며 앞길이 촉망되는 사람이었다. 하지만 하나님이 그의 인생에 들어오시면서 렘브란트에게 그림은 그의 설교 도구가 되었다. 외면적 표현기법을 버리고 내면의 의미를 빛으로 표현하는 의미심장한 그림들을 그리기 시작한 것이다. 그러나 이때부터 잘나가던 화가에게 내리막길이 시작되었다. 사람들은 렘브란트의 복잡하고도 눈을 즐겁게 하지 않는 그림들을 외면했고, 이에 따라 렘브란트는 화가로서의 입지를 잃고 말았다. 설상가상으로 그는 아내와 자녀들을 잃었다. 마치 네덜란드의 욥과 같았다.

그럼에도 렘브란트는 하나님을 사랑했고, 그림을 통해 하나님의 메시지를 전하려 했다. 렘브란트의 그림들은 전 세계에 퍼져 있다. 렘브란트는 경제적 궁지에 몰리자 자신의 그림들을 헐값에 매각했고 이를 통해 겨우겨우 연명했기 때문이다. 그가 얼마나 가난했으면 묘지 비용을 지불할 돈이 없었는지 암스테르담 서교회에 묻힌 그의 묘지마저 파헤쳐졌을까.

렘브란트의 가장 유명한 그림 중 하나인 〈탕자의 귀환〉은 멀리 떨어진 러시아의 상트페테르부르크에 소장되어 있다. 운명의 수레바퀴 사이에서 닮고 닮은 아들을 따뜻하게 맞아 주는 아버지, 욥과 같은 고난의 생애를 살았지만 렘브란트에게 하나님은 언제나 인자하고 따뜻한 아버지셨다. 그의 그림을 보고 있으면 어느덧 눈물 한 줄기가 흐른다. 렘브란트의 설교를 듣기 위해 암스테르담으로 떠나 보자.

★관련 지역 네덜란드 암스테르담

1618년,
도르트 회의가 열리다

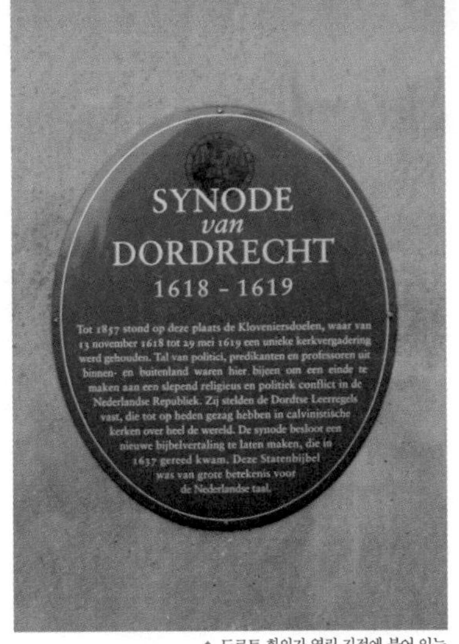

^ 도르트 회의가 열린 지점에 붙어 있는 회의 기념 명판

왜 개신교에는 이렇게 많은 종파가 생겨난 것일까? 그 질문을 반대로 돌려서 만일 개신교가 하나의 종파라고 생각해 보자. 하나의 개신교는 하나님의 영광을 드러낼까, 아니면 하나님을 대적할까? 역사가 보여 주듯이 하나의 종파였던 종교개혁 이전의 기독교는 하나님을 대적하는 편에 섰다. 종파가 많이 나뉜 것은 진리를 유지하기 위한 하나님의 방법이었는지도 모른다. 개신교가 갈라져 나올 당시 가톨릭의 진리는 이미 희미해진 상태였다. 경건주의가 루터교에서 갈라져 나올 때 루터 교회는 생명력을 잃어 가고 있었다. 웨슬리의 감리교가 생겼을 때, 영국 국교회는 이미 경직된 상태였다. 따라서 종파가 생겼을 때, 우리는 새로운 종파가 진리 위에 서 있는지 분별해야 하겠지만 그보다 먼저 기존 교단이 생명력을 상실하지 않았는지 점검해 볼 필요가 있다.

1618년 네덜란드 도르드레흐트에서 열린 도르트 회의는 개신교 내 굵직한 두 종파가 갈라진 회의였다. 도르트 회의의 결과로 오늘날 장로교와 감리교가 나뉘었고, 세례냐 침례냐에 따라 침례교가 또 나뉘게 되었다. 그러나 교단 분열의 이슈를 넘어서 더 중요한 것은 무엇일까? 구원이 하나님의 예정이냐 본인의 선택이냐를 가리는 논쟁보다 그 속에 그리스도의 생명력이 있느냐가 가장 중요한 문제일 것이다. 물을 뿌리느냐, 물속에 들어가느냐의 옳고 그름을 판가름하기 이전에 그 세례와 침례 속에 은혜가 있느냐, 형식적 요식행위에 지나지 않느냐를 따지는 것이 훨씬 더 중요하다.

도르트 회의는 교회사에서 중요한 회의 중 하나다. 그러나 우리에게 주는 교훈은 이데올로기에 빠진 소모적인 논쟁과 편 가르기보다 더 중요한 그리스도의 생명력을 잃지 않는 몸부림이 우리 시대에 절실하게 요구된다는 것이다. 적어도 도르트 회의의 지도자들에게는 그런 몸부림이 있었다.

*관련 지역 네덜란드 도르드레흐트

1620년, 필그림 파더스가 신대륙으로 떠나다

미국 건국자들을 '필그림 파더스'라고 부른다. 이들은 영국 국교회에 반발한 청교도 분리주의자들로서 영국을 떠나 네덜란드로 이주한 후 1620년에 미국으로 건너간 무리다. 이미 아메리카 대륙에는 인디언들이 오래전부터 살고 있었고, 콜럼버스에 의한 이주민들도 있었다. 그렇다면 뒤늦게 건너간 이들이 왜 미국의 건국자들인가? 바로 이들의 정신이 미국의 기초를 세웠기 때문이다.

필그림 파더스가 1620년 미국에 도착한 후 절반 이상이 이듬해에 목숨을 잃었지만 이들은 이곳에서 '메이플라워 서약서'를 체결하여 미국 정치의 토대를 만들었다. 이들은 청교도 정신을 바탕으로 대학을 세웠는데, 바로 하버드, 예일, 프린스턴 대학이다. 이것이 서부 총잡이들이 아닌 필그림 파더스가 미국의 건국자로 불리는 이유다. 필그림 파더스의 모토가 된 정신은 다음과 같다.

"세상 사람들은 현실을 실제로 여기고 장차 올 세계를 꿈으로 여긴다. 그러나 우리는 현실을 꿈으로, 장차 올 세계를 실제로 여긴다."

과연 우리의 소망은 무엇인가? 우리를 움직이는 동력은 무엇인가? 누군가 영원한 세계를 품은 모습이 아닌 세상적 탐욕과 권력에 사로잡힌 모습으로 우리를 바라보고 있다면, 청교도들의 모습을 거울삼아 우리의 신앙과 소망을 돌아보아야 할 것이다.

"우리가 소망으로 구원을 얻었으매 보이는 소망이 소망이 아니니 보는 것을 누가 바라리요"(롬 8:24).

★관련 지역 네덜란드 로테르담의 델프트 항,
영국 사우샘프턴과 플리머스(유럽비전트립 3권)

> 로테르담에 위치한 델프트 항.
이곳에서 청교도 분리파들이 신대륙으로 출항했다.

역사의 발자취

19

1632년,

스피노자와 사과나무

∧ 네덜란드 헤이그의 스피노자 하우스

인간이 이성으로 신을 판단하게 된 근원을 거슬러 올라가면 1632년에 태어난 스피노자가 나온다. 스피노자는 "내일 지구가 멸망하더라도 나는 한 그루의 사과나무를 심겠다"는 말로 유명한 철학자다.

데카르트가 이성의 시대를 열었다면 스피노자는 이성이라는 총으로 성경을 겨누었다. 성경 속에서 모든 초자연적인 사건들을 제거하기 시작했고, 예수를 하나님의 아들이 아닌 단순한 도덕 선생으로 전락시켰다. 그가 기여한 것은 이신론(理神論) 사상이다. 하나님은 존재하되 이 세상에는 '법칙'만을 허용하셨을 뿐 그는 세상 밖에 계신 하나님이다. 초자연적인 개입과 계시는 없으며, 그가 확립한 법칙만이 존재할 뿐이라는 것이다.

그의 이 같은 신성모독에 대해 암스테르담 유대인 공동체는 스피노자를 출교시켰다. 그 결정에도 아랑곳없이 그는 더 많은 영향력을 후세에 남기게 된다. 대학 CCC선교회의 10단계 성경 공부 시리즈를 경험한 청년들이라면 1단계 교재에서 "예수가 하나님의 아들이 아니라면 그는 미치광이거나 거짓말쟁이일 뿐 결코 도덕 선생이 될 수 없다"는 논리를 한 번쯤 들어 보았을 것이다. 이 가설은 기독교를 변증하기 위해 C. S. 루이스가 세운 것인데, 스피노자의 도전에 맞서기 위한 시도였다.

성경을 파헤친 신학은 오히려 생명을 잃게 만드는 도구가 되고 말았다는 것을 역사를 통해 보게 된다. 성경은 우리가 이성의 잣대로 판단할 때가 아니라 하나님의 말씀으로 인식할 때, 자유와 생명을 얻게 된다.

"모든 이론을 무너뜨리며 하나님 아는 것을 대적하여 높아진 것을 다 무너뜨리고 모든 생각을 사로잡아 그리스도에게 복종하게 하니"(고후 10:4-5).

★관련 지역 네덜란드 헤이그

17세기의 기독교 과학자들

루터의 종교개혁을 신호탄으로 많은 기독교 과학자들이 로마 교황청과 다른 견해를 세상에 알리기 시작했다. 종전까지 교황청은 4세기 아리스토텔레스부터 시작되어 천 년 넘게 권위를 유지해 온 프톨레마이오스의 세계관, 즉 천동설(天動說)을 믿고 있었다.

첫 횃불을 밝힌 인물은 폴란드의 코페르니쿠스였다. 그는 가톨릭 사제로서 성경과 천문학을 연구하던 중 천동설의 복잡한 우주관은 질서의 하나님이 창조하신 우주관에 부합되지 않음을 알게 되었다. 코페르니쿠스는 하나님이 만드신 조화로운 우주는 질서와 법칙에 따라 움직인다고 믿었고, 이에 수학적으로 우주의 현상을 잘 설명할 수 있는 지동설을 주장했다. 즉 그의 이론의 시작은 관측이 아닌 성경을 통한 전제였다.

이러한 신플라톤주의적 사고는 이후의 위대한 천문학자인 갈릴레이, 케플러, 뉴턴에게도 적용되었다. 코페르니쿠스를 이은 갈릴레이는 아리스토텔레스의 물리학에 모순이 있음을 증명했다. 하지만 독실한 신자였던 갈릴레이는 종교재판소에서 자신의 주장을 철회하는 맹세를 해야 했다. 더 나아가 당시 코페르니쿠스와 갈릴레이의 행보는 가톨릭은 물론 종교개혁자들로부터도 비난을 받았다. 루터는 여호수아가 멈추게 한 것은 태양이지 지구가 아니라고 했고, 칼뱅은 시편 93편을 인용해서 땅은 요동치 않는다고 주장했다.

^ 토루뉴 코페르니쿠스 생가에 있는 과학자들 초상화

뒤이어 17세기에 등장한 인물이 요하네스 케플러와 영국의 아이작 뉴턴이다. 독실한 크리스천이던 이들은 과학으로 하나님을 세상에 알렸다. 케플러는 천동설의 오류를 밝히고 지동설을 완벽히 증명해 냈고, 아이작 뉴턴은 만유인력의 법칙을 발견했다. 이들은 천문학을 통해서 하나님의 완벽한 창조 질서를 보여 주었다. 케플러는 하나님이 천지를 창조하셨다면 완벽한 법칙과 질서가 있을 거라는 전제로 연구를 시작했고, 오랜 연구 끝에 그것을 증명해 냈다. 뉴턴은 한 걸음 더 나아가 세계는 우연에 의해서가 아니라 치밀한 설계와 계획에 의해 창조되었다고 주장했다. 이들은 당시 신학 공부를 했으나 결국 천문학을 통해 세상에 설교한 설교자들이었으며, 이들의 업적은 과학 발전의 토대가 되었다.

★ 관련 지역 폴란드 바르샤바, 토루뉴, 프롬보르크, 체코 프라하, 독일 튀빙겐 등

역사의 발자취
21

1685년,
바흐와 헨델이 출생하다

교회 음악을 음악 분야의 최고로 끌어올린 개척자는 1685년생의 동갑내기인 바흐와 헨델이다. 이들에게 음악은 하나님을 향한 사랑이요, 인생의 전부임과 동시에 세상을 향한 신앙 고백이었다. 루터 사후 200년간 루터를 가장 사랑한 사람이 바흐라고 할 만큼 바흐는 독실한 개신교 신자였다. 그는 일평생 오르간 반주를 하며 하나님을 찬양하는 일에 인생을 드렸고, 그의 평생 대작인 〈마태수난곡〉을 완성시켰다. 그러나 〈마태수난곡〉은 그의 사후 100년이 지나서야 멘델스존에 의해 초연되었는데, 바흐의 신앙 고백은 예수 그리스도를 음악으로 전하며 모든 청중을 눈물로 적셨다는 기록이 있다.

헨델은 영국에서 음악 활동을 하던 중 파산과 질병을 당해 인생 밑바닥까지 추락했다. 그러나 24일간 기도로 작곡한 〈메시아〉를 완성한 후 그는 하나님 앞에 기쁨의 눈물을 흘렸다. 그의 눈물로 적셔진 '메시아'의 원본 악보는 대영도서관에서 볼 수 있다. 〈메시아〉 연주를 들은 사람들은 하늘 문이 열리고 하나님의 임재를 경험하는 것 같다는 찬사를 쏟아낸다.

〈마태수난곡〉과 〈메시아〉를 완성한 바흐와 헨델은 결코 교만하거나 우쭐대지 않았다. 그들에게 음악은 세상에 하나님을 알리는 위대한 도구였다. 세상의 모든 음악이 사라져도 바흐와 헨델의 화성만 있으면 모든 음악을 복원시킬 수 있다는 말이 있다. 바흐와 헨델이 우리에게 위대한 이유는 그들의 음악적 기여도가 아니라 하나님을 향한 사랑과 섬김 때문이다.

★관련 지역 독일 아이제나흐, 할레, 라이프치히

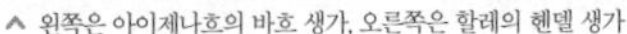
^ 왼쪽은 아이제나흐의 바흐 생가, 오른쪽은 할레의 헨델 생가

1720년, 친첸도르프와 모라비안 교도

헤른후트 모라비안 교회에 있는 웨슬리와 친첸도르프 흉상

17세기 독일에는 새로운 신앙 사조가 등장하고 있었다. 한 세기 전에 등장한 종교개혁은 30년 전쟁을 거치면서 교리로만 남아 있을 뿐, 루터교는 사회를 이끌고 지탱할 만한 생명력을 상실해 가고 있었다. 이런 때 슈페너와 프랑케가 주도한 경건주의 운동이 일어나고 있었다. 말씀 그 자체에 머물기보다 사회에서의 실천을 통해 생명력을 회복하는 운동이었다. 철저한 회개와 순종, 교육과 구제를 통한 경건주의는 곳곳에서 새로운 부흥으로 교회를 깨우기 시작했다. 슈페너와 프랑케 이후 경건주의를 이어받은 인물이 바로 친첸도르프다. 그는 후스의 후예들인 체코의 모라비안 교도들을 맞아 주었고, 세계를 품기 시작했다. 모라비안 교도들은 말씀을 믿고, 실천하며, 전파하는 데까지 나아갔다. 이들은 세계로 복음을 들고 나가 18세기에는 아프리카, 아메리카, 그린란드까지 하나님의 말씀을 전파했고, 19세기에는 중국과 한국으로 나갔다. 우리나라에 첫발을 디딘 독일 선교사 귀츨라프나 영국을 살린 고아의 아버지 조지 뮐러 모두 경건주의의 심장인 할레에서 공부했다. 이런 까닭에 근대 교회사에서 경건주의와 친첸도르프를 논하지 않을 수 없다.

1729년에 대륙에서 미국으로 향하던 시몬드 호가 있었다. 당시 옥스퍼드 출신이며 영국 국교회 소속의 화려한 이력을 지닌 목사가 이 배에 타고 있었고, 옆에는 기존 교단에 의해 무시당했지만 복음을 들고 미국을 향하던 모라비안 교도들이 함께 있었다. 그러던 중 배는 예기치 않은 풍랑을 만나 침몰할 수도 있는 위기를 맞았다. 고상한 목사는 죽음의 공포에서 어쩔 줄 몰라 했지만 모라비안 교도들은 평화롭게 찬송을 불렀다. 목사는 하찮게 여기던 그들에게 물어 보았다. "당신들은 죽음이 두렵지 않소?" 그러자 그들은 이렇게 대답했다. "잠시 후면 하나님을 만나는데 뭐가 두렵습니까?"

결국 이들에 의해 회심을 하고 감리교를 창시했으니, 이 고상한 목사가 바로 존 웨슬리다.

★관련 지역 경건 가도

역사의 발자취
23

1749년, 《파우스트》의 저자 괴테 출생

우리는 18세기를 '근대'로 부르지만 괴테, 실러, 베토벤과 같은 독일인들에게 18세기는 현대이며, 급변하는 시대였다. 한 세기 전에 종교개혁과 르네상스가 일어났고 이후 하루가 다르게 세상이 바뀌었다. 새로운 철학들이 쏟아져 나왔고, 과학은 인류의 세계관을 하루가 다르게 바꾸고 있었다. 〈피가로의 결혼〉을 통해 계급사회의 부조리를 폭로한 모차르트를 통해서도 알 수 있듯이 1789년 프랑스 혁명은 시대정신이 만들어 낸 결과물이었다. 이 정신을 독일인들에게 적용하기 위해 실러는《빌헬름 텔》을 썼다. 독일 철학자 헤겔은 나폴레옹을 보고 "말 위에 있는 시대정신을 보았다"고 했을 정도다. 프랑스 혁명은 종교와 교회를 몰아내고 '이성'을 신의 자리에 올려놓았다.

이런 때에 괴테가 활동했다. 그가 20세 때부터 노년이 되도록 수십 년간 구상한 작품이 있었으니, 바로《파우스트》다. 괴테는 이 작품에 당시의 시대정신을 담고자 평생을 걸쳐 고뇌했다. 원래 파우스트는 성경을 바탕으로 전래해 온 이야기였다. 그러나 이 이야기가 괴테의 손을 거치면서 전혀 다른 작품으로 탄생했다.

^ 프랑크푸르트 괴테의 생가에 있는 괴테의 서재

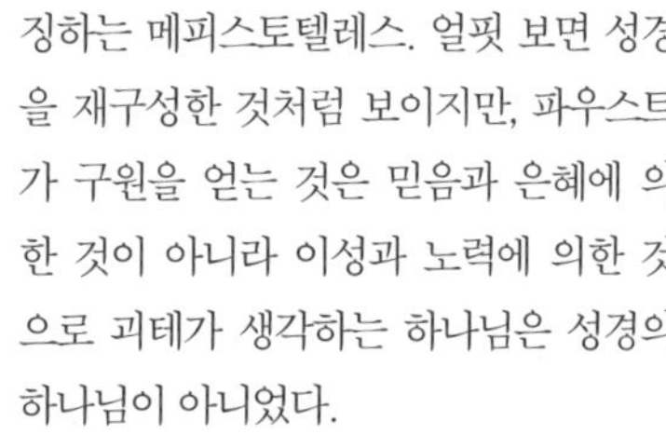

인간을 대표하는 파우스트, 마귀를 상징하는 메피스토텔레스. 얼핏 보면 성경을 재구성한 것처럼 보이지만, 파우스트가 구원을 얻는 것은 믿음과 은혜에 의한 것이 아니라 이성과 노력에 의한 것으로 괴테가 생각하는 하나님은 성경의 하나님이 아니었다.

많은 음악가들이 괴테의《파우스트》에 영감을 받아 음악의 소재로 삼았을 만큼《파우스트》는 유럽의 시대정신을 표방하고 있었다. 그런데 이런 시대정신이 만연할 때는 반드시 교회가 생명력을 잃어 가는 때와 일치한다.

"영의 세계의 고귀한 분이 악의 손에서 구원을 받았습니다. 계속해서 노력하여 애쓰는 자를 우리는 구할 수 있습니다"(《파우스트》 천사의 대사 중에서).

★ 관련 지역 독일 프랑크푸르트, 바이마르, 라이프치히 등

역사의 발자취
24

1770년,
악성(樂聖) 베토벤이 태어나다

^ 독일 본의 베토벤 생가 창문에 있는 베토벤 상

모든 음악가를 합친대도 베토벤 한 사람만 못하다고 말하는 사람이 있다. 물론 과장된 표현이겠지만 그의 생애를 보면 어느 정도 수긍이 가는 부분이 있다. 이 책이 단순한 유명 지역을 소개하는 것이 아니라 믿음의 발자취와 사색, 감동을 추구해서인지는 모르지만 베토벤은 그 누구보다 눈길이 가는 인물이다.

베토벤은 태생부터 고난과 함께한 인물이었다. 부친은 매독에, 모친은 폐결핵을 앓았고, 네 아이들 모두 폐결핵으로 앞일을 장담할 수 없었다. 그리고 다섯 번째 아이가 태어났으니, 그가 바로 베토벤이다. 베토벤이 음악가로 세상에 이름을 알릴 때 즈음, 음악가로서는 치명적인 위기와 맞닥뜨려야 했다. 새가 날개를 잃듯, 운동선수가 다리를 잃듯, 그의 귀가 들리지 않은 것이다. 심각한 자괴감과 절망에 빠진 그는 차라리 죽음을 통해 모든 삶의 무거운 짐을 벗어버리고 싶었다. 그런 심정으로 쓴 것이 '하일리겐슈타트의 유서'다.

귀를 갖고 있을 때는 누군가에 대한 연민 속에서 음악을 만들었다. 〈엘리제를 위하여〉, 〈월광 소타나〉 등이 그것이다. 귀가 들리지 않은 이후 그는 내면의 소리를 듣기 시작했다. 그렇게 해서 완성한 곡이 〈전원교향곡〉, 〈운명교향곡〉이다. 문을 박차고 나가듯 운명을 새롭게 열어젖히는 감격이 느껴지는 곡들이다.

그는 생애 마지막에 하나님께 영광을 돌리고, 인류의 평화를 염원하며 역작 〈9번 교향곡〉을 완성하였다. 우리가 잘 아는 〈환희의 송가〉가 그중 일부분이다.

베토벤이 청각을 잃은 것은 한편으로는 절망이었지만 다른 한편으로는 내면의 소리를 듣게 해준 또 다른 축복이었다. 베토벤을 묵상하며 내가 잃은 것 때문에 주저앉기보다 그것 때문에 내면의 소리를 듣기 바란다. 거기에서부터 또 다른 가능성이 열리게 된다.

* 관련 지역 독일 본, 오스트리아 빈

1810년,
피아노의 시인(詩人) 쇼팽 출생

^ 젤라조바 볼라에 위치한 쇼팽 생가의 쇼팽 동상

우리 조상은 예부터 다른 민족을 침략하지 않은 평화를 사랑하는 선조들이었다. 반면 수백 번의 외침을 경험한 한(恨)의 민족이다. 그런 의미에서 볼 때 우리와 동병상련(同病相憐)을 느낄 수 있는 유럽의 국가가 바로 폴란드다. 대부분의 유럽 국가들이 제국(帝國)적 팽창을 시도하던 것과는 달리 폴란드인들은 천성이 우리처럼 평화를 선호하는 민족이다. 대신 동쪽 러시아에서, 서쪽 독일에서, 남쪽에서 갖은 침략을 겪어야 했다. 폴란드를 독자들에게 추천하는 것은 스위스의 알프스나 파리의 에펠탑과 같은 유명한 관광 명소가 있기 때문이 아니라 유럽에서 우리와 같은 아픔을 함께 느낄 수 있는 곳이기 때문이다.

이런 폴란드의 민족성을 음악으로 표출한 인물이 바로 피아노의 시인 쇼팽이다. 그는 어려서부터 조국을 사랑하여 민족성을 음악으로 표현해 내던 인물이다. 폴란드 전통 무곡을 바탕으로 새로운 장르를 개척해 낸 〈마주르카〉, 폴란드의 혼을 담아 낸 〈폴로네즈〉 등이 그것이다. 그리고 러시아의 침공을 받았을 때 그는 〈혁명〉을 작곡했다. 그밖에도 〈발라드〉, 〈즉흥 환상곡〉 같은 불후의 명작들은 단순한 천재적 영감에서 나온 것이 아니다. 조국에 대한 애절함이 쇼팽 음악의 근간을 이루고 있다.

2차 대전 폴란드를 배경으로 한 영화 〈피아니스트〉는 100년 전 쇼팽을 떠오르게 만든다. 폐허가 된 바르샤바에서 숨어 지내던 주인공 스필만이 독일군 장교에게 〈발라드〉를 연주하는 장면은 더더욱 그렇다.

쇼팽, 아우슈비츠, 쉰들러리스트 등을 접할 수 있는 곳이 폴란드다. 가슴에 길이 남을 만한 폴란드 방문이 되길 바란다.

"고난들을 가볍게 피하려고 한다면 훗날 당신의 평화를 깨는 유령이 되어 나타날 것이다"(쇼팽).

★관련 지역 폴란드 바르샤바, 젤라조바 볼라, 프랑스 파리(유럽비전트립 2권)

1815년,

워털루 전투

1789년 프랑스 혁명은 유럽 사회에 커다란 파장을 가져왔다. 당시 신분제 사회였던 유럽의 나라들에 점차 균열의 조짐이 보였는데, 프랑스가 제창한 자유, 평등, 박애의 정신은 전 유럽에 불길처럼 번져 갔다. 나폴레옹은 "모든 사람은 법 앞에서 평등하다"는 말로 자신을 알렸다. 정치적으로 따지자면 자유, 평등 사상은 프랑스가 세계에 가져다준 것이었다 해도 과언이 아니다. 그런 의미에서 헤겔이 말한 대로 나폴레옹은 '시대정신' 그 자체였다.

그러나 나폴레옹은 1804년 스스로 황제에 오른 뒤 유럽을 침공하기 시작했다. 영국을 점령하려고 했으나 트라팔가르 전투에서 패한 뒤 유럽 대륙을 향해 정복 전쟁을 벌이기 시작했고, 마침내 러시아까지 진격했다. 1815년 '시대정신'을 막기 위해 유럽의 연합군과 프랑스 군은 워털루에서 대치했다. 미국 독립전쟁에서 패한 영국이 이 전쟁에서도 패한다면 영국은 산업혁명을 이끈 나라라는 말이 무색할 정도로 이류 국가로 추락할 위기였다. 이 워털루 평원에서 하루에 수만 명의 젊은이들이 죽었을 정도로 각국의 사활을 건 싸움이 펼쳐졌다. 프랑스군은 어떻게 해서든 전투 경험이 부족한 연합군들을 각개 격파해야 했고, 연합군들은 무모하게 프랑스군에 덤벼들기보다 프로이센 군대가 합세할 때까지 버티며 기다려야 했다. 촌각을 다투는 운명의 순간, 영국의 웰링턴은 나폴레옹의 거센 공격을 끝까지 버텨 냈다. 마침내 프로이센 군대가 합세하자 나폴레옹의 위엄도 한순간에 무너지고 말았다.

역사에 '만약'은 없지만 나폴레옹이 트라팔가르 전투에서 넬슨을 물리치고, 워털루에서 웰링턴마저 물리쳤다면 역사는 어떻게 변했을까? 그럼에도 중요한 것은 나폴레옹에 의해 자유, 평등 정신이 유럽에 퍼졌고, 귀족 신분 사회가 드디어 막을 내리게 되었다는 사실이다.

이렇게 세상을 뒤흔들던 '시대정신'은 끝났지만 그가 늘 하던 말은 영원히 기억되었다. "내 사전에 불가능이란 없다."

★관련 지역 벨기에 워털루

'사자의 언덕'에서 내려다보는 벨기에 워털루 평원. 그날의 함성이 들리는 듯하다.

1827년,

베토벤과 슈베르트

^ 베토벤의 하일리겐슈타트 유서(위쪽)와 슈베르트의 상징인 그의 안경(아래쪽)

18세기에 바흐와 헨델을 필두로 모차르트와 베토벤이 있었다면, 19세기에는 더 많은 음악가들이 음악사를 빛냈다. 불후의 명작을 듣는 것 자체가 감동이겠지만 음악가들의 작곡 배경을 알고 들으면 더 큰 감동을 받게 된다. 모진 역경을 딛고 내면의 소리를 표현해 낸 베토벤부터 '천재'라는 소리를 들었으나 늘 궁핍했고 스캔들이 끊이지 않았던 모차르트와 슈베르트도 있다. 조국의 아픈 역사에 영감을 얻어 음악으로 표현한 쇼팽도 있다. 폴란드 국민은 쇼팽의 음악을 들으며 강한 민족혼을 느끼곤 한다. 체코의 드보르자크도 비슷하다. 반면 슈만에게는 사랑하던 여인 클라라가 영감의 원천이었다.

임종을 앞둔 베토벤은 하나님께 자신의 신앙을 고백하며 〈9번 교향곡〉을 작곡했다. 반면 천재 슈베르트는 문란한 생활로 얻은 매독으로 사경을 헤매고 있었다. 이 무렵 하이든은 자신을 가리켜 '음악을 맡은 하나님의 청지기'에 불과하다고 표현했다. 많은 음악가들이 있지만 음악을 어떤 도구로 선택하느냐에 따라 삶의 평가가 엇갈린다.

베토벤과 슈베르트는 비슷한 시기에 세상을 떠났다. 슈베르트는 천재라는 소리를 들으며 음악가로서 영예를 누렸지만 재산을 탕진하고 몹쓸 병을 얻어 쓸쓸히 죽어 간 반면, 베토벤은 역경을 딛고 모든 사람에게 감동을 선사하는 최후를 살았다. 모차르트의 임종에는 가족조차 없이 인부 2명이 그 옆을 지켰고, 슈베르트 역시 쓸쓸하기는 마찬가지였다. 그러나 베토벤은 3만 명의 시민들이 그의 마지막 길을 환송했다.

우리의 인생이 어떤 모습이 되어야 할까? 하나님과 사람 앞에 존귀함을 받는 그런 인생이 되기를 바란다.

★관련 지역 오스트리아 빈, 잘츠부르크, 독일 본 등

역사의 발자취

28

19세기 초,

브뤼셀 그랑플라스 광장

왕정에서 민주화 시대로 가는 19세기의 길목은 험하고 고된 과정이었다. 사회적 모순을 비판하던 사람들은 본국에서 거주하지 못하고 망명해야 했다. 그들에게 벨기에 브뤼셀은 가장 적절한 도시였다. 당시 브뤼셀을 거점으로 활동하던 인물은 카를 마르크스, 엥겔스, 빅토르 위고, 알렉산더 뒤마 등이 있었다.

마르크스는 이곳에서 급격히 전개되는 자본주의를 비판하며 그 대안으로 공산주의 이론을 발표했다. 그의 저서《공산당 선언》이 발표된 곳이 바로 브뤼셀 그랑플라스였다. 이 책이 발표된 뒤 전 세계 수많은 사람들이 희생된 사실을 그는 알지 못할 것이다.

《레 미제라블》의 저자 빅토르 위고 역시 파리에서 브뤼셀로 망명을 떠나야 했다.《레 미제라블》에서 소개된 시대상은 위고 자신이 경험하는 사회의 모습이었다. 당시 사회와 법은 가난한 자들을 위한 것이 아니라 강자들을 위한 지배 수단이었다. 주인공 장 발장은 시대적 아픔을 대변하는 인물이고, 장 발장을 끝까지 추적하다 죽음을 선택한 자베르 형사는 사회적 고뇌를 단적으로 보여 준 인물이다. 사회 정의와 양심 사이에서 고뇌하던 그가 내린 결론은 자살이었던 것이다. 위고가 우리에게 던지는 메시지는 미리엘 신부를 통해 나타난다. 장 발장이 신부의 은쟁반을 훔쳤다가 잡혀 왔을 때, 그는 왜 은촛대도 가져가지 않았냐고 말해 경찰들을 당황하게 만들었다. 밀리에르 신부가 장 발장에게 한 말 속에서 우리의 나아갈 길을 찾을 수 있을 것 같다.

"이 은촛대로 나는 자네의 영혼을 사겠네."

★관련 지역 벨기에 브뤼셀 그랑플라스

^ 진보 사상가들이 모여들던 벨기에 브뤼셀의 그랑플라스 광장

1856년,

마르크스와 프로이트

19세기 들어 두 유대인의 기독교 공격은 너무나 날카로웠다. 바로 마르크스와 프로이트다. 나치는 유대인들의 사상을 해롭다고 여겨서 마르크스의 저서들을 베를린에서 불태웠다. 심리학의 아버지 프로이트도 예외는 아니었다. 나치의 억압으로 인해 프로이트는 영국 런던으로 떠날 수밖에 없었다.

그러나 그들의 사상은 기독교에 날카로운 칼을 휘둘렀다. 마르크스의 유물론에 의하면 사람은 하나님의 형상이 깃든 존재가 아니라 그저 물질 덩어리에 불과하다. 결국 2차 대전 이후 마르크스의 사상을 이어받은 스탈린은 소련을 세우는 과정에서 무려 5,000만 명을 죽였다는 기록이 있다. 스탈린은 5,000만 개의 '영혼'을 파멸시킨 것이 아니라 물질을 소멸시킨 것이다. 이렇게 유물론은 무서운 결과를 초래한다. 중국이 세워지는 과정에서 나온 "종교는 아편이다"는 말도 너무나 유명하다.

마르크스의 유물론이 유럽을 휩쓸고, 다윈의 진화론이 기독교에 심각한 타격을 가하던 1856년, 정신 분석학의 아버지 프로이트가 태어났다. 프로이트는 감정, 정서, 정신적 세계를 모두 '심리학(Psychology)'의 영역에 넣어 버렸다. 은혜, 믿음, 신앙의 영역마저 심리학 창고 안으로 들어가게 된 것이다. 프로이트는 "종교란 의존적인 심리에 불과하다"라고 말했다. 마르크스와 다윈의 그것과 맞먹는 위협이다.

성경에서는 이런 유대인들을 가리켜 '사단의 회'라고 명하는지도 모르겠다. 은혜가 넘치면 넘칠수록 마귀의 역사는 더 활발하게 일어난다. 과연 우리는 단백질 덩어리에 불과한가? 우리의 믿음은 망상일 뿐인가? 앞으로 더 많은 미혹의 사상들이 말세에 나타날 것이다. 성경을 굳건히 붙잡음으로 우리의 믿음이 흔들리지 않기를 소망한다.

▲ 프로이트는 '심리학'이라는 단어를 만들었다. 그는 영적 영역을 심리학 범주로 넣어 버렸다.

★관련 지역 벨기에 브뤼셀
오스트리아 빈 프로이트 하우스,
영국 런던(유럽비전트립 3권)

^ 체코 브르노의 멘델 수도원, 정면 아치문 윗방이 멘델의 방이다.

1876년, 사망 동갑(?)이 남긴 것

1876년 두 명의 거인이 세상을 떠났다. 한 명은 유전학의 아버지 멘델이고, 다른 한 명은 다비드 슈트라우스다. 공통점이 있다면 둘 다 자신의 연구에 몰두했고, 인생을 열심히 살았다. 다른 점이 있다면 다비드 슈트라우스는 독일 최고의 신학자라는 칭송을 받으며 튀빙겐 학파의 위상을 올린 반면, 멘델은 사제로서 이름 없이 세상을 떠났고, 사후에 그의 이론이 빛을 보게 되었다.

아이러니하게도 두 인물의 인생과 남긴 것은 극명한 대조를 이룬다. 멘델은 평생 완두콩 실험을 하며, 인류 최초로 유전 법칙을 발견해 냈다. 진화론을 세상에 알린 다윈이 유전 법칙을 설명할 수가 없어서 어려움을 겪었던 그 이론이었다. 만일 멘델의 유전 법칙이 세상에 먼저 나왔다면 다윈의 진화론이 그토록 큰 영향을 미치지 못했을 것이다. 종의 보존 원리를 밝힌 멘델의 유전 법칙은 성경을 더욱 확증하는 도구였다. 다윈은 모든 개체가 '진화'를 통해 변화된다고 설명하지만, 멘델의 유전법칙과 함께 1904년에 발표된 카를 란트슈타이너의 ABO식 혈액형의 발견은 성경의 창조론을 뒷받침하고 있다.

반면 슈트라우스는 최첨단 신학자라는 평가를 받았다. 그는 《예수전》을 통해 성경의 모든 초자연적인 것을 파헤친 뒤 성경은 단순한 도덕책에 지나지 않는다고 주장했다. 슈트라우스는 신학에서 비평학의 수준을 한 단계 끌어올린 공헌을 했지만 기독교에서 생명력을 앗아 갔다. 그는 헤세, 니체와 같은 사상가들의 믿음을 무장해제시킨 장본인이기도 하다.

조용히 살다 간 멘델, 영예와 부를 누린 슈트라우스. 그러나 하나님 앞에서 그들 인생은 정반대로 평가될 것이다. 당신은 멘델과 같은 인생을 살 것인가, 슈트라우스와 같은 인생을 살 것인가?

★관련 지역 체코 브르노, 독일 튀빙겐

1900년,

니체가 남긴 발자취

∧ 독일 뢰켄의 니체박물관에 있는 그의 얼굴 마스크

"신은 죽었다"는 말로 유명한 니체는 현대 철학에서 없어서는 안 될 인물이다. 그의 실존주의 철학은 오늘날 포스트모더니즘을 탄생시켰고, 초인사상의 흔적은 현대인들에게 만연한 '질병'에 가깝다.

니체는 목사 가정에서 출생했으나 환경의 복을 누리지 못한 채 끝내 하나님으로부터 등을 돌리고 말았다. 탐구하고 탐구해서 얻어 낸 그의 해답은 바로 인간의 실존 문제였다. 니체에게 실존은 불확실한 내세와 초자연적인 존재를 제거하고 이성과 의지로 자아를 뛰어넘는 것이었다. 이것이 초인사상을 낳았고, 초인에게는 더 이상 초자연적 영역에 속하는 하나님이 필요 없게 되었다. 개인의 이성으로 판단하는 것, 그것이 실존이며 정답이라는 것이다.

니체가 일으킨 파장은 상당히 컸다. 괴테가 《젊은 베르테르의 슬픔》을 발표했을 때보다 훨씬 더 큰 파괴력을 가지고 많은 젊은이들을 무신론자로 만들었고, 포스트모더니즘의 길을 활짝 열어 놓았다. 그의 의지와는 상관없이 니체의 초인은 훗날 히틀러가 되었고, 독일 나치의 중요한 철학으로 자리 잡았다.

무엇보다 그의 실존을 통한 초인사상은 현대에도 매우 친숙하다. 현대인들에게 하나님의 영역과 성령의 감동, 단비와 같은 은혜는 필요치 않다. 다만 자신의 이성으로 옳다고 여기는 것이면 그만인 시대, 즉 초인들로 넘쳐난 시대가 된 것이다.

니체는 "신은 죽었다"고 말했으나 하나님은 이렇게 말씀하시지 않을까?

"니체… 죽는다!"

★관련 지역 독일 뢰켄

1907년,
만국평화회의

20세기 초 한반도는 격동의 시기였다. 을미사변, 러일 전쟁, 경술국치… 외세의 침입에 한반도가 몸살을 앓던 시기다. 1907년 고종 황제는 세계 만국평화회의를 위해 세 명의 특사를 파견했다. 특사는 이준, 이상설, 이위종이었다.

네덜란드 헤이그에서 만난 이준 열사의 흔적은 내 머릿속에 파편적으로 존재하던 지식에 혼을 불어넣은 사건이었다. 이준열사기념관에 들어서는 순간 나는 이미 100년이라는 시간을 거슬러 타임머신을 타고 만국평화회의장을 향해 걸어가는 한 젊은이가 되어 있었다.

이준 열사는 나의 학창 시절 별로 주목을 끌지 못한 인물이었다. 나는 이준보다 드라마 〈허준〉에 열광하고 있었다. 이준 열사가 무슨 일을 했으며, 어떻게 죽었는지는 〈허준〉 다음 주 편에 비하면 전혀 궁금하지 않았다.

하지만 헤이그에 와서 비로소 알게 되었다. 지난 100년간 이준 열사 같은 분들로 인해 조국과 나와 같은 후손이 존재하는 것임을…. 헤이그 특사 세 분이 이곳에서 느끼고, 고민하며, 무릎을 꿇고 간절히 염원하던 조국의 현실을 생각하니 저절로 통절의 눈물이 흘러내렸다.

★관련 지역 네덜란드 헤이그

> 이준 열사가 마지막 숨을 거둔 방

^ 바이마르 헌법이 탄생한
바이마르 국민극장

1919년,

바이마르 헌법 탄생

1919년은 독일과 한국에게 매우 의미 있는 해다. 나라를 잃은 우리나라에서 1919년 3월 1일 전국적으로 독립운동이 일어났기 때문이다. 일제의 총칼에 맞서 비폭력으로 독립을 외친 우리 선조들의 숭고한 정신이 역사 속에서 빛난다. 이를 위해 결성된 민족대표 33인 중에서 절반이 기독교인이었으니 당시만 해도 기독교는 하나님을 사랑하고 나라를 사랑하며 사회를 이끌어 가는 빛된 존재였다.

같은 해 독일은 1차 대전의 패망과 함께 어마어마한 전쟁 배상금으로 인해 나라 자체가 존폐 위기에 처했다. 그러나 독일은 이러한 위기를 통해 최초의 민주공화국을 창설하게 된다. 당시 베를린은 폭동의 위험이 팽배했으므로 바이마르에서 국민의회가 소집되어 '바이마르 공화국'을 성립시키고 '바이마르 헌법'을 채택했다. 역사 속에서 가장 이상적이라고 평가 받는 바이마르 헌법이 이 시기에 태어난 것이다.

당시 전 세계는 근대의 굴레를 벗지 못하고 있었다. 하지만 이 바이마르 헌법에서는 남녀의 동일한 참정권을 채택했을 뿐만 아니라 국민 주권을 명시하고 있다. 신분과 계급, 재산에 따른 편익의 한계를 벗어나서 국민의 기본 권리를 시도했고, 사회복지를 추구했다. 현대의 헌법이 바이마르 헌법에서 기본 정신을 찾으려는 것도 바로 이 때문이다. 하지만 안타깝게도 바이마르 공화국과 헌법은 1933년 나치의 등장과 함께 14년 천하로 끝나고 말았다.

주목할 것은 바이마르 헌법이 어느 날 뚝 떨어진 것이 아니라는 사실이다. 이미 1849년에 독일 의회가 초안을 작성해 토대를 만들었으나 실행하지 못하던 '바울교회 헌법'을 지향한 것이다. 1849년 독일 의회는 '평화의 상징'인 프랑크푸르트의 바울 교회에서 모였다. 이 교회는 17세기 경건주의 창시자 야콥 슈페너가 사역하면서 엄청난 부흥, 각성 운동을 일으킨 교회였고, 그 후에 교회는 평화의 상징이 되었다. 슈페너는 도덕적으로 기울어 가는 독일 사회를 위해 눈물로 기도하던 인물이었다.

결국 한 사람의 기도가 씨앗이 되어 헌법으로 나타나게 되었다.

★관련 지역 독일 프랑크푸르트 성 바울교회, 바이마르 국민극장

1920년, 아브라함 카이퍼 사망

1920년은 네덜란드에서 큰 신앙의 별이 사라진 해다. 언론인으로, 학자로, 정치인으로, 결국에는 수상까지 역임한 바로 아브라함 카이퍼다. 특히 그는 우리에게 칼뱅주의를 다시 한 번 상기시켜 준 인물이었다.

청교도, 도르트 회의, 화란 개혁주의, 아브라함 카이퍼로 이어지는 개혁의 흐름으로 인해 현재 상당수 네덜란드 교회는 우리나라 보수 교회 이상으로 엄격한 신앙을 지키고 있다. 이들에게는 술을 마시는 것이 기본적으로 허용되지 않으며, 얼굴에 화장을 해서도 안 된다. 짧은 소매 옷이나 짧은 치마도 안 된다. 철저한 금욕주의자들이지만 예외적으로 담배는 허용한다.

아브라함 카이퍼 시대에 이르러 칼뱅주의는 100년이란 시간을 지나며 생명력은 사라진 채 엄격한 규율만 남아 있었다. 당시 세상은 무신론적 사상이 주류를 이루었고, 교회에서는 이신론(理神論)이 대세였다. 즉 하나님의 존재만 인정할 뿐 삶 속에서의 임재는 거부했다.

카이퍼는 전 영역에서 하나님의 주권을 강조했다. 이신론자들이 말하는 것처럼 교회나 성경, 만물의 법칙에만 국한되는 하나님이 아니라 삶의 순간마다 주인 되시는 패러다임을 제시한 것이다.

학교와 가정, 교회와 사회 전 영역에서 하나님의 통치가 임해야 한다. 이것은 학교를 미션스쿨로 만들고 정치를 신정정치로 만들자는 이야기가 아니다. 우리가 살아가는 삶 속에서 하나님의 형상이 나타나고, 그리스도의 향기가 진하게 배어나는 것을 말한다.

★관련 지역 네덜란드 헤이그

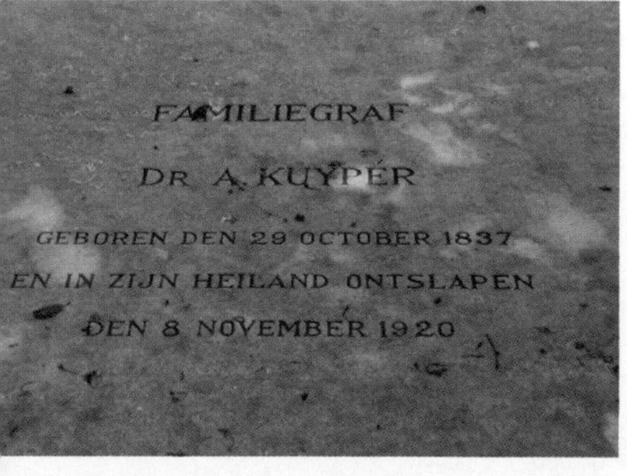

아브라함 카이퍼의 무덤

1936년,

베를린올림픽

42.195km를 가장 먼저 완주하고 결승선을 통과한 사람은 건장한 체격의 서양인도, 탄력이 좋은 흑인도 아니었다. 볼품없고 왜소한 아시아인이었다. 시상대에 서는 순간 그는 정신을 차려야 했다. 가슴의 국기도, 단상에 걸린 국기도 그토록 바라던 조국의 것이 아니었다. 동포들이 몰래 부르던 음악이 아니라 조국을 찬탈한 일제 천황을 노래하는 국가가 베를린 경기장에 울려 퍼졌다. 그는 축가 화환을 슬며시 들어 올려 가슴의 국기를 가린 채 국가가 연주되는 것을 지켜봐야 했다. 바로 고(故) 손기정 옹이다.

베를린올림픽 경기장에는 선명하게 그의 이름이 있다. 그러나 그의 국적은 일본으로 표기되어 있다. 그 흔적만 보아도 가슴이 저미는데, 당시 그의 심정은 어땠겠는가?

뮌헨에서 그가 달리는 것을 주목하던 또 다른 젊은이가 있었다. 바로 고(故) 이미륵 박사였다. 1919년 삼일운동에 가담했지만 이내 중국으로 망명한 후 독일 유학길에 올랐다. 일제에 항거한 젊은이는 독일에서 또다시 나치에 저항하는 운동을 했다. 그는 조국의 애환과 아픔을 독일어로 써 내려가기 시작했다. 그것이 《압록강은 흐른다》라는 소설이다. 독일어로 기록된 문학 중 가장 아름답다는 평가를 받고 있고, 독일 고등학교 교과서에도 실릴 만큼 그가 한국을 세계에 알린 업적은 대단하다.

손기정 옹은 베를린에 이름을 남겼고, 이미륵 박사는 뮌헨에 무덤을 남겼다. 그들이 남긴 흔적은 '조국'이라는 강물이 되어 길이길이 우리들 가슴에 흐를 것이다.

★관련 지역 독일 베를린 올림픽경기장, 뮌헨 그레펠핑 묘지

베를린 올림픽경기장 마라톤 금메달리스트 손기정, 국적이 일본으로 표기되어 있다.

^ 쉰들러 리스트,
나치 시대의 양심을 대변하는 이름이다.

1939년,

2차 대전과 그리스도인의 양심

19세기 철학자들을 비웃기라도 하는 것일까? 그들은 세계가 유토피아로 나아간다고 생각했다. 그러나 그들의 생각을 비웃기라도 하듯 세계대전이 두 차례나 발생했다. 젊은이들이 엄청나게 목숨을 잃었고, 인간이 얼마만큼 잔인해질 수 있는지를 모든 사람이 목격했다.

2차 대전은 히틀러와 나치에 의해 자행되었다. 그들은 폴란드를 침공하면서 전쟁의 시작을 알렸고, 수많은 사람들을 수용소에 감금했다. 아우슈비츠 수용소에서만 무려 110만 명이 죽었다. 전쟁 포로들은 잔인한 학대 속에서 죽어 갔고, 아이들은 생체 실험의 도구로 목숨을 잃었다. 과연 인간의 존엄성이 어디에 있으며, 가학성의 끝은 어디인가?

그 포화 속에서 우리가 지켜봐야 할 인물들이 있다. 그들은 명예와 성공 대신 양심과 신앙을 지킨, 세상이 감당하지 못한 사람들이다.

전쟁 속에 죽어 간 안네라는 유대 소녀를 우리는 기억할 것이다. 그런 유대인들을 살려 준 오스카 쉰들러도 있다. 유대인들을 숨겨 준 코리 텐 붐 여사도 있다. 그녀는 유대인들을 도왔다는 이유로 정치범으로 몰렸고, 악명 높은 수용소에 수감되었다. 최고의 신학자라는 찬사를 받았지만 양심을 지킨 디트리히 본회퍼 목사도 있다. 그는 세상의 부조리 앞에 기도만 한 것이 아니라 행동한 신앙인이었다. 결국 종전 23일을 남겨 두고 수용소에서 교수형을 당하고 말았다. 만일 그가 살았더라면 세계 신학의 흐름이 바뀌었을지도 모른다. 또 나치에 동조하는 대다수 독일 목사들과 달리 양심의 소리를 용감하게 낸 마르틴 니묄러 목사도 있다. 그는 독방에 감금되어 온갖 협박을 받았음에도 불구하고 동료 죄수들에게 말씀을 전했고, 믿음의 힘을 전파했다.

우리는 때마다 '욕심과 세상'이라는 장애물을 만난다. 그때마다 기억해야 할 것이다. 코리 텐 붐, 마르틴 니묄러, 디트리히 본회퍼 같은 믿음의 선진들이 무엇을 지키려 했는지를.

★관련 지역 독일 라벤스브뤼크 수용소, 다카우 수용소, 폴란드 크라쿠프, 아우슈비츠 등

선진들이 걸어온 현장에서 기도하고, 찬양하고, 신앙을 나누었다. 몇 시간을 달려간 곳은 고작 95개조 반박문이 붙어 있던 교회 하나, 또 헤매고 헤매며 찾아간 곳에 순교자들의 동상이 있었던 것이 전부였다. 그러나 그곳에서 우리는 뜨거운 눈물을 흘렸고, 솟구치는 감동과 은혜에 젖었다. 이 책에 수록된 많은 지역들은 우리 신앙과 삶에 풍성한 은혜와 지식을 선사할 것이다. 우리가 그랬던 것처럼 단체로 갔든 혼자 갔든 그곳에서 뜨거운 은혜와 감격의 눈물을 흘릴 수 있도록 정보를 모으고 또 엄선했다. 나는 믿음의 유산을 소중히 여기고 그 발자취를 찾아 떠나는 믿음의 젊은이들이 많아지기를 바라는 마음에서 이 책을 집필했다. 부디 이 책을 읽는 독자라면 '인증샷'을 찍으러 비행기에 몸을 싣는 다른 사람들의 흔한 모습을 버리길 바란다.

종교개혁과 신앙의 발자취

01 루터 가도(街道)

- Luther Strasse

독일 가도(街道) 이야기

독일에는 여러 가도(街道)가 있다. 프라하까지 이어지는 고성 가도, 남쪽 오스트리아 방면으로 이어지는 로만티크 가도, 또 북쪽으로 그림 형제 이야기를 따라가는 메르헨 가도 등이 있다. 이런 가도는 독일 테마 여행의 핵심이며, 이 도로를 따라가는 여행상품도 많이 나와 있다. 그러나 이런 가도들을 따라가 보면 해당 테마와 소스들을 그 길에서 일일이 찾아내야 하는 수고가 따른다. 그렇지 않다면 이런 길들은 여느 길들과 별반 다르지 않다. 심지어 어떤 여행책은 이 가도가 마치 동화에나 나올 법한 길들로 몇 백 킬로미터 이어져 있다고 소개하고 있는데, 실제로는 이 가도가 지나가는 일부 마을이 아름다울 뿐 길 자체는 단조롭기 그지없다. 예를 들어 로만티크 가도는 길이 아름답고 로맨틱해서 붙은 이름이 아니라 '로마시대의 길'이라는 뜻이다.
가도를 중심으로 상품화된 독일 테마 여행이 독일 투어에서 인기 있는 것을 감안하여, 나는 독일 기독교의 큰 획을 그은 두 테마 가도를 소개하고자 한다. 하나는 종교개혁자 루터를 따라가는 '루터 가도'이며, 다른 하나는 경건주의의 흔적을 좇는 '경건 가도'다.

루터 가도(街道)

루터 가도는 프랑크푸르트 남쪽 보름스부터 베를린 남쪽에 위치한 비텐베르크까지 이어진 가도다. 비텐베르크는 1517년 10월 95개조 반박문을 내걸던 종교개혁의 중심지이며, 보름스는 1521년 보름스 제국의회 때 '이단자' 루터가 소환되어 출두하던 곳이다. 이 사이에는 루터의 출생지, 성장지, 사망지, 학창 시절을 보낸 곳, 회심한 곳, 수도사로 있던 곳, 독일어 성경을 번역한 곳 등을 지나게 된다. 이 길들을 따라가면서 세상을 바꾼 개혁자의 숨결, 고뇌 그리고 하나님 앞에서 몸부림치던 현장들을 밟아 보는 시간을 가져 보자. 그가 일으킨 종교개혁의 의미가 무엇이며, 그것이 500년 뒤에 태어난 우리에게 어떤 메시지를 주는지 귀를 기울여 보자.

01 아이슬레벤(Eisleben), 세상을 바꾼 개혁자가 태어나다

➡ 프롤로그

^ 루터가 태어나고 죽은 아이슬레벤. 그의 얼굴과 손을 본떠 만든 모형을 루터 사가에서 볼 수 있다.

독일의 베들레헴이라고도 불리는 아이슬레벤은 마르틴 루터가 태어나고 숨을 거둔 곳이다. 평소 "나의 조국 아이슬레벤"이라고 한 루터의 말 속에서 고향인 아이슬레벤에 대한 그의 애정을 느낄 수 있다. 루터 당시 아이슬레벤은 중세 유럽에서 가장 유명한 구리 광산 도시 중 하나로 중세 독일 경제의 중요한 역할을 했다. 이곳에는 아직도 마르틴 루터의 생가, 유아세례 교회, 마지막 설교 교회, 임종을 맞은 집 등이 잘 보존되어 있다.

➡ 교통정보

할레, 에르푸르트 등지에서 아이슬레벤으로 오는 기차가 있다. 명칭에서도 알 수 있듯이 정식 명칭은 '루터의 도시 아이슬레벤'이다. 기차역에서 시내로 조금만 걸어오면 도보로 모든 곳을 걸어 다닐 수 있다.

➡ Story

1. 루터 생가(Luthers Geburtshaus)
2. 성 베드로-바울교회(St. Petri-Pauli Kirche)
3. 마켓 광장

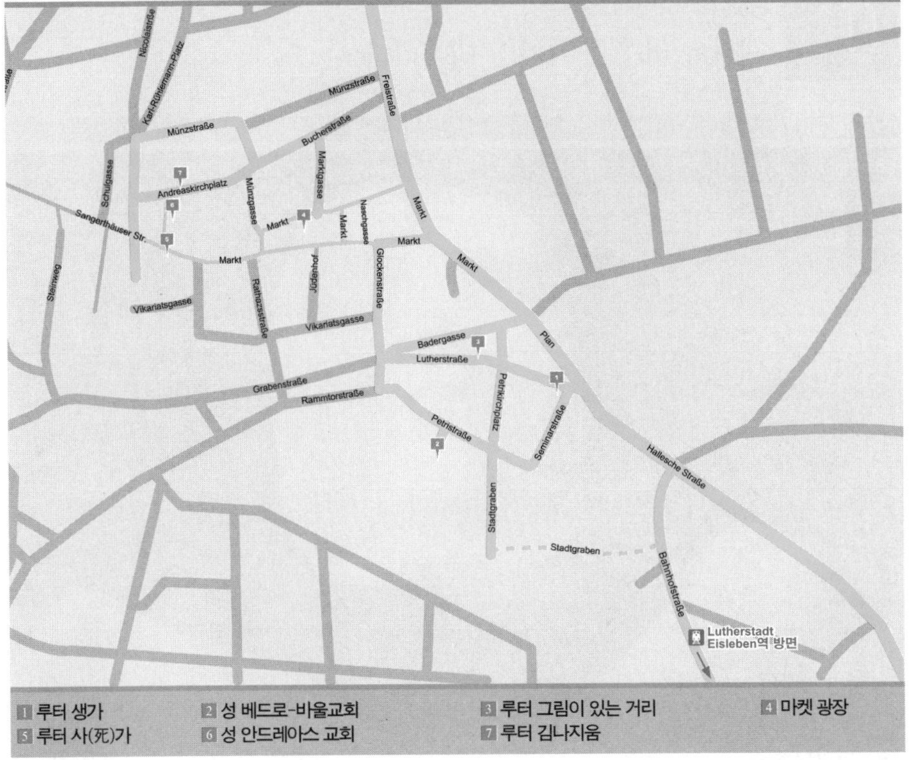

4. 성 안드레아스 교회(St. Andreaskirche)
5. 루터 사(死)가(Luthers Sterbehaus)
6. 루터 김나지움(Luther Gymnasium)

➡ 방문정보

1. 루터 생가

(Luthers Geburtshaus)

루터 거리에 위치한 바로크 양식의 3층 집으로 1483년 11월 10일 루터가 태어난 곳이다. 루터가 만스펠트로 이사 가기 전까지 이곳에서 산 기간은 수개월밖에 되지 않는다. 원래 생가는 1689년 화재로 소실되었고 1693년에 복원되었다. 이후 프로이센의 프리드리히 빌헬름 3세가 국가 재정을 지원하면서 루터기념관으로 사용되고 있다. 15세기 전형적인 중세 서민 주택의 모습을 간직하고 있는 곳으로 생가 입구에는 루터의 흉상이 서 있다.

11번 방에서는 루터의 저서들과 다양한 그림들을 볼 수 있는데, 당시 생가를 재현해 놓은 모습은 마치 루터가 어디선가 성큼 걸어 나올 것처럼 생생하다. 1층에는 독일어 성경을 볼 수 있는 전시관이 있다. 2층으로 올라가 안쪽으로 들어가면 13번 방에 종교개혁자들의 그림이 좌우로 전시되어 있고 그 끝 테이블 위에는 백조 상을 볼 수 있다. 이 백조는 루터를 상징한 것으로, 100년 전 체코의 종교개혁자 후스와 관련된 에피소드에서 비롯되었다고 한다. '후스'는 '거위'라는 뜻을 갖고 있는데, 당시 후스를 비판하던 사람들은 후스가 설교할 때면 거위가 떠든다고 조롱했다. 후스가 이단으로 정죄 받고 콘스탄츠에서 화형을 당할 때, 그는 "오늘 당신들은 한 마리의 거위를 태우지만 100년 뒤에는 백조 한 마리가 나타날 것인데, 당신들은 그 백조를 결코 구워 먹지 못할 것이다"고 예언했다. 그로부터 정확히 102년 후 루터가 종교개혁을 일으켰을 때, 사람들은 루터를 후스가 예언한 백조라고 생각했다. 루터는 후스의 개혁을 이어받았고, 후스의 기반 위에 일어났기 때문이다.

∧루터 생가 입구

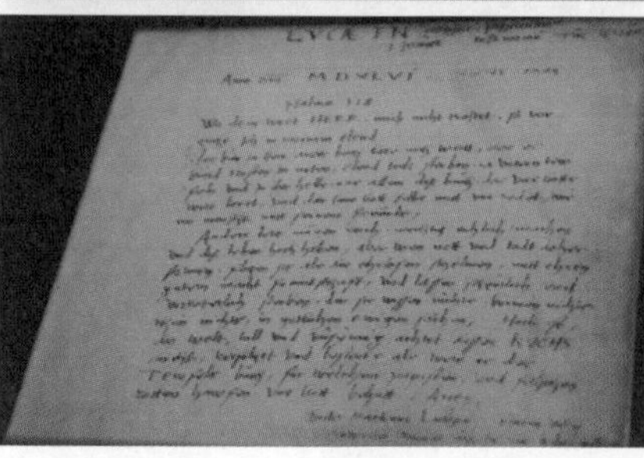

∧루터가 자필로 쓴 편지와 원고(왼쪽)
∧루터를 표현하는 백조상(오른쪽)

루터 생가에는 특이하게도 화석들이 전시되어 있다. 고대부터 전해지는 많은 화석들에 대해 무신론자들은 진화의 흔적이라고 생각했다. 물론 19세기에 이르러서야 찰스 다윈이 그런 생각을 세상에 알렸다. 그러나 그보다 300년 전에 루터는 이런 화석들을 노아홍수의 흔적이라고 확신했다. 루터는 창세기 2장에서 비가 내리지 않고 온화함이 계속되던 시절, 인류의 타락과 함께 하늘에서 엄청난 폭우가 40일간 계속되었다면 많은 동식물들이 갑작스럽게 매몰되었을 것이고, 지각의 변동도 생겼을 것이라고 생각했다. 화석들에 대한 루터의 견해는 현재 우리가 세상을 이해하는 데 도움을 준다.

생가 뒤뜰에는 독일 통일 후 2005~2007년에 걸쳐 복원된 신축 전시관이 있고, 그 옆에는 루터의 빈민아동학교(Luthersarmenschulle) 기념관도 볼 수 있다. 4번 방에는 빈민학교에 대한 흔적들을 전시하고 있다. 루터 생가에서 광장 쪽으로 올라가는 거리에는 루터의 생애를 그린 그림이 벽에 그려져 있다.

+주소 Lutherstraße 15-17
+전화 +49(0)3475 714 7814
+입장 4~10월 매일 10:00-18:00,
11~3월 10:00-17:00(월요일 휴관)
+요금 성인 4€(할인 2.5€)
+정보 www.martinluther.de

비전 노트

개혁자이자 교육자인 루터

루터의 개혁은 단순히 하나의 개혁 사건으로 끝나지 않았다. 그는 개혁과 교육을 늘 병행했으며, 국가의 미래 역시 교육에 달려 있다고 확신했다. 루터는 개혁과 동시에 개혁을 이해할 수 있는 교육으로서 성경 번역을 했을 뿐 아니라 2세 교육에 관심을 기울였다.

아이슬레벤의 생가, 사가, 김나지움에서 교육가 루터의 면모를 볼 수 있는데, 그의 생가에서는 '빈민학교'의 흔적을 볼 수 있다. 루터의 교육 열정이 땅에 뿌려져 독일 공교육이라는 싹을 틔웠다. 그런 의미에서 볼 때 독일의 루터, 제네바의 칼뱅, 스코틀랜드의 녹스는 위대한 개혁가이면서 국가 교육을 확립한 인물이라는 공통점이 있다.

우리는 루터와 칼뱅의 후예들이라고 하면서 강단에서 그들의 사상을 자주 인용하곤 한다. 엄밀히 말하면 절름발이식 인용이 아닌가 싶다. 부르짖는 개혁이란 교리에 국한되어 있을 뿐 교육과 미래에 대한 투자가 많이 부족하다. 특히 가난한 아이들에 대한 관심과 보살핌은 어느 정도인지 살펴보아야 한다. 이것을 평가해 보았을 때, 한참을 못 미친다면 우리는 진정한 개혁자라 말할 수 없을 것이다. 당신이 개혁과 교육을 위해 할 수 있는 일이 있다면 무엇인지 생각해 보자.

2. 성 베드로-바울 교회

(St. Petri-Pauli Kirche)

루터가 태어난 다음날인 11월 11일 유아세례를 받은 곳이다. 루터 생가에서 일곱악령(Sieben Boese)이라는 개울을 건넌 후 암흑의 통로(das dunkle Tor)라는 좁은 길을 지나면 교회를 볼 수 있다. 11월 11일은 성자 마르틴을 추모하는 날이어서 루터의 이름을 마르틴으로 지었다고 한다. 설교단에는 예수 탄생에 대한 조각이 있는데 흥미롭게도 목자들 대신 광부가 조각되어 있다.

+주소 Petristraße
+전화 +49(0)3475 602 229

3. 마켓 광장

중세시대 도시의 중심인 광장에는 정치와 종교의 상징인 시청 건물과 교회 그리고 그 도시를 대표하는 인물의 동상이 세워지곤 했다. 아이슬레벤 시 중앙광장에도 역시 고딕 양식의 아름다운 시청사, 성 안드레아스 교회와 함께 이 도시를 대표하는 인물인 루터의 동상을 볼 수 있는데, 1883년 루터 탄생 400주년을 기념해 세워졌다.

^ 광장의 루터 동상과 성 안드레아스 교회

4. 성 안드레아스 교회

(St. Andreaskirche)

광장 시청사 뒤에 위치한 고딕 양식의 성 안드레아스 교회는 인근에서 가장 아름다운 교회다. 루터가 서거하기 전 2주 동안 생애 마지막 4편의 설교를 하던 곳이다. 1546년 2월 14일에 루터는 이곳에서 마태복음 11장 '수고하고 무거운 짐진 자들아 다 내게로 오라'는 말씀으로 마지막 설교를 하던 중 힘들어서 중단하고 내려와야 했다. 그때의 설교단이 지금도 보존되어 있다. 이 루터의 설교단 'Lutherkanzel'은 1년에 4번, 루터의 생일날(11월 10일), 종교개혁일(10월 31일), 개혁 신조가 담긴 아우크스부르크 신앙고백서가 채택되던 날(6월 25일), 루터의 서거일(2월 18일)에 사용되고 있다. 루터가 서거한 후 그의 유해는 이곳에서 이틀 동안 보관되었으며 발인예배도 이곳에서 집례되었다.

교회 오른쪽 앞부분에는 루터와 멜란히톤의 동상이 있다.

+주소 Andreaskirchplatz
+전화 +49(0)3475 602 229

교회 성도들은 이 강단이 루터가 설교한 오리지널 강단이라는 사실에 매우 큰 자부심을 가지고 있다.

5. 루터 사가

(Luthers Sterbehaus)

성 안드레아스 교회 맞은편 7번지에는 마르틴 루터가 서거한 집이 있다. 문 입구에는 '1546년 이곳에서 마르틴 루터가 서거하였다'는 글귀가 있다. 3층에는 루터가 마지막으로 사용하던 책상과 의자, 누워서 죽음을 맞이한 침대가 그대로 보존되어 있어 그가 생활하던 모습을 엿볼 수 있다.

오랜 수도 생활과 많은 설교 등으로 건강이 좋지 않았던 루터는 말년에 심장병에 시달렸고 2월 17일 저녁부터 심장발작을 일으키다가 18일 새벽 2시경 63년의 일기로 생을 마감하였다. 루터는 마지막 고통 중에도 "내가 나의 영을 주의 손에 부탁하나이다 진리의 하나님 여호와여 나를 구속하셨나이다"(시 31:5, 개역한글)라는 말씀을 읊조렸다고 한다. 그의 주검은 성 안드레아스 교회에서 발인예배를 마친 후 할레를 거쳐 비텐베르크 궁성교회에 안장되었다.

+주소 Andreaskirchplatz 7
+전화 +49(0)3475 602 285
+입장 4~10월 매일 9:00-17:00(월요일 휴관)
11~3월10:00-16:00, 토-일 12:00-16:00
+정보 www.martinluther.de

루터의 방

루터 사가

6. 루터 김나지움

(Luther Gymnasium)

안드레아스 광장 10번지에 위치한 시립도서관은 원래 루터가 세운 마지막 라틴어 학교인 루터 김나지움이었다.

루터는 종교개혁가인 동시에 교육에도 큰 공헌을 했다. 늘 개혁이 일어나는 곳에는 교육이 병행됐고, 이로 인해 많은 사람들이 성경에 대한 이해를 넓힐 수 있었다. 루터의 교육에 대한 열정은 마침내 독일의 공교육을 일궈 냈다. 루터는 국가의 미래와 번영이 교육에 달려 있다고 확신했으며, 만일 자신이 설교자가 아니었다면 교육에 종사했을 것이라고 말했다. 그만큼 교육에 대한 그의 관심은 지대했다.

+주소 Andreaskirchplatz 10

참가자 다이어리

루터의 사상이 마을에 고스란히 배열된 느낌이다. 그가 남긴 자취마다 루터가 강조하던 것이 무엇인지를 느낄 수 있었다.

● 소문수 목사, 멜버른 새순교회

비전 노트

개혁은 성경에서 나온다

루터의 사가 3층에는 루터가 사망할 때 얼굴을 본떠 만든 흰색 데스마스크를 볼 수 있고, 4번 방에는 루터가 공부하던 성경책을 볼 수 있다. 성경책은 여백마다 빼곡하게 필기해 두었는데, 이것이 아마도 루터를 루터 되게 한 원동력이지 않나 싶다.

루터는 로마에서 사제들이 면죄부를 사고파는 모습을 보았고, 성당 계단을 무릎으로 기어 올라가는 사람들을 보면서 "오직 의인은 믿음으로 말미암아 살리라"(롬1:17)는 성경 말씀을 떠올리며 의분(義憤)에 찼다. 그가 회심한 것도, 개혁을 일으킨 것도 모두 성경에서 나온 것이었다. 개혁은 하늘에서 갑자기 떨어진 음성에 의해서가 아니라 그가 평소 닳도록 읽던 말씀에서 비롯됐다.

우리는 종교개혁 주일이면 위대한 개혁자들과 같은 믿음을 달라고 기도한다. 그러나 저토록 열심히 성경을 읽은 위대한 개혁자들과 비교할 때 부끄러워질 수밖에 없다. 오늘날 많은 이단들이 나름의 이론을 세우고는 그것을 뒷받침할 만한 성경구절을 갖다 붙이며 우리를 현혹한다. 실제로 그런 현혹에 넘어지는 사람들도 많다. 또 그들이 인용한 성경 구절이 그들의 이론을 뒷받침하지 않는다고 증명해 보여도 그들은 못된 사상에서 '못' 벗어나는 것이 아니라 '안' 벗어나려 한다. 루터 사가에 와서 성경 읽기를 다짐하고 결심하는 것 자체만으로도 큰 수확이라 하겠다.

02 만스펠트(Mansfeld), 소년 루터의 흔적이 깃든 곳

➡ 프롤로그

▲ 만스펠트 성에서 내려다보는 만스펠트 시내
(ⓒ cafe.daum.net/gnademission 노춘식 선교사님)

평화롭기 그지없는 예쁜 마을 만스펠트. 지도에서도 찾기 어려울 만큼 매우 작은 마을이다. 마을 중심에는 만스펠트 성이 천 년간 그 높은 자리에서 이 마을을 내려다보고 있다. 성 위에서 내려다본 만스펠트의 풍경은 장관이다. 형형색색의 빛깔을 지닌 들판에 둘러싸인 붉은 지붕들을 보노라면 이곳에서만 시간이 멈춘 듯하다.

이렇게 작은 마을에 온 이유는 바로 이곳에서 세계를 변화시킨 루터가 어린 시절을 보냈기 때문이다.

➡ 교통정보

만스펠트로 가기 위해서는 할레나 아이슬레벤 등지에서 가는 버스와 기차를 이용해야 한다. 그러나 만스펠트는 매우 작은 마을이며, 방문자들의 사정에 따라 대중교통 방향이 달라질 수도 있다. 물론 자동차로는 할레나 아이슬레벤에서 국도를 따라 쉽게 올 수 있다. 따라서 **reiseauskunft.bahn.de**에서 출발지에서 만스펠트로 가는 방법을 알아보는 것이 좋다. 만스펠트에서는 루터 관련 지역들을 걸어서도 충분히 돌아볼 수 있다.

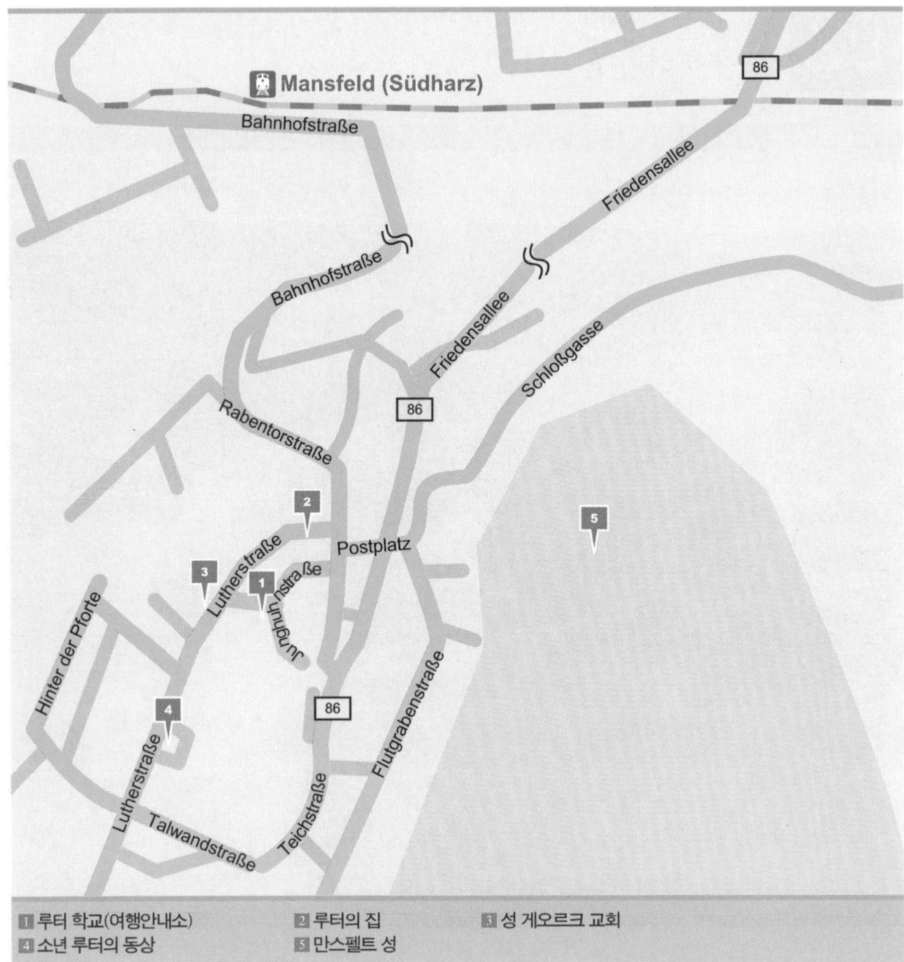

➡ story

1. 루터 학교
2. 루터의 집(Lutherhaus)
3. 성 게오르크 교회(Die Kirche St. Georg)
4. 소년 루터의 동상
5. 만스펠트 성(Schloss Mansfeld)

➡ 방문정보

1. 루터 학교

루터가 다니던 학교를 개조해서 현재는 여행 안내소(Information Centre)로 활용되고 있다. 현관 위에는 루터를 기념한 명판이 새겨져 있으며, 다양한 여행 정보들을 얻을 수 있다. 우선 이곳에서 방문 계획을 세워 보자.

+주소 Junghuhnstraße 2
+전화 +49(0)34782 90342

▼ⓒ 노춘식 선교사님

2. 루터의 집

(Lutherhaus)

만스펠트 성에서 내려와 포스트플라츠(Postplatz)를 지나 루터 거리(Lutherstraße)로 들어서면 오른쪽에 오래된 집이 보인다. 루터 거리 입구에서 처음 맞아 주는 건물이 바로 루터의 가족이 살던 집이다. 루터가 아이슬레벤에서 태어난 후 얼마 안 돼 루터 가족은 만스펠트로 이사 왔다. 비록 가난했지만 이곳에서 루터는 어린 시절을 보내며 초등교육을 받고 자랐다. 루터의 집은 박물관이 아닌 일반 거주지라서 들어갈 수는 없다.

▼ 왼쪽으로 가면 루터의 집이, 오른쪽으로 가면 루터 분수가 있다. 팻말 뒤로 성 게오르크 교회가 있다.(ⓒ 노춘식 선교사님)

3. 성 게오르크 교회

(Die Kirche St. Georg)

루터 거리를 따라 조금 더 들어가면 왼쪽에 큰 교회 건물이 보인다. 어린 시절 부모님의 손에 이끌려 루터는 루터 거리를 따라 이 교회에 왔을 것이다. 그러나 루터가 아이제나흐에서 고등학교 교육을 받으면서 종교에 눈을 뜬 것을 생각하면, 이 교회에서의 생활은 루터에게 그다지 영향을 미치지 못한 것 같다. 현재 교회 내부에는 루터의 생애와 관련된 그림들이 전시되어 있고, 정문 외벽에는 루터가 이곳에서 유아세례를 받았다는 문구가 새겨져 있다.

4. 소년 루터의 동상

루터 거리를 따라 성 게오르크 교회를 지나면 왼쪽에 광장처럼 생긴 곳이 있고, 그 중간에 분수처럼 생긴 상이 있다. 재미있는 것은 루터의 모습이 성인이 아니라 어린 소년의 모습이며, 그 아래로 물구멍 세 개가 있어 물이 뿜어져 나온다.

마치 예수님께서 주시는 생수가 영혼을 살린 것처럼 이 분수에서 솟아난 개혁의 생수가 유럽의 영혼을 살린 듯하다.

▲ⓒ EuroKor Trade & Travel 서태원 대표(blog.naver.com/eurokorlove)

가난한 소년이 세계를 바꾸다

만스펠트 루터 거리 중간쯤에는 소년의 모습이 새겨진 상이 세워져 있다. 바로 만스펠트에서 가난하게 자랐지만 후에 세계를 변화시킨 소년 루터를 기념하여 세운 것이다. 시계를 15세기 말 만스펠트로 돌려 보자. 과연 가난한 소년 루터가 위대한 종교개혁자가 되리라고 누가 상상이나 했을까? 그는 부유한 가정에서 태어난 것도 아니고, 신앙심이 좋아 장래가 촉망되는 소년도 아니었다. 광부의 아들로서 언제나 허름한 옷을 입었을 것이고, 어쩌면 교회에서도 몸을 배배 꼬며 예배에는 전혀 관심이 없는 개구쟁이였는지도 모른다. 그 아이가 세계를 변혁시킨 95개조 반박문을 걸게 될 줄이야!

예수님은 어린아이들이 오는 것을 금하지 말라고 하셨다. 현대 교회는 갈수록 어른 중심이 되어 아이들이 누릴 공간이 없다. 아이들에 대한 평가 역시 누구 집 자식인가, 학교에서 공부는 얼마나 잘하나로 평가한다. 우리는 다시 한 번 이 소년 분수상을 상기해 볼 필요가 있다. 아이들을 조건이 아닌 가능성의 시선으로 바라본다면 20년 후의 교회는 완전히 달라져 있을 것이다.

5. 만스펠트 성

(Schloss Mansfeld)

언덕 위에 위치한 만스펠트 성은 비록 폐허로 버려졌으나, 최근 유스호스텔로 용도 변경을 한 상태다. 성의 위용과 웅장한 모습은 만스펠트 어느 곳에서나 볼 수 있다. 1517년 루터가 종교개혁을 일으켰을 때, 이 성의 성주(城主)인 만스펠트 백작은 루터를 위협하는 세력으로부터 끝까지 그를 보호하고 지지하던 충직하고 신실한 인물이었다. 만스펠트 백작이나 아이제나흐의 프리드리히 같은 인물들이 지지하고 도와주지 않았다면 과연 오늘의 루터가 있었을까 하는 의문을 가져 본다.

그런 놀라운 역사를 반영이라도 하듯 성에서 바라보는 주변 만스펠트의 경관은 아름답기 그지없다. 루터는 종교개혁을 일으킨 후에도 이곳에 와서 설교했는데, 그가 설교한 흔적들이 이곳에 남아 있다.

현재 만스펠트는 성을 리모델링해서 호스텔로 사용하고 있으며, 비교적 저렴한 가격에 세미나 시설이나 각종 교회 행사들을 할 수 있도록 준비되어 있다.

+주소 Schloss 1
+전화 +49(0)34782 20201
+정보 www.schloss-mansfeld.de
+문의 info@schloss-mansfeld.de

참가자
다이어리

도시라고 하기엔 너무 작고 아담한 마을이다. 그러나 성에서 내려다보는 마을의 광경을 잊을 수 없다. 그런데 루터는 어린 시절 이곳에서 뭘 하면서 놀았을까?

● 한희진, 강남교회

어린 소년의 분수상 어린이에 대한 나의 시각을 바꿔 준 계기였다.

● 배미숙, 생수교회

03 아이제나흐(Eisenach), 루터가 독일어 성경을 번역하다

➡ 프롤로그

산 위의 바르트부르크 성이 보이는 작은 도시 아이제나흐는 중세풍의 건물들과 고풍스러운 분위기, 유난히 정돈되고 차분한 분위기의 예쁜 도시다. 이곳은 루터와 매우 인연이 깊은데, 바흐가 태어난 곳이기도 하다. 루터는 이곳에서 중·고등학교를 다녔고, 처음으로 종교에 눈을 뜨게 되었다. 또한 1517년 루터가 종교개혁을 일으킨 후 1521년 보름스로 소환되어 가는 도중에 들러 설교한 곳이다. 뿐만 아니라 독일어 성경을 번역한 곳도 바로 이곳 아이제나흐다. 루터에게는 감회가 남다른 도시일 텐데, 그의 심정으로 이 도시를 느껴 보길 바란다.

^바르트부르크 성의 루터 책상

˅루터하우스에서 바라본 시내 광장

➡ 교통정보

프랑크푸르트에서 아이제나흐로 가는 기차를 타면 쉽게 닿는다. 가차역에서 시내로 걸어오는 것은 어렵지 않으며, 시내에는 여러 방문 명소들이 가까이 위치하고 있다. 그러나 바르트부르크 성까지는 걸어 올라가기가 만만치 않다. 기차역이나 게오르크 교회 앞 광장 근처에서는 바르트부르크 성으로 가는 버스가 자주 운행된다.

➡ story

1. 바르트부르크 성(Schloss Wartburg)
2. 루터하우스(Lutherhaus)
3. 게오르크 교회(Georgenkirche)
4. 바흐하우스(Bachhaus)

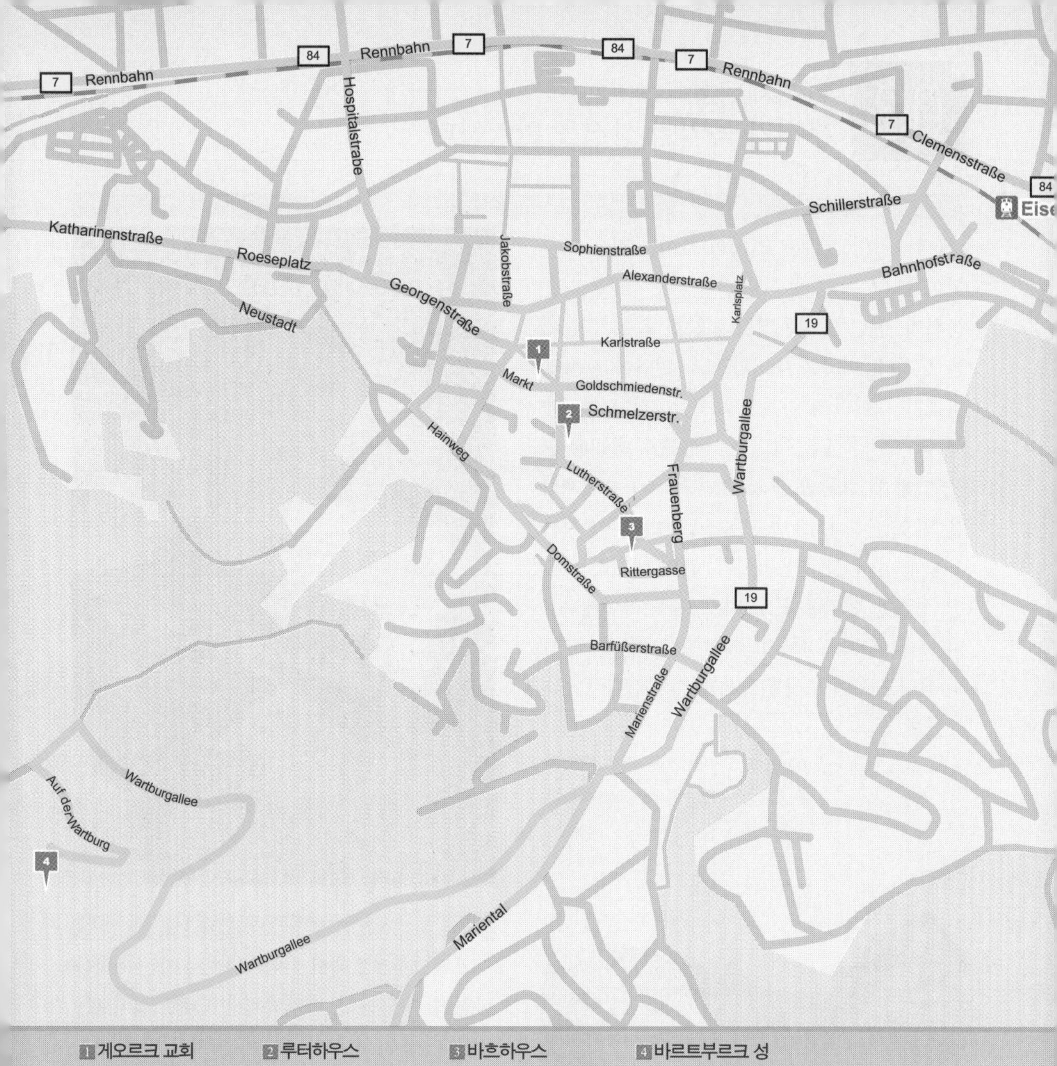

→ 방문정보

1. 바르트부르크 성

(Schloss Wartburg)

바르트부르크 성은 독일에서도 가장 독일다운 성으로 여겨진다. 산 위에 성이 있는 관계로 마리엔 거리(Marienstraße)에서 성으로 가는 버스가 20분마다 운행한다.

바르트부르크 성은 1067년에 축조되기 시작해 1170년에 완공되었다. 성의 역사와 각 방들에 대한 가이드 투어는 영어, 독일어뿐 아니라 '한국어'로도 서비스된다. 그러나 루터와 관련된 내용은 가이드 투어로도 들을 수 없다. 당시 성주였던 엘리자베스와 관련된 무용담이 가이드 투어의 대부분이다.

하지만 이곳에는 그보다 훨씬 더 중요한 루터의 이야기가 숨어 있다. 1521년 보름스에서 파문당한 루터는 선제후에 의해 이곳에 숨어 지냈다. 1년이 채 되지 않은 기간이었지만 루터는 수

많은 저작들을 남겼고, 독일어로 된 신약성경을 번역했다. 바르트부르크 성에서 약 1년간 숨어서 성경을 번역하던 루터의 방을 보는 것이 이곳에서의 하이라이트다. 지금도 당시 모습을 재현하고 있으며 성을 빠져나갈 무렵이 되면 루터의 생애를 표현한 그림들을 볼 수 있다. 루터가 성경을 번역한 의의는 〔개념정리〕를 참고하자.

+주소 Auf der Wartburg 1
+전화 +49(0)3691 25 00
+입장 4~10월 8:30-20:00
(가이드 투어는 17:00까지)
11~3월 9:00-17:00
(가이드 투어는 15:30까지)
+요금 성인 4€(할인 3€),
가이드 투어: 성인 8€(할인 7€)(1시간 30분)
+정보 www.wartburg-eisenach.de

바르트부르크 성

루터가 성경을 번역한 방

개념정리

루터의 성경 번역

루터 당시 독일은 오늘날과 같은 통일된 모습이 아니라 여러 공국들이 연합 왕국을 이루고 있었다. 그러므로 독일 황제는 사실 독일을 대표하는 인물이긴 해도 실세는 제후들이 갖고 있었다. 이 시기에 루터가 독일어로 성경을 번역했고, 이후 루터가 구사한 독일어가 '표준 독일어'가 되었다. 이를 계기로 독일어를 사용하는 사람들에게 '독일인'이라는 정체성을 부여하게 되었다. 루터가 독일인의 정체성을 환기했다면 괴테와 실러는 독일 문학을 세계에 알림으로써 독일 문화를 한 곳으로 모으는 역할을 했다. 그러므로 루터의 성경 번역은 영적으로는 물론, 독일 국가 개념의 기초를 다지는 데 매우 중요한 역할을 한 것이다.

간증

루터의 바르트부르크 생활

"보름스에서 제가 파문을 당하면서 목숨의 위협을 느꼈습니다. 성경을 믿기 때문에 파문이 저를 지옥으로 보낸다는 것을 믿지 않지만 사회적으로는 어떠한 보호도 받을 수 없다는 의미였기 때문이지요. 다행히 친구들과 제후는 저를 납치(?)해서 실종되었다고 알렸죠. 그리고 11개월간 저는 창살 없는 감옥에 갇히게 되었습니다.

이 기간 동안 가장 하고 싶었던 것은 우리 민족(독일인)이 우리 글로 된 성경이 하나도 없었기 때문에 꼭 번역하고 싶었어요. 그런데 원문을 독일어로 번역하는 게 생각보다 많이 어려웠어요. 저는 하나님께 '하나님. 성경 저자들이 독일어를 사용하게 해주셨으면 고마웠을 텐데요'라고 하소연했죠.

번역과 함께 눈만 뜨면 머릿속의 내용들을 책으로 썼습니다. 정신없이 썼는데 친구가 저더러 '책으로 피라미드를 쌓냐?'고 하더군요.

그래도 가장 힘들었던 것은 변비였어요. 왜 유독 이 성에서는 변을 보기가 힘들었는지 몰라요. 바르트부르크 성에 있은 후부터 제 똥꼬에 탈이 나기 시작했어요."

(자료: 패트릭 콜린스의 《종교개혁》, 을유문화사)

2. 루터하우스

(Lutherhaus)

마르크트 광장 근처 루터플라츠(Lutherplatz) 8번지에 위치한 루터하우스는 현재 아이제나흐에서 가장 오래된 집이다. 루터는 우리로 따지면 중·고등학교에 해당하는 공부를 하는 동안 이곳에서 3년간 머물렀다. 현재 루터를 기념하여 루터와 관련된 다양한 자료들을 전시하고 있다. 루터가 번역한 성경, 그가 저작한 책들도 진열되어 있다.

+주소 Lutherplatz 8
+전화 +49 (0)3691 29830
+입장 매일 10:00-17:00
+요금 성인 3.5€(할인 3€)
+정보 www.lutherhaus-eisenach.de

3. 게오르크 교회

(Georgenkirche)

마르크트 광장 한쪽에 우뚝 선 게오르크 교회는 마을의 이정표 역할을 한다. 게오르크 교회는 바흐가 유아세례를 받은 곳으로, 그 유아세례반을 지금도 볼 수 있다. 또한 1498년 루터가 청소년 시절을 보내면서 종교에 눈을 뜨기 시작한 곳도 이곳이었다. 당시 가일러 폰 카이저베르크(Geiler von Kaiserberg)라는 유명한 설교자의 설교를 들으면서 루터는 하나님과 신앙에 대해 고민하기 시작했다. 종교에 무관심하고, 예배 시간이면 몸을 비틀던 소년이 광명의 빛을 느끼기 시작한 순간이다.

그리고 20년 후 루터는 종교개혁을 일으켰고,

1521년에는 보름스 의회의 황제 앞으로 소환되는 길에 이 교회에 들러 설교했다. 목숨을 건 위험의 상황에서도 그는 성경대로 믿기를 원하는 백성을 위로하며 격려했다. [역사기행]을 통해 루터의 설교를 들어 보자.

+주소 Marktplatz

역사 기행

루터의 설교 중에서

사람들이 생각할 때 교황, 주교, 사제, 수도사 등을 '성직자'라고 하고, 나머지 사람들을 '세속인'이라고 분류합니다. 저는 이런 생각이 잘못되었으며, 그런 가르침은 거짓이라고 믿습니다. 여러분 중에서 누구든지 그리스도를 믿음으로 구원을 받았다면 그 사람은 성직자요, 제사장이 되는 것입니다. 교회에서 일하느냐, 밭에서 일하느냐의 차이 외에는 하나님 앞에서 차이는 없습니다. 같은 제사장이기 때문에 하나님께 나아갈 때도 사제들을 거칠 필요가 없습니다. 누구든지 당당히 제사장으로서 하나님께 나아가십시오. 그렇기 때문에 저는 여러분의 목사(pastor)이지 사제(priest)가 아닙니다. 죄가 있다면 하나님께 그대로 나아가십시오. 기도 제목이 있더라도 마찬가지입니다. 왜냐하면 여러분은 왕 같은 제사장이기 때문입니다.

4. 바흐하우스

(Bachhaus)

독일의 음악가 바흐가 태어난 생가다. 이 세상의 모든 음악이 사라져도 바흐의 음악만 있으면 모든 음악을 다시 복원시킬 수 있다는 말이 있을 만큼 바흐는 음악사에 매우 큰 공헌을 했다. 아울러 바흐는 독실한 루터교 신자로서 평생 라이프치히에서 오르간 반주자로 사역했다. 현재 그의 생가에서는 바흐와 관련된 다양한 악보와 악기, 유물들을 접할 수 있으며 1시간 간격으로 연주되는 그의 음악을 감상할 수 있다. 1910년에 바흐의 해골을 그대로 본떠서 만든 바흐 해골도 볼 수 있다.

몇 년 전만 해도 바흐하우스는 루터하우스처럼 단출하게 그의 유품들을 전시하는 박물관에 지나지 않았다. 그러나 많은 사람들이 이곳을 찾으면서 박물관 옆에 신식 건물을 증축해서 감상실도 만들었다. 충실한 전시 내용이 인상적이다. 바흐하우스를 등지고 왼쪽에는 바흐 동상도 볼 수 있다.

+주소 Frauenplan 21
+전화 +49(0)3691 79340
+입장 매일 10:00-18:00
+요금 성인 7.5€(할인 3.5€)
+정보 www.bachhaus.de

04 에르푸르트(Erfurt), 수도사 루터를 만나다.

➡ 프롤로그

“도우소서, 안나여. 저를 도우신다면 꼭 수도사가 되겠나이다.” 1505년 7월 폭우가 쏟아지던 어느 날이었다. 젊은이의 야망으로 들끓던 에르푸르트 법학도는 이 사건을 계기로 수도원으로 들어간다. 바로 1517년 종교개혁을 이끈 마르틴 루터다.

루터의 흔적이 남아 있는 에르푸르트는 1260여 년의 긴 역사를 가진 아름다운 도시다. 다리가 240여 개나 있고 수십 개의 아름다운 종탑이 있으며, 독일에서 세 번째로 오래된 대학이 있다. 하지만 이런 것들도 ‘루터’라는 이름 앞에서는 한낱 사소한 수식에 불과하다. 루터는 수도사가 되겠다는 결심을 품은 이후 이곳에서 지내면서 종교개혁자로 다듬어진다. 그가 수도사가 되었고, 첫 미사를 집전했으며, 종교에 대해 부단히 고뇌하던 현장이다. 역사에 길이 남을 종교개혁자로서 다듬어지기 위해 그가 어떤 과정을 거쳤는지를 더듬다 보면 하나님의 놀라운 은혜를 깨닫게 된다.

^ 에르푸르트 스토테른하임에 위치한 루터의 기념돌

➡ 교통정보

에르푸르트는 프랑크푸르트, 베를린, 라이프치히, 드레스덴 등의 주요 도시들과 기차로 잘 연결되어 있다. 쉽게 접근할 수 있으며, 자동차를 이용해서 고속도로를 통해 도착하기도 매우 좋다.

시내에서는 주로 트램을 이용하는 것이 편하다. 그러나 주요 동선이 걸어서 얼마든지 다닐 수 있는 거리이기 때문에 시내에서 교통편이 절실하지는 않다. 오히려 스토테른하임으로 갈 때 교통편이 필요한데 버스 31번이 운행된다. 스토테른하임에 하차해서 외딴 시골길을 1.5km 이상 걸어야 도착하는 곳이 루터가 벼락을 맞아서 수도사가 되겠다고 결심하던 지점이다.

➡ story

기차역에서 에르푸르트 구시가지까지는 멀지 않아 얼마든지 걸어서 이동할 수 있다. 기차역에서 워킹을 시작하여 앙거 광장(Der Anger)에 위치한 카우프만 교회(Kaufmannskirche)에서 시작한다. 교회 옆에는 루터의 동상이 있는데, 이 동상을 보는 순간 그와 관련된 도시에 왔다는 사실을 실감하게 된다. 그리고 아름다운 크래머 다리를 건너 여행안내소에서 필요한 정보를 얻은

후 본격적인 루터의 발자취를 밟아 나가면 된다. 이렇게 걷는 거리는 총 3km 남짓 된다.

1. 앙거 광장(Der Anger)
2. 크래머 다리(Krämerbrücke)
3. 시청사 및 피시 광장(Rathaus & Fischmarkt)
4. 성 마리 대성당과 성 세베루스 성당 (St. Mary's Cathedral & St. Severi Church)
5. 에르푸르트 대학(Universität Erfurt)
6. 아우구스티누스 수도원(Augustinerkloster)
7. 스토테른하임(Der Lutherstein bei Stotternheim)

➡ 방문정보

1. 앙거 광장

(Der Anger)

구시가지의 광장으로 중세시대에 염료 매매가 이루어지던 곳인데, 현재는 가장 번화한 쇼핑가가 밀집한 지역이다. 잦은 화재 속에서도 살아남은 역사적인 건축물들이 둘러싸고 있는 이곳은 특별히 '금색 창꼬치의 집'(Haus zum Goldenen Hecht)과 '거대하고 새로운 배의 집'(Haus zum Großen und Neuen Schiff)이라는 특이한 이름을 가진 건물들을 눈여겨볼 필요가 있다. 16세기에 지어진 건물로 괴테와 실러, 훔볼트 등이 자주 들른 곳으로 유명하다.

Anger 52번지 바톨로모이스탑(Bartholomäustur)은 에르푸르트 시내의 멋진 전경을 볼 수 있는 곳으로 60개의 크고 작은 종들이 빚어내는 아름답고 웅장한 연주도 들려준다. 카우프만 교회(Kaufmannskirche) 바로 옆에는 루터의 동상이 있다. 루터에게는 매우 중요한 시기의 도시였기 때문이다.

2. 크래머 다리
(Krämerbrücke)

에르푸르트는 도시 전체에 200여 개의 크고 작은 다리들이 있어 '다리의 도시'라고 한다. 다리들과 강물이 어우러진 풍경으로 에르푸르트 중앙은 리틀 베니스로 알려져 있다. 많은 다리 중에 단연 유명한 다리가 바로 크래머 다리로, 12세기에 나무로 만들어졌다가 14세기에 아치형 돌다리로 바뀌었다. 120m의 크래머 다리 위에는 32개의 집이 지어져 있으며 실제로 사람들이 거주하고 있다. 크래머 다리는 'Merchants Bridge'라고도 부르는데 처음에는 다리 위에 노점들이 들어서면서 상가가 형성되었다가 1472년 도시 전체가 화재를 겪으면서 에르푸르트 시 사람들이 살 수 있도록 다리 위에 집을 지었다. 유럽에서 주택이 지어진 가장 긴 다리다.

중세시대에는 특이하게도 이 다리 양쪽 끝 교두보가 교회로 사용되었는데 현재는 한 곳만 남아 있다. 에기디엔 교회(Ägidienkirche)라고 부르는 이 교회는 11세기에 지어졌지만 화재로 소실되었다가 14세기 석조 건물로 재건되었다. 현재까지 남아 있는 유일한 교두보 교회로 역사적, 건축적 가치가 매우 높다. 교회 탑에 오르면 에르푸르트 구시가지의 아름다운 전경을 감상할 수 있다. 다리 근처에는 여행안내소(information center)가 있다.

3. 시청사 및 피시 광장
(Rathaus & Fischmarkt)

피시 광장 한쪽에 위치한 건물이 시청사다. 이곳에서는 에르푸르트와 관련된 중요한 정보를 제공하며, 다양한 문화 행사가 열린다. 네오고딕 양식의 고풍스러운 건물 내부에는 당시 주변의 역사적 상황뿐만 아니라 루터의 생애와 관련된 다양한 그림을 감상할 수 있다. 이곳에서 루터의 생애를 숙지하고 루터 관련 발자취를 따라 돌아다닌다면 훨씬 더 생생한 견학이 될 것이다.

시청사에서는 영어와 독일어 가이드 투어도 제공하고 있다.

+주소 Fischmarkt 1
+전화 +49(0)361 6550
+입장 월화목 8:00-18:00(수 16시, 금 14시까지),
토-일: 10:00-17:00
+정보 www.erfurt.de/ef/de/rathaus

4. 성 마리 대성당과 성 세베루스 성당

(St. Mary's Cathedral & St. Severi Church)

인접해 있는 성 마리 대성당과 성 세베루스 성당은 독일 고딕 양식의 걸작품으로 에르푸르트의 랜드마크다. 뾰족한 첨탑의 웅장한 건물들이 빚어내는 조화로운 모습이 아름답다.

성 마리 대성당은 아우구스티누스(어거스틴) 수도원 소속 교회로 1507년 루터가 신부 서품을 받은 곳이다. 내부에는 화려하고 아름다운 고딕 양식의 제단이 있으며 그 뒤로는 높이가 18m에 달하는 아름다운 스테인드글라스 창문이 있다. 성당 돔의 중간 탑에는 글로리오사라는 종이 있는데 현존하는 중세시대 종 중 가장 크고 소리가 아름답기로 유명하다.

+주소 Domplatz
+전화 +49(0)361 6461265
+49(0)361 576 96-0
+입장 월-토 09:30-18:00,
일·공휴일13:00-18:00(11~4월은 17:00까지)
+정보 www.dom-erfurt.de

여행 tip

성당 광장에서 축제 즐기기

성 마리 대성당 앞에는 70개의 계단이 있는데 이 계단을 중심으로 펼쳐진 광장(Domplatz)에서는 중세시대 역사적인 건물들을 볼 수 있으며 세계적으로 유명한 축제가 열린다. 3, 4월에는 튀링겐 바흐 축제와 에르푸르트 바흐 축제가, 10월 11일에는 마르틴 루터를 기념하는 '마르틴 축제'가 열리며,성탄절을 앞두고는 화려한 성탄절 시장이 열려 볼거리가 풍성하다. 이 시기에 에르푸르트를 여행한다면 축제를 놓치지 말자.

5. 에르푸르트 대학

(Universität Erfurt)

루터가 아버지의 뜻을 따라 법학을 공부하던 곳이며 수도사 서원 후에는 신학을 공부해 신학박사학위를 받은 곳이다. 루터는 20세까지는 성경을 실제로 본 적이 없다가 에르푸르트 대학 도서관에서 처음 성경을 발견했다고 한다. 당시 성경이 일반인에게 얼마나 멀리 있는 책이었는지 짐작할 수 있는 대목이다. 현재 대학의 터만 남아 있으며, 종교개혁과 당시를 기념해 만든 기념물을 볼 수 있다. 에르푸르트 시 역사박물관에는 루터와 에르푸르트 대학 역사에 관한 자료들을 볼 수 있다.

>에르푸르트 시 역사박물관(Stadtmuseum Erfurt)
+주소 Johannestraße 169
+입장 화-일 10:00-18:00
+정보 www.stadtmuseum-erfurt.de

6. 아우구스티누스 수도원

(Augustinerkloster)

1277년에 지어진 고딕 양식의 수도원으로 루터가 1505년부터 1511년까지 수도사로 있던 곳이다. 루터는 이곳에서 수도사 서원을 했고 신부가 된 후 첫 미사를 집전했다.

당시 부패한 가톨릭교회와 달리 아우구스티누스 수도원은 철저한 신앙 교육을 시키는 곳으로서 루터는 이곳에서 엄격한 훈련을 받으며 신앙의 기초를 다졌다. 특히 루터는 이곳에서 그의 영적 스승과 같은 요한 폰 슈타우피츠(Johann von Staupitz)를 만나게 되는데 훗날 루터는 슈타우피츠에게서 모든 것을 배웠노라고 고백할 만큼 루터의 신앙 형성에 지대한 영향을 준 인물이다.

루터는 수도원 생활 동안 금식, 기도 등 신앙 훈련에 누구보다 열심이었으며, 반복되는 죄들 때문에 자학하며 고통 받곤 했다. 이런 루터에게 슈타우피츠는 엄격한 심판의 하나님이 아닌 사랑의 하나님에 대해 가르치며 지나친 자학과 고행에서 벗어나 성경 연구에 매진하도록 인도하였다. 신학박사 공부를 권유한 것도 슈타우피츠다. 훗날 말씀에 기초해 가톨릭의 오류를 지적하며 성경의 권위를 주장한 루터의 종교개혁은 이런 스승의 가르침이 있었기에 가능했다. 영화 〈루터〉에서 슈타우피츠는 영적 스승으로서뿐만 아니라 종교개혁 당시 위험에 빠진 루터를 보호하기 위해 애쓰는 아버지와 같은 모습으로 그려지고 있다. 루터와 슈타우피츠의 관계는 루터의 〔간증〕을 참고하자.

수도원에는 예배당과 도서관을 비롯해 루터와 관련된 전시실을 볼 수 있다. 루터 전시실에는 성경과 루터의 수도원 생활과 관련된 자료들이 전시되어 있으며 당시 루터의 방도 재현되어 있다.

∨ 루터는 이곳에서 첫 미사를 집전했다.

∧ 수도사가 되기로 서약한 아우구스티누스 수도원 내부

∨ 수도원 안에 있는 루터의 방

∧ 영화 〈루터〉에서 루터는 이 회랑 바닥을 닦는 수도승으로 나온다.

한편 수도원 예배당 제단 쪽에는 요한 사갸랴 신부의 무덤을 볼 수 있는데 루터가 팔을 벌리고 누워 수도사의 길을 서원한 곳이다. 하지만 공교롭게도 이 사갸랴 신부는 1415년 콘스탄츠 공의회에서 후스를 고소하여 화형을 받게 한 장본인이었다. 자신의 무덤에서 수도사 서원을 하던 이 젊은 청년이 훗날 자신이 처형한 후스의 정신을 이어받아 종교개혁을 일으키게 될 줄을 그는 짐작이나 했을까? 아이러니한 역사의 한 페이지를 보게 된다.

+주소 Augustinerstraße 10
+전화 +49(0) 361 576 600
+입장 월-토 10:00-17:00(11-3월 16시까지),
일요일 11, 14, 15시(정시에 가이드 투어)
+요금 성인 5€(할인 3€)
+정보 www.augustinerkloster.de

간증

루터의 바르트부르크 생활
- 요한 폰 슈타우피츠와의 만남

저는 1517년 10월 31일에 95개조 반박문을 비텐베르크에 붙였습니다. 많은 분들은 갑자기 제가 종교개혁을 일으켰다고 생각하시는데, 사실은 여러 사람들과 여러 경험들이 있었기에 가능했습니다.

저는 1505년에 이곳 에르푸르트로 와서 수도사가 되기로 결심했어요. 하나님이 너무 무서웠거든요. 저는 제발 하나님 앞에 죄가 하나도 없기를 바랐어요. 조그마한 양심의 가책이라도 생기면 하나님은 저를 영영 떠나실 것 같았으니까요. 그래서 저는 슈타우피츠 원장님께 하루가 멀다 하고 고해를 했어요. 어떤 때는 6시간 동안이나 한 적도 있어요. 그랬더니 원장님은 "제발 죄 같은 죄를 갖고 오게. 간음, 살인, 신성모독 같은 걸로 말이야. 자네는 지금 쓸데없는 죄를 가지고 시간 낭비만 하고 있다네" 했어요.

저는 여섯 시간 동안 고해성사를 한 뒤에도 또 다른 죄가 생각나면 절망에 빠져 버렸어요. 그때 저는 모든 죄를 회개해야 구원받는 것이 아니라는 걸 알게 되었어요. 무엇인가 근본적으로 해결을 얻기 원했어요. 그렇지 않으면 평생 이렇게 죄책감을 느끼며 살 것 같았으니까요. 슈타우피츠 원장님은 제게 일일이 열거하는 회개가 아니라 제 성품 자체가 해결되어야 한다고 일깨워 주셨어요. 원장님은 제게 "성경으로 씨름해 보게. 지금 하나님이 자네에게 화가 난 게 아니라 자네가 하나님께 화가 나 있네" 하셨습니다.

^수도원 내부 루터가 서원했던 지점

결국 제가 성경을 열심히 탐독할 수 있도록 길을 열어 주신 분은 슈타우피츠 원장님이셨어요. 그분이 아니었다면 아마 저는 지금도 회개하며 고해성사를 하고 있을지도 몰라요. 저의 영혼은 고해성사가 아니라 성경을 읽는 중에 하나님의 은혜를 깨닫게 되었으니까요.

7. 스토테른하임

(Der Lutherstein bei Stotternheim)

훗날 전 유럽을 흔든 종교개혁자 루터를 탄생시킨 역사적인 장소다. 1505년 7월 2일 폭우가 쏟아지던 날, 친구와 에르푸르트의 외곽 길을 걷던 루터는 천둥 번개 속에서 벼락을 맞게 되었고 친구가 즉사하는 사고를 겪게 된다. 순간 두려움에 빠진 루터는 수도사가 되겠다고 서원하였다. 이후 그는 아우구스티누스 수도원으로 들어갔다. 루터가 신학의 길로 들어선 역사적인 순간이었다. 이 위대한 순간을 기념하기 위해 1917년 높이 약 2m의 비석이 이곳에 세워졌다. 루터의 기념비에는 독일어로 이 사건을 기록하고 있다.

Geweihte Erde(거룩한 땅)

Wendepunkte der Reformation

(종교개혁운동으로의 전환점)

In einem Blitz vom Himmel wurde der junge Luther hier der Weg gewiesen

(하늘로부터 오는 번개 속에 이곳에 있던 젊은 루터를 향한 그 길이 제시되었다.)

2. Juli. 1505(1505년 7월 2일)

Hilfe, Du Saint Anna, ich will ein Mönch werden(도우소서, 성 안나여, 나는 수도사가 되겠나이다).

Ex Thuringia lux(튀링겐 지방에서부터 빛이 나오다)

➡ 가는 방법

에르푸르트 외곽에 있는 스토테른하임에 가려면 에르푸르트에서 스토테른하임의 Karlsplatz 행 버스(30, 31번 버스)를 타고 스토테른하임에서 하차하면 된다. 기차역(지도 참고)에서 내려 도보로 걷는다면 Zum Stotternheimer

See 도로에서 건널목을 건너 비포장길인 루터슈타인 길(Luthersteinweg)로 쭉 직진하면 된다. 비포장길을 피해서 자동차로 운전하려면 Zum Stotternheimer See를 따라가면 되는데, 이 길에 Lutherstein이라는 팻말이 자주 보인다. 심지어 스토테른하임 마을 중심에서부터 Lutherstein이라는 팻말을 볼 수 있다. 이 길을 따라 가면 왼쪽으로 스토테른하이머 쇼세(Stotternheimer Chaussee)로 꺾어져 비포장길로 조금만 들어가면 끝부분에 루터의 기념돌을 볼 수 있다.

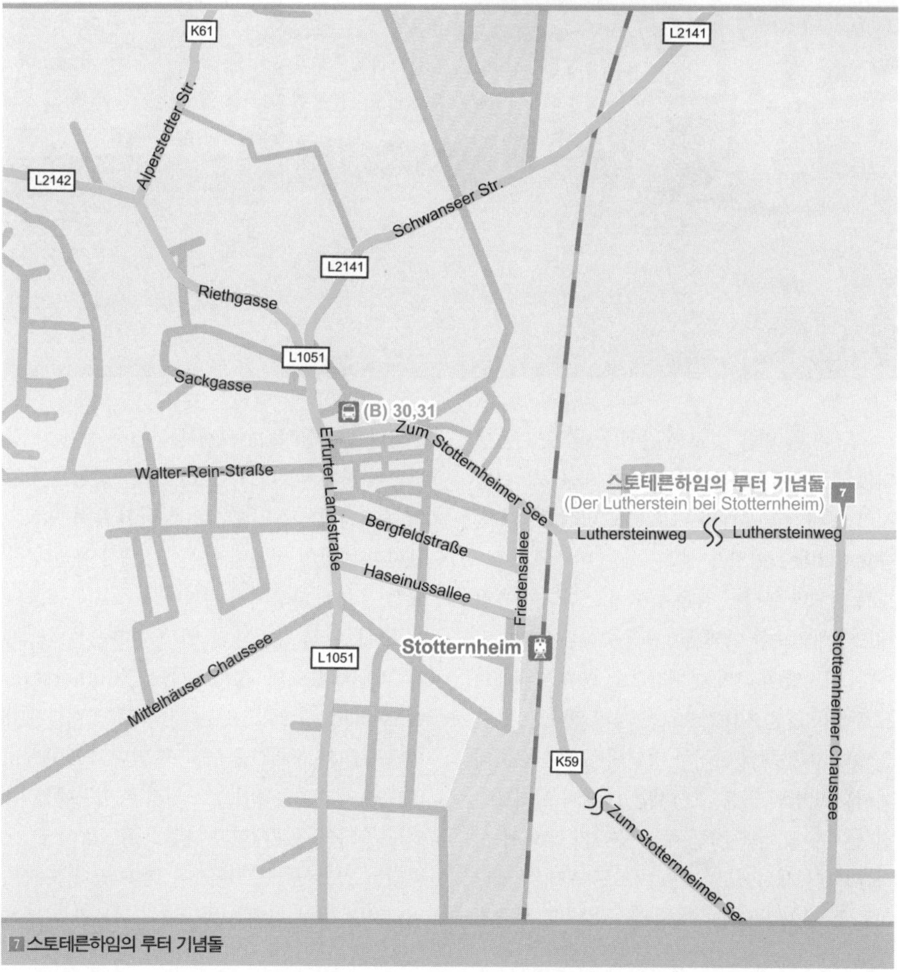

7 스토테른하임의 루터 기념돌

05 비텐베르크(Wittenberg), 95개조 반박문을 내걸다

➡ 프롤로그

▼비텐베르크 도시 중심에 위치한 광장. 뒤편은 성 마리엔 교회다. 루터와 멜란히톤 동상이 나란히 세워져 있다.

누구나 한 번쯤 설교 시간에 들어 보았을 루터의 종교개혁. 전 유럽을 흔들며 개신교를 탄생시킨 그 사건의 무대가 바로 이곳 비텐베르크다. 종교개혁의 진원지라 할 수 있는 비텐베르크는 도시 자체만 본다면 작은 규모이고 화려한 유럽 대도시에 익숙한 여행객에겐 우중충한 느낌마저 든다. 하지만 루터의 존재감으로 인해 비텐베르크로 가는 길은 기대감으로 설레게 된다.

엘베 강 동쪽에 위치한 비텐베르크는 독일 내에서도 변방의 작은 도시지만 15세기 프리드리히 선제후에 의해 작센 주의 수도가 되면서 성과 대학이 세워졌고, 그후 마르틴 루터와 멜란히톤 등 젊고 유명한 교수들을 초빙하고 루카스 크라나흐가 궁정화가로 활동하면서 점차 그 영향력이 확대되었다. 무엇보다도 그 절정은 루터의 종교개혁으로 인해 그의 사상이 유럽을 뒤흔들면서 변방의 비텐베르크는 16세기 유럽의 종교적, 문화적 요충지가 되었다.

'하얀 언덕', '지혜의 언덕'이라는 뜻을 가진 비텐베르크의 정식 이름은 'Lutherstadt Wittenberg'(루터의 도시 비텐베르크)로 그 이름에서부터 루터의 존재감을 느낄 수 있다. 1996년 유네스코 세계문화유산으로 지정된 이곳에는 아직도 루터의 종교개혁과 관련된 유적들이 잘 보존되어 있고 중세 느낌도 잘 살아 있어 도시를 거닐자면 마치 거대한 종교개혁 박물관을 보는

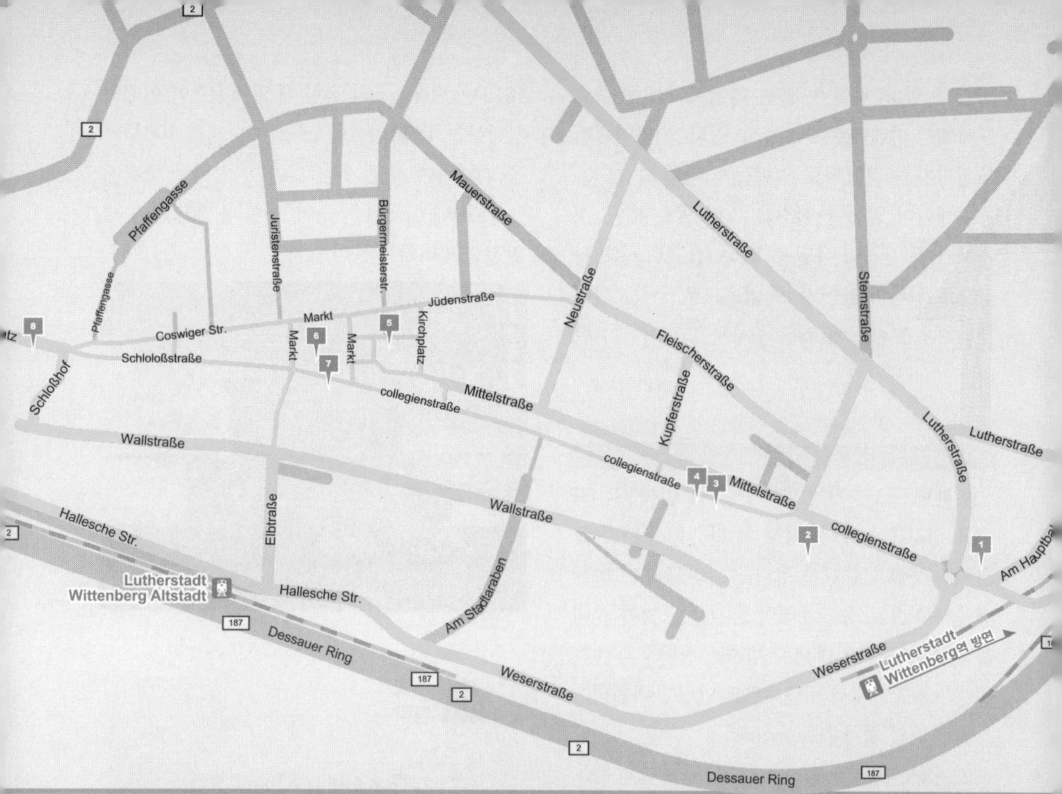

1 루터의 참나무
2 루터 박물관
3 멜란히톤의 집
4 로이코레아
5 성 마리엔 교회
6 마르크트 광장
7 크라나흐의 집
8 궁성(宮城) 교회

듯하다. 비텐베르크는 루터 외에도 종교개혁의 동역자인 필리프 멜란히톤, 부겐하겐, 요나스, 독일 르네상스의 유명한 화가 크라나흐 등이 활동하던 곳으로 개혁 신앙의 정신이 도시 곳곳에 남아 있다. 책에서만 본 인물들과 생생하게 만날 수 있는 곳으로 신앙인들이라면 유럽에서는 알프스, 에펠 탑보다 먼저 가 봐야 할 곳이 바로 비텐베르크다. 세계사 책과 설교에서만 듣던 바로 그곳에서 위대한 신앙의 선배들과 시간을 초월한 교감에 빠져 본다면 평생 잊을 수 없는 감동이 될 것이다.

➡ 교통정보

비텐베르크는 기차를 이용하면 편리하게 도

여행tip

루터의 도시 비텐베르크에서는 1년에 두 차례 루터와 관련된 축제가 열린다. 6월 중순경 루터의 결혼 기념 축제가 열리고 10월 31일을 전후로 종교개혁을 기념한 축제가 열린다. 이 기간이 되면 비텐베르크 도시 전체가 루터 시절로 돌아간다. 중세 복장을 한 사람들과 중세 음식, 놀이, 심지어 당시의 대장간이나 공인들의 모습까지 재현되므로 이 시기를 맞추어 방문한다면 루터 당시의 비텐베르크를 느낄 수 있다.

착할 수 있다. 베를린, 할레, 라이프치히 등 주요 도시에서 비텐베르크로 올 수 있다. 기차역에서 도심까지는 걸어서도 얼마든지 다닐 수 있다. 종교개혁이 일어난 현장을 직접 발로 밟는 것 자체가 큰 감격이 아닐 수 없다. 참고로 시내 광장으로 차량이 들어갈 수 없으므로 궁성교회나 루터하우스 부근에 차를 주차하고 걸어가야 한다.

➡ story

비텐베르크는 기차역에서 걸어오면서부터 코스를 정리해 놓았다. 역시 첫 관문은 루터가 교황의 파문장을 불태운 참나무 그리고 루터 박물관을 시작으로 종교개혁의 숨결을 느끼며 시내를 관통한다. 마지막으로 95개조 반박문을 내건 궁성(宮城)교회에서 비텐베르크 일정을 마친다.

1. 루터의 참나무(Luthereiche)
2. 루터 박물관(Lutherhalle): 마르틴 루터 하우스
3. 로이코레아(Leucorea): 옛 비텐베르크 대학 건물
4. 멜란히톤의 집(Melanchthonhaus)
5. 성 마리엔 교회(Stadtkirche St.Marien): 루터가 사역한 교회
6. 마르크트 광장(Markt: 루터, 멜란히톤 동상)
7. 크라나흐의 집(Cranach-Haus)
8. 궁성(宮城) 교회(Schlosskirche)

➡ 방문정보

1. 루터의 참나무

(Luthereiche)

비텐베르크 중앙역에서 구시가지로 가는 길목에는 참나무를 볼 수 있는데 1520년 12월 10일 마르틴 루터가 교황청의 파문장과 로마 교회 법학자들의 저서를 불태운 장소다. 이 역사적인 자리를 기념하기 위해 심은 첫 번째 참나무는 1813년 프랑스군의 점령 때 없어졌으며 현재의 참나무는 1830년 6월 25일 종교개혁 300주년을 기념하여 새로 심은 것이다. 참나무 주위에는 1520년 마르틴 루터의 '행함'을 기념하여 세워진 기념비와 우물이 있다.

개념 정리

교황과 루터 간의 설전

1517년 95개조 반박문은 교황은 물론 온 유럽을 동요시켰다. 그러자 교황은 공식적으로 다음과 같이 말했다.

"루터는 교회가 가꾼 포도밭을 헤치는 멧돼지다."

이에 대해 루터는 다음과 같이 응수했다.

"교황은 죄의 사람, 지옥의 아들이며, 모든 인간 밑바닥의 쓰레기다."

교황은 루터에게 파문을 선언했고, 그의 모든 서적을 태워 버리라고 모든 교회에 지시했다. 루터 역시 비텐베르크에서 교황의 파문장을 태워 버린 후 교황을 가리켜 "교황은 세상에서 지옥과 가장 닮았다"면서 응수했다. 비텐베르크에서는 교황의 파문장과 가톨릭 서적들 그리고 면죄부가 소각되었다.

2. 루터 박물관: 마르틴 루터 하우스 (Lutherhalle)

마르틴 루터의 집은 원래 1507년 프리드리히가 아우구스티누스 수도승들을 위해 지은 수도원으로, 수도사였던 루터는 이곳 탑실에서 회심을 경험했다. 루터는 1508년부터 다락의 수도사 방에서 살며 일했는데 1522년 수도원이 해체되고 1525년에 카타리나 폰 보라와 결혼하면서 이 건물을 선제후로부터 선물 받았다. 이후 루터는 가족과 친척을 비롯해 페스트로 고아가 된 아이들과 함께 이곳에서 살면서 구약성경을 독일어로 번역하는 데 힘썼다.

입구에는 '카타리나 문'이라고 불리는 특별한 아치형 문이 있다. 하얀 외벽의 왼쪽에는 박사모자를 쓴 루터가, 오른쪽에는 루터의 문장인 장미가 새겨졌다. 이것은 1540년 루터의 57세 생일에 부인 카타리나가 선물한 것이다. 정원 한가운데에는 카타리나의 동상도 볼 수 있다.

루터의 집은 카타리나 사후 1564년 비텐베르크 대학에서 사들였으며 루터 탄생 400주년인 1883년부터는 마르틴 루터 박물관으로 사용되고 있다. 박물관에는 성 마리엔 교회에 있던 루터의 설교단, 보름스에 루터가 입고 갔던 수도복, 루터의 책상 등 루터의 물품들이 전시되어 있다.

1~2층에는 루터의 생애별로 종교개혁 관련 자료들이 전시되어 있고, 맨 위층에는 수도원 중요 문서들과 루터의 동상, 기념비 등에 대한 자료들이 전시되어 있다. 1층은 당시 이 건물에 대한 설명이 있으며 2층은 루터 박물관의 하이라이트로서 '루터의 방'(Lutherstube)이 있는데 루터 당시의 모습이 그대로 보존되어 있어 그의 숨결을 느낄 수 있다. 커다란 루터의 책상과 학생들을 위해 벽을 둘러싸고 위치한 긴 의자가 인상적인데 루터는 이곳에서 학생들과 담론을 하곤 했다. 루터는 학생들에게 일방적으로 자신의 사상을 주입시키는 것이 아니라 토론과 논쟁을 했는데, 그들의 의견을 존중하고 배려하는 모습도 엿볼 수 있다. 3층에는 루터의 데스마스크, 루터와 관련된 그림, 교회사의 중요 문서들, 루터의 저작들, 루터를 기념하여 발행한 동전들을 접할 수 있다. 한편 지하는 카타리나의 일상을 주제로 꾸며진 공간으로 각종 모형과 시청각 자료를 전시하고 있다.

^ 루터의자(왼쪽)
^ 루터 박물관 입구에 있는 루터의 아내 카타리나 폰 보라의 동상(오른쪽)

루터의 내면 변화

1498년	아이제나흐	설교를 듣고 처음으로 종교심을 가지게 됨
1505년	에르푸르트	천둥 치던 날 수도사가 되겠다고 서원함
1511년	로마	성당 계단에서 고행 중 가톨릭의 오류를 깨달음
1513년	비텐베르크	수도원 다락에서 하나님의 의(義)를 깨달음
1517년	비텐베르크	존 테젤의 면죄부에 격분하여 개혁을 일으킴
1521년	보름스	자신의 개혁사상에 확신을 가지고 철회를 거부함

+주소 Collegienstraße 54
+전화 +49(0)3491 4203118
+입장 4~10월 매일 9:00-18:00
11~3월 화-일 10:00-17:00
+요금 성인 5€(할인 3€)
+정보 www.martinluther.de

루터의 방

비전 노트

카타리나 폰 보라의 격려

루터는 종교개혁을 일으킨 후 수녀 출신의 카타리나 폰 보라와 결혼을 했다. 루터의 사상이 확산되면서 그는 많은 반대와 위협에 직면해야 했다. 때로는 개혁자라는 사실이 너무 힘겨워 모든 것을 내려놓고 싶었고, 낙심에 빠지곤 했다. 그때 아내는 상복(喪服)을 입고 루터 앞에 나타났다. 루터는 아내에게 "아니 누가 죽었소?"라고 물었다. 그러자 "하나님이 돌아가셨어요"라고 아내는 대답했다. "아니, 어떻게 전능하신 하나님이 죽을 수가 있단 말이오?" 루터의 물음에 아내는 다음과 같이 말했다. "당신의 지금 모습을 보니 마치 하나님이 돌아가신 것 같아요." 아내의 지혜로운 행동에 루터는 자신의 나약함을 발견하고 다시 일어서서 개혁 활동을 지속해 나갔다고 한다.

우리는 입으로 하나님의 살아 계심을 이야기하지만 생활 한복판에서는 하나님을 전혀 느끼지 못하며 살아가고 있다. 그러나 루터가 주장한 것과 같이 '코람데오', 즉 하나님 면전에서 살아가는 삶을 살 때 우리는 그 누구보다 정결한 삶을 하나님께 드릴 수 있다.

3. 로이코레아: 옛 비텐베르크 대학 건물

(Leucorea)

1502년 프리드리히 3세에 의해 세워진 비텐베르크 대학은 '비텐베르크'(하얀 언덕)를 의미하는 그리스어로 '로이코레아'(Leucorea)라고도 불린다. 비텐베르크 대학은 마르틴 루터와 멜란히톤이 신학 교수와 고전어 교수로 재직하던 곳으로 16세기 종교개혁의 중심지로서 유럽에서 명성을 얻었다. 1815년 비텐베르크가 프로이센의 일부가 되면서 비텐베르크 대학은 할레 대학에 병합되었고 1933년부터 마르틴 루터 탄생 450주년을 기념하여 할레비텐베르크 대학교(Martin Luther University of Halle-Wittenberg)로 명칭을 바꾸었다. 19세기 대학 건물은 프러시아 군대기지로 사용되면서 대학의 역할을 잃어버렸으나 통독 이후 독일의 전통을 되살리려는 노력의 일환으로 로이코레아 재단이 설립되어 할레비텐베르크 대학교의 분교 역할을 하고 있다.

+주소 Collegienstr. 62
+전화 +49(0)3491 466100
+정보 www.leucorea.de

4. 멜란히톤의 집

(Melanchthonhaus)

루터의 집에서 시내 방향으로 2~3분 걸으면 멜란히톤(Philipp Melanchthons)의 집이 나온다. 멜란히톤은 원래 오래된 전통 가옥에 살았으나 노후되어 무너져 내리자 평소 '독일의 선생님'으로 멜란히톤을 존경하던 프리드리히 백작이 이 집을 선물했다. 멜란히톤이 죽을 때까지 지낸 곳으로 그가 사용하던 책상과 물품들이 그대로 보존되어 있다. 2층에는 그가 학생들과 토론을 나누던 공부방을 볼 수 있으며 뒤뜰에는 아름다운 정원도 가꾸어져 있다. 1536년에 지어진 이 집은 현재까지도 비텐베르크 시에서 가장 아름다운 르네상스풍 건축물로 유명하며 멜란히톤 박물관으로 사용되고 있다.

+주소 Collegienstraße 60
+전화 +49(0)3491 403279
+정보 www.martinluther.de

세상을 바꾼 그리스도인

종교개혁의 숨은 공로자, 필리프 멜란히톤

- Philipp Melanchthon, 1497~1560

지난 천 년간 가장 영향력 있는 인물인 루터. 루터를 루터 되게 한 숨은 공로자는 멜란히톤이다. 멜란히톤은 하이델베르크와 튀빙겐이라는 독일 최고의 대학에서 철학과 인문학을 공부한 학자다. 루터는 자신이 과격하고 말이 많으며 호탕한 반면, 멜란히톤은 과묵하고 온유하며 심지어 우유부단하기까지 하다고 말했다. 성격이 달랐기 때문에 루터에게는 더없이 좋은 동역자였다. 루터가 종교개혁을 일으키자 많은 반향이 있었다. 멜란히톤은 루터의 개혁 뒤에서 그의 사상을 체계화하고 개신교 신앙고백문을 작성했다. 바로 아우크스부르크 신앙고백서다. 이 고백문이 작성된 1530년 이후 이것에 영향을 받아 하이델베르크 신앙고백서, 벨기에 신앙고백서가 뒤따라 나왔고, 결국 1647년 웨스트민스터 신앙고백문이 등장했다. 라이프치히 논쟁과 츠빙글리 논쟁에서 루터를 도왔고, 루터가 독일어 성경을 번역할 때도 많은 도움을 주었다.

역사가 1등만 기억한다고 했던가? 그러나 루터에게 멜란히톤이 있었기에 그는 개혁을 제대로 감당할 수 있었다. 루터와 같은 주도적 역할을 감당하는 것도 중요하지만 뒤에서 그를 헌신적으로 뒷받침하는 역할도 매우 중요한 사역임을 잊지 말아야 한다. 멜란히톤의 신앙을 대변이라도 하듯 그의 집 앞에는 "만일 하나님이 우리를 위하시면 누가 우리를 대적하리요?"라는 강렬하고 확신 있는 성경 구절이 기록되어 있다.

"루터가 주창한 교리가 새로운가? 아니다. 이것은 1500년이나 오래되었다. … 우리는 복음의 기초와 바울의 불타는 열정으로 이 개혁을 감당할 것이다."

(멜란히톤, '아우크스부르크 신앙고백문'을 만들면서)

5. 성 마리엔 교회: 루터가 사역한 교회

(Stadtkirche Sankt. Marien)

시교회라고도 불리는 성 마리엔 교회는 비텐베르크에서 가장 오래된 건축물의 하나로 유네스코 세계문화유산으로 지정되었다. 루터가 30년 동안 설교한 곳으로 '마르틴 루터 설교 교회'라고도 불린다. 루터와 함께 담임목사였던 부겐하겐(Johannes Bugenhagen)이 종교개혁을 실질적으로 설파했으며 독일어로 첫 개신교 예배를 드린 곳이자 1535년에는 최초로 개신교 목사의 성직 수여식이 이루어졌다. 종교개혁의 모태와도 같은 곳이다. 부겐하겐은 루터의 상담사이자 결혼 주례와 장례를 집행하기도 했는데 비텐베르크 최초의 개신교 목사로서 루터 사후에도 북유럽 종교개혁에 기여했다. 교회 마당에는 그의 흉상이 있으며 교회 안에 무덤이 안치되어 있다.

멜란히톤과 함께 크라나흐 부자도 이곳의 성도였는데, 크라나흐 부자가 교회 정면에 그린 종교개혁 제단화는 매우 유명하다. 그리스도의 십자가에 대해 루터가 설교하는 모습을 표현했는데, 이것은 가톨릭과는 확연히 다른 개신교 예배를 상징적으로 보여 주고 있다. 그리고 최후의 만찬 그림에는 예수와 제자들이 아닌 루터와 비텐베르크 시민들이 동석하고 있음을 볼 수 있다. 이는 로마 가톨릭은 루터의 추종 세력을 '출교'했지만 오히려 루터를 따르는 것이 그리스도의 일에 동참하는 것임을 확신시키기 위해 그린 것이다.

▲ 오른쪽에 루터가 수백 번 설교하던 강단이 있다.

+주소 Kirchplatz
+전화 +49(0)3491-62830
+입장 10:00-18:00
(11월~부활절 16:00까지, 주일은 11:30부터)
+정보 www.stadtkirchengemeinde-wittenberg.de

6. 마르크트 광장

(Markt)

도시 중심에 위치한 마르크트 광장에는 북쪽으로는 르네상스식 시청사가, 동쪽으로는 시교회가 위치하고 있다. 무엇보다도 이곳에는 성경을 펴 들고 있는 마르틴 루터와 아우크스부르크 신앙고백문을 들고 있는 멜란히톤의 기념상을 볼 수 있다. 루터 동상은 1817년 루터의 종교개혁 300주년을 기념하여 프로이센 왕 프리드리히 빌헬름이 만스펠트 주민의 기금으로 세운 것이다. 귀족이 아닌 서민의 기금으로 세워진 첫 기념 동상으로 이후 루터 동상들의 표본이 되었다. 멜란히톤의 동상은 그의 사후 300주년을 기념하여 만들어졌다.

마르크트 광장은 과거 공개 처형이 이루어지던 곳인데 지금도 광장 바닥에는 사형장 흔적인 4개의 돌이 남아 있다.

• 루터 동상 밑의 글

동: 인간의 행사는 시드나 하나님의 말씀은

영원히 서리라.

서: 내 주는 강한 성이요.

남: 복음을 믿으라.

북: 만스펠트 주민의 모금으로 프리드리히 빌헬름 2세가 루터 상을 세우다.

• 멜란히톤 동상의 글

동: 근원의 샘으로 돌아가면 진리를 맛보기 시작한다(멜란히톤).

서: 평안의 매는 줄로 성령이 하나 되게 하신 것을 힘써 지키라(엡 4:3).

남: 또 왕들 앞에서 주의 교훈들을 말할 때에 수치를 당하지 아니하겠사오며(시 119:46).

북: 독일 개혁교회의 선생

7. 크라나흐의 집

(Cranach-Haus)

시광장 남쪽에 위치한 크라나흐의 집은 크라나흐가 살면서 작품 활동을 하던 집이다. 크라나흐는 비텐베르크로 온 후 처음에는 성에서 살다가 이곳으로 옮겼다. 이후 더 넓은 공간이 필요해짐에 따라 1518년 슐로스 거리 1번지의 더 큰 집으로 이사했다. 하지만 이후 크라나흐는 동료와 함께 작품 활동을 위해 다시 이곳을 구입하였고, 루터의 독일어 성경에 들어간 그림들도 이곳에서 그렸다. 1990년부터 시민들과 시 차원의 복원 작업이 진행되어 현재는 크라나흐 재단의 관리하에 크라나흐의 업적과 생애를 전시하고 있다.

+주소 Markt 4
+전화 +49(0)3491-4201911
+입장 월-토 10:00-17:00/ 일 13:00-17:00
(11-3월은 월요일 휴관)
+정보 www.cranach-stiftung.de

인물 연구

그림으로 종교개혁사상을 전한 루카스 크라나흐

- Lucas Cranach, 1472~1553

당대 가장 유명한 화가 중 한 명이던 루카스 크라나흐는 1505년에 선제후의 궁정화가로 비텐베르크로 왔다. 약사, 출판업자, 시의원, 시장까지 지낸 크라나흐는 루터의 절친한 친구로 루터 부부의 결혼식 증인이자 루터 자녀들의 대부이기도 했다. 크라나흐는 제단화, 종교화, 판화 등 많은 작품을 남겼는데 특히 루터의 초상화를 많이 그렸다. 오늘날 우리가 루터의 나이대별 모습을 볼 수 있는 것도 크라나흐 덕분이다.

크라나흐는 비텐베르크에서 루터의 사상에 영향을 받았고 종교개혁사상을 그림으로 표현하여 글을 모르는 대중에게 쉽게 전달함으로써 루터의 종교개혁에 중요한 동역자가 되었다. 이후 루터의 종교개혁 자료와 독일어 성경에는 크라나흐의 삽화와 종교화가 삽입되었다. 루터의 독일어 성경이 라틴어를 모르는 독일인에게 참된 진리의 빛이 되었다면, 크라나흐의 그림은 글을 모르는 무지한 백성에게 진리를 전하는 역할을 감당했다.

8. 궁성(宮城)교회

(Schlosskirche)

▲95개조 반박문이 붙었던 문

88m에 달하는 탑이 인상적인 궁성교회는 비텐베르크 성 부속교회로 1509년 '지혜자'라 불리던 프리드리히 3세에 의해 세워졌으며, 내부는 크라나흐가 장식하였다. 1517년 10월 31일 마르틴 루터가 95개조 반박문을 붙인 바로 그 역사적인 장소다. 루터의 종교개혁 이후 슈말칼덴 전쟁과 7년 전쟁을 겪으며 파괴되었으나 1892년 종교개혁 기념일에 프로이센 황제에 의해 현재의 모습으로 복구되었다. 높이 솟은 첨탑에는 '내 주는 강한 성이요'라는 루터의 찬송가사가 독일어로 기록되어 있다.

궁성교회는 당시 비텐베르크 대학 교회로 마르틴 루터의 박사학위 수여식 등 학교의 행사들이 이곳에서 행해졌다. 교회의 문은 당시 대학의 행사를 알리던 게시판으로 사용되었는데 1517년 루터가 이 문에 95개조의 반박문을 붙이면서 종교개혁의 불씨를 지핀 역사적인 문이 되었다. 원래는 목재 문이었으나 1892년 복원 시 청동문으로 바뀌었고 라틴어로 95개조의 반박문을 새겨 넣었다. 문 위의 아치에는 중앙에 십자가의 예수님을 중심으로 왼쪽에는 성경을 들고 있는 루터와 오른쪽에는 아우크스부르크 신앙고백서를 들고 있는 멜란히톤의 모습이 그려져 있다.

교회 내부에도 종교개혁의 흔적들이 보존되어 있다. 오른쪽 설교단 밑에는 루터의 무덤이 있으며 왼쪽 반대편에는 멜란히톤의 무덤이 있다. 제단 밑에는 프리드리히의 무덤도 있다. 설교단 아래 나무의자 주변에는 21개의 프로테스탄트 제후들의 문장이 새겨진 의자들이 있으며 창문 쪽에는 유럽 각 나라 개혁자들의 동상들을 볼 수 있는데 1983년 루터 탄생 500주년을 기념하여 만들어진 것이다. 교회 뒷부분에는 95개조 반박문의 내용을 기록해 진열해 놓았다.

탑을 올라 52m까지 오르면 시내를 한눈에 조망할 수 있다. 289개의 계단을 오르는 수고가 필요하지만, 루터가 걸었을 골목골목을 속속들이 내려다보는 느낌은 그 수고를 말끔히 잊게 해준다.

+주소 Schloßplatz 1
+전화 +49(0)3491 402585
+입장 10:00-18:00
(11월~부활절 16:00까지, 주일은 11:30부터)
+요금 무료(타워 성인 2€, 할인 1€)
+정보 www.schlosskirche-wittenberg.de

궁성교회 내부 모습

루터의 무덤

비전 노트

면죄부에 대한 고찰: 궁성교회에서

중세시대에 교황은 죄를 사면해 주는 칙서와 면죄부(免罪符)를 발행했다. 중세시대에는 구원은 순례나 성물(聖物) 수집, 금욕과 고행을 통해 얻는다고 인식할 만큼 믿음이 왜곡되어 있었다. 교황은 세속 군주인 황제보다 더 큰 권력을 과시하고자 칙서를 발행하여 죄를 사해 준다고 선언했다. 그것을 통해 많은 추종 세력들을 얻을 수 있었다. 대표적인 예가 1077년의 카노사 굴욕 사건이다. 1095년 교황 우르반 2세는 십자군에 가담하는 조건으로 십자군 지원자들에게 칙서를 발행했다. 십자군들은 '구원'을 얻기 위해 칼을 휘두른 역사의 비극적인 주인공이 된 것이다.

'구원'을 얻기 위해 순례로써 걸어서 해당 성전으로 와야 했고, 금욕으로써 고행을 해야 했다. 천국을 가기 위해 교황의 칙서를 받을 수만 있다면 동족이나 이웃을 살해하기까지 했다.

루터 당시 실제 면죄부 모습
(맨체스터 John Ryland 시립도서관 소장)

마침내 교황 레오 10세는 로마에 성 베드로 성당을 짓기 위해 면죄부를 발행하기에 이른다. 사람들은 지옥의 고통을 두려워하며 자신의 면죄부뿐만 아니라 망자(亡者)들을 위한 면죄부도 살 수밖에 없었다. 교황은 면죄부를 팔면서 다음과 같이 말했다.

"당신이 어떠한 죄나 악행을 갖고 있든지 나는 용서한다. 어떠한 죄를 짓든지, 얼마나 많은 죄를 짓든지, 또한 연옥에서 받을 모든 형벌까지도 사하노라. 면죄부를 사는 순간 세례를 받을 때의 순결과 의가 회복된다. 결코 지옥에 들어갈 수 없을 것이다. 설령 지금 죽지 않는다고 하더라도 지옥의 문턱에서 모든 죄를 용서받게 될 것이다"(교황 레오 10세).

그리스도의 은혜로 얻어지는 구원이 특정한 사람의 말 한마디로 좌지우지되어서는 안 된다. 종종 목회자의 마음에 들지 않는다는 이유로 구원을 잃어버린다는(?) 협박도 듣는 웃지 못할 시대다. 1517년에 면죄부 앞에서도 많은 사람들은 동요했으며, 1095년 교황의 연설 앞에서도 민중은 그랬다. 이 모든 것에서 자유로워질 방법은 단 하나다. 루터가 말했다.

"오직 성경!(Sola Scrpitura)"

로마 라테라노 성당 문 위에는 지금도 다음과 같은 문구가 적혀 있다.

"Indvlgentia plenaria perpetva qvotidiana, toties qvoties, pro vivis et defvnctis"(산 자든 죽은 자든, 면죄부는 지금이나 영원토록 유효하다).

개념 정리

루터의 95개조 반박문 중 발췌

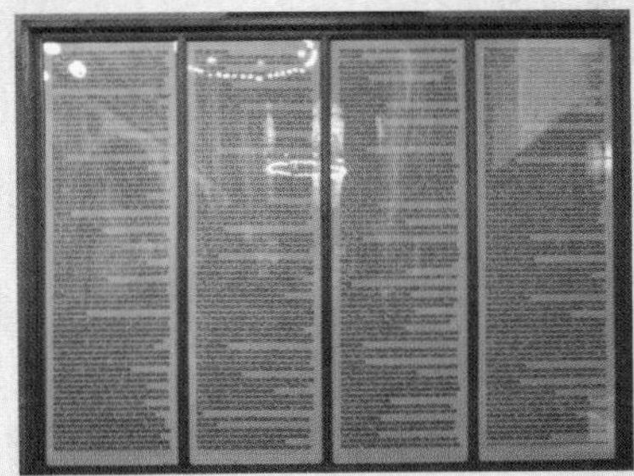

^ 궁성교회 내부의 95개조 반박문 사본

2조: 회개는 사제에 의해 집행되는 참회와 사죄가 아니다.

5조: 교황은 교회 자체의 징벌 외에는 어떤 죄도 용서할 수 없다.

10조: 죽은 자에게 연옥을 통해 속죄를 보류하는 것은 잘못이며 무지이다.

21조: 면죄부를 선전하는 사제들은 모두 오류에 빠져 있는 것이다.

82조: 성 베드로 성당을 세우는 데 가난한 자들의 돈이 아니라 자기 돈을 써라.

92조: 평화가 없는데 평화를 외치는 예언자들은 사라져 주었으면 좋겠다.

찬송가 기행

만복의 근원 하나님: 궁성교회 멜란히톤 무덤에서

- 새·구 찬송가 1장

1534년 루터의 동역자 멜란히톤이 작시한 찬송가다. 웨스트민스터 요리문답의 효시가 된 아우크스부르크 신앙고백문을 작성한 멜란히톤의 신앙이 그대로 반영되어 있다. 생애의 목적은 하나님께 찬송과 영광을 돌려 드리는 것이다. 하나님은 이신론(理神論)자들이 생각하는 것처럼 멀리 계셔서 우리와 상관없는 하나님이 아니다. 범신론(汎神論)자들이 생각하는 만물 속에 정령처럼 깃든 하나님도 아니다. 우리의 찬양을 받으시는 하나님은 성부, 성자, 성령 삼위일체의 하나님이시다.

마치 멜란히톤의 영향이 깃든 것처럼 멜란히톤보다 1세기 후에 만들어진 웨스트민스터 신앙고백문의 첫 항목을 보면 "사람의 제일 되는 목적은 하나님을 기뻐하고 영원토록 그를 즐거워하는 것"이라고 되어 있다.

06 라이프치히(Leipzig), 논쟁의 현장에 서다

⇒ 프롤로그

^ 토마스 교회 앞의 바흐 동상

라이프치히는 구동독을 대표하는 대학도시로서 거리는 활기차고 젊음이 느껴지는 곳이다. 중심가 근처에 음악의 아버지라 불리는 바흐가 오랜 시간 사역한 토마스 교회가 있다. 작지도 크지도 않은 적당한 규모에 속이 꽉 찬 느낌을 주는 교회다. 교회 한쪽으로 바흐가 사용하던 악보와 악기들이 있고, 교회 뒤편에는 바흐가 사용하던 파이프 오르간이 있는 등 곳곳에서 바흐의 체취를 느낄 수 있다. 교회 앞마당엔 바흐의 동상이 세워져 있는데, 그가 작곡한 찬송가를 부를 때 바흐를 사랑하던 형제의 눈에 눈물이 흐르는 것도 볼 수 있었다. 북적북적한 쇼핑 상가들이 모여 있는 거리는 젊은이들의 시선을 뺏기에 충분하다. 도시 중심부를 한참 가로질러 도착한 라이프치히 대학, 그곳은 루터와 괴테, 멘델스존, 바그너, 슈만 등의 발자취가 서린 곳이다. 아마 미리 그런 사실을 공부하지 않았다면 그냥 사람들로 북적거리는 곳이라고 생각하고 말았을 것이다. 우리나라의 대학과 달리 이곳 대학들은 울타리가 둘러쳐져 있지 않다.

➜ 교통정보

동독의 유서 깊은 도시답게 베를린, 드레스덴, 프랑크푸르트 등지에서 오는 기차편이 많다. 유로라인 버스를 통해서도 곳곳에서 오는 방법들이 많다.

라이프치히 시내를 돌아보는 데는 대중교통이 굳이 필요 없다. 믿음의 흔적과 예술의 발자취를 좇는 투어는 걸어서 다녀도 충분하다.

➜ story

Part 1› 라이프치히 믿음의 흔적

1. 니콜라이 교회(Nikolaikirche)
2. 성 토마스 교회(Thomaskirche)
3. 바흐 박물관(Bach-Museum)
4. 로터의 집(Lotterhaus)
5. 신 시청사(Neues Rathaus)

Part 2› 라이프치히 문학, 예술의 발자취

1. 바그너 광장(Richard-Wagner-Platz)
2. 카페 바움(Der Coffee Baum)
3. 토마스 교회와 바흐 박물관 (Thomaskirche &Bach-Museum)
4. 구 시청사(Alte Rathaus)
5. 아우어바흐 켈러(Auerbachs-keller)
6. 오페라하우스와 게반트하우스 (Opernhaus & Gewandhaus)
7. 멘델스존 하우스(Mendelssohn-Haus)
8. 슈만 하우스(Schumann-Haus)

1. 니콜라이 교회

(Nikolaikirche)

독일 성당임에도 불구하고 이국적인 느낌을 주는 니콜라이 교회는 1165년에 착공되었고, 종교개혁 시대에는 작센 지방에서 개신교의 본부와 같은 역할을 감당했다. 1539년에 루터는 이곳에서 설교를 했고, 이후 이 교회는 개혁교회의 노선을 걸었다. 이런 탓에 니콜라이 교회는 바흐의 곡들이 많이 연주되었고, 1980년대에는 월요일마다 이 교회를 중심으로 통일을 위한 기도회가 열렸다(일명 월요 데모). 첫 기도회에는 사람들이 많지 않았지만 시간이 지날수록 몰려들어 1989년 통독이 되던 그 해에는 수십만의 인파가 몰렸다.

교회당 내부에 들어서면 바흐의 흉상을 볼 수 있는데, 그 흉상을 받치고 있는 기둥이 종려나무 모양으로 디자인되어 있다. 마치 종려나무를 통해 주님을 맞이하던 유대인들의 간절한 소망이 느껴지는 듯하다.

▶ 니콜라이 교회
월요 평화 행진을 기념한 흰 기둥이 보인다.

▶ 니콜라이 교회 내부.
종려나무 모양을 한 기둥이 독특하다.

교회 밖에는 라이프치히 출신의 미술가인 안드레아스 스퇴츠너가 월요 데모와 평화 혁명을 기념하는 기둥을 1999년에 세웠고, 바닥에는 통독을 기원하는 평화 행진과 월요 데모를 기념한 명판이 새겨져 있다.

+주소 Nikolaikirchhof 3
+전화 +49(0)341 124538-0
+정보 www.nikolaikirche-leipzig.de

비전 노트

세상을 바꾼 젊은이들

세상을 바꾸는 힘은 권력자도, 재벌도, 독재자도 아니다. 아프리카 역사는 자신을 헌신하며 헌금 바구니 위에 올라간 가난한 소년 리빙스턴에 의해, 인도의 역사는 윌리엄 캐리에 의해 바뀌었다. 근대 기독교 역사는 가난하고 정처 없던 모라비안 교도들의 기도에 의해 움직였으며, 영국을 뒤흔든 대부흥의 역사는 17명의 젊은이들이 모여 기도하면서 일어났다.

독일을 통일시킨 도화선 역시 정치인들의 노력, 경제인들의 구호물자, 강력한 군비 증강에 따른 것이 아니었다. 베를린 장벽이 굳건하던 1980년대 초반, 십여 명의 젊은이들은 라이프치히 니콜라이 교회에 모여 통일을 위해 기도하기 시작했다. 처음 10일간의 기도회에는 두 부류의 젊은이가 있었다. 교회 안에서 바보처럼(?) 기도하자는 무리와 거리로 뛰쳐나가자고 주장하는 무리였다. 그러나 그들은 교회 안에서 기도하기로 결단했다.

10일 기도회가 끝나자 동독의 젊은이들

은 매주 이 기도회를 열자고 제안했다. 이렇게 해서 매주 월요일 오후 5시면 젊은이들이 모여 통일 독일을 위한 기도회를 가졌다. 그리고 기도는 통일뿐 아니라 정치, 경제, 사회 전반으로 영역이 점차 확대됐다. 동참하는 무리가 늘어났지만 처음 방법대로 기도했다. 즉 성경의 가르침에서 벗어나지 말고, 하나님 앞에서 기도가 우선되어야 할 것, 절대 밖으로 나가서 폭력을 행사하거나 혈기를 부리지 않는다는 원칙을 지켰다.

마침내 1989년 9월, 2,000명이 넘는 사람들이 입추의 여지도 없이 교회 안을 가득 메웠다. 교회 밖에서는 수천 명이 촛불을 들고 거리 행진을 했다. 그리고 10월 9일 평화의 행진이 시작되었고, 그것은 베를린 장벽을 무너뜨리는 결정적인 사건이 되었다. 촛불 행진과 기도회 사이에는 언제나 의견 대립과 마찰이 있었음에도 언제나 기도하는 젊은이들이 모임을 주도해 나갔다. 이 사실은 우리나라가 나아갈 길을 제시한다. 우리나라의 운명은 하나님을 사랑하고, 그 앞에 무릎을 꿇는 젊은이들의 기도에 달려 있음을 믿는다.

^ 니콜라이 교회 옆 광장 바닥.
1989년 10월 9일 평화 행진에 참가한 1만 2,000명을 기념해 유리 타일 120개를 설치했다.

2. 성 토마스 교회

(Thomaskirche)

1212년에 짓기 시작해 1496년에 완공했다. 마르틴 루터가 종신 서원을 했으며, 1539년에 성령 강림절 기념 설교를 했던 유서 깊은 곳이다. 바그너가 유아세례를 받은 곳이기도 하지만, 무엇보다도 요한 제바스티안 바흐(Johann Sebastian Bach)의 25년에 걸친 활약으로 인해 더 유명해졌다. 이 교회에는 바흐의 무덤이 있는데, 1950년부터 이곳에 안치되었다. 창문에는 바흐 창문이 있어서 스테인드글라스에 새겨진 바흐의 모습도 볼 수 있다.

바흐는 일생을 이곳에서 사역하면서 불후의 곡들을 작곡했다. 예수님의 고난을 다룬 〈마태수난곡〉은 가장 유명한 작품이다. 새 찬송가 145장의 '오 거룩하신 주님'은 마태수난곡의 일부분이다.

^ 성 토마스 교회

이 교회 입구에는 바흐의 동상이 있는데, 멘델스존에 의해 세워졌다고 한다. 이 동상 앞에서 바흐의 손길이 닿은 찬송가 '오 거룩하신 주님'을 불러 보자. 그 맞은편에 있는 바흐 박물관에는 바흐의 자필 악보와 바흐 집안의 가계도 등이 전시되어 있다.

▶ 바흐의 오르간

▶ 바흐 무덤

+주소 Thomaskirchhof 18
+전화 +49(0) 341 222 24-0
+입장 9:00-18:00
+요금 무료
+정보 www.thomaskirche.org

찬송가 기행

오 거룩하신 주님: 성 토마스 교회 앞에서

- 새 · 구 찬송가 145장

오르간 반주와 하나님을 찬양하는 일에 평생을 바친 바흐의 대표적인 작품은 아무래도 〈마태수난곡〉일 것이다. 이 곡은 마태복음에 나오는 예수님의 고난과 죽으심을 표현한 거대한 오라토리오다. 총 연주 시간만 세 시간이 넘는다. 루터 이후 300년 동안 루터를 가장 사랑한 사람이 바흐라는 말이 있을 정도로 그는 개혁 신앙을 갖고 있었고, 그 신앙을 음악으로 사람들에게 전하고 싶어 했다.

'오 거룩하신 주님'은 12세기 클레르보의 베르나르가 작시한 가사에 헤슬러가 곡조를 붙였다. 이 가사와 찬송은 〈마태수난곡〉의 모티프이자 영감을 주었다. 바흐는 〈마태수난곡〉에 이 찬송을 무려 다섯 번이나 표현할 만큼 이 곡을 누구보다도 사랑했다. 하지만 어쩐 일인지 〈마태수난곡〉은 바흐가 죽은 뒤 100년이 지난 후에야 멘델스존에 의해 초연되었다. 그의 음악, 아니 바흐의 세 시간에 걸친 장엄한 설교를 들은 후 청중은 모두 눈물로 얼굴을 적셨다.

토마스 교회 앞 동상에서 이 찬송을 불러 보면 어떨까? 바흐는 이 찬송을 부르며 이 교회에서 〈마태수난곡〉을 작곡했을 것이다.

3. 바흐 박물관

(Bach-Museum)

성 토마스 교회 맞은편에 있다. 바흐의 가족은 교회 옆 건물에서 살고 있었는데, 1902년에 철거되었다가 1985년에 바흐를 위해 박물관을 개관했다. 이 박물관에는 바흐의 소장품과 유물, 자필 악보, 그가 쓰던 악기, 집안의 가계도 등이 전시되어 있다. 바흐 박물관은 '보제'라는 사람의 집에 마련되었는데, 보제는 늘 바흐와 그의 가족을 배려해 주던 인물이다. 이 박물관에서 보제와 바흐 사이에 오간 서신들도 볼 수 있다.

+주소 Thomaskirchhof 15/16
+전화 +49(0)341-9137.202
+입장 화-일 10:00-18:00
+요금 성인 6€(할인 4€)
+정보 www.bach-leipzig.de

4. 로터의 집

(Lotterhaus)

마르틴 루터는 라이프치히에서 세 번 설교를 했다. 그가 라이프치히에 올 때마다 머문 곳이 바로 인쇄업자였던 로터(Lotter)의 집이었다. 현재 Hainstr.16/18번지에 로터의 집 흔적이 있으며, 벽면에는 루터가 이 집에 머물렀음을 기념하는 명판이 새겨져 있다.

^이 건물의 오른쪽 벽면에 명판이 있다.

^로터의 집 명판

5. 신 시청사

(Neues Rathaus)

1519년에 루터와 에크 사이에서 벌어진 유명한 논쟁이 바로 라이프치히 논쟁이다. 이 논쟁이 벌어진 곳은 플라이스부르크(Pleissburg) 성으로서 1895년에 철거되고 현재의 웅장하고 거대한 신 시청사가 들어섰다.

사실 플라이스부르크 성이 남아 있었다면 더 의미가 있겠지만 아쉽게도 이곳에는 라이프치히 논쟁과 관련해 아무런 유적도 없다. 다만 역사적 사건이 일어난 현장을 걸어 보는 것으로 아쉬움을 달래야 한다. 라이프치히 논쟁에 대해서는 〔비전노트〕를 참고하자.

+주소 Martin-Luther-Ring 4-6

라이프치히 논쟁

루터가 개혁을 일으켰을 때, 교황은 물리력을 동원해서 루터를 화형시킬 수도 있었다. 그러나 그렇게 하지 못한 이유는 첫째, 독일은 황제의 직접적 권력이 작용하기보다는 제후들의 권력이 영역 내에서 강했고, 둘째, 더 큰 이유는 러시아와 주변 나라들이 유럽을 침공해 오면서 국경이 불안해져 개인에게 신경 쓸 여력이 없었다.

이런 이유로 처음에 루터가 종교개혁을 일으켰을 때는 물리적 제재보다는 제도권 내에서 해결할 수 있는 방법을 모색했다. 그 방법이 1518년과 1519년에 열린 하이델베르크 논쟁과 라이프치히 논쟁이다. 교황청은 논쟁을 통해 루터의 사상이 잘못된 것임을 밝히고, 민중에게 이 사상에 물들지 말 것을 촉구할 계획이었다. 이때 로마 교황청의 입장을 대변한 인물은 요한 에크(Johann Eck) 교수다.

처음에 개혁사상을 대변한 인물은 루터가 아니라 안드레아스 보덴슈타인이었다. 그러나 에크의 변론 앞에 무기력하게 무너지자 루터가 대신해서 논쟁에 나섰다. 루터가 논쟁에서 이길 수 있었던 두 가지 원동력은 말씀과 법학이었다. 평소에 열심히 읽은 성경적 배경은 논쟁에서 밀리지 않도록 도와주었으며, 예전에 공부한 법학은 논쟁에서 큰 도움이 되었다. 비록 에크의 판정승으로 끝나고 말았지만 루터 역시 자신의 사상을 정확하게 표현했기 때문에 로마 교황청의 의도와는 달리 민중은 논쟁의 결과로 인해 믿음이 흔들리지 않았다. 만일 루터가 뛰어난 학자 앞에서 말 한마디 못하고 허무하게 무너졌다면 많은 민중은 혼란을 느꼈을 것이다. 그러나 과거 루터는 법학을 공부하면서 논쟁과 변론을 위한 훈련을 했고, 이러한 경험을 바탕으로 라이프치히 논쟁에서도 전혀 밀리지 않은 면모를 유감없이 발휘했다. 하나님께서는 우리의 과거를 무의미한 것 같지만 의미 없이 지나가게 하지 않으신다. 그 과거를 통해 가장 적절하게 하나님이 우리를 사용하실 계획과 목적을 갖고 계심을 믿어야 할 것이다.

Part 2 › 라이프치히 문학, 예술의 발자취

1. 바그너 광장
(Richard-Wagner-Platz)

브륄가 5번지(Brühl 5)는 바그너가 태어나 불꽃같은 삶을 살던 집이다. 현재 백화점 건물이 들어서 있고, '이 자리에 바그너가 태어난 집이 1886년까지 있었다'는 작은 기념판만 걸려 있을 뿐이다. 바그너의 흔적을 기념이라도 하듯 바로 옆 광장이 바그너 광장이다. 바그너에 대해서는 〔인물연구〕를 참고하도록 하자.

리하르트 바그너와 그의 음악

- Wilhelm Richard Wagner, 1813~1883

바그너는 1813년에 라이프치히에서 태어났다. 여섯 살 때 아버지가 돌아가신 뒤 홀어머니 아래서 자랐다. 9세 때 피아노를 배우기 시작하여 음악의 길을 걷기 시작했다. 바그너는 급진적 성향 탓에 독일에서도 안전하게 거주하지 못하고 망명하는 일이 잦았으며, 결혼생활도 순탄하지 못했다.

바그너는 생전에 유대인들을 혐오한 음악가로 유명하다. 동시대 유대인 작곡가 멘델스존 같은 인물을 극도로 혐오하여, 유대인 음악은 깊이가 없고 조잡하다는 수필들을 쓰곤 했다. 바그너는 유대인들이 자신의 문화와 모든 것을 버리고 독일인으로 귀속되어야 한다고 주장했다. 그가 일으킨 아리아주의는 히틀러가 정치적으로 실현하여 수많은 유대인들이 학살되는 비극을 낳았다. 바그너는 독일 민족의 자긍심을 고취시키는 음악을 통해 통일 독일로 나아가기를 염원했으나 비스마르크에 의해 통일된 독일은 그의 음악을 이용해 2차 대전이라는 세계적 비극을 자행하고 말았다.

유대인을 지극히 싫어한 탓에 성경에 대한 그의 견해는 변질되었다. 자신은 예수를 믿는다고 하면서도 예수는 유대인의 후예가 아니라 그리스(아리아인) 계통의 인물이라고 했고, 유대인의 하나님은 구약의 하나님과 다르다고 생각하는 등 자의적으로 성경을 해석하기도 했다. 이런 역사적 배경 때문에 지금까지 바그너의 음악은 이스라엘에서는 잘 연주되지 않는다. 2차 대전에서 어렵사리 생존한 유대인들은 바그너의 음악을 몸서리치게 싫어 한다. 바그너의 음악에 빠져 있던 히틀러는 바그너의 원본 악보와 미완성된 원본 악보들을 소장하고 있었고, 그것을 베를린의 히틀러 벙커에 넣어두었다. 그러나 그의 자살과 벙커의 파괴로 인해 영원히 역사 속으로 사라져 버렸다.

2. 카페 바움

(Der Coffee Baum)

바그너 광장에서 토마스 교회 방면으로 오다가 왼쪽으로 꺾어지면 Kleine Fleischergasse 거리의 4번지에 '아라비아의 커피나무'(Zum Arabischen Coffee Baum)라는 카페가 나오는데, 애칭으로 '카페 바움'으로 불린다. 슈만, 바그너, 리스트, 괴테가 드나들던 아주 오래된 카페다. 건물에 슈만의 모습이 새겨져 있는데, 이곳에서 커피를 마시며 했던 사색을 통해 수많은 창작물이 쏟아져 나온 것을 생각하면 가슴이 벅차기까지 하다.

+정보 www.coffe-baum.de

3. 성 토마스 교회와 바흐 박물관

'라이프치히 믿음의 흔적' 부분을 참고.

4. 구시청사

(Alte Rathaus)

시내 중심의 마켓 스퀘어(Market Square) 근처에 있는 이곳은 과거에 시청사로 사용했을 만큼 독일인이 인정하는 아름다운 건물이다. 1909년부터 시청의 행정 기능이 종료되었고 현재는 역

사박물관으로 용도가 변경되어 사용되고 있다. 특히 멘델스존의 흔적이 남아 있는데 그가 작업하던 피아노와 기구들이 그대로 보존되어 있다. 그는 이곳에 머물면서 왕성한 음악 활동을 했다.

5. 아우어바흐 켈러

(Auerbachs-keller)

독일의 대문호 괴테가 들르던 술집으로서 입구에는 《파우스트》에 나오는 메피스토텔레스의 형상이 있다. 불후의 명작 캐릭터를 볼 수 있다는 것, 그리고 그 명작을 준비하며 고뇌하던 작가의 체취가 남겨진 곳이라는 점에서 지금도 많은 이들의 발길이 이어지고 있다. 《파우스트》와 괴테에 대해서는 바이마르와 프랑크푸르트 편을 참고하자.

+정보 www.auerbachs-keller-leipzig.de

6. 오페라하우스와 게반트하우스

(Opernhaus & Gewandhaus)

토마스 교회에서 시청사와 아우어바흐 켈러를 지나고 더 직진하면 옛 라이프치히 대학 근처에 오페라하우스와 게반트하우스가 있다. 하이델베르크 대학 다음으로 오랜 전통을 가진 라이프치히 대학은 괴테, 니체, 슈만, 바그너 등 위대한 인물들을 배출한 곳이며, 뫼비우스의 띠로 유명한 수학자 뫼비우스도 이곳 출신이다. 게반

^ 게반트 하우스

^ 오페라 하우스

© commons.wikimedia.org/Andreas Praefcke님 사진

트하우스는 독일 최초의 민간인 오케스트라로 멘델스존이 상임 지휘자로서 12년간 있으면서 활약했던 곳이다. 라이프치히 음악의 중심 역할을 하고 있으며 자주 오케스트라 연주를 감상할 수 있다.

> 오페라하우스
+주소 Augustusplatz 12
+정보 www.oper-leipzig.de
> 게반트하우스
+주소 Augustusplatz 8
+정보 www.gewandhaus.de

7. 멘델스존 하우스
(Mendelssohn-Haus)

라이프치히의 멘델스존 하우스는 현재 유일하게 남아 있는 멘델스존의 개인 집이다. 멘델스존이 살던 당시의 모습이 잘 보존되어 있으며, 멘델스존이 사용하던 악보, 가구, 자필 편지 등이 전시되어 있다. 매 주일 11시에는 정기적인 콘서트도 열린다.

+주소 Goldschmidtstraße 12
+입장 10:00 – 18:00(일요일 11:00 콘서트)
+요금 박물관 입장 4.5€, 일요일 콘서트 12€(할인 8€). 매월 둘째 화요일은 무료
+정보 www.mendelssohn-stiftung.de

> ⓒcommons.wikimedia.org/Andreas Praefcke 님 사진

인물 연구

멘델스존
- Felix Mendelssohn-Bartholdy, 1809~1847

결혼식에서 신랑이 입장할 때 연주되는 〈축혼행진곡〉의 작곡가로 유명한 멘델스존은 유대인 출신이지만 바흐, 헨델, 하이든 등과 함께 독실한 신앙인이었다. 바흐의 〈마태수난곡〉, 하이든의 〈천지창조〉, 헨델의 〈메시아〉와 더불어 멘델스존의 〈엘리야〉는 하나님을 찬양하는 대표적인 장엄한 곡들이다.

멘델스존은 함부르크 출신으로 1833년 뒤셀도르프에서 니더라인(Nieder-Rhein) 음악제로 큰 성공을 거둔 후 뒤셀도르프에서 음악감독으로 활동하다 1835년 게반트하우스의 5대 지휘자로 초빙되어 라이프치히로 왔다. 12년간 게반트하우스 상임지휘자로 활약했으며 1843년에는 라이프치히 음악원 설립에 기여하였고 원장직도 맡았다. 멘델스존은 동시대 작품은 물론 오래된 음악 중 알려지지 않은 명곡을 소개하기 위해 노력했는데 대표적인 것이 바흐의 〈마태수난곡〉이다. 〈마태수난곡〉은 작곡된 후 100년간 세상에 알려지지 않다가 멘델스존에 의해 발견되어 초연되었고 많은 청중을 감동시켰다. 또한 슈베르트의 작품에도 주목하여 그의 작품을 초연함으로써 슈베르트를 음악사에서 중요한 반열에 올려놓기도 했다.

멘델스존은 음악가 중에서는 드물게 당대 최고의 명문가에서 태어났다. 그의 할아버지는 '독일의 소크라테스'라고 불릴 만큼

유명한 학자였으며, 그의 아버지는 독일에서 가장 큰 금융기관 중 하나였던 멘델스존 브라더스 은행의 경영자였다. 멘델스존은 천부적인 재능과 부모님의 지원 덕에 빠르게 성장하였고, 30대 중반에는 모차르트와 베토벤의 상속자라는 치하를 받기도 했다. 슈베르트나 모차르트와 같은 생활고(生活苦)를 겪지 않은 탓에 멘델스존의 음악 분위기는 비교적 명랑하고 밝다. 멘델스존은 베토벤, 바흐와 같은 음악가를 계승하는 보수적 음악가였으므로, 리스트나 바그너 같은 진보적 음악가들로부터 항상 비난을 받았다고 한다. 특히 그의 사후 반유대주의자였던 바그너와 나치에 의해 그의 명성은 큰 타격을 입었다. 안타깝게도 천재 음악가 멘델스존은 주요 작곡자 가운데 미발굴작이 가장 많은 한 명이기도 하다.

8. 슈만하우스

(Schumann-Haus)

슈만과 클라라가 결혼한 후 4년간 머물던 집이다. 슈만은 어려서부터 열정과 천재성을 두루 지닌 음악가였다. 라이프치히의 피아노 선생인 F. 비크의 제자가 되었고, 라이프치히에 머물면서 꿈을 품고 연습에 열중했다. 그러나 너무 연습을 많이 한 나머지 손가락을 다쳐 이후로 피아노 연주와는 담을 쌓고 살았다. 이때부터 슈만은 연주자가 아닌 작곡가의 길을 걷기 시작했다. 슈만은 스승인 비크의 딸로 당시 최고의 피아노 연주자였던 클라라와 사랑에 빠지게 되는데, 비크는 이들의 사랑을 반대하였다. 결국 클라라와의 결혼 문제 때문에 스승인 비크와는 완전히 등을 돌리게 된다. 슈만과 클라라에 대한 자세한 내용은 뒤셀도르프 부분을 참고하자.

+주소 Inselstraße 18
+전화 +49(0)341 393 96 20
+입장 수-금 14:00-17:00, 토-일 10:00-17:00
+요금 성인 3€(할인 2€)
+정보 www.schumann-verein.de

ⓒcommons.wikimedia.org/Andreas Praefcke 님 사진

참가자 다이어리

건축물이나 교회가 화려하지 않고 소박하지만 결코 가볍거나 초라해 보이지 않는 무게감이 느껴지는 도시다.

● 서은화, 강남교회

니콜라이 교회는 라이프치히에서 가장 큰 교회로 1980년대 초부터 이 교회에서 월요일마다 젊은이들이 나라의 변혁과 통일을 위해 평화의 기도를 매주 올렸다고 한다. 결국 독일은 1989년 통일을 이룬다. 젊은이들이 기도로 깨어 있을 때 그 땅은 소망이 있다. 하나님께서는 반드시 젊은이들이 살아 있는 민족을 통해 커다란 일들을 행하신다.

● 박지민, 승리교회

07 보름스(Worms), 내 주는 강한 성이요

➡ 프롤로그

▼보름스 입구

언제나 보름스로 들어가는 국도에서는 마음이 차분해진다. 고속도로를 지나 국도로 갈아타면 평원을 지나 보름스의 관문과도 같은 니벨룽겐 다리(Nibelungenbrücke)가 보이기 시작한다. 루터는 많은 지역에 그의 족적(足跡)을 남겼지만 모름지기 이곳으로 발길을 옮길 때만큼은 사지(死地)로 진입하는 두려운 마음이었을 것이다.

종교개혁을 일으킨 지 4년이 지난 어느 날 루터는 보름스 제국의회에 소환을 받는다. 정죄와 파문을 받는 절차를 밟기 위해서다. 어쩌면 화형을 당할 수도 있고, 끔찍한 종교재판소의 고문 틀에서 생명을 다할 수도 있었다. 루터의 동료들도 이 사실을 잘 알았는지 그를 만류했다. 이곳에 들어가면서 루터는 자신이 쓴 찬송을 불렀을 것이다.

"내 주는 강한 성이요. 방패와 병기되시니…."

➡ 교통정보

보름스는 프랑크푸르트 남서쪽에 자리 잡고 있다. 자동차를 이용하면 1시간이면 충분히 도착할 수 있는 거리다. 기차를 이용하면 마인츠나 만하임에서 오가는 열차가 많으며 프랑크푸르트에서는 이들 역에서 환승해야 한다.

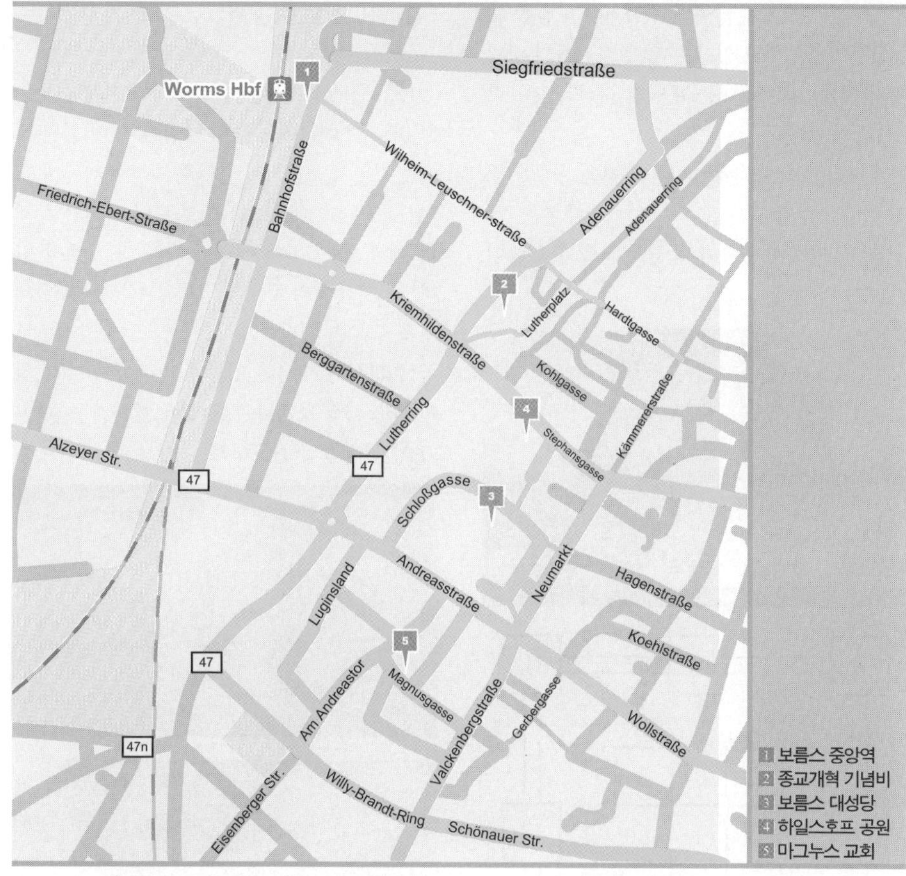

➜ story

1. 종교개혁 기념비
2. 하일스호프 공원(Heylshofgarten)
3. 보름스 대성당(Wormser Dom)
4. 마그누스 교회(Magnuskirche)

➜ 방문정보

1. 종교개혁 기념비

보름스에 위치한 종교개혁 기념비는 에른스트 리첼(Ernst Rietschel)에 의해 디자인된 것으로서 전 세계 루터파 교회의 후원으로 1868년에 건립되었다. 루터는 종교개혁과 관련해 많은 반대에 직면했지만 그중 가장 위협적인 반대는 1521년 보름스 제국의회였다. 그러나 그의 찬송가 중 "이 땅에 마귀 들끓어 우리를 삼키려 하나…"라는 가사와 같이 담대히 그들 앞에 섬으로써 오히려 더 큰 영향력을 미치게 되었다.

즉 1517년의 종교개혁은 가톨릭에 반기를 든 사건이었고, 보름스 제국의회를 통해 루터는 독일 전역에 개혁사상을 퍼트렸으며, 바르트부르크 성에 칩거하면서 이듬해 독일어로 성경을 번역하여 오히려 더 많은 영혼들을 하나님께 인도했다.

종교개혁 기념비 중앙에는 루터가 서 있고,

주변에는 루터에게 영향을 주었거나 도움을 준 인물들이 포진하고 있다. 수많은 도시들의 상징이 새겨져 있는데, 이는 루터의 사상을 수용한 도시들을 뜻한다.

루터의 동상 아래에는 다음과 같은 문구가 적혀 있다.

"내가 여기 서 있습니다. 결코 피할 수 없습니다. 주여 나를 도우소서, 아멘."

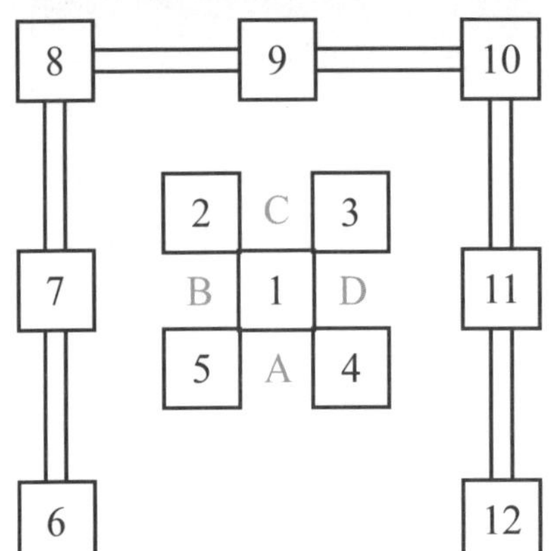

1. 마르틴 루터 2. 페트뤼스 발데스
3. 존 위클리프(영국 개혁가, 성경 번역)
4. 얀 후스(체코 개혁가, 화형)
5. 지롤라모 사보나롤라(피렌체에서 화형)
6. 지혜공 프리드리히
7. 종려가지를 든 아우크스부르크
8. 요한 로이흘린
9. 슈파이어에서 항의(프로테스탄트 유래)
10. 필립 멜란히톤 11. 마데부르크
12. 용감한 헤센의 필립 공

A. 보름스 제국의회 B. 루터의 결혼 장면
C. 95개조 반박문을 내걸다 D. 성경번역

2. 하일스호프 공원

(Heylshofgarten)

1521년 보름스 제국의회에서 루터가 심문당한 바로 그 현장에 세워진 공원이다. 이 공원 내에는 루터가 소환되어 출두한 지점의 바닥에 표지석을 세웠는데 "1521년, 마르틴 루터가 황제와 제국 앞, 이곳에 서 있습니다"라고 적혀 있다. 이 지점이 바로 루터가 세상과 모든 악의 세력을 극복한 지점이다. 공원 입구 벽면에는 보름스 의회와 루터를 기념한 명판이 새겨져 있다. 이곳에서 루터가 무슨 말을 했는지는 〔찬송가 기행〕 부분을 참고하라.

찬송가 기행

내 주는 강한 성이요: 루터의 간증

- 새 찬송가 585장, 구 찬송가 384장

종교개혁가 마르틴 루터가 작사와 작곡을 한 곡으로 우리에게 너무도 잘 알려진

찬송가다. 그는 독일 최고의 권력자들이 모인 자리에 소환되어 생사의 갈림길에 서 있었다. 그는 이 자리에 출두하는 대신 피신할 수도 있었지만 하나님만 의지하기로 결단하고 당당하게 소환을 맞았다. 결연한 얼굴로 당당히 섰지만 속으로는 그가 만든 찬송가를 부르며 용기를 내고 있었을 것이다.

^ 종교개혁 기념비. 루터 동상 아래에 루터의 고백이 적혀 있다.

1절. 내 주는 강한 성이요, 방패와 병기 되시니 큰 환난에서 우리를 구하여 내시리로다. 옛 원수 마귀는 이때도 힘을 써 모략과 권세로 무기를 삼으니 천하에 누가 당하랴.

2절. 내 힘만 의지할 때는 패할 수밖에 없도다. 힘 있는 장수 나와서 날 대신하여 싸우네. 이 장수 누군가 주 예수 그리스도 만군의 주로다. 당할 자 누구랴 반드시 이기리로다.

3절. 이 땅에 마귀 들끓어 우리를 삼키려 하나 겁내지 말고 섰거라. 진리로 이기리로다. 친척과 재물과 명예와 생명을 다 빼앗긴대도 진리는 살아서 그 나라 영원하리라. 아멘

보름스 제국의회에 소환된 루터의 간증은 다음과 같다.

"이 의회에 참석한 황제와 제후들은 내게 간단한 대답 하나만을 요구했다. 그것은 나의 개혁사상을 철회하고, 잘못을 인정하라는 것이었다. 그러나 종교개혁은 내가 고안해 내거나 사주 받은 것이 아니라 성경에 있는 내용을 그대로 표현해서 일으킨 것뿐이다. 성경을 비추어 봤을 때 이성에 의해 잘못된 부분을 지적한 것이었다. 교황청도, 교회도 오류를 범하고, 종종 모순에 빠지는 것을 나는 목도해 왔다. 따라서 나는 성경과 양심으로 이 개혁을 주도하는 것이기 때문에 하나님에 대한 나의 고백을 취소할 수도 없고 하지도 않을 것이다. 성경과 양심을 거스르며 하는 모든 행위는 안전한 것도, 합당한 것도 아니기 때문이다. 나는 여기(보름스)에 서 있다. 다른 일을 할 수도 없다. 피할 수도 없다. 하나님이여, 나를 도우소서!"

3. 보름스 대성당
(Wormser Dom)

1521년 보름스 종교회의가 열린 곳이다. 독일을 대표하는 황실 성당 중 하나로서 비록 작은 마을이지만 엄청난 규모와 화려한 내부 장식을 자랑한다. 특히 성당 내부는 황제와 제후들이 참석하는 것을 과시라도 하듯 화려하여 관광객들이 이곳을 방문하면 그 분위기에 압도당할 만하다. 그러나 루터는 모든 눈에 보이는 세력들에도 굴하지 않고 개혁을 감당해 냈다.

이 성당에서 열린 보름스 의회를 통해 16세기 중요한 결정들이 이루어졌고, '개신교'라는 말이 생겨나게 되었다. 〔개념정리〕를 참고하자.

✔ 보름스 대성당

✔ 보름스 대성당 내부

+주소 Domplatz
+전화 +49(0)6241 6115
+입장 하절기 9:00-18:00 동절기 10:00-17:00
+정보 www.wormser-dom.de

4. 마그누스 교회

(Magnuskirche)

루터의 개혁사상이 빠르게 확산되면서 그의 사상을 수용하는 움직임도 가속도가 붙었다. 보름스에서 루터의 사상을 가장 먼저 수용하고, 그의 이론에 동조하기로 결의한 교회가 바로 마그누스 교회다. 그런데 그들이 동조한 개혁자가 파문을 받기 위해 이곳에 출두한다는 소식을 듣고 과연 그들은 어떤 기분이었을까. 루터를 보호하고 지켜 내며, 그에게 힘을 불어넣고자 가슴앓이를 하며 기도했을 현장이 바로 이 마그누스 교회다.

+주소 Weckerlingplatz
+전화 +49(0)6241 23978

개념 정리

독일의 정치 상황과 개신교의 유래

독일은 근대에 들어서도 영국과 프랑스에 비해 2류 국가로 머물러 있었다. 그 이유는 독일이 오랫동안 분열 국가로 존재했기 때문이다. 독일은 7개 지역으로 나뉘어 선제후(選帝侯)들이 각 지역을 지배했으며, 그 위에 명목상의 황제가 군림했다. 독일이 본격적인 강국으로 도약한 것은 이를 통일한 비스마르크 시대에 들어서였다.

때는 1521년 보름스 제국의회 때 독일의 황제 카를 5세는 로마 교황의 입김에 못 이겨 루터를 소환했고, 그를 추종하는 모든 자들을 '파문'에 처한다는 결정을 내렸다. 그러나 루터는 비텐베르크로 돌아오는 길에 작센의 선제후 프리드리히 3세의 보호를 받으며 아이제나흐의 바르트부르크 성에서 독일어 성경을 번역했다. 독일의 특수한 정치 상황이 루터를 보호한 셈이다.

그 후 농민전쟁으로 인해 독일은 종교적 분열 양상을 보였다. 이로 인해 1526년 독일 황제는 슈파이어 제국의회를 통해 각 지역의 종교를 통치자가 결정할 수 있다는 보다 융통성 있는 결정을 내리게 되는데, 이는 정치적 혼란과 분열을 막는 데는 효과적이었지만 독일의 개신교 확장을 방치하는 결과를 가져왔다. 결국 1529년 2차 슈파이어 제국의회에서 1차 내용을 무효로 하는 법안이 가결되었다. 그러나 이미 루터의 개혁 신앙을 자신의 영지에서 채택한 영주들은 항의 서신에 서명하여 황제에게 전달했다. 이런 유래로 '항의하는 자들'이라는 의미의 '프로테스탄트'라는 말이 나오게 되었다.

^ 루터가 쓰던 책상.
이 곳에서 루터는 1년간 숨어 지내며 성경을 번역했다.

02 경건 가도(街道)

- Pietism Strasse

> 경건 가도(街道) 이야기

슈페너, 프랑케, 그리고 친첸도르프로 이어지는 독일 경건주의 운동은 세계 기독교에 큰 영향을 미쳤다. 경건주의는 교리와 이성의 테두리를 벗어나 성령과 실천적 영성 운동을 강조한 커다란 흐름이다. 그 흐름은 슈페너-프랑케-친첸도르프-모라비안 형제회로 이어진다. 그리고 이 거대한 물줄기는 마침내 웨슬리를 변화시키기에 이른다. 1729년 대서양을 건너 미국으로 향하는 시몬드(Simmond) 호에서 웨슬리가 모라비안 교도들에게서 커다란 감동과 도전을 받은 것이다(헤른후트 참고). 독일 경건 가도는 프랑크푸르트를 중심으로 시작된다. 그 후 친첸도르프를 변화시킨 그림이 소장된 뷔르츠부르크를 거쳐 경건주의의 고향이나 다름없는 할레, 그리고 친첸도르프가 태어났고 슈페너가 프랑케와 만난 드레스덴을 지난 뒤 마지막으로 모라비안 교도들의 발자취가 뚜렷하게 남아 있는 헤른후트에서 마무리된다.

> 경건주의에 대한 단상(斷想)

교회사에서 볼 때, 언제나 말씀 중심의 개혁신앙이 휩쓸고 지나간 자리에는 경건주의가 발생했다. 마치 어떤 법칙처럼 이런 현상은 반복된다. 루터의 종교개혁이 독일과 전 유럽을 휩쓴 지 100년이 지났을 때, 개신교의 신앙은 루터시대의 그것과는 사뭇 달라졌다. 루터는 1517년에 '오직 성경'을 외치며 가톨릭 세력에 맞섰지만 그의 신앙이 체계화된 후 신앙은 융통성을 잃은 채 경직되기 시작했다. 개혁으로 시작한 교회는 점점 형식화되어 가고 있었다. 루터 사후 100년이 지날 무렵, 교회에는 교리와 형식만이 남았다. 정통 교리가 생명력을 잃자 이에 대한 반작용으로 나타난 이들이 바로 슈페너, 프랑케, 친첸도르프와 같은 경건주의자들이었다. 이러한 흐름은 비단 독일뿐만 아니라 영국과 미국의 부흥운동에서도 비슷하게 나타난다. 기독교 역사를 연구할 때, 부흥이 기존 정통 교파가 아닌 새로운 운동에서 일어난다면 그것은 곧 정통주의자들이 생명력을 잃었기 때문이라고 생각하면 된다. 역사는 끊임없이 반복하기 때문이다.

01 프랑크푸르트(Frankfurt am Main), 슈페너와 경건주의의 시작

⇒ 프롤로그

^뢰머 광장의 괴테 동상

독일의 경제, 교통의 중심지인 프랑크푸르트는 다른 고풍스러운 도시들과는 사뭇 다른 느낌이다. 중앙역에 내리는 순간부터 마주치는 초고층 빌딩들과 수많은 차량들 그리고 널찍한 도로는 산업화된 도시 한복판에 와 있음을 실감나게 한다.

프랑크푸르트는 '현대'라는 껍데기 속에 감춰진 보물을 찾는 것과 같다. 역사적인 유적들이 산업화의 바람 속에 깊이 숨겨져 있어, 하나씩 껍데기를 벗겨서 찾아내야 하는 수고가 뒤따른다. 아니, 엄밀히 말하면 우리가 기억해야 할 많은 역사적 유산들이 초고층 속에 가려져 퇴색되는 듯한 느낌마저 든다. 프랑크푸르트의 주요 볼거리들은 뢰머 광장 주변에 몰려 있다. 중앙역에서 뢰머 광장까지는 그다지 멀지 않지만, 빌딩 숲, 자동차, 인파들이 많고, 심지어 홍등가와 같은 불쾌한 유흥가도 지나야 한다. 따라서 이런 불편들을 감수하지 말고 지하철로 다니는 것을 적극 추천한다.

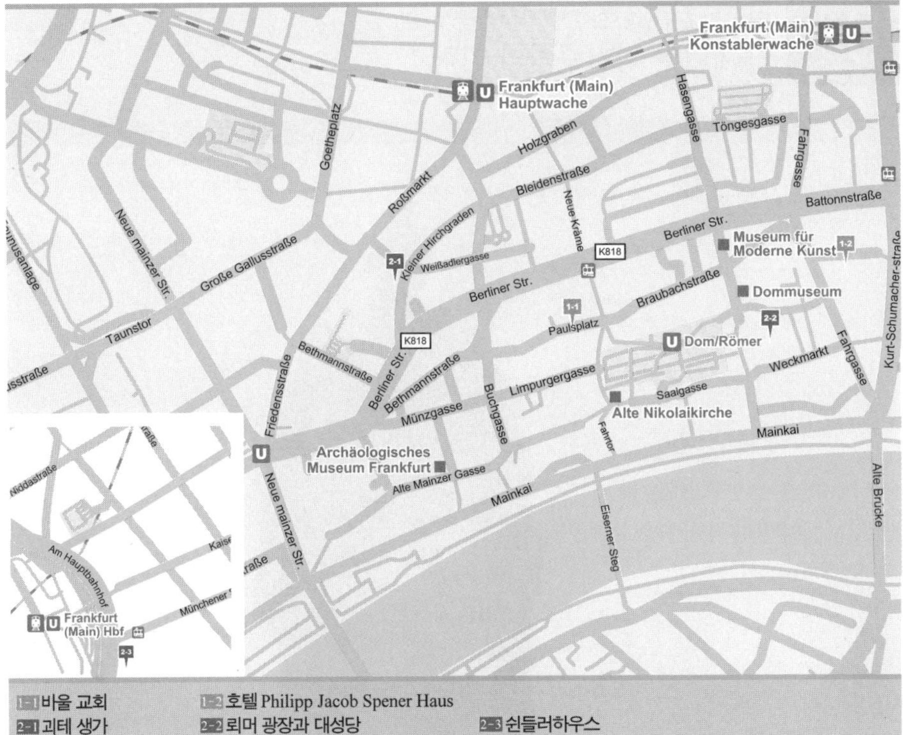

➡ 교통정보

런던, 파리, 로마와 함께 유럽의 대표 관문인 프랑크푸르트로 들어오는 비행기는 매우 많다. 한국에서 프랑크푸르트로 들어오는 직항도 많다. 또한 프랑크푸르트는 독일 전역으로 퍼진 교통망의 중심지이므로 대부분의 여행객들이 프랑크푸르트에서 여행을 시작하곤 한다. 기차, 비행기, 버스 등 많은 교통편이 있다.

➡ Story

Part 1 › 경건주의 발자취

1. 바울 교회(Paulskirche)
2. 호텔 Philipp Jacob Spener Haus (슈페너 생가)

Part 2 › 잊혀져 가는 흔적들

1. 괴테 생가(Goethehaus)
2. 뢰머 광장과 대성당 (Römer plaza & Kaiserdom)
3. 쉰들러하우스(Schindler-Haus)
4. 안네 프랑크 생가 터 (Anne Frank Haus)

➡ 방문정보

Part 1 › 경건주의 발자취

1. 바울 교회

(Paulskirche)

뢰머 광장 근처에 위치한 바울 교회는 경건주의의 창시자라 할 수 있는 슈페너가 사역하던 곳이다. 루터가 종교개혁을 일으킨 지 150년이 지나면서 교회는 생명력을 잃어 가고 있었고, 곳곳에서 사회 부조리들이 나타났다. 교회는 사회를 이끌 힘을 상실했고, 사람들은 도덕적 타락의 길을 걷고 있었다.

이때 바울 교회에서 사역한 슈페너는 경건에 대한 열망을 드러내기 시작했고, 그의 영향을 받은 사람들이 이곳에 몰려들어 성령의 임재를 경험했다. 루터에게 임한 성령의 능력이 다시 한 번 슈페너를 통해 임하기 시작한 것이다. 경건을 통한 영적 각성운동은 독일 전역은 물론 유럽으로 퍼져 나갔다.

이 교회의 한쪽 벽면에는 슈페너의 사역과 부흥을 기념하는 명판이 남아 있는데, '교회와 사회의 개혁자'로 소개되고 있다. 복음의 능력이 나타나면 개인의 변화는 물론 사회의 변화도 수반한다. 이것이 역사 속에서 나타난 진정한 성령의 능력인 것이다. 이런 슈페너의 메시지를 인식이라도 한 듯 바울 교회는 현재 프랑크푸르트에서 평화의 상징으로 여겨지고 있으며, 국

민권리에 대한 법률 초안인 '바울 교회 헌법'이 1849년에 이 교회에서 채택되었다. 이 부분에 대해서는 〔역사의 발자취 33〕 '바이마르 헌법 탄생'을 참고하자. 슈페너에 대해서는 〔비전노트〕를 참고하자.

+주소 Paulsplatz 9
+교통 U4, U5 뢰머(Römer)역

^ 슈페너 명판

비전 노트

믿음에 생명력을 불어넣으라

루터에서 슈페너까지 독일은 격동의 연속이었다. 가톨릭에 맞서 종교개혁이 일어났고, 이는 피비린내 나는 30년 전쟁으로 이어졌다. 베스트팔렌 조약으로 화해의 무드가 조성되었으나 개혁 교회는 교리만 남은 채 생명력을 상실했다. 이때 경건주의는 또다시 독일 교회를 깨우기 시작했다.

대개 사람들이 개혁을 외칠 때 개혁 대상은 다른 사람들이다. 그러나 슈페너는 언제나 자기 자신을 개혁의 시발점으로 삼았다. 그런 슈페너의 자세는 《경건에 대한 열망》(Pia Desideria)이라는 책으로 영향력을 나타냈고, 믿는 바를 실천에 옮겨야 한다는 것이 그의 핵심 메시지였다.

오늘날 한국 교회와 성도들은 슈페너의 설교에 귀를 기울여 자기 자신을 돌아보아야 한다. 신학적 논쟁과 교리 다툼은 항상 교회 속에 존재하지만 개혁의 대상은 늘 '상대방'이었다. 만일 그 개혁의 대상이 자

신의 내면으로 향한다면 한국 교회는 다시 한 번 부흥을 경험할 수 있을 것이다. 이제 교리의 논쟁과 집착에 쏟는 열정을 외부가 아닌 내면으로 전환해야 한다. 내 속에 개혁되어야 할 부분은 무엇인가? 그것을 실현해 나갈 때 다시 한 번 생명력이 우리 속에 싹틀 것이다.

세상을 바꾼 그리스도인

필리프 야코프 슈페너

- Philip Jakob Spener, 1635~1705

경건주의의 창시자 슈페너는 독일에서 태어나 루터교 목사로 안수를 받았다. 그러나 그는 강렬한 성령의 임재를 체험하면서 경건에 대한 열망을 전파하기 시작했다. 교리 수호보다는 말씀의 실천과 성령의 임재를 강조한 운동은 메마른 독일인들의 심령을 촉촉하게 적시며 전역으로 확산되어 갔다. 슈페너는 성경공부를 통한 말씀의 실천에 주안점을 두었을 뿐만 아니라 루터와 칼뱅과 같은 종교개혁자들의 만인제사장설을 다시 한 번 사람들에게 상기시켰다. 슈페너는 신학과 경건의 일치를 주장했는데, 이것은 200년 후 설교의 황태자 찰스 스펄전이 주장한 내용과 동일하다.

이런 경건에 대한 열망, 그리고 영적 각성의 외침은 루터교의 반대에 직면해야 했고, 결국 루터교로부터 분리하여 경건주의의 흐름을 만들게 되었다. 경건주의 흐름은 슈페너, 프랑케를 거쳐 친첸도르프에 이르면서 더욱 확산되었다.

2. 호텔 'Philipp Jacob Spener Haus'

(슈페너 생가)

뢰머 광장에서 멀지 않은 곳에 크리스천 게스트 하우스가 있다. Dominikanergasse 5번지에 위치한 이곳은 '필리프 야코프 슈페너 하우스'라는 이름을 가진 호텔이다. 바로 경건주의 창시자 슈페너가 태어나 어린 시절을 보낸 곳이다. 현재는 호텔로 운영되고 있다. 호텔 입구에 들어서면 청동으로 만든 슈페너 흉상을 볼 수 있다. 다른 호텔에 비해 비교적 저렴하면서도 교회 단위의 각종 집회와 세미나, 예배를 드릴 수 있는 시설이 갖추어져 있다. 만일 비전트립으로 오거나 경건주의에 대한 열망으로 프랑크푸르트를 방문한다면 이곳에서 숙박하면서 그에 대한 자료를 묵상하면 좋은 경험이 될 것이다.

^ 슈페너 명판

+주소 Dominikanergasse 5
+전화 +49(0)69 2165 1410
+정보 www.spenerhaus.de

1. 괴테 생가

(Goethehaus)

1749년 괴테가 태어난 후 라이프치히 대학을 졸업할 때까지 살던 곳이다. 괴테가 살던 건물은 2차 대전 당시 폭격으로 파괴되었고, 이후 4년간의 복구 과정을 거쳐 괴테 기념관으로 사용되고 있다.

1층부터 4층까지 각 층에 있는 방에는 그 방의 성격에 따라 이름을 붙여 놓았다. 한국어 오디오가이드가 있어 관람할 때 아주 자세히 이 방들의 특징과 설명을 들을 수 있다.

1층 부엌에는 키 작은 어머니를 위해 괴테가 직접 고안한 사다리를 볼 수 있으며, 2층에는 중세 악기들이 전시된 '음악의 방'이 있는데, 동생이 연주를 했고 모차르트도 이곳에서 관람했다. 손님들을 맞이하는 방도 있다. 괴테와 관련된 공간은 3, 4층으로 괴테가 태어난 방이 3층에 있으며, 4층에는 괴테의 작업실이 있는데 이곳에서 그의 대표작인 《파우스트》와 《젊은 베르테르의 슬픔》이 씌어졌다.

4층에 있는 도서관은 괴테 아버지의 작업실 겸 서재였는데 2,000권에 달하는 서적을 볼 수 있다. 이 방 구석진 곳에 조그맣게 창문이 달려 있는데 이곳은 아버지가 아이들을 감시하기 위해 없던 창문을 만들어 놓은 것이다. 어린 괴테는 아버지의 감시를 피하기 위해 먼 곳을 돌아서 집으로 오곤 했다고 한다. 모든 독일인들에게 존경받는 대문호 괴테한테는 어울리지 않는 모습이어서 웃음이 피식 나왔다.

유럽을 방문하며 여러 곳의 박물관을 돌아봤지만 괴테하우스처럼 자세한 설명을 들으며 관람할 수 있는 박물관은 흔치 않다. 《젊은 베르테르의 슬픔》, 《파우스트》 등 그의 유명한 작품을 읽고 이곳을 방문한다면 그 감동이 배가 될 것이다.

+주소 Großer Hirschgraben 23-25
+전화 +49(0)69 138800
+입장 월-토 10:00-18:00(일·공휴일 17:30까지)
+요금 성인 5€(할인 3€)
+교통 U4, U5 뢰머(Römer)역
+정보 www.goethehaus-frankfurt.de

^괴테 생가

^괴테의 서재

인물 연구

괴테

- Johann Wolfgang von Goethe, 1749~1832

독일 문학사에 커다란 획을 그은 인물이 바로 괴테다. 그는 독일 프랑크푸르트에서 태어나 부유한 환경에서 엘리트 교육을 받으며 자랐다. 다양한 교육을 두루 받았고 문학에도 깊은 관심을 가졌다. 젊은 시절 습작으로 발표한 《젊은 베르테르의 슬픔》이 큰 인기를 얻으며 명성이 유럽 전체에까지 알려졌다. 그리고 바이마르 공국 재상으로 초빙되어 정치인으로서도 활약했다. 그는 이곳에서 실러와 함께 독일 문학을 세계 수준으로 끌어올리는 데 큰 기여를 했다. 괴테와 실러는 많은 문학 작품들을 발표하며 독일인들의 자긍심을 고취시켰다.

루터의 독일어 성경 번역을 통해 흩어졌던 독일인들이 표준말과 한 언어의 울타리 아래로 집결했다면, 괴테는 실러와 더불어 독일인들의 정신과 문화를 하나로 모았다. 괴테의 《파우스트》는 셰익스피어의 작품들, 호메로스의 서사시, 단테의 《신곡》과 더불어 최고의 고전으로 꼽힌다. 괴테의 문학사적 업적은 장차 통일 독일로 나아가는 길을 열었다. 그는 바이마르에 잠들어 있다.

문학 산책

젊은 베르테르의 슬픔

《젊은 베르테르의 슬픔》은 괴테의 경험과 실연으로 인해 자살한 친구의 경험을 바탕으로 쓰여진 소설이다. 한 달여 만에 완성한 소설은 '베르테르 효과'라는 이슈까지 몰고 올 만큼 사회적 파급력이 대단했다. 나폴레옹도 전장(戰場)에서 이 책을 열심히 탐독했고, 많은 젊은이들이 베르테르의 말과 행동, 심지어 자살까지 따라 할 정도였다고 한다.

베르테르에게는 진심으로 사랑하던 여인이 있었다. 그러나 그녀에게는 이미 약혼자가 있었고, 그 둘은 결혼을 하게 된다. 베르테르는 이 둘로부터 결혼 통지도 받지 못한 모욕감과 상처로 인해 먼 곳의 공관 서기직으로 떠나게 된다. 그러나 그곳에서도 사회적 인습과 폐단으로 인해 사회와 소통하지 못한 채 고향으로 돌아온다. 상처 받은 젊은 영혼은 고향으로 돌아온 뒤 사랑하던 여인에게 자신의 감정을 표현한 후 자살을 선택하고 만다.

괴테의 문학은 개연성을 토대로 사회적 공감과 신드롬을 불러일으켰지만 많은 사람들을 파멸로 몰아넣었다. 반면 우리 그리스도인들은 사회에서 생명을 전하는 자들이 되어야 할 것이다.

"이야기를 하고 있는 동안 나는 그녀의 새까만 눈동자에 넋을 잃고 있었다네. 그녀의 생기 넘치는 작은 입술과 맑고 건강한 뺨이 나를 완전히 사로잡아 버렸어! 말할 때의 그녀의 모습에 나는 황홀해 하다가 그녀가 무슨 말을 했는지 놓치기 일쑤였지.

인간을 행복하게 하는 것은 동시에 인간을 고통스럽게 하는 근원이 되기도 한다네.

아, 나는 지구상에 홀연히 왔다 가는 나그네에 지나지 않는구나! 당신들은 그렇지 않은가?

로테여, 당신을 위해 죽을 수 있다면 나에게는 행복입니다. 나의 죽음이 당신의 삶에 새로운 안녕과 기쁨을 가져다줄 수 있다면 나는 용감하게 기꺼이 죽겠습니다. 그러나 아, 세상에는 극소수의 고귀한 사람만이 친애하는 사람을 위해 피를 흘릴 수 있으며 자신의 죽음으로써 친구들에게 새로운, 수백 배의 삶의 용기를 북돋우게 합니다."

(베르테르의 고백 中)

2. 뢰머 광장과 대성당

(Römer plaza & Kaiserdom)

뢰머 광장은 프랑크푸르트 여행의 중심이라고 할 수 있다. 프랑크푸르트의 대표 방문지인 괴테 생가는 물론 수준 높은 그림들을 전시하는 프랑크푸르트 현대미술관(Museum für Moderne Kunst)도 가깝다. 광장 중앙에는 정의의 여신이 한 손에는 검을 다른 손에는 양심의 무게를 재는 저울을 들고 있다.

뢰머 광장은 1562년부터 신성로마제국의 중심지가 된 곳으로서 독일 황제들은 이때부터 아헨 대성당이 아닌 프랑크푸르트 대성당에서 대관식을 거행했다. 이런 사실은 프랑크푸르트가 근대에 들어 새로운 독일의 중심이 되었음을 의미하는 것이다. 대성당의 박물관(Dom Museum)에는 5세기 이전의 종교 및 대관식 의장, 돔에서 발굴된 보석, 컵 등의 유물들이 전시되어 있다.

> 프랑크푸르트 대성당(Kaiserdom St. Bartholomäus)
+주소 Domplatz 14
+전화 +49(0)69 2970320
+입장 9:00-12:00, 14:30-18:00
+교통 U4, U5 뢰머(Römer)역
+정보 www.dom-frankfurt.de

3. 쉰들러하우스

(Schindler-Haus)

영화 〈쉰들러 리스트〉로 유명한 오스카 쉰들러가 2차 대전이 끝난 뒤 임종까지 마지막 10년을 보낸 집이다. 현재 쉰들러와 관련된 것은 벽에 검은 명판만 하나 남아 있을 뿐이다. 중앙역을 지나가다가 눈여겨 살펴보도록 하자. 불꽃같은 인생을 산 쉰들러의 흔적은 폴란드 크라쿠프 부분에 잘 나와 있다.

쉰들러하우스는 중앙역 건너편에 있다. 중앙

✔ 쉰들러하우스, 벽에 명판이 남아 있다.

✔ 쉰들러 명판

역에서 지하도를 건너 Ausgang Baseler Straße로 나가면 바로 볼 수 있다. 찾기 어려울 수도 있는데, 정확한 주소는 Am Hauptbahnhof 4번지로 Wiesenhütten 거리와 Münchener 거리 사이에 있다(사진 참고).

4. 안네 프랑크 생가 터
(Anne Frank Haus)

《안네의 일기》로 유명한 안네 프랑크가 태어나고 어린 시절을 보낸 집이다. 사실 생가 자체는 철거되고 이후 현재의 집이 재건되었으니 생가라고 할 수는 없다. 안네는 이곳에서 어린 시절을 살다가 나치가 집권하면서부터 네덜란드로 망명했다. 네덜란드 암스테르담 부분의 안네 프랑크의 집에서 자세한 내용을 접할 수 있다. 1~2층 사이에는 안네가 이곳에서 태어났음을 알리는 명판이 붙어 있고, 앞 벽면에는 'Die endgültige formung seines Charakters hat jeder selbst in der Hand'라고 적혀 있는데, 뜻을 풀이하자면 '우리 인생의 운명은 바로 우리

손에 있다'는 의미심장한 말이다. 안네의 죽음을 알리는 1944년 7월 15일 날짜와 함께 표기되어 있다.

안네가 엄마와 언니 마고트와 찍은 사진

+주소 Ganghoferstraße 24번지
+교통 U1,U2,U3을 타고 Hügelstraße에서 하차

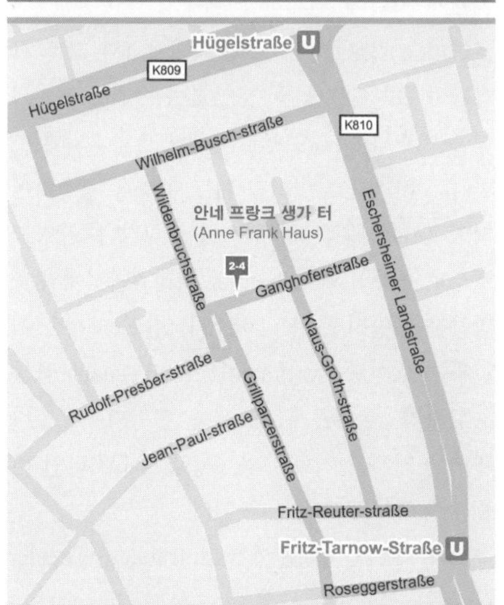

안네의 집

안네의 집 명판 글귀

프랑크푸르트 시절의 안네

참가자 다이어리

독일에서 이런 초고층 빌딩 숲을 볼 수 있는 것은 참 이례적인 일이다. 그 빌딩 숲 사이에서 숨은 그림 찾기 게임을 하는 것 같은 착각에 빠진다.

● 한희진, 강남교회

괴테 생가는 꼭 가볼 만한 곳이다. 문학도라면 반드시 방문할 것을 강추!

● 배미숙, 생수교회

02 뷔르츠부르크(Würzburg), 세상에서 가장 위대한 그림

➡ 프롤로그

뷔르츠부르크는 로만티크 가도가 시작되는 곳이며, 매우 아름다운 도시다. 독일의 문호(文豪) 헤르만 헤세는 "내가 만일 다시 태어난다면 뷔르츠부르크에서 태어나고 싶다"고 했을 정도다. 마인 강은 도시를 관통하는데, 강 주변으로는 아름다운 포도밭을 볼 수 있다. 알테마인교는 프라하의 카를교에 미치지는 못하지만 마치 그것을 축소해 놓은 듯하다. 이 도시를 조금만 더 체험해 보면 헤세의 심정을 이해할 수 있을 것이다.

많은 사람들이 로만티크 가도를 경험하거나 뷔르츠부르크 자체를 즐기기 위해 몰려들지만 이 도시에 세상에서 가장 위대한 그림이 있다는 것은 잘 모른다. 수많은 인물들을 변화시켰던 그림을 보자.

➡ 교통정보

로만티크 가도의 시작은 뷔르츠부르크부터 알프스 자락에 위치한 퓌센까지 이어진다. 이 로만티크 가도를 보기 위해 세계에서 많은 사람들이 몰려드는데, 이 도로로만 달리는 버스가 있을 정도다. 프랑크푸르트에서 오전 8시에 출발하는 버스는 로만티크 가도 곳곳을 경유하여 저녁 7시에 목적지인 퓌센에 도착한다. 프랑크푸르트 중앙역 Mannheimer 거리 4번지에서 출발하는 로만티크 가도 버스가 있다. 자세한 시간과 정보는 www.romantic-road-coach.de를 참고하자. 뷔르츠부르크에는 프랑크푸르트나 뮌헨 등지에서 기차로 올 수 있고, 유로라인 버스를 통해서도 도착할 수 있다.

레지덴츠는 시내에서 Mainfranken-Theater

1 알테마인교 2 대성당 3 레지덴츠
➡ 알테마인교에서 대성당을 지나 직진해서 걸어오면 레지덴츠에 도착한다.

방면으로 6, 9, 12, 14, 16, 20, 28번을 타고 레지덴츠 근처에서 하차하면 닿는다.

➡ 모놀로그

마인 강을 발아래 두고 알테마인교(Alte Mainbrücke)에 서면 고풍스러운 건물들과 강변의 포도밭이 평화롭게 펼쳐진다. 강변에 우뚝 선 언덕 위의 요새는 오랜 세월 동안 그 자리에서 마인 강과 이 다리를 지켜보았을 것이다.

알테마인교에서 대성당으로 연결되는 돔 거리(Domstraße)는 언제나 많은 관광객들로 붐빈다. 건물과 거리의 조화가 너무나 아름답다는 말밖에 표현할 길이 없다. 뷔르츠부르크의 명소는 레지덴츠지만, 훨씬 더 좋은 기억을 갖기 원한다면 (1) 알테마인교부터 (2) 뷔르츠부르크 대성당 사이를 천천히 시간을 가지고 걸어 보길 권한다.

강을 바라보며 한 잔의 커피를 마시는 것도 좋다. 알테마인교에서 포도밭 위에 웅장하게 서 있는 마리엔베르크 요새(Festung Marienberg)도 올라가 보자. 과거 주교의 거주 모습을 이곳에서 엿볼 수 있다.

➡ 방문정보

1. 레지덴츠

(Residenz)

지도를 보면서 알테마인교에서 대성당을 지나 좀 더 직진하면 과거 대주교의 거주지였던 레지덴츠에 닿는다. 레지덴츠는 뷔르츠부르크의 상징과도 같은 곳이다. 유네스코 세계문화유산으로 지정되었으며, 나폴레옹이 유럽에서 가장 아름다운 대주교의 거처라고 찬사를 보냈을 정도다. 건물은 거대한 대저택처럼 보이지만 내부로 들어서는 순간 나폴레옹의 찬사를 공감하게 된다. 천장의 거대한 그림은 압도적이다.

대주교의 거주지가 이 정도로 화려할 수 있을까? 당시 대주교의 부와 명성이 어떠했는지를 짐작할 수 있다. 모든 그림과 가구가 초호화라는 표현도 어울릴 수 없을 만큼 엄청나다. 모든 그림이 '프레스코' 유화(油畵)인 탓에 사진기 플래시를 받으면 그 빛이 변한다. 때문에 많은 직원들이 곳곳에 배치되어 사진 찍는 것을 감시한다.

2층의 한쪽 구석, 방과 방을 연결하는 통로에는 이탈리아 화가 도메니코 페티(Domenico Feti)가 그린 〈에케호모〉(Ecce Homo)라는 그림이 있다. 레지덴츠의 화려함 속에 묻혀 어느 누구도 이 그림에 주목하지 않지만, 역사적 사건을 떠올리면 결코 무시할 수 없는 그림이다. 실제로 이 그림 주변에는 감시하는 직원도, 감시 카메라도 없다.

'내 너를 위하여'라는 찬송가를 기억하는가? 웨슬리를 변화시켰던 모라비안 교도들을 기억하는가? 영국의 유명한 여류 찬송 시인 프랜시스 하버갈(Francis R. Havergal) 여사가 독일 유학 중에 이 그림을 보고 회심한 후 여생을 찬송가 쓰는 일에 바쳤다. 그녀는 '내 너를 위하여'(새 찬송가 311장, 구 찬송가 185장)라는 유명한 찬송가를 썼다.

레지덴츠

친첸도르프 백작도 이 그림을 보고 방탕한 자신을 회개하고 그리스도에게로 돌아섰다. 그 후 친첸도르프는 슈페너, 프랑케를 이어 경건주의를 이끄는 경건주의의 아버지로 불렸으며, 체코와 독일 국경 지역에서 수많은 사람들을 변화시켰다. 친첸도르프의 헌신을 바탕으로 생겨난 무리를 모라비안 교도들이라 부르는데, 이들은 감리교에 결정적인 영향을 미쳤다(드레스덴, 헤른후트 부분 참고).

화려한 레지덴츠 그림과 가구 속에서 초라하게 보이는 이 그림의 역설에 대해 〔비전노트〕와 관련 자료들을 통해 묵상해 보자.

+주소 Residenzplatz 2
- 전화 +49(0)931 355170
+입장 4~10월 9:00-18:00 / 11~3월 16:30까지
+요금 성인 7.5€(할인 6.5€)
+정보 www.residenz-wuerzburg.de

비전 노트

하나님의 손길, 걸작과 졸작의 아이러니

우리는 성찬식을 할 때마다 '내 너를 위하여'라는 찬송을 부른다. 이 찬송가를 작시한 프랜시스 하버갈 여사는 독일 유학 중에 '이 사람을 보라'(Ecce Homo)라는 그림을 본 후 회심했다. 이 그림은 하버갈 여사뿐 아니라 감리교 탄생에 영향을 준 경건주의의 아버지 친첸도르프도 회심시켰다.

사실 도메니코 페티(1589~1624)는 이탈리아 태생의 무명 화가였고, 불과 35세를 살다가 죽었다. 그가 그린 '에케호모'는 사실 두 개 있다. 하나는 르네상스 예술의 중심지인 피렌체 우피치 미술관에 소장되어 있

고, 다른 하나는 뒤셀도르프 미술관에 있다가 뷔르츠부르크 레지덴츠로 옮겨 왔다. 페티가 10년간 심혈을 기울여 만든 그림은 그의 정성 탓인지 걸작(傑作)이 되어 많은 사람에게 인정을 받은 후 우피치 미술관에 소장되어 있다. 그러나 그것이 끝이었다.

다른 하나는 습작(習作)으로 그린 그림으로서 명화(名畵)의 반열에 들지는 않지만 세계를 변화시키는 놀라운 그림이 되었다. 페티의 걸작은 수많은 걸작들에 가려 존재감을 잃어버렸으나 그의 습작에는 하나님의 손길이 닿아 지금까지 세계에 그 영향력을 드러내고 있다.

^ 도메니코 페티의 〈에케호모〉 습작(아래, 1605년 발표)과 걸작(위, 1610년 발표, 피렌체 우피치 미술관 소장)

같은 화가의 두 그림을 보면 마치 인생을 보는 것 같다. 어떤 인생은 전력투구와 심혈을 기울이지만 결국 그것으로 종료되는가 하면, 어떤 인생은 세상 사람들의 눈에 띄지는 않지만 가는 곳마다 그리스도의 향기가 드러나고 수많은 영혼들을 주님께로 인도한다. 그 사람이 어떤 인생이 될지는 하나님의 손길에 달려 있다.

"그러므로 하나님의 능하신 손 아래서 겸손하라 때가 되면 너희를 높이시리라"(벧전 5:6).

"나는 도메니코 페티의 작품이 그다지 힘이 있다고 생각하지 않는다. 오히려 렘브란트, 뒤러, 티치아노 같은 화가들이 더 훌륭하다고 생각한다. 그러나 내가 페티의 작품이 예술적으로 뛰어나지 않다고 평가해도 부인할 수 없는 것이 있다. 그것은 그의 작품이 종교적 힘을 가졌다는 사실이다."(존 파이퍼)

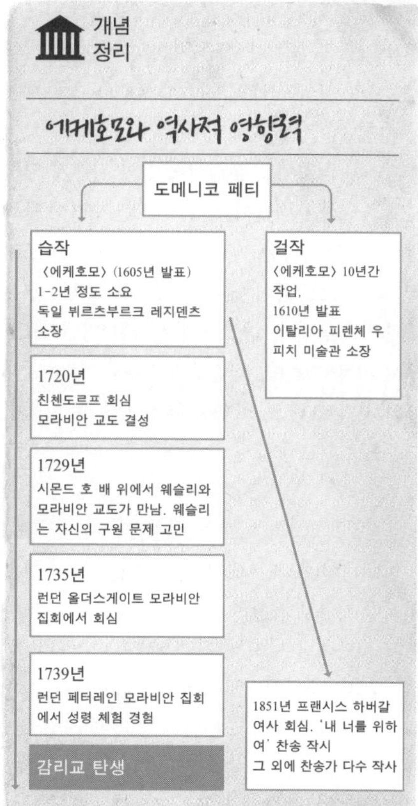

참가자 다이어리

늘 궁금하던 그림 〈에케호모〉가 있는 곳. 어렵게 찾아왔지만, 그 위대한 그림을 직접 볼 수 있어서 뿌듯했다.

● 최연규, 사랑의교회

03 할레(Halle), 경건주의의 중심지

➡ 프롤로그

할레는 루터 가도의 허브와 같다. 아이슬레벤, 만스펠트 등의 도시들이 예쁜 풍경을 자랑하고, 비텐베르크가 시간이 멈춘 듯한 느낌을 준다면, 할레는 동독 특유의 우중충한 느낌을 준다. 그런 까닭에 대부분의 여행책에서 할레에 대한 정보를 얻기가 힘들다. 심지어 전문 여행 가이드북 〈Lonely Planet〉에서조차 찾아보기 어렵다.

그러나 이곳에는 우리의 신앙과 관련된 엄청나게 중요한 흔적들이 있다. 마르틴 루터는 물론 〈메시아〉를 작곡한 헨델, 고아의 아버지인 조지 뮐러의 흔적도 남아 있다. 무엇보다 할레는 경건주의의 중심지다. 종교개혁이 독일 비텐베르크에서 시작되었다면 경건주의 운동은 이곳 할레에서 시작됐다. 또 최초로 한국 땅에 발을 들인 귀츨라프 선교사 역시 할레 대학 출신이다.

^ 프랑케 재단에 위치한 프랑케 동상

➡ 교통정보

할레는 비록 외부에서 직접 연결되는 공항은 없지만 기차로 접근하기는 매우 용이하다. 또한 인근 지역에서는 버스도 편리하게 연결되어 있다. 기차도 베를린, 라이프치히 등지에서 가깝게 연결된다. 할레는 루터의 도시인 아이슬레벤, 만스펠트, 에르푸르트 등으로 움직이는 중심지와도 같다.

➡ Story

할레의 워킹투어는 마르크트 광장(Marktplatz)에서 시작된다. 마르크트 광장은 생각보다 그 규모가 큰데, 할레의 대부분의 트램들이 이 광장으로 연결되어 있다. 1, 2, 3, 5, 6, 7, 8, 10, 11번 등의 트램이 마르크트 광장으로 이어진다. 할레 기차역에서 마르크트 광장으로 오는 트램을 골라 타면 된다.

할레 워킹투어의 총 거리는 2.5km 남짓인데, 만일 프랑케 광장(Franckeplatz)으로 간다면 6, 8, 11번 트램이 연결되지만, 생각보다 멀지 않아 할레의 도시 정취를 느끼면서 걷는 것도 좋다. 마르크트 광장의 할레 대학부터 시작해서 프랑케의 흔적으로 끝나는 코스다.

➡ 방문정보

1. 할레 대학

(Martin-Luther-Universität Halle)

할레 대학은 유럽 최초의 근대 대학이라는 평가를 받는다. 종전까지의 대학들은 특정한 목적을 가지고 설립되었는데, 가령 옥스퍼드와 파리 대학은 수도원 전통에서 시작되었고, 볼로냐, 케임브리지 같은 대학들은 길드로부터 설립되

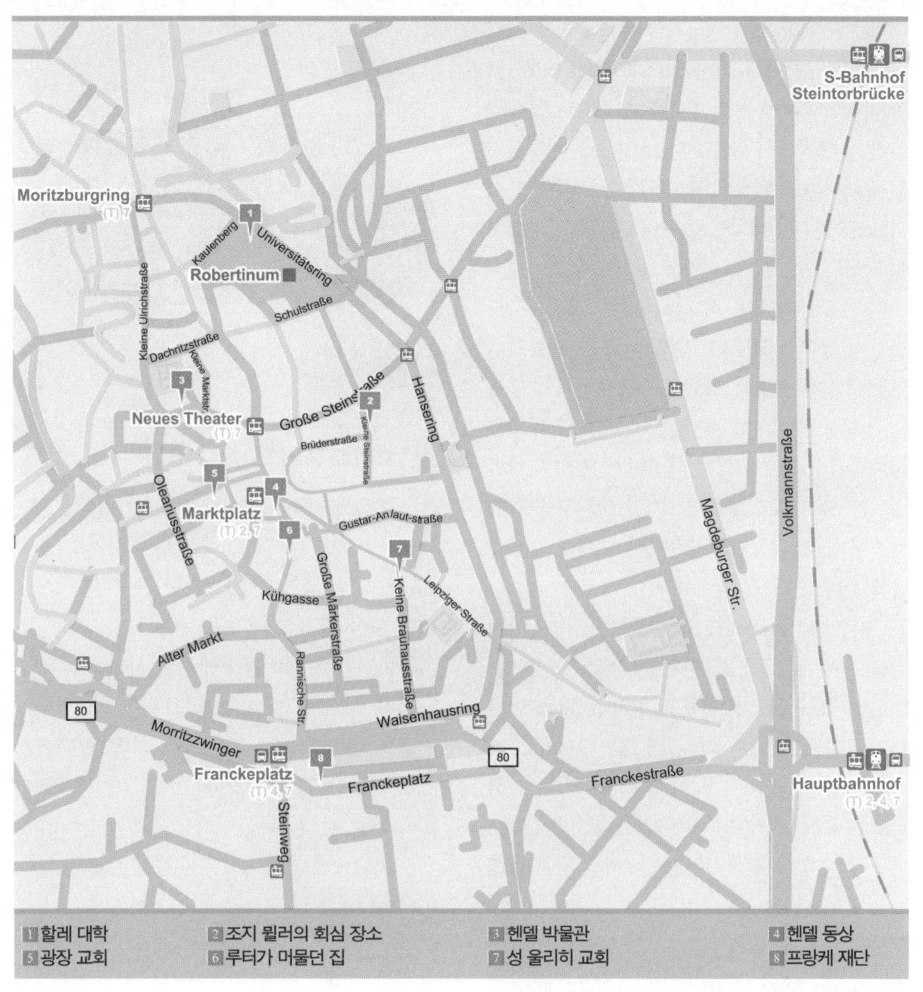

었다. 따라서 이런 대학들은 설립 이념과 목적에 따라 활동 영역이 제한되었다. 반면 신조와 교리, 목적을 뛰어넘어 교수의 자유로운 철학과 사상 속에서 학문을 시도한 최초의 대학이 바로 1502년에 세워진 비텐베르크 대학이다. 이 대학에는 우리가 잘 아는 마르틴 루터와 그의 동료 멜란히톤이 교수로 있었다.

1694년 베를린의 브란덴부르크 3세는 할레 지역에 새로운 종교적 주도권을 행사하기 위해 경건주의 개척자들인 슈페너와 프랑케 등의 인물을 중심으로 대학을 세웠는데, 바로 할레 대학이다. 비텐베르크와 할레 대학은 1813년 나폴레옹이 독일을 침공하면서 잠시 휴교했다가 1817년 하나의 대학으로 합병되어 1933년 마르틴 루터 탄생 450주년을 기념하여 할레-비텐베르크 대학교로 명칭을 바꾸었다.

비텐베르크의 자유로운 사상과 탐구 정신 그리고 할레 대학의 경건주의 학풍이 만나서 이 대학은 위대한 영적 지도자들을 배출하게 되었다. 고아의 아버지 조지 뮐러와 최초의 개신교 선교사로 한국에 발을 들여놓은 귀츨라프 선교사가 이 대학에서 공부했다. 경건주의 지도자들인 슈페너와 프랑케도 이 대학에서 가르치는 사역을 했으니 이 대학이 얼마나 큰일을 감당했는지 알 수 있다.

따라서 이 대학의 캠퍼스를 걷는 것만으로도 벅찬 감동이 밀려온다. 대학 내부를 관람하다 보면 웅장한 성경의 그림들과 솔로몬이 재판하는 그림들을 감상할 수 있는데, 대학의 지혜를 하나님께 구하고자 하는 열망이 엿보인다. 강의실에는 당시 잉크를 꼽을 수 있도록 고안된 책상들이 눈에 띄는데, 이것이 이 대학의 중후함을 더한다.

Universitätsplatz 10번지는 할레 대학 건물로서 당시 수업 환경을 엿볼 수 있다. Universitätsplatz 12번지는 'Robertinum'이라는 박물관으로서 19세기 말에 개관했으며, 그리스-로마 고고학 자료들을 소장하고 있다. 특히 트로이 유적을 발견한 하인리히 슐리만의 출토물들이 있어 역사학도들에게는 매우 가슴 설레는 경험이 될 것이다.

Robertinum.

> 할레 대학의 고고학 박물관 'Robertinum'
+주소 Universitätsplatz 12
- 전화 +49(0)345 5524018
+입장 목 15:00-17:00(반드시 예약할 것)
+요금 무료
+정보 museum.altertum.uni-halle.de

슈페너, 프랑케, 조지 뮐러, 귀츨라프 등의 체취가 남아 있는 할레 대학의 옛 모습

비전 노트

하나님의 방법

중국에 최초로 선교의 문을 연 개척자는 영국 스코틀랜드 출신의 로버트 모리슨 선교사다. 비록 그는 27년간의 선교 활동 기간 동안 불과 10여 명의 회심자를 낳았을 뿐이지만, 유럽인들에게 중국 선교의 문을 열어 주었고, 중국어로 성경이 번역되는 기틀을 마련했다. 그가 중국에 파송되기 전에 하나님께 기도하기를 "가장 어려운 곳에 저를 보내 주시고, 가장 축복받기 어려운 자들에게로 인도하옵소서"라고 했다.

로버트 모리슨

모리슨은 선교지에서 괄목할 만한 영향력을 미치지는 못했지만 귀츨라프로 하여금 중국을 품게 했다. 귀츨라프는 자신에게 꿈을 심어 준 모리슨 선교사와 동역했으며, 모리슨이 번역한 성경 및 다른 기독교 문서를 통해 뛰어난 선교 성과를 거두게 되었다.

카를 귀츨라프

귀츨라프에 의해 크게 도전 받은 사람이 바로 허드슨 테일러다. 그는 귀츨라프를 가리켜 '중국 선교의 조부(祖父)'라고 할 만큼 귀츨라프의 영향을 많이

^ 허드슨 테일러

받았다.

허드슨 테일러는 최초로 중국 내륙 선교를 개척한 선교사다. 허드슨 테일러에 영향을 받은 젊은이가 바로 우리가 잘 아는 토마스 선교사로서 그는 중국 내륙에서 평양으로 복음을 전하러 떠났으며 그곳에서 순교했다. 토마스 선교사가 순교한 지 10년 후에 중국 내륙 선교사였던 존 로스와 존 매킨타이어 선교사가 만주 지역으로 파송받아 조선인들을 마음에 품고 1878년에 최초로 한글 성경을 번역했다.

^ 존 로스

하나님은 모리슨 선교사의 기도를 들어주셨고, 그를 당시 가장 어려운 환경인 중국에 보내셨다. 조선인들이 복음의 복을 누리기를 간절히 기도하던 귀츨라프 선교사의 기도도 하나님께서 응답하셨으며, 조선을 품기 원한 토마스 선교사의 기도도 이루어 주셨다.

^ 로버트 토마스

비록 모리슨, 귀츨라프, 토마스의 선교가 당대에는 죽음으로 끝나거나 복음이 거부된 것처럼 보였지만 하나님은 이들의 피와 기도를 통해 일하셨고, 한글 성경이 번역되게 하셔서 복음의 문을 열어 주셨다. 누가 하나님의 계획을 측량할 수 있을까? 분명한 것은 하나님은 기도를 통해 세상을 움직이신다는 사실이다.

당신은 기도를 통해 세상을 움직이려고 하는가, 당신의 지혜와 방법으로 하려고 하는가?

세상을 바꾼 그리스도인

귀츨라프 선교사

- Karl Friedrich August Gutzlaff, 1803~1851

우리나라 최초의 개신교 선교사는 할레 출신의 귀츨라프 선교사다. 그는 1803년 독일의 가난한 가정에서 태어났다. 어느 날 프러시아 왕 앞에서 시를 읊은 것을 계기로 그의 인생이 완전히 바뀌었다. 할레 대학에서 공부할 기회가 생겼고, 이때 경건주의를 체득한 것이다.

귀츨라프는 중국 선교사다. 그가 중국에 입국할 당시 아편 전쟁 등으로 인한 중국 정치 상황이 좋지 않아서 인도네시아와 태국에 머물고 있었다. 그는 활발한 문서 사역을 통해 중국에 복음을 전했다. 배를 타고 중국 해안을 돌며 전도 여행을 하던 중 2차 전도 여행에서 풍랑을 만나 서해안에 정박한 것이 우리나라 최초의 개신교 선교사로서 발을 들여놓은 계기가 되었다.

1832년 7월 25일, 충남 고대도에 정박하게 된 귀츨라프는 마을 주민들에게 감자를 전래하며 감자 재배법을 가르쳐 주었을 뿐만 아니라 의료물품들을 지원했다. 한문 성경을 사람들에게 나눠 주었고, 순조 임금에게 다양한 물품과 함께 성경을 바치려 했으나 중간 관원이 이를 창고에 처박아 놓는 바람에 한국의 복음의 문은 수십 년 늦춰지게 되었다.

귀츨라프는 주기도문을 한글로 번역해서 사람들에게 전했는데, 이것이 한글 성경 번역의 시초가 되었다. 그는 중국으로 돌아가서 숨을 거두었지만 귀츨라프의 영향은 이것으로 끝나지 않았다. 현재 충남 보령 고대도에는 당시 귀츨라프의 복음을 듣고 세워진 교회가 아직도 건재하고 있다. 비록 복음의 문이 열리지는 않았지만 어디선가에서 복음의 열매가 맺어지고 있었던 것이다. 그도 이를 확신했는지 그의 책《조선 서해안 항해기》에 이렇게 기록했다.

"조선에 뿌린 하나님의 진리가 없어질 것인가? 나는 그렇게 믿지 않는다. 조선 백성을 은혜롭게 방문할 하나님의 원대한 계획이 있을 것이다. … 성서에는 하나님께서 이 보잘것없는 시초까지도 축복하신다고 확실하게 기록되어 있다. 나는 조선에 곧 먼동이 터 좋은 시대가 오기를 바란다."

귀츨라프는 조선인에 대한 첫인상으로 침통하고 무뚝뚝한 표정의 사람들이라고 기록하고 있다. 그리고 그는 이 가난한 백성이 복음으로 인해 하나님 안에서 부(富)를 누리기를 원한다고 기도했다.

다음은 귀츨라프가 쓴 일기의 한 부분이다. 어찌 보면 그에게 임한 풍랑은 요나의 방향을 돌리게 하신 하나님의 계획 중 하나였다.

• 1832년 7월 17일

풍랑은 우리를 조선이라는 곳으로 몰고 갔다. 나룻배에 탄 허름한 두 어부를 만났는데, 그중 한 노인에게 성경을 전해 주었다.

• 1832년 7월 25일

조선 관료의 요청으로 고대도로 옮겨 정박했다. 섬사람들은 서양 배와 서양인들을 구경하려고 몰려들었는데, 나는 그 기회를 이용해서 성경과 전도지를 나눠 주었다.

이때 귀츨라프는 몇몇 조선인들이 감기로 고통을 겪는 것을 보면서 의약품을 지급했고, 감자를 전래해 주었다.

다음은 귀츨라프가 조선을 떠나면서 남긴 일기다.

• 1832년 8월 17일

우리는 천만 가지의 아름다운 모양을 가진 여러 섬들을 지나갔다. 최남단에 있는 제주도는 참으로 매력적인 곳이다.

귀츨라프는 중국과 한국을 품은 하나님의 사람이다. 현재 그가 활동하던 홍콩에는 귀츨라프 거리가 있으며, 중국과 한국에도 그를 기리는 비석이 남아 있다.

2. 조지 뮐러의 회심 장소

고아의 아버지 조지 뮐러가 비텐베르크 출신이 아니라 할레 출신인 것은 어찌 보면 당연한지도 모른다. 다시 말해 조지 뮐러가 다른 곳에서 공부를 했더라면 우리가 아는 조지 뮐러가 있었을까? 프랑케 관련 부분에서 언급하겠지만 조지 뮐러가 이룩한 많은 일들은 할레에서 프랑케가 행한 일들을 보고 듣고 경험했기 때문에 가능했다.

조지 뮐러는 불우한 가정환경에서 자랐고, 심각한 청소년기를 보냈다. 죄를 탐닉하던 그의 십대 시절은 누가 봐도 형편없었다. 그러나 그리스도의 빛이 그에게 임했고, 할레 대학에 입학한 후 이 거리에 있는 어느 성경 공부 모임에 나갔다가 회심했다. 보아너게, 즉 '우레의 아들'이란 별명을 가진 요한이 가장 사랑받는 온유한 제자가 된 것처럼 구제불능의 문제아를 고아의 아버지로 만드신 것은 하나님의 능력이었다.

현재 뮐러가 회심한 거리에는 그를 기억할 만한 아무것도 남아 있지 않다. 또 이 골목은 낙후된 느낌마저 든다. 그러나 조지 뮐러의 고백을 읽고 이곳을 거닌다면 새로운 감동이 전해 올 것이다. 그는 1825년 11월에 회심한 후 영국에 선교사로 떠났다.

조지 뮐러가 회심한 골목

간증

1825년 11월에 있었던 일

- 조지 뮐러의 회심 장소에서

저는 구제불능의 불량 학생이었으나 어찌어찌해서 할레 대학에 입학을 했습니다. 그런데 개 버릇 남 못 준다고, 저는 이곳에서도 술과 방탕한 생활을 이어 갔습니다. 신학과 학생이면서 삶은 전혀 딴판으로 살았던 것입니다. 언제나 크리스토퍼 베타는 제게 귀한 술친구였습니다. 그런데 언젠가부터 크리스토퍼 녀석이 예전처럼 술도 많이 안 마시고 이상해지기 시작했습니다. 어느 날 우리는 광장(할레 마르크트 광장)을 거닐고 있었죠. 크리스토퍼는 제 눈치를 보더니 '기도 모임'에 가자고 하더군요. 광장을 지나는 동안 우리는 아무런 말도 하지 않았습니다. 나중에 크리스토퍼는 제게 기도 모임을 가자고 말을 꺼낸 다음 제가 아무 말도 하지 않아 몹시 창피하고 무안했다고 하더군요. 그런데 사실은 그날따라 크리스토퍼의 제안이 제 마음에 비수처럼 박혀 왔고, 그래서 아무 말도 할 수 없었던 것입니다. 결국 우리는 토요일 저녁의 기도 모임에 참석했습니다. 몇몇 분들이 저희를 너무도 따뜻하게 맞아 주었습니다. 함께 앉아서 찬송을 부르기 시작하는데, 저는 괜히 왔다고 후회하기 시작했습니다. 그런데 다른 한 분이 바닥에 무릎을 꿇고 저희 모임을 위해 기도했습니다. 저는 무릎을 꿇고 기도하는 모습은 처음 봤는데, 너무 생소해 보였죠. 헤르 카이저 씨가 성경을 읽고, 설교문을 읽더군요. 당시 정식 목회자가 아니면서 설교하면 벌을 받았어요. 어쨌든 정식 목회자가 아니어서인지 설교가 어눌하긴 했습니다. 요한 바그너 씨가 또 기도를 했습니다. 저는 기도하는 게 너무 어색하고 이상해서 그 분위기가 싫었지만 왠지 가슴 한구석이 뜨거워지는 느낌이었어요. 어떤 말로도 표현하기 힘들었어요. 모임을 마치고 크리스토퍼와 집에 오는데 마음이 너무 평안했어요. 우리는 스위스에 놀러 갔을 때보다 더 기쁜 느낌이었다고 서로 이야기했고, 그날 밤 저는 너무 평안하게 잠이 들었습니다.

제가 그리스도를 만났습니다. 주님께서 제 모든 죄를 용서해 주셨습니다. 그래도 제게는 죄의 습성들이 남아 있었죠. 이후 저는 함께 술을 마시던 친구들을 더 이상 만나지 않았습니다. 거짓말도 조금씩 줄이기 시작했습니다. 그러자 이전에 저를 알던 친구들이 조롱하기 시작했지만 상관없었어요. 저는 그 모임에 참석해서 성경을 읽고, 함께 기도하는 일에 동참했으니까요.

3. 헨델 박물관

(Händel-Haus)

할레의 중심가에서 가까운 니콜라이 가 5번지에 위치했다. 헨델의 아버지가 이 집을 구입한 후 20여 년을 살았고, 헨델은 17세가 될 때까지 살았다. 박물관 안에 전시된 많은 악기들과 악보들의 가치에 비해 건물 외관은 초라한 느낌마저 든다.

그러나 음악을 하는 사람이라면 반드시 들러 보아야 한다. 종류와 시대의 구별 없이 자유롭게 악기와 악보를 배치한데다, 무엇보다 전시물들을 직접 만져 보는 것은 물론 연주해 볼 수도 있다. 딱딱하게 선을 그어 놓은 여느 박물관과는 다르게 헨델의 삶과 음악 속으로 초청하는 듯한 친근하고 특별한 분위기의 박물관이다.

특히 파이프 오르간은 매우 인상적이다. 수십 개의 파이프들이 빼곡한 것이 언뜻 혼란스러워 보이지만 하나의 음만을 내는 이것들이 하나의 음악으로 아름답게 연주되는 것을 생각하면 경이롭기까지 하다. 문득 우리 인생들을 하나의 웅장하고 아름다운 음악으로 연주하시는 하나님의 손길이 느껴진다. 우리는 모두 선한 하나님의 목적을 가지고 태어났다. 그렇다면 쓸모없이 버려지는 인생은 이 세상에 존재하지 않는다. 실제로 이 오르간은 연주할 수 있도록 개방되어 있어서 연주가 가능한 사람은 시간을 할애해 도전해 보면 좋을 것이다.

이곳에는 모두 10개의 전시실이 있는데, 헨델이 머문 도시별로 구분해 놓고 그 시절을 대표하는 음악을 들려주고 있다.

마지막 전시실은 하얀색 벽에 하얀 액자가 걸린 곳으로 그가 쓴 악보와 음악회 포스터 그림 등이 시대 순으로 전시되어 있다. 마지막 음악 감상실에서는 작은 스크린 화면 같은 무대에서 홀로그램 오페라를 볼 수 있다. 10가지 남짓한 종류의 오페라를 선택하여 관람할 수 있다. 헨델이 이곳에서 바라보던 창밖 풍경과 그가 사용하던 피아노와 의자, 구석구석에서 악상을 떠올렸을 자취들을 더듬다 보면 문득 〈메시아〉의 클라이맥스가 귓가를 두드린다. 이곳에서는 시간을 가지고 느리게 움직여 보기를 권한다.

▲ 헨델의 악보

+주소 Große Nikolaistraße 5
- 전화 +49(0)345 500 90 221
+입장 화-일10:00-18:00(11~3월 17:00까지)
+요금 4€(할인 2€)
+정보 www.haendelhaus.de

찬송가 기행

내 주님은 살아 계셔

- 새 찬송가 170장, 구 찬송가 16장

할레에서 1685년 2월 23일에 태어난 헨델은 동갑내기인 바흐와 더불어 최고의 바로크 시대 작곡가로 평가 받는다. 어려서부터 뛰어난 음악성을 보인 그는 아홉 살 때부터 오르가니스트로 활동하였고, 하노버 궁정악장을 역임한 후 영국으로 건너가 왕성하게 활동한다. 런던과 아일랜드에서 국제적인 명성을 누리며 성공가도를 달렸지만 극장의 파산과 함께 헨델의 인생도 내리막길을 걷게 되었다.

인생의 마지막을 하나님을 위해 불사르기로 결심한 헨델은 24일간 런던의 집에서 칩거하면서 불후의 명곡 〈메시아〉를 완성했다. 〈메시아〉의 한 부분이 된 찬송가 '내 주님은 살아 계셔'에는 당시 영국의 부흥운동을 일으킨 존 웨슬리의 동생 찰스 웨슬리가 가사를 붙였다. 마치 찰스 웨슬리가 헨델의 사정을 알기라도 하듯 가사 내용은 헨델의 고백을 표현하고 있다.

이 찬송가가 포함된 〈메시아〉는 마지막이 '할렐루야' 합창으로 끝난다. 하나님을 높이는 이 음악에 감동한 영국 국왕이 일어서자 나머지 사람들도 따라 일어섰는데, 이것이 유래가 되어 오늘날에도 '할렐루야' 합창을 할 때는 관객이 일어서는 전통이 있다.

4. 헨델 동상

마르크트 광장 한쪽에 헨델을 기념한 동상이 있다. 헨델의 명성이 알려지고 〈메시아〉 등의 곡들이 영향력을 발휘하자 이곳에 그를 기념하여 동상을 세웠다.

5. 광장 교회
(Marktkirche)

마르크트 교회 또는 마리엔 교회라고 불리는 광장 교회는 루터의 제자이자 동역자로서 루터의 임종을 지킨 유스투스 요나스가 종교개혁을 해 나간 할레의 중심 교회다. 경건주의자 프랑케가 이곳에서 사역을 했고 헨델이 유아세례를 받았다. 광장 교회는 루터와도 관계가 깊은 곳인데 루터는 이곳에서 여러 차례 설교를 했으며, 그의 사후 주검을 아이슬레벤에서 비텐베르크로 옮기는 도중 이곳에 잠시 머물렀다. 당시 루터의 얼굴과 손을 본떠 만든 마스크와 손 모양이 보관되어 있다. 그의 마스크를 보려면 2유로를 내야 한다.

+주소 An der Marienkirche 2
+전화 +49(0)345 5170894
+입장 3-12월 10:00-17:00,
1-2월 11:30-16:00(주일 15:00부터)
+요금 무료(단 루터의 데스마스크를 보려면 2€)
+정보 www.marktkirche-halle.de

^ 루터의 데스마스크

6. 루터가 머물던 집

루터가 할레에 올 때마다 머물던 집이다. 벽면에는 마르틴 루터가 머물렀음을 기념하는 황토색 명판이 있다. 루터 가도 할레 부분 사진을 참고하자.

+주소 Schmeersstrasse 2

7. 성 울리히 교회

(Ulrichskirche)

원래 수도원 소속의 성당으로 이후 교구성당이 되었고 19세기 대학 소속의 성당으로 사용되기도 했다. 1976년부터는 할레 시와 장기 계약을 맺고 시립콘서트 홀로 사용되고 있어 파이프 오르간 연주와 콘서트, 시립합창단의 공연 등 수준 높은 공연들이 열린다. 할레 출신의 유명 음악가 로베르트 프란츠가 오르가니스트로서 섬기던 교회이기도 하다.

+주소 Kleine Brauhausstrasse 26

^성 울리히 교회 내부

인물 연구

로베르트 프란츠

- Robert Franz, 1815~1892

할레 출신의 로베르트 프란츠는 슈베르트와 슈만의 전통을 잇는 가곡 작곡가로서 350여 곡의 가곡을 작곡하였다. 그 중 4분의 1은 하인리히 하이네의 시에 곡을 붙인 것이다. 어려서부터 교회에서 오르간으로 작곡을 하였고, 1841년부터는 성 울리히 교회 오르가니스트가 되었다.

1843년에 〈12가곡집〉을 출판, 바그너와 리스트에게 인정을 받았으며, 리스트는 프란츠의 곡들을 피아노곡으로 편곡하기도 했다. 프란츠는 베토벤처럼 난청의 고통을 겪은 음악가다. 그는 40세 무렵부터 난청이 시작되었으나 음악을 포기하지 않았고 오르간 연주자로, 이후 징 아카데미 지휘자로, 더 나아가 할레 대학의 음악학장에 이르기까지 활발하게 활동하며 섬세하고 낭만적인 가곡을 작곡하였다. 하지만 난청이 심해지고 신경질환까지 겹치면서 1868년 은퇴하였다. 대표작으로는 〈나의 고뇌에서〉, 〈가을에〉, 〈장미는 말하였다〉 등이 있으며 다수의 합창곡과 종교음악도 작곡하였다.

8. 프랑케 재단

(Franckesche Stiftungen)

경건주의자 프랑케가 세운 재단의 본부로 할레 경건주의의 중심이라 할 수 있다. 재단 안쪽의 프랑케 동상을 중심으로 주변의 건물들이 모두 재단 소속으로 규모 면에서 크고 화려하다. 지금의 화려한 건물은 재건된 것이고 원래 이곳에는 목사였던 프랑케가 할레 대학 교수로 부임한 후 교구 내 가난한 고아들을 위해 세운 고아원이자 학교가 있었다. 한 귀부인의 헌금 7굴덴을 기금으로 프랑케의 목사관에서 시작된 이 작은 학교는 점차 확대되어 교육, 선교, 자립공동체인 프랑케 재단으로 성장하였고, 그의 경건주의와 함께 할레에 엄청난 영향력을 미치게 되었다. 설립 250년 후에는 국유화되었는데, 압류당해서 폐허가 되었다가 1992년 다시 재단이 재건되었다. 현재 재단 내에는 첫 시작이던 고아원을 포함해, 고아원 약국, 성서공회, 라티나(김나지움) 등 유치원부터 성인까지의 교육시설과 연구소들이 있다. 재단 내의 라티나는 어린 친첸도르프가 공부한 곳으로 친첸도르프는 프랑케의 영향을 받으며 이곳에서 경건주의자로 성장할 수 있었다.

건물 5층에 있는 보육원 지붕 밑 벽면에는 이사야 40장 31절 말씀이 새겨져 있다. "오직 여호와를 앙망하는 자는 새 힘을 얻으리니 독수리의 날개 치며 올라감 같을 것이요." 고아들을 향한 프랑케의 격려의 메시지이자 그의 비전을 보여 주는 말씀이다. 그 구절 위로는 프랑케 재단의 상징인 태양을 향해 두루마리를 들고 나르는 두 마리의 독수리가 새겨져 있다. 이 건물 오른쪽 골목으로 들어가면 오른쪽에 프랑케 재단 안내 사무소가 있고, 이곳에서 서적, 안내 정보 등을 얻을 수 있다. 이 골목을 따라가면 프랑케 동상을 볼 수 있다.

+주소 Franckeplatz 1
- 전화 +49(0)345 2127 450
+입장 화-일 10:00-17:00
+요금 6€(할인 4€)
+정보 www.francke-halle.de

^ 프랑케 재단 건물

^ 프랑케 재단 안내 사무소

비전
노트

같은 시작, 다른 결말

- 프랑케 재단에서

16~17세기 동안 독일은 세계 기독교를 이끈 국가였다. 종교개혁이 일어났으며, 경건주의 또한 독일을 중심으로 일어났다. 당시 영국에서는 헨리 8세에 의해 성공회가 생겼지만 영국 내에서만 영향을 미쳤다. 그리고 청교도들은 영국과 미국의 기틀이 되었지만 유럽에는 큰 영향을 미치지 못했다.

16세기 종교개혁의 진원지는 독일이었다. 그러나 루터 사후에 종교개혁의 내용은 '교리화'되어 수많은 신학적, 철학적 논쟁을 야기했다. 개혁 1세대들이 사망하면서 그 후예들은 생명력 없는 교리만 붙들고 있을 뿐이었다. 종교개혁의 영향력은 신구교 간의 뚜렷한 구분을 만들어 30년 전쟁이라는 끔찍한 결과로 이어졌다. '신의 이름으로' 자행된 30년 전쟁을 통해 독일은 황폐해질 대로 황폐해졌고, 절반에 이르는 독일인들이 죽음을 맛보았다. 또한 도덕적 타락은 극에 달했다.

이때 생명 없는 정통 교회에 반기를 들고 일어난 움직임이 바로 계몽주의와 경건주의다.

두 사조는 모두 정통주의에 대한 반발로 시작되었지만 그 결과는 전혀 다른 방향으로 향했다. 계몽주의는 이성을 신의 자리에 올려놓았고, 신을 추방해 버렸다. 프랑스 혁명은 종교를 내몰았다. 이런 사조에 영향을 받은 자유주의 신학은 성경에서 모든 신화를 제거했으며, 결국 성경은 하나님의 말씀이 아닌 인간의 창작물이라는 결론으로 치달았다.

경건주의 역시 정통에 대한 반발로 시작되었으나 정통을 파괴하는 것이 목적이 아니라 '생명력'을 불어넣는 것이 목적이었다. 말로만 외치는 복음이 아니라 직접 경건에 이르는 훈련을 통하여 말씀을 실천하는 움직임이었다. 즉 교리 속에 갇혀 있는 교회가 아니라 성령의 운동을 통해 죄를 단절하는 움직임이었다.

슈페너가 경건주의의 이론과 틀을 세웠다면 프랑케는 그것을 토대로 활발하게 실천했다. 프랑케는 날마다 성령 안에서 자신을 먼저 개혁했고, 주변의 가난하고 소외된 자들, 고아들을 살리는 일에 최선을 다했다. 즉 참된 사회사업은 이렇게 시작되었던 것이다.

슈페너가 세상을 떠났을 때, 이들이 돌보는 고아들은 무려 2,300명가량이었다. 이 할레 대학을 통해 6,000명의 목사를 배출해 세계를 흔들기 시작했는데, 영국을 살린 조지 뮐러, 한국과 중국에 복음을 전한 귀츨라프 선교사가 대표적인 인물이다. 조지 뮐러는 경건주의 현장에서 보고 배운 것을 밑거름 삼아 영국에서 고아들을 돌보게 되었다.

이제 눈을 현실로 돌려 보자. 어쩌면 현대 사회도 두 가지 부류로 나타난다. 한국 사회에서 기독교는 점점 생명력과 역동성을 잃어 가고 있다. 이성을 앞세워 기독교 자체를 비판하는 움직임도 있다. 그러나 슈페너와 프랑케의 정신을 이어받아 믿음에 생명력을 불어넣어 생동하는 모습을 회복해야 할 것이다.

04 드레스덴(Dresden), 친첸도르프의 고향

➡ 프롤로그

처음 드레스덴을 방문했을 때, 구 시가지를 가기 위해 아우구스투스 다리를 건너는 순간 눈 앞에 펼쳐진 광경은 아직도 감격에 겨울 만큼 특별했다. 파스텔 톤의 아기자기하고 예쁜 유럽의 모습이 아닌 검게 그을린 건물들이 웅장하면서도 장엄하게 서 있었다. 이러한 동독의 분위기와 모습 때문에 마치 도시 전체가 큰 박물관 같았다. 오케스트라를 연상시키듯 엘베 강 주변으로 즐비한 고풍스럽고 웅장한 건축물들과 뒷골목의 카페 거리를 보니 왜 이곳을 '엘베 강의 베네치아'라고 부르는지 알 것 같다. 유유히 흐르는 강과 드레스덴 구 시가지는 '한 폭의 그림'이라는 표현 외에는 어떤 단어도 그 모습을 담아내기가 힘들 것이다. 우리들에겐 익숙하지 않은 이름이지만 일단 와 보면 서유럽과는 또 다른 강렬하고 웅장한 느낌으로 인해 돌아가는 발걸음이 쉬이 떨어지지 않는 곳이다.

드레스덴은 친첸도르프의 고향이며, 경건주의의 초대 두 거장인 슈페너와 프랑케가 만난 곳이기도 하다. 그러나 2차 대전 당시 엄청난 폭격으로 인해 많은 부분들이 소실되었으며, 이후 힘겨운 노력으로 복원한 탓에 과거의 흔적들이 많이 남아 있지 않다. 구 시가지와 약간 떨어진 곳에 친첸도르프 거리가 있지만 친첸도르프의 흔적은 찾기 힘들다. 아쉽게도 개혁신앙의 흔적이 많이 남아 있지는 않지만 과거 동독의 모습을 느끼기 원하는 사람이라면 놓치지 말아야 할 곳이다.

➡ 교통정보

베를린, 라이프치히 등에서 자주 기차가 있고, 헝가리와 체코로 이어지는 기차도 이곳에서 탈 수 있다. 뮌헨이나 프랑크푸르트에서 기차도 탈 수 있지만 비행기를 타면 1시간 만에 도착한다는 장점이 있다. 기차역에서 8번 트램을 타면 구 시가지 Theaterplatz에서 하차할 수 있다. 드레스덴의 중요한 볼거리는 구 시가지에 몰려 있으므로 도보로 충분히 둘러볼 수 있다. 우선 괴테와 같은 사람들이 극찬하던 브륄의 테라스에서 엘베 강과 주변을 둘러본 후 성모 교회의 루터 발자취로 움직여 보도록 하자.

Story

1. 브륄의 테라스(Brühlsche Terrasse)
2. 성모 교회(Frauenkirche)
3. 레지덴츠 궁전(Residenzschloss)과 슈탈호프 벽화
4. 가톨릭 궁정교회(Katholische Hofkirche)
5. 츠빙거(Zwinger) 궁전
6. 젬퍼오퍼(Semper Oper)
7. 성 십자가 교회(Kreuzkirche)

방문정보

1. 브륄의 테라스

(Brühlsche Terrasse)

원래 성벽이던 곳으로 18세기 힘 있는 귀족이던 브륄이 정원이 딸린 산책로로 만들었다. 엘베 강변을 따라 이어지는 브륄의 테라스는 강변의 상쾌한 바람과 함께 아름다운 드레스덴의 경관을 볼 수 있어 드레스덴에서 가장 인기 있는 장소 중 하나다. 괴테는 이곳을 '유럽의 발코니'라고 불렀다.

2. 성모 교회

(Frauenkirche)

드레스덴에서 가장 유명한 교회로 잿빛의 다른 성당들과 달리 밝은색의 아름다운 건물이 인상적이다. 파스텔의 밝은 분위기와 황금빛 화려한 제단이 있는 내부도 매우 아름다워 여행객들이 많이 찾는 곳이다.

현재 보이는 교회는 같은 장소에 세워진 세 번째 건물이다. 첫 번째 교회는 지금과는 다른 고딕 양식의 교회였다. 종교개혁 당시 루터의 사상을 받아들였으며, 1539년에 폐쇄되어 도시의 매장지로 사용되었다. 1559년부터 예배가 회복되었으나 여전히 묘지로 사용되다가 18세기 초 묘지를 철거하고 새로운 교회를 지었다. 1726년에 두 번째 교회가 봉헌되었는데 현재의 모습과 같은 교회였다. 아름다운 돔이 인상적인 교회로서 당시 드레스덴의 랜드마크였으나 2차대전 중 연합군의 폭격을 받아 완전히 파괴되었다가 통일 후 복원이 시작되어 2005년 현재의 모습으로 완공되었다. 한쪽 외벽에는 검은색의 원래 건물 기둥이 남아 있어 과거의 흔적을 간직하고 있으며, 노란 벽 전체에도 검은 돌들이 붙어 있는데 원래 교회의 잔해를 붙인 것이

다. 교회 입구에는 루터의 동상이 세워져 있는데, 첫 번째 교회의 개혁신앙과 관련이 있다. 현재도 이곳은 개신교회로 예배를 드리고 있다.

+주소 Georg-Treu-Platz 3
-전화 +49(0)351 656 06 100
+입장 월-금 10:00-12:00, 13:00-18:00(주말에도 예배나 행사가 없을 때는 입장 가능)
+정보 www.frauenkirche-dresden.de

3. 레지덴츠 궁전(Residenz schloss)과 슈탈호프 벽화

12세기부터 작센 공국의 왕들이 살던 성이다. 2차 대전 때 파괴되었다가 복구되면서 역사와 예술의 중심 공간으로 재탄생되었다. 옛 왕궁 마구간의 외곽을 둘러싸고 있는 슈탈호프 벽은 전쟁 중에도 기적적으로 피해를 입지 않았는데 '군주의 행렬'이라는 거대한 벽화로 유명하다. 성모 교회에서 가톨릭 궁정교회 사이의 아우구스투스 거리(Augustusstrasse)에서 볼 수 있다. 길이가 102m에 달하는 이 벽화에는 작센의 통치

∨레지덴츠 궁전(좌)과 가톨릭 궁정교회(우)

∨슈탈호프 벽화 〈군주의 행렬〉

자였던 35명 군주들의 기마행렬이 묘사되어 있다. 마이센 자기 타일로 만들어져 있는데 무려 2만 5,000여 개의 타일이 사용되었다고 한다.

+주소 Schloßstraße
-전화 +49 (0)351 49 14 2000
+입장 10:00-18:00(화요일 휴관)
+정보 www.skd.museum

4. 가톨릭 궁정교회 (Katholische Hofkirche)

선제후 아우구스트 2세가 종교개혁 사상이 휩쓸고 간 작센 지방을 다시 가톨릭화하기 위해 지은 성당이다. 작센 지방에서 가장 큰 성당으로 작센 가(家)의 납골당이 마련되어 있다. 검게 그을린 외관과는 달리 내부는 흰색으로 밝은 분위기를 내는데 독일 최초의 오르간 작자로 유명한 질버만의 웅장한 오르간과 화려한 로코코 양식의 설교단이 볼 만하다. 궁정교회 역시 2차 대전 중에 큰 피해를 입었으며 외부에는 어두운 원래 건물 사이로 흰색의 보수된 흔적들이 남아 있다.

+주소 Theaterplatz

5. 츠빙거(Zwinger) 궁전

32년에 걸쳐 지어진 독일 바로크 건축의 최고 걸작품으로 평가되는 츠빙거 궁전은 아우구스트 1세의 여름 별장으로 사용되었다. 웅장한 건물과 넓은 정원은 18세기 아우구스트 대왕의 황금기를 느끼기에 충분하다. 2차 대전 당시 연합군의 공격으로 파괴되었으나 이후 오랜 시간에 걸쳐 복원되어 현재의 모습이 되었다.

내부에는 도자기 수집관, 역사박물관, 수학물리학 살롱, 동물학 박물관 등 다양한 박물관이 있다. 이 중 고대 거장 미술관에는 라파엘로, 보티첼리, 티치아노, 뒤러, 크라나흐, 루벤스, 렘브란트 등 이탈리아, 독일, 플랑드르, 프랑스 유명

화가들의 작품을 소장하고 있다. 츠빙거 궁전은 한때 바흐가 궁정 작곡가로 일한 곳이기도 하다.

+주소 Theaterplatz
+전화 +49 (0)351 4383703 11
+입장 화-일 10:00-18:00(정원은 22시까지)
+정보 www.schloesser-dresden.de

6. 젬퍼오퍼

(Semper Oper)

츠빙거 궁전 옆에 위치한 젬퍼오퍼는 작센의 국립 오페라극장으로서 1841년 처음으로 세워졌다. 네오르네상스 양식인 오페라하우스는 독일 건축의 거장인 고트프리트 젬퍼에 의해 지어졌는데 그의 이름을 따서 젬퍼오퍼라고 부른다. 카를 마리아 폰 베버와 리하르트 바그너가 지휘를 하던 곳이며, 〈탄호이저〉와 〈방황하는 화란인〉 등 유명한 오페라들이 초연되기도 했다.

+주소 Theaterplatz 2
- 전화 +49(0)351 4911 0
+입장 10:00-18:00(토-일 17:00까지)
+정보 www.semperoper.de

7. 성 십자가 교회

(Kreuzkirche)

시청사 건물 옆에 위치한 성 십자가 교회는 14세기 성지에서 가져온 십자가 성물을 보관하기 위해 세워진 교회로 종교개혁 이후에는 개신교 예배를 드리고 있다. 이 교회도 전쟁으로 인해 두 번 파괴되었으나 2차 대전 후에 복구되었다. 성 십자가 교회는 소년성가대로 매우 유명하다. 1216년 창단된 독일 대표 합창단으로 라이프치히 성 토마스 교회 소년 합창단과 양대 산맥을 이룬다.

+주소 An der Kreuzkirche 6
- 전화 +49(0)351 439 3920
+정보 www.kreuzkirche-dresden.de

친첸도르프 백작

- Nicolaus Ludwig Zinzendorf, 1700~1760

'경건주의의 아버지'라 불리는 친첸도르프 백작은 근대 기독교사에 큰 영향력을 미친 인물이다. 그는 드레스덴의 부유한 귀족 가정에서 태어났으나 아버지가 죽고 어머니가 재혼하면서 복음적 경건주의자였던 할머니의 손에서 자라났다. 열 살 때 학업을 위해 할레에 간 친첸도르프는 프랑케를 만나 그의 영향을 받았고 열심이 있는 청소년들과 겨자씨 선교회를 조직하기도 했다. 할레에서의 학업 이후 그는 귀족들만의 전유물이던 공직을 위해 법률을 공부했지만 만족과 기쁨을 누릴 수 없었다. 그러던 중 1719년 뒤셀도르프에서 도메니코 페티가 그린 '이 사람을 보라'라는 그림을 보면서 회심하게 되었다. '내가 너를 위하여 이것을 당했건만 너는 나를 위하여 무엇을 하였는가?'라는 각명(刻銘)이 달린 그림 속 그리스도의 모습이 그를 사로잡은 것이다(뷔르츠부르크 참고).

이후 친첸도르프는 고향인 드레스덴으로 돌아와 오로지 하나님께 집중했으며 백작으로서 편안하고 호화로운 삶도 포기했다. 자신의 집을 드려 예배와 모임 장소로 활용했으며, 주변의 어려운 영혼들을 섬기는 곳으로 개방했다. 그러던 중 체코에서 종교의 자유를 찾아 이동하는 많은 모라비안 교도들을 알게 되었고, 자신의 영지인 헤른후트에서 그들의 정착을 돕기 시작했다. 한 인물의 헌신을 통해 수많은 모라비안 교도들이 이곳에 정착해서 자유로운 신앙생활을 할 수 있게 된 것이다. 이 모라비안 교도들의 숫자가 많아지면서 친첸도르프는 많은 사람들을 세계 각지에 선교사로 파송했다. 중앙아메리카는 물론 아프리카와 그린란드까지 복음을 들고 나가기 시작했다.

친첸도르프는 수많은 하나님의 백성을 세계로 파송했고, 이런 흐름은 할레 대학에 이어지면서 19세기에 많은 선교사가 한국과 중국을 살리는 데 결정적인 기여를 하게 되었다. 친첸도르프의 선교 전략은 소외되고 가난한 자들을 찾아가서 신학이 아닌 복음을 가르치며, 모든 사람을 회심시키기보다 복음을 갈망하는 사람을 놓치지 않는 것이었다.

친첸도르프와 모라비안 교도들은 18세기 개신교 선교 사역을 주도했다. 그가 세계 선교와 근대 교회사에 미친 영향은 존 웨슬리나 조지 화이트필드에 필적하는 것이었다. 비록 일반 성도들에게 친첸도르프는 아직도 낯선 인물이지만 그의 영향력을 생각할 때 친첸도르프는 근대 교회사에서 결코 빼놓을 수 없는 인물이다. 친첸도르프와 모라비안 교도들에 관한 자세한 내용은 헤른후트 부분을 참고하자.

05 헤른후트(Herrnhut), 모라비안 형제들의 흔적

➡ 프롤로그

헤른후트는 독일 동부 끝에 위치한 아주 작은 마을이다. 폴란드, 체코 국경 부근인 이 마을을 찾기 위해서는 대중교통을 여러 번 갈아타는 수고를 해야 한다. 여느 시골 마을과 다를 바 없어서 자동차로 지나간다면 무심코 지나칠 수도 있다. 그러나 이곳은 근대 교회사에 한 획을 그은 모라비안 교도들이 태어난 현장이다. 친첸도르프 백작은 이곳에서 체코와 폴란드 등지에서 망명한 사람들을 보호해 주었고, 폴란드와 체코, 독일의 신앙 자유를 목 놓아 외쳤다. 모라비안 교도들이 조국을 위해 기도하던 곳에 서서 우리나라를 위해 기도하는 시간을 가져 보는 것도 의미 있을 것이다.

✔ 후트버그 기도탑에서 바라본 헤른후트 시가지

➡ 교통정보

헤른후트의 대중교통은 여러 번 갈아타야 해서 많이 불편하다. 친첸도르프의 저택이 남아 있는 또 다른 마을인 베델스도르프(Berthelsdorf)도 여기서 1.5km 떨어져 있다. 따라서 가급적이면 차량을 이용할 것을 권한다.

드레스덴에서 가장 쉽게 오는 방법은 치타우(Zittau)로 가는 기차를 탄 후 치타우(Zittau)와 뢰바우(Löbau) 구간을 운행하는 버스 22, 27번을 타는 것이다. 헤른후트에서는 걸어서 이동이 가능하며, 친첸도르프 성까지는 1.5km를 걸어야 한다.

여행tip

헤른후트에서 숙박을 하려면 박물관 근처를 추천할 만하다. 단체로 방문할 경우 집회와 가족 단위로 숙박을 할 수 있는 Tagungs und Erholungsheim이 있는데 모라비안 박물관을 바라보고 왼쪽에 있다. 개인 단위라면 오른쪽에 있는 Clemens Karin이라는 곳에서도 숙박이 가능하다. 세미나, 혹은 기도 모임을 갖고 싶다면 친첸도르프 성을 추천하는데, 수, 토, 일요일 오후 2시에 오픈하므로 미리 예약해야 한다.

+정보 Tagungs und Erholungsheim: www.teh-herrnhut.de

+전화 Clemens Karin: +49(0)35873 2789

➡ Story

헤른후트에 대부분의 시설들이 몰려 있고, 친첸도르프 성은 약간 떨어져 있다. 더 많은 정보를 원한다면 Zittauer Straße 24번지에 위치한 고문서 박물관을 방문해도 좋다. 이곳에는 경건주의의 발생부터 현재까지의 모든 자료와 문서들이 보관되어 있다. 그밖에 헤른후트 박물관(Völkerkundemuseum)에서도 모라비안 교도들과

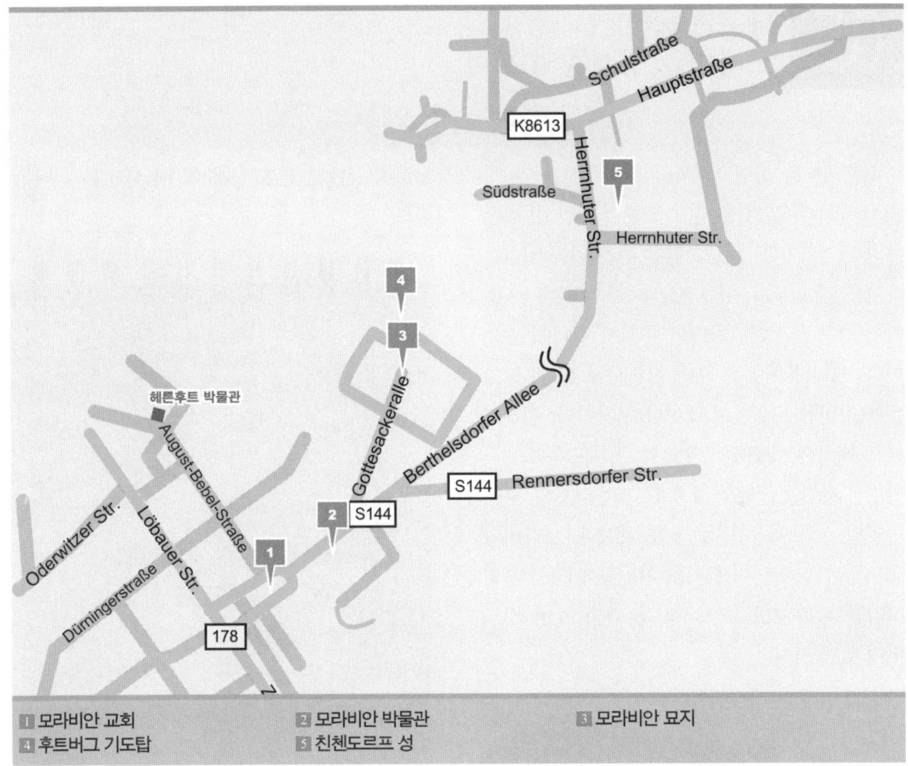

관련된 정보를 얻을 수 있으니 시간이 된다면 이곳도 들러 보자.

1. 모라비안 교회(Moravian Church)
2. 모라비안 박물관(Heimatmuseum)
3. 모라비안 묘지(Gottesacker)
4. 후트버그 기도탑
5. 친첸도르프 성(Schloss Zinzendorf)

➜ 방문정보

1. 모라비안 교회

(Herrnhuter Brüdergemeine, Moravian Church)

친첸도르프와 모라비안 교도 후예들이 현재에도 예배를 드리는 곳이다. 모라비아는 현재 체코 프라하를 둘러싼 지역을 말한다. 따라서 모라비안이란 오늘날 체코인들을 말한다.

이 교회는 기존 교회들의 화려함, 웅장함과는 달리 한눈에 보아도 소박하고 검소하다. 친첸도르프의 후예들답다. 교회 밖에는 친첸도르프의 흉상이 있고, 내부에는 별다른 장식과 치장이 전혀 없이 오로지 설교와 모임에 집중하도록 꾸며졌다.

이 교회 2층에는 친첸도르프와 모라비안 교도들과 관련된 전시물이 진열되어 있다. 친첸도르프와 아내의 사진뿐만 아니라 그가 사용하던 물품들, 당시의 손때가 묻은 문서들이 그대로 보존되어 있어서 마치 친첸도르프와 직접 대면하는 듯하다.

놀랍게도 이곳에는 친첸도르프와 존 웨슬리

의 흉상이 나란히 진열되어 있는데, 어떤 관계인지는 〔비전노트〕를 참고하고, 드레스덴 부분의 〔세상을 바꾼 그리스도인〕을 참고하자.

+주소 Zinzendorfplatz, Herrnhut
+정보 www.ebu.de
www.bruedergemeine-herrnhut.de

모라비안 교회

모라비안 교회 예배당

친첸도르프 부부

친첸도르프 당시 문서

비전 노트

영향력 있는 그리스도인을 꿈꾸며

- 모라비안 교회에서

모라비안 교회 2층의 작은 박물관에는 친첸도르프와 존 웨슬리의 흉상이 나란히 있다. 독일인과 영국인 그리고 감리교 창시자와 경건주의의 아버지가 무슨 관련이 있을까?

친첸도르프는 1720년에 회심한 후 1721년부터 모라비안 형제회를 조직하고, 경건주의 활동을 활발하게 전개했다. 성령의 임재, 성령께서 주시는 부흥을 경험하며 경건주의자들은 전 세계에 커다란 영향력을 미치기 시작했다. 이 무렵 영국 옥스퍼드에서는 국교회 사제로서 옥스퍼드 대학을 졸업한 존 웨슬리의 종교 활동이 시작되었다. 모라비안 교도들은 당시 정통주의자들에게 인정받지 못하는 무리였다. 웨슬리도 이들을 인정하지 않았다. 영국 국교회 사제로서 1729년 미국 선교를 위해 배에 오른 웨슬리는 뜻하지 않은 풍랑을 만나 두려움에 떨다가 그 와중에도 평화롭게 찬양하는 모라비안 교도들을 목격하고 충격을 받았다. 평소 냉소적으로 바라보던 이들에게서 "잠시 후면 우리는 영광스러운 주님을 뵙게 될 텐데 뭐가 그리 두렵습니까?"라는 말을 듣고 자신의 영혼이 구원 받지 못했음을 깨달았다.

웨슬리(왼쪽)와 친첸도르프(오른쪽) 동상

자신은 영국 국교회의 목사인데 말이다. 영적인 문제로 번민하던 웨슬리는 1738년 런던 올더스게이트 집회에서 회심하고 3년 후 피터 뵐러라는 모라비안 목사에 의해서 성령의 강력한 체험을 한 후 감리교를 창시하기에 이른다.

무명의 모라비안 교도들은 헤른후트에서 세계 복음화를 위해 릴레이 기도를 했다. 그들의 기도를 하나님께서 친히 응답하셨다. 웨슬리는 감리교를 통해 세계에 복음을 전하면서 다음과 같이 외쳤기 때문이다.

"세계는 나의 교구다"(The world is my parish!).

2. 모라비안 박물관

(Heimatmuseum)

모라비안 교회가 위치한 곳에서 코메니우스 거리(Comeniusstraße) 방면으로 걸어가면 오른쪽에 연한 노란빛 건물이 나오는데 이곳이 바로 모라비안 박물관이다. 문자 그대로 하면 '믿음의 유산 박물관'이지만 편의상 모라비안 박물관으로 부른다.

이 박물관은 18세기 친첸도르프의 가족이 살았고, 이후 여러 모라비안 교도들이 함께 살면서 예배와 기도 모임을 나누던 곳이다. 실제로 모라비아 지역의 종교적인 박해로 인해 많은 모라비안 교도들이 자유를 찾아 국경을 건너왔다. 이런 가난하고 연약한 자들을 먹이고 입히고 돌보면서 신앙공동체를 만든 인물이 바로 친첸도르프다. 즉 이념적 전파로 끝나지 않고 말씀과 실천을 수반하는 믿음을 보였다는 점에서 이들의 진정성을 느낄 수 있다.

사실 이곳은 2차 대전 당시 폭격으로 파괴되었으나 1962년에 재건되어 박물관으로 사용되고 있다. 손때 묻은 궤짝과 자료들, 하나님을 찬양하기 위해 연주했을 피아노와 악기들을 보고 있노라면 그들의 아름다운 모임이 당장에라도 재현될 것 같다.

^ 모라비안 박물관

^ 박물관 내부

+주소 Comeniusstraße 6, Herrnhut
+전화 +49(0)35873 30733
+입장 평일 9:00-17:00,
주말 10:00-12:00, 13:00-17:00
+요금 성인 1.5€
+문의 tourismus@herrnhut.de

3. 모라비안 묘지

(Herrnhuter Gottesacker)

박물관에서 나와 모라비안 교회 반대편으로 걸어가면 왼쪽으로 약간 언덕으로 올라가는 길이 나온다. 이 길을 따라 올라가면 모라비안 교도들의 묘지가 나온다. '하나님의 동산'이라는 뜻을 가진 이 묘지는 과거 신앙의 자유를 찾아 이곳에 정착했다가 죽은 모라비안 교도들이 잠들어 있는 곳이다. 길 양쪽으로 많은 무덤이 있으며 중앙 길가에는 높은 무덤들을 볼 수 있는데 친첸도르프와 아내 및 가족의 무덤이다.

묘지 입구

친첸도르프와 가족의 무덤

+주소 Gottesackerallee, Herrnhut

4. 후트버그 기도탑

친첸도르프 무덤 위로 조금 더 올라가면 길게 펼쳐진 계단 위로 둥근 탑이 나온다. 여기 서면 독일, 체코, 폴란드 지역이 멀찌감치 보이는데, 친첸도르프와 모라비안 교도들은 이곳에 올라 그 땅들을 놓고 하나님께 중보기도를 했다. 폴란드, 체코에서 온 이들은 조국의 신앙 문제와 핍박 받는 이들을 위해서, 독일인들은 생명력을 잃어 가는 독일 교회를 위해 기도한 것이다. 이들의 문서에 따르면 모라비안 교도들은 세계 선교를 위해 릴레이 중보기도를 무려 100년간이나 했다. 우리나라에서 볼 수 있는 릴레이 기도의 효시가 바로 이곳에서 나온 것이 아닐까? 그 영향이 우리나라에 이어진 것이 아닐까? 이런 믿음의 선진들의 발자취를 더듬을 때마다 가슴이 뜨거워진다.

후트버그 기도탑

개념 정리

후스, 루터, 칼뱅 그리고 모라비안 교도들

칼뱅과 루터의 명성에 비하면 모라비안 교도는 크리스천들조차 처음 듣는 이들이 있을 만큼 거의 무명에 가깝다. 그러나 헤른후트와 드레스덴 부분을 참고하면 그들은 근대사에서 없어서는 안 될 매우 중요한 인물들임을 알게 될 것이다.

체코 프라하에서 활동하던 후스의 사상을 루터가 계승했고, 루터의 사상을 칼뱅이 이어받았다. 그런데 이들을 따르는 추종자들의 교리와 추구 방식은 조금씩 달랐다. 그런 까닭에 루터파, 칼뱅파 그리고 후스를 추종하던 모라비안 교도들이 존재했다. 루터파는 1555년 아우크스부르크 화의에서 정식으로 인정받았고, 칼뱅파는 1648년 베스트팔렌 조약에서 인정을 받았다. 반면 1415년에 화형을 당한 후스의 후예들은 200년 넘게 모진 박해와 고난을 받았다.

후스를 추종한다는 이유로 가톨릭에 의해 학살을 당할 뻔한 것이 15세기 '후스 전쟁'이었고, 30년 전쟁 기간 동안에는 고향에서도 쫓겨났다. 모진 박해로 그 수는 현저히 감소했지만 1722년 친첸도르프에 의해 헤른후트에 거주하면서 세계로 나아가는 새로운 국면을 맞이하게 되었다. 결국 루터파 출신 친첸도르프와 모라비안 교도들이 하나가 된 장소가 바로 이곳인 것이다.

이들은 후트버그 기도탑에서 조국을 바라보며 기도했고, 100년간 릴레이 기도를 할 정도로 기도에 열심이었다. 모라비안 교도들이나 경건주의자들이 없었다면 감리교와 현대 교회사는 크게 변했을 것이고, 세계 선교도 많이 뒤처졌을 것이다. 경건주의 관련 내용은 드레스덴, 할레 부분을 참고하자.

5. 친첸도르프 성

(schloss Zinzendorf)

친첸도르프 백작이 거하던 성이다. 18세기 모라비안 교도들과 영적인 교제를 나누던 부흥의 현장인 것이다. 그러나 2차 대전 이후 수십 년간 인적이 없는 곳으로 변했다가 최근 내부를 리모델링해 서서히 과거의 흔적들을 재현하고 있다.

헤른후트에서 약 1.5km 떨어져 있으며 마구간의 용도로 사용되는 건물이 붙어 있다. 현관 중앙에는 1721년이 선명하게 새겨져 있는데, 이는 친첸도르프가 회심하고 이 성을 구입하여 모라비안 모임을 조직한 그 해라고 할 수 있다. 현재 옛날의 모습을 복원하기 위해 작업이 진행 중인데, 세미나, 기도회를 하기에 더없이 좋은 장소다. 왜냐하면 이곳에서 가난하고 연약한 모라비안 교도들과 기도회와 말씀을 나누다가 강력한 성령의 임재를 체험했기 때문이다. 이 건물을 지탱하는 석재와 토대는 과거 그대로 보존되어 있다.

친첸도르프 성 채플

+주소 Schulstrasse 27, Berthelsdorf
+전화 +49(0)35873 2536
+입장 수·토·일요일 14:00-17:00
+정보 www.zinzendorfschloss.de

비전 노트

소망이 있는 삶

헤른후트에서 1.5km 떨어진 친첸도르프 성 현관 좌우 위에는 다음과 같은 구절이 씌어 있다.

(왼쪽)

Hier übernachten wir als Gäste, drum ist dies Haus nicht schön und feste.

이 집은 좋지도 견고하지도 않았지만, 우리는 나그네로 밤을 보내었다.

(오른쪽)

So recht, wir haben noch ein Haus im Himmel, das sieht anders aus.

실제로 우리는 하늘에 있는 진정한 집이 있으니, 어찌 이것과 비교할 수 있으랴?

이 문구는 당시 모라비안 교도들의 소망을 그대로 대변하고 있다. 이들의 고백은 청교도들의 고백과 다르지 않다. 그것은 오늘날 체코에 해당하는 모라비아 지방에서 '신앙'의 자유를 찾아 이곳으로 온 모라비아인들을 움직이던 유일한 동력이었으며, 청교도들을 불모지와 같던 신대륙으로 떠나게 한 동력이었다. 모라비안 교도들과 청교도들에게 실제는 장차 올 세계이며, 현재는 꿈과 같은 것으로 간주되었다.

당신을 움직이는 동력은 무엇인가? 무엇이 우리로 하여금 삶을 영위하게 하는가? 우리 주변의 많은 것들은 '궁극적인 목표'가 아닌 '수단'임을 간과해서는 안 된다. 그렇다면 당신의 진정한 소망은 무엇인가? 그 소망이 우리의 삶을 좌우하게 될 것이다.

성 현관 입구 위에 문구가 적혀 있다.

03 독일 동부

- Eastern Germany

› 독일 동부 이야기

독일 동부에는 역사적인 중후함이 멋스러운 유명한 도시들이 많다. 라이프치히, 드레스덴 외에도 루터와 관련된 도시들도 있다. 이런 도시들은 루터 가도와 경건 가도에 포함시켰다.

독일 동부 지역에는 방문할 만한 도시들이 많은데, 독일의 수도 베를린은 '전쟁 그리고 인간'에 대한 주제를 느끼기에 가장 좋다. 베를린 북쪽에 자동차로 한 시간 거리에 있는 라벤스브뤼크 수용소, 체코 국경과 인접한 플로센뷔르크 수용소에서는 전쟁과 양심에 대한 주제를 느낄 수 있다. 또 뢰켄에서는 니체를, 바이마르에서는 괴테의 고뇌를 느낄 수 있다.

독일 동부 지역은 다른 곳에서는 느낄 수 없는 무겁지만 인생에서 반드시 고민해 보아야 할 심도 있는 경험을 선사해 줄 것이다.

01 베를린(Berlin), 전쟁 그리고 인간

➡ 프롤로그

^ 마르틴 루터 기념교회의 강대상.
이곳은 전쟁과 종교, 인간의 내면에 대해 매우 좋은 볼거리를 제공한다.

독일의 수도로서 오랜 역사와 전통을 지닌 베를린은 그 규모와 중요성만큼이나 우리에게 귀한 가치를 제공하는 곳이다. '베를린'은 독일어로 '작은 곰'을 뜻하는 단어로 14세기 이 지역 주변에 곰들이 살았던 것에서 유래한다. 과거 프로이센의 중심 도시, 2차 대전의 중심지로서, 역사 속에서도 마치 곰과 같은 역할을 하던 도시다.

히틀러, 마르크스, 엥겔스와 같이 역사를 뒤흔든 인물들의 발자취, 유대인들의 수난과 고통, 고(故) 손기정 옹을 통한 과거의 아픔들을 느낄 수 있는 곳이 많다. 그밖에 고대 유물을 간직한 페르가몬 박물관에서는 성경과 관련된 아주 중요한 자료를 간직하고 있다. 비록 대영박물관에 필적할 수준은 아니지만 몇 개의 전시물은 매우 중요한 역사적 가치를 지니고 있다.

➡ 모놀로그

베를린의 테마는 '전쟁 그리고 인간'과 '믿음의 흔적들'이다. 앞서 언급한 대로 베를린에서 전쟁과 인간의 본성을 느낄 수 있는 소재들은 매우 많다. 따라서 'Part 1'에서는 브란덴부르크 문에서 출발하는 도보 루트를 소개하고, 'Part 2'에서는 도시 주변에 산재한 부분들을 소개할 것이다. 따라서 'Part 2'는 이동 경로를 표시하지 않는 대신 교통정보를 기록해 두었다.

➡ 교통정보

독일의 수도임에도 불구하고 우리나라에서 베를린으로 가는 비행기는 없다. 프랑크푸르트나 뮌헨과는 달리 베를린으로 가려면 최소 한 번 이상 갈아타야 한다. 반면 초역(Zoologischer Garten, 동물원)은 많은 기차들이 오가는 곳으로 유레일을 통해 베를린으로 가는 것은 어렵지 않다. 폴란드 방면으로 가려면 베를린을 통해서 들어가면 편리하다.

➡ Story

Part 1 › 전쟁 그리고 인간

1. 제국의회 의사당(Reichstag)
2. 브란덴부르크 문(Brandenburger Tor)
3. 홀로코스트 기념비(Memorial to the Murdered Jews of Europe)
4. 히틀러 벙커(Hitler's Bunker)
5. 체크포인트 찰리와 장벽 박물관(Haus Am Checkpoint Charlie)

6. 유대인 박물관(Jüdisches Museum)
7. 훔볼트 대학교와 베벨 광장 (Humboldt-Universität & Bebelplatz)
8. 마르크스-엥겔스 동상

Part 2› 전쟁 그리고 상처

1. 베를린 장벽(Berlin Wall)
2. 카이저 빌헬름 교회(Kaiser Wilhelm Gedächtniskirche)
3. 도로테엔 시립 묘지 (Dorotheenstädtischer Friedhof)
4. 성 마태 교회 묘지 (Alter St-Matthäus-Kirchhof)
5. 마르틴 루터 기념교회
6. 마르틴 니묄러 하우스 (Martin Niemöller Haus)
7. 베를린 올림픽 경기장 (Olympiastadion Berlin)

Part 3› 믿음의 흔적들

1. 페르가몬 박물관(Pergamon Museum)
2. 프랑스 돔(Französischer Dom)
3. 니콜라이 교회(Nikolaikirche)
4. 마리엔 교회(Marienkirche)

➡ 방문정보

Part 1› 전쟁 그리고 인간

1. 제국의회 의사당

(Reichstag)

1894년 독일제국을 세운 비스마르크의 정부 청사로 1918년까지 독일 제국의회 의사당으로 사용됐으며 1933년에는 히틀러가 수상으로 취임한 곳이기도 하다. 2차 대전 당시 크게 파괴되었고 분단 후 수도가 본으로 옮겨지면서 사용되지 않다가 1964년 재건되었다. 1990년 10월 3일 독일 통일 의식이 거행된 곳으로 대대적인 보수를 거쳐 현재 독일 국회의사당으로 사용되고 있다. 재건 당시 파괴된 돔은 현대적인 유리 돔으로 바뀌었는데 통일 독일의 수도인 베를린의 상징물이 되었다. 내부에는 독일 역사를 보여 주는 전시관이 있으며 나선형의 경사로를 따라 유리돔에 오르면 베를린 시내를 한눈에 조망할 수 있다.

+주소 Platz der Republik 1
+입장 8.00–24:00
+교통 U55 Bundestag,
S1, 2 U55 Branden burger Tor에서 하차
+정보 www.berlinstadtservice.de

2. 브란덴부르크 문

(Brandenburger Tor)

독일이 통일되기 전 동서 베를린 사이에 있던 개선문이다. 고대 그리스의 파르테논 신전을 본떠 만든 것으로 그 위에 세워진 승리의 여신상은 프로이센의 영광을 기원한다. 이 여신상은 나폴레옹의 침공 때 빼앗겼다가 1814년 나폴레옹이 패한 뒤 다시 현재 위치로 반환되었다. 그러나 여신상이 반환된 뒤 오히려 독일인들을 전쟁의 파멸로 내몰고 만 듯하다. 19세기에 프로이센은 영국, 프랑스 못지않게 대외 제국 정책을 활발히 폈으며, 20세기 세계 대전을 주도했다.

베를린 한복판에 개선문처럼 위풍당당하게 서 있는 브란덴부르크 문과 승리의 여신상은 도시를 대표하는 볼거리 차원을 떠나 마치 전쟁을 일으키는 보이지 않는 힘처럼 느껴진다. 'Part 2' 부분 〔역사 기행〕 '독일 국민에게 고함'을 참고하자.

+주소 Pariser Platz
+교통 S1, 2호선, U55 Brandenburger Tor에서 하차

3. 홀로코스트 기념비

(Memorial to the Murdered Jews of Europe)

1988년 독일 총리가 유대인들에게 행한 만행을 사죄했고, 통독 10년 뒤 1998년 추모에 대한 법안이 통과되었다. 공모 끝에 아이젠만(Eisenman)이라는 사람의 아이디어가 채택되면서 2003년부터 기념비 공사가 착공되었다. 독일 항복 60주년, 곧 유대인 해방 60주년을 기념한 2005년에 홀로코스트 기념비가 완공되어 일반에 공개되었는데 지도를 보면, 브란덴부르크 문 근처 Behrenstraße에서 Cora-Berliner-Straße로 걸어 들어오면 오른쪽에 네모난 기념물들을 볼 수 있다. 바로 독일인들에 의해 희생당한 유대인들을 추모하여 만든 기념비다. 이곳에는 예루살렘 홀로코스트 박물관에서 얻은 희생자 명단들을 모두 새겨 넣었다. 이 홀로코스트 기념비 제작자는 다음과 같이 말했다.

"저는 이 기념물들이 독일 시민에게 성스럽거나 거창한 무엇인가로 만들고 싶지 않습니다. 오히려 이곳이 시민의 지름길로 사용되고, 자연스럽게 생활의 한 부분이 되었으면 해요. 시민이 지나갈 때 이곳을 평범하고 편안하다고 생각해서 그들의 일부분이 되기를 바랄 뿐입니다."

+주소 Georgenstraße 23
+전화 +49 (0)30 2639 4311
+교통 S1, 2호선, U55 Brandenburger Tor에서 하차
+정보 www.holocaust-mahnmal.de

4. 히틀러 벙커

(Hitler's Bunker)

유럽에는 히틀러의 생가나 살던 집 등의 흔적들이 있다. 그러나 유명한 음악가나 명사들의 흔적마다 명판을 새겨 넣고 박물관을 만든 것과 달리 히틀러의 유적지에는 전혀 다른 모습이 연출된다. 그도 그럴 것이 히틀러는 유럽인들이 몹시 환멸하는 인물인 것이다.

이곳은 2차 대전을 일으킨 장본인인 히틀러가 전쟁을 진두지휘하던 벙커로서 패전이 확실해지자 스스로 목숨을 끊은 곳이다. 현재는 지하 벙커라기보다 아파트 단지 내의 주차장처럼 변했지만 당시 상황을 기념하는 안내판과 사진자료들을 진열하고 있다. 마르크스의 이론, 엥겔스의 실천 그리고 히틀러의 광기에 의해 천만 명 이상의 사상자를 낸 역사를 회상해 보면 자

Am Kupfergraben
Friedrichstraße
Friedrichstraße S
Georgen
Friedrichstraße U
U Bundestag
96
1-1
Wilhelmstraße
Dorotheenstraße
Dorotheenstraße
Ebertstraße
5
Under der
5
2
Under den Linden
1-2
Pariser Pl
U S
Brandenburger Tor
Straße des 17. Juni
2
5
Behrenstraße
Behrenstraße
Französische Straße U
1-3
Hannah-Arendtstraße
Gertrud-Kolmar-straße
Wilhelmstraße
Mauerstraße
Friedrchstraße
96
Taubenstraße
Ebertstraße
1-4
Mohrenstraße
U Mohrenstraße
Voßstraße
U Stadtr
1
Leipziger Str.
Leipziger Str.
Berlin Potsdamer Platz S
U Potsdamer Platz
1
96
Friedrchstraße
1-5
G
Potsdamer Straße
Stresemannstraße
Kochstraße
Kochstraße U
Reichpietschufer
1
Wilhelmstraße
U
S
Friedrchstraße
E.T.A
1-1 제국의회 의사당
1-2 브란덴부르크 문
1-3 홀로코스트 기념비
1-4 히틀러 벙커
1-5 체크포인트 찰리와 장벽 박물관
1-6 유대인 박물관
1-7 훔볼트 대학교와 베벨 광장
1-8 마르크스-엥겔스 동상

Hackescher Markt
Alexanderplatz
Alexanderplatz
Bodestraße
Karl-Liebknecht-straße
Hinter dem Gießhaus
Under den Linden
Rathausstraße
Spandauer Str.
Judenstraße
Grunerstraße
Rathausstraße
Poststraße
Klosterstraße
Schloßplatz
Stralauer Str.
Jannowitzbrucke
Mühlendamm
Jannowitzbrucke
Jannowitzbrucke
Hausvogteiplatz
Jerusalemer Str.
Leipziger Str.
Axel-Springer-Straße
Zimmerstraße
Kochstraße
Lindenstraße
3-1 페르가몬 박물관
3-2 프랑스 돔
3-3 니콜라이 교회
3-4 마리엔 교회
A 보데 박물관 B 구 국립미술관 C 구 박물관 D 독일 역사 박물관 E 베를린 돔 F 독일 돔 G 신 국립미술관

살로 생을 마감한 히틀러의 마지막이 덧없고 야속하기만 하다.

홀로코스트 기념비에서 Gertrud-Kolmar-Straße 거리를 따라 내려오면 Voßstraße 거리를 만나는데 왼편으로 꺾어지면 아파트 단지 안에 히틀러 벙커의 흔적이 있다. 지하철을 이용할 경우 U2 Mohrenstraße에서 하차하면 가깝다.

ⓒ commons.wikimedia.org/I. Zvucini 님 사진

5. 체크포인트 찰리와 장벽 박물관

(Haus Am Checkpoint Charlie)

통독 이전 분단된 독일의 흔적을 느끼기에 매우 좋은 곳이다. 통일이 되던 1989년까지 베를린은 장벽을 사이에 두고 동서로 나뉘어 있었고, 왕래하기 위해서는 반드시 이 검문소를 통과해야 했다. 지금은 초소만 남아 있지만 20년 전의 삼엄하던 분위기를 조금이나마 느낄 수 있다.

체크포인트 찰리에서 장벽 박물관(Museum Haus Am Checkpoint Charlie)은 매우 가까우며, 두 곳 모두 Friedrichstraße 거리에 있다. 초소에서 남쪽으로 바라보면 왼쪽에 박물관이 있고, 베를린 장벽의 흔적이 남아 있다. 이곳에는 당시 베를린 장벽이 굳건히 서 있던 시절의 자료들을 전시하고 있다.

+주소 Friedrichstraße 43-45
+전화 +49(0)30 253725-0
+입장 9:00-22:00
+요금 성인 12.5€(학생 9.5€, 10세 이하 5.5€)
+교통 U6 Kochstraße역에서 하차
+정보 www.mauermuseum.de

6. 유대인 박물관

(Jüdisches Museum)

히틀러 벙커에서 빌헬름 거리(Wilhelmstraße)를 따라 내려오거나 체크포인트 찰리를 거쳐 Friedrichstraße를 따라 내려오다 왼쪽으로 걸어가면(지도 참조), 유대인 박물관에 도착한다. 유대인 박물관은 사실 1933년에 개관했으나 1938년 전쟁 발발과 동시에 폐쇄되었다가 베를린 역사박물관이 개관되면서 유대인 박물관도 재개관되었다. 중세시대부터 현재까지 유럽의 유대인들에 대한 실상을 공개하고 있다. 이 박물관의 특징은 쇠로 된 사람 얼굴 1만 개를 박물

관 바닥에 깔아 놓은 것이다. 박물관 내부를 걸어 다니면서 수많은 쇠마스크를 밟게 되고, 기분 나쁜 소리가 끊임없이 따라온다. 이 마스크는 입을 벌린 채 절규하는 듯한 표정을 짓고 있다. 박물관장은 미국 전 대통령 지미 카터의 관료였던 마이클 블루멘탈(Michael Blumenthal) 교수가 맡고 있다.

+주소 Lindenstrasse 9-14
+전화 +49(0)30 25993300
+입장 10:00-20:00(월요일 22:00까지)
+요금 5€(어린이 무료)
+교통 U6 Kochstraße역에서 하차, 버스 M29, M41, or 265 운행됨
+정보 www.juedisches-museum-berlin.de

7. 훔볼트 대학교와 베벨 광장

(Humboldt-Universität & Bebelplatz)

훔볼트 대학은 독일에서 가장 오래된 명문 대학 중 하나다. 마르크스, 엥겔스 등이 공부했고, 아인슈타인과 그림 형제가 가르치던 유서 깊은 대학이다. 이 대학 도서관에는 베토벤의 그 유명한 9번 교향곡의 원본이 보관되어 있다.

하지만 무엇보다도 훔볼트 대학의 볼거리는 대학 맞은편 광장 바닥 한가운데 있는 투명유리판이다. 그 유리 아래로 텅 빈 서고가 보인다. 1933년 나치에 의해 문서들이 소각되던 사건을 기념한 것이다. 극우(極右)주의자 나치에 의해 자행된 현대판 분서갱유(焚書坑儒) 사건을 수치로 여기고 이를 대대로 기억하기 위해 책을 모두 비워 두었다. [비전노트]에서 묵상할 수 있다.

+교통 U6 Französische Straße역에서 하차

비전 노트

나치 그리고 루터의 그림자

- 베벨 광장에서

독일은 전통적인 개신교 국가다. 마르틴 루터 역시 독일 출신이다. 그러나 독일은 2차 대전을 일으키며 씻을 수 없는 과오를 역사에 남기고 말았다.

1933년은 나치가 정권을 잡고 빠르게 정치, 경제, 사회를 통합해 가던 시기였다. 이때 히틀러의 사상적 배경을 제공한 인물이 괴벨스 박사로 히틀러와 최후까지 함께 한 인물이다. 1차 대전의 패전에도 불구하고 나치는 정권을 잡은 이후 독일인들의 이데올로기를 장악하기 시작했다. 독일의 극우 사상을 괴벨스 박사가 주도했다면 나치의 사상적 정당성을 제공한 그룹이 바로 나치 기독교 신학자들이다(마르틴 루터 기념교회 부분 참고). 괴벨스 박사는 모든 언론을 장악하고 차단한 채 하나의 독일을 선포했고, 모든 언어와 혈통에서 순수 독일인을 지향하는 사상을 피력했다. 여기에는 불구자나 정신지체자들, 그리고 유대인들이 제외되어 그들은 일순간 제거 대상이 되었다.

당시 많은 자본을 소유하던 유대인들은 1929년발(發) 경제공황의 주범(主犯)으로 지목되어 순수 독일을 외치는 거센 물결의 희생자가 되었다. 1933년 5월 10일, 훔볼트 대학 맞은편 베벨 광장에서는 순수 독일인들에 반대되는 책들이 산더미처럼 쌓였고, 이내 불태워졌다. 유대인 출신 마르크스, 프로이트, 하이네의 저술들을 필두로 순수 독일 정신을 더럽히는 외국인들, 헤밍웨이, 헬렌 켈러 등의 작품들도 불태워졌다. 부끄럽지만 순수 독일인들의 정신을 자극한 뿌리는 루터로 거슬러 올라간다.

루터는 요한계시록 2장에서 유대인들을 가리켜 '사단의 회(會)'라고 해석했고, 이후 유대인들을 핍박하는 데 동조했다. 이로 인해 유대인 박해와 만행을 합리화하는 근거로서 루터의 이름이 거론되었으며 2차 대전 당시에도 예외가 아니었다.

현재 훔볼트 대학은 나치의 행위를 수치스럽게 생각하고, 후세에 길이 남기기 위해 유리바닥을 만들고 책을 비운 모습을 공개하고 있다. 독일 정신에 도취된 독일인들이 이방인들의 책을 불태우기 100년 전 유대인 문학가 하인리히 하이네(뒤셀도르프 부분 참고)는 다음과 같이 말했다.

"책을 태우는 곳에는 사람도 태우게 되어 있다."

하이네의 이 말은 2차 대전 당시 그대로 실현되었으며, 유리바닥 기념물 앞에는 그의 말이 새겨진 동판이 있다.

혹시 우리 속에 나치 기독교와 같은 모습은 없는가? 성경보다 '민족'이 앞서지는 않는가? 가령 우리나라가 동방의 예루살렘이며, 우리 민족을 하나님이 선택했다는 메시지들을 듣고 있는가? 1933년 베벨 광장에 모인 젊은이들을 부추긴 것도 그런 메시지들이었다. 애국심 뒤에 성경이 가려지지 않아야 한다. 당시 이곳에서 책을 태우도록 연설한 괴벨스 박사의 정치 명언은 다음과 같다. 망상에 도취되지 말아야 한다.

"거짓말은 처음에는 부정하고 의심하지만 계속 듣게 되면 나중에는 도취되어 믿게 된다"(파울 요제프 괴벨스).

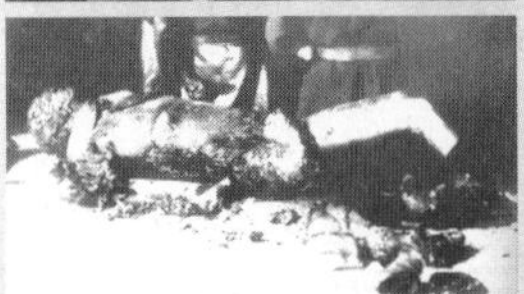

▲ 나치의 선전장관 괴벨스(위 오른쪽)와 히틀러(위 왼쪽). 그리고 자살한 괴벨스를 소련군이 불태운 후 찍은 괴벨스의 시체(아래)

8. 마르크스-엥겔스 동상

운터 덴 린넨 거리를 따라 동쪽으로 걸어가면 훔볼트 대학을 지나 두 개의 다리를 건너게 된다. 첫 번째 다리가 슐로스 다리이며, 두 번째 다리는 카를 리브크네히트 다리다. 슐로스 다리를 지나자마자 오른쪽 광장은 구 마르크스-엥겔스 광장으로서 현재는 슐로스 광장으로 불린다. 이 광장에는 공산주의 사상의 이론가와 실행자로서 훔볼트 대학에서 공부를 한 마르크스와 엥겔스 동상이 서 있다. 브란덴부르크 문 위 승리의 여신상은 단순한 조각 예술을 떠나 무언가 강력한 영적인 힘을 갖고 있는 듯하다고 언급한 바 있다. 실제로 히틀러에 의해 일어난 전쟁, 그리고 마르크스-엥겔스에 의해 희생된 수많은 생명들이 전혀 무관한 것 같지 않다.

▼슐로스 광장에 있던 이 동상은 2010년에 공사 중인 관계로 리브크네히트 다리를 건너자마자 오른편 공원으로 옮겨졌었다. 공사 여부에 따라 두 위치 중 한 곳에 있을 것이다.

1. 베를린 장벽

(Berlin Wall)

체크 포인트 찰리가 베를린 장벽의 삼엄함과 분단의 흔적, 자료들을 관람할 수 있는 곳이라면 다양한 그림들로 채워진 이곳은 마치 야외 전시관을 온 듯한 착각이 드는 곳이다. 수많은 관광객들이 이 장벽 앞에서 사진을 찍는 모습을 볼 수 있다.

S-Bahn으로 동역(Ostbahnhof)에서 하차한 후 뮐렌 거리(Mühlenstraße)로 가면 길게 늘어선 장벽과 알록달록하게 그려진 그림들을 볼 수 있다.

^동역 베를린 장벽

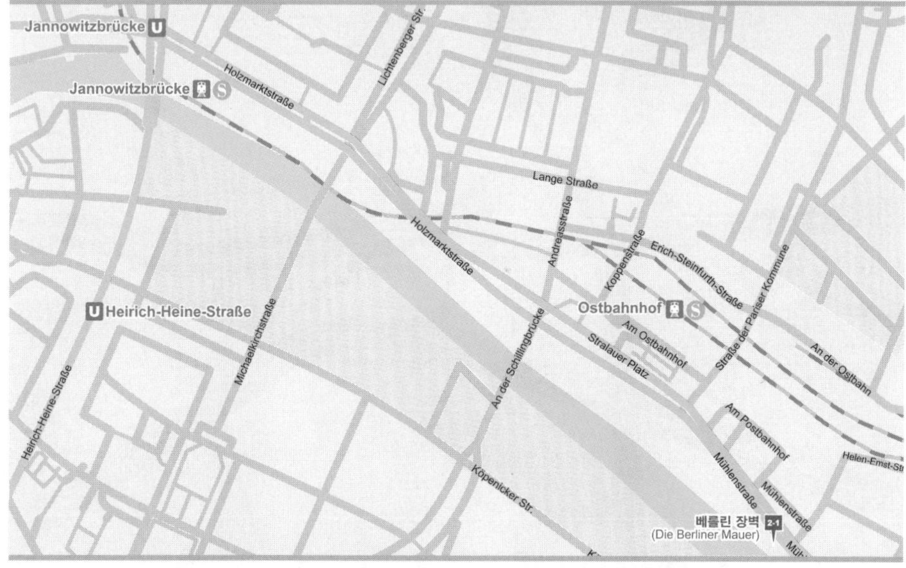

2. 카이저 빌헬름 교회

(Kaiser Wilhelm Gedächtniskirche)

카이저 빌헬름 교회는 S-Bahn, U-Bahn 등이 많이 연결된다. U-1, 9호선에서는 Kurfürstendamm역에서 하차하거나 U-2, 9호선에서는 초역(Zoologischer Garten)에서 하차하면 가깝다. S-Bahn으로도 초역에서 내려 이곳에 도착할 수 있다.

카이저 빌헬름 교회는 2차 대전 당시 연합군의 폭격을 받은 흔적이 그대로 남아 있는 교회다. 연합군의 폭격으로 베를린, 함부르크, 쾰른, 드레스덴 등의 도시가 폐허로 변했는데, 카이저 빌헬름 교회는 폭격의 흔적을 간직한 채 지금도 우리에게 전쟁의 참상을 전해 주고 있다.

+주소 Breitscheidplatz
+입장 매일 09:00-19:00
+교통 U1, 9 Kurfürstendamm 또는 U2, 9 Zoologischer Garten에서 하차
+정보 www.gedaechtniskirche-berlin.de

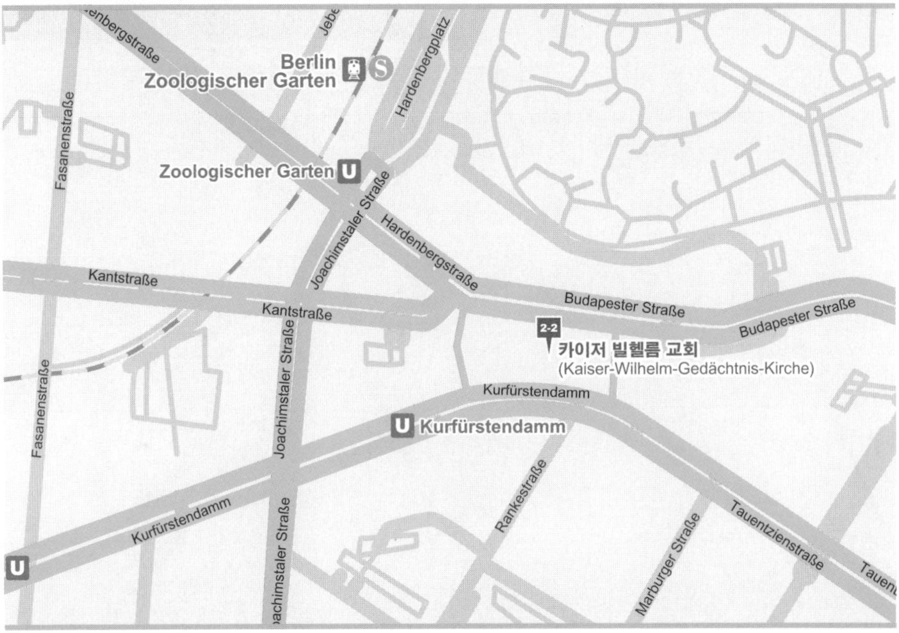

3. 도로테엔 시립 묘지

(Dorotheenstädtischer Friedhof)

독일 근대 철학자 헤겔, '독일 국민에게 고함'의 피히테, 최고의 독일 신학자 디트리히 본회퍼의 묘지가 있는 곳이다. U6 Oranienburger Tor역, 혹은 U6 Zinnowitzer Straße역에서 하차하면 된다. 두 역 사이의 Chausseestraße 거리에 있다. 운터 덴 린덴 거리에서 Friedrichstraße 거리를 따라 북쪽으로 걸어가면 뒤쪽에 묘지가 있다.

+주소 Chausseestraße 126
+입장 8시부터(12~1월 16시, 2,11월 17시, 3,10월 18시, 4, 9월 19시, 5~8월 20시까지)
+교통 U6 Oranienburger Tor/Zinnowitzer Strasse에서 하차

▼ 헤겔(왼쪽), 피히테(오른쪽), 본회퍼(아래)의 무덤
© www.findagrave.com

Berlin-Nordbahnhof
Zinnowitzer Straße
Habersaathstraße
Invalidenstraße
Chausseestraße
Schwarzer Weg
Schlegelstraße
Tieckstraße
Hessische Straße
2-3 도로테엔 시립 묘지 (Dorotheenstädtischer Friedhof)
Luisenstraße
Hannoversche Straße
Torstraße
Friedrichstraße
Oranienburger Tor

행동하는 양심, 디트리히 본회퍼

- Dietrich Bonhöeffer, 1906~1945

세상의 풍조를 강으로, 기독교를 댐으로 비유한다면 1930년대 독일만큼 거센 물결 앞에 직면하던 댐이 또 있을까? 진화론은 이미 정설로 받아들여졌고, 유물론 사상은 하나님과 영혼의 개념을 인식 밖으로 밀어내 버렸다. 독일의 자유주의 신학은 이미 성경을 파헤쳐 놓았고, 니체는 신이 죽었다고 했다. 다른 나라에서도 그렇겠지만 독일에서의 기독교는 '종교' 그 이상도, 그 이하도 아닌 수준으로 전락했다.

본회퍼는 독일 교회의 '값싼 은혜'를 거부했다. 회개 없는 용서, 십자가 없는 속죄, 훈련 없는 세례, 고백 없는 성찬들이 난무하는 것을 개탄했다. 그는 진정한 은혜란, 철저한 회개와 십자가의 희생, 그리스도의 고난에 참여하는 것을 전제로 해야 한다고 선언했다. 그리고 진정한 그리스도인이란 은혜와 함께 세상과 격리되는 것이 아니라 십자가를 가지고 세상 속에 스며들어야 한다고 했다. 본회퍼가 말한 '세상 속으로'는 무슨 뜻일까?

본회퍼는 미국 뉴욕에서 신학을 공부했다. '독일' 출신의 명석한 학생이던 본회퍼는 백인 교회에서 격조(?) 있는 담론을 나눌 수도 있었으나 흑인 사회로 들어가 주일학교를 섬겼다. 이때 그는 압제된 자들의 울분과 고뇌를 뼛속 깊이 경험했다. 그가 독일로 돌아왔을 때는 이미 나치가 집권하여 유대인들을 탄압하는 사회가 된 상태였다. 1935년부터 그는 수많은 학생들을 가르치고, 나치의 잘못된 점을 비판하는 서적들을 출간하며 나치 저항운동을 전개했다. 친구들은 본회퍼에게 독일을 떠날 것을 권했고, 실제로 런던에서 교수직을 얻을 수도 있었다. 그러나 그는 이 암담한 현실을 피한다면 전쟁이 끝난 후 사회를 이끌 자격이 없다며 거절했다.

그는 히틀러 암살에 가담했다. 그리고 이를 만류하는 주장에 대해 그는 이렇게 말했다.

"만일 당신의 자녀들이 운동장에 있는데, 미친 운전사가 버스를 몰고 그 아이들을 향해 돌진하고 있다. 그런데 당신이 버스에 타고 있다면 어떻게 하겠는가? 그 운전수를 제지하겠는가, 기도만 하겠는가?"

행동하는 양심, 본회퍼는 히틀러 암살에 실패한 후 플로센뷔르크 수용소에 수감되었다가 연합군 도착 23일 전에 교수형에 처해졌다. 그가 처형당한 곳에는 그를 기념하는 묘지와 명판이 있다. 연합군이 조금만 더 일찍 진격했더라면 어땠을까? 오늘날 많은 신학생들이 '카를 바르트'를 연구한다. 그러나 본회퍼가 살았더라면 이들은 본회퍼를 연구했을 것이라고 학자들은 입을 모은다.

값싼 은혜, 비겁한 양심, 타협과 결탁, 권력 지향, 물질만능이 팽배한 한국 교회가 새롭게 바라보아야 할 인물이 디트리히 본회퍼가 아니겠는가?

인물
연구

독일 관념 철학의 아버지, 게오르크 헤겔

- Georg Wilhelm Friedrich Hegel, 1770~1831

헤겔은 독일 철학에 큰 영향을 미쳤다. 그는 역사를 '이성'이 자유에게로 나아가는 과정이라고 명명했고, 그 이성은 끊임없이 발전할 것이라고 했다. 이 발전 과정은 우리가 잘 아는 '정-반-합'의 과정, 즉 '변증법'을 통해서 나아간다고 했다. 헤겔은 종교와 철학을 하나로 지향하면서 이것이 가장 잘 나타난 형태가 바로 '프로이센 국가'라고 정의했다. 이런 까닭에 그는 프로이센 정부로부터 최고의 철학자라는 인정을 받았다. 국가 철학자로서 후에 마르크스주의자들을 탄압하는 배경도 제공했다. 헤겔은 루터교 신자였다. 그러나 성경을 하나님의 말씀으로 보지 않고, 이성으로 판단하는 대상으로 생각했다. 그런 까닭에 헤겔에게 종말은 그리스도의 재림이 아니라 이성이 더 이상 발전할 수 없는 수준으로 생각했다. 헤겔 철학은 19세기 철학과 이성이 신학을 장악하는 시대를 여는 다리였다. 루터의 후예가 성경을 파괴시키는 아이러니함을 보게 된다.

역사
기행

'독일 국민에게 고함' by 피히테

나폴레옹이 진군하는 말발굽 소리는 우

리가 생각하는 것 이상으로 유럽의 지축을 크게 뒤흔들었다. 1789년 프랑스 대혁명 이후 프랑스는 유럽의 초일류 국가로 발돋움했고, 프랑스는 모든 학문과 사상을 주도하는 국가가 되었다.

프랑스처럼 강력한 중앙 집권 국가의 기틀을 잡지 못한 독일은 늘 프랑스, 영국에 밀려 2류 국가 신세였다. 나폴레옹의 군대는 중유럽을 평정하였고, 독일의 자존심인 베를린도 무너뜨렸다.

이때 독일 지식인들의 반응은 어땠을까? 베토벤은 나폴레옹을 위해 〈영웅교향곡〉을 만들었고, 철학자 헤겔은 불과 1m 50cm의 단신인 그를 가리켜 "말 위에 있는 세계정신을 보았다"고 극찬했다. 괴테 역시 나폴레옹이 자신의 책을 탐독했다는 소식을 듣고, 그 앞에서 우쭐한 마음으로 섰다는 이야기도 있다. 마치 유명 연예인을 보면 기분이 우쭐해지는 그런 마음이었을까? 이런 현상은 비단 독일뿐 아니라 러시아도 마찬가지였다. 독일과 러시아의 귀족 자녀들은 앞 다투어 프랑스로 유학을 갔고, 프랑스어를 구사할 줄 아는 것을 최고의 엘리트 반열에 오른 것으로 여겼다.

1806년, 독일인의 자존심인 베를린이 함락되고 브란덴부르크 개선문의 승리의 여신상마저 빼앗겨 버렸다. 독일 국민의 존엄성은 나폴레옹의 말발굽 아래 짓밟혀 버렸다.

1808년, 피히테는 베를린에서 '독일 국민에게 고함'이라는 연설을 14회에 걸쳐서 감행했다. 독일 국민의 자긍심을 회복할 것을 촉구하고, 독일 젊은이들을 살리는 길은 오직 '교육'에 있으니 교육에 힘쓰자고 호소했다. 프랑스어와 프랑스 철학을 배우는 사대주의(事大主義) 함양에 힘쓸 것이 아니라 역사와 애국을 가르치고 독일인의 긍지를 함양시키는 교육을 하자는 것이었다.

21세기 한국 사회는 마치 나폴레옹에 짓밟힌 독일과 같다. 누구나 앞 다투어 영어를 말하려 들고, 미국식 사상과 문화가 이미 민족의 혼과 언어를 몰아내고 있다. 역사 교육은 뒷전으로 밀려나고, 국어를 말하는 것은 시대에 뒤떨어지고 경쟁 사회에서 뒤처지는 시대가 되었다. 누군가 이 땅에 '한국 국민에게 고함'이라는 연설을 해야 하는 때다.

4. 성 마태 교회 묘지

(Alter St-Matthäus-Kirchhof)

성 마태 교회 묘지에 잠들어 있는 유명한 명사는 세 사람이다. 그림 동화로 잘 알려진 그림 형제와 20세기 독일 최고의 신학자로 평가 받는 아돌프 하르나크이다.

그림 형제는 형 야코프 그림(Jacob Grimm)과 동생 빌헬름 그림(Wilhelm Grimm)인데, 그들은 일생을 걸쳐 독일 전승, 민담, 문헌을 연구해 이야기들을 재구성해 냈고, 이로써 독일 문학에 크게 기여하였다. 그림 형제는 이야기를 재구성할 때 해피엔딩이나 권선징악(勸善懲惡)과 같이 교훈을 넣으려는 유혹에 빠지지 않고 전승과 원본 형태를 그대로 보존하려고 노력했다. 하멜른의

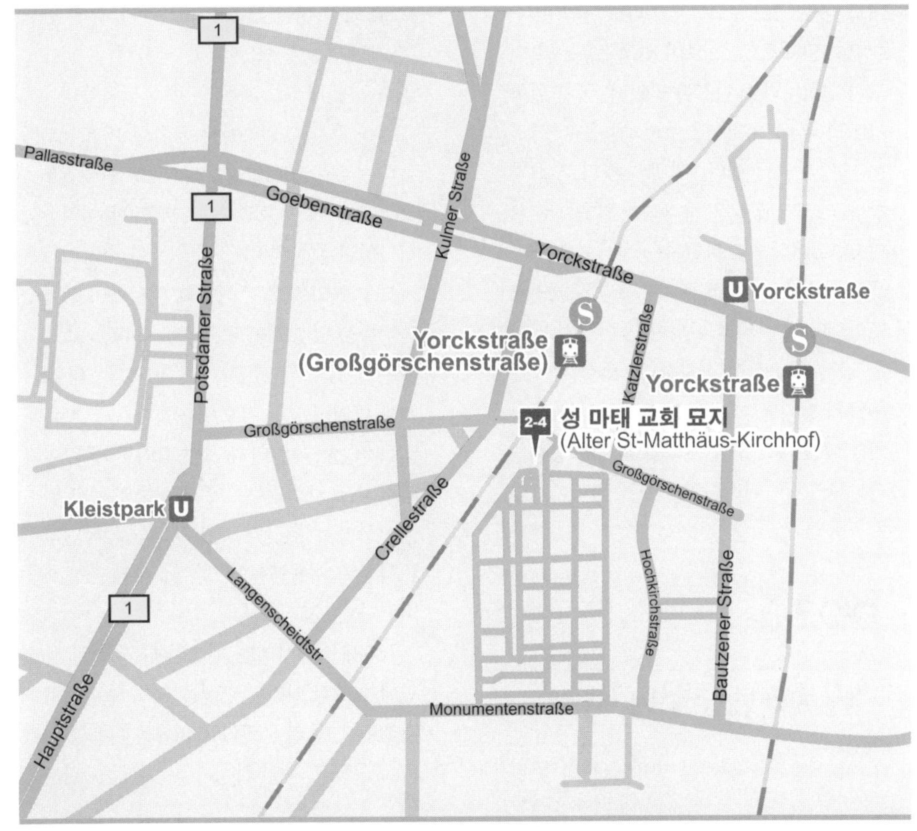

'피리 부는 사나이'를 비롯해 '백설공주', '신데렐라', '헨젤과 그레텔', '브레멘 음악대' 등 다수의 이야기를 재구성했다.

이 묘지에 잠들어 있는 또 다른 사람은 아돌프 하르나크(Adolf von Harnack)이다. 그는 생전에 최고의 신학자라는 평가를 들었지만 다비드 슈트라우스에 이어 성경을 훼손하고, 기독교 진리를 변질시킨 장본인 중 하나였다. 그의 주장을 요약하면 다음과 같다.

"예수는 하나님이 아니라 좋은 선생이며, 동정녀 탄생은 없다. 성경은 초대교회에서 만든 것일 뿐이며, 교회가 붙들고 있는 '진리'는 인간이 종교회의에서 제정한 것일 뿐 절대적이지 않다. 하나님은 심판하거나 진노하시는 하나님이 아니다."

그의 사상은 많은 사람들에게 영향을 미쳤으며, 성경에서 초자연적인 것을 제거했고, 성경의 진리로부터 등을 돌리게 만들었다. 만일 하르나크의 사상이 진리라면 우리 크리스천은 세상에서 가장 불쌍한 사람일 것이다.

"만일 그리스도 안에서 우리가 바라는 것이 다만 이 세상의 삶뿐이면 모든 사람 가운데 우리가 더욱 불쌍한 자이리라"(고전 15:19).

+주소 Großgörschenstraße 12
+입장 8시부터(12~1월 16시/ 2, 11월 17시/ 3, 10월 18시/4, 9월 19시/ 5~8월 20시까지)
+교통 S1이나 U7의 Yorckstraße역에서 하차하면 2분 내로 도달할 수 있다.

5. 마르틴 루터 기념교회

나치 기독교의 실상을 알 수 있는 매우 중요한 교회가 바로 마르틴 루터 기념교회다. U-Bahn 6호선 Westphalweg에 하차한 후 지도를 보고 찾아가면 된다.

2차 대전 당시 독일의 기독교는 세 부류로 나뉘었다. 중도복음주의, 자유주의 그리고 극우 진영을 이룬 나치 기독교인데, 그중 나치 기독교가 3분의 1가량이나 되었다. 나치 기독교는 독일이 일으킨 전쟁에 신학적인 정당성을 제공하며 히틀러를 지지했는데, 이들이 어떻게 나치를 선전했는지는 굉장히 충격적이다. [현장취재]를 참고하자.

+주소 Riegerzeile 11, Berlin
+입장 +49(0)30 47017446

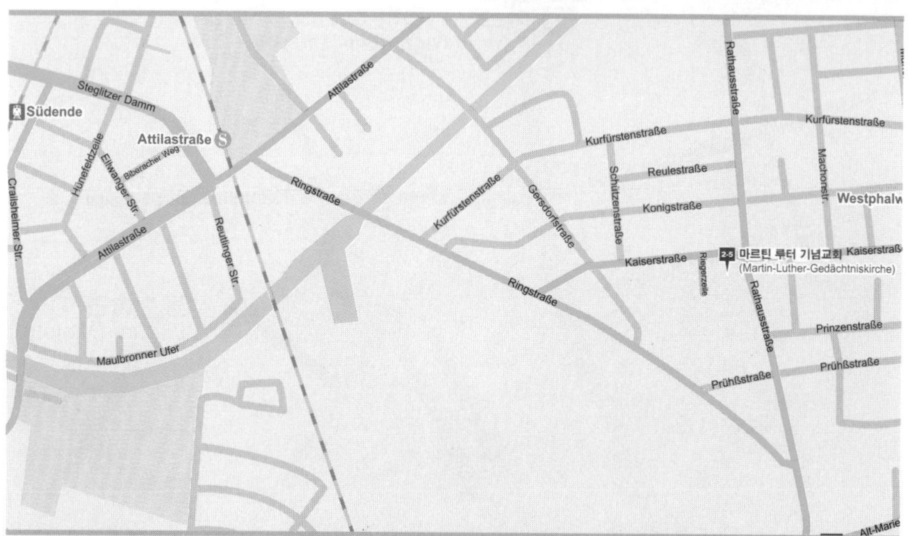

▶마르틴 루터 기념교회의 외관(위)과 내부(아래)의 모습

6. 마르틴 니묄러 하우스

(Martin Niemöller Haus)

히틀러와 나치 기독교가 유대인을 탄압하던 당시 이에 반대하다 정치범 수용소에 갇혔던 독일 기독교의 양심, 니묄러 목사의 목사관이 현재 기념관으로 보존되어 있다. 왜곡된 독일 나치 기독교의 신앙이 곳곳에서 발견되는 베를린에서 만나는 니묄러 목사의 메시지는 더욱 강렬하게 다가온다. 니묄러 목사에 대한 자세한 내용은 독일 남부 다카우 수용소 부분을 참고하자. 니묄러 하우스 근처에는 세계적인 명화들을 소장하고 있는 달렘 박물관도 있다.

+주소 Pacelliallee 61, 14195 Berlin
+전화 +49 (0)30 8410 9961
+정보 www.niemoeller-haus-berlin.de
+교통 U3 Dahlem-Dorf에서 하차 . 버스 183, X83, X11, 110번

Falkenried
Pacelliallee
Archivstraße
Drosselweg
2-6 마르틴 니묄러 하우스
(Martin Niemöller-Haus)
Im Gehege
Königin-Luise-Straße
Königin-Luise-Straße
Bachstelzenweg
Kuckucksweg
Iltisstraße
달렘 미술관
(Museum Dahlem)
Dahlem-Dorf U
Lansstraße
Takustraße
Löhleinstraße
Brümmerstraße

현장 취재

마르틴 루터 기념교회

마르틴 루터 기념교회는 실제로 마르틴 루터와 직접적인 관련이 없다. 이 교회는 나치 기독교의 본거지로서 성경이 어떻게 나치에 의해 왜곡되었는지, 나치가 교회를 통해 어떻게 민중을 세뇌시키고 선동했는지를 알 수 있는 곳이다.

우선 교회 내부 큰 아치 모양에는 800개의 부조가 새겨져 있다. '아치' 모양은 '승리'를 상징하는데, 800개의 부조에는 '나치'가 지향하는 가치와 성경의 이미지들이 혼재되어 있다. 즉 성경의 가치와 나치의 사상이 일치함을 주장하려는 의도인 것이다. 가운데 세례반(盤)에는 독일 장교의 모습이 새겨져 있는데, 세례를 통해 성령이 임하듯이 독일 장교에게 하나님이 임재함을 의미한다. 세례반(盤) 주변의 부조들은 어린아이들이 독일 장교로 성장할 것이며, 이렇게 독일의 전사가 되어야 함을 상징하고 있다.

교회 상들리에에는 보편적인 모양의 십자가가 아닌 나치 십자가가 달려 있음을 볼 수 있다. 정면의 십자가 달린 예수님의 모습은 어딘지 모르게 이상하다. 손과 발에 못 박히시고, 가시관을 쓰신 '고난의 주님'이 아니라 초콜릿 복근과 근육질로 뒤덮인 '전사'로서의 예수님을 상징하고 있는 것이다.

설교단에는 마치 산상수훈의 장면을 보는 듯하지만 이것도 뭔가 다르다. 분명히 설교하는 사람은 2000년 전의 예수님인데, 청중은 예수님 당시의 민중이 아니라 독일인의 모습이다. 예수님의 말씀을 듣는 청중(오른쪽)은 나치가 지향하는 바를 상징적으로 표현하고 있으며, 왼쪽의 예수님 등 뒤의 무리는 예수님과 가까운 무리를 '서열'로 표현했다. 예수님과 가장 가까운 무리는 독일군과 독일 전사들을 생산(?)하는 어머니다. 지식인도, 사업가도, 종교인도 독일군보다 예수님께 더 가깝지 못함을 표현한다.

마르틴 루터 교회를 나오면 마치 뭔가로 머리를 강타당한 느낌이다. 괴벨스가 말한 것처럼 반복적인 세뇌를 당하면 정말 의식이 변하겠다는 생각도 들고, 2차 대전의 참상이 기독교와 무관하지 않다는 생각에 이르면 섬뜩해진다. 교회 속에 만연한 한민족 지상주의에 대한 부분도 되새겨 보아야 할 것이다.

^ 예수님 뒤로 보이는 사람들 중 누가 가장 예수님과 가까이 있는가? 바로 독일군과 독일 전사를 생산하는 어머니다.

7. 베를린 올림픽 경기장

(Olympiastadion Berlin)

1936년 베를린 올림픽에서 한국인으로서 일장기를 가슴에 달고 금메달을 딴 영웅 고(故) 손기정 옹의 흔적을 찾아볼 수 있는 곳이다. 그는 금메달 시상식에서 가슴에 있는 일장기가 너무 싫어서 화분으로 가슴을 가렸다.

정문으로 들어가면 올림픽 경기장 반대편 입구에 베를린 올림픽 육상 메달리스트들의 이름이 벽에 새겨져 있는데 마라톤 부문의 'SON'이 바로 손기정 옹을 의미한다. 그런데 국적을 새긴 부분이 다른 곳과 달리 유독 하얗게 되었는데, 우리나라가 손기정의 국적을 한국으로 고쳤다가 일본이 다시 원래대로 일본으로 고쳤기 때문이다. 그것을 보고 있노라니 당시 우리나라 사람들의 한(恨)이 생생하게 살아나는 것 같다.

S-Bahn Olympiastadion에서 하차하거나 U-Bahn Olympia-Stadion에서 하차하면 바로 올림픽 경기장에 도착할 수 있다.

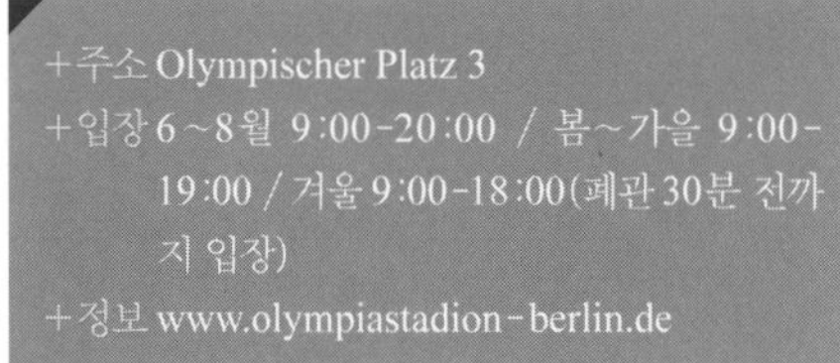
+주소 Olympischer Platz 3
+입장 6~8월 9:00-20:00 / 봄~가을 9:00-19:00 / 겨울 9:00-18:00(폐관 30분 전까지 입장)
+정보 www.olympiastadion-berlin.de

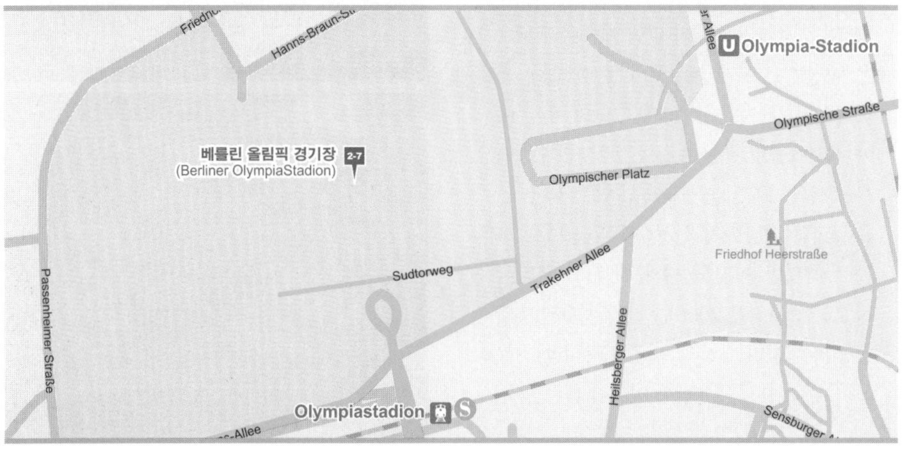

1. 페르가몬 박물관

(Pergamon Museum)

슈프레 강에 위치한 박물관 섬은 페르가몬 박물관, 구 박물관(Altes Museum), 보데 박물관(Bode Museum), 구 국립미술관(Alte Nationalgalerie) 등 유명 박물관들이 모여 있어 여행자들의 발길이 끊이지 않는 곳이다. 이 중 페르가몬 박물관은 베를린, 아니 독일에서 가장 추천할 만한 방문지다. '페르가몬'은 터키 지역의 '페르가몬' 지역을 뜻하는 말로서 이 지역의 유물들과 고고학적 발굴품들을 그대로 베를린으로 옮겨 왔기 때문에 붙은 이름이다. 페르가몬은 성경의 '버가모' 지역에 해당되며, 성경과 관련된 부분이 많다.

이 박물관은 이슬람 전시관을 포함해 세 개의 섹션으로 구분되어 있는데, 무엇보다 고고학 섹션이 압권이다. U-Bahn/S-Bahn을 이용해서 Friedrichstrasse에서 하차하면 된다. 자세한 관람 내용은 〔현장취재〕를 참고하자.

+주소 Bodestraße 1-3,
입구: Am Kupfergraben 5
+전화 +49(0)30 2090 5577
+입장 10:00-18:00(목요일은 22:00까지)
+요금 성인 10€(할인 5€)
+정보 www.smb.museum
+교통 U6, S1, S2, S25 Friedrichstraße / S5, S7, S75 Hackescher Markt에서 하차

› 페르가몬 박물관 입구(ⓒcommons.wikimedia.org/ unify님 사진)

현장 취재

페르가몬 박물관

'버가모'라는 이름의 페르가몬 박물관의 많은 고고학 유물들은 터키 지역의 버가모에서 가져왔다. 박물관 내부에서 보는 웅장함도 대단하지만 그것을 통째로 베를린으로 운반한 것도 믿기 어려운 사실이다. 그러나 덕분에(?) 바벨론과 고대의 유물을 독일 베를린에서 볼 수 있게 되었다.

01. 제우스 신전

대영박물관의 18번 엘진 마블, 즉 파르테논 신전을 두른 조각을 몽땅 가져온 것 이상으로 거대한 신전 자체를 가져왔는데, 이것이 제우스 신전이다. 그 규모와 위엄도 놀랍지만 신전 기둥 아래 새겨진 올림푸스 신들과 티탄족들의 생동감 있는 부조들 또한 일품이다. 그러나 요한계시록 2장 13절에서 경고한 '사단의 위'는 바로 제우스 신전을 말한다. 이 신전은 사도 요한 때보다 100년 전에 건립된 것으로서 이 신전을 통해 많은 사람들이 우상을 섬기게 되었고, 이 버가모 지역은 바벨론 종교의 중심이 되었다. 바벨론 종교는 기독교가 로마 제국과 결탁하면서 수많은 이교도 요소들이 교회 속으로 들어오게 된 근원이다. 성모 마리아 사상과 성탄절, 부활절 절기가 다 바벨론 종교와 관련된 요소들이다. 그 신전이 베를린으로 옮겨진 후

^ⓒcommons.wikimedia.org/Raymond님 사진

이곳에서 역사상 최악의 전쟁인 2차 대전이 시작되었던 것도 우연은 아닌 듯하다.

02. 밀레투스의 광장문

(Market Gate of Miletus)

버가모 지역에서 출토된 밀레투스의 광장문은 대략 AD100년에 만들어졌다. 그러나 이미 600년 전인 BC 5~6세기경에 탈레스 등의 철학자들이 나오면서 '철학'이 발생하던 곳이 바로 밀레투스다. 초기 철학자들은 '광장'에서 모여 토론과 대화를 나누고 사상을 주고받았다. 바로 그 현장에서 있던 거대한 문이 페르가몬 박물관으로 옮겨 왔다. 이 문 앞에서 많은 철학자들이 토론을 나누었을 것이다. 그러나 골로새서, 요한일서, 갈라디아서 등의 서신들은 고대 철학자들이 고안한 이단 사상을 배격하기 위해 기록된 성경들이다. 이를 감안한다면 밀레투스의 철학자들이 인류에 기여한 면도 있겠으나 오히려 헛된 철학과 속임수(골 2:8)를 통해 많은 사람들의 눈을 가렸다.

^ ⓒcommons.wikimedia.org/ Thorsten Hartmann님 사진

03. 이슈타르 문

(Ishtar Gate)

구약 다니엘서에서는 인류사를 암시하는 많은 예언들이 나온다. 그중에서 바벨론과 관련된 유물을 꼽을 때 주저 없이 인용되는 것이 바로 바벨론 이슈타르 문에 새겨진 황금사자상이다. 다니엘 2장에서 다니엘이 꿈을 꾸는데, 거대한 신상을 보았고, 그것은 장차 나타날 나라라고 예언한다. 그 중에서 황금 머리는 바벨론과 느부갓네살의 영광을 상징하며, 다니엘 7장에서는 바벨론을 '사자'와 같은 모습으로 예언하고 있다. 바벨론에서 출토된 유물들에 의하면 바벨론의 상징은 사자였으며, 성경에서 언급한 것과 동일하다. 바벨론에 대한 예언이 이루어진 걸 볼 때 인류의 역사가 하나님의 손에 의해 움직이고 있음을 알 수 있다.

^ ⓒcommons.wikimedia.org/ Hahaha님 사진

04. 느부갓네살의 비문

(Inscription of Nebuchadnezzar II)

많은 사람들은 구약의 기록을 마치 신화나 이야기 정도로 이해하기도 한다. 그러나 대영박물관의 유물들을 비롯해서 많은 고고학 자료들은 성경에 나오는 인물이 허구가 아닌 실제로 역사 속에서 존재하던 인물이라는 사실을 뒷받침하고 있다. 느부갓네살 비문은 벽에 왕을 칭송한 내용을 기록한 것이다. 다니엘이 다니엘서에서 느부갓네

살 왕의 영광을 기리고 있는 것과 동일하게 이 비문 역시 왕의 영광을 묘사하는데, 그 내용은 다음과 같다.

"느부갓네살, 바벨론의 왕이요, 마르둑(바벨론 신)의 유언에 따라 임명된 충성스런 군주요, 나부(바벨론 신)의 총애를 받아 지혜와 신중함을 두루 갖춘 지존하신 왕. 위대하신 군주이며, 그 위엄을 입으시어 다스리는 데에는 결코 쉼이 없도다(후략)."

2. 프랑스 돔

(Französischer Dom)

겐트아르멘마르크트(Gendarmenmarkt) 광장을 사이에 두고 유사한 모양의 웅장한 프랑스 돔과 독일 돔(Deutscher Dom)이 마주보고 있다. 독일의 수도 한복판에 프랑스 교회라는 이름의 건물이 있는 것이 이례적이지만 그 역사는 300년 전으로 거슬러 올라간다. 프랑스 개신교도들인 위그노는 프랑스 내에서 종교적 자유를 가질 수 없게 되자 독일로 망명을 떠났다. 이때 이들을 맞이한 인물이 프리드리히 빌헬름인데, 위그노들 중에는 숙련공들이 많아서 독일 경제에 보탬이 될 것으로 기대했기 때문이다. 그들은 1701~1705년에 건물을 짓고 이곳에서 모임을 가졌다. 겉보기에는 화려하고 큰 건물이지만 신앙의 자유를 찾아서 이곳까지 온 믿음의 선진들의 절박함이 느껴지는 곳이다. 교회 건물 내에는 위그노와 관련된 자료들을 전시하는 위그노 박물관이 있다.

+주소 Gendarmenmarkt 5
+전화 +49(0)30 20649922
+입장 화-일 12:00-17:00
+요금 성인 2€
+교통 U6 Französische Strasse에서 하차
+정보 www.franzoesischer-dom.de

3. 니콜라이 교회

(Nikolaikirche)

경건주의의 창시자 필리프 슈페너가 프랑크푸르트에서 놀라운 부흥운동을 일으킨 후 베를린으로 와서 사역하던 곳이다. 이 교회에는 필리프 슈페너뿐만 아니라 찬송 작시자 파울 게르하르트(Paul Gerhardt) 목사가 시무했고, 그의 친구인 요한 크뤼거가 오르간 반주자로 사역했다. 그들이 작시, 작곡한 찬송가 중 일부가 우리에게 알려져 있다. [찬송가기행]을 참고하자.

+주소 Nikolaikirchplatz 1
+교통 U2 Klosterstraße에서 하차

찬송가 기행

파울 게르하르트와 요한 크뤼거

^파울 게르하르트 (Paul Gerhardt)

니콜라이 교회는 파울 게르하르트 목사가 시무하고 요한 크뤼거가 오르간 반주자로 섬기던 교회다. 파울 게르하르트 목사는 30년 전쟁 기간 동안 많은 고난을 당해 가족을 잃는 아픔까지 겪었으나 이 교회에서 성도들을 돌보며 신실하게 사역했다. 고난과 역경 속에서도 '내 영혼아 곧 깨어'라는 아름다운 찬송시를 썼다. 구 찬송가 18장이다.

^요한 크뤼거 (Johann Crüger)

게르하르트 목사를 도와 평생 이 교회에서 봉사하던 크뤼거도 신실한 하나님의 일꾼이었다. 그는 66, 81, 152장의 찬송가를 작곡했다. 특히 '다 감사드리세'(새 찬송가 66장, 구 찬송가 20장)는 1647년에 작곡한 곡이다. 1648년 베스트팔렌 조약으로 간신히 끝을 낸 독일의 30년 전쟁은 전 국토를 황폐시켰을 만큼 치열한 내전이었다. 독일 전역이 암울하고 황폐함이 극에 달하던 1647년에 하나님을 찬양하고 감사하는 곡조를 붙였다는 사실만으로도 그들의 신실한 믿음을 짐작할 수 있다. 이런 곳에 필리프 슈페너가 부임하여 놀라운 부흥을 일으킨 것은 결코 우연이 아니다.

4. 마리엔 교회

(Marienkirche)

마리엔 교회는 1539년에 베를린에서 가장 먼저 개혁신앙을 받아들였다. 교회 앞에 루터의 동상이 세워진 것도 이 때문이다. 이 교회의 자랑은 교회 내부 벽에 그려진 프레스코 벽화 'Dance of Death'로서 높이 2m에 길이 22m에 달한다. 중세시대의 생활상을 엿볼 수 있을 뿐 아니라 흑사병 및 질병으로 죽어 가던 모습들도 볼 수 있다.

+주소 Karl-Liebknecht-Straße 8
+전화 +49(0)30 242 4467
+입장 화-일 12:00-17:00
+교통 U2,5,8 Alexanderplatz에서 하차
+정보 www.marienkirche-berlin.de

한 걸음 더

플로센뷔르크 수용소, 본회퍼의 정신을 찾아서

- Flossenbürg Concentration Camp

본회퍼가 나치에게 투쟁하고 히틀러를 암살하기 위해 노력하다 수감된 곳이 플로센뷔르크 수용소다. 그는 기독교인의 사회적 역할에 대해 탁월한 신학적 견해를 제시한 신학자였지만 40세가 되기도 전에 세상을 떠나고 말았다. 이곳에는 본회퍼를 기념해 명판이 새겨져 있다.

^ 수용소 내부. 그가 교수형 당한 벽에 명판이 조그맣게 보인다.
© commons.wikimedia.org/Concordiadomi님 사진

프랑크부르크나 뮌헨 등지에서 기차를 타고 뉘른베르크에서 기차를 갈아탄 다음 바이덴(Weiden in der Oberpfalz)에서 하차한 후 플로센뷔르크행 6272번 버스를 타면 된다. 버스 시간은 50분가량 소요된다. 자동차로는 뉘른베르크에서 약 1시간 소요된다. 지도를 보면 93번이나 6번 고속도로에서 진입하여 플로센뷔르크 방면으로 오면 수용소 간판을 볼 수 있다.

+주소 KZ-Gedenkstätte Flossenbürg, Gedächtnisallee 5-7, D-92696 Flossenbürg
+전화 +49(0)9603-90390-0
+입장 3~11월 9:00-17:00
12~2월 9:00-16:00
+교통 Alexanderplatz에서 하차
+정보 www.gedenkstaette-flossenbuerg.de

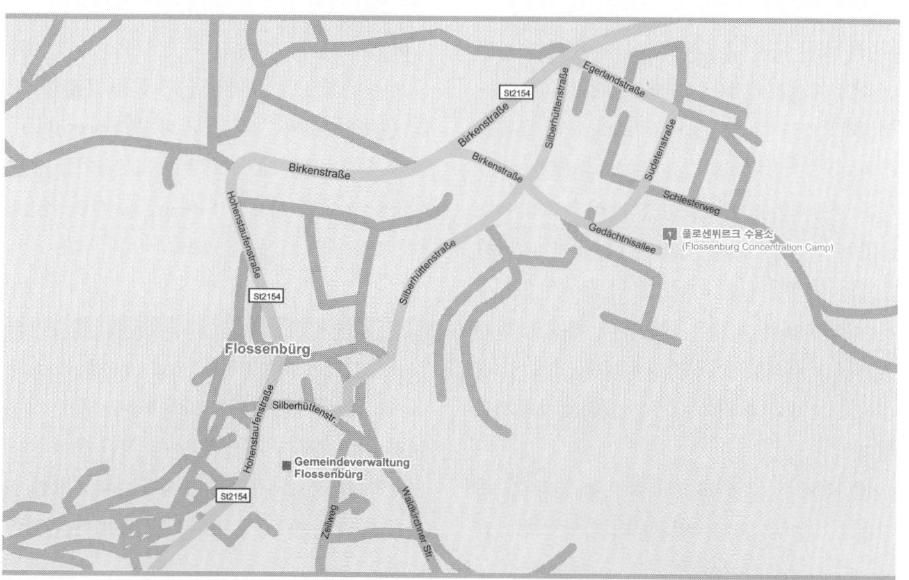

02 라벤스브뤼크(Ravensbrück) 수용소, 극한(極限)에 서다

→ 프롤로그

2차 대전 당시 유대인 여성들에게 악명 높았던 여성 수용소가 바로 라벤스브뤼크 수용소다. 베를린보다도 더 북쪽에 위치하다 보니 혹독한 추위와 불결한 생활환경은 수감 여성들에게 고통을 가중시키는 요소들이었다. 아우슈비츠 수용소가 당시 흔적들을 대부분 고스란히 간직하고 있는 것과는 달리 라벤스브뤼크 수용소는 수용 시설을 비롯한 많은 건물들이 헐리고, 현재 가스실과 소각로 그리고 전시실만 남아 있다. 그래도 그 방대한 터와 담장은 그대로 보존하고 있다.

베를린에서 차를 타고 북쪽으로 한 시간 더 달려 도착한 수용소는 입구부터 황량함과 적막함이 밀려왔다. 70년 전 이곳에서 생활한 수많은 여성들의 고통을 이해할 수 있을 것 같다. 코리 텐 붐 여사와 그의 언니 베시(Elizabeth)가 이곳에 수감되었는데, 코리 텐 붐의 수기를 보면 이곳의 생활이 자세히 나와 있다(네덜란드 하를럼 부분 참고).

→ 교통정보

베를린에서 기차(RE)로 Stralsund/Rostock행을 탄 뒤 퓌어스텐베르크(Fürstenberg)에서 하차하면 된다. 이 구간 열차는 매 시간 운행된다. 기차역에서 마을 광장으로 걸어 나와 839번 버스를 타면 수용소 앞으로 가는데 배차 간격이

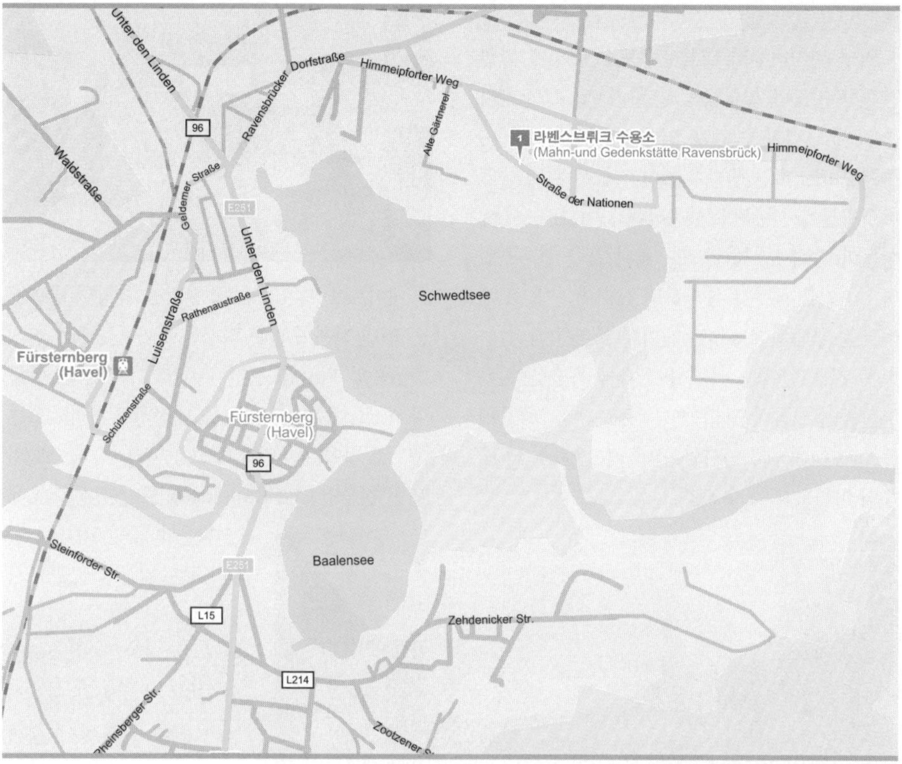

^96번 도로를 타고 오면 오른쪽으로 수용소 안내 표지판을 볼 수 있다.

길다. 걸어가도 30분이 채 걸리지 않으며, 택시는 역 앞에서 이용하면 된다.

자동차로는 베를린에서 줄곧 96번(E251) 도로를 따라 80km가량을 오면 Fürstenberg/Havel에 도착한다. 이곳에서 마을을 지나자마자 오른쪽으로 우회전하는 표지판을 볼 수 있고, 이 길을 따라오면 수용소에 도착할 수 있다.

∨ 베를린에서 96번 도로를 따라 오면 수용소를 가리키는 갈색 표지판을 볼 수 있다.

➡ 모놀로그

라벤스브뤼크 수용소는 악명 높은 곳이지만 다른 수용소에 비해 보존 상태가 그리 잘 되어 있지 않다. 그럼에도 코리 텐 붐 여사와 관련된 책들을 읽은 다음 이곳을 방문할 것을 권한다. 눈에 보이는 현장 너머로 이곳에서 일어난 역사적 사건을 이해할 수 있고, 하나님의 일하시는 방법을 깨닫게 될 것이다. 코리 텐 붐 여사가 낯설다면 네덜란드 하를럼 부분을 참고하자.

›라벤스브뤼크 수용소
(Mahn-und Gedenkstätte Ravensbrück)

+주소 Straße der Nationen, 16798 Fürstenberg/Havel
+전화 +49(0)33093 608-0
+입장 화-일 9:00-18:00(10~4월 17:00까지)
+요금 무료
+정보 www.ravensbrueck.de

➡ 라벤스브뤼크 수용소 안내

입구 비지터센터에서는 수용소 배치에 관한 간단한 지도와 설명서를 받을 수 있고, 소책자는 3€에 구입할 수 있다. 안내소를 지나 처음 마주치는 학교처럼 생긴 허름한 건물은 과거 독일 비밀경찰에서 본부로 사용하던 곳이다. 당시 여성들이 강제 노역하던 도구들과 옷을 볼 수 있다. 이 건물 내부로 통과하면 드디어 수용소 게이트를 통과하게 된다. 게이트 오른쪽에 있는 작은 건물 안에는 이 수용소에서 목숨을 잃은 사람들의 이름이 보이는데(네덜란드 방), 코리 텐 붐(Corri Ten Boom) 여사와 언니 베시(Elizabeth) 텐 붐의 이름도 찾을 수 있다.

< 네덜란드 방

게이트를 지나 눈앞에 펼쳐진 황량한 벌판에는 70년 전에 수많은 막사들로 가득했으나 현재 대부분의 막사가 철거되고 몇 그루의 큰 나무와 아스팔트가 그 자리를 대신하고 있다. 오른쪽으로 걸어가면 안내지도(입구에서 받을 수 있음)의 26번 건물인 Cell Building에 도착한다. 이곳에는 작은 방들만 70개나 된다. 작은 건물임에도 당시 수감자들이 얼마나 비좁은 환경에서 살았는지 짐작할 수 있다. 각 방마다 수감자들이 어떤 상황에서 생활했는지를 보여 주는 다양한 그림과 자료들이 전시되어 있다. 수감자들은 각국에서 다양하게 포로로 잡혀 왔는데, 국가별로 독특한 전시물들을 제공하고 있다.

그밖에도 Cell Building을 지나쳐서 좀 더 들어가면 가스실과 소각로가 그대로 보존되어 있으며, 시체들을 소각한 후 그 가루들을 묻은 화단이 그 앞에 있다.

< 수용소 게이트

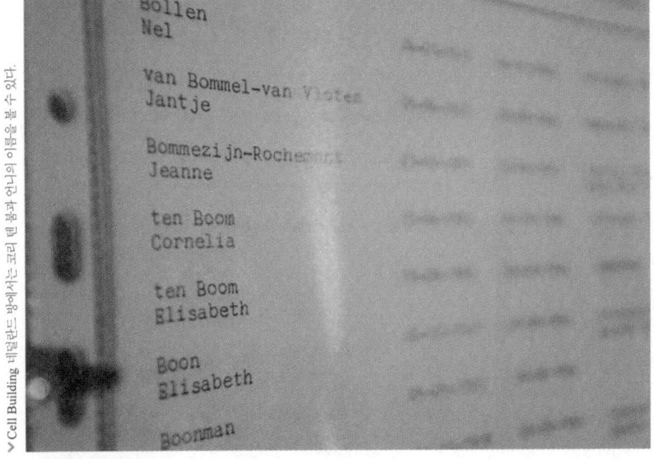

< Cell Building 네덜란드 방에서는 코리 텐 붐과 언니의 이름을 볼 수 있다.

전시관(위)과 소각로(가운데)와 뼛가루를 묻은 화단(아래)

현장 취재

수용소로 끌려가다

코리 텐 붐 여사는 네덜란드 하를럼 출신이다. 그녀가 수용소로 오기 전의 배경에 대해서는 네덜란드 하를럼 부분을 참고하길 바란다. 유대인들과 정치범들이 어떻게 수용소로 이송되었는지 그 과정을 코리의 눈을 통해 재구성해 보았다.

"게슈타포에 의해 체포된 우리는 네덜란드 구치소로 호송되었다. 거기서 아빠는 시편 91편을 읽어 주셨다. '지존자의 은밀한 곳에 거주하며 전능자의 그늘 아래에 사는 자여, 나는 여호와를 향하여 말하기를 그는 나의 피난처요 나의 요새요 내가 의뢰하는 하나님이라'(시편 91:1-2).

그리고 아빠를 영영 다시 보지 못했다. 우리는 구치소에서 가축들이 타는 열차 화물칸에 빽빽하게 태워졌다. 각 화물칸에는 양동이 두 개만 있었다. 하나는 용변을 위해, 다른 하나는 마실 물을 넣었다. 그렇게 우리를 싣고 열차는 3일 밤낮을 쉬지 않고 달렸다. 화물칸 안에서 우리는 인간의 본성을 그대로 보게 되었다. 시간이 지날수록 인간적인 모습은 사라진 채 사람들은 본성에 따라 움직였고, 여기저기서 악취와 용변 냄새가 진동했다.

기차에서 내렸을 때 누군가 '라벤스브뤼크 수용소다'라는 탄식 섞인 외마디 비명을 질렀다. 라벤스브뤼크라니… 한번 가면 다시 돌아올 수 없다는 그 현장에 내가 서 있다니… 이곳은 여성 전용 수용소였다. 기차에서 내렸을 때, 독일군은 우리를 두 부류로 나눴다. 한 부류는 어린아이와 늙은 여성이었고, 다른 부류는 비교적 젊은 여성들 부류인데 나와 언니 베시는 여기에 속했다. 우리가 속해 있지 않은 그룹의 사람들은 이후로 영원히 다시 볼 수 없었다."

수용소 삽화

 간증

코리 텐 붐 여사의 수용소 이야기

암스테르담에서 게슈타포에 의해 체포된 저희 가족은 구치소에 보내진 뒤 화물열차에 실려 라벤스브뤼크 수용소에 도착했습니다. 이 수용소에 언니와 제가 왔고, 나머지 가족은 어디에 있는지 모릅니다. 언니는 제게 하나님을 의지하고 기도하자고 손을 잡고 다독였지만 저는 왜 하나님이 우리를 이런 곳에 보내셨는지 이해가 되지 않았어요. 그 하나님이 너무 미웠어요. 아니… 어쩌면 하나님이란 존재는 없는지도 모르니까요.

이곳은 너무 춥고 더러웠어요. 막사에는 온갖 더러운 냄새가 가득했어요. 그래서 언니와 저는 긴 머리를 모두 깎여 삭발되었어요. 왜냐하면 머리가 길면 이가 생겨서 다른 사람들에게 옮기 때문이죠. 그리고 어떤 소지품도 가지고 들어갈 수 없었어요.

언니와 저는 성경책을 가지고 들어갈 수 있기를 기도했어요. 불가능하겠지만요. 수용소로 배치되기 전 성경책을 숨겼는데, 소지품 검사가 진행되었어요. 그러다 우리 앞 사람이 검사를 받다가 발작 증세를 보였어요. 덕분에 간수들은 저희들을 검문하지 않고 들여보냈어요. 그렇게 성경책을 갖고 들어갈 수 있음에 언니는 감사했어요.

이곳은 위생이 불결했고, 영양실조로 많은 사람들이 아파서 죽어 갔어요. 그런데 하나님은 제게 신기하게도 사람들을 통해서 비타민을 공급해 주셨어요. 저는 이곳에 올 때 하나님을 많이 원망했지만 조금씩 하나님의 배려를 느낄 수 있었어요.

가지고 들어온 성경책으로 언니와 저 그리고 몇몇 분들이 모여서 성경 공부를 시작했어요. 물론 수용소에서 이렇게 하는 것은 죽을지도 모르는 위험천만한 일이에요. 그런데 수용소가 너무 더럽고 벼룩과 이가 가득하다 보니 간수들은 절대 들어오지 않았어요. 수용소 내부는 성경 공부 장소가 되었죠. 예수님을 마음껏 나누고 기도할 수 있는 이곳은 천국이었어요.

^미국에 위치한 코리 텐 붐 여사의 무덤
© www.findagrave.com, Alan Lopez님 사진

언니는 이곳 생활을 견디지 못하고 수용소에서 목숨을 거두고 말았어요. 언니와 함께 밖으로 나가면 마음껏 예수님을 전하자고 했는데요. 어느 날 점호 시간에 제 이름이 호명되었어요. 이제 가스실로 간다고 생각했어요. 그랬는데 제가 석방되었어요. 뒤늦게 안 사실이지만 그것은 행정 담당자의 실수였어요. 하지만 전 하나님의 계획인 줄 확신해요. 이 수용소를 통해 하나님을 확실히 만나게 되었고, 저는 평생 하나님의 이름을 전하는 전도자가 되었습니다.

참가자 다이어리

코리 텐 붐 여사의 이야기를 읽고 찾아간 곳, 건물을 보면서도 그 당시를 도저히 상상할 수 없었다. 수없이 죽어 갔을 유대인들… 황량한 바람이 그들의 울음을 전하는 듯하다.

● 배미숙, 생수교회

03 뢰켄(Röcken), 신은 죽었다? 이곳에 니체가 죽었다!

➡ 프롤로그

뢰켄은 신(神)은 죽었다고 말한 독일의 실존 철학자 니체가 잠든 곳이다. 독일 영웅들의 동상이나 무덤이 늘 그렇듯이 대도시 광장 한가운데 니체의 동상이 위풍당당하게 서 있거나, 무덤은 거대한 예배당 앞자리에 위치하고 있을 거라고 생각했다. 그러나 니체의 경우는 나의 예상과 기대를 빗나갔다.

너무도 작은 마을에 버스도 2시간에 한 대 다닐까 말까 한 곳에 니체의 흔적이 있었다. 그마저도 2008년에는 개발로 인해 니체의 무덤과 생가가 무너질 위기에 있었다고 하니, 명망 있고 영향력 있는 철학자도 사후(死後)에는 별수 없다는 생각이 든다. 라이프치히에서 자동차로 달려 작은 마을에 도착하면 곳곳의 표지판에서 니체의 흔적을 볼 수 있다.

➡ 교통정보

라이프치히에서 남서쪽 방면으로 1시간도 채 떨어지지 않은 곳에 뢰켄 마을이 자리 잡고 있다. 기차역이 없기 때문에 Weiβenfels로 기차를 타고 온 후 781번 버스를 타고 뢰켄으로 와야 한다. 그러나 버스 편수가 많지 않으므로 반드시 돌아오는 버스 시간을 체크해야 한다. 라이프치히 방면에서 자동차로 오는 것이 더 편리하다. 라이프치히 아래 38번 고속도로와 87번 국도의 교차점에서 매우 가깝다. 라이프치히에서는 87번 도로를 죽 따라오면 쉽게 뢰켄에 도착할 수 있다. 마을에 들어오면 니체의 생가와 박물관 표시를 볼 수 있다.

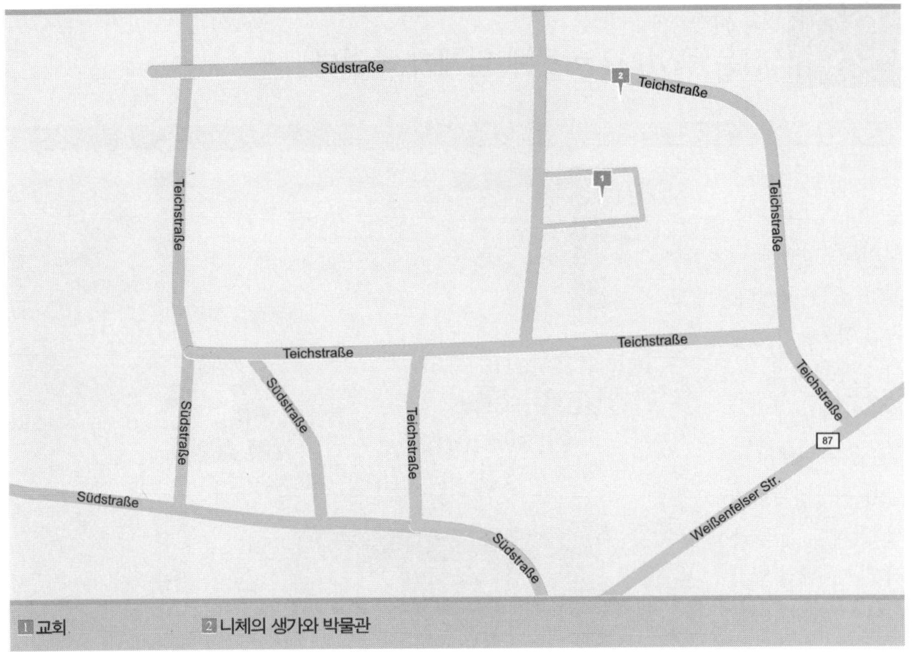

1 교회　　2 니체의 생가와 박물관

➡ 모놀로그

니체가 철학사에 남긴 족적은 뚜렷하다. '근대'라는 무대의 막을 내리고 '현대'라는 무대를 연 인물인 것이다. "신은 죽었다"는 그가 남긴 너무나 유명한 말이며 포스트모더니즘 역시 그의 영향이 크다. 그는 본 대학에서 목회자가 되기 위해 신학을 공부하고 있었다. 그러나 튀빙겐 철학자 다비드 슈트라우스의 사상과 쇼펜하우어의 철학 등에 영향을 받아 하나님으로부터 영원히 등을 돌리게 되었다. 그가 신학을 공부하면서 루터와 같은 회심을 경험했더라면, 아니 최소한 무신론적 실존주의 철학자만 되지 않았더라면 하는 아쉬움이 남는다. 그의 사상은 가깝게는 당대 젊은이들에게, 2차 대전 때는 히틀러와 나치에게 큰 영향을 미쳤으며, 오늘날에는 실존적 영향으로 막대한 영향을 미치고 있기 때문이다.

"누가 철학과 헛된 속임수로 너희를 사로잡을까 주의하라 이것은 사람의 전통과 세상의 초등학문을 따름이요 그리스도를 따름이 아니니라"(골 2:8).

➡ 방문정보

아주 작은 마을 뢰켄은 인구가 200명도 채 되지 않는다. 마을 뒤편으로 안내하는 팻말에는 니체 기념관 표시가 있다. 차를 타고 왔다면 길가에 주차하고 들어가야 한다.

1. 교회

작은 오솔길을 따라 50m가량 들어가면 교회가 나온다. 이 교회는 니체의 부친이 사역하던 곳으로 니체가 어린 시절 유아세례를 받았던 세례반도 있다. 니체가 네 살 때 부친이 사망하지만, 니체는 이곳에 앉아 수많은 설교와 성경을 접했을 것이다.

니체의 고뇌는 헤르만 헤세의 그것과 비슷했을까? 니체는 결국 헤세와 같이 하나님으로부터 등을 돌리고 말았다. 수많은 시간 동안 이 공간에서 말씀이 선포되고 성경이 낭독되었을 터인데 어찌 그는 하나님을 부정하는 철학자가 되었을까. 그것을 생각하면 교회의 생명력을 회복하고, 성령의 기름 부으심을 갈망하는 것이 한국 교회에 가장 시급한 일인 것 같다.

› 니체 교회

› 니체 교회 내부

› 니체 세례반

2. 교회 묘지

교회 밖으로 흰색 기념물이 보인다. 흰색으로 조각된 네 사람이 니체의 묘비를 바라보는 기념물이다. 이것은 니체의 사망 90주년을 기념해서 그를 추모하여 세운 것이다. 그 옆에 교회 벽에 인접한 곳에는 니체의 가족묘를 볼 수 있는데 니체와 여동생 엘리자베스가 나란히 누워 있다. 어릴 적부터 몸이 약했던 니체는 말년에 정신병으로 고통을 겪었고, 그의 여동생인 엘리자베스가 니체를 간호해 주었다. 당대 석학으로서 하나님을 거부함으로써 뚜렷한 족적을 남긴 철학자였으나 초라하리만치 평범하고 쓸쓸한 묘비를 보고 있자니 하나님 앞에서 겸손해야 함을 다시금 깨닫는다.

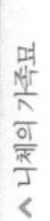
‹ 니체의 가족묘

3. 니체의 생가와 박물관

교회 옆에는 두 채의 건물이 있는데 하나는 니체가 태어난 건물이고, 다른 하나는 니체와 관련된 물품을 전시하는 작은 박물관이다. 니체의

생가 벽면에는 니체를 기념한 명판이 붙어 있지만 일반에게 공개되지 않는다. 그 옆의 단층 건물은 1~2€의 입장료를 내면 니체와 관련된 전시물을 볼 수 있다. 이곳에서는 니체의 저서들을 비롯해 그가 사용하던 물품들, 그리고 그의 얼굴을 본떠 만든 데스마스크를 볼 수 있다.

✓ 니체 생가

✓ 니체 생가 명판

비전 노트

니체가 우리에게 준 흔적

중세에는 철학이 신학의 시녀라고 할 만큼 철학은 종교를 위한 도구에 불과했다. '이성'의 깃발을 들고 중세시대를 마감한 인물이 바로 데카르트다. "나는 생각한다, 고로 존재한다"는 그의 유명한 말에서 '생각하는 자아(自我)'는 이성을 가진 주체였다. 데카르트 이후 철학은 신학과 동등한 선상, 아니 오히려 우월한 위치에 서게 되었다. 이것을 주도한 철학자가 데카르트, 스피노자, 볼테르 같은 이들이었다.

그렇다면 근대와 현대의 경계선에는 누가 있을까? 바로 니체다. 니체의 철학을 요약하자면 플라톤의 세계를 뒤집는 것이라 할 수 있다. 플라톤의 이데아, 완전한 세계, 절대자… 이런 생각은 고대 사상이나 기독교에서 기본 맥락을 같이하는 부분이다. 그러나 니체는 실존사상의 횃불을 세계에 알린 철학자였다. 니체는 플라톤의 이데아나 기독교의 내세(來世)를 제거하고 대신 실존에서 그 답을 찾으려고 했다. 자신이 옳다고 생각하고, 자기의 능력과 자율성을 최대한 사용하며 살아가는 것이 인간 최고의 행복이다. 그것이 초인(超人) 사상이며, 이런 배경에서 "신은 죽었다"고 외쳤다. 니체로부터 포스트모더니즘이 열리기 시작했다. 니체가 죽은 후 그의 누이 엘리자베스는 니체의 초인사상을 왜곡시켜 히틀러를 초인이라고 언급하면서 나치에게 사상적 지원을 해주었다.

니체가 기독교에 준 영향은 참 많다. 니체는 자신의 내면과 실존을 중요시한 인물이었다. 그것이 기독교에 미친 영향은 '주관적 심리의 강조'라 하겠다. 우리의 판단 기준은 언제나 성경이어야 하며, 그것으로부터 가치관을 정립해야 한다. 그러나 현대 기독교는 자신의 심리, 내면의 소리를 너무 강조하는 경향이 있다. 그것이 성경 말씀과 일치한다면 다행이겠으나 성경의 가르침과 배치되는 것임에도 '성령님의 인도하심'이라는 허울 좋은 명분을 내세우는 것을 자주 보게 된다. 과연 성경의 가르침이 우선인가, 우리의 심리가 우선인가? 내 감정을 늘 앞세우면서도 '성령께서'라는 표현으로 우리 자신을 합리화하지는 않는가?

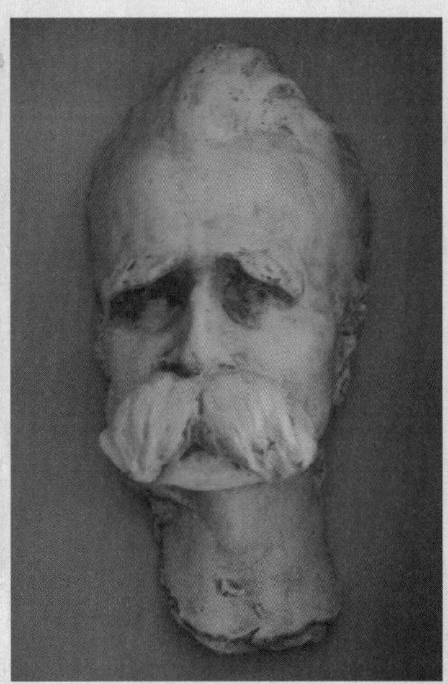

^ 니체 생가 박물관에 있는 니체의 데스마스크

"마땅히 율법과 증거의 말씀을 따를지니 그들이 말하는 바가 이 말씀에 맞지 아니하면 그들이 정녕 아침 빛을 보지 못하고 이 땅으로 헤매며 곤고하며 굶주릴 것이라"(사 8:20-21).

04 바이마르(Weimar), 괴테의 도시

➡ 프롤로그

▶괴테와 실러의 동상

바이마르는 '바이마르공화국'과 '바이마르 헌법'으로 우리에게 친숙한 이름이다. 독일은 중세부터 여러 개의 공국으로 존재하던 탓에 유럽 내에서 늘 2류 국가 신세를 면치 못했다. 그러나 19세기 철의 재상 비스마르크에 의해 통일된 후 독일 최초의 민주국가인 바이마르공화국이 성립되었다. 이곳에서 탄생한 '바이마르 헌법'은 유사 이래 가장 이상적이며, 완벽한 헌법이라는 찬사를 듣고 있다. 그러므로 독일의 수도는 베를린이지만 정신적인 고향이요, 통일 독일의 정

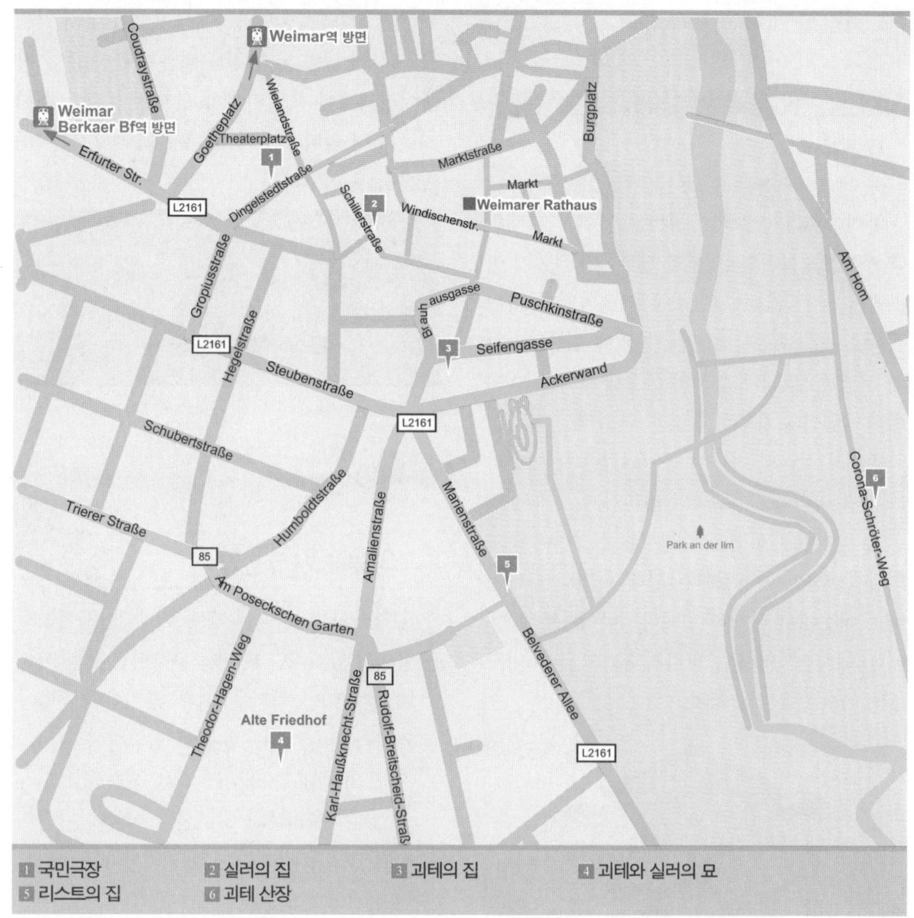

신은 바이마르라 할 수 있다.

그다지 크지 않지만 많은 철학자와 음악가들의 발자취가 남아 있고, 《파우스트》와 《빌헬름 텔》의 고향이기도 하다.

➜ 교통정보

바이마르는 프랑크푸르트, 베를린, 라이프치히, 드레스덴, 에르푸르트 등에서 기차로 편리하게 올 수 있다. 또한 자동차를 이용하면 고속도로도 쉽게 찾을 수 있다. 에르푸르트, 아이제나흐 등 루터와 관련된 도시들도 주변에 위치해 있어 편리하게 이동할 수 있다.

바이마르 중앙역에서 도심까지 1km 정도 걸어야 한다. 마르크트 광장이나 시청사(Rathaus)를 찾아가면 이곳에 많은 방문자들이 몰려 있다.

➜ Story

1. 국민극장(Nationaltheater)
2. 실러의 집(Schillerhaus)
3. 괴테의 집(Goethes Wohnhaus)
4. 괴테와 실러의 묘(Goethe und Schillergruft)
5. 리스트의 집(Liszt-Haus)

6. 괴테 산장(Goethes Gartenhaus)

➡ 방문정보

1. 국민극장

(Nationaltheater)

바이마르의 상징과도 같은 곳이다. 괴테의 《파우스트》, 실러의 《빌헬름 텔》 등의 작품이 이 곳에서 공연되었고, 이 작품들은 독일 문학의 위상을 올려 주었다. 국민극장 앞에 위풍당당하게 서 있는 괴테와 실러의 동상을 통해 이들에 대한 독일인의 자부심을 엿볼 수 있다.

괴테와 실러의 작품이 공연되었을 뿐 아니라 1919년 바이마르공화국의 의회가 이곳에서 열렸고, 바이마르 헌법을 탄생시킨 현장이어서 그 역사적 중요성이 더하다. 현대 헌법의 모태가 바로 이곳에서 탄생한 것이다. '바이마르 헌법'에 대해서는 〔역사의 발자취 33〕의 '바이마르 헌법 탄생'편을 참고하자.

+주소 Theaterplatz 2
+전화 +49 (0)3643 755334
+정보 www.nationaltheater-weimar.de

2. 실러의 집

(Schillerhaus)

실러는 괴테와 함께 독일 문학사에 큰 영향을 준 인물이다. 괴테와 맺은 인연으로 1802년에 바이마르로 이주해서 이곳에서 죽었다. 그가 살던 집 앞의 거리를 '실러 거리'(Schillerstraße)로 명명했다. 그는 이곳에서 살면서 《빌헬름 텔》을 집필했고, 1804년 국민극장에서 초연을 올려 작품을 세상에 알렸다. 빌헬름 텔은 단순한 문학 작품이라기보다 독일인에게 던지는 실러의 메시지로서 더 의미가 있다. 이 부분에 대해서는 〔문학산책〕을 참고하자.

+주소 Schillerstrasse 12
+전화 +49(0)3643 545 500
+입장 4~10월 9:00-18:00
11~3월 9:00-16:00(화요일 휴관)
+요금 성인 4€(할인 3€)

실러와 빌헬름 텔

역사와 신화의 차이는 무엇일까? 여러 차이가 있겠지만 한 면을 부각시킨다면, '과거'에 일어난 사건을 '현재'에 기록한 것을 역사라고 한다면, '현재'의 필요성에 의해 '과거'의 내용을 만드는 것을 신화라고 할 수 있다. 우리나라 고조선과 삼국에 관한 사건을 현재 기록하는 것을 역사라고 한다면 현재의 필요성을 위해 김부식, 일연 등이 기록한 것을 '신화'라고 하기에 우리는 단군 역사라 하지 않고 단군 신화라 한다.

《빌헬름 텔》은 실러가 쓴 작품이다. 그러나 실러의 창작물이 아니라 스위스에서 전해 오는 신화를 각색한 것이다. 스위스는 예부터 오스트리아 합스부르크 가문에 의해 압제를 받았는데, 게슬러라는 압제자를 빌헬름 텔이 무찌르고 압제로부터 벗어난다는 것이 민담의 내용이다.

게슬러는 자신의 모자를 걸어 놓고 주민들에게 지나가면서 그 모자에 절하며 경의를 표하라고 했지만 빌헬름 텔은 이를 거부했다. 게슬러는 그 대가로 빌헬름 텔에게 아들의 머리에 사과를 올려놓고 그것을 화살로 쏘라는 명령을 내린다. 결국 그는 힘을 모아 독재자의 압제로부터 벗어난다.

이 전승 민담을 괴테가 스위스 여행 중에 듣고는 실러에게 각색해 보라고 권유했다. 당시 독일은 전제군주 국가로서 엄격한 규율과 강압으로 국가를 지탱하는 사회였고, 군주들은 민중 위에 권력으로 군림하려고 했다. 설상가상으로 나폴레옹이 프랑스의 독재자로 왕좌에 앉으면서 독일을 압박하고 있었다. 이런 사회 분위기에서 실러는 독일 민중이 군주들의 압제에서 벗어나고 독일 국민의 자긍심을 고취하고자 이 작품을 썼다.

그런 까닭에 실러는 이 작품을 발표하고 나서 많은 군주들의 저항을 받아 어려움을 겪었고, 이 작품이 바이마르에서 공연되자마자 1805년에 세상을 떠나고 만다.

그러나 이후 그의 작품은 독일인의 사랑을 받아 1833년 로시니에 의해 〈빌헬름 텔 서곡〉이 작곡될 만큼 큰 영향을 주었다.

빌헬름 텔과 관련된 지역은 '유럽비전트립 2권' 스위스 편에서 접할 수 있다.

3. 괴테의 집

(Goethes Wohnhaus)

괴테가 대공으로서 바이마르를 다스리면서부터 죽을 때까지 살던 집이며, 현재는 그를 기념해서 국립박물관으로 운영하고 있다. 그는 이 집에서 평생의 역작 《파우스트》를 집필했다. 문학뿐만 아니라 과학, 정치, 예술 분야를 두루 섭렵한 괴테를 가리켜 마지막 르네상스인이라 부르기도 한다. 다재다능한 괴테의 생애를 기리며 괴테의 집도 아름답고 충실하게 꾸며졌다. 파우스트에 관해서는 〔문학산책〕을 참고하자.

+주소 Frauenplan 1
+전화 +49(0) 3643 545 500
+입장 4~10월 9:00-18:00
11~3월 9:00-16:00(월요일 휴관)
+요금 성인 6.50€(할인 5€)

문학 산책

괴테의 파우스트

독일의 대표 문학가 괴테가 평생에 걸쳐 쓴 《파우스트》는 기독교 세계관이 밑바탕에 깔려 있다. 그러나 엄밀히 말하면 기독교 모티프를 사용하고 있을 뿐 범신론적 사상을 담았다고 할 수 있다. 그는 어린 시절 경건주의 영향을 받았으나 그것을 뿌리치고 인문 사상들을 접한 후 범신론자가 되었다. 기본 내용은 〔역사의 발자취 23〕에 나와 있다. 이곳에서는 어떻게 그의 작품에서 범신론적 사상, 노력하는 주체로서의 세계관이 드러나는지 살펴보려고 한다. 작품을 접하면서 아쉬운 것은 그가 만일 경건주의에 심취했더라면 《파우스트》 역시 C. S. 루이스의 작품처럼 하나님을 높이는 작품으로 탄생하지 않았을까 하는 생각을 해본다.

홍진에 묻힌 덧없는 삶이여,
처절한 몸부림도 결국에는 상처인 것을.
삶을 즐기기에는 너무 늙었고,
주저앉기에는 그래도 젊지 않는가.
도대체 세상이 내게 무엇을 더
가져다준단 말인가?
절제? 당연히, 아니 반드시 절제하라?
이것이 영원한 내 찬가던가?
삶의 모든 순간순간마다
내 귀에 맴돌던 소리가 있었지.
항상 쉰 목소리로 내게 속삭이던,
그래서 새벽마다 고통 속에서 눈을 뜰 때면
내가 기댈 언덕조차 없다는 사실에,
격한 눈물을 쏟아내곤 했었지.
하루하루 언제나 그랬던 것처럼.
웃음도 슬그머니 뒷걸음질치며 물러가
절망으로 바뀌고 마는구나.
천만 번 얼굴을 찌푸리다 보니
창조의 존귀함마저 저만치 멀어졌다.
그렇게 하루가 지나 어둠이 밀려오면
고통이 내 몸을 두르며,
내 모든 안식마저 야속하게 앙탈한다.
침대에 남은 것은 악몽뿐.
내 마음에 계신 하나님은
내면의 절대자로 항상 나에게 군림하지만
몸부림치는 세상에 대해서는
손 하나 까딱도 못하시는군 그려.
삶이 이렇게도 진저리 나는 고통이니,
세상을 돌아서서 죽음을 맞을 수밖에.
(1544~1570)

파우스트는 자신의 불안정한 인생에 대해 '죽음'을 택하고자 하지만 결국 메피스토의 제안을 수락한다(여기서 메피스토는 창세기에서 하와를 유혹한 뱀과 매치된다. 그러나 비슷한 구조 속에서도 괴테는 성경과는 다른 범신론적 사상을 표현한다).

4. 괴테와 실러의 묘
(Goethe und Schillergruft)

괴테의 집에서 5~10분 걸어 내려오면(지도 참조) 오른쪽에 큰 묘지가 있는데, 이곳이 구 묘지(Alte Friedhof)다. 이 묘지 가운데쯤에 작은 예배당 같은 건물이 있는데, 이곳에 괴테와 실러가 나란히 잠들어 있다. 독일의 셰익스피어라 불리는 괴테, 그리고 독일 민족정신을 일깨운 실러, 독일 문학을 사랑하는 사람이라면 꼭 방문해 볼 만하다. 괴테와 실러의 무덤을 등지고 왼쪽으로 걸어가면 마주치는 정면에 괴테 가족이 묻힌 괴테 가족묘가 있다.

^ 채플 건물 내에 괴테와 실러의 무덤이 있다

^ 괴테 가족묘

5. 리스트의 집

(Liszt-Haus)

헝가리 출신의 프란츠 리스트가 만년을 보낸 집이 바이마르에 있다. 〈사랑의 꿈〉의 작곡가로 알려진 리스트는 많은 음악인들의 사랑을 받는 작곡가다. 이곳에는 리스트와 관련된 다양한 유물들을 볼 수 있으며, 리스트의 집 앞에는 흰색으로 된 리스트상이 세워져 있다. 리스트의 집으로 들어가면 커다란 공원이 나오는데 이 공원을 계속 걸어 들어가다 보면 셰익스피어 동상이 있으며, 더 들어가면 괴테의 산장이 나온다. 괴테는 바이마르에서 정치를 하면서 이 공원을 걸으며 파우스트에 대해 골똘히 생각했을 것이다. 이곳은 산책하기 매우 좋다.

▼리스트 동상

+주소 Marienstrasse 17
+전화 +49(0)3643 545 401
+입장 4~10월 10:00-18:00(화요일 휴관)
+요금 성인 2€(할인 1.5€)

6. 괴테 산장

(Goethes Gartenhaus)

공원 안에 위치한 괴테 산장은 아름답고 한적한 산책길을 걸어가면 만날 수 있다. 괴테가 여러 편의 시를 지었다는 이곳에는 그와 관련된 유물들이 전시되어 있다.

+주소 Altstadt Park an der Ilm
+전화 +49(0)3643 545 401
+입장 4~10월 10:00-18:00
11~3월 10:00-16:00
+요금 성인 3.5€(할인 2.5€)

참가자 다이어리

독일을 대표하는 두 문호 괴테와 실러의 흔적을 동시에 느낄 수 있다. 그들을 보는 감동이 식기도 전에 화려한 기교로 유명한 피아노 연주가 리스트까지! 왜 그들이 바이마르에 살았는지 보게 될 것이다!

● 배미숙, 생수교회

수업 시간에 바이마르 헌법 이야기를 들을 때 갑자기 귀가 번쩍 뜨이는 경험을 했다.

● 이호진, 승리교회

04. 독일 중부
- Central Germany

독일 중부 이야기

독일 중부의 네 지역은 독일의 중세 시대를 거슬러 올라가는 주제라고 할 수 있다. 독일에서 가장 중세스러운 마을인 로텐부르크, 《피리 부는 사나이》의 무대인 하멜른은 이름만 들어도 가슴이 설레는 도시들이다. 이런 도시에 있으면 마치 동화 속 무대를 밟는 착각마저 든다.

또 중세 시대에 세계를 변화시킨 인쇄술이 발명된 마인츠, 독일 지성의 요람이 된 하이델베르크에도 전통과 역사가 고스란히 살아 숨쉰다. 마인츠에서 구텐베르크의 활자를 보고, 하이델베르크에서 철학자의 길을 거닐어 보자. 역사의 한 페이지 위에 서 있는 느낌이 들 것이다.

01 하이델베르크(Heidelberg), 독일 철학 그리고 신앙고백문

⇒ 프롤로그

^ 하이델베르크의 고풍스러운 모습과 테오도어 다리

아마 독일을 방문하는 사람이라면 하이델베르크를 빠뜨리지 않을 것이다. 그만큼 한국인들에게 하이델베르크는 인기 있는 방문지다. 오래된 역사뿐 아니라 네카어 강을 따라 이루어진 도시는 너무나 사랑스럽다. 붉은 빛깔의 지붕들 뒤로 짙은 녹색의 산 중턱에 있는 붉은 하이델베르크 성은 한 폭의 그림 같다. 특히 '철학자의 길'에서 내려다보는 도시의 모습은 더욱 그러하다. 어쩌면 이 위에서 찍은 사진들이 워낙 유명해서 "아!" 하고 탄성을 지를 수도 있다. 이곳에서는 1563년에 하이델베르크 신앙고백문이 작성되었고, 그것은 루터 교회와는 달리 최초의 칼뱅주의 신앙고백서가 되었다. 또 이것을 토대로 1618년 네덜란드의 도르트 회의, 1647년 웨스트민스터 신앙고백이 작성되었으며, 현재까지도 장로교에 그 영향을 주고 있다. 철학자의 도시인 만큼 기독교와 역사에 대해 사색하며 스스로를 돌아보는 시간을 가져 보자.

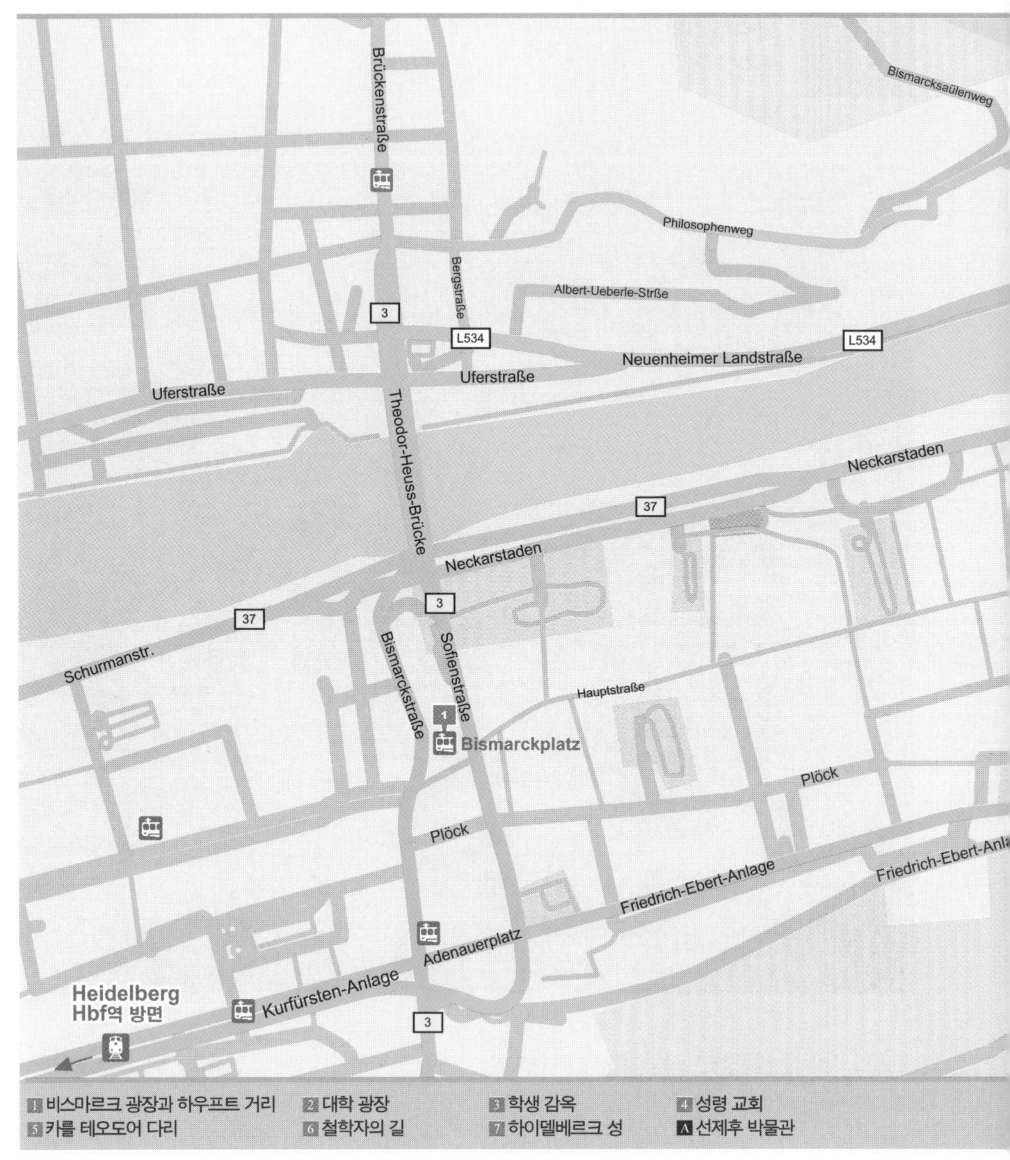

➡ 교통정보

프랑크푸르트에서 하이델베르크로 오는 기차는 1시간마다 운행하며, 프랑크푸르트 공항에서 오는 버스도 있다.

하이델베르크 중앙역에서 트램 5번, 21번을 타면 비스마르크 광장에 온다. 비스마르크 광장에 도착하면 마치 모든 트램이나 버스가 이곳으로 집결하는 인상을 받을 정도로 많은 대중교통이 있다. 이곳에서 하우프트 거리(Hauptstraße)를 따라 걸어가면 주요 방문지들에 도달할 수 있

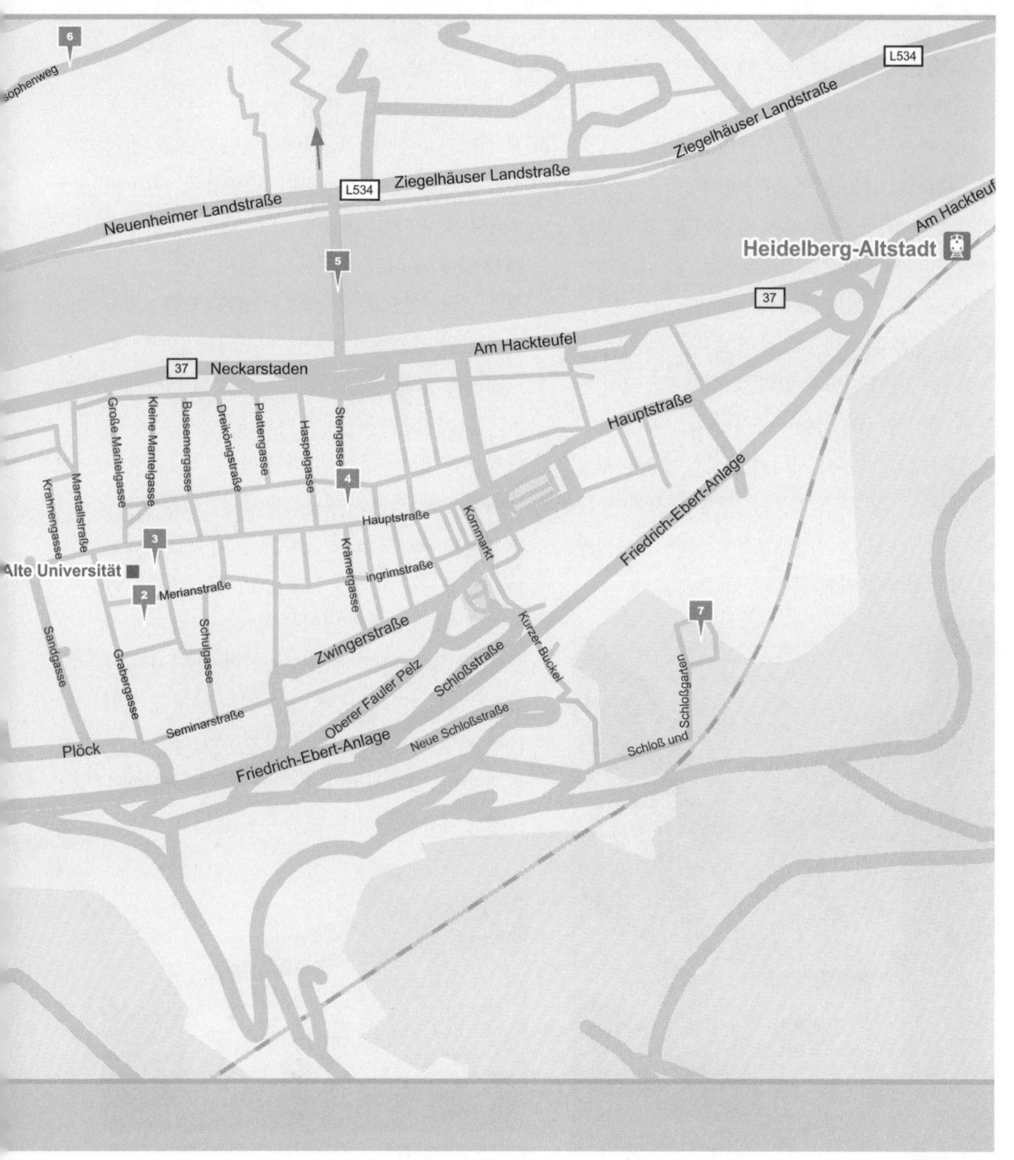

다. 이곳은 자동차가 다닐 수 없으므로 비스마르크 광장에서부터 걸어야 한다.

➡ Story

1. 비스마르크 광장과 하우프트 거리 (Bismarckplatz & Hauptstraße)
2. 대학 광장(Universitätsplatz)
3. 성령 교회(Heiliggeistkirche)
4. 카를 테오도어 다리(Karl Theodor Brücke)
5. 철학자의 길과 하이델베르크 성

➡ 방문정보

1. 비스마르크 광장과 하우프트 거리

(Bismarckplatz & Hauptstraße)

비스마르크 광장은 하이델베르크 트램, 버스의 집결지다. 이곳에서 하차한 후 하우프트 거리(Hauptstraße)를 따라 걸어 들어가면 대학 광장과 구 시가지 중심으로 연결된다.

하우프트 거리는 차량이 제한된 도로이므로 언제나 많은 관광객으로 붐비며 각종 쇼핑 상가들이 즐비하게 이어져 있다. 하이델베르크의 명동인 셈이다. 또한 많은 음식점과 카페가 줄지어 있는데, 길가에서 지나가는 사람들을 바라보며 마시는 커피 한 잔의 여유도 좋을 것이다. 하우프트 거리 160번지는 슈만이 하이델베르크에서 철학 공부를 위해 머물던 곳이다.

2. 대학 광장

(Universitätsplatz)

하우프트 거리를 따라 붐비는 사람들과 함께 걷다가 오른쪽으로 들어가면 왼쪽으로 광장처럼 보이는 곳에 도달한다. 주변으로 야외 커피숍들이 줄지어 있는데, 바로 대학 광장이다. 1518년에 루터가 이곳에서 '하이델베르크 논쟁'을 벌인 것으로 유명하다. 1517년 종교개혁을 일으킨 다음해에 루터는 이곳에서 신앙과 종교개혁에 대한 변론을 했다. 이 광장 바닥에는 루터를 기념한 명판이 새겨져 있는데, 바로 루터가 논쟁에서 변호하던 지점이다.

대학 광장 근처에는 유명한 학생 감옥(Studentenkarzer)이 있다. 근대까지 학생들에 대한 사법권 행사는 시에서 하지 않고 대학 당국이 관할했다. 학생 감옥은 범죄한 학생들을 감금한 곳으로 학생들은 이곳에 있는 동안 벽에 낙서와 그림을 그려 넣었다. 벽에 남아 있는 낙서와 그림들을 보면 수감되었다기보다 일종의 낭만을 누린 듯하다. 그래서인지 학생 감옥은 하이델베르크에서 가장 인기 있는 방문지 중 하나다.

^ 구 대학 건물(위). 이 건물 오른쪽이 대학 광장이며, 바닥에 루터를 기념한 명판이 있다.

▼학생 감옥

>학생 감옥(Studentenkarzer)
+주소 Augustinergasse 2
+전화 +49(0)6221 543 554
+입장 4~9월 화-일 10:00-18:00
10~3월 화-토 10:00-16:00
+요금 성인 2.50€(할인 2€)

3. 성령 교회

(Heiliggeistkirche)

하이델베르크의 종교 갈등을 대표하는 교회다. 원래는 가톨릭교회였으나 루터의 종교개혁 이후 루터의 노선을 따르다 경건자(敬虔者) 프리드리히 3세 이후 칼뱅의 사상을 따랐다. 이때 이 교회를 중심으로 1563년 하이델베르크 신앙고백문이 탄생되었다. 프리드리히의 명령으로 이 교회를 섬기던 올레비안 목사와 하이델베르크 대학 교수였던 우르시누스에 의해 1563년에 반포되었다.

▼성령 교회

그러나 30년 전쟁으로 신구교 간에 갈등이 생기면서 많은 믿는 자들이 핍박을 당하였고, 가톨릭 국가인 프랑스의 침입 때는 이 교회에 개신교도들이 감금되어 방화된 사건도 있었다. 하이델베르크 신앙고백에 대해서는 〔비전노트〕를 참고하자.

개념 정리

1518년 하이델베르크 논쟁

1517년에 루터가 종교개혁을 일으켰을 때, 그의 사상은 전 유럽에 확산되었지만 교황청에서는 제국 변방의 전쟁에 대한 위협으로 인해 제대로 루터를 신경쓸 겨를이 없었다. 종교개혁 이듬해인 1518년에 교황청은 루터가 수도사 신분이니 해당 수도사들끼리의 논쟁을 통해서 루터의 문제를 해결하려고 했다. 이것이 하이델베르크 논쟁이다. 그러나 자체 해결이 되지 않자 루터와 가톨릭 세력과 논쟁을 벌인 것이 1519년 라이프치히 논쟁이며, 결국 1521년 제국 의회에서 루터를 소환하기에 이른다. 그러나 루터는 두 차례 논쟁에서 당당히 자신의 의견을 펼치며 개혁 입장을 밝혔던 까닭에 1521년 루터를 제거하려고 시도할 즈음에는 상당수가 이미 루터를 지지하는 지경(?)에 이르렀다. 하이델베르크 논쟁은 루터 자신의 주장이 결코 잘못되지 않았음을 재차 확인하는 논쟁이었다.

복음의 수호자들, 루터와 프리드리히 3세

하이델베르크에서 멀지 않은 보름스에 가면 종교개혁 기념비가 있는데 이곳에는 프리드리히 3세와 루터의 동상이 있다. 두 인물과 하이델베르크와는 어떤 관련이 있을까? 1517년 종교개혁을 일으켰을 때 루터는 아우구스티누스 수도원 소속 신부였다. 그의 95개조 반박문은 로마 교황청을 성가시게 했다. 교황청은 1518년 아우구스티누스 수도원으로 하여금 루터의 개혁사상을 철회하라고 명령을 내렸다. 아우구스티누스 수도회 논쟁이 하이델베르크 대학 광장에서 벌어졌고, 루터는 28개 조항에 대해 담대하게 자신의 입장을 변호했다. 교황청이 그 입장을 철회하도록 명령했으니 자신의 의지를 굽히지 않으면 '이단'으로 낙인찍혀 화형을 당할지도 모르는 일이었다. 그럼에도 오직 믿음으로 구원 받음을 목숨을 걸고 변호했다.

시간이 흘러 1555년에 아우크스부르크 화의(和議)가 체결되면서 가톨릭과 루터교는 정식 종교로 인정되었으나 칼뱅주의는 이단으로 배제되었다. 그러나 하이델베르크의 선제후였던 프리드리히 3세는 칼뱅주의 개혁노선을 받아들여 교회를 개혁해 나갔다. 그는 루터파 강경주의자들은 물론 로마 교황청으로부터도 '검증'되지 않은 이단 사상을 철회하라는 명령을 받았다. 그는 우르시누스와 올레비안에게 의뢰하여 기도하고 노력한 끝에 1563년에 하이델베르크 신앙고백문을 탄생시켰다. 프리드리히는 반대 세력들 앞에서도 굴하지 않고 위대한 개혁주의 신앙고백문을 만들어 냈고 결국 로마 교황청은 그를 경건자로 부르기에 이르렀다. 이 고백문의 의의에 대해서는 〔역사의 발자취15〕 하이델베르크 신앙고백문 부분을 참고하자.

사도 바울은 "내가 복음을 부끄러워하지 아니하노니"(롬 1:16)라고 했고 "사람이 마음으로 믿어 의에 이르고 입으로 시인하여 구원에 이르느니라"(롬 10:10)고 했다. 당시 바울이 이 편지를 기록할 때는 복음을 믿는 것, 그리고 입으로 시인하는 것은 부끄러움의 차원을 넘어 생명을 걸어야 하는 문제였다. 죽기로 결단하고 복음을 전하던 바울, 루터, 프리드리히 3세… 이런 사람들이 역사를 바꾸고, 복음의 능력을 나타냈다. 당신에게 복음은 어떤 의미인가?

4. 카를 테오도어 다리
(Karl Theodor Brücke)

하이델베르크 여행을 다녀온 사람들의 사진 속에 꼭 등장하는 배경이 바로 이 카를 테오도어 다리다. 하이델베르크에는 여러 개의 다리가 있지만 이 다리는 독일에서 가장 아름답고 낭만적인 다리 중 하나로 평가되며, 차량 통행이 제한된다. '오래된 다리'라는 별명이 붙은 이 다리는 철학자의 길로 올라가는 길목에 있으며, 다리 위에서 바라보는 하이델베르크 시내는 매우 아름답고 낭만적이다.

5. 철학자의 길과 하이델베르크 성

(Philosophenweg & Heidelberg Castle)

카를 테오도어 다리를 건너서 좁은 골목을 따라 올라가면 철학자의 길에 다다른다. 철학자의 길에 오르면 유유히 흐르는 네카어 강과 하이델베르크 시내를 조망할 수 있고, 반대편 언덕에 보이는 하이델베르크 성도 볼 수 있다. 많은 이들이 이곳에서 강과 시내를 보며 사진을 찍는다.

철학자의 길은 하이델베르크를 대표하는 명물 중의 하나로서 많은 철학자들이 이 길을 걸으며 사색에 잠기곤 했다. 괴테, 헤겔, 카를 야스퍼스, 에른스트 블로흐 등이 이 길을 거닐었다고 전해진다. 그런 까닭에 근대에 독일 철학이 세계를 대표하는 자리로 발돋움할 수 있었다. 우스갯소리로 다른 나라에서는 동물을 잡을 때 사냥 도구로 잡지만 독일인들은 '관념'으로 사냥한다고 할 정도였으니 이 길을 걷던 철학자들이 독일과 세계에 어떤 영향을 주었는지 알 수 있다.

철학자의 길 반대편에 있는 붉고 웅장한 건물이 하이델베르크 성이다. 걸어서 올라갈 수도 있지만 케이블카를 타고도 올라갈 수 있다. 성에서는 당시 제후가 살던 흔적과 거대한 와인 저장통을 볼 수 있다.

> 하이델베르크 성
+전화 +49(0)6221 654 429
+입장 3~11월 9:30-18:00
12~2월 10:00-17:00
+요금 성인 5€(할인 3€)
+정보 www.heidelberg-schloss.de

^ 오르막길을 따라 올라가면 철학자의 길에 도달한다.

참가자 다이어리

소박하면서도 아름다운 하이델베르크는 철학자의 도시이자 대학 도시답게 조용하면서도 젊음이 느껴지는 매력적인 도시다. 개인적으로 첫 유럽의 방문지였고 비전트립 일정상 마지막 도시라서 늘 애틋함이 남던 곳인데 이곳에서 하이델베르크 신앙고백문이 만들어졌다는 사실을 알았을 때, 더욱 잊을 수 없는 곳이 되었다.

● 최연규, 사랑의교회

야외에서 식사를 즐기는 사람들과 거리마다 생기 있는 사람들, 깨끗한 거리와 상점, 멀리 보이는 하이델베르크 성까지 모두 편안하고 따뜻한 인상이다.

● 서은화, 강남교회

02 마인츠(Mainz), 구텐베르크와 인쇄술

➡ 프롤로그

학창 시절 우리나라 인쇄술이 서양보다 300년 앞서 발명되었다고 배웠을 때 뿌듯해 하던 기억이 난다. 비록 우리 선조들보다 300년 늦게 인쇄술을 발명했지만 서구의 역사를 송두리째 바꿔 버린 주인공이 바로 마인츠에서 태어난 구텐베르크다. 그는 프랑스의 스트라스부르에서 활동했지만 그의 인쇄술을 접할 수 있는 구텐베르크 박물관이 이곳 마인츠에 있다. 특히 구텐베르크 박물관 내부에는 한국인으로서 가슴이 뛸 만한 내용물들도 볼 수 있다. 라인 강변에 위치한 고풍스럽고 예쁜 도시 마인츠에서 구텐베르크와 인쇄술의 영향을 돌아보자.

➡ 교통정보

프랑크푸르트에서 자주 기차가 있다. 마인츠 중앙역에서 71, 90, 91번 버스를 타면 마르크트 광장에 도착하는데, 이곳에서 구텐베르크 박물관과 위풍당당한 마인츠 대성당의 위용을 볼 수 있다.

➡ Story

1. 마인츠 대성당(Mainzer Dom; Sankt Martin)
2. 구텐베르크 박물관(Gutenberg Museum)
3. 구텐베르크 생가(Gutenberg Geburtshaus)

→ 방문정보

1. 마인츠 대성당

(Mainzer Dom; Sankt Martin)

보름스 대성당과 함께 교구 성당으로 오랜 역사를 자랑하는 마인츠 대성당은 도심 한복판에 자리 잡고 있다. 붉은 사암으로 지어져 독일 건축미가 느껴지는 마인츠 대성당은 975년 뷜리게스 대주교에 의해 기공된 후 1037년에 완공되었다. 당초 지어질 때는 로마네스크 양식이었으나 보수를 하면서 고딕 양식이 접목되었다.

쾰른, 트리어 대성당과 함께 독일 3대 성당인 마인츠 대성당은 독일 황제의 선거권을 가지고 있던 마인츠 대주교의 본거지로, 황제 즉위식이 일곱 차례나 거행된 유서 깊은 성당이다. 성당 앞에는 1526년에 만들어진 독일에서 가장 오래된 '마르크트 우물'이 있는데 우물 위에는 당시 마인츠의 대주교였던 알브레히트가 쓴 '승자에게 감사를, 그러나 패배자에게는 영원한 경고를'이라는 글씨가 있다. 알브레히트 대주교는 1517년 루터의 사상에 대해 정식으로 로마에 기소한 인물인데, 이로 인해 1518년 루터는 소환되어 하이델베르크 논쟁을 벌였다. 내용은 하이델베르크 논쟁 부분을 참고하자.

+주소 Leichhof 26
+전화 +49 (0)6131 253371
+입장 월-금 9:00-18:30, 토 9:00-16:00,
일 12:45-18:30(12~2월은 17:00까지)
+정보 www.mainzer-domchor.de

2. 구텐베르크 박물관

(Gutenberg Museum)

마인츠 대성당과 가까운 곳에 구텐베르크 박물관이 있다. 이곳에서 한국관을 볼 수 있다는 것이 한국인으로서 얼마나 큰 자긍심인지 모른다. 종교개혁에 굳이 관심이 없더라도 한국인이라면 선조들의 흔적과 체취를 맛보는 것도 좋을 것이다.

1층에서 티켓을 구입하고 사물함에 소지품을 넣은 후 2층으로 올라간다. 지하에서는 당시 인쇄기를 통해 직접 인쇄술을 선보이는 강의도 제공하고 있으니 시간을 체크하면 눈으로 볼 수 있는 기회도 잡을 수 있다.

2층으로 올라가면 Strong Room에 구텐베르크 인쇄술로 인쇄한 성경들을 열람할 수 있다. 그전까지 성경은 수도사들이 일일이 필사했고, 그 소유는 수도승들이나 사제들에게 국한될 만큼 희귀한 것이었다. 성경책이나 일반 서적들은 이런 식으로 전파되었기 때문에 그 가격도 매우 비싸서 일반인들은 소유하거나 읽을 수조차 없었다. 그러나 인쇄술은 성경이 일반에게 확대되는 발판을 마련해 주었다.

그밖에 인쇄술에 의해 제작된 다양한 서적들이 전시돼 있다. 이 지식의 보고(寶庫)가 인쇄술 하나에 의해 세계로 확산되었으니 인쇄술이 인류에 기여한 영향이 얼마나 대단한가? 구텐베르크에 의해 지식이 홍수처럼 세상으로 퍼져 나갔고, 그것이 세상을 바꾸었다. 그러므로 인쇄술을 배제한 채 종교개혁과 르네상스를 논할 수 없다.

2층 한쪽으로 동아시아 인쇄술이 전시되어 있는데, 한·중·일 3개 국의 인쇄기술을 선보이고 있다. 세계 최초의 활자를 발명한 우리 선조의 흔적을 이곳에서 발견할 수 있다. 훈민정음과 1377년에 제작된 직지심경 인쇄본, 대동여지도, 그리고 당시 인쇄하던 모습을 모형으로 전시하고 있다.

+주소 Liebfrauenplatz 5
+전화 +49(0)6131 122644
+입장 화-토 9:00-17:00, 일 11:00 - 15:00
+요금 성인 5€(할인 3€)
+정보 www.gutenberg-museum.de

^구텐베르크 박물관 입구

다양한 책

인쇄기

인쇄기

한국 전시관

3. 구텐베르크 생가

(Gutenberg Geburtshaus)

마르크트 광장에서 Schusterstraße 거리를 따라가면 오른쪽 Christofsstr 거리와 만나는 코너에 Mohrene Apotheke라는 상점이 있는데, 이곳이 구텐베르크가 태어난 생가가 있는 자리다. 그를 기념하여 명판이 이곳에 붙어 있다.

비전 노트

구텐베르크와 훈련 과정

구텐베르크(1397~1468)는 독일 마인츠에서 태어나 40년간 조폐국에서 화폐를 생산하던 기술자였다. 40년간 화폐를 찍어 내면서 그는 인쇄술에 대해 연구하기 시작했다. 우리나라 인쇄술이 구텐베르크보다 300년 앞섰지만 구텐베르크는 '인쇄기'를 발명함으로써 책의 대량 생산 시대를 열었다.

사실 구텐베르크가 인쇄기를 발명하기까지는 결코 순탄하지 않았다. 인쇄기 발명을 위해 공장을 전세 냈으나 이를 갚지 못해 쫓겨나기를 반복한 것이다. 그러나 그는 포기하지 않았고 마침내 인쇄기를 발명함으로써 유럽 사회에 혁명을 가져왔다.

우리가 주목할 것은 수도사나 학자가 인

쇄기를 발명한 것이 아니라 40년간 화폐를 찍어 내던 기술자가 발명했다는 사실이다. 위대한 일의 두 가지 법칙은 (1) 훈련(과거)과 (2) 열망이다. 모든 화폐 제작 기술자가 인쇄기를 발명한 것도 아니며, 인쇄기를 강하게 열망하던 수도사가 발명한 것도 아니었다.

우리를 하나님이 어떻게 사용하실 것인가 역시 두 가지다. (1) 우리가 과거에 어떤 훈련과 시련의 과정을 겪어 왔는가? (2) 나는 어떤 열망과 열정을 가지고 있는가이다. 그러므로 지금 배우고 공부하는 과정은 더욱 크게 쓰임을 받기 위한 훈련임을 잊지 말자.

참가자 다이어리

구텐베르크 박물관에서 우리나라 선조들의 모습을 보았을 때 그 감동은 잊지 못한다. 우리 선조들이 너무 자랑스러웠다.

● 한희진, 강남교회

인쇄술의 발명은 세계 역사에서 중요한 사건 중 하나다. 그 역사가 시작된 곳 마인츠. 인쇄 방법의 발달 과정과 세계 인쇄술의 역사까지 한눈에 볼 수 있었다.

● 배미숙, 생수교회

세계사 시간에 배운 구텐베르크의 인쇄술이 종교개혁에 큰 역할을 했을 것이라곤 미처 생각지 못했다. 하나하나의 사건들이 얽혀 역사의 큰 흐름을 만들어 가는 과정들이 참 신기하고, 역사를 주관하시는 하나님의 섭리를 느끼게 된다.

● 최연규, 사랑의교회

뤼데스하임, 로렐라이 언덕
-Rüdesheim & Loreley

마인츠에서 코블렌츠까지 라인 강을 따라가는 코스는 절경 그 자체다. 수년간 청년들을 인솔해서 유럽에 왔지만, 라인 강변을 거닐 때면 많은 청년들이 이곳에서 살고 싶다고 입을 모은다. 독일 중부 지역을 여행할 계획이라면 무료한 아우토반이나 다른 노선의 기차를 타기보다는 이 구간을 이용하길 바란다. 코블렌츠에서 프랑크푸르트 구간의 라인 강변은 두고두고 잊지 못할 추억을 선사할 것이다.

• 뤼데스하임과 빙겐
(Rüdesheim & Bingen)

라인 강을 사이로 마주보는 두 마을이 뤼데스하임과 빙겐이다. 빙겐에는 다채롭고 아기자기한 구경거리들이, 뤼데스하임에는 드넓게 펼쳐진 포도밭이 환상적이다. 뤼데스하임과 빙겐 사이에는 다리가 없어서 배를 통해 차량들이 건너다닌다.

^ 뤼데스하임

뤼데스하임 언덕에는 라인 강과 포도밭을 내려다보는 장엄한 여신상이 서 있다. 이것은 니더발트(Niderwaldl) 기념비로서 분열된 독일이 비스마르크에 의해 통일되고,

독일 제국이 된 것을 기념하여 19세기 말에 세워졌다. 이곳에서 내려다보는 경치는 압권이다. 걸어서도 올라갈 수 있고, 자동차로도 정상까지 올라갈 수 있다. 정상에서는 주차요금을(2유로) 받는다. 뤼데스하임 마을 Oberstrasse에서 케이블카로 니더발트 기념비까지 올라가는 방법도 있다.

• 로렐라이
(Loreley)

^ 로렐라이

프랑크푸르트에서 기차나 자동차를 타고 라인 강을 따라가면 아름다운 경치가 펼쳐진다. 뤼데스하임을 지나 20여 분 더 가면 강변에 있는 아름다운 성들을 볼 수 있다. 그 후 장크트고아르스하우젠(St. Goarshausen) 마을에 이르면 그 유명한 '로렐라이'가 눈에 들어온다. 마을에서 언덕으로 올라가면 높게 솟은 바위가 있는데 이것이 로렐라이다. 기차를 타고 이곳으로 온다면 www.loreley-touristik.de에서 확인하면 된다.

개념 정리

독일이 통일되기까지
- 니더발트 기념비에서

10세기 독일은 신성로마제국을 선포하면서 제국의 포문을 열었다. 그러나 얼마 지나지 않아 제후들이 분열된 공국들을 다스리면서 국력마저 분열되었다. 이런 탓에 중세와 근대를 지나면서 독일은 언제나 유럽에서 2류 국가 신세를 면하지 못했다.

신성로마제국이 19세기 말 비스마르크에 의해 통일되기까지는 멀고도 험난한 과정을 지나야 했다. 루터가 독일어 성경을 번역하면서 처음으로 '같은 언어'의 개념이 생기기 시작했고, 괴테와 실러의 문학 작품들을 통해 독일인으로서 자긍심과 긍지를 갖게 되었으며, 음악가와 사상가들을 통한 문화적, 정신적 계몽이 확대되었다. 이 모든 과정을 통해 독일은 통일된 것이다.

^ 니더발트 기념비

로렐라이

- 하인리히 하이네

알 수 없네
왜 이렇게 내 마음 슬픈 것일까
옛날부터 전해져 오는 이야기 한 편
내 마음속에서 지워지질 않네

바람은 차고 날은 저문다
라인 강 고요히 흐르는데
산꼭대기 반짝이네
저녁노을 속에서

놀라워라. 저 위에
아름다운 아가씨가 앉아 있구나
금빛 장신구 반짝이고
아가씨는 금빛 머리칼을
빗어 내리고 있네

황금 빗으로 머리칼 쓸어내리며
노래를 부르고 있구나
신비롭고도
웅장한 가락의 노래를

조각배 위에 저 뱃사람
진한 슬픔에 사로잡혀
암초는 보지도 않고
저 위 꼭대기만 보고 있구나

파도가 배와 뱃사람을
삼켜 버리고 말 거야
그녀가 노래를 불러서 그래
로렐라이 짓이야

독일 뒤셀도르프에서 태어난 하이네는 유대인 태생에 가난한 탓에 어린 시절 힘든 나날을 보냈다. 1830년 프랑스 7월 혁명으로 인해 거주지를 파리로 완전히 옮겼고, 이로 인해 그의 묘지는 파리 몽마르트 언덕에 있다. 하이네는 독일 고전을 바탕으로 낭만적인 서정시들을 많이 썼으며, 수많은 음악가들이 그의 시에 곡을 붙였다. 독일 최고의 시인으로 꼽히며, 영국의 바이런에 견줄 만하다.

9세기부터 라인 강을 중심으로 전해 내려오는 이야기에 따르면 로렐라이라는 아주 아름다운 처녀가 있었다. 그녀는 한 기사를 사랑하게 되었고, 그가 돌아오기만을 언덕 위에서 기다렸다고 한다. 그녀가 언덕 위에서 부르는 노래, 그리고 머릿결을 빗는 모습에 넋을 놓고 쳐다보다가 지나가던 배들이 암초에 부딪혀 침몰하곤 했다. 마침내 기사 역시 배를 타고 나타났지만 처녀의 모습을 보다가 역시 암초에 부딪혀 강에 빠져 죽고 말았다. 그러자 슬픔을 이기지 못한 로렐라이 처녀가 언덕에서 강으로 뛰어들었다고 한다. 이곳은 폭 110m로 다른 곳보다 강폭이 좁고 물살이 거세며, 깊이가 25m에 달해 매우 위험한 구간이다.

어쨌든 하이네는 독일 전래 민요를 각색해서 우리가 알고 있는 이 〈로렐라이〉 시로 재창조했다. 그 이유는 독일어의 우수성과 독일의 긍지를 높이려는 의도가 있었다. 19세기 독일의 하이네가 21세기의 한국에 나타났으면 좋겠다. 외부의 언어와 문화에 눌린 이 시대에 우리말의 우수성과 겨레의 긍지를 높이는 하이네를 소망해 본다.

03 로텐부르크(Rothenburg), 중세를 체험하다

➡ 프롤로그

독일에서 가장 중세스러운 도시를 꼽으라면 단연 로텐부르크다. 중세 동화 같은 모습으로 인해 독일 내에서도 최고 인기 지역으로 꼽힌다. 또한 독일 여행의 테마 가도(街道)인 로만티크 가도와 고성 가도가 만나는 지점이기도 하다.

로텐부르크는 성벽으로 둘러싸인 언덕 위의 도시로서 집들과 골목은 마치 동화에 나올 법한 중세의 느낌 그대로다. 성벽, 집, 거리, 마을 어느 곳에서 사진을 찍더라도 화보 같다.

➡ 교통정보

로만티크 버스가 프랑크푸르트와 뮌헨 사이를 오가며, 유로 버스를 통해서도 도착할 수 있다. 기차도 잘 발달되어 있어 이곳으로 오는 데 큰 어려움이 없다.

➡ 방문정보

로텐부르크는 중세의 분위기를 느끼기에 가장 좋은 곳이다. 중세 봉건 시대에 영주들이 살던 성(城) 주변에는 사람들이 몰려 살았는데, 이런 성 주변 주거지를 부르크(burg)라고 불렀다. 로텐부르크 역시 중세에서 유래된 이름이다.

지금까지 잘 보존된 성벽에서 주변의 평원을 바라볼 수도 있다. 로텐부르크를 멀리서 본다면

가운데 우뚝 솟은 교회의 첨탑이 눈에 띈다. 이것 역시 중세 사회의 모습을 그대로 반영한 것으로, 중세시대에는 어떤 건물도 교회의 첨탑보다 높아서는 안 되었다. 이것은 하나님이 세상의 주권자시라는 상징적인 의미였지만, 결과적으로는 교회가 세상을 '복음화'시킨 것이 아니라 '군림'하며, 오히려 세상을 탄압하는 주체가 되고 말았다.

교회 지배의 폐단을 엿볼 수 있는 적절한 곳은 중세고문박물관이다. 중세시대 범죄자들을 다루는 고문 기구들을 전시한 곳으로 종교재판소는 이런 고문 도구들을 이용해서 이단(개신교)들을 끔찍하게 탄압했다. 사형틀과 범죄자를 고문한 도구뿐만 아니라 주일에 교회에 가지 않거나 예배 시간에 졸았을 때 체벌 도구로 사용한 묵주도 있다.

종교재판소의 만행은 프랑스 카르카손의 종교재판소 박물관이나 스페인 마드리드 부분(유럽비전트립 2권)에서 더 자세히 다룰 예정이다.

> 로텐부르크 중세 고문 박물관
(Mittelalterliches Kriminalmuseum)
+주소 Burggasse 3-5
+전화 +49(0)9861 5359
+입장 1·2·11월 14:00-16:00 / 3·12월 13:00-16:00 / 4월 11:00-17:00 / 5~10월 10:00-18:00
+요금 성인 4€
+정보 www.kriminalmuseum.rothenburg.de

참가자 다이어리

중세시대 영화에 내가 카메오로 출연한 느낌! 발연기여도 괜찮아~.

● 이혜정, 사랑의교회

04 하멜른(Hameln), 동화《피리 부는 사나이》이야기를 찾아서

➡ 프롤로그

ⓒ rene9 님

하멜른은 하노버 남서쪽 베저 강가에 위치한 작은 중세 도시다. 작고 조용한 마을로 독일의 고즈넉함을 느끼기에 좋으며 르네상스 양식의 아름다운 건물들은 동화 속 마을에 온 듯한 착각마저 들게 한다. 하멜른은 동화《피리 부는 사나이》의 무대가 된 곳이다. 지금도 도시 곳곳에는 피리 부는 사나이 복장을 한 사람과 인형, 동상 등 관련 볼거리들이 가득하다. 중세시대 제분업으로 유명하던 하멜른은 이 때문에 쥐 떼로 골머리를 앓았고, 이를 배경으로 만든 동화가《피리 부는 사나이》다.

《헨젤과 그레텔》,《빨간 모자》,《브레멘 음악대》등 추억 속의 동화가 독일 어딘가에 있다는 것은 참으로 가슴 설레고 흥미진진한 일이다. 메르헨 가도 중 동화 분위기가 가장 진한 하멜른에서《피리 부는 사나이》민담과 그 속에 투영된 기독교의 모습을 살펴보고자 한다.

➡ 교통정보

프랑크푸르트에서 기차로 하노버 방면으로 가면 된다. 자동차로는 고속도로를 이용하면 되는데, 프랑크푸르트에서 4시간가량을 달려야 겨우 하멜른에 닿을 만큼 먼 거리다. 하멜른만 방문한다면 이곳을 소개하기가 꺼려지지만 안네

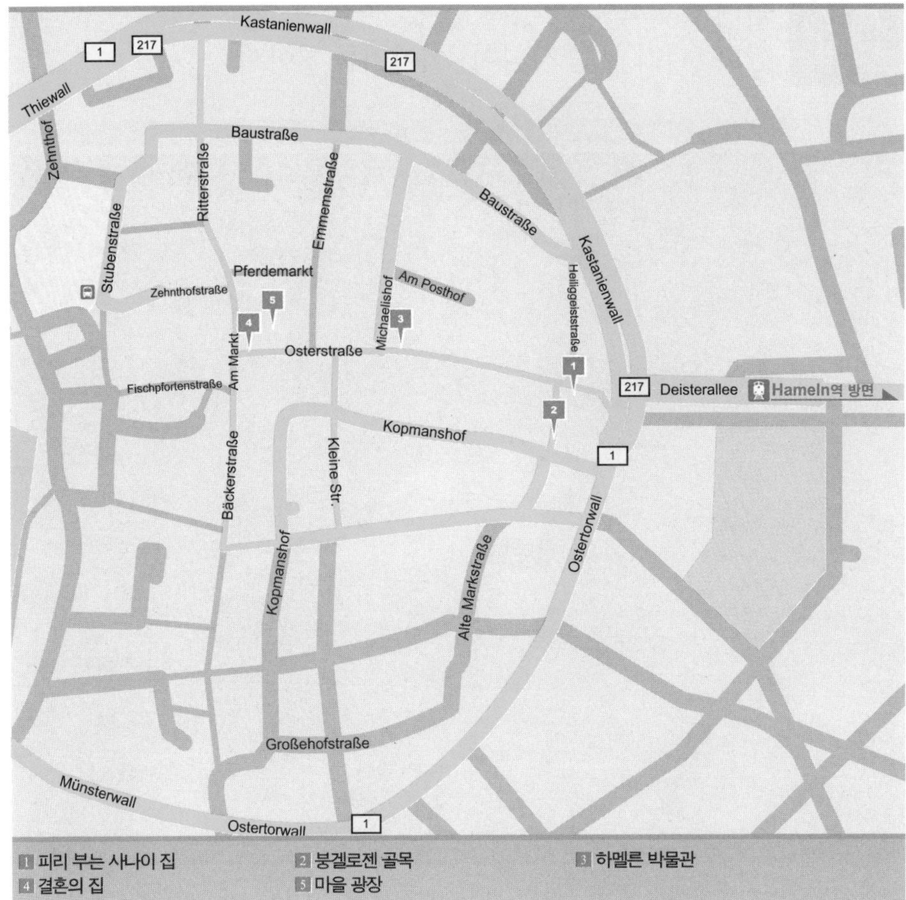

의 무덤이 있는 베르겐 벨젠 수용소가 멀지 않은 곳에 있다. 기차역에서 내려 시내로 걸어오면 대부분의 장소들이 Osterstraße 거리에 몰려 있어서 이동하기는 어렵지 않다.

➡ Story

1. 피리 부는 사나이 집(Rattenfängerhaus)
2. 붕겔로젠 골목(Bungelosenstraße)
3. 하멜른 박물관(Museum Hameln)
4. 결혼의 집(Hochzeitshaus)
5. 마을 광장(Am Markt)

➡ 방문정보

1. 피리 부는 사나이 집

(Rattenfängerhaus)

하멜른에서 《피리 부는 사나이》와 관련된 가장 유명한 곳이다. 1602년에 지어진 건물로 실제로 피리 부는 사람이 살지는 않았지만 건물 벽과 1층 레스토랑 지하에는 피리 부는 사나이의 전설을 묘사한 프레스코화가 있다. 레스토랑에서는 쥐꼬리 요리, 쥐꼬리 수프 등 쥐와 관련된 메뉴가 많이 있다.

▶ © rene9 님

+주소 Osterstraße 28
+전화 +49 (0)5151 3888
+정보 www.rattenfaengerhaus.de/

2. 붕겔로젠 골목

(Bungelosenstraße)

'붕겔로젠'이란 '음악을 연주하지 않는다'는 뜻으로 피리 부는 사나이에서 아이들이 실종되었다고 알려진 길이다. 길바닥에는 아이들의 흔적을 남기기 위해 흰색 쥐 그림을 그려 놓았다. 역사적 실제 사건을 상기시키듯 이 길에서는 음악이나 춤을 출 수 없도록 규정해 놓고 있다.

▶ © rene9 님

비전 노트

《피리 부는 사나이》에서 투영된 우리의 자화상

우리는 중세시대를 '낭만'으로 보기도 한다. 그러나 저명한 중세학자 조르주 뒤비에 의하면 중세는 낭만보다는 비위생에 가깝다. 뒤비에 따르면 중세 기사도 문학은 실제라기보다 이상을 문학 양식으로 표현했다는 평가를 받는다. 중세에는 쇠사슬 갑옷이 개량되어 통갑옷이 발명되었는데, 이것은 견고한 보호 장비였지만 진동하는 땀 냄새를 보호해 주지는 못했다. 그러므로 기사와 아름다운 여인의 사랑 이면에는 기사의 몸에서 진동하는 땀 냄새가 있음을 기억해야 한다.

인문주의자 에라스뮈스가 파리 대학에서 공부할 때 밤에는 옷 속의 '이'(lice)를 잡았다는 이야기는 유명한 일화다. 그만큼 중세의 위생 수준은 꽤 심각했다. 이런 위생 상태라면 어느 곳이나 쥐 떼로 인해 어지간히 골머리를 앓았을 것이다. 실제로 한때 쥐 떼가 옮기는 병균인 흑사병이 창궐해 전 유럽을 죽음의 공포로 몰아넣기도 했다.

《피리 부는 사나이》 이야기는 이렇다. 하멜른의 시장은 쥐 떼를 퇴치하는 사람에게 거액의 포상금을 지급하겠다고 선언했다. 하멜른 주민들도 이 정책에 동조했다. 어느 날 천박하고 남루해 보이는 한 남자가 찾아와 피리를 불기 시작하자 온 마을의 쥐들이 이 피리 소리를 따라가기 시작했다. 남자는 피리로 모든 쥐 떼들을 불러내어 베저 강에 빠뜨려 죽였다. 그런데 시장과 주민들이 낯설고 남루해 보이는 이 남자에게 당초 약속한 포상금을 지급하지 않으려 했다. 화가 난 남자는 어느 일요일 어른들이 교회 간 사이에 동네에서 피리를 불었고, 130명에 이르는 어린아이들이 이 피리 소리를 따라가 한순간에 실종되고 말았다.

이것은 13세기부터 전해진 독일의 민담으로 19세기에 그림 형제가 이야기로 엮었다. 흥미로운 것은 어린이 실종 사건은 단순한 창작물이 아니라 1284년 괴팅겐 고문서 보관소 자료에 기록된 실제로 일어난 사실이라는 점이다. 만일 피리 부는 사나이에게 일어난 일이 역사적인 사실이라면 이것이 우리 사회를 투영하고 있다는 생각이 든다.

때는 13세기, 쥐를 퇴치하기 위해 주민들이 선택한 것은 포상금이었다. 이들의 종교는 동화에 나온 그대로 기독교다. 사건이 일어났을 당시 마을엔 아이들만 남았을 정도로 모든 어른들은 예배에 참석했다. 그런데 이 주민들은 피리 부는 사나이에게 약속한 포상금 지급을 어긴다. 이유는 수상하고 남루하기 때문이다. 만일 그 사나이가 백마를 탄 귀족 차림이었다면 약속을 어겼을까? 피리 부는 사나이의 복수는 모든 어른들이 교회에 간 주일에 일어났다. 아이들은 교회에서 철저하게 외면 받는 계층이었다. 이런 까닭에 후스, 루터, 칼뱅 같은 개혁자들은 아이들에 대한 교육을 강조한 것이다.

이제 시선을 우리에게 돌려 보자. 나는 이 이야기가 우리 시대를 비추는 거울이 될 수 있음을 과장된 비약이라고 여기지 않는다. 한 교회에서 성인의 비율과 주일학교 아이들의 비율은 어떤가? 주일학교 아이들에게 집행되는 예산은 어떤가? 미래를 위한 교육은 교회에서 어느 정도의 우선순위를 갖는가? 혹시 건물 증축에 혈안이 되고, 시설 투자에 골몰하고 있지는 않은가? 행여 꽃꽂이에 투자하는 예산이 주일학교의 예산보다 많지 않기를 바랄 뿐이다.

3. 하멜른 박물관

(Museum Hameln)

핑크색 벽돌과 초록색 문이 인상적인 하멜른 박물관에는 《피리 부는 사나이》와 관련된 자료와 그림들이 전시되어 있다. 전 세계 언어로 출간된 《피리 부는 사나이》들이 전시되어 있는데 반갑게도 한국어 책도 있다.

+주소 Osterstraße 8~9
+전화 +49(0)5151 202 12 15
+입장 화-일 10:00~16:30
+요금 성인 3€(할인 1.5€)

4. 결혼의 집

(Hochzeitshaus)

17세기에 지어진 아름다운 건물로 하멜른 시민들의 결혼식장으로 사용되고 있다. 정면에 늘어선 크고 작은 종들이 인상적인데 종소리가 매우 아름답다. 회전 무대에서는 피리 부는 사나이 전설을 내용으로 한 인형극도 전개된다.

+주소 Osterstraße 2

ⓒrene9 님

5. 마을 광장

(Am Markt)

하멜른에는 지금도 온통 쥐 떼(?)가 우글거린다. 《피리 부는 사나이》를 바탕으로 '쥐 모양의 빵과 과자, 인형 등 쥐를 캐릭터화한 기념품들도 많고, 길바닥에도 귀여운 쥐들이 그려져 있기 때문이다. 이 쥐들을 따라다니면 도시 구석구석을 구경할 수 있다. 쥐를 따라다니는 여행의 출발지가 마을 광장이다. 이곳에서는 여름철에는 매 주일 12시에 어린이들을 위한 《피리 부는 사나이》 야외 공연이 열린다. 공연이 끝나면 배우들은 피리 부는 사나이가 피리 소리로 쥐들을 몰아가던 거리를 따라 거리행진에 나선다. 시간이 허락한다면 동화 속 본고장에서 열리는 공연을 놓치지 말자. 장소는 보통 시청 앞 광장이나 결혼의 집에서 열리지만 바뀔 수 있으므로 확인해야 한다.

문학 산책

그림 형제와 그림 동화 이야기

형 야코프 그림과 동생 빌헬름 그림이 함께 독일 민담과 전승을 연구하고 수집하여 새롭게 독일인들을 위한 이야기로 재구성한 것을 '그림 동화'라고 부른다. 그림이 그려진 동화가 아니라 이들의 성이 그림이기 때문에 붙여진 것이다. 이 형제를 설화문학의 창시자라고 부르는데, 이는 독일에서 오랜 시간 전해 내려오던 민담을 그림 형제가 수정과 편집 등의 작업을 거쳐 초판이 발행된 이후 꾸준히 시대의 변화와 흐름 그리고 가치관에 맞게 수정되면서 민담보다는 동화의 모습으로 지금에 이르게 되었기 때문이다.

18세기와 19세기의 독일은 시대적으로 외부의 침입과 내부의 민족주의 등으로 어수선했다. 당시 여러 개의 공국으로 나뉘어 있던 독일을 하나로 묶을 무언가가 필요했다. 이런 때 오랫동안 독일인의 입을 통해 전해 내려오면서 그들의 정서에 내재화된 민담이나 설화를 그림 형제가 수집하고 연구하여 그들의 민족정신을 일깨우는 데 사용한 것이다.

독일을 여행하기 위해 조사하다 보면 로만티크 가도나 알펜 가도 등 유명한 여행지를 코스별로 묶은 관광상품 외에 그림 형제와 그림 동화를 테마로 묶은 '메르헨 가도'라는 여행상품도 있다. 우리가 어렸을 적 보고 들은 이야기들의 무대가 되는 곳들을 테마로 여행상품화한 것이다. 가령 브레멘은《브레멘 음악대》, 하멜른은《피리 부는 사나이》, 블랙 포레스트는《헨젤과 그레텔》의 무대가 되는 곳이다. 어린 자녀들이 있다면 이런 무대를 찾아 떠나보는 것도 좋다.

한 걸음 더

소녀 안네가 잠든 베르겐 벨젠 수용소

– Gedenkstätte Bergen-Belsen

포로수용소 중에서 특징 있는 수용소가 세 곳 있다. 뮌헨 근처의 다카우 수용소는 모든 수용소의 본부에 해당되는 곳이며, 아우슈비츠는 그야말로 대형 살인 공장이다. 베르겐 벨젠 수용소는 최후의 발악이라고 표현해야 할까? 종전이 다가오면서 독일은 동부 전선의 소련 군대를 막을 힘이 없었다. 이로 인해 독일군은 아우슈비츠를 파괴시키고 철수했다. 패전의 움직임이 감지되었을 때, 포로들을 후방으로 보내기 시작했는데, 그곳이 베르겐 벨젠 수용소다. 전쟁이 궁지에 몰리면서 시체를 처리할 여유조차 없어서 연합군이 이 수용소를 점령했을 때는 미처 치우지 못한 시체들이 가득했다고 한다. 불도저로 시체를 치우는 사진의 현장이 바로 이곳이다.

^ 당시 포로들의 모습

생체 실험도 악랄하게 자행되어 많은 포로들이 실험의 도구로 목숨을 잃어 갔다.《안네의 일기》의 저자 안네 역시 아우슈비츠의 모진 환경에도 견뎠으나 베르겐 벨젠 수용소의 불결하고 고통스러운 환경을 이기지 못하고 이곳에서 사망했다. 이곳에는 안네와 언니 마고 프랑크의 무덤이 있다.

^ 안네의 무덤

이곳에 오는 방법으로는 자동차로 이동할 것을 권한다. 하노버에서 7번 고속도로를 이용하다가 베르겐(Bergen) 방면으로 국도를 이용해서 가야 한다(지도 참조). 대중교통은 매우 복잡하다. 하노버에서 첼레(Celle)로 기차를 타고 온 후 Nienburger Straße 50번지에 위치한 곳에서 버스 V101, 102, 103번을 이용할 수 있다. 이 버스를 타면 수용소까지 도착하는데, 돌아오는 버스 시간을 반드시 체크해야 한다. 홈페이지에서 교통과 버스 시간을 체크할 수 있다.

+주소 Anne-Frank-Platz, 29303 Lohheide
+전화 +49(0) 5051 4759-200
+정보 ww.stiftung-ng.de

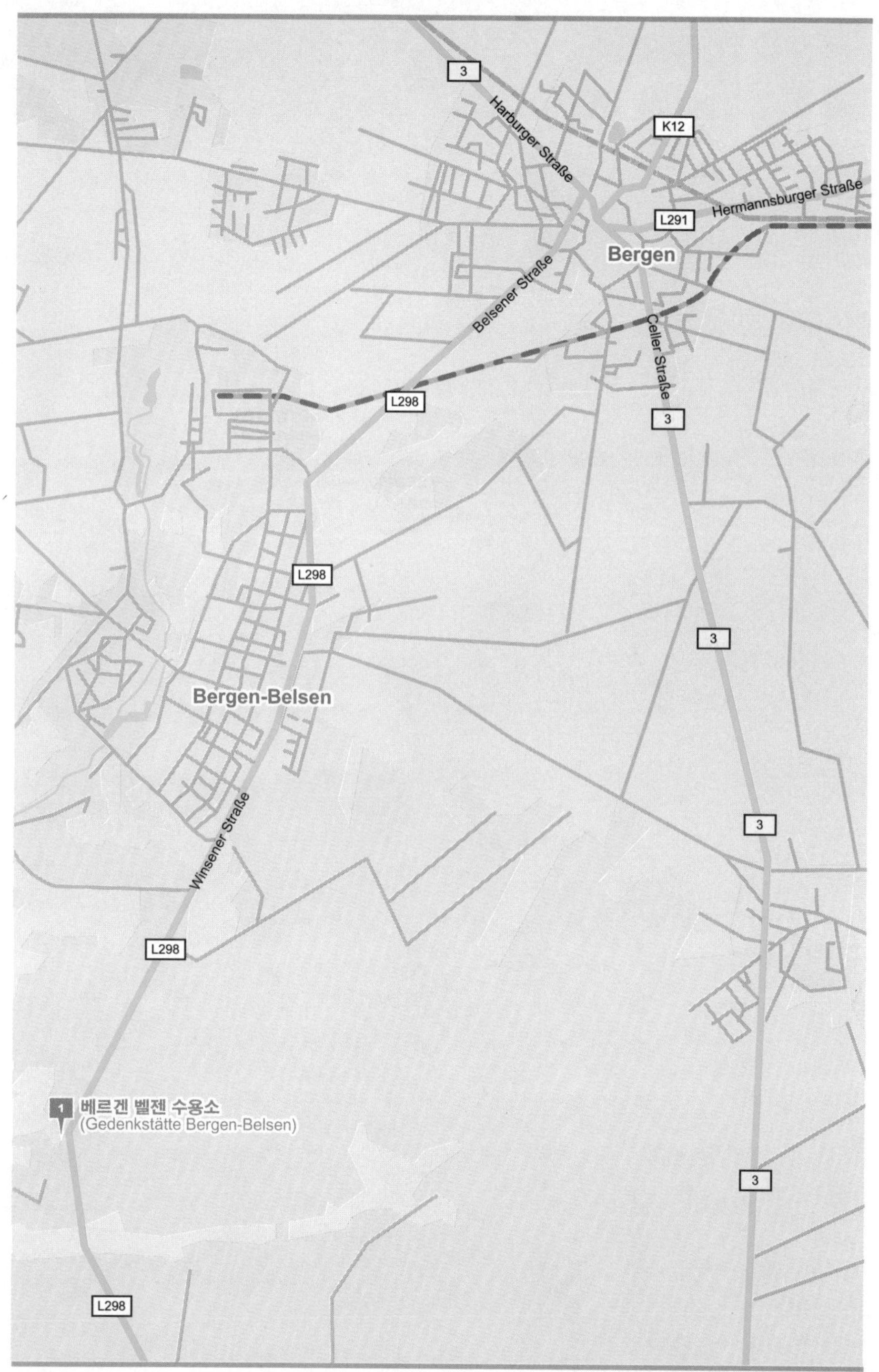
3
Harburger Straße
K12
Hermannsburger Straße
L291
Bergen
Belsener Straße
Celler Straße
L298
3
L298
3
Bergen-Belsen
3
Winsener Straße
L298
1 베르겐 벨젠 수용소
(Gedenkstätte Bergen-Belsen)
3
L298

05 독일 서부
- Western Germany

› 독일 서부 이야기

독일 서부는 현대 독일을 이끌어 온 심장과도 같은 곳이다. 2차 대전의 폐허 속에서 세계 일류 국가로 발돋움한 '라인 강의 기적'의 주역인 뒤셀도르프, 구 서독의 수도 본이 독일 서부의 중심 도시들이다. 뿐만 아니라 독일에서 가장 높은 첨탑을 자랑하는 쾰른 대성당이 있는 쾰른, 과거 프랑크 왕국의 중심지 역할을 했던 샤를마뉴 대제의 흔적이 서린 아헨 역시 독일의 영광을 간직하고 있는 도시다.

독일 서부 지역은 독일의 어제와 오늘이 공존하는 곳으로서 독일이 걸어온 발자취와 현재의 저력을 느낄 수 있는 곳이다. 샤를마뉴 대제와 신성 로마 제국의 숨결, 베토벤의 열정, 슈만과 클라라의 사랑 이야기, 그리고 쾰른 대성당을 바라보면서 독일이 지나온 길을 되돌아보는 소중한 시간을 가져 보자.

01 아헨(Aachen), 제국을 가슴에 품다

➡ 프롤로그

유럽사에 한 획을 그은 인물이 바로 샤를마뉴 대제다. 신성로마제국을 탄생시켰으며, 그가 죽자마자 프랑크 왕국은 베르됭 조약에 의해 삼분되었는데, 이것은 오늘날 독일, 프랑스, 이탈리아의 전신이 된 분할이었다. 로마제국과 르네상스 시기 사이에 샤를마뉴 르네상스라고 불릴 만큼 문명의 가교 역할을 한 인물이다. 또한 유럽 전역에서 전통처럼 간주되는 성상 숭배의 기원도 거슬러 올라가면 샤를마뉴와 만나게 된다. 이외에 더 무슨 수식이 필요하랴? 유럽의 기틀이 그에게서 나왔으니….

유럽은 여전히 한국의 젊은이들에게는 낭만이고 동경의 대상이다. 배낭을 메고 유럽을 밟는 일은 젊은이들의 로망이 되었다. 그런 의미에서 유럽을 제대로 이해하고, 그 기원을 살펴보려면 아헨으로 갈 것을 권한다. 아헨 대성당을 야무지게 보고 나면 유럽의 대성당과 역사가 서서히 눈에 들어오기 시작할 것이다.

➡ 교통정보

서쪽 국경과 가까운 곳에 있는 아헨은 뒤셀도르프, 쾰른 등지에서 기차로 연결된다. 중앙역에서 구시가지로 버스를 타고 올 수 있다. 특히 고속도로와 가까워서 자동차를 이용하는 것이 편리하다.

^아헨 대성당 내부의 유골함. 이 성당은 제국 정신의 중심 역할을 하는데 유골함도 성물로 여기고 자랑하고 있다.

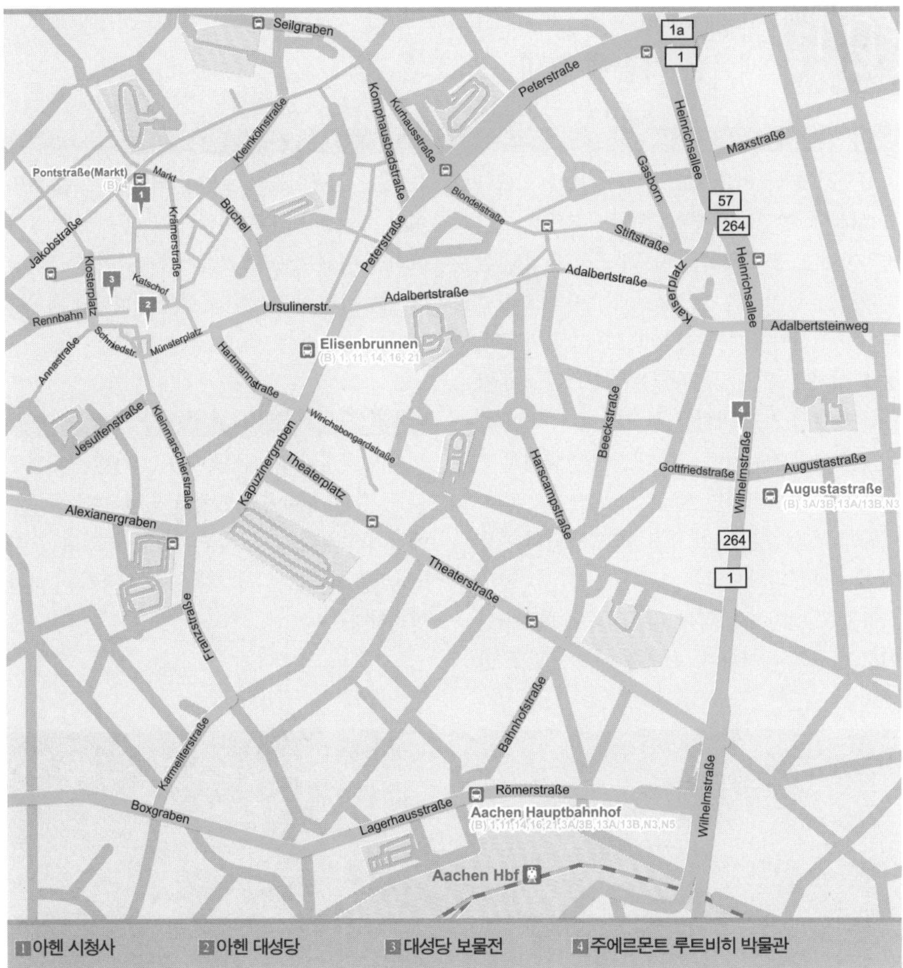

➡ Story

1. 아헨 시청사(Aachen Rathaus)
2. 아헨 대성당(Aachen Dom)
3. 대성당 보물전(Domschatzkammer)
4. 주에르몬트 루트비히 박물관 (Suermondt-Ludwig-Museum)

➡ 방문정보

1. 아헨 시청사

(Aachen Rathaus)

15세기에 파괴된 샤를마뉴 궁전의 터 위에 세워진 건물이 바로 시청사다. 그런 역사적인 내력 때문에 이 시청사는 단순한 행정 업무 기관을 넘어서 아헨의 정신적인 긍지 위에 세워졌다고 할 수 있다. 이곳에서는 독일을 다스리던 군주 50명의 모습과 아헨에서 대관식을 거행한 통치자 30명의 상을 볼 수 있다.

독일에 유명한 대성당이 워낙 많아서 아헨 대성당만으로는 그 의미의 특별함이 와 닿지 않을지 모르지만 이 시청사와 함께 대성당을 방문한다면 대성당의 역사적 중요성을 분명하게 알 수 있다.

+주소 Markt, 52062 Aachen
+전화 +49(0)241 432 73 10
+입장 10:00-18:00
+요금 성인 2.5€(할인 2€)
+정보 www.aachen.de

2. 아헨 대성당

(Aachen Dom)

독일에서 규모로 봤을 때 쾰른 대성당이 가장 크지만 아헨 대성당은 독일제국의 정신적 중심에 해당하는 성당이다. 샤를마뉴의 통치 이념과 중세 기독교의 상징들이 압축되어 있는 대성당의 중심은 팔각형으로 건축되었는데, 이는 그리스도의 부활을 의미한다.

샤를마뉴의 그 유명한 옥좌는 그리스도를 정면으로 바라보고 있는데, 그 의미는 동쪽에서는 그리스도가, 서쪽에서는 샤를마뉴가 등장한다는 의미를 갖고 있다.

아헨 대성당의 자랑거리는 여러 가지가 있겠지만 우선 팔각형으로 이루어진 거대한 구조에 성인들의 스테인드글라스가 압도적이다. 이 스테인드글라스 아래에 서면 마치 성인들에 둘러싸인 듯한 착각에 빠진다. 제단 앞부분에는 금색의 화려한 유골함이 있는데, 하나는 샤를마뉴의 것이고, 다른 하나는 성모 마리아의 것이다. 아헨 대성당은 성모 마리아가 입었던 옷을 보관하고 있으며, 그것을 7년마다 한 번씩 방문자들에게 전시하고 있다.

아헨 대성당에는 마리아의 유골이, 쾰른 대성당에는 동방박사의 유골이 보관되었는데, 그 이유는 무엇일까? 중세시대에는 천국으로 가는 방편 중에서 '순례'와 '성물 수집'이 중요한 요소였다. 그래서 민중은 수십 일, 수개월이 걸려서라도 유골함까지 직접 걸어가서 그것을 눈으로 보고, 신의 가호를 얻으려고 했다. 반면 귀족들은 자신의 재력을 토대로 많은 성물들을 수집했고, 유럽의 영주 저택이나 성에 그것들을 진열했다. 그들은 성물을 구입하고 수집하면 연옥 기간이 훨씬 단축된다고 믿었다. 이런 믿음과 가르침 역시 아헨으로 거슬러 올라간다.

아헨 대성당이 2000년 전 마리아의 성의(聖衣)를 보관하고 있다는데, 2000년이라는 시간 동안 보관, 보존이 과연 가능할지 의문스럽다. 만일 가능하더라도 그것이 '정말' 마리아의 것일까? 이런 잘못된 믿음과 종교적 관행이 만연한 탓에 루터라는 개혁자가 필요했는지도 모른다.

^샤를마뉴 보좌

+주소 Klosterplatz 2(Münsterplatz)
+전화 +49(0)241 477090
+입장 4~10월 11:00-19:00 / 11~3월 11:00-18:00(일요일은 12:30부터 입장)
+정보 www.aachendom.de

아헨 대성당의 자랑거리

아헨 대성당은 7년마다 한 번씩 귀한 성물(聖物)을 전시한다. 이것은 이 성당의 자랑거리이며, 전 세계 사람들이 성물을 보기 위해 몰려든다. 7년이 되는 2014년, 2021년에 이것들을 공개할 예정이다.

성물은 네 가지로 (1) 마리아가 둘렀던 망토 (2) 아기 예수를 쌌던 헝겊 (3) 세족식 때 사용된 예수님의 수건 (4) 세례 요한의 머리를 둘렀던 헝겊이 그것이다.

재미있는 사실은 그런 물건들이 2000년 동안 보존될 리도 없겠지만 그것을 보관하고 보기 위한 노력들도 참으로 가상하다는 점이다. 믿기 어렵겠지만 성물이 사실이라고 치자. 과연 그 속에 예수님은 어디 있을까? 예수님이 깎아 놓은 손발톱, 머리카락 등을 보관한다고 하더라도 믿음으로 예수님을 영접하지 않는데 그것이 무슨 소용이란 말인가?

반면 사도 바울이 진심으로 자랑한 것은 복음(고전 9:16), 자신의 약함(고후 11:30), 그리스도의 계시(고후 12:1)였다. 당신의 자랑은 무엇인가? 화려한 종교 경력인가, 아니면 당신의 약함과 그리스도에 대한 믿음인가?

3. 대성당 보물전

(Domschatzkammer)

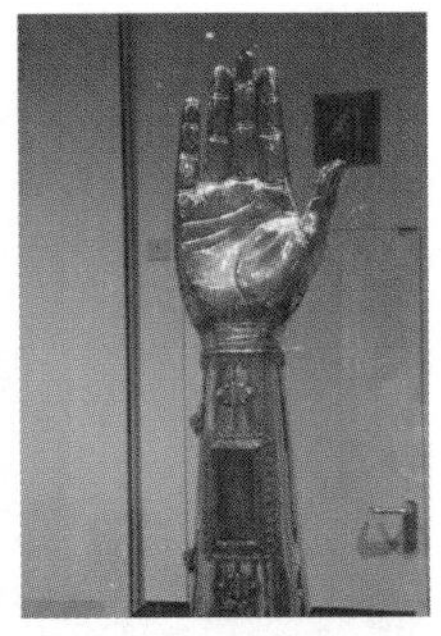

대성당과 연결되는 건물에 보물전이 있다. 대성당 입구에서 보물전으로 바로 들어가는 문도 있다. 이곳은 샤를마뉴의 개인 소장품들이 진열된 곳으로 당시 왕실의 진귀한 유물들과 보물들이 있다. 이 보물전 전시물 중 가장 유명한 것은 샤를마뉴의 팔뼈다. 샤를마뉴 대제 사후 200년이 지난 후 그의 유해가 발굴되었을 때, 이 팔뼈는 성경의 한 구절을 가리키고 있었는데 마태복음 16장 26절이었다.

"사람이 만일 온 천하를 얻고도 제 목숨을 잃으면 무엇이 유익하리요."

+입장 화-일 10:00-18:00(1~3월은 17:00까지)
월요일 10:00-13:00

유럽의 아버지, 샤를마뉴 대제의 공과

^ 샤를마뉴

샤를마뉴 대제는 신성로마제국의 기틀을 다진 인물로서 군주로서는 훌륭한 성군(聖君)이었다. 가난한 자들을 압제하기보다 배려했고, 주변의 어려운 나라들을 원조하는 아량이 있었다. 그는 현실에 안주하여 왕궁에 안연히 거하기보다 생애 대부분을 말 위에서 보낼 만큼 부지런히 일하던 왕이었다. 그의 정책은 모든 게르만 민족을 통일하는 것이고, 자신의 제국을 기독교로 하나되게 하는 것이었다. 로마가 외세에 위협을 받자 그는 즉각 로마로 원정을 가서 외침을 막아 냈고, 이를 계기로 군주들에게 로마 교회를 수호할 의무가 부과되었다. 그는 신정정치의 이념을 확고히 하기 위해 식사 때마다 성 어거스틴의 《신국론》을 읽혔다. 이런 그의 업적으로 인해 그를 '유럽의 아버지'라 부른다.

하지만 그에게도 과오가 있었으니 교회를 장악하고 자신의 임의대로 성직자들을 임명한 것으로, 이는 교회의 세속화를 가속화했다. 아울러 당시 유럽에는 문맹이 많았고, 심지어 자신도 글을 읽을 줄 몰랐다. 이런 까닭에 당시 게르만족 전통이 팽배하던 유럽에 기독교를 보급하기 위해 그가 선택한 방편은 '교육과 성경 보급'이 아닌 '성상 보급'이었다. 게르만 종교는 많은 성상들을 갖고 있었으므로, 부담 없이 기독교를 보급하기 위해 성상을 채택했고, 문맹들에게도 어려움 없이 성경의 내용을 전달하려고 했다. 그러나 이것은 급속히 교회의 진리를 왜곡시키는 결과로 나타났다. 사람들은 믿음으로 구원을 받는다는 진리를 상실했고, 성직자들마저 이런 진리에서 멀어져 갔다. 그리고 믿음의 자리를 대신해 순례, 성물 수집, 참회, 금욕 등이 일어섰다. 스테인드글라스는 하나님의 임재를 믿음과 성경에 의해서가 아닌 눈에 보이는 화려함으로 바꿔 놓았으며, 심지어 성상 자체를 숭배하는 과오를 저지르게 되었다.

이런 역사적 사실을 통해 하나님을 위하려는 우리의 노력이 어쩌면 그 반대의 결과로 나아가고 있는 것은 아닌지 돌아볼 수 있어야 한다. 하나님을 위해 만들어 놓은 도구들이 그 본질을 상실한 채 도구 자체에 집착하고 있는 것은 아닌지 살펴봐야 한다. 그것을 빗대어 예수님이 다음과 같이 말씀하셨다.

"안식일이 사람을 위하여 있는 것이요 사람이 안식일을 위하여 있는 것이 아니니"(막 2:27).

4. 주에르몬트 루트비히 박물관
(Suermondt-Ludwig-Museum)

예술이 어떻게 흘러 왔는지를 시대적으로 잘 엿볼 수 있도록 현재부터 과거로 거슬러 올라가는 전시를 하고 있다. 그리고 그 끝은 중세 미술로 장식하고 있다. 샤를마뉴 시대와 공존하던 미술품을 이곳에서 보는 것도 아헨에 와서 느끼는 역사 기행의 한 부분일 것이다. 17세기 전시관은 가장 인기 있는 곳으로 '박물관 속의 박물관'이라고 불리는 곳으로서 고대 그리스 미술품들을 관람할 수 있다.

+주소 Wilhelmstr. 18
+전화 +49(0)241 479 80-0
+입장 화-금 12:00-18:00(수요일은 20:00까지), 토-일 11:00-18:00
+정보 www.suermondt-ludwig-museum.de

참가자 다이어리

샤를마뉴 대제 하면 '신성로마제국'만 떠올렸을 뿐인데 그가 기독교에 미친 영향이 이렇게 큰 줄 몰랐다. 새로운 시각이 열린다.

● 최연규, 사랑의교회

02 쾰른(Köln), 대성당의 첨탑 아래

⇒ 프롤로그

쾰른은 역사적으로 하나님을 대적하던 도시였다. 고대부터 이교도 신앙의 중심 도시였다. 주후 1세기 로마 4대 황제 클라우디우스는 최초로 유대인들을 박해했고(행 18:2), 그의 아내 아그리피나가 쾰른 태생이다. 아그리피나는 주후 50년에 쾰른을 북부 로마의 주요 도시로 승격했는데, 이때 정식 명칭은 'Colonia Claudia Ara Agrippinensis'로서 '클라우디우스의 식민지와 아그리피나의 제단(祭壇)'이다. 이 말에서 볼 수 있듯이 쾰른을 중심으로 여전히 이교도 숭배가 행해졌는데, 이들 사이에서 태어난 인물이 기독교도를 핍박한 네로 황제다.

이후 쾰른이 중세시대에 유대인을 핍박하고, 기독교 진리를 변질시키는 중심 도시였던 것은 우연이 아니다. 십자군 원정 비용을 충당하기 위해 쾰른을 중심으로 유대인들을 학살했던 기록이 있다. 바로 이 모든 현장의 중심에 쾰른 대성당이 서 있다.

이 성당에 오르면 이것을 과연 사람이 만들었을까 하는 생각이 든다. 꼭대기에서 내려다보면 오금이 저릴 만큼 높은데, 그 위에도 어김없이 정교한 조각이 있다. 이 높이에서 우러나오는

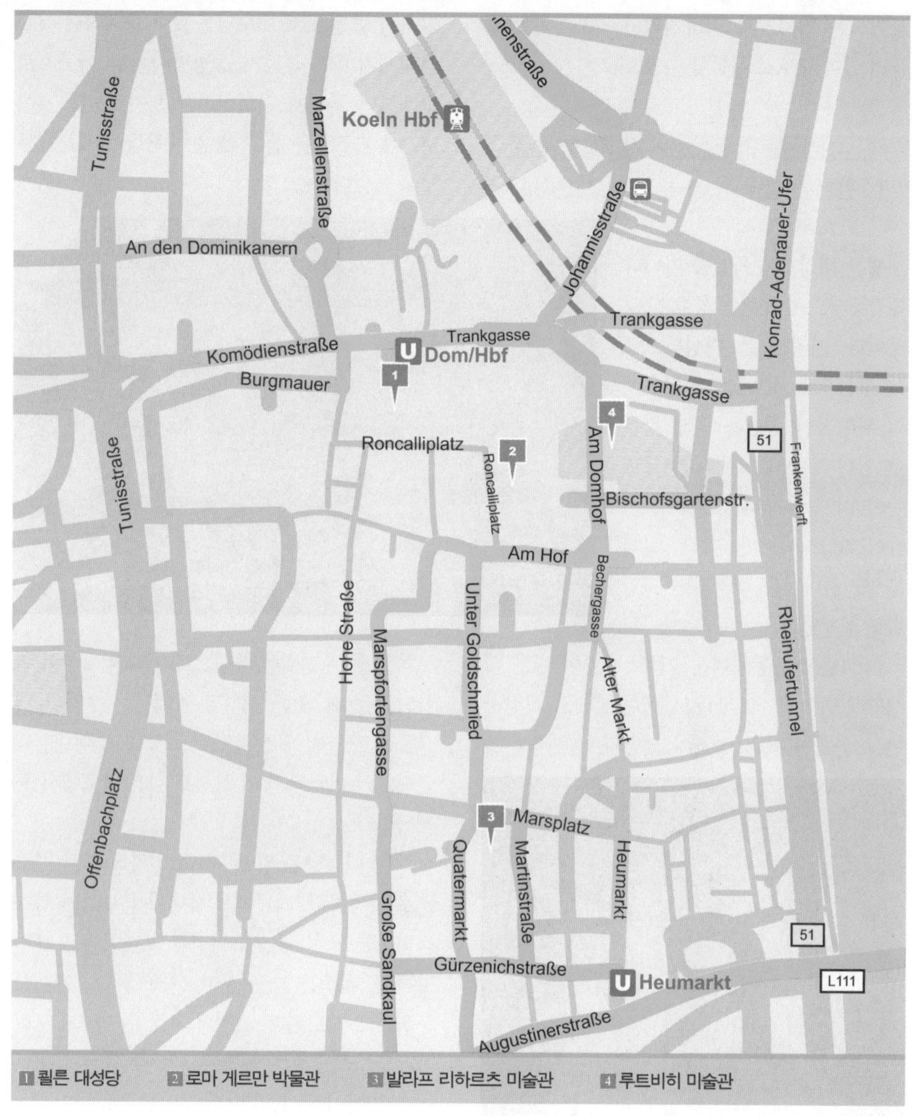

위압감도 대단하지만 하나님을 대적하던 과거 역사를 생각할 때, 그 높이는 훨씬 더 높아 보인다. 어쩌면 이 대성당은 바벨탑보다도 훨씬 높이 나아갔으리라.

➡ 교통정보

기차로 움직인다면 쾰른은 매우 좋은 지리적 조건을 갖고 있다. 프랑크푸르트에서도 금방 도착할 수 있고, 가까이에 있는 본, 뒤셀도르프 등지로도 교통이 매우 편리하게 연결된다. 또 멀리 함부르크까지도 기차로 갈 수 있다. 쾰른의 볼거리는 기차역과 지하철역(Dom/Hbf) 주변에 몰려 있어 도보로 이동할 수 있다.

➡ 방문정보

1. 쾰른 대성당

(Kölner Dom)

쾰른 대성당은 독일뿐 아니라 유럽에서도 손꼽히는 중요한 성당이다. 가장 높은 대성당으로서 쾰른으로 진입할 때 짙은색의 위압적인 성당을 쉽게 찾을 수 있다. 프롤로그에서 언급했듯이 이 성당의 위풍당당한 모습이 위압적이지만 역사를 살펴볼 때, 하나님을 대적하던 교만함도 엄청났다.

1164년에는 동방박사 3인의 유골이 쾰른 대성당에 안치되었고, 1181년에는 금으로 치장하면서 순례의 핵심 장소가 되었다. 동방박사가 멀리서 별을 보고 예수님을 찾아 순례하던 것을 상기시키며 누구든지 동방박사처럼 이곳으로 순례하면 구원에 가까워진다고 가르쳤던 것이다. 이 가르침을 듣고 많은 사람들이 쾰른으로 모여 들었다.

^ 성당 입구와 꼭대기까지 정교한 조각으로 가득하다.

독일 동부 지역을 중심으로 루터의 사상이 확산되었을 때, 쾰른 대성당 앞에서는 루터의 저작들을 모조리 공개적으로 소각했고, 몇 년 뒤 틴데일이 번역한 영어 성경도 같은 장소에서 불태워졌다.

쾰른 대성당은 입구부터 화려하게 조각된 부조로 가득하다. 입구에서 꼭대기를 보려면 까마득하다는 표현 외에는 적절한 표현이 떠오르지 않는다. 내부는 높고, 길며, 그 웅장하고 거대한 분위기에 압도된다. 그러나 가장 현저하게 눈길을 사로잡는 것은 동방박사의 금 유골함이다. 이 부분에 대해서는 [비전노트]를 참고하자.

유럽에서 가장 높은 성당에 오른다는 것은 상당한 노력과 인내를 요하지만 땀은 결코 우리의 노력을 배신하지 않는다. 내려다보이는 쾰른 시내도 멋지지만 그 높이는 가히 상상을 초월한다. 과연 이 건축물을 인간이 만들었는지 의심스러울 따름이다. 더 놀라운 것은 탑 꼭대기와 바깥에 정교하게 조각된 수많은 조각물들이다. 수백 년 전 현대의 기술도 없이 이 높은 곳에서 작업하던 수많은 사람들을 생각하면, 인간의 한계는 과연 어디까지일까 의아해진다. 쾰른 대성당의 어마어마한 높이와 아찔함으로 인한 충격은 오랫동안 가시지 않을 것이다.

+주소 Margarethenkloster 5(Roncalliplatz)
+전화 +49(0)221 17940 200
+입장 성당 11~4월 6:00-19:30 /
5~10월 6:00-21:00
보물관(Treasury) 10:00-18:00
탑 9:00-18:00(3~4, 10월 17:00까지, 11~2월 16:00까지)
+요금 성당 무료, 보물관 성인 4€(할인 2€),
탑 성인 2.5€(할인 1€)
+정보 www.koelner-dom.de

동방박사와 중세 순례자들

스페인에서 발견된 야고보의 무덤, 이탈리아 베네치아로 옮겨진 성 마가의 무덤, 이런 곳들을 향하여 수백, 수천 리 길을 사람들은 무작정 걷기 시작했다. 이유는 단 하나. 순례를 통해 영혼이 구원 받기 위해서다. 중세는 교회가 사회를 지배하던 시기였는데, 중세에 유행하던 것 역시 순례였다.

중세에는 많은 사람들이 순례를 떠났고, 부유한 사람들은 성물(聖物) 수집을 했다. 이런 행위가 쌓일수록 연옥에서의 기간이 단축된다고 믿었다. 쾰른에서 발견(?)된 동방박사의 유물은 중세 순례를 더욱 부채질하는 계기가 되었다. 과거 동방박사들이 별을 보고 먼 길을 걸어와서 아기 예수께 경배하던 사실을 상기할 때 동방박사는 순례의 모범이라 할 수 있기 때문이다.

중세 사람들이 무슨 잘못이 있겠는가? 성경이 아닌 것을 전파한 종교인들 탓이지 않은가? 아기 예수를 위해 황금과 유향, 몰약을 드린 동방박사들의 순수함은 쾰른에서 크게 변질되었음을 알 수 있다.

과연 1100년의 유구한 세월 동안에도 이들의 유골이 보존될 수 있을까? 그리고 동방박사의 유골은 과연 누가, 어떻게 보관하고 있었을까? 그런 미심쩍은 의문들은 12세기에 이 유골함이 사용된 목적을 알면 금세 의문이 풀린다. 많은 사람들을 쾰른으로 유인하려는 미끼에 지나지 않았던 것이다. 그럼에도 불구하고 지금도 수많은 방문객들이 이 유골함을 보기 위해 쉴 새 없이 몰려들고 있으며, 그 유골함 앞에서 성호를 긋고 애정을 표현하는 모습을 보게 된다. 잘못된 가르침을 민중에게 전파하던 중세시대나, 복과 저주를 운운하면서 성도들을 위협하는 오늘날의 일부 목회자들이나 크게 다르지 않아 보인다. 또 복(福)이라면 성경의 진의(眞意)와 상관없이 무엇이든 받겠다는 민중의 모습도 그렇다. 시대를 초월해 루터의 개혁과 성경은 어느 곳에나 필요하다는 생각이 든다.

2. 로마 게르만 박물관

(Römish-Germanisches Museum)

옛 로마 제국의 중요한 식민지로서 정복의 발판이 되었던 곳이 쾰른이다. 어원도 '식민지'라는 의미의 'Colony'에서 파생되었다. 그만큼 쾰른에서 로마시대의 미술품들을 감상하는 것은 매우 특별한 경험이다. 로마시대의 종교와 게르만

족들의 생활상을 느낄 수 있는 작품들이 전시되어 있다. 〈디오니소스의 모자이크〉가 유명하다.

+주소 Roncalliplatz 4
+전화 +49(0)221 2212 4438
+입장 화-일 10:00-17:00
+요금 성인 6€(할인 2€)
+교통 U 5, 16, 18 Dom/Hbf에서 하차
+정보 www.museenkoeln.de/roemisch-germanisches-museum

3. 발라프 리하르츠 미술관

(Wallraff-Richartz Museum)

중세부터 20세기까지 작품들을 시기별로 전시하고 있어 유럽 미술사의 변화를 느낄 수 있는 곳이다. 그중에서도 제단화와 성화 등 중세 회화가 핵심 컬렉션이다. 렘브란트와 루벤스 같은 종교적 색채가 짙은 화가뿐 아니라 모네, 르누아르와 같은 화가들의 그림도 접할 수 있다.

슈테판 로흐너의 〈장미덩굴의 성모 마리아〉

슈테판 로흐너의 〈최후의 심판〉, 〈장미덩굴의 성모 마리아〉, 렘브란트의 〈자화상〉 등이 유명하다.

+주소 Obenmarspforten
+전화 +49(0) 221 221-21119
+입장 화-금 10:00-18:00, 토-일 11:00-18:00
+요금 성인 9.5€(할인 7.5€)
+정보 www.wallraf.museum

4. 루트비히 미술관

(Ludwig Museum)

발라프 리하르츠 미술관이 근대 미술관이라면 루트비히 미술관은 현대 미술관이라고 표현할 수 있다. 모든 그림은 20세기 이후의 그림들로서 미술 팬들에게 인기가 많은 곳이며, 피카소의 그림도 접할 수 있다.

+주소 Heinrich-Boll-Platz
+전화 +49(0)221 221 26165
+입장 화-일 10:00-18:00
+요금 성인 10€(할인 7€)
+정보 www.museenkoeln.de/museum-ludwig

참가자 다이어리

독일을 대표하는 쾰른 대성당. 꼭대기까지 걸어서 올라가야만 남자가 된다는 그곳. 남자가 되고 싶은 분은 꼭 도전하길. 더불어 '베드로의 종'은 보너스!

● 김영현, 아현장로교회

과연 이것을 사람이 만들었을까? 감탄과 경이로움을 한 번에 쏟아 내다.

● 이혜정, 사랑의교회

03 본(Bonn), 베토벤 바이러스

➡ 프롤로그

과거 서독의 수도였던 도시가 바로 본(Bonn)이다. 서구 열강 중 하나였던 서독이지만 영국의 런던, 프랑스의 파리와 같은 규모로 생각하면 큰 오산이다. 본은 수도였음에도 불구하고 런던, 파리에 비해 정말 작은 규모다. 이것은 우리나라를 비롯한 다른 나라들이 수도에 많은 것들을 집중시키는 것과는 달리 독일은 철저히 분할된 시스템을 적용하기 때문이다. 세계에서 독일만큼 역할 분담이 잘된 나라도 드물 것이다.

본의 자랑은 악성(樂聖) 베토벤의 고향이라는 사실이다. 이 도시는 베토벤의 자취를 느끼기 위해 방문한다고 해도 과언이 아니다. 유유히 흐르는 라인 강, 그리고 수많은 인재들을 배출한 본 대학. 그곳에서 베토벤이 태어났다. 작지만 큰 도시라는 인상을 갖게 된다.

➡ 교통정보

본은 서쪽으로는 쾰른과 뒤셀도르프, 동쪽으로는 프랑크푸르트 등이 가까이에 있다. 자동차로 오갈 수 있으며, 기차도 편리하다. 라인 강변을 운행하는 기차도 있으며, 프랑크푸르트에서 기차가 자주 운행된다.

➡ Story

1. 뮌스터 광장(Münsterplatz)
2. 뮌스터 대성당(Bonner Münster)
3. 본 대학교(Universität Bonn)
4. 베토벤 생가(Beethovenhaus)
5. 구 묘지(Alte Friedhof)

^ 뮌스터 광장의 베토벤 동상

6. 라인 주립박물관

(Rheinishes Landes Museum Bonn)

7. 슈만 하우스(Schumannhaus)

➡방문정보

1. 뮌스터 광장

(Münsterplatz)

베토벤의 도시답게 뮌스터 광장에는 위풍당당한 베토벤의 동상이 세워져 있다. 많은 사람들이 오가는 이 광장은 본 방문의 중심과도 같다. 오른쪽으로는 베토벤 생가, 본 대학, 라인 강이 나오며, 왼쪽으로는 대성당(Münster)과 구 묘지로 연결된다. 남쪽으로는 기차역이 가깝게 있고, 그곳을 지나면 라인 주립박물관으로 연결된다.

+교통 본 기차역(Bonn Hbf)
U16 등 Hauptbahnhof에서 하차

베토벤 동상

뮌스터 순교자 창문

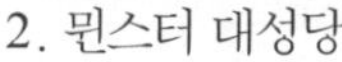

2. 뮌스터 대성당

(Bonner Münster)

고딕 양식, 로마네스크 걸작 등 건축에 대해 뮌스터 성당을 표현하는 것은 독일과 유럽에서는 너무 식상한 표현이 되어 버렸다. 그러나 뮌스터 대성당과 관련해서 꼭 알아야 할 것은 카시우스(Cassius)와 플로렌티우스(Florentius)에 관한 이야기다. 그들에 대한 이야기는 〔비전노트〕를 참고하도록 하자. 카시우스와 플로렌티우스에 대한 흔적은 교회 내부의 스테인드글라스에도 있지만 무엇보다 교회 밖에 그들의 거대한 머리 조각이 놓여 있다.

+주소 Gerhard-von-Are-Str. 5 (Münsterplatz)
+전화 +49(0)228 985880
+입장 월-금 10:00-12:00, 12:45-16:00
(토 9:00-12:00)
+정보 www.bonner-muenster.de

비전
노트

카시우스(Cassius)와 플로렌티우스(Florentius)를 기억하며

본 대성당 옆에는 거대한 석상으로부터

머리가 떨어져 나온 듯 두 개의 두상이 뉘어 있다. 이것은 카시우스와 플로렌티우스의 두상으로 이들은 주후 3세기 로마군이었다. 당시 로마군이 된다는 것은 로마 시민이 갖는 특권의 수혜자라는 의미였다. 로마 공화정에서 로마제국으로 확대되면서 속주민들에게도 로마군이 될 수 있는 길이 열렸고, 그 위상은 공화정 시대만큼은 아니지만 그래도 자부심을 갖기에 충분했다.

그러던 중 한 로마 군대에 복음이 전파되면서 6,000명의 군단 전원이 그리스도인이 되는 역사가 일어났다. 당시 병사들은 로마 황제의 명예를 등에 업고 한 지역을 정복할 때마다 전리품을 받았다. 그리고 퇴역병들에게는 퇴직금이 보장되었다. 하지만 이들 6,000명은 보장된 명예와 재산을 포기하고 그리스도인이 되기로 했고 더 이상 진군하지 않았다. 황제 막시미아누스가 이들에게 그리스도인을 진멸하라고 출두 명령을 내렸으나 이들은 같은 형제, 자매를 살육하느니 차라리 죽음을 택하겠다고 선언했다. 화가 난 황제는 그들 앞에서 10%인 600명의 병사를 살해했다. 그러나 나머지 병사들은 동요하지 않았다. 또 600명을 살해했다. 그런 잔인한 처사에도 이 젊은이들은 꿈쩍하지 않았다. 잔인한 처형으로 나머지 병사들을 동요시키려던 황제는 결국 전 군단을 사형시켰다. 286년에 일어난 일이다.

300여 명은 쾰른 지역에서 처형되었고, 본에서도 사형이 집행되었다. 본에서 처형된 로마 병사들 중 이름이 알려진 두 인물이 바로 카시우스와 플로렌티우스다. 이들의 무덤 위에 대성당이 세워졌으며, 이들은 본의 성인으로 추대되었다.

같은 형제 자매를 죽일 수 없다며 이름 없이 죽어 간 6,000명을 떠올리며 지금 나의 신앙을 움직이는 것은 말씀인지, 아니면 다른 목적들인지 되돌아본다. 하나님의 부흥과 개혁이 나타나는 방법은 어떠한 이익과 기득권도 아닌 말씀을 실천하는 것 외에는 없다. 더딜지라도 그것이 하나님이 기뻐하시는 방법이다.

^두 순교자의 거대한 두상

3. 본 대학교

(Universität Bonn)

카를 마르크스, 프리드리히 니체, 하인리히 하이네, 카를 바르트 등 세계를 움직인 인물들이 공부하고 거쳐 간 대학이다. 이들의 영향은 얼마나 크고 놀라웠던가? 이들의 사상으로 이념이 생기고, 국경과 분단이 생겼으며, 신학의 흐름도 영향을 받았다.

+주소 Regina-Pacis-Weg. 3
+교통 U16 등 Universität/Markt
+정보 www3.uni-bonn.de

4. 베토벤 생가

(Beethovenhaus)

어쩌면 이 도시의 핵심이라 할 만한 곳이다. 음악의 성인, 그 어떤 수식어도 불필요한 인물, 바로 베토벤이 태어난 집이다. 이 집은 도시개발로 인해 19세기 말에 철거될 위기에 놓였으나 12명의 시민들이 이 집을 구입하고 개조하여 현재의 베토벤 박물관을 만들었다. 근처 레미기우스 교회(St. Remigius Kirche)에서 베토벤은 유아세례를 받았다.

+주소 Bonngasse 18-26
+전화 +49 (0)228-98175-25
+입장 4~10월 10:00-18:00
11~3월 10:00-17:00(일·공휴일 11시부터)
+요금 성인 5€(할인 4€)
+교통 U62 등 B.-V.-Suttner-Pl./
Beethovenhaus에서 하차
+정보 www.beethoven-haus-bonn.de

인물 연구

절망을 이겨 낸 영웅, 루트비히 반 베토벤

- Ludwig van Beethoven, 1770~1827

모차르트, 하이든과 함께 '빈 고전파'를 대표하는 음악가인 베토벤은 독일 본 출신이다. 1770년 12월 17일, 할아버지와 아버지가 궁정악장을 지낸 음악가의 집안에서 태어난 베토벤은 어려서부터 탁월한 음악적 재능을 보였다. 하지만 뛰어난 재능을 소유한 베토벤의 삶은 어려서부터 평탄하지 않았다. 그의 어머니는 병약했고 아버지는 술주정뱅이로 집안은 가난했다. 더구나 궁정악장이었음에도 음악적 재능이 뛰어나지 않았던 그의 아버지는 아들을 통해 음악적 성공을 얻고자 베토벤이 네 살 되던 무렵부터 가혹한 음악 교육을 시켰다. 또한 모차르트만큼이나 신동임을 자랑하고 싶어 베토벤이 여덟 살이던 해에 여섯 살이라고 속여 연주회를 열기도 했다. 어린 베토벤은 늘 집안에서 음악 연습을 하며 보냈고 학교생활에는 잘 적응하지 못했다. 다행히 음악을 사랑한 베토벤은 이런 상황에서도 비뚤어지지 않아 열한 살에 오케스트라 단원이 되었고 열다섯 살에는 생계를 위해 피아노 교습을 하기도 했다.

부모님의 지나친 기대를 받고 자란 베토벤이 본격적인 음악가로서 자신의 길을 찾게 된 것은 스승 크리스티안 고틀로프 네페를 만나고부터였다. 그는 음악적 기술뿐 아니라 정신적인 가르침을 통해 베토벤을 성장시켰고, 모차르트와 하이든을 만나게 해 줌으로써 음악가로서 더욱 성장하도록 했다. 1787년 베토벤은 빈에서 천재 음악가 모차르트를 만나 그에게 자극을 받아 음악에 대한 소명과 집념을 불태웠다. 하지만 병약하던 어머니가 세상을 떠나면서 베토벤은 가정을 돌보기 위해 본으로 돌아와야 했다. 1792년 바르트슈타인 백작을 비롯한 친구들의 지원으로 베토벤은 다시 빈으로 유학을 떠날 수 있었고 죽기까지 빈에서 생활했다. 베토벤은 원래 모차르트의 가르침을 받고자 했으나 모차르트의 죽음으로 하이든의 가르침을 받았다.

베토벤은 빈에서 철저한 음악 공부를 통해 다양한 장르의 음악을 섭렵하며 뛰어난 실력을 갖추어 갔다. 하지만 20대의 젊은 베토벤에게는 더 큰 시련이 기다리고 있었다. 1796년 즈음부터 귀가 잘 들리지 않아 귓병 치료를 위해 하일리겐슈타트로 요양을 가지만 치료가 되지 않자 깊은 절망에 빠져 동생들 앞으로 유서를 쓰기도 했다. 음악가에게 생명과도 같은 청력을 잃었으니 그 절망이 얼마나 깊었을까?

하지만 베토벤은 결국 절망을 이겨 내고 이후 〈영웅〉, 〈전원교향곡〉, 〈합창〉과 같은 불멸의 위대한 작품을 남겼다. 이 작품들에는 절망을 이겨 낸 그의 열정과 정신이 깃들어 있기에 음악 그 이상의 숭고함을 느낄 수 있다. 베토벤은 작품 중 특히 〈영웅〉에 애착을 느꼈다고 한다. 원래 〈영웅〉은 당시 절대왕정의 독재로부터 시민들을 구원해 줄 영웅으로 기대하던 나폴레옹을 생각하며 〈보나파르트〉라는 제목으로 지어졌다. 그러나 좌절할 수밖에 없는 상황에서 이를 극복하고 위대한 작품을 남긴 베토벤이야말로 진정 '영웅'에 가장 잘 어울리는 사람이 아닐까? 베토벤의 음악에 대해서는 오스트리아 빈 부분에서 자세히 살펴보자.

찬송가 기행

기뻐하며 경배하세

- 새 찬송가 64장, 구 찬송가 13장

1824년에 베토벤의 대표곡 〈환희의 송가〉가 오스트리아 빈에서 초연되었다. 이 곡은 베토벤이 7년간 심혈을 기울여 만들었다. 그는 구 묘지 66번 무덤에 묻힌 실러의 시에 영감을 받아 고뇌 속에서 위대한 곡을 만들었다. 그러나 7년간의 몸부림 속에서 창조되었다는 사실 외에 이 곡에 숨겨진 더 감동적인 이야기가 있다.

귓병으로 고생하던 베토벤은 위대한 시 '환희의 송가'에 영감을 받았음에도 불구하고 자신의 귀로 작곡하려는 음을 들을 수 없었다. 마음속으로 느끼고, 생각하고, 느끼기를 반복한 7년의 세월, 어찌 그 7년간 우울하고, 비관적이던 순간이 없었을까? 그런 모든 고난과 역경을 극복하고 탄생한 곡이기에 지금도 많은 사람들에게 사랑받는 찬송가로 불리고 있다.

〈환희의 송가〉는 1824년 빈에서 초연된 뒤 전 세계 수많은 사람들을 감동시켰다. 1세기가 지난 1908년, 미국 프린스턴 대학의 유능한 교수 반 다이크는 대학 총장에게 원고를 건넸다. 자연과 산들이 자신에게 영감을 주었다면서 이 시를 베토벤의 〈환희의 송가〉 곡조에 맞추어 부르면 좋을 것 같다고 했다. 이렇게 해서 위대한 시와 불후의 명곡, 그리고 하나님을 사랑하는 신학교수의 가사가 어우러져 위대한 창조주 하나님을 높이는 곡이 우리에게 전해졌다.

5. 구 묘지
(Alte Friedhof)

구 묘지에는 본의 유명한 인물들이 잠들어 있다. 불꽃처럼 살다 간 음악가 부부 슈만과 클라라의 무덤(71번)이 있고, 실러의 가족묘(66번)뿐 아니라 베토벤의 모친(6번) 묘도 있다. 각 번호에 따른 위치는 양 입구에 세워진 묘지 안내도에 잘 나와 있다. 슈만과 클라라에 대해 좀 더 접하기를 원한다면 '슈만 하우스'를 방문할 것을 추천한다. 슈만 곁에 묻히기를 원했다는 클라라와 슈만의 묘비에는 '위대한 음악가를 받들며…'라는 글이 새겨져 있다.

+주소 Bornheimer Straße 77
+교통 U62 등 Stadthaus

∨ 슈만과 클라라의 무덤

∧ 실러의 무덤

찬송가 기행

나 가진 모든 것
- 구 찬송가 69장

본에는 슈만의 흔적이 곳곳에 남아 있다. 그러나 슈만이 음악가로서 명성을 날리며 활동한 뒤셀도르프와 달리 본은 슈만의 마지막 추락 과정의 자취가 남아 있는 도시다. 구 찬송가 69장 '나 가진 모든 것'에는 슈만의 손길이 닿아 있다. 그러나 안타깝게도 찬송가가 개편되면서 새 찬송가의 목록에서 제외되었다.

개편되기 전에 헌금과 봉헌을 위해 즐겨 부르던 찬송이 바로 이 찬송가다. 아이러니하게도 이 찬송 작시자와 작곡자 슈만의 인생은 현저한 대조를 보인다. 작시자 하우

(How) 목사는 좋은 이력을 갖고 있음에도 산업혁명이 한창이던 시기에 노동자들을 위해 헌신했다. 훗날 웨이크필드 대주교를 역임한 뒤 웨이크필드 대성당에 묻혔다. 하우 목사의 별명은 '빈자들의 주교'였다. 그가 지은 다른 곡은 '주 예수 대문 밖에'다.

반면에 슈만과 클라라는 음악계에서 늘 회자되는 러브스토리의 주인공이다. 그러나 슈만은 우울증으로 고통을 받았다. 뒤셀도르프 시절 끊임없이 찾아오는 우울증으로 인해 라인 강에 몸을 내던지기까지 했다. 그러던 중 정신 이상 증세와 이명 현상까지 앓게 되자 본으로 와서 정신 치료를 받다가 사망했다.

나 가진 모든 것 다 주의 것이니
그 받은 귀한 선물을 다 주께 바치네
나 비록 약하나 주 말씀 의지해
주님의 일만 위하여 늘 힘써 살리라

슈만이 작곡한 곡이지만 작시자와 너무나 대비되는 삶이 아닐 수 없다.

6. 라인 주립박물관

(Rheinishes Landes Museum Bonn)

본 기차역 뒤편에 위치한 라인 주립박물관은 고대 로마시대부터 현대에 이르기까지의 고고학, 역사 유물들을 전시하고 있다. 라인 강 주변을 중심으로 전래된 로마시대의 유적들이 잘 전시되어 있으며, 당시 로마 신들을 섬기던 흔적들을 볼 수 있다.

특히 네안데르탈인의 전시도 눈에 띄는데, 불과 10여 년 전까지만 해도 네안데르탈인은 인류의 조상으로 여겨졌으나 최근 원숭이 화석이라고 밝혀짐으로써 인류학과 진화론의 수정이 불가피해졌다. 사람들이 믿는 수많은 견고한 진들이 성경 말씀 앞에 하나씩 굴복되기를 바랄 뿐이다.

+주소 Colmantstraße 14-16
+전화 +49(0)228 2070-0
+입장 화-일 10:00-18:00(수요일은 21시까지, 월요일 휴관)
+요금 성인 5€
+정보 www.rlmb.lvr.de

7. 슈만 하우스

(Schumannhaus)

슈만과 클라라가 마지막 2년을 살던 곳이다. 뒤셀도르프에서 왕성한 음악 활동을 하던 슈만에게 1853년 고난이 찾아왔다. 그의 귀에 이명(耳鳴) 현상이 나타나기 시작했고, 정신적으로도 많이 쇠약해졌다. 그는 이 집에 살면서 생애를 마쳤다. 시내에서 버스 604, 605, 606, 607번을 타면 Alfred-Bucherer-Straße에서 하차한다. 그리고 지도를 보면 가까운 곳에 슈만 하우스를 찾을 수 있다.

+주소 Sebastianstraße 182
+전화 +49(0)228 773656
+입장 월 · 수-금 11:00-13:30, 15:00-18:00
+정보 wwww.schumannhaus-bonn.de

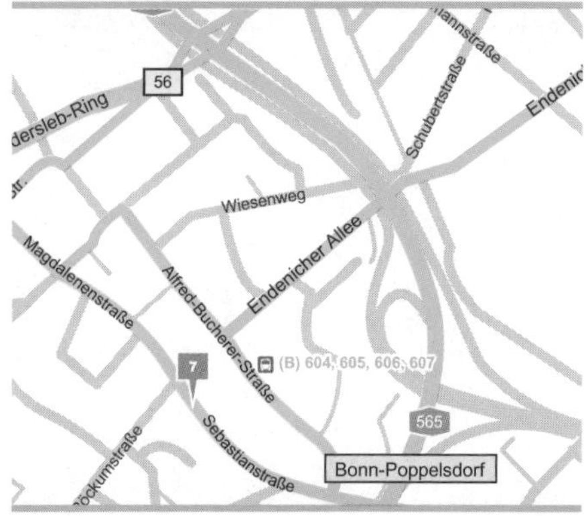

04 뒤셀도르프(Düsseldorf), 라인 강의 기적

프롤로그

뒤셀도르프는 아담하면서도 소박하다. 라인 강이 흐르고, 시내는 운하처럼 잘 정비된 예쁜 도시다. 음악가 슈만이 뒤셀도르프 합창단의 지휘를 위해 이 도시를 방문했을 때 생각보다 작고 산기슭에 있는 도시 같다고 표현했을 정도다. 더구나 이 도시는 2차 대전 후 독일이 빠른 시간 내에 세계 열강 속에서 강력한 경제를 재건한 '라인 강의 기적'의 주역이었다. 지금은 공장보다는 운하, 쇼핑 거리, 현대적인 세련된 미술관들, 음악가, 문학가들의 발자취로 가득하다. 뒤셀도르프는 재충전의 시간을 갖기에도 참 괜찮은 도시다.

교통정보

파리, 런던, 베를린 등지에서 뒤셀도르프로 오는 항공편이 있다. 무엇보다도 기차가 편리한데, 함부르크, 프랑크푸르트, 쾰른 등지에서 자주 기차가 연결된다. 시내에서도 지하철과 트램이 매우 편리하게 연결되어 있어서 이동하기가 어렵지 않다.

Story

Part 1 › 미술관 기행

1. 쿤스트 팔라스트 미술관

(Stiftung museum kunst palast)

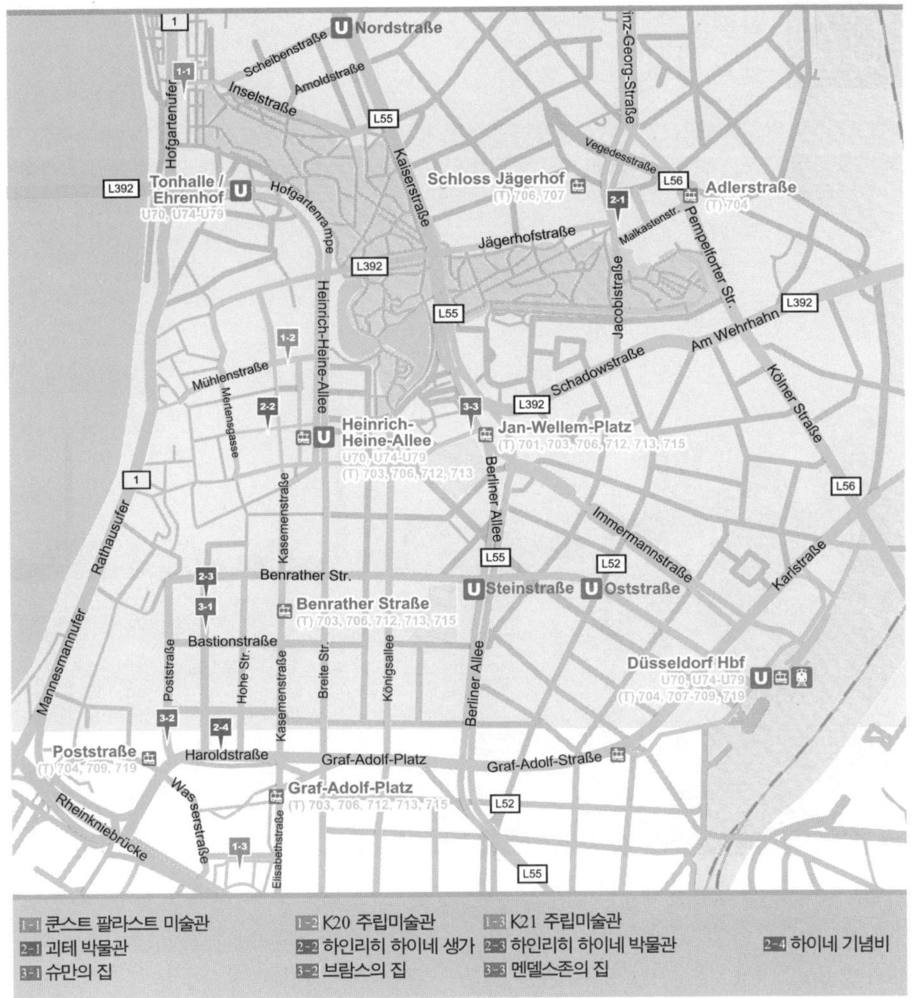

2. K20 주립미술관, K21 주립미술관

(K20 Kunstsammlung Nordrhein-Westfalen, 21 Kunstsammlugn NRW im Ständehaus)

3. 하인리히 하이네 박물관

(Heinrich-Heine-Gesellschaft)

4. 하이네 기념비

Part 2 › 문학의 흔적

1. 괴테 박물관(Goethe Museum)

2. 하인리히 하이네 생가

(Heinrich Heine Geburtshaus)

Part 3 › 음악가들의 흔적

1. 슈만의 집(Schumann Haus)

2. 브람스의 집(Brahms Haus)

3. 멘델스존의 집(Mendelssohn Haus)

➡ 방문정보

뒤셀도르프의 명물은 도시 중앙에 세로로 드리워진 운하를 따라 난 쾨니히스알레(Königsallee) 거리다. 우리로 치면 명동과 같은 곳으로 수많은 명품 매장들이 늘어서 있으며, 그 모습도 낭만적이다. 이 거리를 중심으로 다양한 방문지들이 주변에 있다.

Part 1 › 미술관 기행

1. 쿤스트 팔라스트 미술관

(Stiftung museum kunst palast)

쿤스트 팔라스트 미술관에서 유명한 그림은 로비스 코린트(Lovis Corinth)의 〈가인과 아벨〉이다. 로비스 코린트는 인상주의와 낭만주의 그림을 그린 작가로서 어느 날 중풍에 걸려 화가로서 큰 절망에 빠졌으나 마비되지 않은 다른 손으로 혼을 불태워 이 그림을 그렸다. 그래서인지 〈가인과 아벨〉에는 인간의 분노와 애통, 강인함이 드러나 있다. 또 돌로 내리치는 형 가인과 두 손을 뻗으며 누워서 절규하는 동생 아벨의 모습을 통해 1차 대전 당시 인류의 대학살을 인간의 죄성과 연관 지어 비판하고 있다. 그밖에도 루터의 동역자인 크라나흐의 그림도 쿤스트 팔라스트 미술관에서 감상할 수 있다.

^ 로비스 코린트의 〈가인과 아벨〉.

+주소 Ehrenhof 4-5
+전화 +49(0)211 8990200
+입장 11:00-18:00(목 21:00까지, 월요일 휴관)
+요금 성인 6€(할인 4€)
+정보 www.museum-kunst-palast.de

2. K20 주립미술관, K21 주립미술관

(K20 Kunstsammlung Nordrhein-Westfalen·

K21 Kunstsammlugn NRW im Ständehaus)

쿤스트 팔라스트 미술관이 주로 근대의 작품을 다룬 곳이라면, K20 미술관은 20세기의 화가인 샤갈, 피카소 등의 작품을, 그리고 K21미술관은 현대 모더니즘 그림을 전시한다. 미술 애호가라면 다양한 쇼핑과 어우러진 미술 작품들을 감상하는 좋은 시간이 될 것이다.

K20과 K21 미술관은 공통 티켓을 구입하는 것이 따로 구입하는 것보다 저렴하다. 특히 K21 미술관에서는 백남준 선생의 작품과 흔적을 엿볼 수 있다.

›K20 주립미술관
+주소 Grabbeplatz 5
+전화 +49 (0)211 838 1204
+입장 10:00-18:00(월요일 휴관)
+요금 6.5€(K21과의 공통권은 10€)
+정보 www.kunstsammlung.de

›K21 주립미술관
+주소 Ständehausstrasse 1
+전화 +49 (0)211 838 1204
+입장 10:00-18:00시(월요일 휴관)
+요금 6.5€(K20과의 공통권은 10€)
+정보 www.kunstsammlung.de

1. 괴테 박물관

(Goethe Museum)

이곳은 괴테와 직접적인 관계는 없으나 한 상인이 괴테와 관련된 다양하고 엄청난 자료들을 전시한 곳이다. 특히 그의 자필 원고와 유물들 만큼은 다른 어느 곳보다 더 충실한 자료를 소장하고 있다.

+주소 Jacobistrraße 2
+전화 +49(0)211 899 6262
+입장 화~일 11-17시(월요일 휴관)
+요금 성인 3€
+정보 www.goethe-museum.com

2. 하인리히 하이네 생가

(Heinrich Heine Geburtshaus)

'노래의 날개 위에', '로렐라이' 등 주옥같은 서정시들을 쏟아낸 유대계 독일 문학가 하이네의 생가가 볼커 거리 53번지에 위치해 있다. 이곳에서 세계적인 문학가가 태어났으며 현재는 레스토랑으로 운영되고 있다. 레스토랑 한쪽을 문학카페처럼 꾸며 그의 작품들을 읽을 수 있도록 했다. 독일 중부의 '로렐라이' 부분을 참고하자.

+주소 Bolkerstraße 53
+전화 +49(0)211.200 54 294
+정보 www.heinehaus.de

3. 하인리히 하이네 박물관

(Heinrich-Heine-Gesellschaft)

하이네의 팬이라면 꼭 방문하기를 추천한다. 하이네의 자필 작품들과 관련 전시물을 접할 수 있다. 하이네의 재능은 슈만, 멘델스존 등의 기라성 같은 음악가들이 하이네의 시에 곡조를 붙여 독일 가곡을 많이 만들었다는 사실에서 입증되었다.

+주소 Bilker Straße 12-14
+전화 +49(0)211 899 6009
+입장 화~일 11:00-17:00(월요일 휴관)
+요금 성인 3€
+정보 www.heinrich-heine-gesellschaft.de

4. 하이네 기념비

빌커 가 남쪽 끝 잔디밭처럼 생긴 자그마한 광장에 서 있는 것이 하이네 기념비다. 보통 기념비라고 하면 무엇인가가 우뚝 세워진 정형적인 상을 생각하기 쉽지만 하이네 기념비는 독특한 모양을 하고 있다. 하이네와 관련하여 [문학산책]을 참고하자.

문학 산책

하인리히 하이네, 슈만 그리고 멘델스존

뒤셀도르프 출신 하인리히 하이네는 감성적 서정시를 많이 썼다. 로렐라이는 하이네의 대표적인 서정시다. 슈만은 하이네의 시에 영감을 얻어 많은 가곡들을 작곡했으며, 이중에는 클라라에 대한 애정을 담은 가곡도 있다. '그대는 한 송이 꽃이어라'는 슈만이 하이네 시에 곡을 붙인 유명한 가곡이다. 슈만의 영감은 대부분 클라라로부터 나왔다.

• 그대는 한 송이 꽃이어라

그대는 한 송이 꽃이어라.
아담하고 아름답고 순결하오.
그대를 보고 있노라면
구슬픈 감정이 가슴을 파고드오.
내 두 손을 그대 머리 위에 얹고
기도해야만 할 것 같소.
하나님께서 그대를 지켜 주시길.
순결하고 아름답고 아담한 채로 지켜 주시길.

하이네의 시에 멘델스존이 곡을 붙인 그 유명한 곡이 바로 '노래의 날개 위에'다. 앞서 언급했듯이 하이네와 멘델스존은 유대인 출신이다. 하이네는 봉건적이고 엄격한 독일에서 태어났으나 프랑스의 자유사상을 흠모하는 사상가였다. 그는 작품 활동을 통해 독일이 프랑스와 같이 자유 시민적 국가가 되기를 도모했지만 독일에서 그의 사상은 너무 급진적이라는 이유로 금기시되었다. 결국 목숨의 위협을 받고 하이네는 프랑스로 망명했다. 파리 몽마르트 언덕에는 지금도 하인리히 하이네의 무덤과 기념비가 남아 있다. 하이네는 '노래의 날개 위에'를 쓰면서 독일이 지향해야 할 바를 시로 표현하였다. 여기에 멘델스존의 선율이 합쳐져 위대한 곡이 탄생되었다. 멘델스존이 뒤셀도르프 시절 이 곡을 작곡했다면 하이네는 파리로 망명한 후 독일을 사랑하는 마음으로 이 시를 썼다.

• 노래의 날개 위에

노래의 날개 위에
나의 사랑, 그대를 태우고 가리다
저 갠지스 강가로
아주 아름다운 곳을 봐 두었다오
고요한 달빛 아래
붉은 꽃 흐드러지게 핀 정원이 있소
연꽃들이 사랑하는 누이가
오기를 기다리고 있다오
제비꽃들은 별을 올려다보며
정다이 키드득키드득,
장미꽃들은 향기로운 동화를
귀에 대고 속닥거리오
온순하고도 슬기로운 영양이
껑충껑충 뛰어와 귀를 쫑긋 세우는데,
성스러운 강의 물결 소리가
아스라이 들려오오
그곳 야자수 그늘 아래
우리 몸을 누이고
사랑과 쉼을 들이키며
행복에 겨운 꿈을 꾸고 싶소

Part 3 › 음악가들의 흔적

1. 슈만의 집

(Schumann Haus)

1850년에 뒤셀도르프 초청 지휘자로 와서 거주하던 집이다. 이 집에는 슈만과 클라라가 살았다는 명판도 새겨져 있다. 일반 거주지이므로 박물관처럼 들어갈 수는 없지만 음악사에 길이

> 슈만과 클라라 명판

남을 슈만-클라라 부부의 흔적을 엿볼 수 있다.

슈만은 뒤셀도르프 시절 건강이 악화되면서 점차 대중들의 인기에서 멀어지기 시작했다. 설상가상으로 귀의 이명(耳鳴) 현상으로 인해 정신적으로도 매우 쇠약해졌고, 라인 강으로 뛰어들었다가 지나가는 배의 구조로 목숨을 구하기도 했다. 그 후 본으로 옮겨 정신 치료를 받다가 세상을 떠났다.

+주소 Bilker Straße 15

찬송가 기행

주 날 불러 이르소서

- 새 찬송가 329장, 구 찬송가 267장

슈만이 우리에게 남겨 준 몇 안 되는 찬송가 중 하나다. 뒤셀도르프에서 극명하게 대비되는 사람이 바로 하버갈 여사(3권 영국편 참조)와 로베르트 슈만이다. 이 찬송가 '주 날 불러 이르소서'는 영국 찬송시의 어머니 하버갈 여사가 썼으며, 슈만이 곡을 붙였다.

• 주 날 불러 이르소서

주 날 불러 이르소서
말씀대로 전하리라
나 주님의 뜻을 따라
길 잃은 양 찾으리다

주 날 인도하옵소서
나도 남을 인도하리
주 말씀에 주린 양 떼
다 먹이게 하옵소서

'주 날 불러 이르소서'의 가사처럼 하버갈 여사는 하나님께 자신을 철저히 헌신하고 드렸다. 반면 이 곡을 작곡한 슈만은 하나님으로부터 등을 돌렸다.

2. 브람스의 집

(Brahms Haus)

슈만의 집과 멀지 않은 곳에 브람스가 살던 집이 있다. 지금은 신식 건물로 바뀌어 자취를 찾아보기 어렵지만, 브람스가 살았다는 명판이 남아 있다. 당대 대단한 명성을 누리던 슈만과 클라라 부부는 음악적으로 뛰어난 재능을 가진 브람스를 발견하고, 젊은 브람스를 음악적으로 양육했다. 그런데 브람스가 사랑에 빠진 대상은 다름 아닌 클라라였다. 슈만이 세상을 떠나고 클라라를 향한 그의 사랑은 변함없었지만 클라라와는 우정으로 남을 수밖에 없었다. 슈만이 떠난 후 가세가 기울자 클라라와 자녀들에게 도움을 준 인물도 브람스였다.

▲브람스 명판

+주소 Poststraße 32

인물
연구

슈만과 클라라 그리고 브람스의 사랑 이야기

^슈만

슈만은 1810년에 태어났다. 11세부터 작곡을 시작했으나 16세에 서적상이던 아버지를 잃고 나서 음악과 결별해야 했다. 어머니가 음악이 장래성이 없다면서 슈만을 법대에 보낸 것이다. 그러나 그의 음악에 대한 열정은 제어할 수 없었다. 라이프치히 법대에 들어갔으나 유명한 피아노 교사 비크의 눈에 들면서 피아노를 배웠고, 심지어 그의 집에서 하숙도 했다. 슈만은 지독하게 연습했으나 오른손가락을 다치는 바람에 피아니스트를 포기해야 했다.

^클라라

그런 그에게 찾아온 것은 절망 그리고 새로운 사랑이었다. 비크 선생의 딸 클라라 비크를 운명적으로 사랑하게 된 것이다. 당시 클라라는 유럽 최고의 피아노 연주자로 이름을 날렸고, 그녀의 연주를 보기 위해 많은 사람들이 앞 다투어 연주 자리를 마련하려고 했다. 심지어 쇼팽도 독일에서 자신의 곡을 연주할 수 있는 유일한 사람이라고 극찬했다.

이런 상황에서 클라라의 부친이 슈만과 클라라의 사랑을 허락할 리 만무했다. 최고의 명성을 쌓은 딸 클라라와는 달리 슈만은 손가락을 다쳐 피아노를 칠 수 없는 무명의 작곡가에 불과했기 때문이다. 슈만과 비크의 오랜 갈등은 법정까지 가게 되었고, 결국 슈만과 클라라는 결혼식을 올리게 된다. 슈만의 많은 작품들은 아내 클라라에게 영감을 얻은 곡들이다.

^브람스

한편 슈만과 클라라가 뒤셀도르프에서 살던 시절 20세의 한 젊은이가 슈만의 배움을 얻고자 찾아왔다. 그가 바로 〈헝가리 무곡〉의 작곡가 브람스였다. 슈만 부부는 곧 브람스의 뛰어난 재능을 발견했고, 친밀한 관계를 형성하였다.

슈만이 정신질환으로 고통을 겪고 있을 때, 브람스는 클라라를 흠모하게 되었다. 슈만이 본에서 요양하다가 세상을 떠나자 가세는 급격히 기울었고 클라라 혼자 자녀들을 부양해야 했다.

그즈음 브람스는 음악가로서 한창 명성을 얻고 있었다. 클라라에 대한 브람스의 사랑은 결국 '우정'으로 남았지만 브람스는 클라라가 다시 피아니스트로 활동할 수 있도록 헌신적인 도움을 주었다. 브람스는 클라라를 사랑한 탓에 평생 독신으로 지냈으나 클라라는 죽어 가면서도 자신을 슈만 옆에 함께 묻어 달라면서 손녀딸에게 슈만의 곡을 연주해 달라고 부탁했다.

클라라로부터 영감을 얻은 슈만, 한 여자를 일평생 흠모한 브람스 그리고 한 남자의 아내로서 곧은 삶을 산 클라라… 소설 같은 이 아름다운 사랑 이야기를 듣고 나면 그들의 음악이 더 애잔하게 들린다.

3. 멘델스존의 집

(Mendelssohn Haus)

멘델스존이 살던 집은 현재 현대식 건물이 들어서서 19세기 당시의 분위기를 느낄 수 없다. 멘델스존과 하이네 둘 다 뒤셀도르프에 있었고, 유대인이었다. 그런 까닭에 많은 서러움도 당했으며, 태생적으로 다른 작곡가들과 동일한 대접을 받지 못했다. 그럼에도 역사에 길이 남을 명시와 명곡을 두 사람은 뒤셀도르프에서 만들었다. 멘델스존은 뒤셀도르프 시절 왕성한 음악 활동을 하다가 1835년 게반트 하우스의 지휘자로 초빙되면서 라이프치히로 활동의 무대를 옮겼다. 멘델스존에 대해서는 라이프치히 〔인물연구〕를 참고하자.

+주소 Schadowstraße 30

참가자
다이어리

쿤스트 팔라스트 미술관에서 본 〈가인과 아벨〉의 그림이 머릿속에서 떠나지 않는다. 절규하며 뻗은 아벨의 손이 그의 고통을 말하는 것 같다.

● 한희진, 강남교회

슈만과 클라라의 소리가 들리는 듯하다. 이곳에서 점점 미쳐 가던 슈만이 라인 강으로 뛰어들었다니… 그리고 클라라를 사모하던 젊은 브람스의 체취도….

● 배미숙, 생수교회

아름다우면서도 슬픈 슈만과 클라라 그리고 브람스의 이야기… 음악사의 유명한 러브스토리 현장에 서 있자니 그들의 음악이 마구 듣고 싶어진다.

● 최연규, 사랑의교회

찬송가
기행

참 사람 되신 말씀: 멘델스존의 집에서

- 새 찬송가 201장, 구 찬송가 240장

결혼식장에서 흔히 울려 퍼지는 〈축혼행진곡〉의 작곡가 멘델스존이 영국의 신실한 하우(How) 목사의 시에 곡을 붙인 것이 찬송가 '참 사람 되신 말씀'이다.

● **참 사람 되신 말씀**

참 사람 되신 말씀 하늘의 지혜요
변하지 않는 진리 온 세상 빛이라
주 말씀 성경에서 찬란히 빛나고
내 길에 등불되니 늘 찬송하리라

주님의 몸된 교회 빛나는 등 되어
이 세상 만민 앞에 비추게 하소서
저 방황하는 길손이 등불 따라서
주 얼굴 볼 때까지 잘 가게 하소서

말씀이 육신이 된 빛 되신 예수 그리스도를 위해 자신을 드린 하우 목사의 신앙고백이 감동적인 곡이다. 멘델스존의 오라토리오 〈엘리야〉 중 '너의 짐을 주께 드리라'는 곡이 이 시에 붙여졌다.

06 독일 남부
- Southern Germany

› 독일 남부 이야기

독일 남부 지역은 유럽의 축소판이라 할 수 있다. 뮌헨과 같은 화려한 도시뿐만 아니라 알프스 자락의 아름다운 자태를 간직한 도시들도 있으며, 학창 시절 우리의 가슴을 울린 위대한 작가도 만날 수 있다. 독일 역사의 현장들도 물론 포함되었으며, 심지어 루터의 흔적도 체험할 수 있다.

《수레바퀴 밑에서》, 《데미안》 같은 작품들을 발표한 헤르만 헤세의 숨결은 칼프, 튀빙겐, 가이엔호펜에서 느낄 수 있으며, 루터의 흔적은 아우크스부르크에서 접할 수 있다. 또 루터에게 신학적 영향을 주었던 체코의 종교개혁자 얀 후스는 콘스탄츠에서 화형을 당했으며, 루터에게 철학적 영향을 주었던 윌리엄 오캄의 발자취는 뮌헨에 희미하게 남아 있다. 그밖에 뮌헨에서는 일제와 나치 치하에서 양심의 소리를 낸 인물들을 접하는 행운도 누릴 수 있다.

01 칼프(Calw), 헤르만 헤세 따라잡기

➡ 프롤로그

학창 시절 헤르만 헤세의 작품들을 읽고 얼마나 깊은 사색에 잠기곤 했던가. 《데미안》, 《수레바퀴 밑에서》 등은 헤세가 인생에 대해 고뇌하면서 던진 자전적 메시지들이다. 칼프는 도시라기보다 작은 마을에 가깝다. 검은 숲 자락에 자리 잡고 있어서인지 뻐꾸기시계와 너무나 잘 어울리는 집들과 마을이 매우 매력적이다. 그러나 그런 외형적인 것도 잠시, 헤세의 작품에 등장하는 소재가 마을 곳곳에 있다는 사실은 더 큰 감동으로 다가온다. 그의 책을 팔에 끼고 사색과 추억 속으로 들어가 보자. 칼프 지역은 특별히 기차역에서부터 방문지들 곳곳에 헤세가 남긴 명언이나 시들이 기록되어 있다. 헤세의 발자취를 따라가면서 그의 작품들을 감상하는 시간을 가져 보자.

➡ 교통정보

가장 좋은, 그리고 권장할 만한 방법은 자동차 여행이다. 프랑크푸르트, 하이델베르크에서 그다지 멀지 않은 곳이지만 구석진 곳에 위치해 있기 때문에 자동차만큼 편리한 수단은 없다. 물론 헤세의 책을 들고 혼자 여행하고 싶다면 철도를 이용해도 되지만 여러 번 갈아타야 한다.

우선 프랑크푸르트에서 기차를 타고 카를

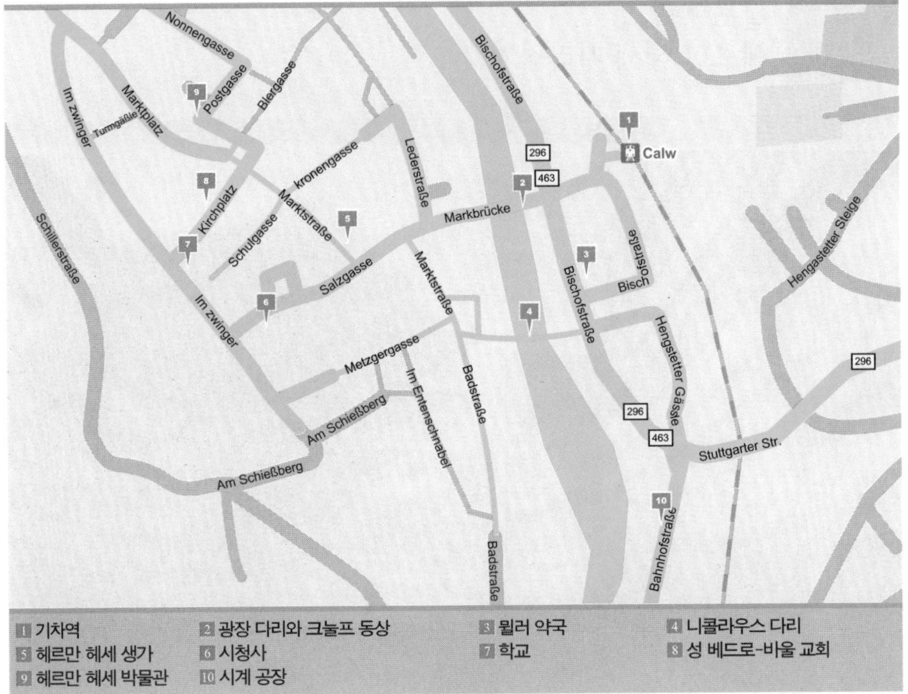

스루에(Karlsruhe)에서 갈아탄 후 포르츠하임(Pforzheim)에서 다시 갈아타면 30분 후쯤 칼프에 도착한다.

➡ Story

1. 기차역
2. 광장 다리와 크늘프 동상
(Marktbrücke & Knulp)
3. 뮐러 약국(Müller Drugstore)
4. 니콜라우스 다리(Nikolausbrücke)
5. 헤르만 헤세 생가(Hermann Hesse Geburtshaus)
6. 시청사(Rathaus)
7. 학교
8. 성 베드로-바울 교회
(Stadtkirche St. Peter und Paul)
9. 헤르만 헤세 박물관(Hermann-Hesse-Museum)
10. 시계 공장

➡ 방문정보

1. 기차역

칼프에서 기차역을 벗어나 광장 다리를 건너면 바로 헤세의 흔적이 남아 있는 마을이다. 기차역은 마치 우리나라 시골역과 같은 느낌을 준다.

"큰일에는 진지하게 대하지만 작은 일에는 손을 빼는 것이 당연하다고 생각하는 것, 몰락은 언제나 여기에서 시작된다"(헤세).

2. 광장 다리와 크늘프 동상

(Marktbrücke & Knulp)

광장 다리 옆에는 동상이 하나 있는데, 헤세가 자신의 작품에서 가장 사랑하고 애착을 느끼던 캐릭터인 '크눌프'(Knulp)다. 작품은 그의 세 단편을 합쳐 1915년에 《크눌프, 삶의 세 가지 이야기》라는 제목으로 발표했다. 크눌프는 헤세 자신을 투영시킨 캐릭터로서 '왜 우리의 삶은 이럴까', '왜 나의 과거는 이럴까', '왜 저 사람의 인생은 저런가' 하는 실존적 문제를 끊임없이 던지며 고뇌하는 헤세의 모습이 잘 드러난다. 헤세는 하나님의 관점에서 역경을 바라본 것이 아니라, 하나님과 상관 없는 길을 스스로 개척해 갈 것을 독려한다. 그의 사상이 다음에 인용되었다.

"후회한다고 무엇이 달라지겠니? 지금까지 너에게 모든 것이 바르게 되어 왔고, 어떤 것도 지금과 다르게 되어서는 안 된다는 것을 모르겠니? 오호, 넌 지금 남들처럼 평범하게 돈과 지위를 수중에 넣고, 처자식을 데리고 살면서 저녁에는 한가롭게 신문을 보고 싶은 거니? 넌 금세 거기서 탈출해서 숲속에서 여우와 함께 자고, 새덫을 놓고, 도마뱀을 기를 거야."

다음의 헤세의 시에서 삶의 회환과 고뇌를 느껴 보자.

• 방랑의 길에서

- 크눌프를 생각하며

낙망하지 말라. 곧 밤이 오리니
서글픈 들판 너머로 비치는
차가운 달빛의 은밀한 웃음을 바라보며
손을 마주 잡고, 쉴 수 있을 테니…

낙망하지 말라. 곧 때가 오리니
비가 오고 눈이 오고
바람이 몰아친다 하여도
이 길의 끝에 비치는 우리의 작은 십자가를 보며
마음의 쉼을 누리게 될 테니…

"사랑은 우리들을 행복하게 하기 위해서 존재하는 것이 아니라, 우리들이 고뇌와 인내에서 얼마만큼 견딜 수 있는가를 보기 위해서 존재한다"(헤세).

▲크눌프 동상, ⓒelf1061님의 블로그

3. 뮐러 약국

(Müller Drugstore)

Bischofstraße 4번지는 헤세의 외할아버지인 군데르트가 출판사를 운영하던 집이다. 군데르트는 인도에서 선교사로 일하다가 1859년에 스위스로 돌아와 카를 바르트와 일한 후 1862년부터 그가 죽은 시기인 1893년까지 이곳에서 출판사를 운영했다. 이곳은 헤세의 외가(外家) 친척들이 살던 집이기도 했다. 헤세는 자신의 작품에서 이 집을 '부모님의 집', 혹은 '할아버지의 서재'로 표현했다. 그는 이곳에서 자신의 인생을 투영한 작품 《수레바퀴 밑에서》를 구상했다. 그리고 스위스와 인접한 독일 국경 마을인 가이엔호펜에서 《수레바퀴 밑에서》를 완성했다. 헤세가 이곳에서 가졌을 내면의 세계를 그린 시 〈인생의 무게〉를 소개한다.

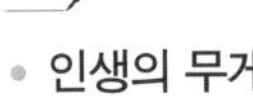

인생의 무게

인생의 무게가 어깨를 누를 때면
누구도 나에게 미소조차 건네지 않는다
태양이 나를 조롱하고,
세상에 발가벗겨졌다
모든 것이 냉랭하고 매정하며
내가 그토록 사랑해 왔던
별들조차 나를 멀리 하는구나
나는 비로소 알게 되었다
사랑이 죽었다는 것을

4. 니콜라우스 다리

(Nikolausbrücke)

나골트 강 위에는 아담하고 소박한 니콜라우스 다리가 있고 그 다리 한가운데에는 헤르만 헤세의 동상이 있다. 그는 옆모습으로 마을을 바라보며 미소를 머금고 있다. 《데미안》에도 나오는 것처럼 이 다리는 헤세의 기억 속에 깊이 자리 잡고 있는 듯하다. 어린 시절에는 다리 아래 강에서 물장난도 했을 것이다. 헤세 동상이 바라보는 곳에 헤세 분수가 세워져 있으며, 이곳은 이 마을에서 헤세가 가장 좋아하는 곳 중 하나였으므로, 사람들은 이곳을 헤세 광장이라 부른다.

"우리가 변화시킬 수 있는 것, 그리고 변화시켜야만 하는 것은 우리들 자신이다. 곧 우리의 성급함, 이기주의, 쉽게 등을 돌리는 것, 사랑과 관용의 결여 등이다"(헤세).

"어린아이에게서 배워라. 그들에게는 꿈이 있다"(헤세).

< 헤르만 헤세 동상

5. 헤르만 헤세 생가

(Hermann Hesse Geburtshaus)

마르크트 광장(Marktplatz) 6번지는 헤세가 태어난 집이다. 현재 개인 집으로 누군가 살고 있으므로 출입은 불가능하다. 헤세는 독실한 신앙인이던 조부모, 부모의 양육을 받고 자랐음에도 기독교의 위선적 태도와 자유주의 신학으로 인해 믿음에서 멀어져 갔다. 그의 고뇌의 한 부분을 소개한다.

< 헤르만 헤세 생가 명판

"나는 경건주의적 색채를 띤 개신교로서 기독교를 알게 되었는데, 그 체험은 깊고 강렬했다. 왜냐하면 나의 조부모와 부모님의 삶은 완전히 하나님 나라에 의해 규정되어 있었으며, 그 하나님 나라에 봉사하는 것이 그분들의 삶이었기 때문이다. 사람들이 자신의 삶을 하나님이 빌려 주신 땅이라고 생각하는 것, 그리고 삶

을 이기적인 충동에서가 아니라 하나님 앞에서 봉사하고 희생하는 것으로 살고자 추구하는 것, 어린 시절의 이 강력한 체험과 유산이 나의 삶에 강한 영향을 끼쳤다. 나는 이 '세상'과 세상 사람들을 결코 완전히 심각하게 생각해 본 적이 없으며, 세월이 가면서 더욱더 그렇게 되었다. 그러나 내 부모님의 기독교가 실제 활동하는 삶으로서, 봉사와 희생으로서, 공동체와 사명으로서 그렇게 위대하고 숭고할지라도 내가 어린 시절에 알게 되었던 교파적이며 부분적으로 분파적이기까지 한 형태는 이미 아주 일찍부터 나에게는 미심쩍은 것이 되었으며, 부분적으로는 완전히 참을 수 없는 것이 되어 버렸다."

("헤르만 헤세와 기독교", 정경량, 2000)

당신 없는 곳에서

오늘 따라 유난히 침상이 무덤 같다.
이보다 더 비참할 수 있을까?
혼자이고 싶다. 당신 없이 잠들고 싶다.

조용히 침대에 누워 덩그러니 매달린 램프가,
그리고 어두워진다.
내 작은 두 손을 모아 당신에게 닿고 싶어 손을 뻗어 본다.
당신이 내 입을 맞출 때, 당신을 향해 입을 맞추고 싶지만,
뒤척이다, 기진맥진하여, 또다시 잠에서 깬다.
차가운 밤기운이 내 뼈 속을 감싸고, 휑한 별빛이 내 얼굴에 닿지만,
당신의 입술은, 도대체 당신의 숨결은 어디에 있나요?

웃음 속에서도 고통을 깊이 빨아들이고,
술잔에서도 절망의 독을 마신다.
이보다 더 비참할 수 있을까?
혼자이고 싶다. 혼자, 당신 없는 곳에서

^ 헤르만 헤세 생가

헤세의 어머니 마리(Marie)는 가족의 평강과 하나님 나라를 위하는 일이 자신의 사명이라고 생각하는 독실한 신앙인이었다. 그녀는 가정에서든 교회에서든 많은 일들을 열정적으로 하는 여인이었다. 그녀가 쓴 일기에는 어린 헤세에 대해 이렇게 기록하고 있다. "귀여운 헤르만은 아주 빠른 속도로 성장하고 있다. 어떤 그림이 중국에서 온 것인지, 아프리카나 인도에서 왔는지, 모든 그림들을 즉시 알아본다. 그리고 헤르만은 아주 영리하고 얘기하는 것을 좋아한다. 그러나 그의 고집과 반항이 종종 너무 대단하다."

1881년에는 헤세를 염려하는 어머니의 마음이 드러난다. "헤르만이 유치원에 다닌다. 그의 격정적인 기질이 우리를 아주 힘들게 만든다." 1883년 말에는 더욱더 심각한 상황이 되어서 헤세의 아버지는 헤세를 다른 곳에 맡겨야 하지 않을까 하는 문제를 고민하기에 이른다.

("헤르만 헤세와 기독교", 정경량, 2000)

노벨 문학상에 빛나는 헤르만 헤세는 독일 낭만주의 소설가로 평가를 받는다. 관문을 뚫고 입학한 신학교를 뛰쳐나온 뒤 동양사상에 심취했으며, 2차 대전 때는 나치에 대항하는 문필가로 활동하기도 했다. 그는 끊임없이 내면세계에 대한 반성과 고뇌로 가득 찬 소설들을 발표하였으며, 기독교와는 점점 멀어져 갔다.

6. 시청사
(Rathaus)

Salzgasse 11번지에 있는 시청사는 고풍스러운 집들과 나란히 세워져 있는데, 15세기부터 건축과 파괴를 세 차례에 걸쳐 반복하다가 1929년에 최종 보수 공사를 했다. 이 시청사 역시 헤세의 작품에 등장하는 건물로서 어린 헤세는 이 거리 앞을 자주 지나다녔을 것이다.

"잠자리에 들기 전, 하루를 검토하라. 그것이 하나님 뜻에 합당한 것이었는지 아니었는지를. 양심과 성실이라는 점에서 기뻐할 만한 일이었는지를. 불안과 회한처럼 무기력한 것은 아니었는지를. 사랑하는 사람의 이름을 부르라. 증오와 부정을 고요히 고백하라. 모든 악한 것의 중심에서 부끄러워하라. 어떤 그림자도 침상까지 가져가는 일이 없도록 하라. 모든 근심을 마음에서 제거해 버려라. 영혼이 오래 편안하도록 하라"(헤세).

7. 학교

Kirchplatz 3번지에 위치한 이 건물은 헤세가 5년간 다닌 학교였다. 헤세는《데미안》,《수레바퀴 밑에서》 등에서 학교를 매우 비판적으로 언급하고 있는데, 실제로 헤세는 이 학교를 다니는 동안 견디기 힘든 상처를 받은 듯하다. 헤세는 학교, 교회, 가정 등에서 기독교를 접했으나 다음과 같이 고백하고 있다.

"나는 일생 동안 나한테 오게 될 종교를 추구했습니다. 왜냐하면 내가 진정 독실한 경건주의 기독교 집안에서 자라났음에도 불구하고, 나는 집안에서 나에게 제공된 하나님과 그 신앙을 받아들일 수가 없었기 때문입니다."

문학 산책

헤르만 헤세의《데미안》

젊은이들의 성서로 불리는《데미안》은 헤르만 헤세의 종교적이며 사상적인 내용을 담고 있다. 헤세는 일생 동안 동·서양의 여러 신비주의 종교사상으로부터 영향을 받았는데,《데미안》(1919)은 이 같은 영향이 본격적으로 드러나는 작품으로 헤세 문학의 커다란 전환점이 되었다.

《데미안》은 초반에 구약성경의 가인과 아벨을 소재로 삼으면서도 가인을 성경과 다르게 해석하고 있다. 성경에서 가인은 시기심 때문에 동생 아벨을 죽인 악인의 상징으로 나온다. 이와 달리 헤세는 원래 힘과 용기가 있고 개성이 강한 가인을 사람들이 두려워하여 악인으로 조작했을 것이라고 소개한다. 젊은 시절 신학교에서 신학과 성경을 배운 헤세는 당시 만연하던 이성주의와 자유주의의 영향을 받아 이처럼 사변적인 지식으로 성경을 해석하는 오류를 범한 것이다.

"새는 알에서 빠져나오려고 몸부림친다. 알은 세계다. 태어나려는 자는 누구든 세계를 부숴야 한다. 그 새는 신을 향해 날아간다. 그 신의 이름은 아브락사스다"(《데미안》).

8. 성 베드로-바울 교회

(Stadtkirche St. Peter und Paul)

Kirchplatz에 위치한 큰 건물은 시 교회로서 이름은 성 베드로-바울 교회다. 헤세의 작품에서 여러 번 등장하고 인용된 교회다. 우두커니 서 있는 교회의 첨탑과 헤세의 발자취…. 씁쓸한 것은 헤세가 교회와 수없이 공존하며 성장했지만 헤세의 고백과 소설을 분석해 보면 당시 이 교회는 헤세에게 어떠한 영향력도 미치지 못한 것 같다. 아니 오히려 헤세는 작품들을 통해 기독교인들의 이중성을 비판하는 글을 썼다.

더군다나 당시 독일 전역에 만연한 이성주의와 자유주의는 성경을 이성의 잣대로 평가하고 분석하도록 했으며, 예수를 윤리교사 정도로 인식하게 만들었다. 독일 신학자들에게 성경은 순종의 대상이 아닌 판단의 대상이었던 것이다. 지금 성경을 대하는 우리의 자세는 어떤가?

"모든 성경은 하나님의 감동으로 된 것으로"(딤후 3:16).

9. 헤르만 헤세 박물관

(Hermann-Hesse-Museum)

칼프의 하이라이트는 헤르만 헤세 박물관이다. 이곳에선 헤세와 관련된 모든 것을 접할 수 있다. 그가 고뇌한 후 직접 기록한 친필 원고, 가족 사진, 연애, 결혼에 이르기까지 많은 부분들을 접할 수 있다.

1층은 박물관 입구로서 티켓을 살 수 있으며, 2층은 서고, 3층은 박물관으로 구성되어 있다. 헤르만 헤세의 팬들이라면 가슴 떨리는 공간이 아닐 수 없다. 다양한 헤세의 작품들이 전시되어 있으며, 세계 각국의 언어로 번역된 책들을 볼 수 있다. 이곳에서 한글로 된 《데미안》을 보면 왠지 모르게 뿌듯해진다. 헤세의 가족 사진과 손때 묻은 도구들과 옷, 가구 등을 통해 그의 숨결을 느낄 수 있다. 헤세는 독일이 일으킨 전쟁에 반대하는 글을 쓴 후 스위스 바젤로 망명했다.

+주소 Marktplatz 30
+전화 +49(0)7051 7522
+입장 화-일 14:00-17:00
+정보 www.hermann-hesse.com

10. 시계 공장

Bahnhofstraße 20번지는 신학교에서 도망친 헤세가 시계 공장에서 견습공으로 일하던 곳이다. 헤세는 여기서 일하면서 인생의 의미를 다양한 관점에서 바라보게 되었으며, 이때의 경험을 토대로 《수레바퀴 밑에서》를 쓸 수 있었다. 헤세는 이곳에서 일한 후 튀빙겐으로 가서 서점 직원이 된다.

"중요한 것은 다만 자기에게 지금 부여된 길을 한결같이 똑바로 나아가고, 그것을 다른 사람들의 길과 비교하거나 하지 않는 것이다"(헤세).

02 튀빙겐(Tübingen), 자유주의를 회고하다

➡ 프롤로그

슈티프트 교회 앞 광장에서 어린 꼬마 악사들이 연주하고 있다.

독일의 아름다운 고도(古都) 튀빙겐. 많은 사람들은 이 튀빙겐의 고풍스러움을 느끼기 위해 찾아든다. 실제로 강과 플라타너스 산책로에서 네카어 강 건너의 도시를 바라보는 것은 지극히 낭만적이다.

신학계에서는 튀빙겐 학파의 영향이 실로 대단했다. 튀빙겐 출신의 신학자들은 이성의 잣대로 성경을 파헤치기 시작했고, 그 위에 이론과 신학을 세웠다고 자찬(自讚)하고 있다. 그러나 나는 튀빙겐 학파에 의해 한 인생이 어떻게 하나님으로부터 이탈해 가고 있는지를 살펴보려고 한다. 그 대표적인 인물이 바로 독일의 문학가 헤르만 헤세다.

➡ 교통정보

튀빙겐은 헤르만 헤세의 도시 칼프와 멀지 않다. 자동차로는 가깝지만 기차로는 한참을 돌아가야 한다. 슈투트가르트에서 1시간 정도 기차를 타면 튀빙겐에 도착할 수 있다.

➡ 모놀로그

튀빙겐 관람 포인트는 눈에 보이는 아름다움이 아니라 이곳에 존재하던 인물들이 생각해 낸 사상과 그 영향력을 좇아가는 것이다.

튀빙겐에서 불기 시작한 풍조는 독일은 물론 유럽 전체를 강타했다. 이곳에서 공부한 요하네스 케플러는 기독교 과학 체계를 세우는 데 공헌

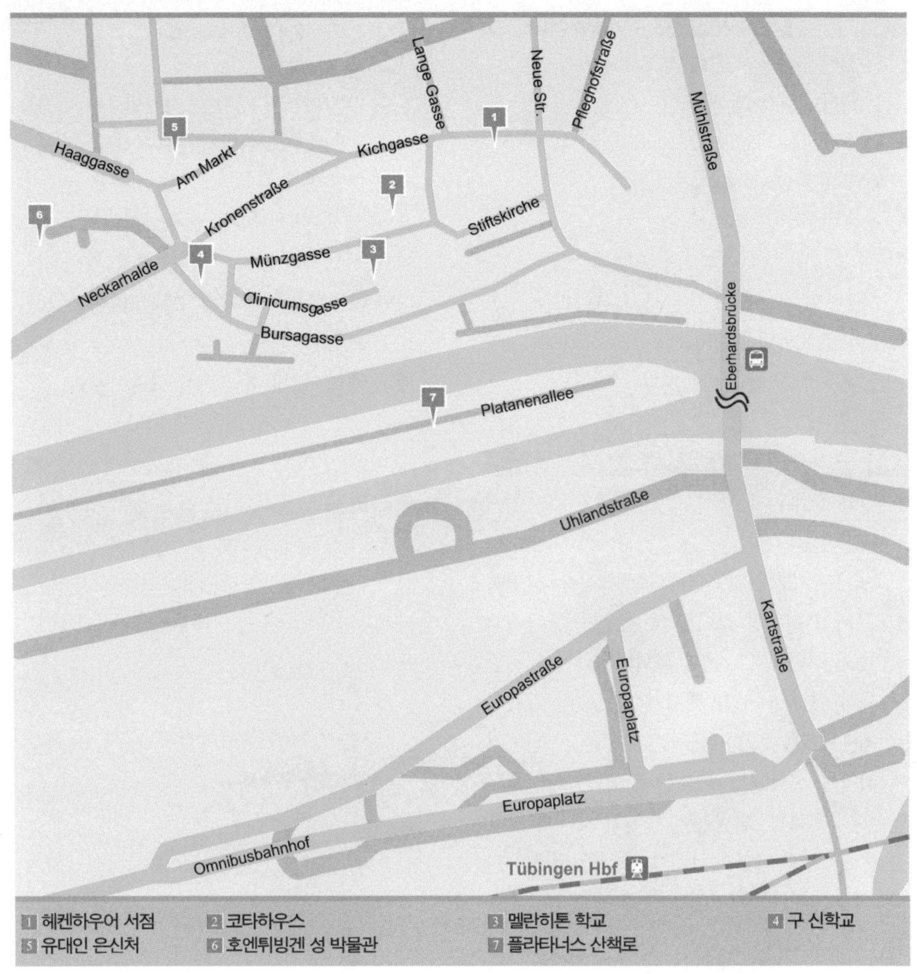

했으며, 멜란히톤은 루터의 오른팔이 되었다. 반면 1523년 종교개혁의 한 주류라고 주장하던 토마스 뮌처는 농민반란 운동을 이곳에서 일으켰다. 그가 일으킨 농민반란 운동은 독일 전역으로 확산되었고, 독일 사회의 양극화를 부추겼다.

18세기부터 독일 신학을 이끈 튀빙겐 학파는 예수 그리고 성경을 이성의 잣대로 분석하고 난도질하기 시작했다. 이들에 따르면 예수는 한 인간일 뿐이며, 하나님도, 구원자도 아닌 우리와 같은 사람이다. 이런 견해는 세계를 영적인 안개 속으로 몰아넣었다. 이들의 영향을 받은 사람이 슈바이처와 헤르만 헤세다.

성경을 비판하는 사상이 얼마나 사람을 황폐화시키는지 헤르만 헤세의 고백들을 중심으로 살펴보면서 악한 생각, 헛된 철학들을 경계하는 기회를 튀빙겐에서 갖고자 한다.

➡ Story

1. 헤켄하우어 서점(J.J. Heckenhauer)
2. 코타하우스(Cottahaus)
3. 멜란히톤 학교(Melanchthonschule)
4. 구 신학교(Evangelishes Stift)
5. 유대인 은신처

그밖에도 지도에 표시된 대로 플라타너스 산책로와 호엔튀빙겐 성(Schloss Hohentübingen, 박물관)도 매우 인기 있는 방문지다.

➡ 방문정보

1. 헤켄하우어 서점

(J.J. Heckenhauer)

슈티프트 교회 맞은편에 헤켄하우어 서점이 있다. 마치 헌책방 같기도 하고, 골동품 판매점 같기도 하지만 1823년에 설립되었다는 표지판이 붙어 있고, 헤르만 헤세가 이곳에서 일했다고 명판이 적혀 있다. 헤세는 어려운 시험을 거쳐 입학한 신학교를 탈출한 후 이곳 서점에서 일했다. '어쩌면' 튀빙겐이 독일과 세계의 신학을 주도하던 곳이었기 때문에 헤르만 헤세가 신학교에서 배웠던 학자들과 함께 이곳에서 공존했는지도 모른다.

✓오른쪽 맨 끝의 건물이 헤켄하우어 서점이다.

+주소 Holzmarkt 5
+정보 www.heckenhauer.net

헤르만 헤세의 편지

이곳(튀빙겐)의 생활은 지난번보다 더욱 나쁘지만 아무도 원망하지 않아요. 단지 조용한 가운데서 하나님을 저주하죠. 사람들은 나에게 자꾸 설교를 해요. "하나님과 그리스도를 바라보라"고요. 솔직히 저는 하나님 안에서는 망상밖에 보이지 않아요. 그리고 예수 안에서는 그냥 사람 냄새밖에 맡지 못해요. 그게 제 솔직한 고백이에요. 신앙심 좋은 엄마가 저를 저주해도 뭐 어쩔 수 없죠. 엄마가 생각하는 하나님이 존재할 수도 있겠죠. 근데 저는 관심 없어요. 엄마의 그런 강요와 설교로 제가 엄마의 신앙처럼 되리라고 생각하지는 말아 주세요. 하나님과 예수님… 제게는 너무 낯선 존재들이에요.

from

허무주의자 헤르만 헤세. 하하하

(→ 실제로 이렇게 썼다.)

2. 코타하우스

(Cottahaus)

슈티프트 교회 맞은편에 있는 건물로 코타(Cotta)라는 인물이 살던 곳이다. 그는 튀빙겐에서 괴테와 실러의 작품을 최초로 출판한 인물이다. 괴테는 1797년에 이곳에 와서 일주일 내내 술과 연회를 즐겼다고 한다. 그런 까닭에 이 건물 벽에는 "Hier wohnte Goethe"(괴테가 여기 살았다)는 명판도 있지만 자세히 보면 "Hier kotzte Goethe"(괴테가 이곳에 술 먹고 토했다)는 명판도 있다.

+주소 Münzgasse 15

3. 멜란히톤 학교

(Melanchthonschule)

지도에 보면 코타하우스에서 구 신학교로 가는 길에 큰 건물이 있는데, 바로 멜란히톤 학교다. 멜란히톤은 루터의 동역자로서 루터가 일으킨 종교개혁 사상을 체계적으로 집대성했다. 현재 이 학교에서 멜란히톤의 흔적은 찾을 수 없다.

+주소 Münzgasse 20

4. 구 신학교

(Evangelishes Stift)

케플러, 헤겔, 슈트라우스, 멜란히톤, 셸링, 한스 큉 등 기라성 같은 인물들이 공부하던 곳이다. 헤세는 이곳에 온 후 튀빙겐 학파와 헤겔, 슈트라우스 등의 영향을 받았다. 옆으로 네카어강이 유유히 흐르는 조용한 이곳에서 공부한 이들이 어떤 사상으로 세상을 뒤흔들게 되었는지 〔비전노트〕를 통해 읽어 보자.

+주소 Klosterberg 2
+전화 +49(0)7071 5610
+정보 www.evstift.de

다음의 헤르만 헤세의 편지는 헤세가 튀빙겐으로 오기 전 신학 공부를 하면서 쓴 내용이다.

"엄마, 신학을 공부하는 것이 참 좋아요. 때로는 어떤 부분이 불만이라 고민스럽기도 하고, 때로는 이리저리 많은 생각들이 들기도 해요. 오늘 누가복음을 공부했어요. 저는 정말 누가가 누가복음을 썼을까 의심했는데, 여러 증거들을 보면서 누가가 썼을 거라고 생각하면서 만족하고 있어요.

그런데 저는 내세가 있다고는 생각하지만 그것이 천국과 지옥일 거라고는 확신을 못하겠어요. 그럴 만한 어떠한 신학적, 철학적 증거도 찾지 못하겠구요… 하나님은 계시겠지만… 글쎄요…."

▲구 신학교에는 기라성 같은 인물들이 적혀 있다.

비전
노트

십자가로 돌아가자

313년 밀라노 칙령 이전까지 기독교는 가난하고 고통 받는 종교였다. 서로 돌보고, 나누는 무리가 그리스도인들이었다. 밀라노 칙령 이후의 기독교는 전혀 다른 가면을 쓰게 된다. 콘스탄티누스 대제와 교황 다마수스 1세는 기독교를 가난한 자들에게서 빼앗아 제국 종교로 올려놓았다. 더 이상 기독교는 그리스도의 십자가를 전파하는 종교가 아니라 지위 향상의 수단으로 전락하고 말았다.

이후 교회 속에서 십자가의 의미가 사라

지고 군림하는 권력과 부유함이 팽배했다. 어쩌면 그 모습이 21세기 한국 기독교에 다시 부활된 느낌이다. 살찐 목회자들과 그 주변을 맴도는 부자들, 이로 인해 두 렙돈을 바친 여인이 이런 목회자들과 한 테이블에 앉는다는 것은 상상하기 힘들다.

헤르만 헤세의 눈에 비친 19세기 독일 교회도 이런 모습이었다. 당시 교회를 향해 매섭게 비판을 가하던 그의 시를 다음에서 볼 수 있다. 헤세의 시가 낯설게 느껴지지 않는다면 그것은 곧 우리가 감당해야 할 사명이 거기에 있다는 반증인지도 모른다. 헤세의 시에서 공감을 얻는다면 우리는 반드시 그리스도가 보여 준 십자가의 진정한 의미로 돌아가야 한다. 그것이 우리의 본질이기 때문이다.

예수와 가난한 사람들

당신은 죽었습니다.
나의 형제 그리스도여
당신이 피 흘려 대신해 죽은 이들은
지금 어디 있습니까?

당신은 죄인들의 고통을 위해
죽었습니다.
당신의 몸은 거룩한 떡이 되셨습니다.
주일마다 의인들과 성직자들은
그 떡을 뗍니다.
우리는 문 밖에서 주린 배를
움켜쥐며 그 모습을 지켜만 봅니다.

살찐 그들이 떡으로 배를 불린 후
건네는
죄사함의 거룩한 떡을
받고 싶지 않습니다.
나가서 돈을 움켜쥔 채
싸우고 죽일 테니까요.
저들이 당신으로 인해
구원받은 것 같지는 않습니다.

당신이 보여 주신 수치와 멸시의
십자가의 길,
우리 가난한 사람들은
그 길을 가고 있습니다.
저 부자들은 성찬식이 끝난 후
살찐 성직자들을 초대해
고기와 떡으로 더 배를
채우고 있습니다.

사랑하는 형제, 그리스도여.
무엇 때문에 고난을 받으셨습니까?
부자들이 부르짖는 기도를
들어주십시오.
우리 가난한 사람들은
당신에게 기도할 희망도 없나 봅니다.
그저, 우리와 같았던 당신을
사랑합니다.

인물 연구

다비드 슈트라우스

- David Friedrich Strauss, 1808~1874

슈트라우스는 그의 저서 《예수전》에서 복음서의 이야기들에 대해 비평적 연구를 시도했다. 그의 초점은 두 가지였다. 첫째, 복음서 이야기는 역사적인 기록이 아닌 신화적인 기록이다. 둘째, 이 신화적인 이야기들이 어떻게 성립되었고, 편집되었는지 그리고 예수와 어떤 관계를 지니는지를 제시했다.

슈트라우스의 이 같은 주장을 뒷받침한 것이 이성을 바탕으로 한 합리성이었다. 그는 복음서의 초자연적인 요소들을 제거했는데, 가령 수많은 기적들은 복음서 기자들이나 초대교회가 예수의 중요성을 부각하기 위해 덧붙인 내용이라고 설명했다. 슈트라우스는 역사적 인물인 예수와 기독교인들이 믿는 그리스도를 철저히 구분했다. 그에 따르면 나사렛 예수는 역사적으로 존재하던 평범한 인간이었다. 그가 죽은 후 추종자들이 그에게 무의식 중에 전설적이고 신화적인 속성을 부여했다는 것이다. 이런 전제는 프리드리히 니체의 초인사상에 큰 영향을 미쳤다. 따라서 슈트라우스는 예수와 그리스도를 철저히 분리해야 하며, 이것이 신학의 과제라고 주장했다.

슈트라우스의 신학적 발상은 종전 칸트, 헤겔 같은 사상가들로부터 이어받아 새로운 신학적 지평을 열었다. 슈트라우스의 사상은 독일과 세계로부터 '최첨단 신학'이라는 찬사를 들었으나 가깝게는 니체와 헤르만 헤세, 멀게는 지금까지 수많은 사람들의 영혼을 공허하게 했고, 하나님으로부터 돌아서게 했다.

5. 유대인 은신처

마르크트 광장은 블랙 포레스트 스타일의 건물들이 어우러져 내는 광경이 매우 멋진 곳이다. 어디선가 뻐꾸기 시계를 팔아도 전혀 어색함이 없을 것 같은 이곳은 튀빙겐 관광의 중심지나 다름없다. 그런데 Am Markt 15번지에 위치한 건물은 모든 창문이 흰 테두리를 하고 있다. 이는 2차 대전 당시 유대인들이 은신하던 곳으로 이를 기념한 것이다.

당대 세계를 뒤흔든 문학가, 철학가, 신학자들이 배출된 곳에서 저질러진 만행과 학살은 튀빙겐에서도 예외는 아니었다.

참가자 다이어리

멜란히톤, 케플러 등의 흔적과 함께 헤겔, 슈트라우스 등의 이름도 눈에 보인다. 겉으로는 너무 아담하고 예쁜 마을이지만 헤겔과 슈트라우스 및 튀빙겐 학파가 성경을 파헤친 폐해는 생각보다 너무 컸다. 신학은 교회를 세우는 데 필요한 학문이어야 한다는 것을 다시 한 번 생각해 본다.

● 소문수 목사, 멜버른 새순교회

강, 집들, 동화 같은 마을이 인상적인 곳.

● 한희진, 강남교회

콘스탄츠(Konstanz), 얀 후스를 회상하다

➡ 프롤로그

▼독일 콘스탄츠에 있는 후스 박물관의 후스 기념 명판

독일과 스위스 국경의 콘스탄츠 호수 가장자리에 위치한 콘스탄츠는 풍요롭고 여유로운 예쁜 마을이다. 그러나 알프스 자락의 예쁜 호수 마을 속에 기독교의 부끄러운 모습들이 숨은 그림처럼 숨겨져 있다. 후스와 헤세의 흔적들에 남겨진 당시 기독교의 그늘진 면을 고찰해 보면서 오늘의 문제를 진단해 본다. 헤르만 헤세와 관련된 지역은 가이엔호펜으로 콘스탄츠와 가까운 곳에 있다.

➡ 모놀로그

콘스탄츠의 키워드는 종교, 권력 그리고 고뇌로 요약된다. 1415년 이곳에서 있었던 콘스탄츠 종교회의는 기독교 역사에서 매우 중요한 회의였다. 가톨릭 내부에서는 교황의 독선에 맞서 수많은 추기경과 대주교들이 모여 공의회를 가졌다. 그러나 공의회관 맞은편에 세워진 임페리아 상은 그런 개혁의 의지를 비웃기라도 하듯, 공의회에 모인 종교인들의 이면을 여과 없이 드러낸다([역사의 발자취 6] 참조). 이 공의회의 희생양은 종교개혁의 선구자인 얀 후스였다. 콘스탄츠는 후스의 흔적들을 고스란히 간직하고 있다. 아울러 후스와는 또 다른 고뇌로 작품을 쓰던 인물이 있었으니 바로 인근 가이엔호펜에서 《수레바퀴 밑에서》를 쓴 헤르만 헤세다. 아이러니하게도 후스와 헤세는 시간의 간격을 두긴 했지만 콘스탄츠에서 공존했다. 15세기 후스 때는 약자였던 개혁 신앙이 500년 후 헤세 때는 강자가 되어 수레바퀴 아래로 그를 몰아넣는다.

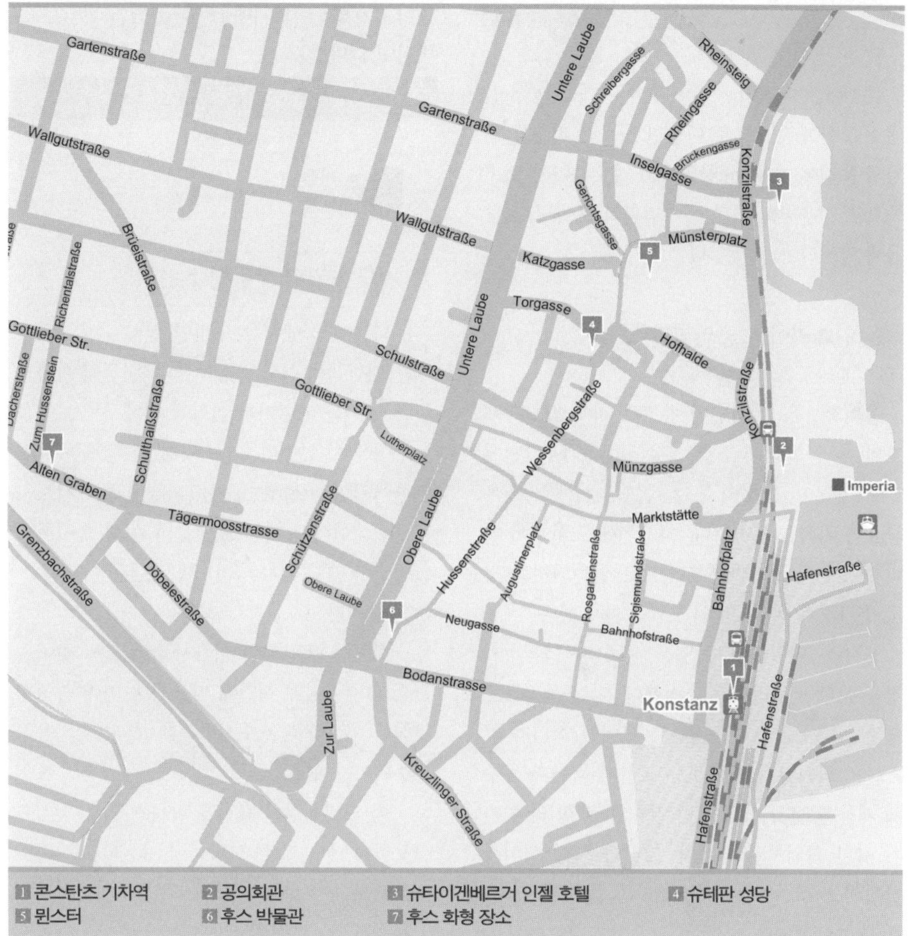

➡ 교통정보

콘스탄츠는 스위스와 인접해 있기 때문에 프랑크푸르트보다 오히려 취리히가 훨씬 더 가깝다. 만일 비행기로 바로 들어가고자 한다면 취리히에서 들어가는 것이 빠르다. 프랑크푸르트와 취리히에서 오는 기차가 있는데, 프랑크푸르트에서는 ICE(Inter City Express, 독일 철도청이 운행하는 초고속 열차)로 4시간이 넘는 반면 취리히에서는 1시간 남짓밖에 걸리지 않는다.

➡ Story

1. 콘스탄츠 기차역
2. 임페리아와 공의회관 (Imperia & Konzilgebäude)
3. 슈타이겐베르거 인젤 호텔 (Steigenberger Inselhotel)
4. 슈테판 성당(Stephansdom)
5. 후스 박물관(Hus-Museum)
6. 후스 화형 장소

➡ 방문정보

1. 콘스탄츠 기차역

콘스탄츠 여정의 시작이다. 이곳에는 여행 안내소도 함께 있으므로 다양한 정보와 지도를 챙겨서 움직여 보자. 중앙역에서 나오자마자 오른쪽으로 길을 따라가면 공의회관이 보이고, 호숫가에 임페리아 상이 있다.

2. 임페리아와 공의회관
(Imperia & Konzilgebäude)

공의회관은 1388년에 창고로 지어졌으나 개조된 후 공의회 장소로 사용되었다. 1417년에 열린 '콘스탄츠 회의'는 기독교 역사에서 매우 중요한 위치를 차지한다. 14세기에 교황청이 아비뇽으로 이동될 만큼 교황으로 선출되려는 각국 추기경과 대주교들의 노력은 대단했다.

프랑스, 이탈리아, 독일은 서로 자국의 추기경을 교황에 올리려고 노력했다. 이런 목적으로 수많은 대주교와 추기경들이 모이던 회의가 콘스탄츠 회의였고, 겉으로는 교황의 독단과 독주에 제동을 걸기 위해 열린 일종의 '개혁'의 의미가 강한 회의이기도 했다. 그러나 사실 회의장 밖에서 드러난 이들의 사생활은 문란했다([역사의 발자취 6] 참고).

사제들의 은밀한 사생활을 비웃기라도 하듯 공의회관 앞 호숫가에 세워진 임페리아 상은 그 현실을 잘 반영하고 있다. 이 부분에 대해서는 [비전노트]를 참고하자.

현재 공의회관 1층은 카페와 레스토랑으로 운영되고 있으며, 위층은 일반에게 공개되지 않는다. 그래도 겉보기에 수백 년 된 듯한 인상은 변함이 없다.

+주소 Hafenstraße 2

비전
노트

보수 신학과 보수 신앙

나는 한국에서 보수적인 신학을 추구하는 대학에서 신학을 공부했다. 전통적 학풍은 어떠한 타협이나 변화에 대해서도 보수주의에 서 있었다. 이런 탓에 술, 담배는 물론이거니와 성(性), 문화, 환경에 대해서도 보수적이어서 다른 교단들이 여성 목사를 인정할 때도 내가 속한 교단만큼은 아직 논쟁 중이다.

하루는 총장님이 기숙사를 불시에 찾아오시더니 예배 시간에 다음과 같이 말씀하셨다. "신학은 보수신학인데, 생활은 자유주의자들이다."

이 의미심장한 표현을 나는 아직도 잊지 못한다. 현재 많은 사람들이 자신의 교리와 교의를 수호하며 조금의 타협도 허락하지 않는다. 조금이라도 양보하는 날에는 마치 천국의 문이 닫히는 것처럼, 혹은 마치 사탄의 세력이 하늘에서 금방이라도 내려올 것처럼 군다.

나는 그런 태도를 조소(嘲笑)하려는 생각은 추호도 없다. 하지만 그런 모습에서 나타나는 이중성은 짚고 넘어갈 일이다. 교리는 추호도 양보 못하지만 사생활에서 만나는 죄와 유혹에 대해서는 너무도 관대하다는 것을 지적하고 싶은 것이다. 찰스 스펄전 목사는 다음과 같이 말했다. "개혁주의 신학과 탁월한 윤리성은 양립할 수밖에 없다."

한국의 신학과 세계 신학의 격차는 과거에 비해 현격히 줄어들었다. 도심에 높은 십자가 첨탑이 솟아 있으며, 수많은 목회자들이 매년 쏟아져 나오고 있다. 그런데 왜 교회는 사회의 지탄을 받는 것일까? 성령운동이 활발할수록 윤리와 인격의 변화를 수반해야 한다. 개혁을 외칠수록 교회의 도덕성은 사회를 압도해야 한다. 만일 그 반대라면 둘 중 하나다. 신학과 신앙에 문제가 있든지, 아니면 성령운동이라고 하지만 그 핵심은 성령이 아니든지….

3. 슈타이겐베르거 인젤 호텔
(Steigenberger Inselhotel)

공의회관에서 북쪽으로 길을 따라 올라가다 보면 오른쪽에 흰색 건물의 호텔이 보인다. 언뜻 보기에는 평범해 보이지만 4성(星)급 일급 호텔이다. 원래 이 호텔은 13세기에 수도원으로 건축되었고, 19세기에는 백작의 저택으로 활용되었다.

이곳에서 주목할 것은 이 호텔 자체가 아니라 600년 전 개혁자 얀 후스의 흔적이다. 1415년 콘스탄츠 회의에 회부된 후스는 당시 이 수도원 안에 감금되었다가 화형당해 순교로써 생애를 마감했다. 호텔 외부에서 볼 때 호텔 뒤편의 반원형으로 돌출된 부분이 후스가 감금되었던 곳이다. 후스는 이곳에 감금당했을 때 손과 발에 너무 단단히 족쇄가 채워져서 움직이기만 하면 피부에 큰 상처를 입었다. 호텔 내부에는 후스의 당시 모습을 재현한 벽화를 볼 수 있지만, 당시 후스가 감금된 방은 객실로 사용되고 있다. 만일 후스가 감금되었던 방에서 숙박할 수 있다면 진정 의미 있는 하룻밤이 될 것이다.

∧반원형이 돌출된 방이 후스가 감금되었던 곳이다.

∧호텔 벽화

+주소 Auf der Insel 1
+전화 +49(0)7531 1250
+정보 www.steigenberger.com/en/Konstanz

4. 슈테판 성당
(Stephansdom)

후스가 심문을 받고 화형당하기로 최종적으로 결정된 교회다. 겉보기에는 평범하게 생겼으나 내부는 화려하게 장식되어 있다. 슈테판 교회와 아주 가까운 대성당(Münster) 앞 광장 기둥에는 성모 마리아가 아이를 들고 콘스탄츠를 내려다보는 상이 새겨져 있다. 마치 가톨릭과 성모 마리아가 이 도시를 지배하는 듯한 인상을 주고 있으며, 실제로 가톨릭은 수많은 개혁자들을 이곳에서 정죄했고, 후스를 처형했다.

존 폭스는 그의 책《기독교 순교사화》에서 슈테판 성당에서 있었던 일을 다음과 같이 기록하고 있다.

“7월 4일. 그는 회의장에 마지막으로 출두했다. 자신의 믿음을 철회하라는 요구를 받았지만 일언지하에 거부했다. 그러자 그는 파문이 확정되었고, 그의 많은 저서들이 교회 밖에서 불살라졌다. 마침내 그에게 화형 선고가 떨어지자 그는 무릎을 꿇고 다음과 같이 기도했다.

‘하나님. 하나님의 한없는 사랑과 자비로 저들의 죄를 용서해 주옵소서. 주께서는 저들이 얼마나 잘못되었는지를 아실 것입니다. 제가 무슨 잘못을 했습니까? 저들이 내 민족과 제게 행한 잔인하고 부당한 행위들을 하나님의 한량없는 자비로 용서해 주시고, 응징하지 말아 주옵소서….’

그의 얼굴에는 평안함이 감돌았다.”

후스가 심문 당한 슈테판 성당

비전 노트

오직 성경, 오직 말씀

후스는 두려운 마음으로 콘스탄츠로 향하고 있었다. 이미 영국의 개혁자 위클리프가 번역한 성경과 개혁사상은 유럽에 퍼졌고, 후스가 그 사상을 이어받아 중앙유럽에 퍼뜨렸다. 교황은 후스를 추종하는 자를 누르고, 가톨릭 영토를 지키고자 군대를 동원했다. 후스는 프라하 대학 시절 교황의 잘못된 내용을 지적하며 개혁을 시도했다. 당시 프라하 대학은 교황을 지지하던 독일파가 주류를 이루었지만 후스가 개혁을 일으키고 수많은 지지자들이 생기면서 독일 교수들의 입지가 좁아졌다. 이에 교황은 후스를 추종하는 보헤미아 지방 사람들을 파문하고, 후스를 콘스탄츠로 소환했다.

후스는 체코에서 일어날 종교 전쟁을 예견했다. 후스는 자신과 보헤미아의 동족들이 결코 이단이 아니며 철저한 성경 중심의 신앙을 갖고 있다고 대변하러 콘스탄츠에 왔다. 그러나 후스는 콘스탄츠 회의에서 정죄를 당하고, 화형에 처해졌다. 나름 가톨릭 내부의 모순을 개혁하고자 운집된 공의회였지만 이때는 종교재판소로 얼굴을 바꾸었다. 콘스탄츠 회의에서 위클리프와 후스의 사상을 추종하는 모든 자들을 이단으로 취급하라는 법령을 만들었다. 그들은 후스를 화형시키고도 분이 안 풀렸는지 죽은 지 30년 된 위클리프의 유해를 다시 꺼내 화형했다. 그리고 교황을 추종하는 가톨릭 군대가 체코로 진군했다. 교황이 참전 병사들에게 죄를 사해 준다는 칙서를 발행했기 때문이다. 이것이 후스 전쟁의 배경이다.

600년 전 교황이 사람의 죄를 사해 줄 수 있었다는 허무맹랑한 이야기를 듣는다. 안타까운 것은 요즘도 목사가 마치 교황이라도 된 양 성도들의 천국-지옥행을 운운한다는 사실이다. 600년 전이나 지금이나 구원은 오직 예수 그리스도의 은혜이며, 천국은 믿음으로 가는 것이다.

5. 후스 박물관

(Hus-Museum)

후스가 콘스탄츠에 있는 동안 지내던 곳이다. 그가 처형된 후 그에 대한 재평가가 이루어지면서 박물관으로 개관되었다. 이곳에는 후스와 후스파의 삶과 관련된 자료를 비롯해 그의 저술들과 유물들이 전시되어 있다.

+주소 Hussenstraße 64
+전화 +49(0)7531 29042
+입장 4~9월 11:00-17:00
10~3월 11:00-16:00(월요일 휴무)
+요금 무료

6. 후스 화형 장소

후스 박물관에서 지도를 보면서 Tägermoos-strasse 거리를 따라 걸어가면 '후스의 돌'이 나오는데, 여기가 후스가 화형을 당한 곳이다. 현재는 돌에 후스를 기념하는 내용이 적혀 있다. 그는 형장으로 끌려가는 중에도 이단적 사상을 철회하라는 압력을 받았지만 자신을 보는 군중을 향해 이렇게 말했다.

"여러분, 만일 제가 일으킨 사상이 인간의 생각과 판단에서 나온 것이라면 저는 얼마든지 제 견해를 취소할 것입니다. 그러나 기록된 하나님의 말씀에서 나온 것이기 때문에 저의 신앙을 결코 철회할 수 없습니다."

그리고 형장에 이르자 후스는 무릎을 꿇고 하늘을 바라보며 다음과 같이 외쳤다.

"오, 하나님. 당신의 손에 저를 맡깁니다. 내 영혼을 의탁합니다. 주께서는 저를 구원해 주셨습니다. 선하시고, 신실하신 나의 하나님."

불길이 번지자 후스는 더욱 크게 찬송을 불렀다. 그 소리는 군중의 중얼거리는 소리와 장작 타는 소리를 압도했다. 장작이 다 탄 후, 집행관은 후스의 시체에서 심장을 꺼내 막대기로 찔렀다. 이것은 그를 정죄하는 의미로 행해진 것이다.

(존 폭스의 《기독교 순교사화》 중에서)

한 걸음 더

가이엔호펜(Gaienhofen), 헤르만 헤세 《수레바퀴 밑에서》

콘스탄츠 주변에는 두 개의 큰 호수가 있다. 콘스탄츠는 스위스로 치자면 인터라켄에 비견될 수 있다. 콘스탄츠와 면하고 있는 호수는 콘스탄츠 호수이며, 반대편으로 조금만 가면 보덴 호수(Bodensee)가 나온다. 두 호수를 경계로 위로는 독일, 아래로는 스위스인 셈이다. 지도에서처럼 콘스탄츠에서 보덴 호수를 따라 북쪽으로 시계반대 방향으로 돌면 가이엔호펜(Gaienhofen)이라는 마을이 나오는데, 이곳은 독일의 문호 헤르만 헤세가 1904년부터 1912년까지 머물던 곳이다. 신학 공부와 가족의 신앙 강요, 삶의 압박으로 인해 방황하다가 이곳으로 도망치듯 온 헤세는 이미 신앙을 내던지고 허무주의자로 바뀌어 있었다.

대대로 이어온 독실한 기독교 가정, 경쟁사회, 신학 공부, 삶의 무게는 끊임없이 돌고 도는 삶의 반복이었다. 그것은 개혁될 수도 변화시킬 수도 없는 인생의 실존 문제였기에 그는 이것을 '수레바퀴'라고 표현했다. 그리고 《수레바퀴 밑에서》의 주인공 한스는 결국 스스로 생을 포기하는 것으로 끝을 낸다. 《수레바퀴 밑에서》는 반복되는 삶의 무게와 굴레로 무너져 가는 자신의 내면을 소설화한 작품이다.

• 헤르만 헤세 박물관

(Hermann Hesse Höri Museum)

콘스탄츠 호수 부근에 반도를 지칭하는 Höri 지역 박물관과 함께 헤르만 헤세가 살던 집이 박물관으로 조성되었다. 당시 그가 생활하던 모습들이 재현되어 있으며 가이엔호펜의 삶과 작품 활동과 관련된 자료들이 전시되어 있다. 3층에는 인도에서 가져온 물건들을 볼 수 있는데, 헤세는 인도에서 돌아온 후 허무하면서도 반기독교적인 작품들을 쏟아냈다.

^헤르만 헤세의 책상
출처: commons.wikimedia.org/The weaver 님 사진

+주소 Kapellenstraße 8
+전화 +49(0)7735 440 949
+입장 3~10월 10:00-17:00(월요일 휴무)
11~3월 금-토 14:00-17:00,
일 10:00-17:00(월~목 휴무)
+요금 성인 3€(할인 2€)
+정보 www.hermann-hesse-hoeri-museum.de

• 헤르만 헤세 집

(Das Hermann-Hesse-Haus in Gaienhofen)

1907년부터 1912년까지 헤세와 첫 번째 부인이 살던 집이다. 공식적인 헤세 박물관은 아니고 현재 개인용 주거 공간으로 사용되고 있어 2004년까지는 일반인의 출입을 금했지만, 이후로 관광객들에게 일부 출입을 허용하고 있다. 정원이 딸린 집은 헤세 당시의 집 구조가 상당 부분 보존되어 있다.

+주소 Hermann-Hesse-Weg 2
+전화 +49(0)7735 440 653
+정보 www.hermann-hesse-haus.de

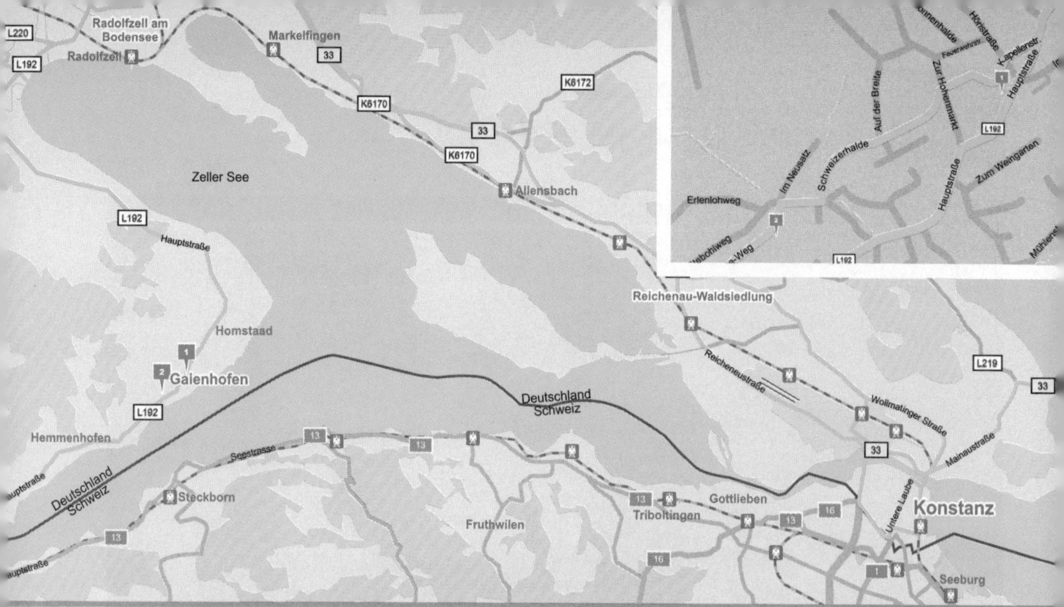

1 헤르만 헤세 박물관 2 헤르만 헤세 집

문학 산책

헤르만 헤세의 《수레바퀴 밑에서》

한스는 활달하고 자연과 동물을 좋아하는 소년이었다. 그러나 아버지는 자신이 못다 이룬 꿈을 아들에게 실현시키기 위해 끊임없이 공부를 강요했다. 학교에 들어간 후 알게 된 교장 선생은 위선적이고 권위적이며 죄의식조차 느끼지 못하는 인물이었다. 교구목사 역시 인간미란 찾아볼 수 없는 인물이었다. 한스 주변의 인물들은 항상 한스에게 무언가를 강요할 뿐 이해와 사랑의 손을 내밀어 주는 법이 없었다.

한스는 항상 누군가로부터의 강요받는 삶을 견디지 못하고, 집을 뛰쳐나가 시계공장에서 일을 했다. 그러나 삶의 굴레에 지친 나머지 결국 물에 빠져 스스로 목숨을 끊고 만다.

헤르만 헤세가 이 소설을 통해 던지고 싶은 메시지는 무엇일까? 과연 한스에게 일어난 죽음, 그의 고뇌의 책임은 누구의 것인가? 지극히 비인간적인 목사, 교장은 생명력 없는 기독교의 화신이다.

"지치면 안 돼. 그러면 수레바퀴 밑에 깔리게 될지도 모르니까."

소설 속 명대사이지만, 지금도 명대사인 이유는 현대인들에게도 공감되는 문제이기 때문일 것이다. 100년 전 독일의 상황만큼이나 21세기 한국 사회는 인간미도 없고 종교적 생명력도 잃고 있다.

성적의 잣대로 줄을 세우는 것은 학교도 사회도 더구나 교회도 예외가 아니다. 명문대 열병에 걸린 우리 사회에서 진정한 하나님의 복이 무엇인지, 우리가 어떤 모습으로 세상에 서야 하는지 기성세대로서 고민해야 한다. 그렇지 않다면 지금 이 순간에도 수레바퀴 밑의 또 다른 '한스'들을 길러 내고 있는지도 모른다.

04 아우크스부르크(Augsburg), 격랑(激浪)속에서 피어난 양지와 음지

➡ 프롤로그

중세의 웅장함을 지닌 아우크스부르크는 루터가 거점을 두고 개혁 활동을 하던 도시다. 그런 까닭에 루터와 독일 근대 역사와 관련된 중요한 흔적들을 간직하고 있다. 개신교도들에게 루터는 위대한 영웅이요, 바울과 어깨를 견줄 만한 인물임에 틀림없다. 그러나 루터에게 밝은 면만 있는 것은 아니었으니 루터의 역사적 그림자를 볼 수 있는 곳이 바로 아우크스부르크다.

➡ 모놀로그

내용을 정리하면서 루터를 영웅으로 만들기 위해 이 부분을 제외할 것을 고민하기도 했다. 그러나 루터를 영웅으로 만들기보다 개혁의 후손으로서 그를 보완할 방법을 모색하고자 이 부분을 포함시켰다. 아우크스부르크의 대표적인 방문지는 두 곳이다. 멋있고 유명한 방문지를 선호한다면 이곳은 추천할 만하지 않다. 그러나 나의 신앙과 교회의 미래를 고민하며 깊은 사색에 잠기고 싶다면 꼭 방문해 보기 바란다.

➡ 교통정보

프랑크푸르트와 뮌헨에서 각각 기차로 도착할 수 있다. 뮌헨에서는 ICE로 1시간이 채 걸리지 않고, 프랑크푸르트에서는 뷔르츠부르크나 만하임에서 환승해서 올 수 있다. 프랑크푸르트에서 출발하는 유로버스를 이용해서 올 수도 있지만 기차에 비해 시간이 많이 걸린다.

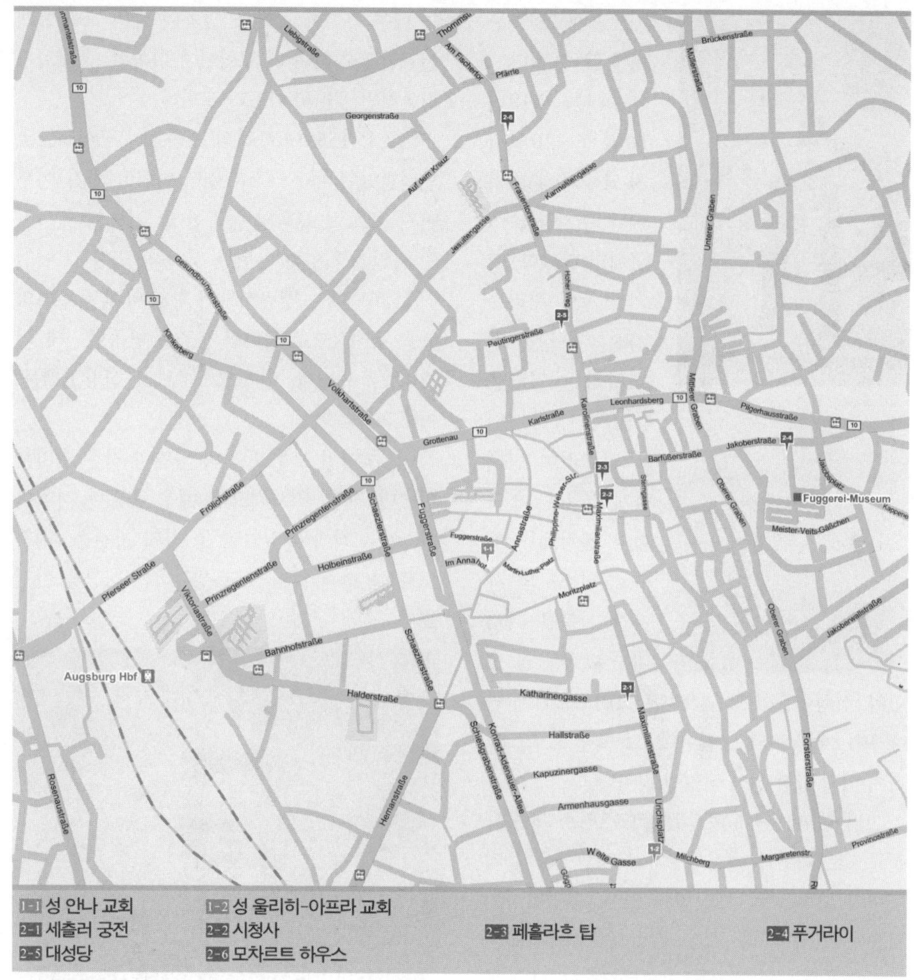

➜ Story

Part 1 › 루터의 흔적

1. 성 안나 교회(St. Anna Kirche)
2. 성 울리히-아프라 교회
   (Basilika St. Ulrich und Afra)

Part 2 › 고도(古都) 산책

1. 막시밀리안 거리(Maximilianstraße)
2. 푸거라이(Fuggerei)
3. 모차르트 하우스(Mozart Haus)

➜ 방문정보

Part 1 › 루터의 흔적

1. 성 안나 교회

(St. Anna Kirche)

루터가 종교개혁을 일으킨 후 심문당한 교회였으나 1545년부터 루터의 개혁 사상에 동참한 교회가 되었다. 1983년에는 루터 탄생 500주년을 기념하여 루터 박물관(Lutherstiege)을 개관했다. 루터와 관련된 다양한 문서들과 1648년 베

▼ 루터의 흔적이 남아 있는 성 안나 교회
ⓒcommons.wikimedia.org/Alois Wüst 님 사진

▼ 루터 명판
ⓒcommons.wikimedia.org/Emkaer 님 사진

스트팔렌 조약 문서를 볼 수 있다.

루터는 1518년 10월 7~20일까지 교황의 대리 카예탄 추기경을 이곳에서 만났다. 이 기간 동안 루터는 자신의 주장을 철회하라는 명령을 받았지만, 하나님을 의뢰하며 담대하게 맞섰다. 이 교회의 천장에는 예수 그리스도의 세 가지 신분을 나타내는 그림을 볼 수 있다. 산상수훈의 모습(선지자), 그리스도의 수난(제사장), 재림(왕)의 그림이다. 그 예수 그리스도가 루터의 강한 성이 되었던 것이다.

그밖에 1420년에 확장된 골드스미스 채플 오른쪽으로 헤롯이 대제사장과 서기관들을 불러 예수의 고향을 묻는 장면이 있고, 동방박사의 모습도 볼 수 있다. 성묘(聖廟) 채플(Chapel of the Holy Sepulchre)은 예루살렘의 성령강림교회를 본떠 만들었다고 한다.

+주소 Fuggerstraße 8
+전화 +49(0)821 343710
+입장 4~9월 11:00-17:00
10~3월 11:00-16:00(월요일 휴무)
+정보 www.st-anna-augsburg.de

2. 성 울리히-아프라 교회

(Basilika St. Ulrich und Afra)

막시밀리안 거리 끝자락에 위치한 성 울리히-아프라 교회는 가톨릭과 개신교가 공존하는 매우 특이한 교회다. 앞쪽의 작은 교회가 개신교인 울리히 루터 교회이며 뒤쪽의 큰 교회가 가톨릭인 울리히 아프라 교회다.

이곳은 1555년 루터의 개신교가 공식적으로 인정받았던 아우크스부르크 화의(和議)가 이루어진 곳으로, 교회의 독특한 구조는 이 역사적인 사건을 기념하기 위한 것이다. 또한 그 이전인 1530년에는 멜란히톤이 황제 앞에서 루터의 뜻을 체계적으로 정리한 신조를 낭독했는데, 이것이 그 유명한 '아우크스부르크 신앙고백문'이다.

이 두 사건 모두 동전의 양면과 같은 의미를 지녔다. 물론 역사적으로 매우 중요한 사건이다. 이 교회에서 있었던 두 가지 사건을 〔비전 노트〕를 통해 읽어 보고 생각하는 시간을 가져 보자.

+주소 Ulrichplatz 19
+전화 +49(0)821 345560
+입장 9:00-12:00, 14:00-17:00(화 · 금요일은 오전만, 목요일은 오후만 입장)
+정보 www.ulrichsbasilika.de

1555년 아우크스부르크 화의의 그늘

루터는 종교개혁을 일으키면서 부패한 중세 교회를 겨냥했다. 당시 교회는 각종 수탈과 종교적 거짓을 일삼아 농민들을 수탈했기 때문이다. 면죄부는 물론 강제적 십일조 등은 농민들의 부담을 과중시켰다. 민중은 개혁을 일으킨 루터를 주목하였고, 나아가 자신들의 대변인으로 기대했다.

루터와 비슷한 시기에 토마스 뮌처가 농민 봉기를 일으켰다. 그는 민주적 교회 운영, 십일조 거부, 사냥과 수렵과 벌목의 자유, 농노제 폐지, 세금 완화, 각종 부역 완화, 과부와 고아에 대한 약탈 금지 등을 주장했다. 1525년 튀빙겐에서 시작된 농민 반란은 독일 전역으로 확산되었다.

토마스 뮌처와 농민들의 주장은 일리가 있지만, 루터는 부패한 교회를 공격했지 부조리한 사회를 뜯어고치는 사회개혁을 주장한 것이 아니었다. 수탈과 억압, 만행 등은 금지해야겠지만 사회의 질서와 규율을 세우는 일도 중요했다. 그래서 루터는 봉기에 대해서 그리스도의 왕국을 현실에서 나타내려는 의도라고 비판했고, 지상 왕국은 필연적으로 불평등하다고 주장했다. 가령 왕이 있으면 백성이 있고, 지주가 있으면 농노가 있어야 한다는 논리였다. 루터가 토마스 뮌처를 비난함으로써 봉건 귀족들이 농민들을 진압하는 정당성을 확보하게 되자, 농민들은 그에게 등을 돌리게 되었다.

농민 반란 진압과 함께 루터는 유대인들에 대한 핍박도 허용했다. 요한계시록 2장을 해석하면서 유대인들의 모임을 "사단의 회(會)"(계 2:9, 개역한글)라고 규정지었고, 유대인들의 회당과 재산, 가옥들을 약탈하는 것도 묵인했다. 루터의 이런 사상은 약자보다는 강자에게 유리한 견해였음이 분명하다. 루터의 사상은 2차 대전 당시 유대인들을 경멸하는 나치 기독교에 의해 부활되었다.

1555년이 되자 루터의 사상을 수용하는 지역과 반대하는 지역과의 갈등이 지속되었다. 이때, 봉건 귀족과 도시민들의 지지 속에 루터의 사상은 1555년 아우크스부르크 화의(和議)에서 공인을 받게 되었다.

루터 교회가 자유를 공식적으로 얻게 된 계기는 위에서 언급한 정치적인 관계도 포함되어 있었다. 비슷한 개혁사상이지만 칼뱅주의는 정식 인정을 받지 못하다가 1648년이 되어서야 베스트팔렌 조약에서 인정을 받았다. 이유는 무엇일까? 칼뱅은 하나님 앞에서 모든 백성이 평등하며 제사장으로 부름 받았다는 '만인 제사장'을 외쳤기 때문이다. 그의 이런 사상은 민중의 지지를 받은 반면 귀족들에게는 외면을 받았다. 오늘날 교회는 어떤가? 성경이 아니라 정치 경제적 이해에 따라 움직이는 경우가 많지 않은가? 하나님의 뜻이라고 외치지만 실상은 그렇지 않은 경우가 너무 많다.

1530년 아우크스부르크 신앙고백문의 두 결과

루터가 종교개혁을 일으킨 이후 독일 황제 카를 5세는 루터의 개혁사상을 받아들이지 말 것을 경고했다. 그러나 독일-프랑스 전쟁으로 인해 미처 종교적 상황에 신경 쓸 겨를이 없었다. 이 때문에 1526년 1차 슈파이어 회의에서 영주는 자신의 영토 내의 종교를 정할 수 있다는 법이 채택되었다. 그러나 전쟁이 끝나자 황제는 다시 루터의 개혁사상을 억압했다. 1529년 2차 슈파이어 회의에서 다시 보름스 회의의 결과로 회귀함과 동시에 1차 슈파이어 회의의 결과를 철회시켰다. 그러자 제후들이 서명운동으로 이를 항의했고, 여기서 '항의하는 자들', 즉 '프로테스탄트'라는 명칭이 유래되었다.

그럼에도 불구하고 황제는 루터의 사상을 인정하지 않았다. 이때 멜란히톤은 아우크스부르크 황제 앞에서 루터의 신앙 내용을 체계화해 정리했으니 그것이 바로 1530년의 '아우크스부르크 신앙고백문'이다. 루터의 신앙체계를 명확하게 조직적으로 정리하고, 신앙 전반에 걸쳐 자세히 소개해 놓은 이 신앙고백문은 장차 나타날 신앙고백문과 교리문답의 효시가 되었다.

이와 반대로 그늘진 결과도 있었다. 루터와 칼뱅은 개혁의 깃발을 높이 든 사람들이지만 그 사상을 체계화한 사람은 멜란히톤과 베자였다. 개혁 내용을 정리하고 교리화하다 보면 모든 사람이 같은 견해를 가질 수 없다. 루터는 기존 가톨릭 틀을 어느 정도 유지하기 원했지만 칼뱅은 가톨릭 요소를 모두 제거해 버리고 예배를 설교 중심으로 단순화시켰다. 이런 차이로 인해 루터교와 칼뱅의 장로교는 다른 길로 나아갔다.

'아우크스부르크 신앙고백문'은 신앙체계화를 가져왔지만 동시에 개신교 내부의 타자화(他者化)를 초래했다. 즉 각 분파들은 연합하기보다 교리에 따라 분열과 다툼을 반복했다. 같은 개혁을 외쳤으나 이견(異見)으로 등을 돌린 것이다. 이런 다툼은 교회의 생명력을 상실하게 했고, 경건주의가 나타나는 길을 열어 주었다.

어쩌면 한국 교회도 생명력을 상실한 채 이데올로기에 빠지는 전철을 밟고 있는 것은 아닌가 하는 염려가 단순한 기우(杞憂)이기를 바랄 뿐이다.

개념 정리

루터, 칼뱅 등의 교리가 다르게 나타난 것은?

1555년 아우크스부르크 평화회의에서 특이한 점은 루터파는 공인되었지만 칼뱅파는 그렇지 못했다는 사실이다. 왜 그랬을까? 그리스도를 통한 구원은 같았으나 몇 가지 점에서 둘은 달랐다. 개혁자들은 사상을 정교하게 체계화하면서 사소한 것까지 언어로 표현하다 보니 이견이 나타나게 되었다. 예를 들면, 구원 받은 감격에 대해 루터는 '믿음'으로 구원을 받았다고 표현했던 반면, 칼뱅은 하나님의 '선택'이라고 했다. 이런 약간의 다른 뉘앙스들이 멜란히톤과 베자에 의해서 체계화된 이후 루터교와 장로교의 모습으로 변모하게 된 것이다.

종교개혁자	체계화	내용
루터	멜란히톤	성찬과 의식을 인정함. 더 간소화하려는 다른 종파와 결별하게 됨.
칼뱅	베자	예정론 확립. 도르트 회의에서 아르미니우스주의를 배격함.
츠빙글리	불링거	성찬은 상징일 뿐. 루터와 결별하게 됨.

1. 막시밀리안 거리
(Maximilianstraße)

시청, 새츨러 궁전(Schaezler palais), 성 울리히-아프라 교회 등 볼거리가 집중된 곳이다. 독특한 르네상스 양식인 아우크스부르크 시청사는 알프스 북쪽에 있는 비종교적인 건축물 중 가장 중요한 건축물로 평가받고 있다. 시청사 앞의 페를라흐 탑(Perlachturm)은 높이가 76m로 올라가면 시내를 한눈에 조망할 수 있다.

시청사와 페를라흐 탑

2. 푸거라이
(Fuggerei)

아우크스부르크에서 빼놓을 수 없는 중요한 인물이 16세기 거대 상인이자 은행가인 야코프 푸거(Jacob Fugger)다. 당시 무역과 금융업으로 엄청난 재력을 소유했던 푸거 가문은 비록 평민 신분이었음에도 불구하고 유럽의 경제를 좌지우지했다. 최고 전성기였던 야코프 푸거 당시에는 엄청난 자금을 기반으로 신성로마제국의 황제와 교황에게도 돈을 빌려 주며 긴밀한 관계를 유지하였다. 신성로마제국의 황제 카를 5세가 푸거 가의 지원으로 황제에 당선된 일과, 마인츠의 대주교가 푸거 가에서 빌린 돈을 갚기 위해 면죄부를 판매함으로써 루터의 비난을 받은 일은 유명하다. 또한 푸거 가는 독일에서 거둔 면죄부 판매금을 로마로 송금하는 역할을 담당하기도 했다.

한편, 야코프 푸거는 1516년 가난한 사람들을 위하여 임대주택 단지를 만든 것으로도 유명하다. 세계 최초의 사회복지 주택단지라 할 수 있는 푸거라이는 성벽이 둘러싸고 있으며 많은 집들은 물론 자체 성당까지 있어 '도시 안의 도시'라고 불린다. 지금도 이곳의 연간 임대료는 1유로 정도로 500여 년간 임대료가 오르지 않았다. 조건은 단 하나, 야코프 푸거와 그의 후손들을 위해 기도하는 것뿐이다. 푸거라이 박물관(Fuggerei Museum, Mittlere Gasse 13 and 14)에는 당시의 생활 모습이 재현되어 있으며, 현재 이곳 사람들의 생활을 엿볼 수 있는 모델하우스(Ochsengasse 51)도 있다. 또한 정원에는 2차 대전 당시 폭격으로 파괴되었던 푸거라이와 아우크스부르크의 모습 및 재건 과정을 보여 주는 벙커(Bunker of WWII)도 볼 수 있다.

+주소 Fuggerei 56
+입장 4~9월 8:00-20:00,
11~3월 : 9:00 - 18:00
+요금 성인 4€(할인 2€, 박물관, 모델하우스 요금 포함)
+정보 www.fuggerei.de

3. 모차르트 하우스
(Mozart Haus)

아우크스부르크는 오스트리아의 빈, 잘츠부르크와 함께 모차르트와 관련이 깊은 도시다. 이곳은 모차르트의 아버지인 레오폴트 모차르트가 태어난 곳으로 모차르트는 '아버지의 도시'인 아우크스부르크를 여러 차례 방문했다. 현재 모차르트 기념관으로 조성되어 모차르트와 그의 가족에 관한 자료들을 소장하고 있다. 특히 모차르트와 그의 아버지가 실제로 사용했던 피아노가 유명하다.

+주소 Frauentorstraße 30
+전화 +49(0)821 518588
+입장 화-금 10:00-17:00
+정보 www.mozartgesellschaft.de

05 뮌헨(München), 정의를 향한 외침

프롤로그

독일 여행 하면 빼놓을 수 없는 곳이 바로 뮌헨이다. 그리고 뮌헨 하면 '옥토버 페스티벌'을 빼놓을 수 없다. 그런데 이 뮌헨 지역을 '정의를 향한 외침'이라고 설정한 것이 특이하지 않은가? 뮌헨에서 추천하고픈 방문지는 세 곳이다. 바로 윌리엄 오컴, 마르틴 니묄러 목사, 그리고 고 이미륵 박사의 흔적이다. 세 사람의 공통점은 모두 정의를 목 놓아 외친 인물들이라는 점이다.

뮌헨은 독일 남부 최대의 도시로서 학문 · 경제 · 산업의 중심 도시다. 맥주 축제는 잠시 잊고, 정의를 향해 양심의 소리를 내던 이들의 행보에 집중해 보자.

교통정보

한국에서 비행기로 뮌헨에 갈 수 있다. 유럽 내에서는 프랑크푸르트만큼 많은 노선을 갖고 있는데, 기차 역시 뮌헨에서 주요 대도시와 연결되어 있다. 공항에서 시내로는 S-Bahn이 연결되어 있고, 시내에서도 U, S-Bahn이 연결되어 편리하게 움직일 수 있다. 다음의 뮌헨 방문지 역시 모두 시내 대중교통으로 움직일 수 있다.

방문정보

1. 성모 교회
(Frauenkirche)

성모 교회는 뮌헨에서 이정표와 같은 역할을 하는 곳이다. 도심에 붉고 높게 우뚝 선 성모 교회는 1488년에 완성되었는데, 이 교회의 터는 원래 공동묘지였다. 묘지가 철거되고 많은 묘비들이 성모 교회의 주변 벽면에 진열되었다. 엄밀히 말하면 교회 내부보다 교회 주변에 전시된 묘비들이 더 중요하다.

이 교회 묘비에 있는 인물이 윌리엄 오컴이다. 중세 스콜라 철학, 그중에서도 실재론에 반기를 들고 나온 인물이다. 중세 철학 용어를 써서 이해하기 어렵겠지만 자세한 내용은 〔역사의 발자취 5〕를 참고하기 바란다. 오컴은 교황 앞에서도 굴하지 않고 정의를 외쳤으며, 그의 사상은 위클리프, 후스, 루터 등의 개혁자들에게 큰 영향을 주었다. 오컴의 유해는 현재 바바리안 과학 연구소에 안치되어 있다.

S Bahn, U Bahn이 운행되는 Marienplatz 역에서 하차하면 된다.

+주소 Frauenplatz 1
+전화 +49(0)89 2900 820
+입장 7:00-19:00(목 20:30, 금 18:00까지)
+요금 성당 무료, 탑 성인 3€(할인 1.5€)
+정보 www.muenchner-dom.de

2. 그레펠핑 묘지

(Gräfelfing)

이곳에는 일제시대 3·1운동을 하다 유럽으로 망명해서 반나치 운동을 펼친 후 대한민국의 아픔을 독일 사회에 알린 고 이미륵 박사의 무덤이 있는 곳이다. 그는 일제와 나치를 향해 정의를 외치던 위대한 인물이다. 이미륵 박사는 《압록강은 흐른다》의 저자로서, 이 자전적 소설을 통해 민족혼을 고취시켰을 뿐만 아니라 독일 사회에 큰 영향을 주기도 했다. 이미륵 박사에 대해서는 〔문학산책〕을 참고하자.

S6 노선을 이용해 투찡(Tutzing) 방면 그레펠핑(Gräfelfing)역에서 하차한다. 내리자마자 지하도로처럼 생긴 보행 터널을 통과하면 버스 정류장이 있는데, 그곳에서 268번 버스를 타고 여섯 정거장 정도 지난 후 Neuer Friedhof에서 내리면 묘지가 나온다. 하차한 후 버스 진행 방면으로 걸어가면 묘지 후문에 도착하게 된다. 고 이미륵 박사의 묘지 번호는 145-147번이며, 본명은 이의경이다.

▼이미륵 박사 무덤
(ⓒ 전예영님의 Yeri's 여행이야기 블로그)

+주소 Pasinger Straße 54, Gräfelfing

문학 산책

이미륵 박사의 《압록강은 흐른다》

일제에 의해 국권을 빼앗긴 시절에 독일로 망명해 고향과 고국에 대한 향수와 기억을 우리 문화와 문학적 감성으로 글을 쓴 이가 있으니 바로 《압록강은 흐른다》의 작가 이미륵이다. 이 작품은 작가의 자전적 소설로서 독일어로 씌어지고 독일에서 출간되었다. 독일에서 그의 작품은 괴테와 더불어 독일어로 표현된 가장 아름다운 문장이라는 평가를 받았고, 당시 독일 중·고등학교 교과서에 실릴 만큼 큰 영향을 끼쳤다. 펄 벅의 《대지》가 중국을 알렸다면 《압록강은 흐른다》는 여러 언어로 번역되어 세계 속에 한국을 알렸다.

황해도 해주에서 1899년에 태어난 이미륵은 어릴 적 서당에서 수학하고 1917년 경성의학전문에 입학했다. 3·1운동이 일어나자 반일 전단을 뿌리는 등 학생운동을 하다 상하이로 망명하게 되었고 이곳에서 임시정부의 일을 돕다가 유럽으로 갈 수 있는 길이 열리게 되었다. 1920년 독일에 도착, 1921년 3월 뷔르츠부르크 대학에서 의학 공부를 계속하다 건강상의 이유로 휴학했다. 1923년 하이델베르크 대학과 1925년 뮌헨 대학에서 동물학과 철학을 전공했으며 1928년에는 박사학위를 받았다. 그후 반나치 운동에 가담했으며 벨기에에서는 태극기를 그려 일제의 부당함을 폭로하기도 했다.

《압록강은 흐른다》는 1946년 발표되었는데 당시 분단된 현실이 비슷한 독일에서 공감을 얻어 주목받게 되었고 베스트셀러가 되었다. 일제의 침략과 그에 맞선 학생들의 항일 운동 그리고 일제의 강압에 고향을 떠나야 하는 아픔과 고통의 과정이 잘 그려져 있다.

독일인들은 그의 작품뿐만 아니라 그의 생애도 깊이 존경했다. 그의 가슴속에는 언제나 압록강이라는 피가 흘렀다.

3. 다카우 수용소

(Dachau Concentration Camp)

나치에 의해 세워진 첫 번째 수용소로 1933년 개관했으며, 처음에는 나치 정권에 대항하는 정치범들을 수용하는 곳이었다. 2차 대전 중에 폴란드의 아우슈비츠만큼 방대한 규모는 아니지만 생체 실험과 많은 포로들이 죽어 간 악명 높은 수용소 중 하나다.

20만 명이 넘는 수감자와 4만 5,000명이 목숨을 거둔 곳으로, 미군이 이곳을 해방시켰을 때는 시체들을 처리하지 못해 장티푸스와 같은 전염병이 돌고 있었다. 미군 사령관이 전염병을 옮길 것을 두려워해 수감자들을 다시 감금하려 했다는 기록도 있다.

▲ "일이 자유롭게 하리라"

옛 모습 그대로인 입구에는 '일이 자유롭게 하리라'(Arbeit Macht Frei)는 글귀가 있는데, 아우슈비츠 수용소도 다카우 수용소를 따라 이 문구를 정문에 새겨 놓았다. 이 문구는 성경의 "진리가 너희를 자유롭게 하리라"(요 8:32)는 구절을 교묘히 바꾸어 놓았음을 알 수 있다. 이처럼 다카우 수용소는 나치 수용소의 본거지로서 사상범, 정치범, 포로들에 대한 처우와 정책에 관해 본부와 같은 역할을 했다.

들어가면 박물관(Museum)에서는 11시 30분, 2시, 3시 30분에 당시 기록 영상을 20분 남짓 상영한다. 그 옆에는 이곳의 참상, 생체 실험과 관련된 자료들이 전시되어 있다. 뒤쪽의 벙커에서는 각종 잔인한 고문들이 가해졌다.

이곳에 수감되었던 유명한 목회자로는 마르틴 니묄러(Martin Niemöller) 목사가 있는데 [비전노트]를 참고하자.

뮌헨 시내에서 S2 노선을 이용해 22분가량 가면 다카우(Dachau) 역에 닿는데, 이곳에서 726번 버스를 타고 수용소 앞에서 하차한다. 버스는 20분 간격으로 운행된다.

+주소 Alte-Röemerstrasse 75 Dachau
+전화 +49(0)8131 669 970
+입장 9:00-17:00(월요일 휴관)
+요금 무료
+정보 www.kz-gedenkstaette-dachau.de

비전 노트

독일 신앙의 양심 마르틴 니묄러 목사

- Martin Niemöller, 1892~1984

나치는 정권을 잡은 후 권력에 위협이 되는 세력들을 차차 제거해 나갔다. 우선 극우 나치주의에 반대하는 공산당, 노동조합 그리고 유대인과 가톨릭을 탄압했다. 당시 기독교는 크게 세 부류가 있었다. 극우 나치 기독교, 중도 복음주의 계열, 그리고 자유주의 노선이었다. 나치는 나치 기독교를 중심으로 28개의 종파를 통일하고 나치 십자가를 내건 뒤 그 아래 복종할 것을 명령했다. 이를 반대한 디트리히 본회퍼 목사는 플로센뷔르크 수용소에 감금되었고, 마르틴 니묄러 목사는 다카우 수용소에 감금되었다. 본회퍼 목사에 대해서는 독일 동부편의 플로센뷔르크 수용소를 참고하자.

나치가 유대인을 색출하고 검거했을 때, 니묄러 목사는 게슈타포 앞에서 유대인이신 예수님에 대해 설교했다. 결과는 목회 활동 정지 처분으로 이어졌다. 니묄러 목사는 히틀러를 대면하는 것조차 두려워하지 않았는데, 그 이유는 성경 때문이다. "우리가 살아도 주를 위하여 살고 죽어도 주를 위하여 죽나니 그러므로 사나 죽으나 우리가 주의 것이로다"(롬 14:8). 이 말씀이 그의 삶을 주관하고 있었던 것이다.

체포, 수감된 니묄러 목사에게 하루는 교도소 사역 목사가 찾아와 물었다. "목사님, 당신은 왜 이곳에 감금되어 있습니까?" 그러자 니묄러 목사는 다음과 같이 대답했다. "목사님은 왜 감금되지 않습니까?"

결국 다카우 수용소로 보내진 니묄러 목사는 감옥에서도 복음을 전했다. 그가 워낙 세계적으로 유명한 인물이다 보니 함부로 죽이지는 못하고 나치는 그를 모든 창문이 봉쇄된 독방에 감금시켰다.

1945년 미군에 의해 구출된 니묄러 목사는 다음과 같은 시를 남겼다. 본회퍼와 니묄러 목사를 본받아 한국 교회와 우리가 시대를 깨우는 양심이 되기를 소망한다.

• **그들이 처음 왔을 때**

그들(나치)이 공산주의자들을 체포했을 때,
나는 침묵했다.
나는 공산주의자가 아니었기에.

그들이 노동조합원을 연행했을 때도,
나는 침묵했다.
나는 노동조합원이 아니었기에.

그들이 유대인들을 색출했을 때도,
나는 침묵했다.
나는 유대인이 아니었기에.

결국 내게 들이닥쳤을 때,
비로소 알게 되었다.
항의해 줄 그 누구도 없다는 사실을….

06 퓌센(Füssen), 바바리안 알프스

➡ 프롤로그

로만티크 가도의 끝은 퓌센으로 이어진다. 스위스처럼 높고 험준한 산들은 아니지만 우뚝 솟은 산들 사이로 동화 같은 마을들을 지나고, 때묻지 않은 초원과 계곡을 지날 때면 여기가 지상낙원이 아닐까 싶을 만큼 아름답다. 이 지역의 명소와 드라이브 코스를 소개하고자 한다.

➡ 드라이브 코스

퓌센 → 갈미쉬 → 인스부르크로 이어지는 국도는 빼어난 경관을 자랑한다. 이곳 구간에는 캠핑장도 있어서 단체로 MT 분위기를 낼 수 있다. 지금까지의 코스가 개인적인 신앙과 선진들의 발자취를 따른 것이라면 이 구간에서는 참가자들이 하나되는 경험을 할 수 있다.

➡ story

1. 퓌센(Füssen)
   - 노이슈반슈타인 성(Schloss Neuschwanstein)
   - 호엔슈방가우 성(Schloss Hohenschwangau)

2. 가르미슈파르텐키르헨
(Garmisch-Partenkirchen)

- 아이프 호수(Eibsee)
- 추크슈피체 산(Zugspitze)

3. 인스부르크(티롤 지방,Tirol)

➡ 방문정보

1. 퓌센
(Füssen)

퓌센은 로만티크 가도의 종착지로서 프랑크푸르트, 뷔르츠부르크, 뮌헨 등지에서 오는 로만티크 버스 외에도 기차를 이용하면 쉽게 올 수 있다.

- 노이슈반슈타인 성
(Schloss Neuschwanstein)

퓌센 시내에서 이곳으로 오는 셔틀이 있으며, 자동차로 이동 시엔 갈색으로 된 표지판이 곳곳에 있어서 어렵지 않게 올 수 있다. 이 성은 월트 디즈니 신데렐라 성의 모델이 되었던 것으로 유명하다.

이 성에 들어가는 것도 좋지만 마리엔 다리까지 올라가서 성을 바라보는 것이 압권이다. 노이슈반슈타인 성 입구에서 마리엔 다리(Marienbrücke)까지는 셔틀버스가 운행되지만 걸어 올라가도 30~40분밖에 걸리지 않는다. 그러나 마리엔 다리에서 내려다보는 풍경은 걸어 올라온 시간과 수고를 잊게 한다. 설령 오르는 시간이 더 걸리더라도 결코 후회 없을 전망이 눈앞에 펼쳐진다.

+주소 Neuschwansteinstraße 20, 87645Schwangau
+전화 +49(0)8362 939880
+입장 4~9월 월-일 8:00-17:00
10~3월 9:00-15:00
+요금 성인 12€(할인 8€)
+정보 www.neuschwanstein.de
※ 티켓 예약 및 판매는 호엔슈방가우 성 티켓센터(ticket center)에서 통합 관리한다.

- 호엔슈방가우 성
(Schloss Hohenschwangau)

노이슈반슈타인 성에 비해 그 명성과 아름다움은 덜하지만 백조의 성이라 불린다. 성 뒤에 있는 아름다운 호수와 그 위에 떠도는 백조들을 배경으로 산책하는 기분이란 말로 형언하기 어려울 정도로 황홀하다. 성에서 바라본 경관도 훌륭하고 내부의 가구들과 장식들은 중세시대의 이야기들을 간직하고 있다.

+주소 Alpseestraße 12, D-87645 Hohenschwangau
+전화 +49(0)8362 9308 30
+입장 4~9월 월-일 8:00-17:30
10~3월 9:00-15:30
+요금 성인 10.5€(할인 8€)
+정보 www.hohenschwangau.de

2. 가르미슈파르텐키르헨

(Garmisch-Partenkirchen)

• 아이프 호수

(Eibsee)

우뚝 솟은 나무들이 병풍처럼 둘러싼 아이프 호수는 말할 수 없이 깨끗하고 투명한 물 색깔을 갖고 있다. 스위스의 호수들이 옥색이나 푸른빛의 색깔을 띤다면 이 호수는 깊고 청명한 색깔이 특징이다. 호수 주변으로 난 오솔길을 따라 걸으면 호수의 다양한 모습을 볼 수 있으며, 하이킹 코스로도 그만이다. 호수 입구까지 자동차로 올라갈 수 있으며, 보트를 대여해 준다. 나는 청년들과 이곳을 방문해서 팀별 보트 레이싱을 펼치곤 한다.

병풍처럼 산으로 둘러싸인 호수에서 보트를 타는 재미도 쏠쏠하다.

• 추크슈피체 산

(Zugspitze)

바바리안 알프스 지역에서는 가장 높은 산으로 높이가 3,000m에 이른다. 자주 구름이 산꼭대기를 가리므로 산 정상에서 주변을 보는 일은 운에 맡겨야 한다. 그러나 정상에 오르면 마치 아이프 호수가 인간의 세계라면 이곳은 신들의 세계인 듯 경이롭기만 하다. 아이프 호수역에서 케이블카를 타면 단숨에 정상까지 올라간다. 내려올 때는 기차로 내려온다. 추크슈피체의 정상은 독일, 스위스, 오스트리아의 국경으로 조금만 움직여도 소속된 국가가 달라져 버린다. 산 위에서 내려다보는 아이프 호수는 한 폭의 그림 같으며, 정상에서 맛보는 커피, 빵, 조각 케이크는 모든 피로를 말끔히 씻어 준다.

+정보 www.zugspitze.de

3. 인스부르크

(티롤 지방, Tirol)

추크슈피체 산에서 티롤 지방으로 넘어가는 길은 177번 도로와 179번 도로로 둘 중 하나를

케이블카에서 보이는 아이프 호수

선택할 수 있다. 제펠트 방면(Seefeld in Tirol)은 177번 도로를 타면 되는데, 수많은 마을과 계곡, 산이 어우러진 곳들을 지나 독일과 오스트리아 사이의 큰 언덕 마을인 제펠트(Seefeld)에 닿으면 지금까지 다녀 본 곳 중에서 가장 경치가 아름다운 캠핑장이 있다. 179번 도로를 이용하면 임스트(Imst) 마을을 거치게 되는데, 이곳은 래프팅으로 굉장히 유명하다. 여러 명이 이곳을 방문한다면 래프팅을 통해 결속력을 다져 보자. 래프팅 정보는 google에서 rafting imst를 치면 더 많은 정보를 얻을 수 있다.

+정보 www.rafting-canyoning.de
www.alpincenter-pitztal.com

참가자 다이어리

실감나지 않을 만큼 멋진 추크슈피체 산을 눈앞에 두고 넓디넓은 아이프 호수에서 얼마나 작고 작은 나인지 새삼 자연의 기세에 움찔했다.

● 서은화, 강남교회

말로만 듣던 노이슈반슈타인 성을 보게 되다니…. 깊고 깊은 산속에서 전설로만 듣던 만년학과 같은 자태로 노이슈반슈타인 성이 위엄을 드러낸 순간, 한동안 죽어 있던 경악 세포가 발작을 일으켰다. 온몸에 전기가 흐르는 듯한 전율… 평생 잊을 수 없는 광경이었다.

● 이호진, 승리교회

^추크슈피체 산

07 벨기에
- Belgium

벨기에 이야기

벨기에에서 관광지로 유명한 브뤼헤, 겐트, 릴 등의 지역들은 이 책에서 제외되었다. 역사와 신앙에서 한 획을 그은 이들의 발자취를 따라가는 테마 위주로 구성했다. 역사상 가장 큰 영향력을 미친 킹 제임스 성경과 관련된 성경 번역가 윌리엄 틴데일의 흔적이 벨기에에 있으며, 종교개혁자들의 스승에 해당하는 에라스뮈스의 흔적도 있다. 벨기에 지역에서는 자유를 향한 함성들이 가득 차 있고, 안트베르펜에는 《플랜더스의 개》와 관련해 신앙적으로 깊이 고찰해 볼 내용도 담겨 있다. 벨기에에 흐르는 주제는 "진리가 너희를 자유롭게 하리라"가 아닐까.

01 브뤼셀(Brussels), 자유의 사상에 날개를 달다

➡ 프롤로그

^ 브뤼셀의 상징이 된 오줌 누는 소년 상

프랑스의 에펠 탑, 네덜란드의 풍차, 오스트리아의 음악 등 각 나라를 대표하는 고유의 형용사들에 비해 벨기에 그리고 브뤼셀은 '오줌 누는 소년' 동상과 무미건조로 압축된다. 그러나 '보이지 않는 것이 보이는 것을 지배한다'는 말처럼 벨기에는 겉으로 드러난 것을 넘어서 그 이면의 것들을 보아야 하는 곳이다. 눈에 보이는 건물 사이로 자유의 함성이 있다.

역사를 알고 벨기에를 들여다보면 더욱 그렇다. 종교, 이념 등이 다른 유럽 국가들에 비해 비교적 관대했기 때문일까? EU 본부가 일찌감치 브뤼셀에 있었던 것은 물론, 종교개혁의 사상적 배경을 제공한 에라스뮈스 하우스도 브뤼셀에 있다. 사회주의 이론가인 마르크스는 실행가였던 엥겔스를 브뤼셀에서 만나 '공산당 선언'을 그랑프랑스 광장에서 발표했고, 《레 미제라블》의 빅토르 위고가 영감을 얻은 곳도 바로 이 광장이다. 사상이 불순하다는 이유로 프랑스에서 추방된 《삼총사》의 저자 알렉산더 뒤마 역시 이곳에서 활동했다. 우리가 잘 아는 〈개구쟁이 스

머프〉는 '공동 생산, 평등 사회'를 지향하는 메시지를 담고 있는데, 이 만화의 고향 역시 런던이나 파리가 아닌 브뤼셀이다.

건물과 거리 사이에서 금방이라도 터져 나올 듯한 자유의 함성을 브뤼셀에서 느껴 보길 바란다. 파리와 로마 못지않은 매력적인 도시임에 틀림없다.

➡ 교통정보

브뤼셀은 북유럽으로 가는 길목에 있는 도시다. 파리나 런던에서 유로라인 버스를 타거나, 파리에서 기차를 타면 브뤼셀에 쉽게 갈 수 있다. 브뤼셀 중앙역(Gare Centrale)에서 주변의 큰 도시로 가기 쉬울 뿐만 아니라 브뤼셀 여행의 중심에 해당되는 그랑플라스까지도 10분이 채 걸리지 않는다. 중앙역에서 그랑플라스까지는 1A, 1B선 중앙역(Gare Centrale)에서 지하철을 타고 Bourse역에서 내리면 된다. 하지만 도보로도 먼 거리는 아니다.

➡ Story

1. 그랑플라스(Grand Place)
2. 그랑플라스 주변
   - 백조 하우스와 세르클라스 상 (Maison du Cygne & Serclaes)
   - 샬루프 도르(Chaloupe d'OR)
   - 왕의 집(Maison du Roi)
   - 시청사(Hôtel de Ville)
3. 오줌 누는 소년 상(Manneken Pis)
4. 에라스뮈스 하우스(la Maison d'Érasme)
5. 마르크스 하우스(Maison du Marx)
6. EU 본부(European Union)

➡ 방문정보

1. 그랑플라스

(Grand Place)

영어로 '대광장'이란 뜻을 가진 이곳은 브뤼셀의 중심과도 같다. 장엄하게 솟은 고풍스러운 건물들로 둘러싸인 이 광장은 축구장보다 작다. 유럽의 다른 광장에 비해 규모 면에서는 명함도 못 내밀 수준이지만 마치 병풍처럼 장엄한 건물들에 둘러싸인 모습이 경이롭다. 그런 까닭에 빅토르 위고는 세계에서 가장 아름다운 광장이라고 극찬했고, 1998년에는 유네스코 세계문화유산으로 지정되었다.

매년 7~8월이면 밤 10시부터 1시간 동안 이 광장은 환상적인 축제로 황홀경에 빠진다. 기라성 같은 음악가들의 선율에 따라 형형색색으로 수놓는 조명쇼는 관광객들에게 감동을 주기에 충분하다. 일요일에는 시장이 들어서 여행의 또 다른 묘미를 안겨 준다.

2. 그랑플라스 주변

• 백조 하우스와 세르클라스 상

(Maison du Cygne & Serclaes)

그랑플라스 주변을 돌아보다가 황금의 백조 모습이 보인다면 바로 백조 하우스(The Swan House; Maison du Cygne)다. 건물 입구 벽면에 카를 마르크스에 대한 명판이 있다. 이곳은 마르크스가 엥겔스를 비롯한 사회주의자들을 만나 함께 시간을 보내고, 공산당 선언을 발표한 곳이기도 하다. 현재는 레스토랑으로 사용되고 있다.

아이러니하게도 사람들은 백조 하우스보다 백조 하우스 오른쪽에 있는 청동 부조에 더 많은 관심과 애정을 보인다. 이 부조는 14세기경부터 주변 나라들의 공격을 받던 벨기에의 역사와 관련이 되는데, 외부의 위협으로부터 브뤼셀을 지킨 에베라르트 세르클라스(Everard't Serclaes)를 기념하기 위해 만든 것이다.

세르클라스는 매복한 적군에게 사로잡혀 발과 혀를 잘린 채 다시 브뤼셀로 옮겨진 후 이곳에서 죽었고, 이를 본 성난 시민들이 적군을 단숨에 해치워 버렸다. 이런 사실에 유래되어 예부터 세르클라스와 강아지, 방패 등을 쓰다듬으면 브뤼셀로 안전하게 돌아올 수 있다는 전설이 생겼고 현재는 행운을 가져다준다고 믿고 있다. 수백 년이 지난 이야기건만 '복과 행운'을 바라는 마음은 동서고금을 막론하는 인지상정인지 사람 손을 탄 세르클라스와 강아지 부조는 닳아서 반짝거린다([역사의 발자취 4] 참조).

^ 세르클라스 상

∨ 마르크스 명판

∨ 백조하우스

↘백조 하우스
+주소 2 Karel Bulsstraat

• 샬루프 도르

(Chaloupe d'OR)

백조 하우스 반대편에 샬루프 도르라는 카페가 있다. 이곳에는 빅토르 위고를 기념하는 명판이 건물 앞 벽면에 붙어 있다. 1789년 역사적인 프랑스 대혁명이 있었으나 나폴레옹 3세가 왕정복고를 꾀하자 이를 비난하다가 빅토르 위고는 브뤼셀로 망명하였다.

그랑플라스 광장은 중후한 아름다움에 비해 지금도 소매치기가 제법 있다. 200년 전 빅토르 위고는 이 카페에서 커피를 마시면서 광장에 몰려드는 사람들을 봤을 것이고, 그 사람들을 보며《레 미제라블》의 영감을 얻었으리라. 이 카페에서 빅토르 위고가 되어 광장의 수많은 인파를 바라보며 불후의 명작이 된《레 미제라블》의 장발장을 만나 보면 어떨까?

∧ 샬루프 도르

∧ 빅토르 위고 명판

• 시청사

(Hôtel de Ville)

백조의 집을 바라보며 오른쪽으로 가장 웅장하고 화려한 높은 건물이 시청사다. 높이 100m에 이르는 첨탑에는 미카엘 상이 있어서 마치 브뤼셀을 지켜 주는 것 같다. 브뤼셀 시내를 한눈에 담고 싶다면 꼭대기에 꼭 올라 볼 것을 권한다.

시청사

• 왕의 집

(Maison du Roi)

비록 왕의 집이긴 하지만 한 번도 왕이 거주한 적이 없다는 이곳은 오히려 제빵사들의 홀이라 불리는 게 더 적절할 듯하다. 현재 브뤼셀 시립 박물관으로 사용되고 있으며, 브뤼셀의 상징인 오줌 누는 소년 상을 위해 각국에서 보낸 다양한 전통 의상들을 보관하는 곳으로도 유명하다. 그러나 종교개혁 시대에는 유럽 전역에 확산된 복음을 받아들인 사람들을 처형하던 장소라는 그늘진 역사도 지니고 있다. 샬루프 도르를 바라보며 왼쪽에 있는 건물이다.

3. 오줌 누는 소년 상

(Manneken Pis)

때는 14세기 외세 침입을 겪던 시절이다. 이 무렵 외적은 브뤼셀을 함락하기 위해 성벽에 폭발물을 설치하고 불을 붙였다. 이 사실을 알고 줄리안스케(Julianske)라는 소년이 얼른 폭발물 심지에 오줌을 눔으로써 도시를 구했다는 이야기가 전해지고 있다. 이 이야기를 바탕으로 전쟁 직후 도시의 상징인 오줌 누는 소년 상을 만들었다. 14세기에 제조되었으나 1619년에 현재와 같은 청동으로 다시 제작됐다. 한때 영국과 프랑스에 빼앗기기도 했으나 다시 브뤼셀로 돌아왔다. 프랑스의 루이 15세는 이 동상을 반환하면서 사과하는 의미로 동상의 옷까지 보내 주었다. 이것이 유래가 되어 이곳을 방문하는 국빈들은 꼭 자국의 전통 의상을 선물하는 전통이 생겼다.

4. 에라스뮈스 하우스

(la Maison d'Érasme)

에라스뮈스 하우스는 브뤼셀에 있는 가장 오래된 집 중 하나다. 이곳에서 종교개혁의 알을 낳은 에라스뮈스의 흔적을 느낄 수 있으며, 그의 저서 《우신예찬》을 볼 수 있다. 친필 라틴어 성경이 있고, 그의 임종 시 해골을 본떠 만든 두상이 있다. 입구에 들어가자마자 그가 사용하던 작업실이 나오는데 이곳에는 500년 된 유화들이 걸려 있다. 2층 홀 강대상에는 성모가 뱀을 밟고 서 있는 모습이 새겨져 있다. 또 2층으로 올라가는 계단에는 《우신예찬》에 나오는 장면들이 그림으로 표현되어 있다. 전시 자료 중에는 검게 그을린 책들이 있는데, 이는 당시 로마 가톨릭의 서적 검열로 인해 불태워진 흔적이다. 박물관 뒤편은 '철학자의 정원'이다.

+주소 Rue du Chapitre 31
+전화 +32(0)2 521 1383
+입장 화-일 10:00-18:00(월요일 휴관)
+요금 성인 1.25€(6세 이하 무료)
+교통 지하철 1B Saint-Guidon역 하차 또는 트램 56번 Saint-Guidon 하차하거나 49번 버스를 타고 Formanoir에서 하차
+정보 www.erasmushouse.museum

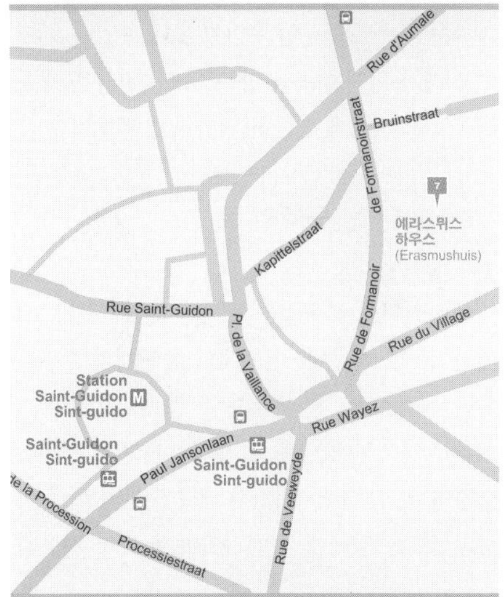

에라스뮈스의 《우신예찬》

에라스뮈스(1466~1536)는 네덜란드의 로테르담에서 사생아로 태어났으나 9세 때 수도원에 보내져 양육되었고 20세경 정식으로 수도사가 되었다. 1495년 파리 대학에서 신학을 공부하면서 차츰 가톨릭교회 제도에 대하여 비판적인 경향을 띠게 되었다.

1504년 무렵 유럽의 여러 지역을 여행하던 중 이탈리아의 여러 도시를 방문하고 1509년 헨리 8세가 즉위하던 영국으로 이동하면서 수도원 생활의 모순을 풍자하는 작품을 구상하게 된다. 런던에 도착한 후 토머스 모어의 집에 기거하는 일주일 동안 써 내려간 작품이 바로 1511년에 출간된 《우신예찬》(Encomium Moriae)이다.

어리석음의 신 모리아가 화자(話者)로 등장하여 어리석음을 나열하는데 이를 통해 현명함이 무엇인지를 역설적으로 표현한 작품이다. 그는 루터와 같은 궤도를 걷지는 않았지만 그 나름대로 당시 가톨릭의 모순을 알렸다. 당대 지도자들의 캐릭터들을 등장시켜 풍자와 역설로 시대를 비판했고, 그의 작품은 널리 유포되었다.

"그리스도를 대신한다는 교황과 주교들이 그리스도의 청빈(清貧)과 고난을 본받으려 한다거나 자신의 지성(至聖)에 대한 칭호를 재고해 본다면 그들은 가장 불행한 사람이리라. 그 높은 자리까지 어떻게 올랐는데, 그들은 갖은 방법을 동원해서라도 그 자리를 지키려고 할 것이다. 최소한 소금 한 알갱이라도 그들 속에 있다면 그들이 버려야 하는 이익은 도대체 얼마만큼일까. 그것들 대신 설교, 연구, 기도, 금식들을 하려니 얼마나 귀찮고 불편하겠는가? 그들이 그런 이익을 내려놓는다면 그들 주위에 있는 비서, 서기, 주방장, 마부, 변호사들이 굶어 죽을 것이니 이것은 몰인정하고 가증스러운 일이 될 것 아닌가?

요즈음의 교황은 가장 어려운 일들은 성 베드로나 성 바울에게 대부분 맡기고(성서에 맡기고), 자신은 호화로운 의식이나 즐거운 일에만 전념한다. 그러므로 나 우신(愚神) 덕분에, 교황은 누구보다 더 나은 생활을 하고 있는 것이다. 그가 의식에서 축복과 저주의 말을 하면 그것으로 충분히 그리스도에게 봉사했다고 생각한다. 기적을 행한다는 것은 이미 시대에 뒤떨어진 낡아빠진 관습이다. 민중을 교화하는 일은 피로한 일이다. 성서를 설명하는 건 학교에서나 할 일이다. 마침내 죽는다는 것은 가혹한 일인데, 십자가 위에서 죽는다는 것은 불명예스럽다."

^ 에라스뮈스 하우스에 있는 에라스뮈스 자필 기록

(《우신예찬》 중에서)

5. 마르크스 하우스

(Maison du Marx)

청년 마르크스가 공산당 선언을 발표하기 위해 1846~1848년 동안 거처하던 곳이다. 현재 그와 관련된 전시는 하지 않지만 시내에서 약간 떨어진 외곽 지역에 위치한 집 벽에는 그가 이 집에 머물렀음을 표시하는 명판이 붙어 있다. 한 청년의 사상이 이 집에서 계획되고 집필되었는데, 엥겔스가 마르크스의 이론을 받아들인 후 전 세계에 엄청난 영향을 미쳤음은 역사가 말해주고 있다.

중앙역 근처에서 92, 94번 트램을 타면 근처까지 갈 수 있는데, Avenue Louise의 Staphanie에서 하차한 후 Rue Jean D'Ardenne 50번지를 찾아가면 된다. 혹 메트로 2번 지하철을 이용해 Louise/Louize역에서 하차하여 Avenue Louise를 따라 10분 정도 걸어가도 역시 이곳에 도착할 수 있다. 그러나 거주지이므로 일반인에게 공개되지 않고 명판만 벽에 붙어 있을 뿐이다.

+주소 Rue Jean D'Ardenne 50

6. EU 본부

(European Union)

유럽연합이 형성되던 시절부터 본부 역할을 해 온 EU 본부 건물이 브뤼셀 외곽에 있다. 위에서 내려다볼 때 십자가형으로 생긴 이 건물은 교과서나 매스컴을 통해서 익히 접해 봤을 것이다. 지하철 1A/1B를 타고 슈만(Schuman)역에서 하차하면 바로 닿는다.

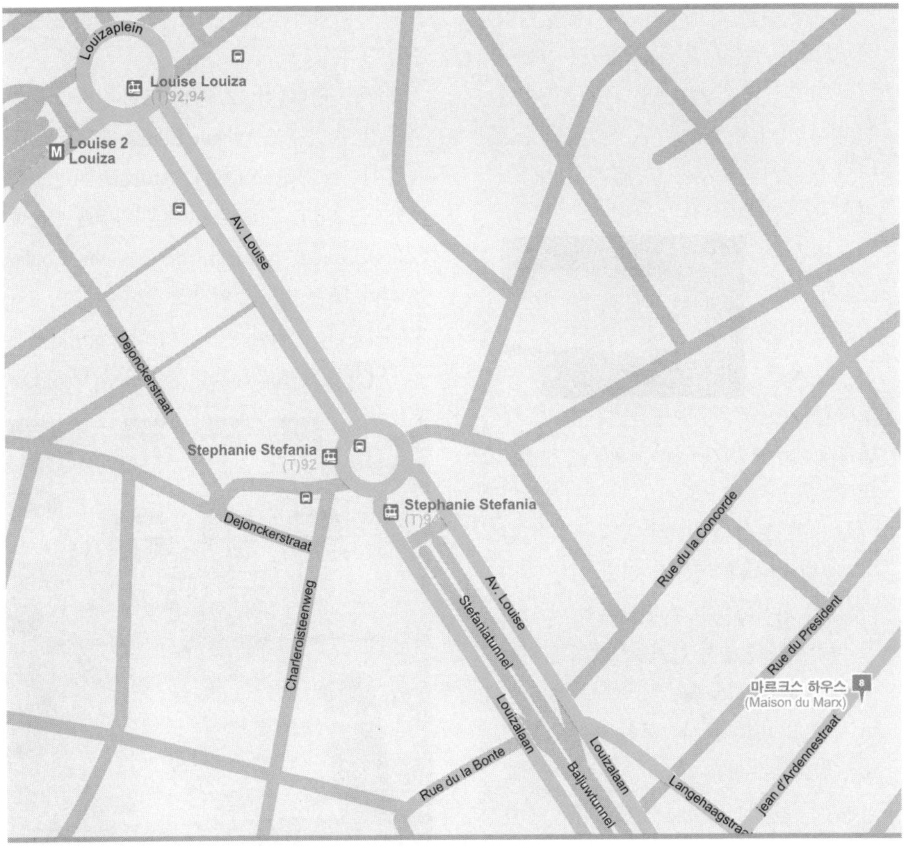

Louizaplein
Louise Louiza
(T)92,94
Louise 2
Louiza
Av. Louise
Dejonckerstraat
Stephanie Stefania
(T)92
Stephanie Stefania
(T)94
Dejonckerstraat
Charleroisteenweg
Av. Louise
Stefaniatunnel
Louizalaan
Rue du la Concorde
Rue du President
마르크스 하우스
(Maison du Marx)
Rue du la Bonte
Louizalaan
Baljuwtunnel
Langehaagstraat
jean d'Ardennestraat

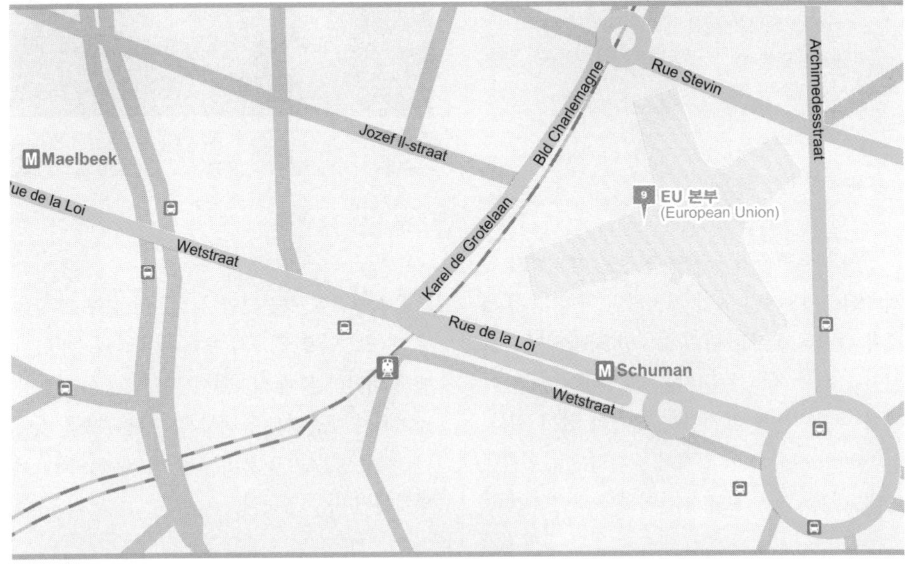
Rue Stevin
Archimedesstraat
Bld Charlemagne
Jozef II-straat
Maelbeek
Rue de la Loi
EU 본부
(European Union)
Wetstraat
Karel de Grotelaan
Rue de la Loi
Schuman
Wetstraat

한 걸음 더

건곤일척의 승부, 워털루 전투 현장

피아노를 배운 사람이라면, 혹 배우지 않았더라도 앤더슨(Anderson)의 유명한 〈워털루 전투〉를 들어보았을 것이다. 브뤼셀 동남쪽 근교에 위치한 워털루(Waterloo) 시는 시대의 영웅 나폴레옹과 웰링턴이 겨루던 역사적인 장소다. 영국을 제외하고 유럽을 평정한 나폴레옹은 영국마저 제압할 준비를 했다. 유럽에서 영국을 고립시키기 위해 대륙 봉쇄 정책을 작성하여 유럽에 강요했다. 그러나 미국과 무역을 한 영국과 달리 유럽 국가들은 당시 경제적 위기에 직면하던 터라 러시아는 밀무역을 재개했다. 이로 인해 나폴레옹은 모스크바 원정을 시도했으나 실패했고, 워털루에서 숨을 고르고 있었다.

유럽은 영국과 함께 나폴레옹 군대에 맞서야 했다. 독일 프로이센군은 나폴레옹과 대결했다가 큰 손실을 입은 뒤 어떻게 해서든지 웰링턴의 영국군과 합류해야 하는 처지였고, 나폴레옹은 어떻게 해서든 각개 격파를 해야 하는 상황이었다. 그 절박함은 1815년 워털루 전투로 이어졌다. 이 전투에는 유럽의 운명이 걸려 있었다.

웰링턴은 프로이센군의 합류를 위해 방어기지를 구축해야 했다. 나폴레옹은 프로이센이 오기 전에 웰링턴을 무찔러야 했다. 마침내 이 평원은 순식간에 포성, 말발굽 소리, 젊은이들의 함성으로 가득 찼다. 하루에도 수만 명의 젊은이들이 시체로 변했을 만큼 국운이 걸린 처절한 전투였다. 빼앗아야 하는 자와 지켜야 하는 자의 숨 막히는 대결, 마침내 지평선 너머로 프로이센 군대가 보이기 시작했고 나폴레옹은 패퇴했다. 그 건곤일척의 승부가 펼쳐진 전장을 사자의 언덕(Butte du Lion)이 200년간 지켜보고 있다.

^ 워털루에 솟은 사자의 언덕과 여기서 보이는 워털루 평원

방문자 센터에서는 당시 워털루 전투를 파노라마 그림으로 관람할 수 있으며, 전쟁의 양상을 조망할 수 있다. 또한 웰링턴 본부와 나폴레옹 본부를 각각 박물관으로 만들었는데 모두 관람할 수 있다.

→ 워털루 방문정보

브뤼셀에서 자동차로 40분 정도 소요된다. 브뤼셀 주변 순환도로에서 워털루의 이정표를 쉽게 찾을 수 있다. 브뤼셀 남역에서 워털루로 가는 TEC버스(W)를 탈 수 있다. 웰링턴 박물관 앞에서 자전거를 빌려 워털루 지역을 누비고 다니는 것도 좋은 추억이 될 것이다.

> 사자의 언덕(방문자 센터)
+주소 Route du lion 252-254
> 웰링턴 박물관
+주소 Route du Lion 315
> 나폴레옹 박물관
+주소 Chaussée de Bruxelles 66

02 빌보르드(Vilvoorde), 영국 왕의 눈을 열어 주소서

프롤로그

빌보르드에 있는 틴데일 기념비

고풍스럽지도, 아담하고 예쁜 모습도 없는 이곳은 잿빛 도시의 삭막한 느낌마저 든다. 모든 것이 인고(忍苦)의 세월에 못 이겨 닳고 닳은 듯한 모습이 역력하다. 이곳에 온 목적은 단 하나, 바로 영어 성경 번역가 윌리엄 틴데일 때문이다. 오늘날 영어 성경의 영향력은 엄청나다. 최소한 몇 백 년 동안 영어 성경의 위상은 사라지지 않을 것 같다.

이 잿빛 도시에서 그는 영국 왕의 눈을 열어달라는 절규의 기도를 올린 채 한 줌의 재로 사라졌다. 그리고 그가 번역한 영어 성경은 모든 호텔과 숙박 시설에 비치해야 한다는 법이 생겼다. 그런 사실을 기억한다면 단지 오줌 누는 소년 상을 보기 위해 브뤼셀만 거쳐 가는 이들이 야속할 따름이다. 몇 안 되는 틴데일의 흔적들이 사라져 가고 있다. 이 책을 통해 더 많은 이들이 사라져 가는 몇 안 되는 틴데일의 흔적을 찾기 바란다.

교통정보

브뤼셀 북동쪽에 위치한 교외 마을이다. 브뤼셀 순환도로에서 N1번 도로를 타면 쉽게 연

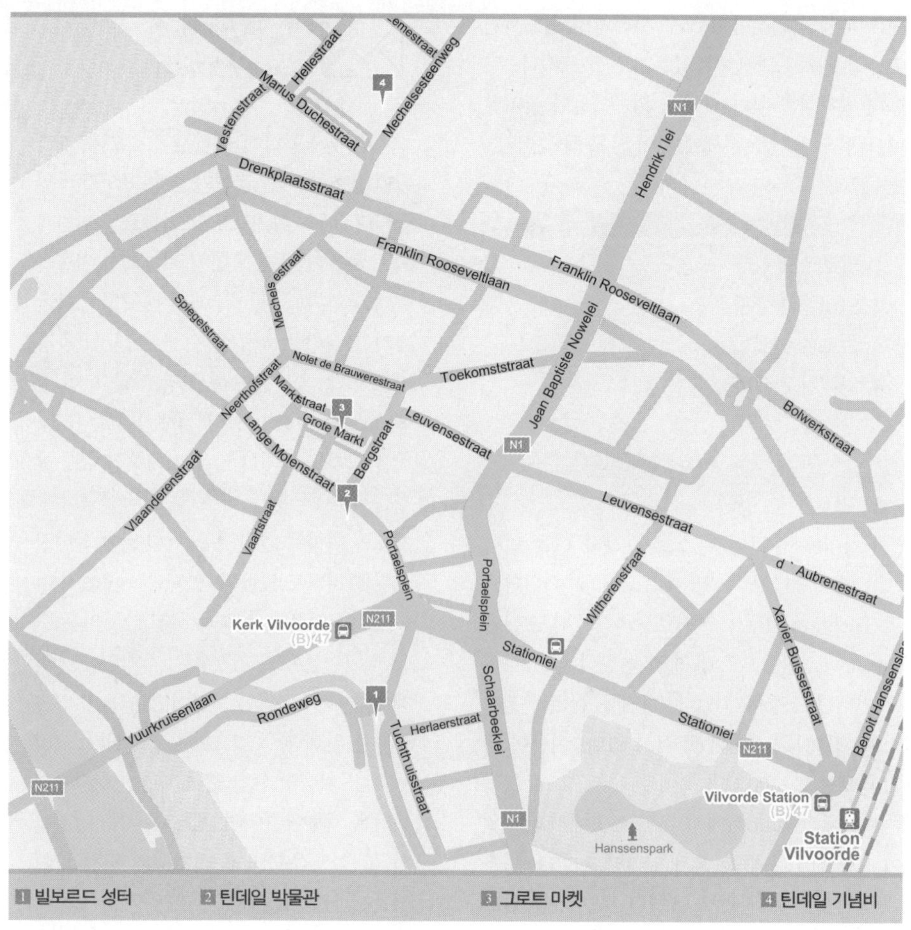

결된다. 브뤼셀 공항과도 매우 가깝다. 기차를 타고 빌보르드역에 내리면 시내까지 걸어갈 수도 있고, 버스를 탈 수도 있다. 빌보르드역 앞에서 47번을 타고 Heembeek 방면으로 Kerk Vilvoorde에서 하차하면 〔빌보르드 Story〕를 따라 걸을 수 있다.

➡ 모놀로그

옛 빌보르드 성의 흔적은 남아 있지 않았고 틴데일 기념비는 미리 위치와 모양을 숙지하지 않았더라면 알아볼 수 없을 정도로 세월에 묻혀 가고 있었다. 더 씁쓸한 것은 틴데일 박물관의 위치를 확인하고 찾았지만 박물관 표시는 어디에도 없었다는 것이다. Kijk Uit라는 레스토랑 직원에게 물어 보자 "폐관되어 더 이상 열지 않습니다"는 대답이 돌아왔다.

유명하다는 곳마다 관광객들로 넘쳐 나고, 그 무리 속에는 바쁘게 셔터를 누르며 흔적을 남기려는 한국인들이 꼭 있다. 교회마다 영어 예배를 개설해서 앞 다투어 영어 성경을 보고 있다. 그러나 영어 성경 번역가는 아무도 기억하지 않는다. 아마 100년 후 이맘때면 그나마 남아 있던 틴데일의 흔적마저 모두 사라져 국립도서관 고문서 자료로만 남아 있을지도 모르겠다. 믿음의 발자취를 찾아 나서는 젊은이들이 늘어날 때, 믿음의 유산도 후세에 길이 남게 될 것이다.

➡ Story

1. 빌보르드 성터
2. 틴데일 박물관
3. 그로트 마켓
4. 틴데일 기념비

➡ 방문정보

1. 빌보르드 성터

기차역에서 47번 버스를 타거나 마을 방면으로 걸어오다가 두 번째 로터리에서 왼쪽으로 Tuchthuisstraat 거리로 들어간 뒤 오른쪽 Rondeweg 방면으로 가면 작은 강이 있고, 다리를 건너면 소방서가 있다. 다리를 건너기 전까지 주택들이 평화롭게 들어서 있다. 이곳이 과거 빌보르드 성이 있던 곳이다.

브뤼셀 공식 문서에 따르면 이곳에서 틴데일이 무려 501일 동안 갇혀 있었다고 한다. 다음에 그가 쓴 편지를 보면 1년이 넘는 시간 동안 얼마나 극심한 고통을 당했는지 알 수 있다. 수감 중에도 성경 번역에 대한 그의 열정을 엿볼 수 있다. 현재 성은 흔적조차 남아 있지 않지만 흐르는 강물은 그의 숨결을 간직하고 있다.

▼빌보르드 성은 없어지고 그 자리에 주택이 들어서 있다.

간수장에게 쓴 틴데일의 편지

저명하신 귀하에게 편지 드리오니, 제가 어떤 운명에 처할 것인가는 잘 아시리라 믿습니다. 예수 그리스도의 이름으로 귀하에게 구하옵기는 제가 만일 이곳에서 겨울을 보내야 한다면 제 친구에게 따뜻한 이불을 가져다 달라고 해주실 수 있으신지요? 감기로 인해 극심한 두통을 겪고 있고, 이 방에 있으니 코감기가 더 심해집니다. 또 두꺼운 외투도 가져다 달라고 해주십시오. 아시다시피 제 옷은 너무 얇고 낡았습니다. 제 몸뚱어리에 걸친 옷은 이미 낡아 헤어졌으니 다리라도 덮을 수 있도록 해주십시오. … 또 제 히브리 성경과 사전도 가져올 수 있게 해주십시오. 이것은 감옥에 있는 동안 제게는 매우 요긴한 물건이며, 귀하의 영혼 구원을 위해 가장 필요한 물건입니다. 그러나 제가 겨울이 오기 전에 처형된다면 이런 부탁은 거두어 주셔도 됩니다. 저는 이것까지 불편을 감수한 후 하나님의 영광 속에 있을 것입니다. 그리스도의 은혜가 귀하의 마음을 붙드시길 기도합니다.

-윌리엄 틴데일 드림

세상을 바꾼 그리스도인

성경 번역가 윌리엄 틴데일

- William Tyndale, 1494~1536

하나님은 그의 백성의 기도를 경홀히 여기시지 않는다. 틴데일은 영국에서 옥스퍼

드와 케임브리지를 거치면서 에라스뮈스가 번역한 성경을 접하게 되었다. 원문을 해석한 성경을 보고 회심을 경험한 그는 성경을 알면 알수록 종교 지도자들이 성경의 원문과는 다르게 백성을 인도하는 것을 보고 몹시 안타까워했다. 틴데일은 영국에서 한 종교 지도자에게 이렇게 말했다. "하나님이 나에게 생명을 더 주신다면 밭 가는 소년이 당신보다 더 성경을 많이 알도록 하겠소."

그후 틴데일은 성경 번역에 착수했고, 완성된 것을 사람들에게 배포했다. 그러나 당국이 이를 허락하지 않자 대륙으로 망명길에 올라 루터를 만나러 보름스에 온 후 다시 성경을 번역했다. 그러나 이마저도 여의치 않아서 그의 성경은 쾰른 대성당 앞에서 루터의 서적과 함께 불타 버렸다.

틴데일은 다시 벨기에로 옮겨 와 성경을 번역한 뒤 영국으로 밀반입시켰다. 이렇게 목숨을 건 사역을 감당하다가 밀고자에 의해 체포되었고, 빌보르드에서 화형을 당하고 말았다. 그는 죽으면서 "영국 왕의 눈을 열어 주소서"라고 기도했는데, 불과 2년 후 헨리 8세는 '수장령'(Acts of Supremacy)을 선언하며 틴데일의 성경을 허용했다.

틴데일 이후 수많은 성경 번역이 나왔지만 1611년 많은 학자들은 틴데일 성경을 가장 완벽하고 권위 있는 성경으로 인정했으며, 틴데일 성경의 90% 이상을 가져와 새롭게 번역한 성경이 바로 킹 제임스 성경이다. 지금까지 많은 영어 성경 중에 킹 제임스 성경이 가장 원문과 가까우며 권위 있다는 평가를 받고 있다.

2. 틴데일 박물관

버스에서 내린 뒤 로터리에서 Tuchthuisstraat 방면으로 가지 말고 반대편인 Lange Molensstraat 거리로 들어서면 왼쪽에 Kijk Uit 라는 고풍스러운 레스토랑이 나온다. 이 레스토랑을 끼고 안쪽 어두컴컴한 막다른 골목으로 들어가면 틴데일 박물관과 개신교들의 교회가 있었는데, 안타깝게도 현재 박물관은 폐관되고 그것을 기념하는 십자가 모양만 남아 있을 뿐이다. 틴데일과 종교개혁을 따르던 믿음의 선진들

^ 틴데일 박물관이 있던 위치

이 이곳에서 모임을 가졌으나 현재는 흔적밖에 남지 않음이 안타까울 따름이다.

▶틴데일 박물관이 있던 자리에는 십자가 모형만이 남아 있다.

3. 그로트 마켓

틴데일 박물관에서 Bergstraat를 따라 50m 더 가면 주차장이 나오는데 이곳이 바로 그로트 마켓이다. "영국 왕의 눈을 열어 주소서"라고 외치던 틴데일이 화형당한 곳이다.

4. 틴데일 기념비

그로트 마켓에서 Mechelsesteenweg로 길을 따라가면 왼쪽으로 공원이 나오고 거기에 틴데일 기념비가 있다. 틴데일이 화형당한 지 500년이 지난 지금 기념비는 세월의 무게를 감당하지 못한 채 많이 훼손되었다. 이곳에서 틴데일을 묵상해 보도록 하자.

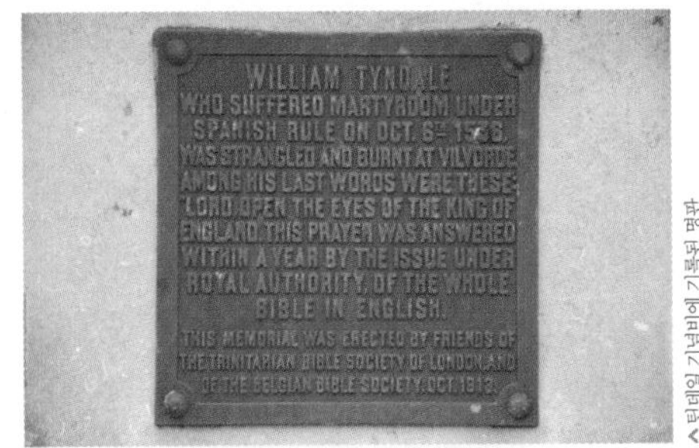

▶틴데일 기념비에 기록된 명판

개념 정리

틴데일이 세계에 미친 영향력

현재 빌보르드에 남아 있는 틴데일의 흔적은 너무도 미미하다. 그러나 틴데일 한 사람의 영향력은 어마하게 컸다. 16세기 초에 틴데일이 영어 성경을 번역할 때만 해도 영어를 쓰는 사람은 유럽에서 300-400만 명에 불과했고, 대부분 유럽의 변방 사람들이었다. 심지어 영국의 귀족들은 프랑스어를 썼으며, 영어는 평민과 하층민이 쓰는 수준 낮은 언어였다.

틴데일이 성경을 번역하자 그가 만든 어휘와 표현들이 16세기 후반에 셰익스피어에게 스며들었다. 틴데일의 표현과 어휘를 바탕으로 셰익스피어는 영국 문학의 기틀을 마련했고, 이것이 영미 문학으로 발전했는데, 역사학자들은 틴데일이 없었으면 셰익스피어도 없었다고 입을 모은다. 틴데일 성경에 영향을 받은 제네바 성경은 유럽 개혁자들에게 영향을 주었고, 이것은 유럽 개신교의 기틀을 다지는 데 큰 역할을 했다.

이제 눈을 영국으로 돌려 보자. 틴데일 성경의 90%를 차용한 성경이 바로 1611

년에 번역된 킹 제임스 성경이다. 90% 이상이므로 틴데일 성경을 그대로 가져온 것이나 다름없다. 이 성경은 청교도들을 일깨운 도구가 되었으며, 청교도 신앙은 부흥 운동의 원동력이 되었다. 17세기의 청교도들이 없었다면 20세기 부흥 운동이 있었을까? 또 미국의 건국자들이 유럽에서 가져간 성경이 킹 제임스 성경이었다. 이 성경을 읽은 링컨과 마틴 루터 킹은 인권을 위해 불후의 업적을 남기게 된다.

킹 제임스 성경으로부터 영향을 받은 영국의 윌리엄 윌버포스 역시 역사상 최초로 노예무역을 폐지하는 데 큰 공헌을 세운다. 다음의 표를 보자. 이것이 틴데일이 세계에 미친 영향력이다. 그러나 그의 흔적은 이미 사라져 가고 있으니 안타까울 따름이다.

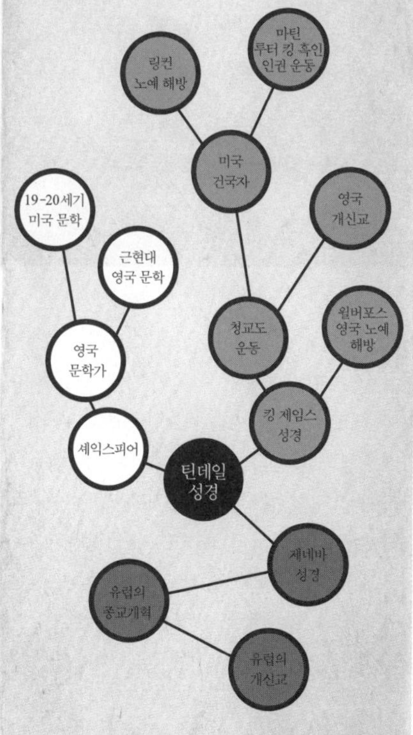

빌보르드에서 쓴 일기

윌리엄 틴데일의 흔적을 찾아간 빌보르드. 그가 화형당한 장소는 주차장이 되어 있었다. 주차장 구석진 곳에 덩그러니 서 있는 한 그루의 나무를 바라보며 이곳의 일을 상상해 본다. 화형시키기 위해 사람들이 자신의 몸을 매달 때 그는 무슨 생각을 했을까? 두렵지 않았을까? 불을 붙이기 전 그들과 타협할 수는 없었을까? 화형당하는 것조차 두렵지 않던 틴데일의 믿음, 그 믿음의 분량이란 얼마나 큰 것인가. 감히 나는 스스로 믿음이 좋다 말할 수 있을까?

사람들은 교회 일을 많이 하면 믿음이 좋다고 말한다. 혹은 통성으로 기도를 열심히 하면 믿음이 좋다고 한다. 그러나 믿음의 선진들이 목숨을 던져 진리를 지키고자 한 그 믿음이 과연 나에게 있는가? 틴데일이 화형당한 그 장소에 서서 나에게 묻는다. 틴데일 박물관을 찾기 위해 지나다니는 사람들에게 물었다. 안타깝게도 이곳에 사는 사람들조차 윌리엄 틴데일이 누군지조차 알지 못한다. 어렵게 물어물어 박물관이었다는 건물을 발견했는데, 이미 찾는 이들이 없어 문을 닫았다고 한다. 믿음의 선조들을 찾아 나선 유럽 여행 길, 그 믿음의 흔적들이 사라져 가고 있다고 생각하니 눈물이 핑 돌았다. 브뤼셀의 오줌 누는 소년 상은 너무 인기가 좋아서 오줌 누는 소녀까지 등장했다는데, 이곳 틴데일 박물관은 찾는 이가 없어 문을 닫았다니…. 깊이 반성할 일이 아닐 수 없다.

(2010년 8월 7일, 배미숙의 일기, 생수교회)

03 안트베르펜(Antwerp), 틴데일 그리고 플랜더스의 개

➡ 프롤로그

▼틴데일이 성경을 보관하던 집에서 바라본 안트베르펜 대성당. 틴데일은 가톨릭 당국의 눈을 피해 이곳에서 성경을 번역해 영국으로 보냈다.

우유 배달을 하던 가난한 소년 네로가 너무너무 보고 싶어 하던 루벤스의 그림. 소년은 사랑하는 개 파트라슈와 함께 그 그림 앞에서 얼어 죽고 만다. 바로 소설《플랜더스의 개》의 내용이며, 그 배경이 된 도시가 바로 아름다운 안트베르펜이다. 우리에게는 아름다운 소설로 알려져 있을지 모르지만 당시 종교적 관행을 엿볼 수 있는 소설이다. 구원을 받기 위해 사람들은 돈을 내고 안트베르펜 대성당에서 성모 마리아의 그림을 보았지만, 가난한 네로는 돈이 없어 볼 수가 없었다. 이 소설의 내용처럼 대성당의 성모 마리아 그림은 이곳의 자랑거리(?)이며, 지금도 많은 사람들이 이 그림을 보기 위해 안트베르펜을 찾는다. 또 다른 유명한 그림은 십자가에서 내려지는 예수님의 그림이다. 아이러니하게도 이곳에서 성모는 영광을 받지만 예수님은 십자가에 내려져서 설 자리가 없는 느낌이다.《플랜더스의 개》로 유명한 안트베르펜은 우리의 신앙을 돌아보기에 충분한 도시다.

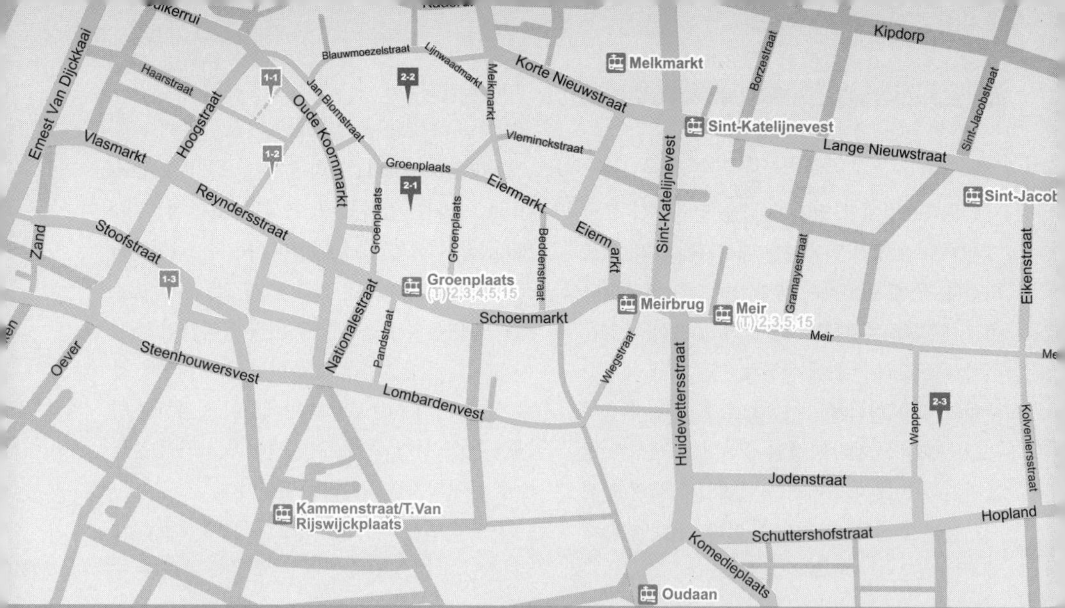

1-1 틴데일 체포 장소　1-2 펠그롬　1-3 플랜틴-모레터스 인쇄 박물관
2-1 흐룬 광장　2-2 안트베르펜 대성당　2-3 루벤스 집

→ 교통정보

안트베르펜은 브뤼셀이나 네덜란드에서 기차로 도착할 수 있다. 안트베르펜 중앙역에서 지하철을 타면 흐룬 광장(Groenplaats)에 금방 닿는다. 흐룬 광장에서는 걸어서 주요 방문지들을 돌아볼 수 있다. 트램 2, 15번이 흐룬 광장과 중앙역을 오간다. 혹은 지하철을 타고 흐룬 광장에서 내려도 된다.

→ Story

Part 1 › 틴데일 발자취

1. 틴데일 체포 장소
2. 펠그롬(Pelgrom : 지하 성경 보관소)
3. 플랜틴-모레터스 인쇄 박물관 (Museum Plantin-Moretus)

Part 2 › 《플랜더스의 개》 산책

1. 흐룬 광장(Groenplaats)
2. 안트베르펜 대성당 (Kathedraal van Antwerpen)
3. 루벤스 집(Rubenshuis)
4. 호보컨 마을(Hoboken)

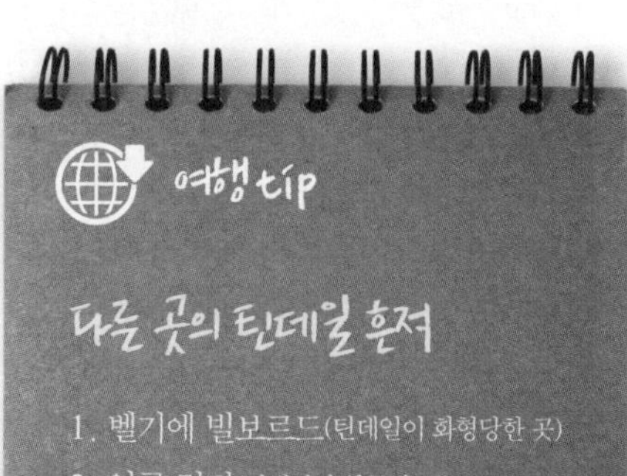

Part 1 › 틴데일 발자취

안트베르펜에서 영어 성경을 인쇄해서 본국(영국)으로 보내던 틴데일은 배신자에 의해 체포되었다. 현재 안트베르펜에서는 그가 체포되던 곳과 성경을 보관하던 곳 그리고 자신의 집을 허락해서 집회 장소와 성경 보관을 위해 개방한 주인의 집을 견학할 수 있다. 가까운 곳에 유네스코 문화유산으로 지정된 플랜틴-모레터스 박물관이 있는데 이곳에서는 틴데일 당시의 인쇄 기구들과 흔적들을 엿볼 수 있다. 틴데일에 대해서는 빌보르드 편을 참고하자.

1. 틴데일 체포 장소

안트베르펜 대성당과 연결된 거리인 Oude Koornmarkt을 따라 Pelgrimsstraat라는 골목에 이르기 전에 매우 작은 골목이 있다(지도상의 점선 부분). Pop Off라는 카페와 스테이크 하우스 사이에 작은 대문이 있는데, 이 대문은 가정집이 아니라 골목으로 들어가는 문이다(사진 참조). 이 골목을 따라 들어가면 담쟁이덩굴로 된 건물이 있는데 이 골목에서 틴데일이 체포됐다. 필립스라는 사람은 틴데일에게 이 골목에서 만나 점심을 같이하자고 제안했다. 그것은 울지 추기경의 계략이었다. 영국으로 입수되는 영어 성경으로 인해 울지는 틴데일을 체포하려 했고, 필립스는 틴데일을 밀고한 배신자였던 것이다. 이 좁은 골목에 틴데일이 나타나자 군인들은 그를 체포해 빌보르드 성으로 호송했다.

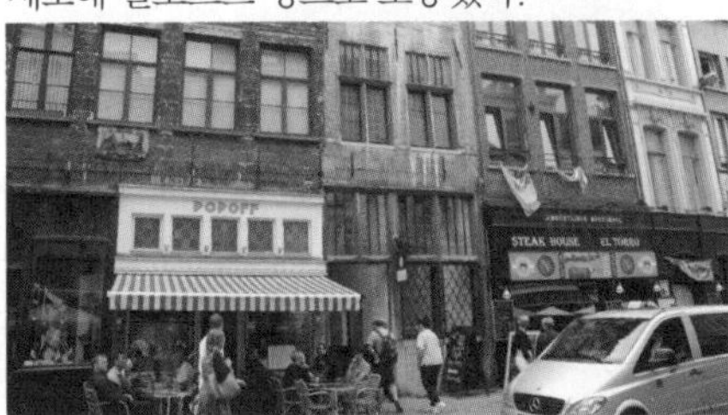

2. 펠그롬

(Pelgrom : 지하 성경 보관소)

Oude Koornmarkt 거리에서 만나는 Pelgrimsstraat이라는 골목에 들어서면 왼쪽에 'The Pelgrom'이라는 레스토랑이 나온다. 입구에서 오른쪽으로 내려가면 지하에 레스토랑이 있고, 정면의 나선형 좁은 계단을 따라 올라가면 16세기 당시의 집을 그대로 보존한 작은 전시물을 볼 수 있다. 지하 레스토랑은 틴데일이 번역하고 인쇄한 영어 성경 수백, 수천 권이 저장되어 본국으로 반입되기를 기다리던 곳이다.

자신의 집을 개방해서 창고와 예배 처소로 드린 주인의 집은 1~4층까지 3유로에 관람할 수 있다. 3유로 티켓을 가지고 레스토랑으로 내려가면 음식을 1.5유로 할인해 준다. 이 건물 4층에서 작은 창문으로 안트베르펜 대성당이 보이는데, 500년 전 가톨릭의 위협을 받으며 몰래 예배를 드리고 성경을 번역하던 사람들의 심정이 가깝게 느껴진다.

^ 펠그롬과 내부 모습

+주소 Pelgrimstraat 15

3. 플랜틴-모레터스 인쇄 박물관

(Museum Plantin-Moretus)

16세기 벨기에와 네덜란드에서 가장 큰 인쇄소였던 이곳은 유네스코가 지정한 세계문화유산으로 등록되어 있다. 시기상 틴데일이 화형당한 직후에 설립된 것이긴 하지만 틴데일이 성경을 인쇄하던 당시 모습을 상상해 볼 수는 있다.

역사적으로 중요한 서적들의 다양한 사본들을 볼 수 있어서 인문학이나 역사학을 공부한 사람이라면 가슴이 뛰기에 충분한 곳이다. 이곳은 초기 인쇄술을 견학하기에도 좋은데, 당시 초기 인쇄술의 용도와 변천 과정을 배울 수도 있고, 29번 코너에서는 워크숍으로 진행되기도 한다. 또 인쇄물로 찍어 낸 수많은 서적들도 전시되어 있는데, 당시 소수의 전유물이던 성경, 인문도서, 과학도서, 라틴어 서적 등의 사본도 있다. 14번 방에서는 구텐베르크 인쇄술에 의해 인쇄된 초기 성경을 볼 수 있다.

+주소 Vrijdagmarkt 22
+전화 +32(0)3 221 14 50
+입장 화-일 10:00-17:00
+요금 성인 6€
+정보 www.museumplantinmoretus.be

1. 흐룬 광장

(Groenplaats)

안트베르펜 대성당 옆에 위치한 광장이다. 언제나 많은 사람들로 붐비며, 안트베르펜이 낳은 유명한 화가 루벤스의 동상이 있다. 마치 루벤스를 안트베르펜 대성당이 호위하는 듯한 인상을 준다. 렘브란트가 개신교 입장에서 그림을 그린 것과 달리 루벤스는 철저히 가톨릭 입장을 대변하는 그림을 그렸고, 자신의 작품을 통해 종교개혁자들을 비방하기도 했다.

2. 안트베르펜 대성당

(Kathedraal van Antwerp)

벨기에에서 로마 가톨릭을 대표하는 가장 큰 성당으로 첨탑의 높이는 123m에 달한다. 안트베르펜 대성당은 루벤스의 그림과 소설《플랜더스의 개》의 배경으로 유명한 곳이다.《플랜더스의 개》에서 네로가 보고 싶어 하던 〈성모의 승천〉, 〈십자가에서 내려지는 그리스도〉 등의 루벤스의 작품들을 볼 수 있다. 과거 사람들은 구원을 위해 성모의 승천 장면을 돈을 내고 보았다. 이것을 모티프로 삼은 작품이 바로《플랜더스의 개》다. 안타깝게도 소설 속 주인공은 이 그림을 보고 싶었으나 돈이 없어 볼 수 없었고, 결국 이 그림을 본 후 파트라슈와 얼어 죽고 만다.

이 성당 안의 제단 뒤 정중앙에 거대한 성모 마리아의 승천 장면이 있고 옆에는 십자가에서 사망한 후 내려지는 그리스도의 그림이 있다. 과연 마리아가 승천했는가? 마리아를 보는 것 자체가 우리에게 어떤 구원의 근거가 되는가? 안타깝게도 이 성당에서 예수님의 자리는 없어 보인다.

+주소 Groenplaats 21
+전화 +32(0)3 213 99 51
+입장 월-금 10:00-17:00, 토 10:00-17:00
일 13:00-16:00
+요금 성인 5€
+정보 www.dekathedraal.be

비전 노트

내려지는 예수님

- 대성당에서

영국에 유학 중이던 마하트마 간디가 교회당을 찾았다. 그러나 안내인은 간디가 유색인이며 볼품없이 생겼기 때문에 출입을 허용하지 않았다. 그는 밖으로 내쫓기면서 "이 교회에는 예수가 계시지 않군"이라고 했다. 그리고 후에 "나는 예수는 좋다. 그러나 예수 믿는 사람들은 싫다"고 말했다.

만일 영국에서 간디가 예수님을 만났다면 인도의 현대사가 어떻게 바뀌었을까?

"먼동이 터오는 아침에 크게 뻗은 가로수를 누비며…"라는 만화 〈플랜더스의 개〉의 주제곡이 울려 퍼질 때면 TV 앞으로 쪼르르 달려가던 어린 시절이 생각난다. 가난한 소년 네로가 그토록 보고 싶어 하던 루벤스의 그림 아래서 싸늘한 주검으로 발견되었을 때의 그 슬픔은 어린 나이에도 잊혀지지 않는 아픔이었다. 커튼으로 그림들을 가린 채 일반에 공개하지 않던 오만한 종교 지도자들, 신앙은 부자들의 전유물이란 말인가?

∧ 루벤스의 〈십자가에서 내려지는 그리스도〉

영국의 여류 작가 위다가 벨기에를 여행하면서 이 마을 사람들에게 전해져 오는 이야기를 듣고 이 작품을 썼다고 한다. 작가의 머릿속에서 나온 허구가 아니라는 사실이 더 가슴 아프다.

간디와 네로를 향한 냉담한 눈빛은 바로 우리의 눈빛이 아닐까? 외모와 조건을 보고 사람을 판단하기는 그들이나 우리나 같지 않은가? 우리 자신을 돌아보는 타산지석(他山之石)으로 삼아야 할 것이다.

개혁은 성화(聖畵)에 드리운 커튼을 걷는 것이 아니다. 착각하지 말자. 간디와 네로, 심지어 파트라슈까지도 감싸 안는 것까지가 진정한 개혁이다.

3. 루벤스의 집

(Rubenshuis)

흐룬 광장 동쪽으로 난 Meir 거리를 따라 중앙역 쪽으로 걸어가면 오른쪽으로 Wapper 거리가 나오는데, 이 거리로 가다가 왼쪽에 보이는 커다란 집이 바로 루벤스의 집이다. 지하철이나 트램 2, 3, 15번을 이용해 Meir에 하차한 후 지도를 보고 찾아가면 된다.

+주소 Wapper 9-11
+전화 +32(0)3 201 15 55
+입장 화-일 10:00-17:00
+요금 성인 8€(할인 6€)
+정보 www.rubenshuis.be

인물 연구

페테르 파울 루벤스

- Peter Paul Rubens, 1577~1640

페테르 파울 루벤스의 아버지 얀 루벤스(Jan Rubens)는 안트베르펜의 법률가로 가톨릭의 박해를 피해 지겐으로 이주하였고, 그곳에서 루벤스가 태어났다. 1587년 아버지가 사망하자 안트베르펜으로 돌아와 형 필립과 함께 라틴어 학교에서 가톨릭교도로 성장하였고, 14세 때부터는 친척의 도움으로 미술 교육을 받았다. 1600년부터 8년간 이탈리아 지역을 여행한 루벤스는 이탈리아에서 많은 작품을 모사(模寫)하며 고대 화가인 티치아노, 라파엘로, 미켈란젤로를 비롯해 동시대 화가 카라바조에 이르기까지 이탈리아 미술의 유산들을 습득했다.

이때부터 명성을 얻게 된 루벤스는 1609년 안트베르펜으로 돌아온 다음 해, 현재의 벨기에에 해당되는 플랑드르에서 궁정화가가 되었고 안트베르펜뿐 아니라 브뤼셀에서까지 주문이 들어오는 유명 화가가 되었다.

독실한 가톨릭 신자였던 루벤스는 가톨릭 성당 제단화들과 반종교개혁 작품들을 많이 남겼다. 대표적인 작품이 안트베르펜 대성당의 제단화로 그려진 〈십자가에 올려지는 그리스도〉와 〈십자가에서 내려지는 그리스도〉다. 역동적인 대각선 구도로 반종교개혁의 정신을 담아 십자가의 승리를 강조했고, 살아 있는 예수님의 영웅적이고 신적인 이미지를 강조했다.

이외에도 루벤스는 〈성모의 승천〉과 성경 속 다양한 인물들 이야기, 그리고 예수회를 세운 로욜라와 사비에르가 기적을 행하는 그림 등 가톨릭 색이 짙은 그림을 많이 남겼다.

4. 호보컨 마을

(Hoboken)

동화의 감수성과 벨기에의 아름다운 자연이 함께 만들어 낸 소설 《플랜더스의 개》를 직접 느낄 수 있는 곳이 바로 안트베르펜 인근 마을인 호보컨(Hoboken)이다. 흐룬 광장에서 2, 4번 트램을 타고 20분 남짓 가면 호보컨 마을의 'Kioskplaats'에 닿는다. Kioskplaats 광장에서 Kapelstraat로 들어가면 플랜더스의 개와 관련된 정보를 소장하고 있는 동화 박물관이 있으며, 그 앞에는 네로와 파트라슈의 동상이 서 있다. 이외에도 호보컨 마을 곳곳에서 소설 《플랜더스의 개》를 느낄 수 있다. 주인공이 우유를 배달하며 달렸을 법한 거리 바닥에는 파트라슈의 그림이 있는 보도블록이 깔려 있고 네로와 파트라슈, 아로아가 함께 뛰어놀며 그림을 그리던 공원과 인접한 호보컨 초등학교에는 아로아의 방앗간을 상징하는 작은 풍차를 볼 수 있다. 작가인 위다가 살던 당시에는 이곳에 400년이나 된 커다란 풍차가 있었다고 하는데 전쟁으로 파괴되었고, 지금의 것은 축소하여 재현한 것이다.

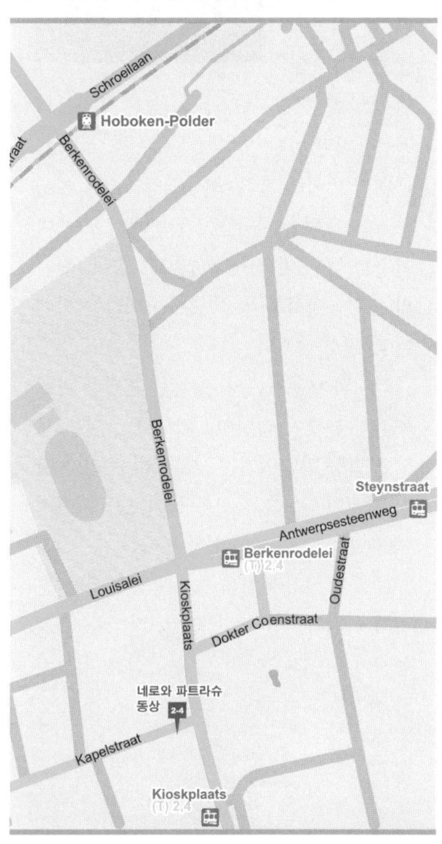

네로와 파트라슈 동상

 문학 산책

플랜더스의 개

1872년에 영국 작가 위다(Ouida)가 쓴 소설로, 당시 일본인에 의해 번역되어 일본에 소개된 뒤 애니메이션으로 제작되었고, 우리나라에서도 방영되었다. 우리나라 7080 세대들에게 〈플랜더스의 개〉는 아련한 추억을 되새기게 하는 만화 영화다. 그래서인지 네로와 파트라슈를 만나기 위해 많은 관광객들이 안트베르펜을 찾는다.

휘파람 소리가 맑게 울려 퍼지고 우유 수레를 끄는 커다란 개와 그 뒤로 할아버지와 작은 소년이 등장하던 만화 영화 〈플랜더스의 개〉. 가난한 소년 네로는 그림에 대한 꿈을 안고 꿋꿋하게 살아간다. 돈 많은 곡물상의 딸인 아로아의 초상화를 그려 준 후 아로아와 우정을 쌓아 가지만 아로아의 아버지는 둘 사이를 떼어 놓으려 방해하고 네로의 할아버지 다스가 죽자 네로와 파트라슈를 마을에서 쫓아낸다.

눈보라가 치던 추운 어느 날 네로는 그토록 보고 싶던 루벤스의 그림을 보기 위해 성당으로 향한다. 그러나 돈이 없어 보지도 못하고 추위에 떨고 있을 때 성당지기의 도움으로 마침내 루벤스의 그림을 보게 된다. 넓은 성당의 통로 그리고 십자가에서 내려지는 예수님을 그린 그림 앞에서 네로는 조용히 눈을 감는다.

 인물 연구

위다

- Ouida, 1839~1908

영국의 소설가. 본명은 마리아 루이스 드 라 라메(Marie Louise de la Ramee). 위다(Ouida)는 필명이다. 1870년 아버지가 세상을 떠나고 1874년 이탈리아의 피렌체로 이주해 그곳에서 대부분의 생을 보낸다. 이 시기에 유명한 《플랜더스의 개》를 집필했다. 1882년 《뉘른베르크의 스토브》, 1894년 《은색의 그리스도》를 발표하며 소설가로서 입지를 넓혔으나 가난과 병마에 시달리다 1908년에 생을 마감했다.

대표작인 《플랜더스의 개》는 어린 네로의 시선으로 당시 사회의 부조리를 비판하고 있으며 어린 네로의 예술에 대한 열망을 통해 그 자신의 열망을 표현하고 있다.

08 네덜란드
- Netherlands

네덜란드 이야기

풍차와 튤립, 치즈, 히딩크… 우리에게 네덜란드와 관련해서 알려진 것들이다. 그러나 신앙인의 눈으로 네덜란드의 테마를 한 문장으로 압축한다면 '행동하는 믿음'으로 표시할 수 있다. 15세기에 기록된 《그리스도를 본받아》의 저자 토마스 아 켐피스를 비롯해 20세기 칼뱅주의 정치가 아브라함 카이퍼까지 네덜란드에는 우리가 어떤 실천적 신앙을 가져야 하는지 보여 주는 많은 내용들이 있다.

2차 대전 중에 목숨을 걸고 신앙을 지킨 코리 텐 붐 여사, 나라를 위해 유라시아 대륙을 횡단한 이준 열사, 그림으로 신앙을 표현한 렘브란트, 필그림 파더스의 첫 출항지, 그리고 장로교와 감리교가 분리된 도르트 회의 현장까지 네덜란드 믿음의 발자취를 경험한다면 풍차와 튤립은 그냥 액세서리에 불과할지도 모른다. 풍차와 튤립을 넘어서 영적인 위대한 흔적들을 발견하게 되기를 소망한다.

01 암스테르담(Amsterdam), 안네, 고흐 그리고 렘브란트

➡ 프롤로그

렘브란트 광장의 렘브란트 동상과 그의 작품 〈야경〉 조형물

처음에 암스테르담을 방문했을 때는 거미줄처럼 복잡하게 얽힌 운하 속에서 길을 잃고 헤맸다. 그러나 다음번엔 치밀한 준비와 착실한 정보를 머릿속에 넣은 후 암스테르담을 방문했고, 상상 이상의 매력을 지닌 도시라는 것을 알게 되었다. 암스테르담을 방문한 사람들로부터 특별한 감동을 못 느꼈다는 말을 자주 듣는다. 하지만 조심스럽게 평가하자면 아무런 준비 없이 풍차와 튤립만 상상하고 방문한 것은 아닐까 싶다.

단언하건대 암스테르담은 역사와 감동을 지닌 도시다. 가령 눈물의 탑은 항해를 떠나는 남편을 배웅하며 눈물을 흘리던 아내들의 애처로움이 느껴지는 곳이다. 실제로 이 선원들은 1609년에 뉴욕을 발견한 사람들이다. 성 니콜라스 교회에서는 과거 스페인의 압제에서 벗어나려는 몸부림이 느껴진다. 암스테르담은 네덜란드의 수도로서 세계적인 명성을 얻고 있다. 이곳에서 반드시 경험해야 할 것은 안네 프랑크 이야기와 화가 렘브란트의 발자취다.

➡ 교통정보

한국에서 네덜란드 항공(KLM)을 타면 암스테르담 스히폴 공항에 직항으로 도착한다. 홍콩항공인 캐세이퍼시픽을 이용하면 홍콩에서 환승하여 암스테르담으로 올 수 있다. 유럽 내에서는 기차, 버스 등 다양한 루트로 연결된다. 암스테르담에서는 하를럼, 튤립의 알크마르, 풍차의 잔세스칸스 등으로 가는 교통편을 쉽게 이용할 수 있다.

➡ Story

1. 렘브란트의 집(Rembrandthuis)
2. 렘브란트 광장(Rembrandtplein)
3. 국립미술관(Rijksmuseum)
4. 반 고흐 미술관(Van Gogh Museum)
5. 서교회(Westerkerk)
6. 안네 프랑크의 집(Anne Frank Huis)

➡ 방문정보

1. 렘브란트의 집

(Rembrandthuis)

렘브란트는 1632년에 그린 〈해부학 강의〉라는 그림으로 일약 유명세를 타면서 암스테르담으로 활동 무대를 옮겼다. 그리고 1639년부터 이 집에 기거하면서 많은 작품 활동을 했다. 그러나 1642년에 발표한 〈야경〉(The Night Watch)이 세간의 혹평을 받으며 화가로서 내리막길을 걷게 된다. 세상 사람들의 눈에 '실패'한 렘브란트는 1658년 이 집을 판 뒤 아내와 아들마저 잃고 쓸쓸한 최후를 맞았다. 이곳에서는 그의 초상화와 작품들을 감상할 수 있다.

+주소 Jodenbreestraat 4
+전화 +31(0)20 5200 400
+입장 10:00-17:00(1월 1일은 휴무)
+요금 성인 10€(할인 8€)
+정보 www.rembrandthuis.nl

세상을 바꾼 그리스도인

붓으로 진리를 전하던 위대한 기독교 화가 렘브란트

- Rembrandt Harmenszoon van Rijn, 1606~1669

레오나르도 다 빈치와 함께 서양 미술에서 가장 위대한 화가로 평가 받는 렘브란트는 성경과 관련된 많은 위대한 작품을 남긴 인물로, 오늘날 기독교인들에게 특별한 사랑을 받는 개신교 최고의 화가다. 평소 렘브란트를 존경하던 고흐는 "하나님을 믿지 않고 렘브란트의 그림을 이해하는 것은 불가능하다"고 고백했다. 렘브란트는 말씀을 그림으로 표현하는 것을 소명으로 여기며 성경 속 이야기를 화폭에 담아 그의 신앙과 진리를 전하고자 했다. 다음의 그림은 렘브란트가 55세 때 그린 〈사도 바울로서의 자화상〉이라는 작품이다. 사도 바울처럼 터번을 쓰고 검(말씀의 검)을 품고 있으며 신약 서신들을 들고 있는 자신을 그린 작품이다. 관객에게 무언가 말을 건네는 듯한 그의 눈빛 속에서 영적 진리를 전하고자 하는 렘브란트의 마음이 고스란히 전해진다. 평생 붓으로 진리를 전하던 렘브란트의 삶은 성경 속 인물인 욥을 닮았다.

^〈사도 바울로서의 자화상〉
암스테르담 국립미술관 소장

렘브란트는 1606년 네덜란드의 레이덴에서 욥처럼 부유한 제분업자의 아들로 태어났다. 화가에 대한 꿈을 포기할 수 없어 대학을 자퇴한 뒤 〈해부학 강의〉를 그렸고, 세상에 이름을 알렸다. 화가로서 명성을 쌓은 그는 네덜란드 최고의 초상화가가 되었다. 1634년에는 명문 가문의 딸 사스키아 판 오이렌부르흐와 결혼하면서 신분 상승까지 이루었고 엄청난 부를 쌓았다. 하지만 평생 승승장구할 것만 같던 그의 인생에도 어두움이 찾아왔다. 렘브란트는 예술적 깊이가 깊어 감에 따라 점차 인물의 외면보다는 내면에 집중했고, 이러한 그의 예술적 도전을 세상은 이해하지 못했다. 독자적인 화풍으로 오늘날 네덜란드의 보물로 여겨지는 렘브란트의 〈야경〉은 아이러니하게도 그의 인생을 몰락하게 만든 작품이었다. 모든 인물을 또렷하고 동등하게 그리던 이전의 관행을 깨고 많은 사람들을 어둠 속에 배치함으로써 주제 의식을 강조한 이 작품은 사람들의 혹평을 들어야 했다. 더구나 같은 해 아내 사스키아마저 죽자 깊은 절망에 빠졌고 경제적으로도 몹시 곤궁해졌다.

꾸준히 종교화를 그린 것 역시 가난을 자초했다. 성경에 대한 이해가 부족하던 당시 사람들에게 그의 작품은 인기가 없었다. 경제적 어려움에 시달리다 1656년 마침내 파산선고를 한 뒤 집과 작품들을 팔고 빈민촌으로 쫓겨 갔다. 1663년에는 그의 의지처였던 두 번째 부인이 세상을 떠났고 1668년에는 마지막 남은 아들 티투스까지 세상을 떠났다. 가난과 외로움이라는 이중의 고난 속에서 힘겹게 사투하던 렘브란트는 1669년 홀로 쓸쓸히 죽음을 맞았다.

지독한 고난 중에도 렘브란트는 욥과 같이 신앙을 버리지 않았고 그림을 놓지 않았다. 오히려 힘겨운 인고의 시간은 그에게 연단의 시간이 되어 신앙의 깊이를 더했고, 그의 예술적 혼은 더욱 빛을 발해 〈아브라함과 이삭〉, 〈간음한 여인과 예수님〉, 〈갈릴리 호수의 폭풍〉, 〈돌판을 깨뜨리는 모세〉, 〈탕자의 귀환〉 등 역작들을 쏟아냈다. 렘브란트의 그림은 이전의 화려하고 거룩한 성화들과 달리 성경 속 인물들의 심리 묘사가 탁월한데, 특히 〈탕자의 귀환〉은 오늘날 크리스천들이 너무나 보고 싶어 하는 위대한 작품이다.

렘브란트는 그의 그림 속에 자신의 얼굴을 넣는 것으로도 유명하다. 〈십자가에 달리심〉에서는 그리스도를 조롱하는 군인으로, 〈십자가에서 내리심〉에서는 예수님을 십자가에서 내리는 사람으로 자신을 등장시켰으며, 〈탕자의 귀환〉에서는 탕자로 자신을 등장시켰다.

현대판 욥이 전하는 신앙고백이 담겼기에 그의 그림은 감동의 깊이가 남다르다.

2. 렘브란트 광장

(Rembrandtplein)

렘브란트의 집에서 국립미술관 방면으로 가다 보면 나오는 곳이 렘브란트 광장이다. 1876년에 건립된 동상이 있으며, 광장을 바라보며 여유 있게 즐길 수 있는 카페와 식당들이 있다. 광장에는 렘브란트 동상 외에도 거대한 조형물이 있는데, 〈야경〉에 나오는 22명의 인물을 조형물로 표현한 것이다. 러시아 조각가가 제작한 것으로, 네덜란드 시민들의 렘브란트에 대한 자부심을 엿볼 수 있는 대목이다.

3. 국립미술관

(Rijksmuseum)

암스테르담이 자랑하는 국립미술관에는 네덜란드가 낳은 페르메이르와 렘브란트의 그림들을 감상할 수 있다. 반드시 이곳에서 감상해야 할 작품은 렘브란트의 운명을 가른 〈야경〉이다. 언제나 이 그림 앞에는 감상하는 사람들이 많다. 시대를 초월한 회화 기법으로 명성과 부를 동시에 누리던 렘브란트가 야심차게 발표한 작품이었으나 이로 인해 그는 한순간에 화가로서 몰락의 길을 걸어야 했다. 세인들은 그의 그림에 등을 돌렸고, 이후 가난과 불행에 시달려야 했다. 그러나 그가 진정한 '설교자'로서 하나님께 쓰임 받은 때는 그가 세상의 기준에서 실패자로 낙인찍힌 이때부터였다.

국립미술관

렘브란트의 〈야경〉

+주소 Jan Luijkenstraat 1
+전화 +31 (0)20 6747000
+입장 9:00-18:00(1월 1일은 휴무)
+요금 어른 12.5€(18세 이하는 무료)
+정보 www.rijksmuseum.nl

명화 산책

빌럼 클라스 헤다의 아침식사 정물화

암스테르담 국립미술관에는 빌럼 클라스 헤다(Willem Claesz Heda)의 정물화 두 편이 소장되어 있다. 1634년에 그려진 〈정물〉(Still life)과 다음 해에 그려진 〈금장식의 컵이 있는 정물〉(Still Life with Gilt Cup)이다. 아침 식탁을 주제로 한 두 작품은 한눈에도 같은 화가의 작품임을 알 수 있을 만큼 분위기나 구도가 유사하다. 심지어 와인 잔과 넘어진 은식기, 반쯤 깎인 레몬까지 동일한 정물이 등장한다. 렘브란트, 페르메이르와 함께 17세기 네덜란드 회화를 대표하는 헤다는 정물화의 대가로 이 두 작품 외에도 '아침식사 정물화'로 불리는 작품을 많이 그렸다.

〈정물〉(위),
〈금장식의 컵이 있는 정물〉(아래)

17세기 네덜란드 정물화는 매우 사실적이고 생생한 표현이 특징이다. 하지만 헤다는 정물화에 상징과 알레고리를 통해 깊이 있는 메시지를 담아 냈다. 갈색과 회색류의 가라앉은 톤으로 그려진 정물화 역시 사실적으로 표현되어 있어 실제 식탁 앞에 앉아 있는 듯한 착각에 빠진다. 사실 각 정물들의 종류와 배치는 치밀하게 고안된 것으로 모두 기독교적 도덕을 가르치고 있다.

빵과 포도주잔은 예수님의 살과 피로 구

원을 상징하며, 겉껍질, 속껍질, 알맹이로 되어 있는 견과류는 예수님의 육신과 십자가의 나무, 신성을 상징한다. 레몬은 미각을, 굴은 성욕을 상징하는 것으로 인간의 원초적인 쾌락과 본능을 나타내며 당시에 매우 귀했던 은식기와 후추, 소금병은 부유함을 상징한다. 한편 헤다의 정물화에는 항상 빈 유리잔이 넘어져 있거나 깨진 모양으로 등장하는데, 깨지기 쉬운 빈 유리잔은 공허하고 덧없는 인생을 의미한다. 은식기와 떨어질 듯한 레몬은 위태로운 인생을 상징하는 것으로 안정감 있게 서 있는 포도주잔과 대조를 이룬다. 즉 유한한 인생에게 부와 쾌락은 순간에 지나지 않으며, 그리스도의 희생을 믿는 믿음만이 영원한 생명을 얻을 수 있다는 기독교의 진리를 전하고 있다.

당시 다른 유럽 국가들이 여전히 바로크 양식의 성화를 주로 그리던 것과는 달리 네덜란드에서는 사실주의적인 정물화와 풍경화, 풍속화 등이 유행하며 독특한 양식을 구축하고 있었다. 이는 당시 네덜란드의 종교, 사회의 영향이 크다. 네덜란드는 칼뱅주의를 받아들이면서 사회 전반에 걸쳐 근검하고 철저한 청교도 정신이 뿌리내렸다. 또한 해상무역을 통해 부를 축적한 네덜란드는 부유한 상인을 중심으로 한 시민계급이 성장하면서 시민 중심의 정치, 문화가 형성되었다. 성화나 성상을 부정적으로 생각하던 칼뱅주의의 영향으로 왕궁이나 교회는 성화 요구를 점차 하지 않게 되었고, 일상생활을 소재로 한 풍속화, 초상화, 정물화, 풍경화 등으로 관심을 돌리게 되었다. 17세기 네덜란드 화가들은 직접적인 성경 내용을 그리기보다는 다양한 일상 속에서 기독교 세계관을 표현하고자 했다.

4. 반 고흐 미술관

(Van Gogh Museum)

렘브란트의 작품이 소장된 국립미술관과 반 고흐 미술관은 매우 가까이에 있다. 이 둘은 네덜란드 출신이고, 기독교 집안이며, 말년이 불행했다는 공통점이 있다. 그러나 인생의 내용은 많이 다르다. 렘브란트는 실패와 불행을 맛보았지만 평생 그림으로 설교하던 설교자였다. 반면 고흐는 독실한 개혁교회 목사 집안에서 태어났으나 화가로서 불꽃같은 삶을 살다가 결국 자살로써 인생을 마감했다.

이 미술관에는 다양한 고흐의 작품들이 있으며, 고흐와 함께 활동하던 고갱의 작품도 볼 수 있다. 고흐의 작품에 대해서는 〔인물연구〕를 참고하자.

+주소 Paulus Potterstraat 7
+전화 +31(0)20 570 5200
+입장 10:00-18:00
+요금 어른 14€(17세 이하는 무료)
+정보 www.vangoghmuseum.nl

인물 연구

빈센트 반 고흐, 낯선 땅의 순례자

- Vincent van Gogh, 1853~1890

세계적으로 사랑을 받는 화가 빈센트 반 고흐는 1853년 3월 30일 네덜란드 브라반트 북쪽 그루트 준데르트(Groot Zundert)에서 개혁신학 목사의 아들로 태어났다. 빈센트 반 고흐는 원래 형의 이름이었으나 형이 죽자 어머니가 고흐에게 이름

을 물려주었다. 그러나 어머니는 형과 닮은 고흐를 많이 사랑해 주지 못했다. 너무 일찍 여윈 아들에 대한 미안함 때문이었다. 고흐는 부모님께 인정받고 싶어서 목회자가 되려 했으나 화가에 대한 열망도 그만큼 컸다. 가난으로 15세에 학업을 중단하고 숙부가 운영하는 화랑에서 일했으나 일은 뒷전이고 오로지 하나님에만 관심을 집중해서 해고를 당한다.

그 무렵 신앙심이 매우 깊었던 빈센트가 가장 좋아한 성경 구절은 "근심하는 자 같으나 항상 기뻐하고"(고후 6:10)로 그는 성경 읽기와 필사, 신학 공부에 열심이었다. 특히 토마스 아 켐피스의 《그리스도를 본받아》와 존 번연의 《천로역정》에 많은 영향을 받았다.

1878년 8월 고흐는 벨기에 남부 보리나주(Borinage) 탄광촌에서 사람들을 돌보며 복음 전파에 힘썼으나 1879년 말 그토록 열망하던 목회자의 길을 포기하고 그곳을 떠난다. 유난히 노동자와 하층민들의 생활과 고난에 관심이 많았던 고흐는 초기 작품에 그들의 삶을 자주 그렸고, 그중 〈감자 먹는 사람들〉(1885)은 초기의 걸작으로 암스테르담 고흐 박물관에 소장되어 있다.

^〈감자 먹는 사람들〉(암스테르담 고흐 박물관 소장)

여러 번의 습작을 통해 삶에 지친 농민 가족들의 식사 시간을 그린 이 그림에서 고

^〈씨 뿌리는 사람〉(오테를로 크뢸러뮐러 미술관 소장)

흐는 땀 흘리는 노동을 강조하기 위해 손을 크게 부각시켰다. 밀레의 〈씨 뿌리는 사람들〉에 큰 감명을 받아 씨 뿌리고 농사짓는 농부들의 모습을 자주 그렸고, 씨 뿌리는 모습을 통해 노동의 의미뿐 아니라 하나님의 복음의 씨를 뿌리는 의미를 표현하려 했다. 〈씨 뿌리는 사람〉 연작을 그릴 무렵 친구 베르나르에게 보낸 편지에서 그리스도는 예술적 관점에서도 탁월한 분임을 언급한다.

"자네는 내가 성경을 연구하려고 그렇게 애를 썼음에도 성경에 그리 깊이 빠지지 않는다는 사실에 놀랄지 모르겠네. 그 이유는 다름 아니라 성경에는 유일한 핵심인 그리스도밖에 계시지 않기 때문이라네. 예술적인 관점에서 보더라도 그리스도는 지고하신 분이라네. 그리스, 인도, 이집트, 페르시아의 고대 미술품들이 대단히 큰 진보를 이루었음에도 그리스도는 그 모든 것들이 이루어 놓은 것과 비교할 수 없는 분이지. 그리스도는 생생한 영과 살아 있는 육체로 일하셨지. 그리스도는 조각 대신 사람을 만드셨지."(친구 베르나르에게 보낸 편지 중에서)

파리에서 작품 활동을 하던 고흐는 대도시에 염증을 느껴 1888년 2월 프랑스 남부 아를로 가 활발한 작품 활동을 하는데, 이

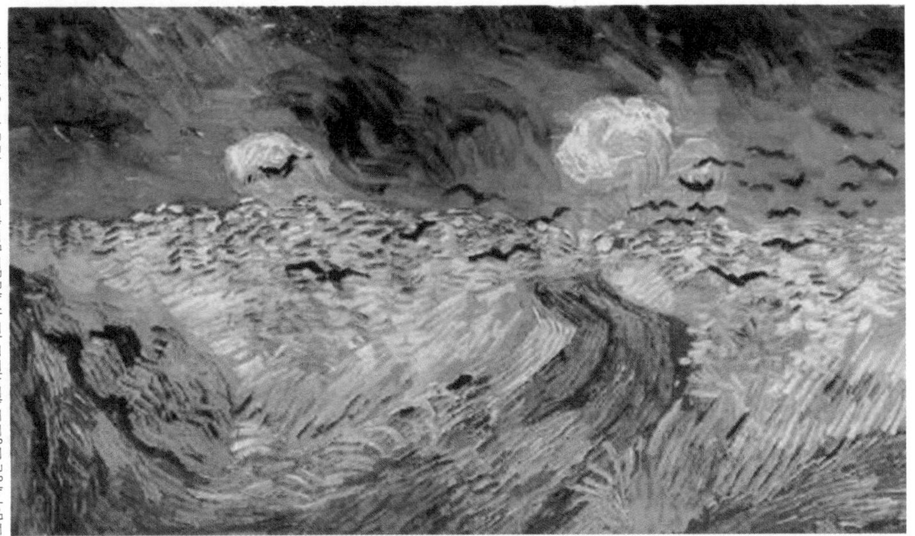

▼〈까마귀가 있는 밀밭〉
그림의 배경은 프랑스 오베르 쉬르 오와즈다. 네덜란드 암스테르담 고흐 박물관에 소장되어 있다.

무렵의 그림들은 밝은 느낌의 그림이 많고 고흐 또한 그 지역을 매우 좋아했다. 그곳에 예술 공동체를 만들고 싶어 고갱을 불러 함께 지내지만, 심하게 다툰 뒤 고갱이 떠난다. 이때 고흐는 면도칼로 자신의 귀를 자르며 분노한다. 이후 발작과 입원을 반복하는 세월을 보내는데, 1890년 5월 파리 근교 오베르 쉬르 오와즈에 있던 정신과 의사 가셰를 만나 병이 호전되는 듯하였으나, 가셰 박사의 딸과 이별한 가을 자신이 마지막으로 그린 〈까마귀가 있는 밀밭〉의 배경이 된 장소에서 권총으로 자살을 하고 만다.

살아생전 한 점의 그림만 팔렸을 만큼 화가로서 인정받지 못한 고흐는 죽은 지 얼마 되지 않아 유명세를 타기 시작했고, 지금은 세계적으로 높이 평가 받는 화가가 되었다. 평생 자신이 '탕자' 같다고 생각하던 고흐, 불꽃같이 짧기만 한 그의 삶은 끝내 세상과 화해하지 못한 채 그렇게 끝나고 말았다.

5. 서교회

(Westerkerk)

서교회 앞에는 안네의 동상이 있어 늘 사람들이 헌화를 한다. 《안네 일기》에 따르면 안네가 숨어 지낼 때 집에서 서교회의 종소리(웨스터토렌, westertoren)를 들었다고 한다. 15분마다 시간을 알려 주었다고 하는데 시계탑의 높이는 85m에 이른다.

"숨어 지낸 곳 근처에 웨스터토렌이라는 시계탑이 있다. 이 탑은 15분마다 소리를 내는데, 가족은 그 소리가 너무 커서 몹시 힘들어했다. 그러나 나는 금방 적응이 되어 아무렇지도 않았다"(《안네 일기》 중에서).

한편 서교회는 렘브란트의 마지막 거처이기도 하며, 이 교회 공동묘지에 렘브란트가 잠들어 있다. 그러나 그의 무덤이 어떤 것인지 정확히 아는 사람은 없다. 첫 번째 아내와 세 자녀를 잃고 절망 가운데 있던 렘브란트를 보살펴 준 여인이 두 번째 아내 헨드리키에 스토펠스(Hendrickje Stoffels)인데, 이 공동묘지에 그녀와 아들 티투스(Titus van Rijn)가 묻혀 있다.

국립미술관과 서교회를 170, 172번 버스가 오간다. 서교회에서 안네 프랑크의 집은 매우 가깝다.

+주소 Prinsengracht 281
+전화 +31(0)20 624 7766
+입장 4~10월 월-금 11:00-15:00
+정보 www.westerkerk.nl

서교회와 안네의 동상.
안네의 집이 이곳과 가깝기 때문에 안네는 자주 이 종소리를 들었다.

6. 안네 프랑크의 집

(Anne Frank Huis)

언제나 안네의 흔적을 느끼려는 사람들로 붐빈다. 항상 길게 늘어선 줄로 인해 최소 45분 이상씩 기다리는 것은 기본이다. 그럼에도 해마다 줄을 서는 사람들로 붐비는 것은 기다릴 만한 가치가 있기 때문이다. 이 집은 안네 가족이 2년간 독일군의 눈을 피해 숨어 살던 은신처로서 현재는 박물관으로 개방하고 있다. 집 안 곳곳에 안네의 일기를 인용해 놓아 그 생동감이 남다르다.

+주소 Prinsengracht 263-267
+전화 +31(0)20 556 7100
+입장 9:00-21:00(10~3월은 19:00까지,
7~8월은 22:00까지)
+요금 성인 8.5€(할인 4€)
+정보 www.annefrank.org

《안네의 일기》

안네 프랑크의 집을 방문하면 가이드 안내문을 통해 집 안 곳곳과 관련된 일기들을 한국어로 감상할 수 있다. 이곳에서 숨어 지내며 겪었을 가족의 고통과 체포되어 아우슈비츠로 호송되던 때와 죽을 때의 상황을 기록한 안네의 일기를 소개한다.

• 1942년 10월 9일 금요일

우울한 소식이다. 유대인 친구들이 여러 명씩 게슈타포(비밀 경찰)에게 끌려갔다. 온갖 학대를 당하면서 가축 운반용 트럭에 실려 베스테르부르크 수용소로 끌려갔다. 나는 베스테르부르크라는 말만 들어도 소름이 끼친다. 세탁장은 백 명에 하나꼴이며, 화장실도 더럽기 그지없다. 남녀노소가 한 곳에서 뒤섞여 자야 하기 때문에 풍기가 문란했다. 거기 수용된 여자 중에는 임신한 소녀도 있었다.

수용소에 들어가면 모두 머리를 빡빡 깎여서 도망칠 수도 없었다. 왜냐하면 금방 발각되기 때문이다. 네덜란드에서도 이러는데, 멀리 보내진 유대인들은 어떨까? 영국 방송에 의하면 모두 독가스로 죽는다고 한다.

• 1943년 1월 13일 수요일

올해 들어 바깥 상황이 너무 악화되었다. 작은 배낭을 짊어진 유대인들이 날마다 끌려간다…, 남자와 여자와 아이들이 따로따로 끌려간다. 그래서 엄마와 아빠, 아이들이 깨진 그릇처럼 흩어져 버린다. 아이들이 학교에서 돌아오면 엄마, 아빠가 보이지 않는다. 주부가 시장에 다녀오면 가족이 보이지 않는다. 네덜란드 사람들도 불안해 하기는 마찬가지다. 젊은이들이 징집 명령을 받고 전쟁터에 보내지기 때문이다.

• 1943년 3월 10일 수요일

어젯밤에는 밤새 대포 소리가 끊이지 않았다. 폭격과 대포 소리로 나는 아빠 침대에 파고들었다. 아주머니는 울먹이며 떨리는 목소리로 외쳤다. "아, 너무 싫어. 징하게 쏘아대는군." 나는 너무 무서워서 아빠한테 촛불을 켜 달라고 졸랐다. 아빠는 안 된다고 했다. 왜냐하면 불빛이 새어 나가면 폭격의 대상이 될 수 있다고 했다. 그러자 밖에서 기관총 소리가 마치 콩을 볶듯이 들렸다. 기관총 소리는 대포 소리보다 열 배는 더 기분이 나쁘다.

• 1943년 3월 27일 토요일

독일의 유력인사가 연설했다. 독일의 점령 지역에서 유대인들이 나가야 한다고, 그리고 5, 6월에는 네덜란드를 청소한다고 했다. 우리 유대인을 바퀴벌레라고 생각하는지 늘 '청소한다'는 표현을 쓴다. 나는 유대인들이 병든 가축처럼 도살장으로 끌려가는 악몽에 시달리곤 한다.

• 1944년 4월 4일 화요일

언제쯤 전쟁이 끝날까? 시간이 지날수

록 먼 옛날이야기 같다. 나는 왜 공부하는지 모르겠다. 전쟁이 끝나면 학교도 못 갈 것 같다. 벌써 2년이나 뒤떨어져 있기 때문이다. 나는 신문기자 같은 언론인이 되고 싶다. 그래서 글을 몇 편 썼는데, 두 편쯤은 내가 보기에도 괜찮다. 이곳에 숨어 지내면서 쓴 내 일기 속에는 유머가 있고, 좋은 표현이 많다.

안네의 일기 이후

^안네의 집 비밀 책장, 저 뒤로 은신처가 있었다.

안네는 1944년 8월 1일을 끝으로 일기를 쓰지 못했다. 아이젠하워가 이끄는 연합군의 상륙작전이 성공한 1944년 6월에 한 줄기 희망을 갖고 자유를 갈망하고 있었다. 그러나 1944년 8월 4일 운명의 날이 찾아왔다. 2년 넘게 은신처에서 생활하며 먹을 것이 없는 상황에서도 겨우 버텨왔는데 게슈타포가 들이닥친 것이다. 그들은 베스테르부르크 수용소로 이동했다. 낮에는 노예처럼 중노동에 시달렸지만 밤에는 가족이 함께 지낼 수 있었다. 그러나 안네는 몸이 약해 노동을 제대로 할 수 없었다. 다행히 안네의 아빠를 아는 의사가 안네를 진료해 주었다. 그러나 연합군이 네덜란드로 전진한다는 소식이 들리자 안네의 가족은 말로만 듣던 '아우슈비츠 수용소'로 가축 운반 화물칸에 빽빽하게 실려 끌려간다.

암흑 같은 화물칸에는 작은 공기구멍 하나만 있을 뿐이었고, 하루에 단 한 차례 문이 열렸다. 하루 분의 빵과 물을 지급하기 위해서였다. 빽빽한 칸마다 화장실이라곤 양동이 하나뿐이었다. 어른이든 어린아이든 짐승처럼 60시간을 이동했고, 드디어 문이 열렸다. "모두 내려라. 여기는 비르케나우 아우슈비츠다!"

황량한 벌판에 내린 뒤 남녀가 분리되어 수용소로 이동했다. 그리고 노인과 병약한 사람은 따로 분류되어 가스실로 보내졌다.

유대인들은 모두 머리를 빡빡 깎이고 수용소 옷으로 갈아입었다. 안네의 아버지 프랑크는 노동을 견디지 못하고 1944년 12월에 쓰러졌다가 소련군에 의해 겨우 목숨을 건졌으나 안네의 어머니는 과로로 1945년 1월에 죽고 말았다. 아우슈비츠에서 베르겐 벨젠(Bergen-Belsen) 수용소로 옮겨진 안네와 언니 마르고트는 장티푸스에 걸려 세상을 떠나고 말았다.

안네 관련 흔적

1. 안네 프랑크의 집: 네덜란드 암스테르담
2. 안네의 집: 독일 프랑크푸르트
   (암스테르담으로 쫓겨오기 전에 살던 집)
3. 아우슈비츠 수용소: 안네 가족이 잡혀 간 곳
4. 독일 베르겐 벨젠 수용소: 안네가 사망한 곳

참가자 다이어리

사람도 많고 자전거도 많지만 이곳에서 렘브란트를 만날 수 있었기에 행복했다. 미술을 볼 줄 몰라도 그의 작품을 만난 것만으로도 충분했다.

● 한희진, 강남교회

02 하를럼(Haarlem), 코리 텐 붐 여사 이야기

프롤로그

코리 텐 붐 여사는 낯설고 생소하게 느껴졌다. 그러나 그분에 대해 알면 알수록 귀한 분임을 알게 된다. 암스테르담에서 하를럼으로 향하는 차 안에서도 내 손에는《주는 나의 피난처》라는 책이 있었다. 코리 여사가 내게 준 감동과 도전이 너무도 컸기 때문이다.

암스테르담의 복잡하고 활발한 느낌과는 달리 깨끗하면서도 아기자기한 멋이 있는 하를럼은 시청사와 광장을 중심으로 산책하고 커피를 마시기에 좋은 아담한 마을이다. 그 마을 한 골목에 코리 텐 붐 박물관이 있다.

교통정보

암스테르담 중앙역이나 버스 정류장에서 출발하는 차편이 자주 있다. 스히폴 공항에서 300번 버스를 타면 하를럼에 도착한다. 스히폴 공항에서 대기 시간이 길면 하를럼에 다녀오는 사람들도 있다. 하를럼 역에서 Kruisweg 길을 따라 다리를 건너 Kruisstraat 길로 10~15분 걸어오면 광장에 도달할 수 있다.

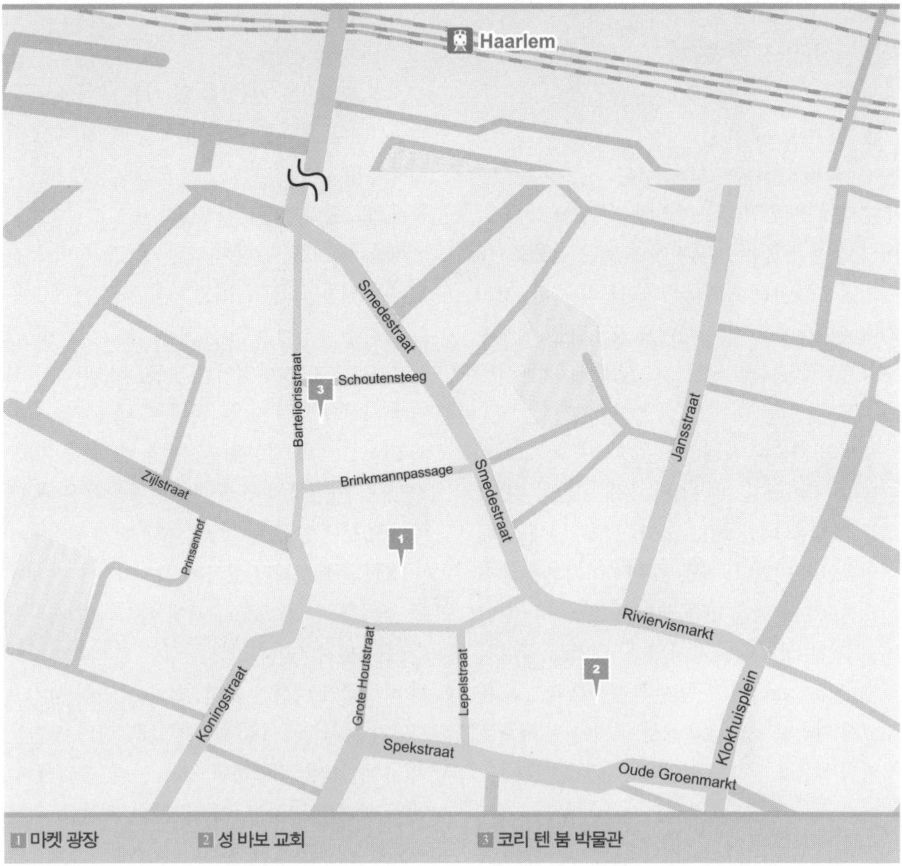

Haarlem
Smedestraat
Schoutensteeg
Barteljorisstraat
Brinkmannpassage
Zijlstraat
Prinsenhof
Smedestraat
Jansstraat
Riviervismarkt
Koningstraat
Grote Houtstraat
Lepelstraat
Klokhuisplein
Spekstraat
Oude Groenmarkt

1 마켓 광장 2 성 바보 교회 3 코리 텐 붐 박물관

➔ Story

1. 마켓 광장(Grote Markt)
2. 성 바보 교회(St. Bavokerk)
3. 코리 텐 붐 박물관(Ten Boom Museum)

- 코리 텐 붐 관련 지역: 독일 라벤스브뤼크 수용소 (독일 베를린 부분 참고)

➔ 방문정보

1. 마켓 광장

(Grote Markt)

하를럼 도시 중심에 해당하는 곳이다. 이 광장으로 여러 길들이 모여들며, 주변에는 많은 카페와 상점들이 있다. 광장에 위치한 호텔에서 이 광장을 보며 하룻밤 머물면 참 좋겠다 싶다. 코리 텐 붐 여사의 일기에 보면 2차 대전이 발발한 후 독일군이 광장에 들이닥쳤다는 기록이 나온다. 이 광장을 중심으로 독일 게슈타포들이

유대인들과 정치범을 색출했고, 네덜란드 사람들을 독일군으로 징병했다.

2. 성 바보 교회

(St. Bavokerk)

광장에 우뚝 선 건물이 바로 성 바보 교회다. 이 웅장한 건물은 15세기에 축조된 건물로, 18세기에 만들어진 오르간의 파이프가 무려 5,000개나 된다. 이 거대한 파이프 오르간은 헨델과 모차르트의 손길이 닿은 것으로 오르간 콘서트가 매주 열린다.

코리의 가족은 시계방을 운영하며 이 교회에 다녔다. 할아버지, 아버지의 손에 이끌려 이 교회를 다녔을 때만 해도 코리는 하나님에 대해 회의적인 소녀였다. 어릴 때부터 시계방을 물려받으려고 마음먹을 만큼 코리는 소년처럼 강인하고 거친 성격의 소유자였다. 억지로 끌려와 예배드리던 소녀가 마침내 라벤스브뤼크 수용소에서 완전한 하나님의 사람이 되어 전 세계를 누비며 복음을 전하는 여인이 된 것이다.

3. 코리 텐 붐 박물관

(Ten Boom Museum)

시청 광장으로 가는 길 옆 작은 골목에 텐붐 박물관의 흔적을 볼 수 있다. 1층에는 아직도 시계방이 있으며 시계방 옆 골목으로 가면 2층 박물관으로 올라가는 문이 있다.

박물관은 개인 관람이 아닌 가이드 투어로 진행되며, 박물관 현관문에는 다음 차례 가이드 투어 시간을 표시해 놓는다. 보통 가이드 투어는 1시간가량 소요되며 영어로 진행된다. 따라서 영어에 자신이 없는 사람이라면 이 내용들을 숙지해 가야 그나마 설명을 알아들을 수 있다. 30분간 텐 붐 가정에 대해 앉아서 설명을 들은 후 나머지 30분 동안 집 안 곳곳을 견학하게 된다.

1837년에 코리의 할아버지는 아래층 시계방을 구입했고, 성 바보 교회에 출석하기 시작했다. 할아버지와 아버지는 독실한 기독교 신자로서 하나님의 백성인 유대인들을 극진히 섬기고 사랑하던 사람들이었다. 다른 네덜란드 사람들이 유대인들을 경멸하던 것과 달리, 코리의 집안은 성경을 믿었고, 이스라엘의 회복을 위해 기도했다. 참고로, 주후 70년 9월에 이스라엘이 멸망했고, 1948년 5월 14일에 이스라엘이 독립했다. 19세기에 이스라엘의 독립을 위해 기도한다는 것은 나라가 없어진 지 1,900년이 흐른 시간이므로, 성경을 문자 그대로 믿지 않으면 불가능한 것이다.

코리는 아홉 살 때부터 시계공이 되기로 마음먹고 아버지로부터 수업을 받았다. 이때 아버지의 신앙의 유산도 물려받아서 이웃을 섬길 줄 알았다.

전쟁이 발발하면서 네덜란드는 독일에게 항복했고, 독일 비밀 경찰 게슈타포는 곳곳을 누비며 유대인을 색출했다. 와중에도 코리의 집은 말씀을 나누고 기도 모임을 하는 곳으로 가정을 개방했다. 때로 색출 작업이 있을 때면 3일 밤낮을 숨어 지내던 은닉처도 볼 수 있다.

코리의 집이 예배 처소가 되면서 믿는 사람들이 늘어났고, 유대인들도 숨어 지냈다. 수프가 부족할 때는 물을 더 부어서라도 함께 나누었다. 그러나 시계방 동료의 밀고로 게슈타포가 급습했고, 모여 있던 모든 사람들이 수용소로 끌려갔다.

집 안 구석구석에는 많은 사진이 있는데, 코리 여사가 한국을 방문한 사진도 있다. 1970년대 검은 교복을 입은 고등학생들이 교단 위에서 설교하는 코리 여사를 바라보는 장면의 사진이다. 한 학생은 교복을 입고 팔에 '주번'이라는 완장을 차고 있다. 코리 여사가 한국의 복음화를 위해 기도하고 헌신했다는 사실은 우리가 복음에 빚진 자임을 다시금 일깨운다.

+주소 Barteljorisstraat 19
+전화 +31(0)23 5310 823
+입장 4~10월 10:00-15:30
(마지막 가이드 투어 15:30분)
11~3월 11:00-14:30(무료 입장)
+정보 www.corrietenboom.com
20명이 넘는 단체 방문일 경우
info@corrietenboom.com

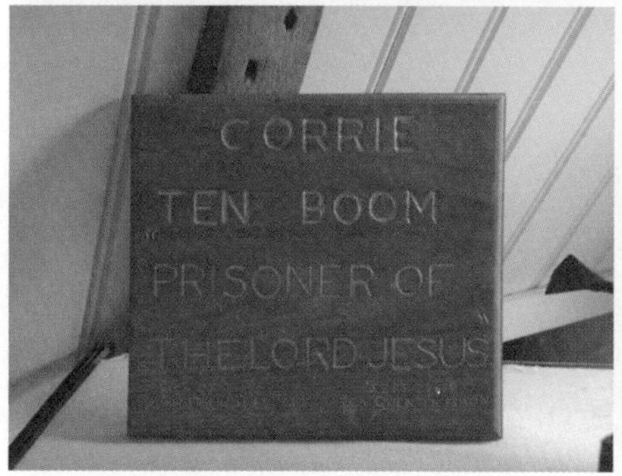

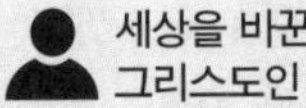
세상을 바꾼
그리스도인

주는 나의 피난처, 코리 텐 붐 여사

- Corrie Ten Boom, 1892~1983

2차 대전. 네덜란드 하를럼의 한 시계방에 유대인들의 은신처가 마련되었다. 노란별을 달고 식량 배급조차 제대로 받을 수 없는 유대인들을 하나님의 사랑으로 거둔 곳은 바로 '텐 붐 시계방'이다. 코리 텐 붐의 가족이 운영하는 곳으로서 이곳 사람들은 이웃을 위해 자기희생을 마다하지 않았다.

코리 텐 붐 여사는 1남 3녀 중 막내로 태어나 첫째 언니 베시와 함께 독신으로 살았다. 젊은 시절 한 남자를 사랑했지만 끝내 이루어지지 못한 채 코리는 그 남자를 사랑한 것처럼 주님을 사랑하겠다고 서원했다. 그리고 그 서원대로 코리는 2차 대전 중에 핍박 받는 유대인들을 위해 기꺼이 헌신했다.

2차 대전 중 코리의 집은 유대인들을 돕는 네덜란드 지하운동 조직의 사령부이자 구심점이었다. 찾아오는 유대인들을 하나님의 백성으로 환영했고 그들에게 알맞은 거처를 찾아 주고 때론 자신의 집에 숨겨 주었다.

하지만 1944년 이 일이 발각되어 가족 전체가 게슈타포에 체포되고 만다. 아버지는 감옥에서 숨졌고, 언니 베시와 코리는 그 악명 높은 라벤스브뤼크 여성수용소로 끌려갔다. 수많은 사람들이 가스실로 끌려가 죽었으나 코리는 뜻하지 않게 감옥에서 풀려났다.

∧ 미국 페어해븐 메모리얼 파크(Fairhaven Memorial Park)에 묻힌 그녀의 무덤. 묘비에는 '예수님은 승리자'라는 그녀 생전의 고백이 기록되어 있다. (출처 : www.findagrave.com Alan Lopez 님 사진)

석방 후 무사히 네덜란드 하를럼에 도착한 코리는 치유센터를 설립하고 전쟁으로 상처 입은 영혼들을 치유하고 돌보는 동시에 수용소에서 함께하신 하나님을 전 세계를 돌며 간증하기 시작했다. 라벤스브뤼크 수용소 부분을 참고하라.

참가자
다이어리

코리 텐 붐 여사의 책을 읽고 찾아간 하를럼. 그곳을 향해 가는 차 안에서 나의 마음은 몹시 설레었다. 수많은 유대인들을 위해 자신의 집을 기꺼이 내준 하나님의 사람들, 그들의 흔적이 고스란히 담긴 코리 텐 붐 여사의 집. 그들의 믿음이 어떻게 행함으로 나타났는지 보고 느끼는 시간이 될 것이다.

● **배미숙, 생수교회**

03 헤이그(Hague), 이준 열사를 찾아서

➡ 프롤로그

헤이그는 암스테르담과 함께 국제적인 명성을 가진 도시다. 우리에게는 만국평화회의로 알려진 곳으로 이준 열사가 일제의 부당함을 알리기 위해 방문한 곳이다. 한국인이라면 반드시 방문해야 할 곳이 이준열사기념관이다. 누구든지 가슴속 깊은 곳에서 대한민국의 혼이 꿈틀거리는 것을 경험할 것이다. 또 '자유주의' 사상을 서구에 알린 '스피노자'의 흔적 역시 헤이그에서 찾을 수 있다. 장로교 신자들에게는 '칼뱅주의'를 확립한 인물인 아브라함 카이퍼의 발자취를 볼 수 있어 반가울 것이다.

미술관을 놓고 본다면 훌륭한 국립, 시립 미술관도 있고, 이곳에서 고흐, 렘브란트, 페르메이르, 몬드리안 등의 작품을 감상할 수 있다. 여행자들에게 그다지 알려져 있지 않지만 한국인으로서, 그리고 기독교인으로서 반드시 방문할 만한 가치가 있는 곳이다.

➡ 교통정보

암스테르담이나 로테르담 등지에서 기차로

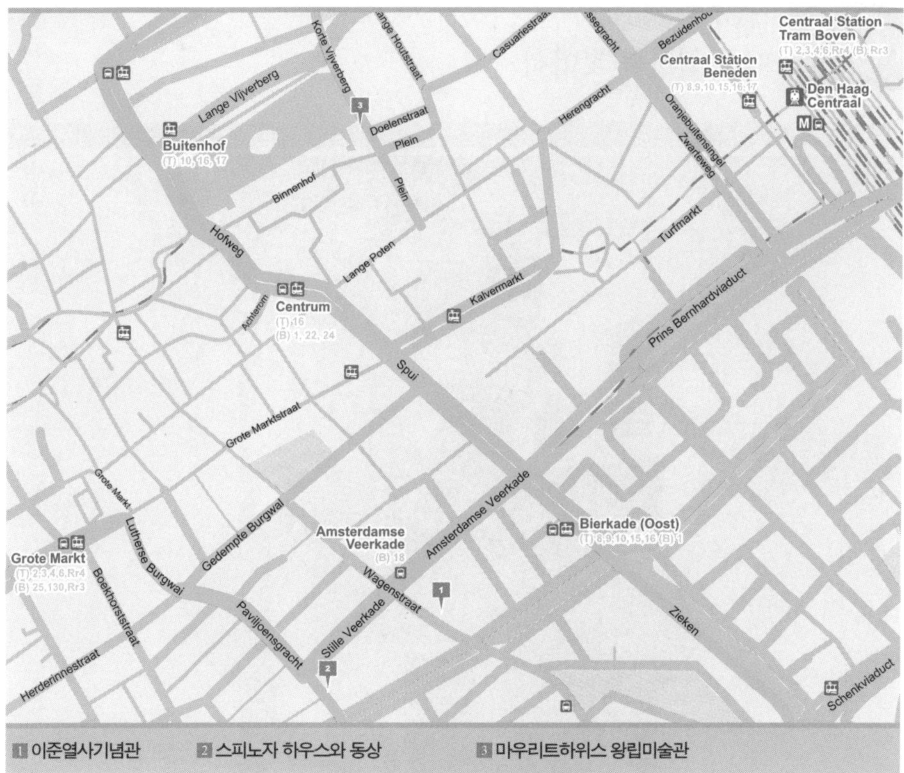

1 이준열사기념관 2 스피노자 하우스와 동상 3 마우리트하위스 왕립미술관

1시간 내에 도착할 수 있다. 이준열사기념관은 헤이그 중앙역이나 헤이그 HS역에서 걸어가도 그다지 멀지 않다. 또한 이준열사기념관에서 스피노자 관련 지역까지도 5~10분 거리밖에 되지 않는다. 단, 아브라함 카이퍼 무덤이 있는 묘지까지는 5km 정도 떨어져 있는데, 버스 21번을 타고 Laan van Eik En Duinen에서 하차하면 된다. 트램은 2번이 이곳으로 운행된다.

➡ Story

1. 이준열사기념관(Yi Jun Peace Museum)
2. 스피노자 하우스와 동상
3. 헤이그 공동묘지
   (Begraafplaats Oud Eik en Duinen)
4. 마우리트하위스 왕립미술관
   (Royal Picture Gallery Mauritshuis)
5. 헤이그 시립미술관(Gemeentemuseum)

➡ 방문정보

1. 이준열사기념관
   (Yi Jun Peace Museum)

Wagenstraat 124번지에는 일제 강점기 을사조약의 부당함을 국제평화회의에 알리기 위해 이곳에 왔다가 순국한 이준 열사의 박물관이 있다. 계단을 따라 올라가면 당시 이준 열사가 이곳에서 순국하면서 마지막으로 잠든 집에 다양한 전시물들을 비치해 놓았다.

1895년 을미사변으로 조선의 국모 명성왕후

를 살해한 일본은 1905년 을사조약을 발판으로 한반도 식민지화 계획을 수립하기 시작한다. 이에 고종 황제는 이준, 이상설, 이위종 3인 대표를 헤이그로 파견했다. 이곳에서는 그들의 여정과 헤이그에서 3인 대표들이 하던 일, 국제적 상황들을 생생하게 전시해 놓았다. 어느 방문지에서보다 더 값진 경험을 할 수 있다.

국사 과목의 중요성을 인식하지 못하고 겨레의 역사가 외면당하는 오늘, 튤립과 풍차가 아닌 이곳을 방문하기 위해 네덜란드로 떠나오기 바란다.

헤이그 중앙역에서 지도를 보면서 Prins Bernhardviaduct 거리를 따라 계속 직진하다가 Wagenstraat 거리를 만나면 왼편이다. 혹시 헤이그 HS역에서 내렸다면 Stationweg 길을 따라 오면 이 길이 Wagenstraat로 바뀌는데 오른편에 박물관이 있다.

+주소 Wagenstraat 124
+전화 +31(0)70 326 2510
+입장 월-금 10:30-17:30,
토 11:00-16:00(주일 휴무)
+정보 www.yijunpeacemuseum.com

비전 노트

이준 열사와 기독교 신앙

최근 헤이그에 파견된 이준 열사가 신앙인이었다는 내용이 소개되고 있다. 이준 열사가 예수님을 만나 회심한 후 신앙을 바탕으로 구국운동에 동참했다는 것이다.

이준 열사는 상동교회 소속 감리교 신자로서 우리 민족을 사랑하던 애국자였다. 1896년 38세 때 청년회장을 맡기도 한 이준 열사는 을사보호조약이 체결되자 반대 투쟁을 위해 상동교회 진덕기 목사와 상소문을 작성하기도 했다. 이준 열사의 투쟁은 민족을 구원하고자 하는 노력의 일환이었으며, 어려운 과정 중에도 신앙심은 그에게 큰 힘을 제공했다. 그는 주변 사람들에게 하나님을 알리는 그리스도인이었고, 헤이그로 떠나기 전 그 일의 성공 여부는 하나님께 달려 있다며 기도를 부탁했다. 이곳에 온 뒤에도 이준 열사는 조국을 위해 얼마나 간절히 기도했을까? 무릎을 꿇고 하나님께 매달릴 수밖에 없었던 절박한 마음이 전해지는 듯하다.

^이준 열사가 순국한 침대

그의 고귀한 순국을 이어받아 1919년 3.1 운동을 전개했을 때 민족대표 33인 중 16인이 그리스도인이었다. 이처럼 초창기 기독교인들은 세상을 주도하고, 모든 일에 본이 되었다. 그 본을 이어받아 우리가 먼저 나라를 사랑하고 섬겨야 할 것이다.

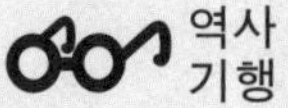

이준 열사와 만국평화회의

유럽에서 이준열사기념관을 찾는 것은 선택이 아닌 필수다. 수많은 젊은이들이 우리나라 역사에 관심도 없고, 알지도 못하지만, 역사만큼 좋은 스승이 없으며 역사를 모르면 동일한 역사를 되풀이하게 마련이다. 비록 이준 열사에 대한 이야기는 박물관에서 다양하게 접하고 얻을 수 있지만 이 지면을 통해 이준 열사와 평화회의보를 소개하고자 한다. 다음의 평화회의보 1907년 6월 30일자 내용은 이준열사기념관 안내문을 인용했음을 밝힌다.

• 이준 열사의 특사 파견 과정

1차 세계만국평화회의가 1899년 헤이그에서 열렸다. 제국주의가 절정에 이르자 각국은 이곳에 모여 군비 경쟁을 완화하고 전쟁의 수위를 낮추자는 데 합의하기 위해 회의를 열었다. 그러나 일제는 1905년 을사조약을 강제로 체결하면서 우리나라의 모든 권리를 박탈했다. 이미 일본은 청일전쟁(1894)과 러일 전쟁(1904)에서 승리하며, 한반도에 대한 주도권을 장악했다.

1907년에 제2차 세계만국평화회의가 헤이그에서 다시 열린다는 소식을 접한 고종 황제는 일제가 행한 부당함을 알리고자 3명의 특사를 헤이그로 파견한다. 지금이야 서울에서 헤이그까지는 비행기로 13시간 이내에 도착할 수 있지만, 당시는 부산으로 내려가 블라디보스토크로 배를 타고 건넌 뒤 시베리아 횡단열차를 타고 베를린, 브뤼셀, 헤이그로 도착하는 대장정을 감행해야 했다.

이준, 이상설, 이위종 세 명의 특사가 헤이그에 도착했으나, 이들은 초청장을 받지 못해 출입이 거부되었다. 왜냐하면 1905년 일제는 총칼로 협박해서 우리나라의 외교권을 빼앗았기 때문이다.

하는 수 없이 세 명의 특사는 입구에서 불어로 된 호소문을 배포했다. 이를 본 신문기자가 이 내용을 신문에 실었다. 그러나 안타깝게도 신문에 기고된 지 2주 후인 7월 14일 이준 열사는 헤이그 호텔에서 싸늘한 주검으로 발견됐다.

• 평화회의보

(1907년 6월 30일자)

왜? 대한제국을 제외시키는가!

대한제국 황제 폐하의 특명에 의해 헤이그 평화회의의 대표로 파견된 전 의정부참찬 이상설, 전 대한제국 평리원 검사 이준, 그리고 전 상트페테르부르크(Saint-Petersbourg) 한국 공사관 서기관 이위종은, 존경하는 각하 제위들에게 우리나라의 독립이 1884년 모든 강대국들에 의해 보장, 승인되었음을 주지시켜 드리고자 합니다. 물론 우리의 독립은 현재까지도 귀 국가들에 의해 인정되고 있습니다.

하오나, 1905년 11월 17일, 이상설은 국제법을 완전히 무시한 채 무력에 의해 바로 오늘날까지도 우리 각 국가들 간에 존재해오고 있는 우호적인 외교관계를 단절하고자 한 일본의 음모를 목격했습니다. 본인들은 이러한 결과를 유도하기 위해 격렬한 위협은 물론, 국가의 법률과 권리들을 침탈하는 데 조금도 주저하지 않았던 일본인들의 소행을 각하 제위 여러분께 알리고자 합니다. 보다 명료히 하기 위해 아래 세 가지 경우로 나누어 진술하고자 합니다.

1. 일본인들은 대한제국 황제 폐하의 승낙 없이 행동을 취했다.
2. 그들의 목적을 달성하기 위해 일본인들은 황실에 대항하여 무장 병력을 사용했다.
3. 일본인들은 대한제국의 모든 법률과 관습을 무시한 채 행동했다.

각하 제위께서는 공명정대함으로 위에 언급한 세 가지 항목이 국제 협약에 명백히 위반되었는지 여부를 판별해 주시기 바랍니다.

독립국가인 우리나라가, 일본이 오늘날까지 우리나라와 다른 국가들 간에 유지되어 오던 우호적 외교관계를 파괴시키고, 극동 지역의 평화를 끊임없이 위협하도록 방임할 수 있겠습니까? 본인들은 황제 폐하로부터 파견된 대한제국의 대표임에도 불구하고 일본의 강압에 의하여 이 헤이그 회의에 참석할 수 없다는 사실이 무한히 통탄스럽습니다.

우리는 이 서신과 함께 우리가 떠나오던 날까지 일본인들에 의해 취해진 모든 수단과 자행된 행위들을 요약하여 첨부하오니, 우리 조국을 위하여 지극히 중대한 이 문제에 관대한 관심을 기울여 주시기 바랍니다.

대한제국 황제 폐하께서 우리에게 위임한 전권에 대해 확인이 필요하신 경우에는 우리에게 알려 주시기 바랍니다. 우리는 언제든지 각하 제위들의 요청에 기꺼이 응할 준비가 되어 있습니다. 대한제국과 제 국가들 간의 외교관계가 대한제국 자신의 의지로서가 아니라 일본에 의한 우리의 권리 침탈로 인하여 단절되었으므로, 우리는 각하 제위들에게 우리가 헤이그 평화회의에 참석할 수 있도록 허락하여 주시며, 여기서 일본인들의 수단과 방법을 폭로함으로써 우리의 권리를 수호할 수 있도록 관대한 중재를 허용해 주실 것을 간청하는 바입니다.

먼저 감사드리오며 심심한 사의를 표합니다.

- 이상설, 이준, 이위종

^ 왼쪽부터 이준, 이상설, 이위종

2. 스피노자 하우스와 동상 (Spinozahuis)

이준열사기념관과 멀지 않은 곳에 스피노자 관련 흔적들이 있다. 스피노자는 네덜란드 출신의 위대한 철학자 중 하나다. 19~20세기의 철학자들과 신학자들은 성경을 이성의 잣대로 파헤쳤다. 이로 인해 성경을 신화나 전설 정도로 취급하는 움직임이 생겨났다. 구약성경의 내용을 '신화'로 치부하거나 초자연적인 성경의 내용들을 가공의 것으로 분류하는 철학적 사고방식이 근현대에 횡행했다. 이런 사조를 거슬러 올라가면 17세기에 활동하던 스피노자를 발견하게 된다.

당시 스피노자의 사상은 동족인 유대인들로부터도 신성모독이라며 심한 질타를 받았고 심지어 출교까지 당했다. 그는 위대한 사상가였지만 '유대인'이라는 이유로 네덜란드 사람들에게 주목받지 못했다. 그런 까닭에 위대한 사상가가 살던 스피노자 하우스에는 명판만 붙어 있을 뿐이며 그를 기념하여 세운 동상은 주변 자전거 주차장을 지키는 지킴이 정도로 보일 만큼 허술하다.

이준열사기념관에서 왼쪽 Stille Veerkade 길을 따라가면 길 끝에 Paviljoensgracht 거리와 만나는데 여기에 스피노자 동상이 있고 그 옆에 스피노자 하우스가 있다. 그는 이곳에서 말년을 보낸 후 1677년에 죽었다. 스피노자 하우스는 상시로 일반에게 열려 있지는 않으며 전화로 예약해야 내부를 볼 수 있다.

+주소 Paviljoensgracht 72-74
+전화 +31(0)70-3463123
+정보 www.spinozahuis.nl

비전 노트

헛된 생각에 주의하라

한 사람의 생각이 이렇게 무서운 결과로 나타날 수 있을까? "내일 지구가 멸망해도 나는 한 그루의 사과나무를 심겠다"는 명언으로 우리에게 알려진 철학자 스피노자는 1632년에 네덜란드에서 태어났다. 그의 조부와 부친은 스페인에 살던 유대인으로서 종교재판을 피해 네덜란드로 이주해 왔다. 스피노자는 암스테르담에서 공부하며 당시 사상에 눈을 뜨기 시작했다.

이미 유럽 사회는 데카르트의 영향을 받았는데, 데카르트의 철학은 회의주의의 기초가 되었다. 그의 사상에 날개를 달아 기독교를 침식시킨 사상이 스피노자에게서 나왔다. 데카르트가 만물에 대해 회의를 했다면 스피노자는 성경과 하나님에 대해 회의하기 시작했다. 그는 하나님의 속성을 부인하고 범신론(汎神論)을 고안했으며, 성경의 초자연적 사건을 제거했다. 이런 사상으로 인해 유대교 사회에서 출교를 당했다. 기독교와 유대교 모두에게 신성모독으로 낙인찍혔기 때문에 그의 저서들 대부분은 그의 사후에나 출간되었다.

그러나 그의 사상은 회의주의, 계몽주의의 도래를 알림과 동시에 성경이 인간의 이성과 잣대로 평가를 받는 서막이 되었다. 이후 마르크스와 같은 유물론자들의 사상 역시 스피노자에 기초하고 있다. 프랑스 철학자 볼테르는 스피노자의 사상에 영향을 받아 불가지론을 전파했다. 창조주 하나님이 인간의 이성이라는 잣대로 판단을 받을 수 있는가? 모든 사상과 이론은 견고한 진을 파하는 강력한 하나님 말씀 앞에 굴복해야 할 것이다.

다음은 스피노자의 말이다. 겉으로는 그럴듯해 보이지만 가만히 생각해 보면 얼마나 위험한 발상인가?

"모든 것이 자연의 법칙에 따라 생긴다는 말과 모든 것이 하나님의 뜻대로 생긴다는 말은 같다. 자유로운 사람이란 죽음보다 인생에 대해 더 많이 생각한다. 진정으로 신을 사랑하는 자는 신에게 자신을 사랑해 달라고 하지 않는다"(스피노자).

"악인은 그의 교만한 얼굴로 말하기를 여호와께서 이를 감찰하지 아니하신다 하며 그의 모든 사상에 하나님이 없다 하나이다"(시 10:4).

"그들이 종일 내 말을 곡해하며 나를 치는 그들의 모든 생각은 사악이라"(시 56:5).

"누가 철학과 헛된 속임수로 너희를 사로잡을까 주의하라 이것은 사람의 전통과 세상의 초등학문을 따름이요 그리스도를 따름이 아니니라"(골 2:8).

^ 헤이그 스피노자 하우스에 있는 명판

문학 산책

스피노자의 편지

- 스피노자가 올덴부르크(Oldenburg)에게 보낸 편지

성경에서 말하기를 하나님이 죄인을 미워하고, 인류의 모든 행동을 감시하고서 심판자가 되어 형벌을 주고 판단하신다는 기록이 있습니다. 인간적으로 보일 수가 있겠지만 실은 대중이 갖고 있는 잘못된 생각입니다. 잘 생각해 보면 이렇게 기록된 목적은 우리에게 자유를 주어 철학적이거나 현명하게 하려는 것이 아니라 하나님께 복종하려는 의도입니다. (…) 그리스도의 고난과 죽음은 그렇다고 치지만 부활은 어떤가요? 글쎄요. 어쩌면 문학적, 풍유적 표현입니다. 개신교도들은 그리스도가 죽은 자 가운데서 부활하여 하나님 우편에 계시며 장차 오실 것으로 믿습니다. 비록 저는 그들의 신앙을 훼손할 의도는 없지만, 엄밀히 말하면 그들은 모두 속고 있는 것입니다. 사도 바울이 뭐라고 했습니까? 그는 예전에 그리스도를 육체로 알았지만 이후에는 영으로 안다고 했습니다(고후 5:16). 스스로 그리스도의 육체적 부활을 부인한 것이 아닙니까?

(1676년 2월 7일 헤이그에서 쓴 내용 중에서)

3. 헤이그 공동묘지

(Begraafplaats Oud Eik en Duinen)

스피노자 동상에서 북쪽으로 걸어 올라가면 2번 트램을 탈 수 있는데, Laan van Eik en Duinen에서 하차하여 Laan van Eik en Duinen

길을 따라 올라오다 보면 왼쪽으로 공동묘지 정문이 보인다. 이곳에는 수상이자 언론인이며, 목사로서 네덜란드에 큰 영향을 미친 아브라함 카이퍼가 잠들어 있다.

공동묘지 정문을 들어서면 오른쪽에 관리소가 보이는데 관리소를 끼고 건물 뒤편으로 돌아가면 담벼락과 인접한 작은 길이 나온다. 관리소를 등지고 오른쪽 담벼락과 나란히 앞으로 걸어가서 왼쪽 무덤 3블록을 걸어간 후 왼쪽으로 꺾어져서 6~7블록 걸어가면 오른쪽에 아브라함 카이퍼(Abraham Kuyper)의 무덤이 있다. 아브라함 카이퍼에 대해서는 〔비전노트〕를 참고하자. 만일 카이퍼 무덤을 못 찾겠다면 관리소에 물어 보면 친절하게 알려 준다.

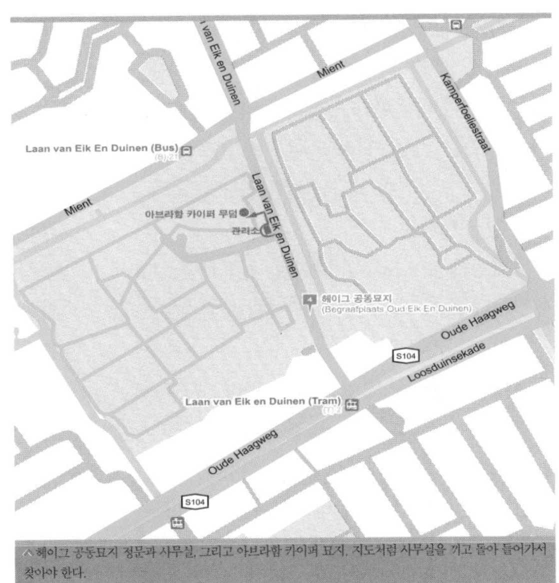

^ 헤이그 공동묘지 정문과 사무실, 그리고 아브라함 카이퍼 묘지. 지도처럼 사무실을 끼고 돌아 들어가서 찾아야 한다.

+주소 Laan van Eik en Duinen 40

아브라함 카이퍼의 배후 인물

아브라함 카이퍼는 네덜란드 역사에서 매우 중요한 인물이다. 수상이었고, 목사로서 신학과 정치에 큰 기틀을 확립했다. 또한 칼뱅주의를 새롭게 정립했으며, 네덜란드 자유 대학을 설립했다.

그는 목회자의 가정에서 태어났으나 그의 고백에 따르면 물려받은 믿음에는 이렇다 할 감흥이 없었다고 한다. 그는 일류 대학에 들어가 공부하면서 이성주의에 물들어 점점 무신론자로 변해 갔다. 그러던 중 피체 발투스(Pietje Baltus)라는 친구를 만나면서 냉랭하게 돌아서던 믿음에 온기가 생기기 시작했다. 그녀는 대학 문턱에도 가보지 못한 시골 처녀였으나 어떤 누구보다 카이퍼에게 신선한 충격을 던져 주었다. 당시 카이퍼는 기독교인들을 자신만의 이데올로기에 빠진 사람들이라며 아주 싫어했다. 하지만 피체는 지금까지 알던 기독교인들과 달랐다. 그녀는 카이퍼의 잘못을 포용하고 이해했으며 평생에 걸쳐 그를 위해 기도했다.

피체를 통해 기독교의 참되고 진실된 모습을 보게 된 카이퍼는 마침내 회심하게 되었고, 하나님 앞에서 이성과 지성을 굴복시킨 원동력은 기도였다고 고백하기에 이르렀다. 그는 이후 위대한 신학자로서, 수상으로서, 언론인으로서 사명을 감당했다.

오늘날 아브라함 카이퍼가 중요한 이유는 하나님의 주권이 삶의 전 영역에 걸쳐 드러나는 것을 보여 준 사람이기 때문이다. 즉 하나님의 통치가 교회 안에서만이 아니라 사회와 가정과 삶의 전 영역에서 나타나도록 한 인물인 것이다.

신실한 한 영혼에 의해 변화되어 역사 속에서 크게 쓰임 받은 아브라함 카이퍼는 다음과 같이 말했다.

"의미 없이 신념 속에서 고백만을 강조하는 것은 의미가 없다. 그렇다고 성경적인 고백 없이 영적인 감정에 치중하는 것은 위험한 신비주의에 빠지기 쉽다. 균형 잡힌 신앙이 우리에게 필요하다."

4. 마우리트하위스 미술관

(Royal Picture Gallery Mauritshuis)

마우리트하위스 미술관은 네덜란드에서도 매우 충실한 미술관이다. 가장 유명한 그림은 뭐니뭐니해도 페르메이르의 〈진주 귀고리 소녀〉다. 이 그림 하나를 보기 위해서 많은 관광객들이 몰려든다. 페르메이르의 또 다른 그림인 〈델프트 항의 풍경〉도 유명하다. 렘브란트의 그림도 유명한데 그의 자화상은 물론 렘브란트를 유명하게 만들어 준 그림인 〈해부학 강의〉도 볼 수 있다. 브뤼헐과 고흐의 그림도 소장되어 있다.

+주소 Korte Vijverberg 8
+전화 +31(0)70 302 3456
+입장 화-토 10:00-17:00, 일 11:00-17:00
+요금 성인 10.5€(할인 5.25€)
+정보 www.mauritshuis.nl

^ 페르메이르의 〈진주 귀고리 소녀〉

^ 〈델프트 항의 풍경〉

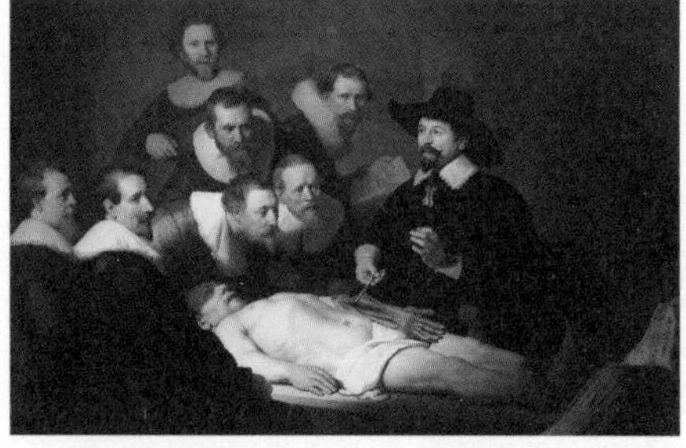

^ 렘브란트의 〈해부학 강의〉

명화 산책

렘브란트의 자화상

사진이 발달하지 않던 당시 사람들은 초상화를 통해 자신의 족적을 남기고자 했다. 그래서 당시 초상화들은 단순히 얼굴을 그리는 것이 아니라 현재 위치와 권위를 드러내는 데 더 주력했다. 당연히 화려할 수밖에 없었다. 하지만 렘브란트는 초상화를 통해 외형이 아닌 내면을 드러내고 싶어 했다. 이것이 렘브란트의 그림이 높이 평가받는 이유다.

마우리트하위스 박물관에는 렘브란트의 자화상 두 점이 소장되어 있는데 1629년에 그려진 젊은 렘브란트(위쪽)와 그가 죽은 해인 1669년에 그려진 마지막 자화상(아래쪽)이다. 젊은 시절과 노년의 렘브란트를 동시에 볼 수 있다는 것만으로도 매우 큰 행운이 아닐 수 없다. 특히 1669년에 그려진 마지막 자화상은 그의 인생을 함축적으로 느낄 수 있는 작품으로서 그의 자화상 중에서 가장 유명하다.

젊은 시절의 렘브란트는 꿈과 야망으로 가득한 얼굴이다. 반면 만년의 렘브란트는 젊을 때와는 매우 대조적으로 울퉁불퉁한 얼굴에 깊이 팬 주름이 진솔하게 표현되어 있다. 고단한 인생의 여정과 지나간 인생에 대한 회한이 느껴진다.

화가로서 높은 평가를 받으며 승승장구하던 젊은 시절의 렘브란트는 손에 쥔 성공을 자신의 땀으로 일궈 낸 것으로 착각했을지도 모른다. 그러나 몰락한 화가로서 고단한 말년을 보내는 노년의 렘브란트는 모든 것을 헛되이 여기며 오로지 하나님만 의지했다. 렘브란트의 대조적인 두 자화상은 우리 안에 내재된 두 얼굴일지도 모르겠다. 지금 당신 내면은 어디에 더 가까운가?

(암스테르담의 렘브란트 부분 참고)

5. 헤이그 시립미술관

(Gemeentemuseum Den Haag)

피트 몬드리안의 마니아라면 반드시 가볼 만한 곳이다. 렘브란트나 고흐에 비해 네덜란드 화가로서 다소 생소하지만 그의 작품들은 결코 생소하지 않다. 그는 청교도 신앙을 가진 화가로서 우리가 주목해야 할 인물이다. 특히 이곳에는 그의 미완성 명화인 〈Victory Boogie-Woogie〉가 있다. 이 작품은 2차 대전 당시 연합군의 승리를 통해 평화가 회복되기를 갈망하며 그린 것이다. 이곳에서 그의 생애와 신앙, 사상들을 접해 보자.

마우리트하위스 미술관 근처에서 24번 버스나 17번 트램을 타면 시립미술관에 도착할 수 있다.

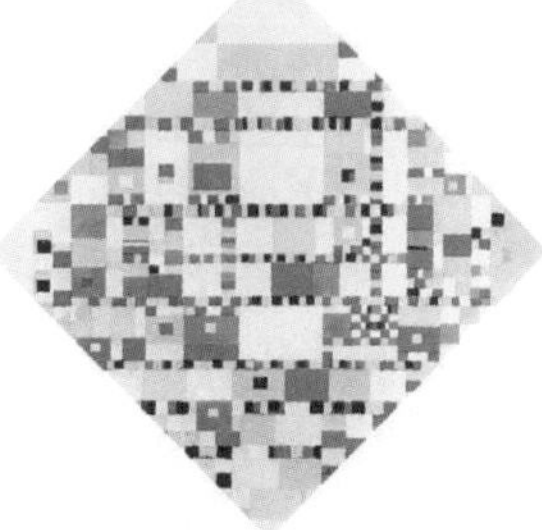

▲〈Victory Boogie-Woogie〉

+주소 Stadhouderslaan 41
+전화 +31(0)70 3381111
+입장 화-일 10:00-17:00
+요금 성인 10€
+정보 www.gemeentemuseum.nl/

인물 연구

질서와 균형의 화가, 피트 몬드리안

- Piet Mondrian, 1872~1944

추상회화의 창시자 중 한 사람이며, 신조형주의(De still)의 주창자인 몬드리안의 그림은 액자 속뿐 아니라, 생활 곳곳에서 많이 볼 수 있다. 회화는 물론이고 건축, 구성이라 불리는 디자인 등 다양한 방면에서 많은 영향을 미쳤다.

몬드리안은 1872년 네덜란드에서 태어났다. 그는 칼뱅주의적 청교도 집안에서 자랐고, 청교도 신앙은 그에게 본질적인 것과 절대적인 것을 고민하고 추구하게 만들었다.

처음에는 평범하게 그림을 그렸으나 점차 몬드리안에게 그림은 기독교적 세계관과 이념을 담아내는 도구가 되었다. 추상적인 요소와 함축적 의미를 담은 그림들은 곧 주목 받기 시작했고, 검은 선과 빨강, 파랑, 노랑의 원색적인 기본 색들과 수직과 수평을 이용한 사각형의 그림은 몬드리안 그림의 특징이 되었다.

몬드리안은 모더니즘에서 입체파로, 또 추상화와 신조형주의에 이르기까지 급속하게 변화하는 시대에 활동한 화가였지만, 변화에 휩쓸리지 않고 오히려 시대를 이끌어 갔다. 그리고 평생을 기본에 충실하여 본질을 찾고, 보편적 특성을 찾아내며, 그것을 표현해 내는 데 주력했다. 신앙의 본질을 잊지 않고 일관되게 삶으로써 시대를 이끌어 가는 시대정신이 되는 것, 기독교인이 모델로 삼아야 할 삶이 아닐까 싶다.

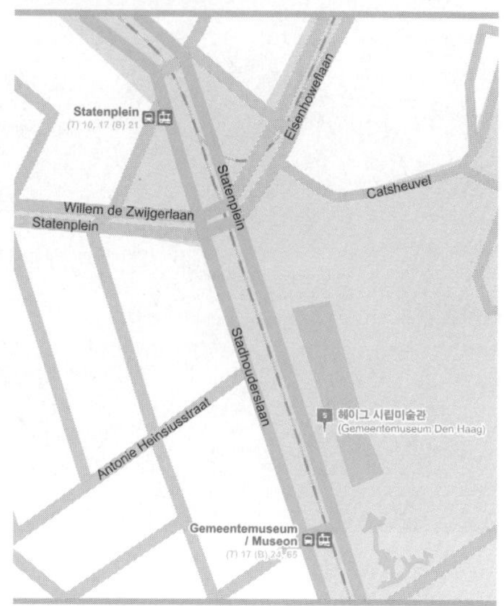

참가자 다이어리

을사조약의 부당함을 알리기 위한 헤이그 특사들의 여정… 우리는 봐야 한다. 그리고 느껴야 한다. 그들의 마음을.

● 배미숙, 생수교회

04 로테르담(Rotterdam), 에라스뮈스를 만나다

➡ 프롤로그

에라스뮈스는 로테르담이 낳은 위대한 인물이다. '에라스뮈스가 알을 낳았다면 루터가 알을 깠다'는 말이 있을 정도로 에라스뮈스는 종교개혁에 지대한 영향을 미쳤다. 뿐만 아니라 영국 케임브리지 대학에 있던 시절, 청교도 지도자들을 배출하는 데 큰 역할을 했다. 만일 에라스뮈스가 케임브리지에 없었다면 청교도 지도자들이나 킹 제임스 성경에 영향을 준 틴데일 같은 인물이 있었을지 의심스럽다. 이 위대한 인물을 로테르담도 자랑스럽게 여기는지, 새롭게 건설한 8.7km길이의 다리 이름을 에라스뮈스 다리로 명명했다.

한편 1620년 청교도들이 신대륙으로 망명하기 위한 첫 출항지 역시 로테르담이었다. 현재 로테르담은 산업이 발달된 번화한 도시지만 신앙의 뿌리가 깊게 스며들어 있다. 로테르담에서 우리의 믿음의 근원을 찾아보자.

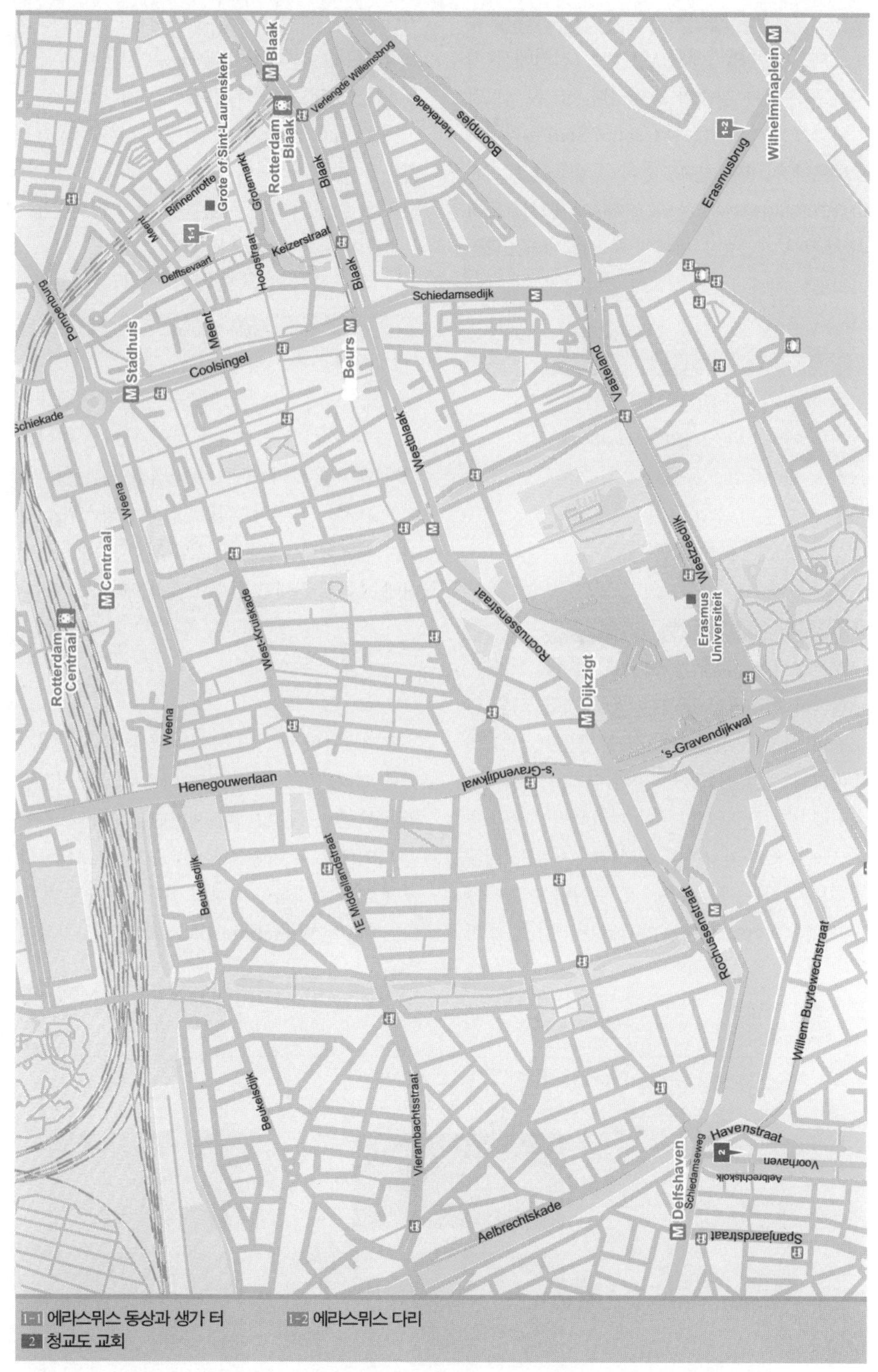
Blaak
Rotterdam Blaak
Grote of Sint-Laurenskerk
Binnenrotte
Meent
Grotemarkt
Hoogstraat
Keizerstraat
Delftsevaart
Verlengde Willemsbrug
Hertekade
Boompjes
Erasmusbrug
Wilhelminaplein
Schiedamsedijk
Beurs
Coolsingel
Stadhuis
Pompenburg
Schiekade
Weena
Centraal
Rotterdam Centraal
Westblaak
Vasteland
Westzeedijk
Erasmus Universiteit
Rochussenstraat
Dijkzigt
's-Gravendijkwal
West-Kruiskade
Henegouwerlaan
Beukelsdijk
1E Middellandstraat
Willem Buytewechstraat
Vierambachtsstraat
Havenstraat
Voorhaven
Aelbrechtskolk
Schiedamseweg
Delfshaven
Aelbrechtskade
Spanjaardstraat
1-1 에라스뮈스 동상과 생가 터
1-2 에라스뮈스 다리
2 청교도 교회

→ 교통정보

로테르담은 벨기에와 네덜란드 전역에서 기차로 연결되어 접근이 용이하다. 또 로테르담 기차역과 가까운 지하철 Central Station역에서 로테르담 시내와 청교도들이 출항하던 델프스하벤(Delfshaven)까지 갈 수 있다. 21세기에 들어서 새천년 기념으로 새롭게 완공한 에라스뮈스 다리로도 지하철이 연결되어 있다.

→ Story

1. 에라스뮈스의 흔적
   - 에라스뮈스 다리(Erasmusbrug)
   - 에라스뮈스 동상과 생가 터
2. 청교도의 흔적
   - 청교도 교회

→ 모놀로그

로테르담은 네덜란드에서도 찾아보기 힘든 세련되고 현대적인 도시다. 우뚝 솟은 고층 건물들이 한층 도시를 멋스럽게 만들고, 곳곳에 특이하게 생긴 건물들이 눈에 띈다. 심지어 큐브처럼 생긴 건물이라든지 기하학적인 건물들은 로테르담의 자랑이자 매력이다. 이렇듯 현대적 자랑거리는 우후죽순으로 솟아나고 있지만 정작 종교개혁의 모태가 된 에라스뮈스의 흔적이라든지 미국 건국자들의 흔적들은 마치 숨은 그림 찾기를 하듯 꼭꼭 숨어 있다. 내가 방문했을 때는 로테르담의 자랑거리인 에라스뮈스 동상 주변으로 건축 자재들이 가득 쌓여 있었다. 역사적 비중에서 많이 밀려난 느낌이다. 역사와 믿음의 유산을 찾는 사람들이 많아질 때, 이런 부분들이 개선될 것이다.

→ 방문정보

1. 에라스뮈스의 흔적

로테르담에서 에라스뮈스와 관련된 기념물은 세 가지다. 하나는 그의 동상이며, 다른 하나는 그가 태어난 생가다. 그와 직접적인 관련은 없지만 21세기 들어서 그를 기념해 에라스뮈스 다리를 완공했다. 에라스뮈스와 관련된 내용은 벨기에 브뤼셀 편에도 있으므로 참고하자.

• 에라스뮈스 다리

(Erasmusbrug)

로테르담의 새천년을 기념해서 만든 다리가 바로 에라스뮈스 다리다. 에라스뮈스와 직접적인 관련은 없다. 그러나 새천년을 기념해 건설한 다리에 그의 이름을 붙였다는 것은 로테르담에서 그가 차지하는 위상이 어떠한지를 말해 준다. 지하철 Wilhelminaplein역에서 하차하면

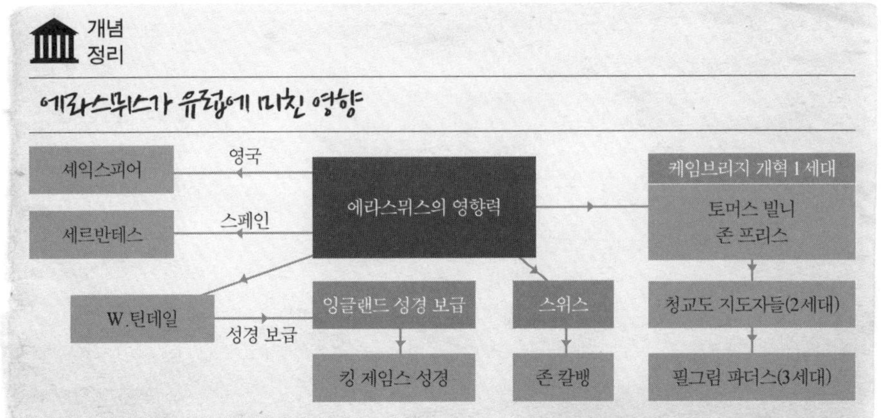

▲새 천년을 기념해 에라스뮈스 다리를 완공했다.

에라스뮈스 다리에 도착할 수 있다.

▲성 로렌스 교회에서 본 에라스뮈스 생가 터. 에라스뮈스의 푯말이 멀리 보인다.

• 에라스뮈스 동상과 생가 터

로테르담에서 비천한 신분을 가진 사람의 동상이 광장에 세워진 것은 에라스뮈스가 최초였다. 그의 사후 100년도 채 되지 않아 광장에 세워졌는데, 그 사이에 에라스뮈스가 영향을 주었던 종교개혁과 인문주의 활동이 강렬하게 유럽을 뒤흔들었기 때문일 것이다.

우선 Grotenkerkplein 거리에 있는 성 로렌스 교회(Grote of Sint-Laurenskerk)를 찾으면 된다. 교회 맞은편 광장에 바로 에라스뮈스 동상이 있다. 그의 생가 터는 이 교회와 Hoogstraat 거리 사이에 있는데, 그의 생가를 기념해 아담하게 표시를 해 놓았다(사진 참고).

지하철 Beurs역이나 Blaak역에서 하차해서 지도를 참고해 그로트 광장으로 걸어가야 한다.

도보로 10분 정도 소요된다. 광장까지는 대중교통이 연결되지 않는다.

2. 청교도의 흔적

• 청교도 교회

역사는 1620년 영국 플리머스에서 출항한 청교도들을 기억한다. 그러나 엄밀히 말하면 네덜란드로 망명한 청교도의 한 분파인 분리주의자들이 신앙의 자유를 찾아 출항해서 영국 사우샘프턴과 플리머스를 거쳐 미국으로 건너갔다.

엘리자베스는 영국의 국교회를 확고히 하는 정책을 폈다. 이때 영국 사회에 대두된 개신교 무리를 소위 청교도라 부른다. 청교도들은 제도 내에서 개혁을 시도했고, 나중에 청교도 혁명과도 관련이 있다. 반면 국교회와의 타협을 거부하고 분리를 선언한 청교도들을 '분리파'라고 한다.

이들의 극단적 분리화는 영국 내에서 발을 붙일 수 없게 했고, 비교적 신앙생활이 자유로운 네덜란드로 이주했다. 그러나 타국에서 사는 일은 만만한 것이 아니었다. 문화와 임금, 자녀교육, 정체성 등의 문제가 계속 불거져 나온 것이다. 결국 분리파들은 1620년 남미로 가려다가 결정을 바꾸어 미국 매사추세츠 지역으로 가기로 했다. 이때 구입한 배가 스피드웰호다.

이들을 태운 배는 영국에 정박한 후 메이플라워호와 함께 떠날 계획이었으나 배에 물이 새는 바람에 영국 플리머스에서 메이플라워호에 승선하여 미국으로 떠나게 되었다. 그 역사적 장소가 바로 로테르담이었다. 이 분리파들은 자신들을 히브리서 11장의 나그네로 불렀고, 이것이 유래되어 필그림(Pilgrim)이 생겨났다.

지하철 Delfshaven역에서 하차하면 도보로 5분 정도 소요된다. Oudekerk가 바로 최초의 분리파 청교도들이 출항하던 곳이다. 항구 옆에는 출항 전 설교를 듣던 청교도 교회(Oude of Pelgrimvaderskerk)가 있다.

▲ 청교도가 출항하던 항구 옆의 교회. 이곳에서 필그림 파더스가 설교를 들은 후 떠났다.

> Pelgrimvaderskerk (Pilgrimfathers' Church)
> +주소 Aelbrechtskolk 20
> +입장 12:00-16:00
> +정보 pilgrimfatherschurch.nl

역사 기행

필그림 파더스의 출항

1620년 7월 22일, 델프트 항에서 많은 청교도 순례자들을 실은 스피드웰호가 출항을 준비하고 있었다. 이들은 영국 국교회를 거부하고 네덜란드로 건너왔으나 정착하는 과정에서 많은 문제들을 경험한 후 마침내 신대륙으로 건너가기로 결심했다.

이들을 위해 존경 받던 존 로빈슨 목사가 마지막 고별 설교를 했다. 그는 로테르담에 남아서 다른 청교도들을 보내는 역할을 하기로 했다. 그가 선택한 본문은 에스라 8장 21절이었다. 바벨론 포로생활을 하던 이스라엘 포로들이 귀환하는 내용이었다. 로빈슨 목사는 이스라엘 선진들을 지키시던 하나님이 우리도 능히 지키실 것이라면서 떠나는 이들의 용기를 북돋워 주었다. 이미 스피드웰호는 눈물바다가 되었다. 바벨론에서 이스라엘로 돌아가듯, 그들은 광야와 도적과 기근과 낯섦에 맞서 싸워야 했다. 그들은 마침내 출항했다.

신앙의 자유를 찾아 고향을 뒤로하고 찾아온 신대륙, 하지만 이 새로운 땅에서의 정착도 결코 쉽지 않았다. 미국에 건너간 102명의 필그림 파더스 중에서 첫해에 무려 52명이 기근과 추위, 질병으로 죽었다. 그럼에도 이들은 도착한 곳에서 메이플라워 서약서를 만들어 자치정부를 수립했는데, 이것은 훗날 미국 정치체계의 토대가 되었다.

참가자 다이어리

네덜란드 건축의 수도. 실험적 건축과 창의적 디자인이 있는 곳. 이곳에 가면 눈이 즐겁다!

● 이호진, 승리교회

400년 전 처음으로 청교도들이 출항하던 이곳. 지금은 정적만 감돌고 있다.

● 이혜정, 사랑의교회

에라스뮈스와 필그림 파더스를 찾아다니는 길, 역사의 한 페이지에 서 있는 기분이다

● 최연규, 사랑의교회

개념 정리

청교도와 분리파와 추수감사절

대개 추수감사절의 유래가 1620년 메이플라워호의 청교도 분리파로부터 시작되었다고 생각하는 이들이 있지만 사실 추수감사절은 이들과 무관하게 1789년에 조지 워싱턴에 의해 제정되었다. 초기 청교도들이 미국에 정착했을 때 무려 절반이 추위와 기근으로 죽었다. 이들의 정착에 도움을 준 사람들은 다름 아닌 아메리카 인디언들이었다. 그들로부터 옥수수를 공급 받았고, 경작하는 법을 배웠다. 그러나 수십 년이 지나면서 필그림 파더스와 인디언들은 공존하기는커녕 인디언들을 정복의 대상으로 삼았다. 여기에서부터 미국의 정복 지향적 선교 마인드가 유래되었다. 그리스도인들이 결코 잊어서는 안될 것이 있다면 '정복'이 아닌 '존중'임을 명심해야 한다.

	청교도	분리파
헨리 8세	틴데일로부터 청교도 발생	
엘리자베스 1세	국교 내에서 개혁	국교와 분리, 망명
제임스 1세 (~1625)	박해 없음, 영국 거주	필그림 파더스 (1620)
찰스 1세	미국 망명	미국 정착
추수 감사절	조지 워싱턴이 1789년 제정	

^필그림 파더스의 출항 장소

도르드레흐트(Dordrecht), 교회 분열의 시발점, 도르트 회의의 현장

➡ 프롤로그

도르트 회의(Dort Synod)로 잘 알려진 네덜란드 남동부의 도르드레흐트(Dordrecht)는 평화롭고 조용하며 단조롭기까지 한 도시다. 1618년 도르트 회의가 열린 후 교회는 거대한 두 흐름으로 나뉘었다.

현재 기독교에는 많은 교파가 있다. 이들의 분열 역사를 살펴본다면, 16세기 종교개혁자들에 의해 개신교(protestantism)가 탄생했고, 17세기에 들어서면서 칼뱅주의와 알미니안주의로 분열되었다. 아르미니우스의 노선을 표방하던 웨슬리는 감리교를 창시했으며, 칼뱅주의의 후예들은 오늘날 장로교도들이 되었다. 이 분열의 시발점은 바로 도르트 회의로 거슬러 올라간다.

이 회의에 대해 생각하면서 도르드레흐트 시내를 거닌다면 교회를 보는 시각이 달라질 것이다. 교회의 역사를 되새겨 보는 시간을 가져 보자.

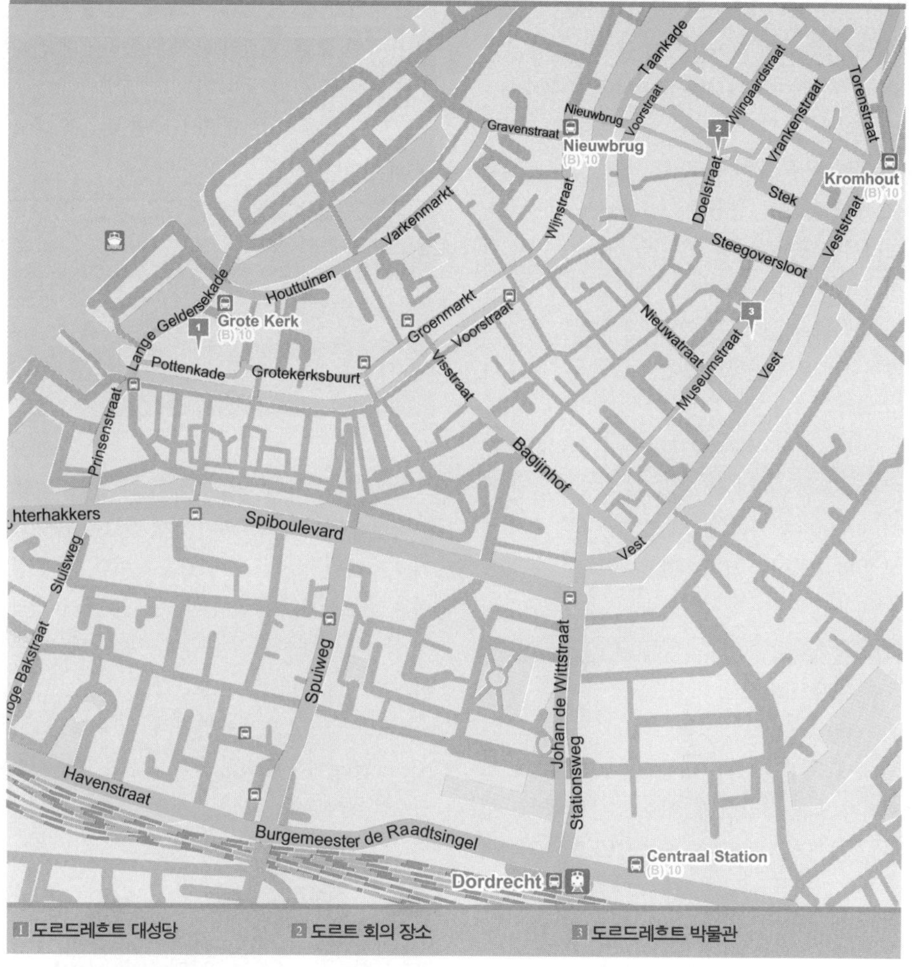

➡ 교통정보

로테르담에서 기차를 타면 도르드레흐트 기차역까지 1시간 내에 닿을 수 있다. 벨기에에서 네덜란드 방면으로 올 때 도르드레흐트를 거치는 기차도 있다.

도르드레흐트 기차역에서는 많은 버스가 운행된다. 그러나 역사 기행을 하기 원한다면 10번 버스를 이용하면 된다. 이 버스는 도르드레흐트 대성당과 도르트 회의가 열리던 곳 근처를 지나간다.

➡ Story

1. 도르드레흐트 대성당
   (De Grote Kerk te Dordrecht)
2. 도르트 회의 장소
3. 도르드레흐트 박물관((Dordrecht Museum)

➡ 모놀로그

오늘날 개신교에는 많은 교파가 있다. 가톨릭은 오직 한 교파이며, 다른 종교들도 분파가 몇 손가락 안에 꼽힐 정도이지만 유독 기독교는 왜 그리 많은 교파가 생겼을까? 만일 세상의 모든 기독교가 하나의 교파라면 그 교파는 하나님 편(for)에 서겠는가, 아니면 하나님을 대적(against)하는 편에 서겠는가? 답은 하나다. 313년 밀라노 칙령 이후 교회가 급격히 타락하기 시작했고, 중세 교회는 성경의 가르침에서 벗어났다. 고려시대 왕성하던 불교는 조선시대 들어와 이성계의 숭유억불(崇儒抑佛) 정책으로 산속으로 숨어 들어가야 했다. 종교학자에 따르면 종교의 양적 성장은 필연적으로 질적 타락을 가져온다고 한다.

한국 교회는 양적으로 성장했다. 그렇다면 무엇을 되돌아보아야 할까? 교세 확장과 교단 간의 시시비비를 가리기보다 하나님 편에 서서 세상의 빛이 되어야 하지 않겠는가?

➡ 방문정보

1. 도르드레흐트 대성당

(De Grote Kerk te Dordrecht)

14세기부터 세워진 대성당은 17세기 도르트 회의가 열릴 당시 개회 처소로 사용되기도 했다. 현재까지 남은 건물 중에서 도르트 회의의 흔적을 간직한 유일한 건물이다. 강 옆에 우뚝 솟은 성당과 첨탑은 말없이 그 충직함을 간직하고 있지만 오랜 세월의 흔적을 우리에게 전해주는 듯하다.

도르드레흐트 기차역에서 10번 버스를 타고 Grote Kerk에서 하차하면 된다.

+주소 Lange Geldersekade 2
+전화 +31 (0)78 6144660
+입장 4~10월 화-토 10:30 -16:30,
일 10:00 - 16:00
+요금 성당 무료, 타워 성인 1€
+정보 www.grotekerk-dordrecht.nl

2. 도르트 회의 장소

격렬하던 도르트 회의가 열린 건물은 현재 철거되고 파란 명판만 남아 있을 뿐이다. 비록 평범하고 보잘것없는 골목이지만 이곳에서 개최된 회의가 현대 기독교 분파의 근원이 되었다는 사실은 지역 주민들조차 모른다.

도르드레흐트 기차역에서 10번을 타고 Nieuwbrug에서 하차하면 지도를 보면서 회의 장소로 찾아갈 수 있다.

도르트 회의 당시의 모습

비전 노트

도르트 회의와 벨직 신앙고백서 (Belgic Confession)

16세기 네덜란드는 스페인의 지배를 받으며 종교적 박해를 경험했다. 네덜란드는 루터의 개혁사상을 받아들였으므로 많은 개신교도들이 순교를 당했다. 교회사에 따르면 스페인의 알바(Alva) 공작은 16세기에 무려 10만 명의 개신교도들을 살해했다.

이때 성경적인 신앙고백문의 체결을 통해 교회들을 변호하기 위한 노력이 바로 벨직 신앙고백서다. 안트베르펜 등지에서 벨직 신앙고백서가 발표되었고, 1574년에는 도르드레흐트에서 네덜란드 최초의 신교도 회의가 열렸다. 이들의 신앙문을 재차 확인한 것이 벨직 신앙고백서다.

이 무렵 네덜란드는 윌리엄 오렌지 공의 투쟁으로 스페인으로부터 독립했고, 벨직 신앙고백서는 이후 네덜란드 개혁 교회의 중요한 기초가 되었다. 웨스트민스터 신앙고백문의 첫 소절이 "사람의 제일 되는 목적은 하나님을 영화롭게 하는 것과 영원토록 그를 즐거워하는 것이다"라면 벨직 신앙고백서의 첫 소절은 하나님의 본성에 대한 고백으로 시작한다. "우리 모두는 우리가 하나님이라고 부르는 단순하시고 영적인 한 존재가 계심을 마음으로 믿고, 입으로 고백합니다." 벨직 신앙고백서의 첫 소절만 보아도 하나님의 주권 사상을 강조했음을 알 수 있다.

그러나 이렇게 세워진 네덜란드의 개혁사상은 17세기 초에 등장한 아르미니우스에 의해 큰 혼란을 겪게 된다. 아르미니우스는 인간의 구원에 대해 하나님의 주권과 예정이 아니라 인간의 선택과 자유의지에 의한 것임을 강조했다. 결국 벨직 신앙고백문을 확립한 도르드레흐트에서 다시 개신교 회의가 열렸고 이 도르트 회의를 통해 아르미니우스를 정죄하고, 개혁사상을 재확립했다. 도르드레흐트는 네덜란드에서는 개혁의 근간을 상징하는 도시가 되었다.

오늘날도 네덜란드에는 신칼뱅주의자들이라는 보수 기독교인들이 있다. 이들은 선조들의 신조를 이어받아 아르미니우스의 후예인 감리교도들을 정죄한다. 술을 입에 대지도 않으며, 심지어 메이크업도 죄로 여긴다. 여성들은 반드시 긴 치마를 입어야 하는 지극히 보수적인 사람들이다. 그러나 예배를 마치면 메이크업도 하지 않은 맨 얼굴로 여성들이 목사님과 나란히 담배를 피우며 교제를 나누는 모습을 본다. 술, 미니스커트, 감리교는 안 되고, 담배는 된다? 혹시 선조들이 목숨 걸고 지킨 진리의 생명력이 사라져 버리지는 않았는지 살펴 볼 일이다.

사람들이 정한 신조가 16~17세기에는 교회의 생명력을 보호하기 위한 수단이었지만 오늘날에는 '행위와 의식'만 남고 생명력은 사라져 버리지 않았는가? 21세기 한국 교회는 어떤가? 믿음의 선진들이 총칼 앞에서도 지켜 온 신앙이 반세기가 지난 지금 생명력은 사라진 채 무의미하고 건조한 규칙과 전통만 남지는 않았는가? 혹시 당신 속에, 당신의 교회 속에 그런 모습이 없는지 되돌아봐야 할 것이다.

개념 정리

도르트 종교회의에 대한 간략한 역사와 교리

네덜란드는 다른 국가와 달리 종교의 자유가 보장되는 곳이었다. 따라서 영국에서 분리파들이 망명했고, 프랑스나 독일 개신교도들도 몰려들었다. 뿐만 아니라 유대인들 역시 박해를 피해 네덜란드에 정착했다. 따라서 다양한 개신교 사상들이 발생한 곳 역시 네덜란드였다.

네덜란드는 칼뱅주의를 받아들여 예정교리와 하나님의 절대 주권을 신앙의 기본으로 삼았다. 그러나 17세기의 아르미니우스는 예정론을 부인하고 하나님의 주권과 은혜가 아닌 인간의 개인적 선택에 따라 구원을 받거나 배척할 수 있다고 가르쳤다. 이런 가르침은 역사 속에서 아주 오랫동안 논쟁이 된 주제였다. 5세기 어거스틴과 펠라기우스 논쟁이 있었고, 종교개혁자들 사이에서도 있었다. 네덜란드 도르트 회의에서는 칼뱅주의를 정식 교리로 채택했는데, 칼뱅주의는 후에 장로교의 정식 교리가 되었고, 아르미니우스의 주장은 영국의 웨슬리와 윌리엄 부스에게 영향을 미쳐 감리교와 구세군을 탄생시켰다.

도르트 회의의 T.U.L.I.P. 교리
(각 항목 앞 글자를 따서 '튤립 교리'라고도 함)

Total Depravity	전적 타락	인간의 노력으로는 구원 받을 수 없다.
Unconditional Election	무조건적 선택	하나님은 무조건적으로 택하셨다.
Limited Atonement	제한적 속죄	예수의 보혈은 택한 자에게만 효력이 있다.
Irresistible Grace	불가항력적 은혜	택한 사람은 반드시 은혜를 받는다.
Perseverance of the saints	성도의 견인	받은 구원은 끝까지 하나님이 책임지신다.

3. 도르드레흐트 박물관

(Dordrechts Museum)

도르드레흐트 박물관은 도르드레흐트 회의가 열린 당시를 포함해서 도르드레흐트 지역과 관련된 풍경화와 정물화를 소장하고 있는 박물관으로서 지역 주민들의 사랑을 받고 있다. 특히 이곳 박물관은 꼭 봐야 할 25점의 특별 그림을 가지고 있는데, 도르드레흐트와 관련된 그림들이므로 당시를 이해하는 데 큰 도움이 될 것이다. 도르트 회의와 역사를 찾아 이곳에 왔다면 이 박물관도 들러 보자. 도르트 회의 장소에서 조금만 걸어 내려오면 도르드레흐트 박물관에 닿는다.

ⓒcommons.wikimedia.org/Michiel1972 님 사진

+주소 Museumstraat 40
+전화 +31(0)78 770 8708
+입장 화-금 11:00-17:00, 토-일 13:00-18:00
+요금 성인 10€(할인 6€)
+정보 www.dordrechtsmuseum.nl

한 걸음 더

하멜을 만나다

도르드레흐트 근교에는 호린험(Gorinchem)이라는 도시가 있는데, 서양에 우리나라를 처음으로 알린 《하멜 표류기》의 저자 하멜의 고향이다. 이곳에 하멜 하우스가 있다.

도르드레흐트에서 A15번(E31번) 도로를 따라 동쪽으로 20~30분 달리면 호린험이 나온다. 호린험 기차역에서 도보로 10~15분 거리에 하멜 하우스가 있다. 대중교통을 이용한다면 기차역에서 47, 73, 78, 79번 버스를 타고 Walstraat에서 하차하면 하멜 하우스에 닿는다. 감사하게도 2011년 중반부터 박물관을 오픈해서 하멜과 그의 저서 《하멜 표류기》 등 한국과 관련된 다양한 자료들을 전시할 예정이라고 하니 한국인들이라면 한 번쯤 방문해 볼 일이다.

하멜은 17세기 네덜란드의 황금기에 태어났다. 1630년 호린험에서 태어난 그는 23세에 동인도회사 소속 선원으로 일본으로 항해하던 중 풍랑을 만나 제주도에 표류한다. 13년간 갖은 노역과 고통을 겪다가 1666년에 가까스로 탈출해 본국으로 돌아왔다. 1668년에 조선에서 겪은 생생한 경험을 바탕으로 펴낸 저서가 바로 《하멜 표류기》인데, 이로써 서양에 조선(朝鮮)을 알린 최초의 사람이 되었다. 그의 저서를 통해 서양은 조선에 관심을 갖기 시작했다. 참고로 우리나라에도 하멜의 흔적이 남아 있다. 전남 강진에 하멜 기념관이 있고, 여수에는 하멜 동상이 세워져 있다.

^ 하멜이 탔던 배와 2011년 개관을 앞둔 하멜 하우스 박물관(출처: 하멜 박물관 웹사이트)

+주소 Kortendijk 67
+정보 www.hamelhuis.nl
(이곳에서 필요한 정보들을 얻을 수 있다.)

06 즈볼러(Zwolle), 그리스도를 본받아…

➡ 프롤로그

예수 수도원 터에 세워진 공동묘지의 아 켐피스 무덤

《그리스도를 본받아》는 600년간 수많은 사람들에게 신앙적인 교훈과 도전을 준 토마스 아 켐피스가 쓴 책이다. 이 책은 종교개혁자들의 영성에 큰 영향을 주었을 뿐만 아니라 핍박 받던 사람들에게는 용기가 되었다.

노예무역선 선장이던 존 뉴턴은 항해하던 중 이 책을 읽고 회심하여 노예무역 금지에 앞장섰다. 그의 고백을 담은 찬송이 바로 '어메이징 그레이스'(나 같은 죄인 살리신)다.

토마스 아 켐피스는 생애 대부분을 수도원에서 보내면서 그리스도에 대한 묵상을 책으로 기록했다. 현재 그가 머물던 수도원은 터밖에 남지 않았지만 그의 무덤과 흔적은 엿볼 수 있다. 믿음의 선진들에게 귀한 영향을 미친 토마스 아 켐피스의 발자취를 따라가 보자.

➡ 교통정보

암스테르담이나 다른 도시에서 기차를 타고 캄펜(Kampen)을 거쳐 즈볼러에 도착할 수 있다. 2012년부터 캄펜과 렐리스타트(Lelystad) 구간 기차가 신설될 예정이다. 기차로 즈볼러에 내려 버스 29, 40, 70번을 타고 Bergkloosterweg에 하차한 후 Bergkloosterweg 길을 따라 20~30분을 걸어가면 왼쪽에 수도원 터가 나온다(지도 참조). 현재 수도원 터는 공동묘지로 바뀌었고, 그 입구에 아 켐피스의 커다란 무덤이 있다.

➡ 방문정보

1. 토마스 아 켐피스를 찾아서

현재 토마스 아 켐피스와 관련된 흔적은 그의 무덤 외에는 없다. 그러나 세계적으로 큰 영향을 미친 신앙의 고전《그리스도를 본받아》가 태어난 곳을 방문하는 것은 큰 의미가 있다. 아 켐피스가 경건의 시간을 보내며 묵상했을 그 현장에 섰을 때 그의 주옥같은 글월들이 생동해서 꿈틀거리는 듯한 감격을 맛볼 것이다.

토마스 아 켐피스의 무덤 앞에 서 보자. 그리고 그가 묵상하면서 거닐었을 옛 수도원(묘지) 안에서 다음 내용들을 읽으면서 그와 교제하는 시간을 가져 보자.

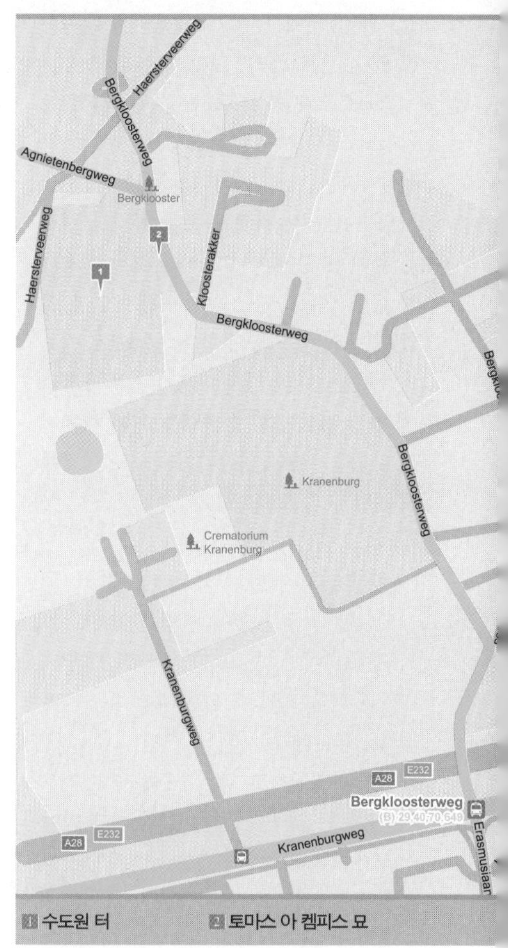

1 수도원 터 2 토마스 아 켐피스 묘

비전 노트

《그리스도를 본받아》 묵상하기

전 세계에 큰 영향을 미쳤고, 신앙 고전 중의 고전으로 꼽히는《그리스도를 본받아》는 600년 전 바로 이 무덤에서 기록되었다. 당시에는 무덤이 아닌 수도원이었다. '수도사가 된다는 것'을 보면 일평생 이곳에서 많은 시간을 묵상하면서 보낸 그가 얼마나 죄와 유혹을 이기기 위해 몸부림쳤는지를 알 수 있다.

^ 토마스 아 켐피스

일생을 통해 그리스도의 형상을 본받기 위해 몸부림친 토마스 아 켐피스. 과연 우리는 그리스도의 형상을 본받기 위해 어떤 몸부림을 치고 있는가? 과연 내 모습에서 그리스도의 형상이 드러나고 있는가?

다음의 토마스 아 켐피스의 글을 읽고, 내가 회복해야 할 그리스도의 형상은 무엇인지 적어 보자.

〈수도사가 된다는 것〉

당신이 평안 가운데 거하고 주변 환경에 순응하기를 원한다면 많은 것들에서 자신을 단절해야 한다.

수도원이나 공동체에 거하는 것은 결코 쉬운 일이 아니다. 그 속에서 불평 없이 죽을 때까지 신실함을 유지해야 하기 때문이다. 그 환경 속에서 잘 견디며 죽음에 이른다면 복된 것이다.

하나님의 뜻 가운데 걷기를 원한다면 스

스로를 이 땅에서 나그네나 순례자로 여겨야 한다.

그리스도의 형상대로 살기 원한다면 그리스도를 위하여 어리석은 자로 여김을 받아야 한다.

나는 섬기기 위해 이곳에 왔지 군림하기 위해 온 것이 아니다. 세상 쾌락과 수다를 끊고 견디고 연단 받기 위해 부름을 받았다는 것을 기억해야 한다. 그러므로 이곳의 형제들은 정금같이 나오기 위해 용광로에 있는 자들이다. 하나님을 위해 겸손히 그 마음을 비우지 않는다면 누구도 이곳에서 견딜 수 없을 것이다.

〈욕망을 절제하기 위하여〉

도달할 수 없는 것을 갈망할 때마다 그의 자아는 이미 격랑(激浪) 속에 있게 된다. 교만과 탐욕이 쉴 새 없이 우리 마음속에 밀려들지 않는가?

심령이 가난하고 겸손할수록 평안 가운데 거닐 수 있거늘, 그리스도와 함께 자기(自己)가 죽지 않을수록 작은 유혹의 물결에 요동친다.

심령이 약하고, 물욕(物慾)적일수록 안목의 정욕에 빠지기 쉽다. 이럴 때 유혹을 이기기란 여간 어려운 게 아니다.

뜻대로 되지 않을 때 슬픔 속에 빠지게 되며, 누군가 자신의 앞길을 가로막을 때 분노를 느낀다. 눈에 보이는 것을 따라가는 것은 신기루와 같아서, 평안의 오아시스와는 정반대로 가는 것이다.

진정한 평화란 소욕과 맞서는 것이며, 유혹을 대적하는 것이다. 영의 것을 열심히 구할수록 마음속에 평화가 쌓이게 된다.

〈시련이 주는 유익함에 대하여〉

역경과 시련은 우리에게 복된 시간이다. 우리가 이 세상에서 나그네임을 알려 주기 때문이다.

모함과 배반은 우리에게 복된 시간이다. 우리로 하여금 진실함이 무엇인지 알려 주기 때문이다.

이 시간들은 우리로 겸손하게 하며, 헛된 소망을 단념케 만들기 때문이다.

비방과 오해를 받을 때, 우리는 하나님께 진실함을 구하게 되지 않는가?

이럴수록 사람들의 말과 위로보다는 하나님 안에서 마음을 굳게 하라.

선한 의도가 오해를 받을 때, 하나님을 더욱 찾게 되지 않는가?

이 시간들은 우리로 하여금 눈물로 침상을 적시게 하며, 하나님과의 깊은 교제로 안내한다.

삶의 회의를 느끼고 죽고 싶다고 느낄 때, 비로소 그리스도의 마음을 알게 될 것이다.

세상에서 완전한 평화와 만족이 없음을 깨닫는 귀한 시간이 될 것이다.

〈성경과 진리에 대하여〉

진리는 언변과 궤변에서 나오는 것이 아니라 성경 속에서 얻을 수 있다. 성령의 감동으로 기록된 성경 속에 신비하고 비밀한 내용이 담겨 있다.

변론의 덧없는 유창함보다는 성경에서 삶의 지혜를 구하라.

단순하고 초라해 보이는 성경을 읽을 때, 우리는 성경의 심오한 깊이에 도달할 수 있다.

이 세대는 지나가되, 하나님의 말씀은 영

원히 계신다.

하나님은 다양한 방법으로 우리에게 말씀하신다. 그러나 우리의 헛된 생각과 호기심들이 때로는 말씀의 소리를 막게 된다. 하나님의 음성을 듣기 원한다면 겸손함과 순전함, 그리고 믿음으로 성경을 읽으라. 결코 성경이 지식과 명예의 수단이 되지 않도록 주의하라.

믿음의 선진들이 성경 앞에 어떻게 반응했는지 지켜보고, 조용히 묵상해 보라.

세상 사람들의 말과 생각이 성경 앞에 오지 않게 하라.

〈평안함이 사라질 때〉

하나님이 함께하신다고 확신할 때, 어떠한 사람의 경멸과 능욕에도 견딜 수 있다.

사람의 위로가 아닌 하나님의 평안을 맛보는 것은 참으로 귀한 것이다. 왜냐하면 하나님의 사랑은 어떠한 상황 속에서도 마음을 견고하게 붙들기 때문이다.

그렇다면 가장 중요한 것은 은혜가 당신에게 임하며, 그분이 당신 속에 거하는 것이다. 그것이야말로 모든 사람이 갈망하고, 갈망해야 할 순간이다. 전능하신 자가 마음속의 모든 염려를 제거하시는 것, 그것은 놀라운 일이 아닌가?

〈악한 생각이 올 때의 기도〉

주님, 나를 멀리 떠나지 마시고, 저를 도와주십시오.

악한 생각과 두려움이 저를 넘어뜨리고, 제 영혼을 괴롭게 하나이다.

어떻게 하면 그 속에 넘어지지 않고 능히 감당할 수 있겠습니까?

그러자 주님께서 말씀하셨다.

내가 네 앞서 행할 것이며, 높고 거친 것들을 평탄케 할 것이다.

곳간의 문들을 열어서 크고 비밀한 것들을 네게 보일 것이다.

주님, 주님이 앞서 행하실 때 모든 악한 생각들이 도망가게 하옵소서.

모든 환난 속에서도 주님께 나아가 내 영혼이 주님을 의지하게 하옵소서.

주님과의 교제 속에 내 영혼이 자유함을 얻게 하옵소서.

〈주님을 기쁘시게 하기 위한 기도〉

자비하신 예수님, 제게 은혜를 더하셔서 제가 주님의 길로 갈 수 있도록 저와 함께 하소서.

주님의 뜻에 합당한 것을 바라고 구하며, 당신을 기쁘시게 할 수 있게 해주옵소서.

주님의 뜻이 제 뜻이 되게 하여 주옵시고, 주의 뜻과 합하게 하옵소서.

원하든, 원치 않든 늘 주님의 뜻에 순종하게 하옵소서.

주님의 뜻이면 가게 하옵시고, 주님의 뜻이 아니면 그 자리에 서게 하옵소서.

세상과 함께 제가 죽게 하옵시고, 주님의 이름을 위하여 세상 명예를 버리게 하옵소서.

욕심을 버리고 주님 안에서 안식하게 하옵소서.

주님만이 참된 평안이 되심을 믿습니다.

주님을 떠나서는 어떤 것에도 안식과 평안이 없습니다.

주님 안에서 영원히 거하기를 원합니다.

아멘.

09 오스트리아
- Austria

Poland
Czech Republic
Germany
Linz
멜크(Melk)
바하우(Wachau)
빈 (wien)
오베른도르프(Oberndorf)
잘츠부르크(Salzburg)
그문덴(Gmunden)
몬트제(Mondsee)
아이젠슈타트(Eisenstadt)
할슈타트(Hallstatt)
Innsbruck
AUSTRIA
Österreich
Graz
Switzerland
Klagenfurt
Hungary
Slovenia
Italy
Croatia
Bosnia & Herzegovina

오스트리아 이야기

〈운명 교향곡〉에서부터 〈고요한 밤 거룩한 밤〉까지 우리가 알고 있는 많은 기독교 음악이 탄생한 현장이 바로 오스트리아다. 역사 속에서 사람들을 감동시킨 위대한 음악들을 중심으로 그 음악의 작곡 배경과 교훈, 인물들을 살펴보고자 한다. 세상적인 기준이 아닌 신앙적인 기준에서 역사와 역사 속 인물들을 조망해 보고, 우리가 어떤 모습을 닮아야 할 것인지를 진지하게 고민해 보고자 한다. 또한 음악가의 명성만큼이나 아름다운 오스트리아의 황홀한 광경을 만나 볼 수 있다.

오스트리아의 방문지를 다녀온 후 불후의 명곡들을 다시 듣는다면 음악이 귀에 쏙쏙 들어오기 시작할 뿐 아니라 전혀 새로운 감동에 빠져들 것이다.

01 빈(Wien), 빈에서의 산책

➡ 프롤로그

^ 빈 중앙묘지에 조성된 '음악가의 묘지'. 왼쪽부터 베토벤, 모차르트, 슈베르트의 묘다.

'빈'(Wien) 하면 대부분의 사람들이 모차르트, 베토벤, 하이든, 슈베르트 등 유명 음악가들을 떠올린다. 빈은 18~19세기 유명 음악가들이 태어나거나 활동했던 '음악가의 성지'와도 같은 곳이다. 음악가들의 박물관과 조각상, 묘지를 비롯해 거리의 이름들까지 빈 시내 곳곳에 위대한 음악가들의 흔적이 배어 있다. 매년 새해 정시가 되면 슈테판 성당의 종소리와 함께 TV와 라디오에선 요한 슈트라우스의 〈아름답고 푸른 도나우〉 왈츠가 흘러나온다. 왈츠와 함께 새해를 맞는 사람들, 빈 시민들에게 클래식 음악은 평범한 일상이다. 오페라 극장은 물론 성당과 공원, 광장에 이르기까지 곳곳에서 클래식 공연이 펼쳐지는 빈은 도시 전체가 공연장 같다. 거리에선 무명 음악가들의 연주와 노래가 흐르고 18세기 음악가들의 복장을 한 사람들이 오페라 티켓을 홍정하는 모습이 자주 눈에 띈다.

'그런데 왜 저 유명한 음악가들이 다 빈에서 활동했을까?' 빈을 여행하면서 궁금해지곤 한다. 여러 가지 이유가 있겠지만 중요한 이유 중 하나는 바로 유럽 최고의 명문인 합스부르크 가문 덕분이다. 합스부르크 가문은 13세기 말부터 650여 년간 프랑스와 일부 지역을 제외한 전 유럽을 지배하던 명문가인데, 빈은 합스부르크 왕가의 수도였다. 예술에 조예가 깊었던 합스부르크 가는 음악가를 초청해 공연을 즐기는 한편 그들을 후원함으로써 훌륭한 음악가들을 배출시켰고, 합스부르크 가의 지원과 유명 음악가의 지도를 받기 위해 재능 있는 음악가들이 빈으로 몰려들었다. 뿐만 아니라 권력에 비례해 미술 작품들을 소장하던 과거, 합스부르크 가는 유럽 최고의 미술 작품들을 수집함으로써 빈은 명실상부한 음악과 예술의 도시가 되었다. '음악과 합스부르크 가' 이 둘은 빈 여행에서 빼놓을 수 없는 중심축이다. 아름답고 화려한 궁전들과 박물관, 교회는 물론 골목골목의 건물들까지 아직도 과거의 영광을 간직하고 있는 황제의 도시 빈에서 예술의 숨결을 느껴 보자.

➡ 교통정보

빈은 동유럽으로 들어가는 길목이며 교통적 요충지나 다름없다. 비록 우리나라에서 빈으로 직접 들어가는 항공편은 없지만 유럽 주요 국가에서 항공편이 편리하게 연결되어 있다. 거리를 따지자면 빈에서는 국내의 린츠, 잘츠부르크, 인스브루크로 가는 것보다 체코, 슬로바키아, 헝가리 국경이 훨씬 가깝고, 인스브루크보다 폴란드, 독일이 훨씬 가깝다. 슬로바키아 수도 브라티슬라바는 1시간 거리에 있다. 따라서 동유럽을 방문하고자 한다면 빈을 중심으로 움직이면 매우 편리할 것이다. 주변 국가들로 가는 기차도 잘 발달되어 있다.

빈에서는 '링'이라고 불리는 순환대로 안에 대부분의 관광 명소들이 밀집되어 있다. 링은 과거 옛 시가 성벽을 철거하고 만든 도로인데 반지 모양이라고 해서 링이라고 불린다. 링 안의 관광 명소들은 도보여행이 가능하지만 링 주변을 순회하는 트램 1번과 2번을 이용하면 더욱 편리하다. 쇤부룬 궁전과 중앙묘지 등 링 외각의 명소들은 지하철이나 트램을 이용해야 한다. 'one day travel card'를 이용하면 지하철과 트램을 자유롭게 이용할 수 있으므로 편리하다.

➡ 모놀로그

빈 여행의 키워드는 단연 '음악' 그리고 '합스부르크 가'다. 따라서 음악가와 관련된 내용은 '불후의 명곡을 찾아서' 항목에, 합스부르크 관련 내용은 '빈에서의 산책'에 분류했다.

'빈에서의 산책'은 웅장한 합스부르크 왕조의 영향 아래 피어난 박물관, 미술관, 건축물 등을 중심으로 묶어 보았다. 따라서 빈에서 일반 방문지를 원한다면 이 코너를, 음악가 마니아라면 '불후의 명곡을 찾아서' 항목을 체크하면 많은 도움이 될 것이다.

➡ Story

1. 슈테판 성당(Stephans Kirche)
2. 케른트너 거리(Kärntner Straße)
3. 국립오페라극장((Staatsoper)
4. 부르크 정원(Burggarten)
5. 호프부르크 왕궁과 헬덴 광장 (Hofburg & Heldenplatz)
6. 빈 미술사 박물관(Kunsthistorisches Museum), 자연사 박물관(Naturhistorisches Museum)
7. 국회의사당(Parlament)
8. 시청 및 시청 앞 광장(Rathaus & Rathausplatz)
9. 프로이트 박물관(Sigmund Freud Museum)
10. 카를 광장과 카를 성당 (Karlplatz & Karlskirche)
11. 벨베데레 궁(Belvedere)
12. 쇤브룬 궁전(Schönbrunn Palace)
13. 중앙묘지(Zentralfriedhof)

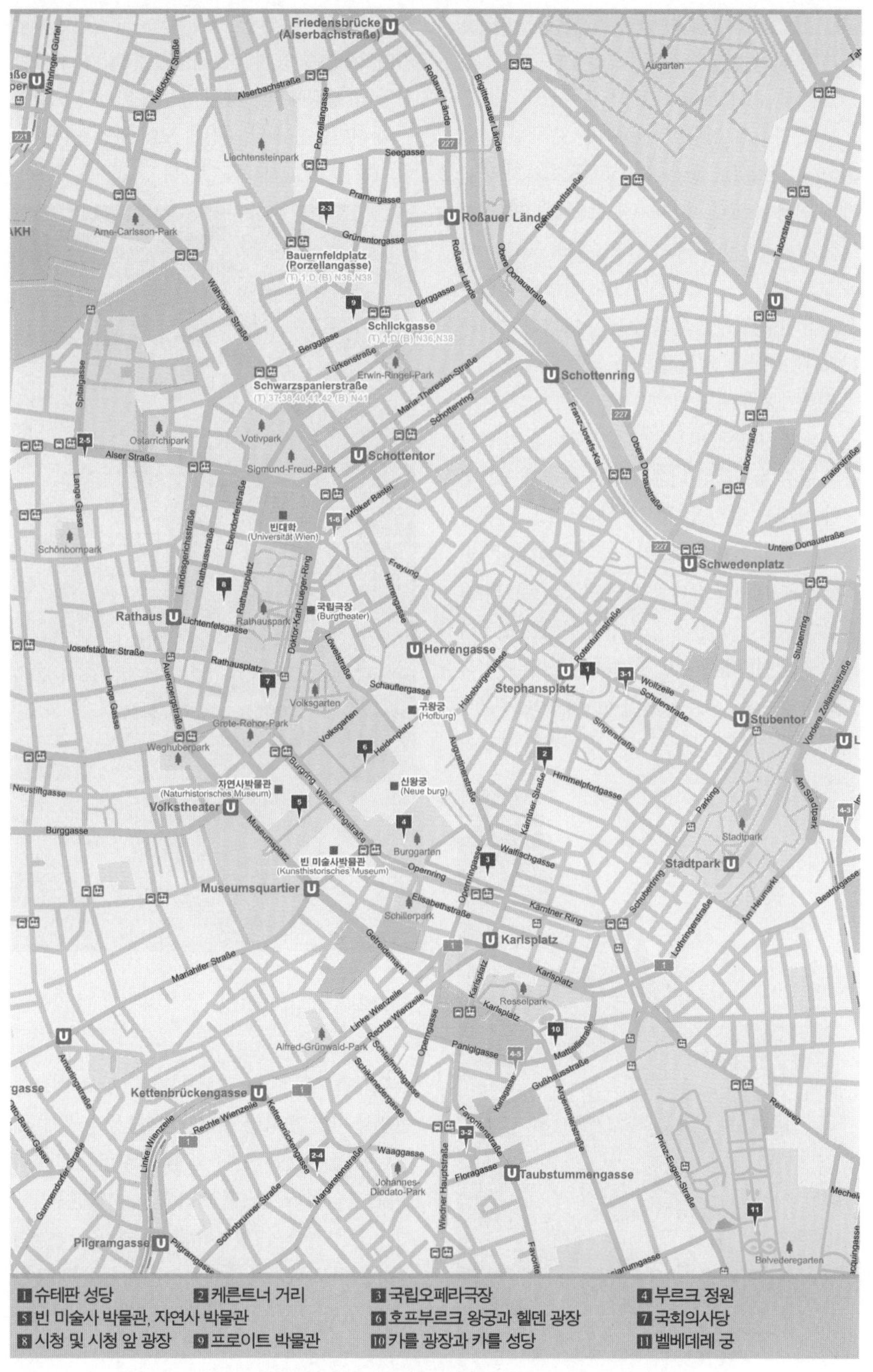

1 슈테판 성당 2 케른트너 거리 3 국립오페라극장 4 부르크 정원
5 빈 미술사 박물관, 자연사 박물관 6 호프부르크 왕궁과 헬덴 광장 7 국회의사당
8 시청 및 시청 앞 광장 9 프로이트 박물관 10 카를 광장과 카를 성당 11 벨베데레 궁

➡ 방문정보

1. 슈테판 성당

(Stephans Kirche)

고딕 양식의 첨탑이 인상적인 슈테판 성당은 빈의 상징과도 같은 곳으로 구 시가지 중심에 위치하고 있다. 12세기에 로마네스크 양식으로 지어졌으나 14세기 합스부르크 왕가에 의해 고딕 양식으로 재건축되었다. 남탑과 북탑이 조화를 이루고 있는데 가장 높은 남탑의 높이는 137m에 달한다. 하늘을 찌를 듯한 탑에 오르면 빈 시내가 한눈에 들어온다.

슈테판 성당은 거대한 크기뿐 아니라 검게 그을린 듯한 무게감이 더해져 더욱 웅장하게 느껴진다. 바로크 양식의 내부는 전체적으로 어둡지만 아름다운 스테인드글라스를 비롯한 많은 장식들은 화려하다. 슈테판 성당은 모차르트의 결혼식과 장례식이 치러진 곳이며, 하이든이 거의 10년간 소년합창단으로 활약하던 곳이다. 지하 카타콤에는 페스트로 죽은 2,000여 명의 유골과 역대 황제들의 장기를 모아둔 항아리와 백골이 쌓여 있다. 카타콤은 개인적으로 볼 수는 없고 가이드투어를 통해서만 관람할 수 있다. 슈테판 성당 앞 광장에서는 매년 송구영신 행사가 열리는데 시민들은 성당 광장에 모여 와인을 마시며 한 해를 보내고 새해를 맞는다.

+주소 Stephansplatz 1
+전화 +43(0)1 513 7648
+입장 06:00-22:00(일요일은 07:00부터)
+교통 U 1, 3 Stephansplatz 역
+정보 www.stephansdom.at

2. 케른트너 거리

(Kärntner Strasse)

슈테판 성당에서 국립오페라극장에 이르는 빈에서 가장 번화한 거리다. 백화점과 카페, 레스토랑 등이 몰려 있어 늘 많은 사람들로 북적인다. 음악의 도시답게 거리에는 무명 연주가들의 음악을 들을 수 있으며 중세시대 음악가들의 복장을 하고 티켓을 홍정하는 사람들도 쉽게 만날 수 있다. 케른트너 거리를 걷다 보면 바닥에 유명 음악가들의 이름이 새겨진 별모양의 스타워크를 볼 수 있는데 이것은 오페라하우스까지 이어진다. 자신이 알고 있는 음악가의 이름을 찾으며 걸어가는 재미도 쏠쏠하다.

국립 오페라 극장 앞 리하르트 슈트라우스 스타워크

3. 국립오페라극장

(Staatsoper)

빈 국립오페라극장은 파리의 오페라하우스, 밀라노의 라 스칼라 극장과 함께 유럽의 3대 오페라극장으로 슈테판 성당과 함께 빈의 상징으로 여겨진다. 오페라극장을 향한 빈 시민들의 사랑은 각별하다. 2차 대전으로 파괴된 빈 시내를 재건할 때 시민들이 가장 우선으로 재건한 것이 이 오페라극장이다. 국회의사당과 오페라극장을 놓고 투표했을 때 시민들의 80%가 오페라극장을 선택했다고 한다. 국회는 나무 그늘 밑에서도 모일 수 있지만 오페라는 그럴 수 없고 악기가 비에 젖으면 안 된다는 것이 그 이유였다. 과연 음악의 도시다운 선택이 아닐 수 없다. 오페라극장의 입장료는 등급에 따라 다르지만 생각보다 비싸지 않다. 우리나라에서는 클래식 음악을 즐기는 계층이 한정되어 있고 공연 티켓도 비싸지만 빈에서는 오페라극장의 문턱이 그리 높지 않아 누구나 즐길 수 있다. 빈을 방문한다면 클래식의 본고장인 이곳 국립오페라극장에서 오페라를 감상하는 것도 좋은 경험이 될 것이다. 하지만 아쉽게도 관광객들이 몰리는 여름철에는 공연이 없다.

르네상스 양식의 아름다운 오페라극장 내부에는 모차르트의 〈마술피리〉를 주제로 한 프레스코화가 그려져 있으며, 오페라극장에서 활동하던 유명 음악가들의 흉상도 있다. 이중에는 우리나라 작곡가인 안익태 선생님의 스승이던 리하르트 슈트라우스의 흉상도 볼 수 있다. 오페라극장은 가이드 투어를 통해서만 내부를 볼 수 있다.

+주소 Opernring 2
+교통 U1, 2, 4호선 Karlsplatz역
+정보 www.wiener-staatsoper.at

4. 부르크 정원

(Burggarten)

국립오페라극장과 호프부르크 왕궁 사이에 위치한 부르크 정원은 대도시 한복판의 녹지로 도심 속 오아시스와 같은 곳이다. 빈 시민들의 휴식처인 이곳은 특히 모차르트 동상으로 유명한데 모차르트 동상 앞 잔디밭에는 붉은색 꽃을 심어 만든 높은음자리표가 있어 늘 사진을 찍으려는 사람들로 붐빈다. 모차르트 동상 앞의 문으로 나오면 길가에 커다란 괴테 상이 있는데 길 건너 맞은편에는 괴테와 함께 독일 고전주의 문학의 양대 거성인 실러가 마주보고 있다. 바이마르에서도 함께 손을 잡고 있던 괴테와 실러는 타국에서도 서로를 마주보며 그들의 우정을 자랑하고 있다.

모차르트 동상

실러 동상

+주소 Burggarten 1

5. 호프부르크 왕궁과 헬덴 광장

(Hofburg&Heldenplatz)

13세기 이후 합스부르크 왕가의 황제들이 거

괴테 동상

주하던 왕궁으로 16~18세기에 지어진 구 왕궁과 19~20세기에 지어진 신 왕궁을 비롯해 교회와 정원 등으로 이루어져 있다. 화려하고 거대한 왕궁은 과거 650년 동안 유럽 전역을 지배하던 합스부르크 왕가의 권력과 힘을 느끼게 한다. 합스부르크 왕가는 전 황제가 쓰던 방을 사용하지 않는 관례로 인해 방이 무려 2,600개에 달한다.

호프부르크 왕궁은 부르크 공원과 인접해 있는데 '링' 도로변의 부르크 문을 지나면 화려한 신 왕궁(Neue burg)과 넓게 펼쳐진 헬덴 광장이 나온다. 신 왕궁은 현재 박물관으로 사용되고 있다. 헬덴 광장은 '영웅 광장'이라는 의미로 과거 터키군과 나폴레옹군을 무찌른 것을 기념하여 만들었다. 좌우로 터키군을 무찌른 오이겐 공과 나폴레옹군의 연승 행진을 막은 카를 대공의 기마상이 있다.

합스부르크 가의 위용을 자랑하던 신 왕궁과 헬덴 광장은 오스트리아 역사에서 치욕적인 장소이기도 하다. 신 왕궁 완공 5년 만에 합스부르크 가는 멸망했고, 1938년 3월 15일 히틀러는 신 왕궁의 테라스에서 헬덴 광장에 가득한 군중을 향해 독일과 오스트리아의 합병을 발표하며 역사적인 연설을 했다.

반면 구 왕궁은 합스부르크 왕가의 영화를 고스란히 간직하고 있는데 현재 대통령 집무실로 사용되고 있으며 이외에도 왕궁 예배당, 왕실 보물 창고, 세계에서 가장 오래된 승마학교가 있다. 왕궁 예배당은 전 세계적으로 유명한 빈 소년합창단이 일요 미사 때 합창을 하는 곳으로 과거 하이든과 슈베르트도 빈 소년합창단 소속이었다.

+주소 Hofburg - Michaelerkuppel
+전화 +43(0)1 533 7570
+입장 9:00-17:30(7~8월은 18:00까지)
+요금 성인 10.5€(할인 9.50€)
+교통 U2, 3 Volkstheater
+정보 www.hofburg-wien.at/

신 왕궁과 헬덴 광장

구 왕궁

6. 빈 미술사 박물관, 자연사 박물관

(Kunsthistorisches Museum, Naturhistorisches Museum)

호프부르크 왕궁 건너편에는 합스부르크 가의 영광을 확고히 한 오스트리아의 위대한 여제, 마리아 테레지아를 기념한 광장이 있다. 광장 중앙에 보이는 동상이 마리아 테레지아이며, 동상 양쪽으로 닮은꼴의 커다란 건물이 마주보고 있는데 자연사 박물관과 빈 미술사 박물관이다.

자연사 박물관에는 동물의 변천과 인류 역사에 관한 다양한 전시물들을 진열하고 있으며, 가장 오래된 조각품인 〈빌렌도르프의 비너스〉가 소장되어 있다. 자연사 박물관답게 공룡 화석과 여러 화석들도 볼 수 있다.

맞은편의 빈 미술사 박물관은 합스부르크 왕가의 예술이 집결된 곳이다. 미술뿐만 아니라 이집트, 그리스 유물들도 소장되어 있기 때문에 단순한 미술관이 아니라 박물관으로 불린다. 웅장한 외관에 많은 유명한 그림들을 소장하고 있는 이곳은 우리나라에는 잘 알려져 있지 않지만 미술관의 규모와 인지도에서 파리의 루브르, 마드리드의 프라도 미술관과 어깨를 견주는 곳이다. 회화는 유럽 최고 수준을 자랑하는데 그중에서도 브뤼헐 컬렉션과 루벤스 컬렉션은 세계 최고로 평가된다.

10관에서는 〈농민의 결혼식〉, 〈눈 속의 사냥꾼〉 등 평범한 사람들의 일상을 소재로 그림을 그린 브뤼헐의 유명 작품들이 전시되어 있는데 특히 〈바벨탑〉은 성화 소개에서 거의 빠짐없이 등장하는 유명한 그림이다([명화산책] 참고). 한편 루벤스는 종교개혁을 반대하며 가톨릭 입장에서 그림을 그린 화가로 유명한데, 14관 루벤스 코너에서는 가톨릭 색이 짙은 〈성모 승천〉과 이

그나티우스의 로욜라와 사비에르가 기적을 행하는 그림을 볼 수 있다. 가톨릭에서 이들을 신격화한 그림을 보니 씁쓸한 마음이 든다. 15관에는 헤롯 대왕이 베들레헴에서 영아들을 죽인 성경 이야기를 담은 코르넬리스 반 할렘의 〈베들레헴의 학살〉이 전시되어 있는데 생생한 인물 표정이 인상적이다.

∨〈기적을 행하는 이그나티우스의 로욜라〉

∨〈성 프란시스 사비에르의 기적〉

이외에도 이집트관에서는 대영박물관만큼은 아니지만 훌륭한 이집트 예술과 출토물들이 전시되어 있으며, 그리스관에서는 그리스 올림푸스 신들의 흉상을 볼 수 있다.

+주소 Maria Theresien-Platz
+교통 U 2, 3 Volkstheater

›자연사 박물관
+전화 +43(0)1 521 770
+입장 9:00-18:30
(수요일인 21:00까지, 화요일 휴관)
+요금 성인 10€(할인 8€)
+정보 www.nhm-wien.ac.at

›빈 미술사 박물관
+전화 +43(0)1 525 240
+입장 10:00-18:00
(목요일은 21:00까지, 월요일 휴관)
+요금 성인 12€(할인 9€)
+정보 www.khm.at

∧코르넬리스 반 할렘의 〈베들레헴의 학살〉

명화 산책

브뤼헐의 바벨탑
- The Tower of Babel

네덜란드 화가 피터르 브뤼헐의 1563년 작품으로 창세기 11장의 바벨탑을 주제로 하고 있다. 브뤼헐은 1564년 〈바벨탑〉이란 제목으로 또 하나의 작품을 남겼는데 이 작품보다는 작은 그림으로 로테르담의 보이만스 반 뵈닝겐 미술관에 소장되어 있다.

"서로 말하되 자, 벽돌을 만들어 견고히 굽자 하고 이에 벽돌로 돌을 대신하며 역청으로 진흙을 대신하고 또 말하되 자, 성읍과 탑을 건설하여 그 탑 꼭대기를 하늘에 닿게 하여 우리 이름을 내고 온 지면에 흩어짐을 면하자 하였더니"(창 11:3-4).

성경 속 바벨탑은 하늘까지 올라 자신의 이름을 높이고자 한 인간의 교만과 탐욕의 상징이다. 브뤼헐은 이 작품을 통해 인간의 오만함과 욕심 그리고 사회의 부조리를 그림 곳곳에서 지적하고 있다.

성경 속 바벨탑은 바빌로니아 지방에 세워져 있다고 나와 있지만, 그림 속의 바벨탑은 브뤼헐이 활동하던 벨기에 안트베르펜에 세워져 있다. 브뤼헐이 살던 시대 안트베르펜은 해상 무역을 통해 부를 축적한 도시로 오늘날 뉴욕에 비견할 만한 금융과 경제의 중심 도시였다. 이곳에 바벨탑을 세움으로써 당시 인간들의 욕심과 사회의 모습을 풍자한 것이다.

브뤼헐이 그린 두 개의 바벨탑은 모두 로마의 콜로세움을 원형으로 층층이 쌓여진 모양을 하고 있으며 축이 기울어져 있는 것이 특징이다. 인간의 교만함의 상징인 바벨탑을 기울게 그려 무너져 내릴 것을 암시함으로써 경고의 메시지를 보내는 것이다. 또한 로마의 상징적 건축물인 콜로세움을 등장시킴으로써 불멸의 영광을 누릴 것만 같던 로마가 멸망했듯이 인간의 부와 명예가 헛되고 부질없음을 암시하고 있다.

왼쪽 하단에는 바벨탑을 세운 인물로 알려진 성경 속 니므롯 왕의 모습과 그 앞에 엎드린 노동자들이 표현되어 있는데 탐욕스러운 왕의 얼굴과 주변의 보좌관들의 냉랭한 표정은 머리가 땅에 닿도록 엎드린 사람들의 모습과 대조를 이루며 지배계층에 대한 야유와 비판을 담고 있다. 한편 엎드린 석공들과는 달리 왕의 뒤쪽에서 딴 짓을 하며 게으름을 피우는 석공들이 묘사되어 있는데 이는 조직의 양면성을 드러낸다.

브뤼헐의 바벨탑을 보고 있자니, 전도서의 "헛되고 헛되며 헛되고 헛되니 모든 것이 헛되도다"(전 1:2)라는 말씀이 떠오른다. 자신의 이름을 드러내고자 중심축이 기울어진 줄도 모른 채 높게만 쌓아올리는 인간의 교만과 욕망이 하나님 앞에서 얼마나 무모하고 헛된 것인지를 다시 한 번 깨닫게 된다. 오늘날 우리 역시 무너져 내릴 욕망의 탑을 쌓아올리고 있지는 않은지 돌아볼 일이다.

인류 최초의 왕, 니므롯

성경 속에서 최초의 영걸(mighty man)로 나오는 니므롯의 이름은 '반역하다'는 뜻이다. 그는 '여호와 앞에서 용감한 사냥꾼이 되었다'고 표현되어 있다(창 10:9). 대홍수가 끝난 후 노아의 후손으로 이루어진 초기 인류는 사람보다 훨씬 빨리 늘어나는 들짐승들로 인해 피해를 입곤 했다. 이런 상황에서 사냥꾼은 들짐승들로부터 사람과 가축을 보호해 줌으로써 많은 이들이 의지하는 능력의 존재였다. 하나님을 의지해야 할 사람들이 사람을 의지하게 된 것이다.

더 나아가 영웅이 된 니므롯은 나라를 세워 인류 최초의 왕이 되었고 니느웨 큰 성은 그가 세운 것으로 알려져 있다. 인류 최초의 영웅이던 니므롯, 안타깝게도 그는 사람들의 존경을 받는 것으로 멈추지 않았다. 자신과 아들들을 달과 별의 화신이라 하며 모든 사람들로 하여금 섬기게 함으로써 우상숭배의 서막을 열었던 것이다. 더 나아가 니므롯의 교만함은 바벨탑을 쌓는 것으로 더욱 구체화되었는데 고고학자들은 바벨탑의 꼭대기에는 니므롯과 아들을 섬기기 위한 신전이 있었을 것으로 추측한다. 노아 홍수 이후 하나님을 섬기던 인류 가운데 자신을 높이던 니므롯은 역사 속에서 하나님을 대적한 '반역자'로 영원히 남게 되었다.

7. 국회의사당

(Parlament)

고대 그리스 신전 양식으로 지어져 박물관을 연상시키는 국회의사당은 시민과 여행객들의 발길을 멈추게 하는 곳이다. 밤이면 조명과 함께 더욱 아름다운 야경을 연출한다. 건물 앞에는 지혜와 전쟁의 신인 아테나 여신이 서 있다. 국회의사당은 합스부르크 왕가가 무너진 후 오스트리아 의회정치의 중심지였다. 젊은 시절 빈에서 생활하던 히틀러는 이곳 의회를 방문했다가 정당 간의 의견 대립으로 논쟁을 벌이고 심지어는 싸움으로까지 번지는 광경을 지켜보면서 의회정치에 대해 부정적인 생각을 갖게 되었다고 한다. 민주주의의 상징인 국회의사당이 수많은 이들의 무고한 생명을 앗아 간 나치 독재정치의 씨앗이 심겨진 곳이라는 사실이 아이러니하다.

+주소 Doktor-Karl-Renner-Ring 3
+교통 U 2, 3 Volkstheater

8. 시청 및 시청 앞 광장

(Rathaus &Rathausplatz)

중앙의 첨탑이 인상적인 신고딕 양식의 시청사는 오스트리아 행정의 중심일 뿐 아니라 대표적인 시민 문화 공간이기도 하다. 시청사 앞의 광장과 공원은 시민들에게 개방되어 여름의 야외 필름 페스티벌과 겨울의 크리스마스 마켓 등 1년 내내 다양한 행사들이 진행된다. 여름이면 저녁마다 광장에 수많은 의자가 놓이고 대형 스크린이 설치되어 무료로 오페라 공연 필름을 상영한다. 누구나 즐길 수 있는 노천 음악회로 화려한 오페라극장이 아니어도 어디서나 음악과 함께하는 음악의 도시 빈을 만끽할 수 있다. 또한 이 시기에는 전 세계 음식과 음료들을 맛볼 수 있는 노천식당과 카페들이 광장에 선다. 간단한 식사나 음료와 함께하는 노천음악회는 오스트리아 시민은 물론 관광객들도 함께 어울려 즐거운 한때를 만끽할 수 있는 자리다. 여름에 빈을 방문한다면 시원한 음료 한 잔과 함께 시청 광장에서 음악에 취해 보자. 빈이 아니면 경험할 수 없는 최고의 추억이 될 것이다. 한편, 공원 옆에는 정신분석학의 창시자 지그문트 프로이트와 유전학의 아버지 그레고르 멘델, 그리고 ABO 혈액형을 밝힌 카를 란트슈타이너가 수학했던 빈 대학도 볼 수 있다.

+주소 Rathausplatz 1
+교통 U2 Rathaus

9. 프로이트 박물관

(Sigmund Freud Museum)

'정신분석의 아버지'로 불리는 프로이트는 빈이 배출한 석학으로 그를 기념하는 박물관이 1971년에 문을 열었다. 프로이트 박물관은 프로이트 가족이 1891년부터 1938년 나치를 피해 런던으로 피난 가기 전까지 47년간을 생활하던 집이자 환자들을 상담하던 병원이다. 그의 대표작인 《꿈의 해석》을 비롯한 많은 저서들이 이곳에서 집필되었다.

▼프로이트 박물관 대기실
(출처: commons.wikimedia.org/ Marjorie Apel 님 사진)

박물관은 프로이트가 생활하던 당시의 모습을 잘 보존하고 있는데 1층에는 환자들을 만나던 상담실과 진료를 기다리던 대기실이 있으며 2층은 그의 작업실이다. 그의 저서들과 자필 문서들을 비롯해 그와 가족의 삶을 보여 주는 중요한 사진들이 전시되어 있으며 영상물도 볼 수 있다.

▲프로이트 박물관 외관 ⓒ commons.wikimedia.org/ Marjorie Apel 님 사진

+주소 Berggasse 19
+전화 +43(0)1 319 1596
+입장 9:00-17:00(7~9월 18:00까지)
+요금 성인 7€
+교통 U 4 Roßauer Lände, 버스 N36, N38
+정보 www.freud-museum.at

인물 연구

정신분석의 창시자 지그문트 프로이트

- Sigmund Freud, 1856~1939

지그문트 프로이트는 1856년 체코 모라비아의 작은 도시 프라이베르크에서 유대

인의 아들로 태어났다. 직물 상인이던 그의 아버지는 40세 때 20세의 여성과 재혼해 8명의 자녀를 낳았는데 그중 첫째가 프로이트다. 이런 프로이트의 가정환경은 훗날 그의 이론 형성에 중요한 역할을 했다. 그의 아버지는 권위적이고 강압적이었던 반면, 어머니는 사려 깊고 매력적이었는데 프로이트는 아버지에게는 거부감과 반발심을 느낀 반면 어머니에게는 연정을 느꼈다. 이러한 자신의 경험으로부터 나온 것이 바로 오이디푸스 콤플렉스다.

프로이트의 인생에서 또 하나의 벽은 유대인이라는 사실이었다. 그가 태어난 지역은 유대인에 대한 편견이 심해서 프로이트가 다섯 살 되던 해 빈으로 이주하였다. 당시 유대인은 의학, 법학과 같은 전문 분야가 아니면 제대로 된 직업을 갖기 힘들었고, 이런 영향 때문인지 프로이트도 의학을 전공했다.

1873년 프로이트는 빈 대학 의학부에 입학해 생리학을 전공하였고 졸업 후에는 종합병원에 들어가 뇌의 해부학적 연구와 코카인의 마취작용을 연구했지만 결과는 좋지 못했다. 1885년 파리로 유학을 떠났고 저명한 의사인 마르탱 샤르코의 밑에서 히스테리 환자를 관찰했다. 1889년 여름에는 낭시에서 베르넴과 레보의 최면술 치료 과정을 보게 되는데 이때 그는 자신의 핵심 이론인 '무의식'을 구상하게 되었다.

유학에서 돌아온 프로이트는 마르타와 결혼하면서 안정된 생활을 위해 종합병원을 그만두고 신경질환 전문의로 개업하였다. 이후 프로이트는 히스테리 환자를 최면술로 치료하던 요제프 브로이어를 사귀면서 히스테리 치료법을 심도 있게 연구하였고 자유연상법을 이용한 히스테리 치료법을 개발, 1896년에는 이 치료법을 정신분석이라 칭했다. 이후 프로이트는 정신질환자가 아닌 일반인들의 심리까지 연구 분야를 넓혀 꿈 · 착각 · 해학 등을 연구, 심층심리학을 확립하였다. 그러나 2차 대전이 발발하면서 유대인들의 저서들이 소각되고 박해가 심해지자 런던으로 망명했고, 1939년 런던에서 83세의 일기로 생을 마쳤다.

프로이트의 하나님

정신분석의 창시자인 지그문트 프로이트는 종교에도 큰 영향을 미쳤다. 유대인 출신의 프로이트는 철저한 무신론자였다. 그의 아버지는 35세 생일을 맞은 프로이트에게 성경을 선물로 주며 성경 말씀이 지혜의 원천이라 가르쳤지만, 아버지의 기대와는 달리 프로이트는 무신론자가 되었다.

그는 기독교인들의 죄의식과 본능의 억압을 노이로제 환자의 강박증에 비교해 종교를 일종의 신경증으로 이해했다. 또한 기독교인들의 하나님은 아버지의 이미지가 극대화된 것이라 보았다. 즉 죽음과 질병 등 인간의 한계에서 오는 공포로부터 벗어나고 인생의 여러 문제를 해결하여 성공으로 이끄는 투사 대상으로서 하나님을 만들었다는 것이다.

실재하는 하나님이 아닌 자신의 필요에 따라 만들어 낸 허구의 존재로서 하나님을 이해한 그는 인류의 발전에 따라 종교도 사라질 것이라고 주장했다. 기독교의 신앙을 정신질환과 연결시킨 프로이트의 인식은 기독교 시각에서 보면 참으로 터무니없지만, 안타깝게도 그의 주장 중에는 부인할 수 없는 우리의 자화상이 있다.

프로이트는 기독교의 외형적 형식주의를 지적했는데, 실제로 기독교인들 중에는 종교적인 의례나 관습을 지켜야 한다는 강박관념으로 죄의식에서 빠져나오지 못하는 사람들이 있다. 종교적 의식은 우리의 신앙생활을 유지해 주는 역할을 하지만 결코 신앙의 본질일 수는 없으며 이것이 하나님의 자리를 대신해서는 안 된다. 종교적 의식에 대한 강박관념을 극복하지 못할 경우 형식주의에 빠지게 되며 더 나아가 다른 이들을 정죄하는 독선에 빠지게 된다. 성경 속에서 예수님이 지적하셨던 바리새인처럼.

또한 프로이트는 문제가 닥쳤을 때만 하나님을 찾는 우리의 모습을 지적하고 있다. 자신의 필요를 위해 만들어 낸 허구의 존재인 '프로이트의 하나님'은 안타깝게도 오늘날에도 흔하게 나타난다. 평소에 하나님과 무관하게 살다가 개인적인 필요가 발생했을 때만 하나님을 찾는 사람들이 적지 않은 것이다.

하나님은 나의 필요를 채워 주는 긴급구조 119와 같은 존재가 아니다. 하나님의 형상을 닮은 우리가 하나님의 뜻에 합당한 거룩하고 구별된 존재로서 살아갈 때, 세상은 우리를 통해 실존하시는 하나님을 보게 될 것이다.

10. 카를 광장과 카를 성당

(Karlplatz & Karlskirche)

독특한 바로크 양식이 아름다운 카를 성당은 17세기 초 유럽을 휩쓸던 페스트가 물러나자 카를 6세가 이를 축하하기 위해 세운 곳이다. 푸른색의 돔과 성당 앞에 높이 서 있는 두 개의 원기둥이 인상적인데, 기둥에는 가톨릭 개혁에 앞장섰던 성(聖) 카를로 보로메오의 삶이 묘사되어 있다. 내부의 화려한 금장식과 천장의 프레스코화도 매우 아름답다. 카를 성당은 브람스의 성대한 장례식이 치러진 곳이며, 브람스의 집은 인근의 빈 공과대학 위치에 있었으나 허물어졌고 Karlsgasse 4번지에 명판만 남아 있다. 카를 성당 왼쪽 큰길 쪽으로 웅장한 브람스 좌상만이 남아 그의 흔적을 대변하고 있다.

성당 앞에 있는 넓은 카를 광장은 커다란 분수와 그늘이 잘 조성되어 있어 많은 시민들이 찾는 휴식처다. 지친 여행객들에겐 아름다운 카를 성당을 바라보며 잠시 쉬는 것만으로도 기분이 전환된다.

^ 브람스 명판(Karlsgasse 4번지 소재)

브람스 좌상

+주소 Kreuzherrengasse 1
+전화 +43(0)1 504 6187
+입장 월-토 9:00-18:00,
일·공휴일 12:00-18:00
+요금 성인 6€
+교통 U 1,2,4 Karlsplatz
+정보 www.karlskirche.at

11. 벨베데레 궁

(Belvedere)

벨베데레는 이탈리아어로 '좋은 전망'이라는 뜻이다. 상궁(上宮)에서 내려다보이는 빈 시가지의 전망이 좋아서 붙여진 이름으로 마리아 테레지아 여왕이 처음으로 '벨베데레'라고 칭하였다. 바로크 양식의 아름다운 벨베데레 궁전은 원래 17세기 후반 오스만투르크와의 전쟁에서 승리한 오이겐 공의 여름 별궁이었으나 후에 합스부르크 가의 소유가 되었다. 오스트리아-헝가리 제국의 왕자로서 1914년 사라예보에서 살해됨으로 1차 대전의 원인이 되었던 페르디난트 왕자가 마지막으로 거주한 곳이기도 하다.

벨베데레 궁은 자연의 경사면을 이용하여 상궁과 하궁으로 나뉘어 있으며 그 사이에는 바로크풍의 아름다운 정원이 펼쳐져 있다. 상궁 1층의 붉은 대리석으로 장식된 Marble Hall은 1955년 미국, 소련, 영국, 프랑스 외무장관들이 모여 2차 대전 후 신탁통치를 마치고 오스트리아의 자유와 독립을 보장하는 '오스트리아의 국가조약'이 이루어진 곳으로 오스트리아인들에게는 역사적인 의미를 갖는 장소다.

벨베데레 궁은 현재 오스트리아 미술관으로 사용되고 있다. 상궁에는 19~20세기의 회화 작품들이 전시되어 있으며 하궁에는 바로크 미술 박물관으로 대리석 타일과 미술 작품들을 전시하고 있다. 벨베데레 궁은 빈 분리파의 일원인 구스타프 클림트와 에곤 실레의 작품으로 유명한데 클림트의 〈키스〉와 〈유디트〉는 그중에서도 하이라이트다. 이외에도 신고전주의와 낭만주의 화가들의 작품이 전시되어 있다.

+주소 Prinz Eugen-Strasse 27
+전화 +43(0)1 795 570
+입장 10:00-18:00(수요일 하궁은 21:00까지)
+요금 성인 14€(할인 10€)
+교통 U1 Südtirolerplatz
+정보 www.belvedere.at

현장 취재

벨베데레 궁전 탐방

빈이 자랑하는 두 걸출한 미술관은 미술사 박물관과 벨베데레 궁전이다. 전자가 르네상스의 미술을 대표한다면 후자는 근대 미술을 대표한다. 궁전이라기보다 거대한 저택과 같은 건물에 드넓게 펼쳐진 정원에서면 마치 중세시대 귀족이 된 듯하다.

1층 입구와 화장실을 지나 2층에 올라가면 구스타프 클림트 방인데 그의 대표작 〈유디트〉와 〈키스〉를 직접 볼 수 있다. 유디트는 이스라엘의 논개와 같은 인물이다. 임진왜란 당시 논개가 적장과 함께 목숨을 끊었다면 유디트는 이보다 훨씬 전인 기원전 5세기경을 배경으로 한 인물이다. 물론 유디트의 실존 여부는 밝혀지지 않았지만 기원전 2세기 마카베오 전쟁 당시 유대인들의 자긍심을 고취시키기 위해 기원전 5세기 인물을 모델로 설정했다 (〔개념정리〕 참조). 기원전 2세기의 이스라엘은 시리아로부터 독립을 쟁취하기 위해 영웅이 필요했는데, 이때 유디트 이야기가 알려졌다. 이 전쟁에서 성전을 탈환하여 생긴 명절이 '수전절'이다.

^ 클림트의 〈유디트〉(Judith,위)와 〈키스〉(The Kiss,아래)

종전까지만 해도 그녀의 절개와 용맹함을 드러내는 그림이 주류를 이루었으나 클림트는 시대를 반영하듯 그녀의 관능적인 부분에 치중했다. 그밖에도 모네와 르누아르, 고흐의 작품도 볼 수 있다. 말 탄 거대한 나폴레옹의 대작도 있다.

3층에는 성경과 관련된 그림들을 볼 수 있다. 요세프 폰 휘리히(Josef von Führich)의 〈예루살렘 거민들의 환상〉(The Vision of Jerusalem's Inhabitants)은 마카베오 전쟁 당시를 배경으로 그린 그림이다. 아브라함이 하갈을 쫓아내는 장면을 묘사한 요제프 단하우저(Josef Danhauser)의 〈Abraham verstößt Hagar〉도 볼 만하다. 표정 속에 다양한 의미들을 담아냈는데, 사라의 자책하는 모습, 하갈의 절망, 이스마엘의 결연한 눈빛, 멋모르는 이삭의 표정이 대조를 이루고 있다. 그 옆에는 카를 마르코(Karl Marko)의 〈Landscape showing the calling of St Peter〉라는 작품이 있다. 예수님이 베드로를 부르시는 모습을 묘사한 그림인데 입이 다물어지지 않을 만큼 섬세하고 사실적으로 표현했다. 베드로의 표정이며 나뭇잎과 풀밭의 섬세한 터치가 놀랍기만 하다.

1층으로 내려오면 요한 게오르그 플라처(Johann Georg Platzer)가 그린 〈삼손의 복수〉(Samson's Revenge)가 인상적인데 절규하는 남녀노소의 얼굴이 하나같이 다른 얼굴을 하고 있다. 파울 프로거(Paul Froger)가 그린 겟세마네의 기도도 볼 만하다.

요한 미하엘 로트마이르(Johann Michael Rottmayr)의 〈아벨의 절규〉(The Mourning of Abel)는 아담의 놀람, 하와의 분노, 가인의 도망하는 모습이 인상적이다.

개념 정리

유디트와 이스라엘 문학

이스라엘은 정치와 종교가 분리되지 않는다. 물론 현대 이스라엘은 조금 다를 수 있겠지만 성경이 기록된 당시의 유대 랍비 문학을 보면 정치와 종교는 하나였다. 구약성경에서 이스라엘은 항상 주변 강대국의 괴롭힘을 받는다. 이스라엘이 우리에게 상징하는 정체성은 바로 하나님의 백성을 예표한다는 것이다. 하나님의 자녀들이 하나님 없이는 살아갈 수 없듯이 이스라엘은 하나님이 없으면 존속 자체가 불가능한 나라다. 그 작은 나라는 출애굽 이후 광야시대에도 끊임없는 외침을 겪었고, 가나안 정복시대에도 마찬가지였으며, 왕국시대에도 예외는 아니었다. 그리고 전쟁의 승패는 하나님을 의지하느냐에 달려 있었다.

신구약 중간기인 기원전 2세기의 이스라엘 상황도 마찬가지였다. 시리아는 이스라엘을 압제했고, 유대 종교를 금지시켰다. 누구든 할례를 받거나 안식일을 준수하면 처형을 당했다. 이때 유다 마카베오가 유대인들에게 항전을 부추겼고, 이로써 마카베오 전쟁이 일어났다. '유디트'는 '유다'의 여성형 표기이며, 유대인들로 하여금 종교를 통해 정치적 난국을 타개하도록 하기 위해 만들어진 문학적 인물이다.

천주교 성서에는 유디트와 관련된 〈유딧〉기(記)가 포함되어 있지만 동방정교와 개신교에서는 이를 외경으로 배제했다. 그러나 구약성경을 비롯해 이 무렵에 기록된 유대문학에서는 하나님의 능력으로 전쟁에서 이길 수 있다는 모티프를 갖고 있었다. 그로 인해 백성이 하나님께 돌아올 것이 그 전형적인 패턴이었다. 당시 〈유딧〉기에 언급된 유디트를 소개하고자 한다.

"유딧은 홀로페르네스(적장 총사령관)의 머리맡에 있는 침대 기둥 쪽으로 가서 거기 걸려 있는 그의 칼을 집어 내렸다. 그리고 침대로 다가와 홀로페르네스의 머리털을 움켜잡고 '이스라엘의 주 하나님, 오늘 저에게 힘을 주십시오' 하고 말했다. 그리고 있는 힘을 다하여 홀로페르네스의 목덜미를 두 번 내리쳐서 그의 머리를 잘라 버렸다. (…) 유딧은 자루에서 홀로페르네스의 머리를 꺼내어 그들(이스라엘)에게 보여 주며 다음과 같이 말했다. '자 보시오. 아시리아 총사령관 홀로페르네스의 머리가 여기 있습니다. 주님께서는 여자의 손을 통해 그를 치셨습니다. 내 길을 걸어갈 때 나를 지켜 주신 주님 만세!'"(유딧 13장).

12. 쇤브룬 궁전

(Schönbrunn Palace)

빈의 남서쪽에 위치한 쇤브룬 궁전은 합스부르크 가의 여름 별궁으로 17세기 말에 지어진 후 마리아 테레지아 여왕 때 대대적인 개축을 통해 아름다운 궁전으로 탄생하였다. 쇤브룬 궁전은 오스트리아의 힘을 과시하기 위해 지어진 것으로 당시 경쟁 관계에 있던 프랑스의 베르사유 궁전에 버금가는 화려함과 아름다움을 자랑한다.

바로크 양식의 건축물에 실내는 로코코 양식으로 꾸며진 아름다운 궁전으로 방의 수가 총 1,441개에 달하는데 이중 45개만 일반인에게 공개된다. 마리아 테레지아의 거실과 프랑스의 여왕이 된 마리 앙투아네트가 어린 시절을 보낸 방, 사방이 거울로 둘러싸인 '거울의 방'이 유명하다. 거울의 방은 모차르트가 여섯 살 때 마리아 테레지아 여왕 앞에서 피아노를 연주하던 곳으로 어린 모차르트가 마리 앙투아네트에게 청혼을 했다는 일화가 전해 온다.

마리아 테레지아 여왕의 자취를 간직한 쇤브룬 궁전은 합스부르크 왕가의 영광의 상징이지만, 1918년 1차 대전 패전 후에는 카를 1세가 오스트리아-헝가리 제국의 종말을 선언한 곳으로 오스트리아의 영광과 치욕의 역사가 공존한다.

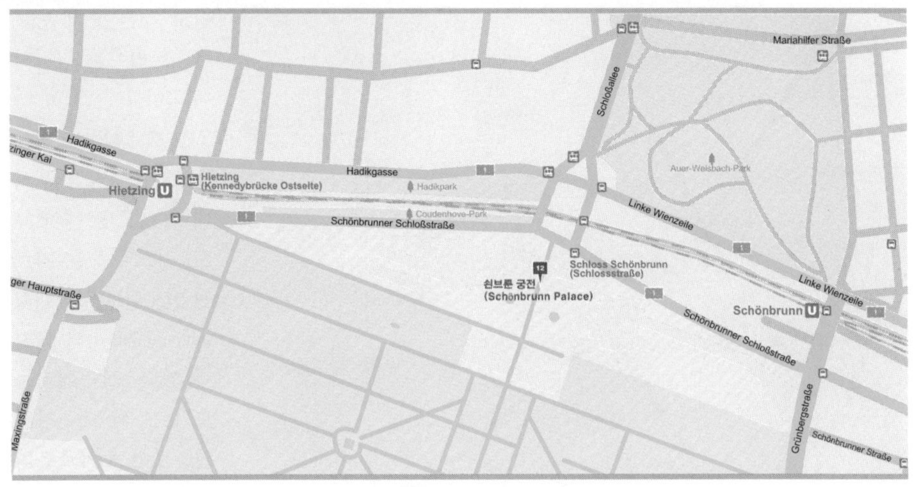

궁전과 함께 넓게 펼쳐진 정원도 유명하다. 꽃과 나무, 분수, 조각상이 어우러진 아름다운 정원은 궁전과 함께 유네스코 세계문화유산으로 지정되었다. 정원 끝 언덕에는 신전 모양의 하얀 글로리에테(Gloriette)가 있는데 18세기 중엽 마리아 테레지아가 프러시아와의 전쟁에서 승리한 것을 기념해 세운 것이다. 아치형의 글로리에테 자체도 아름답지만 이곳에서 바라보는 빈의 전망이 일품이어서 많은 관광객들이 찾는 곳이다. 궁전 내부 입장 시 한국어 오디오가이드가 무료로 제공되므로 이용해 보자.

+주소 Schönbrunner Schlossstrasse 47
+전화 +43(0)1 81113 239
+입장 8:30-17:00
(7~8월 18시까지, 11~3월 16:30까지)
+요금 Imperial tour 성인 10.5€(할인 9.5€),
Grand tour 성인 13.5€(할인 12.2€)
+교통 U4 Schönbrunn, 트램: 10 and 58
+정보 www.schoenbrunn.at

13. 중앙묘지

(Zentralfriedhof)

광대한 면적에 조성된 중앙묘지는 오스트리아 역대 국왕과 유명인들의 묘지가 모여 있는 곳이다. 넓은 녹지대에 묘지가 잘 정리되어 있어 공원과도 같은 이곳에는 브람스, 베토벤, 슈베르트 등 유명 음악가들이 잠들어 있는 '음악가 묘지'도 있다. 정문에서 200m가량 들어가 왼쪽에 조성된 '음악가 묘지'(32A)에는 베토벤, 슈베르트, 요한 슈트라우스, 브람스의 묘가 있다.

가장 유명한 것은 모차르트의 묘인데 사실 모차르트는 이곳에 잠들어 있지 않다. 모차르트는 사후 성 마르크스 공동묘지에 묻혔지만 정확한 위치를 아는 사람은 없으며, 가장 가능성 있는 곳에 가묘가 만들어졌다. 이후 이곳에 음악가의 묘가 조성되면서 모차르트의 두 번째 가묘가 만들어졌다.

모차르트 묘비 위의 여인 조각상은 그의 아내 콘스탄츠다. 모차르트 묘비 뒤에는 베토벤과 슈베르트의 묘가 나란히 누워 있다. 생전에 베토벤을 무척이나 존경하던 슈베르트는 베토벤이 죽은 지 1년 만에 세상을 떠났는데 죽는 순간에

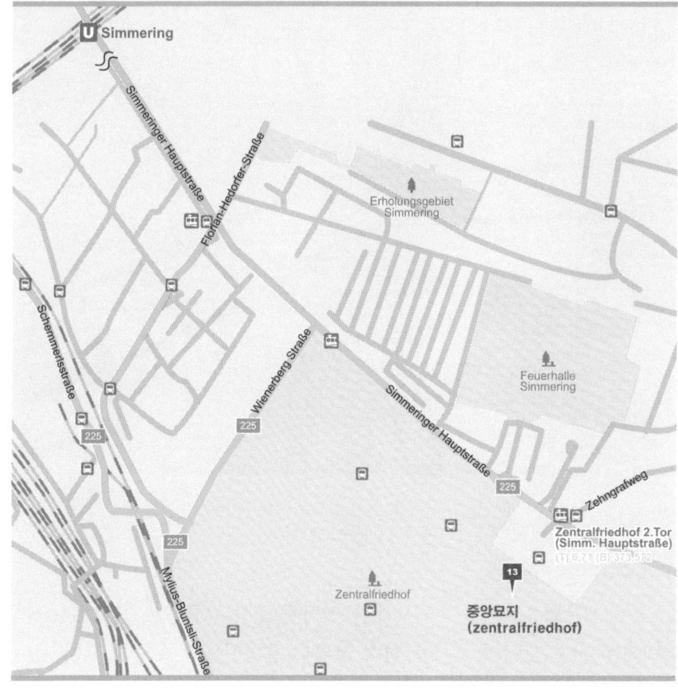

도 베토벤 옆에 묻어 달라는 유언을 남겼다. 슈베르트 묘지 뒤쪽으로는 고뇌하는 듯한 브람스의 묘와 천사들에 둘러싸인 요한 슈트라우스의 묘가 있다. 요한 슈트라우스는 빈 시민들의 극진한 사랑을 받던 음악가로 그가 작곡한 〈아름답고 푸른 도나우〉는 오스트리아를 상징하는 곡이다.

묘지 54번 묘역에는 빈 궁정악장을 지내며 베토벤, 슈베르트, 리스트 등을 가르친 안토니오 살리에리(Antonio Salieri)의 묘지가 있다. 살리에리는 모차르트와 대립하던 인물로서 모차르트의 천재성을 시기한 존재로 알려져 있다.

49번 묘역에는 체르니의 무덤이 있다(사진 참고). 피아노를 배운 사람이라면 누구든지 체르니가 만든 교본을 연습하는데, 오히려 오스트리아보다 한국인에게 더욱 알려진 음악 선생일 것이다. 그의 유명한 제자는 프란츠 리스트다. 체르니는 70평생 독신으로 지내면서 많은 곡을 남겼지만 연주되거나 출판되지 못했고, 편집되어 연습 교본이 되었다.

∨중앙묘지 정문

∨브람스와 요한 슈트라우스의 묘

∧체르니의 묘. 체르니의 무덤은 묘역이 넓을 뿐만 아니라 찾기도 어렵다. 이 사진을 보면 찾기가 쉬울 것이다.

+교통 U3 Simmering역에서 하차한 후 지도를 참조해서 걸어오면 된다. 혹은 버스 373, 572번을 타거나 트램 6, 71번을 타고 Zentralfriedhof 2에서 하차하면 묘지 정문을 쉽게 찾을 수 있다. Zentralfriedhof 1에서 내리면 측면이므로 더 많이 걸어야 한다.

02 빈(Wien), 불후의 명곡을 찾아서(음악기행)

⇒ 프롤로그

빈은 음악가의 성지다. 베토벤, 슈베르트, 모차르트, 요한 슈트라우스뿐만 아니라 심지어 체르니도 빈에서 활동했다. "빠바바밤-"으로 웅장하게 시작되는 〈운명 교향곡〉, 강렬한 열정을 느낄 수 있는 〈영웅 교향곡〉, 가슴 깊은 곳에서 터져 나오는 환희를 표현한 〈9번 교향곡〉, 모차르트의 〈마술피리〉, 슈베르트의 음악들…. 어릴 때부터 들어오던 불후의 명곡이 어떻게 태어났는지, 어떤 의미를 담고 있는지, 어디에서 작곡되었는지를 알고 그곳을 방문한다는 것은 비단 클래식 마니아들에게만 의미 있는 일은 아닐 것이다.

불후의 명곡들이 태어난 곳들을 다니는 사이 베토벤의 고뇌, 모차르트의 천재성, 슈베르트의 무상함을 공감하게 될 것이다. 명곡과 음악가의 숨결을 느끼는 시간, 인생의 긴 여정 동안 두고두고 꺼내 볼 추억의 앨범을 만드는 시간이 될 것이다.

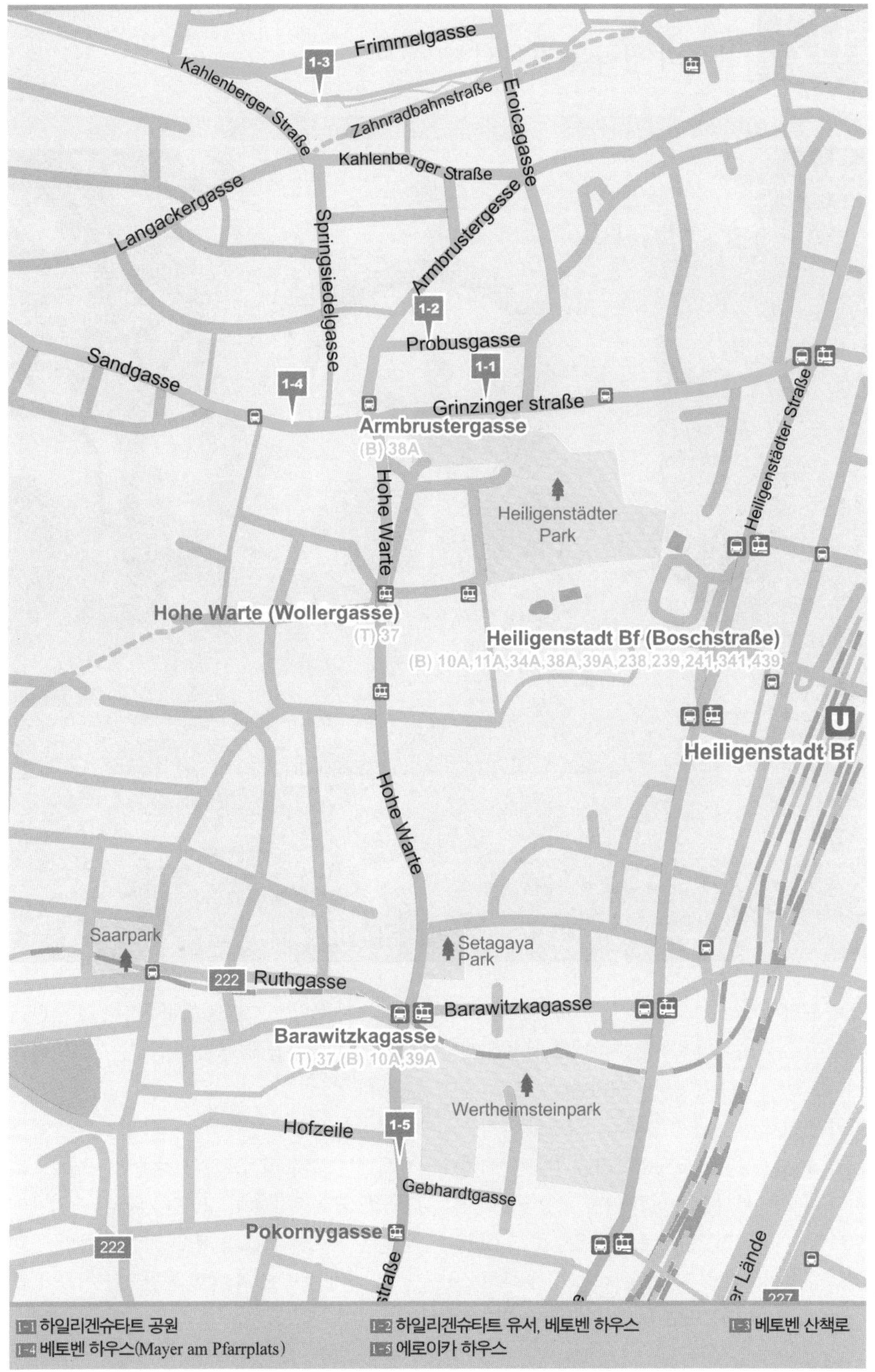

1-1 하일리겐슈타트 공원
1-2 하일리겐슈타트 유서, 베토벤 하우스
1-3 베토벤 산책로
1-4 베토벤 하우스(Mayer am Pfarrplats)
1-5 에로이카 하우스

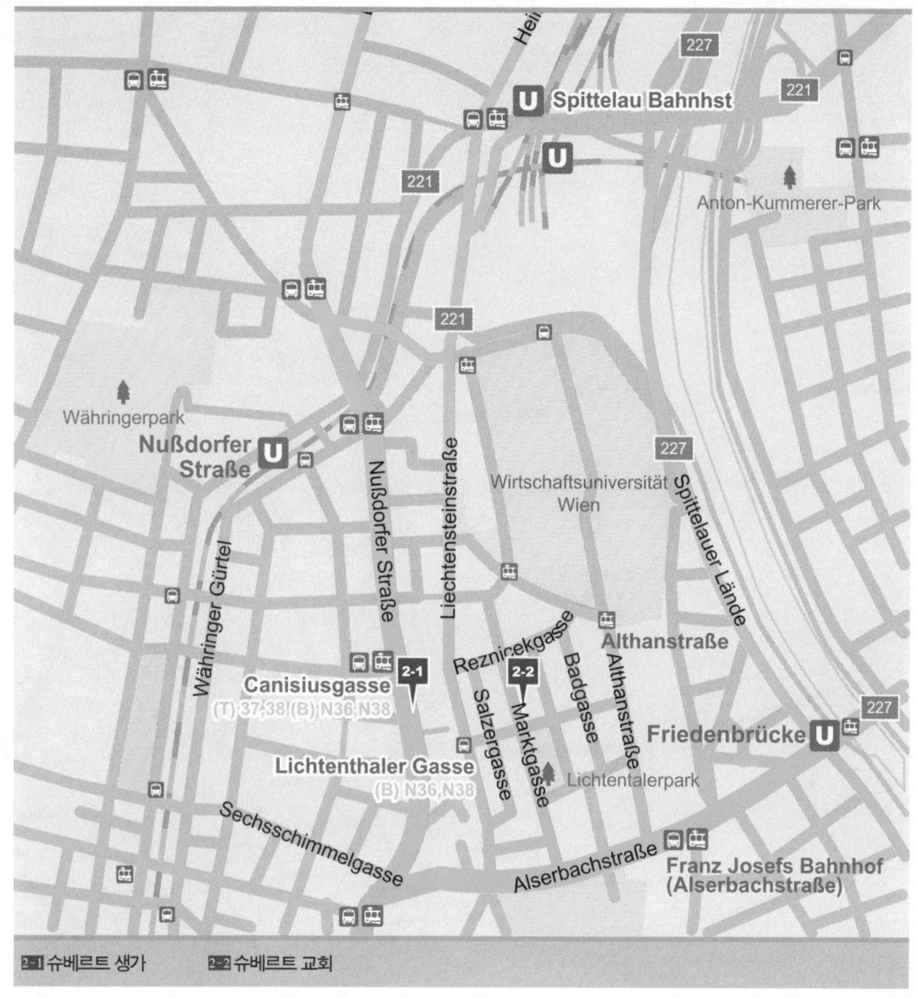

➡ 모놀로그

'빈에서의 산책'과 '불후의 명곡을 찾아서'를 한꺼번에 정리하지 않은 것은 나름대로 이유가 있다. 개인적으로 쇼팽과 베토벤을 좋아해서 상대적으로 모차르트와 슈베르트 음악에는 큰 감흥을 느끼지 못한다. 그러나 모차르트, 슈베르트의 팬이라면 나와는 반대로 느낄 수 있다. 혹 슈만, 클라라, 브람스의 비하인드 스토리를 알고 있는 팬이라면 이들의 발자취에서 깊은 감동을 느낄 수 있다.

따라서 두 항목을 분리한 것은 자신이 좋아하는 음악가를 골라서 그 발자취를 좇아가는 자신만의 테마여행을 구성하도록 하기 위함이다.

'불후의 명곡' 방문지들을 밟은 후 훗날 이 명곡들이 흘러나올 때, 눈앞에서 빈의 거리가 펼쳐지는 것을 느끼게 될 것이다.

빈 음악가들의 박물관 정보는 www.wienmuseum.at를 참고하면 된다.

1-6 베토벤 파스콸라티 하우스 1-7 베토벤 하우스(Beethovenhaus) 2-5 알저 교회

Rembrandtstraße
Taborstraße
Praterstern Bf
Venediger-Au-Park
Schottenring
Praterstraße
8
227
Franz-Josefs-Kai
Obere Donaustraße
Nestroyplatz
Franzensbrückenstraße
Untere Donaustraße
Dampfschiffstraße
Schwedenplatz
Schüttelstraße
Rotenturmstraße
Stubenring
Hintere Zollamtsstraße
Obere Viaduktgasse
Weißgerberlände
3-1
4-1
4-3
1-7
1
슈테판 성당
(Stephans Kirche)
Wollzeile
Schulerstraße
Singerstraße
Stubentor
Vordere Zollamtsstraße
Landstraße - Wien Mitte
Himmelpfortgasse
Invalidenstraße
Landstraßer Hauptstraße
Am Stadtpark
Parking
Stadtpark
Beatrixgasse
Rochusgasse
Schubertring
Lothringerstraße
Am Heumarkt
Kärntner Ring
Karlsplatz
Ungargasse
카를 성당
(KarlsKirche)
Arenbergpark
3-1 모차르트 하우스
4-1 요한 슈트라우스 하우스
4-3 브람스 집터

→ Story

Part 1 › 악성(樂聖) 베토벤 발자취

1. 하일리겐슈타트 공원
(Heiligenstädter Park)
2. 하일리겐슈타트 유서,
베토벤 하우스
(Beethoven 'Heiligenstädter Testament')
3. 베토벤 산책로(Beethovengang)
4. 베토벤 하우스(Mayer am Pfarrplats)
5. 에로이카 하우스(Beethoven Eroicahaus)
6. 베토벤 파스콸라티 하우스
(Beethoven Pasqualatihaus)
7. 베토벤 하우스(Beethovenhaus)

Part 2 › 슈베르트 발자취

1. 슈베르트 생가(Schubert Geburtshaus)
2. 슈베르트 교회(Schubertkirche)
3. 슈베르트 하우스(마왕의 집)
4. 슈베르트가 죽은 집
(Schuberts-Sterbewohnung)
5. 알저 교회(Alserkirche)
6. 호텔 횔드리히밀레
(Hotel Höldrichsmühle)

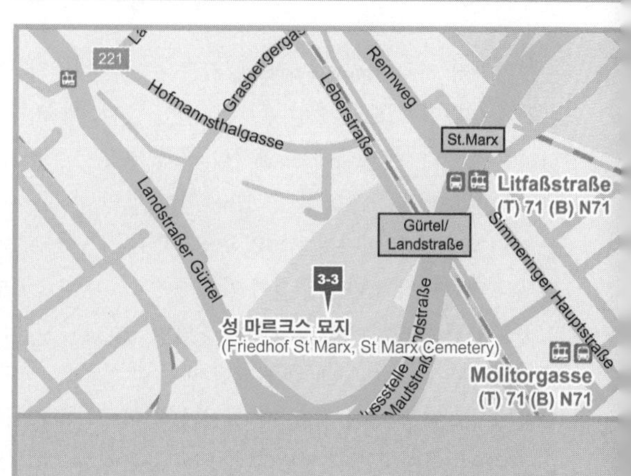

Part 3 › 모차르트 발자취

1. 모차르트 하우스(Mozartwohnung)
2. 모차르트 광장과 분수(Mozartplatz)
3. 성 마르크스 묘지
   (Friedhof St Marx, St Marx Cemetery)

Part 4 › 그밖의 음악가

1. 요한 슈트라우스 하우스
   (Wien Museum Johann Strauss Wohnung)
2. 하이든 하우스(Haydnhaus)
3. 브람스 기념관
4. 안익태 선생과 애국가

➡ 방문정보

Part 1 › 악성(樂聖) 베토벤 발자취

• 〈전원교향곡〉 관련 지역

빈 외곽에 위치한 하일리겐슈타트는 병 치료에 좋은 미네랄이 풍부한 온천으로 유명한 곳이었다. 점차 청력을 잃어 가던 베토벤이 1802년 의사의 권유로 정양(靜養)하기 위해 머물던 곳이자 〈전원교향곡〉이 탄생한 곳이기도 하다.

하일리겐슈타트는 빈에 있는 베토벤 관련 장소 중에서 가장 인기 있는 곳으로 많은 사람들이 찾는다. 베토벤의 인생에서 가장 암울하던 시간을 보낸 곳이지만, 그 절망을 이겨 내고 아름다운 곡들을 작곡한 이곳이야말로 악성 베토벤의 인생과 음악을 가장 잘 느낄 수 있다. 베토벤에 대해서는 독일 서부 본(Bonn)을 참고하자.

U4 Heiligenstadt에서 하차 후 바로 앞 Boschstraße에서 38A번 버스를 타고 Armbrustergasse에서 하차하면 하일리겐슈타트 베토벤 하우스와 산책로, 공원 등 전원교향곡 관련 베토벤 흔적들을 만날 수 있다.

1. 하일리겐슈타트 공원

(Heiligenstädter Park)

그린칭거 가(Grinzinger Straße)에 있는 공원은 온천이 있었던 곳으로 요양 온 베토벤이 즐겨 다니던 곳이다. 주머니에 오선지를 꾸겨 넣고 서 있는 베토벤의 동상을 볼 수 있다. 참고로, 인근 그린칭거 가 70번지에는 아인슈타인이 1927년부터 1931년까지 머물던 집이 있다.

공원 근처에는 성 미카엘 교회의 종탑이 있는데, 베토벤은 처음 이곳에 왔을 때만 해도 이 종탑의 종소리를 그나마 들을 수 있었지만, 어느 순간부터 그마저도 듣지 못했다. 그토록 사모하던 여인에게 〈월광 소나타〉를 바쳤건만 그녀는 백작과 결혼해 그의 곁을 떠나갔고, 귀는 더 이상 들리지 않고, 절망한 베토벤은 자살을 결심하게 된다.

2. 하일리겐슈타트 유서, 베토벤 하우스

(Beethoven 'Heiligenstädter Testament')

자살을 결심한 베토벤은 집으로 돌아와서 동생들 앞으로 유서를 썼다. 이곳은 베토벤이 유서를 썼던 집으로 현재 베토벤 박물관으로 사용되고 있다. 1802년 10월 6일에 유서를 썼다는 명판을 볼 수 있다. 입구로 들어가면 마당이 나오고 왼쪽 계단 위의 방이 베토벤이 머물던 곳으로 그의 자필 유서를 볼 수 있으며 두 번째 방에는 그의 데스마스크가 있다.

'하일리겐슈타트의 유서'라고 불리는 이 유서는 실제로 동생들에게 전달되지 못한 채 베토벤의 사후에 발견되었다. 음악가로서 청력을 잃어버릴지도 모른다는 깊은 절망과 비참한 심정이 잘 표현되어 있다. 유서의 내용은 아래와 같다.

• 하일리겐슈타트의 유서

-카를과 요한에게

나의 형제들, 내가 고집불통이며 염세적인 인간이라며 잘도 떠벌리며 다니는 녀석들아. 내가 왜 그렇게 살아왔는지 너희는 잘 모를 거야. 나는 지금까지 가슴 깊이 우러나오는 선행을 매우 좋아했고, 그것을 내 의무로 여겼단다. 그런데 너희들도 한번 생각해 봐라. 내 상황이 얼마나 비참했는지. 무능한 의사들 때문에 내 병은 점점 나빠졌고, 나아지겠지 하는 희망으로 2년을 속아 왔단다.

너희들도 알다시피 나는 열정적이고 사교적인 성격이었잖니. 그런데 이렇게 젊은 나이에 사람들로부터 떨어져 외롭게 살아야 하는 이유를 아니? 몸의 장애를 마음으로 극복하려고 노력도 했다. 늘 가족과 주변 사람들에게 "더 크게 말해 주세요. 잘 안 들리거든요. 조금만 더 크게!"라고 했지. 누구보다 좋은 귀를 갖고 있어야 할 내게 닥친 운명이었단다. 사람들과 같이 있으면 귀가 들리지 않는다는 사실을 들키지 않으려고 태연한 척하기도 했다. 그런데 자꾸 불안해질 뿐이었다. 어쩌다 사람들의 모임에 끼고 싶어 갔다가 옆에서 연주하는 플루트 소리도, 노래하는 소리도 듣지 못할 때 그 굴욕감이란, 가슴이 무너지는 것 같았단다.

이제 내가 선택할 수 있는 것은 자살밖에 없는 것 같다. 28세의 예술가에게 더 이상 희망이 보이지 않는다. 사람들은 나에게 인내가 필요하다고 말하지만. (…) 죽음은 나를 이런 운명의 굴레로부터 벗어나게 해주는 길이라고 생각한다. 너희들을 기다리고 있을 테니 언제든지 오고 싶으면 오거라. 부디 서로 잘 지내길 바란다. 내가 죽더라도 나를 잊지 말아 다오. 생전에 너희에게 잘해 주고 싶었고, 더 행복하게 해주고 싶었지만 나를 꼭 기억해 주길 바란다.

(1802년 10월 6일, 하일리겐슈타트에서)

+주소 Probusgasse 6
+전화 +43(0) 1 370 5408
+입장 화-일 10:00-13:00,
14:00-18:00(월요일 휴관)
+요금 성인 2€(할인 1€)

3. 베토벤 산책로

(Beethovengang)

베토벤이 유서를 쓴 집에서 에로이카 거리(Eroicagasse)를 따라 올라가면 개울이 보이는데 지나자마나 왼쪽으로 걸어가면 베토벤 산책로(Beethovengang)가 나온다.

여기서 개울을 따라 더 걸어가면 빈에서 가장 오래된 베토벤 흉상이 있다. 베토벤은 이 길을 산책하며 제6교향곡인 〈전원교향곡〉을 착상했다고 한다. 자연의 소리는 전원교향곡의 영감이 되었지만 정작 이곳을 산책하던 베토벤에게는 흐르는 물소리와 새소리, 바람소리, 어느 것도 들리지 않았다.

^ 베토벤 산책로

4. 베토벤 하우스

(Mayer am Pfarrplats)

그린칭거 거리(Grinzinger Straße) 64번지에 위치한 평범한 집으로 베토벤이 〈전원교향곡〉을 작곡한 곳이다. '마이어의 집'이라고도 불리는 이곳은 현재 안뜰의 포도 창고가 아름다운 호이리게(Heurige)가 되어 있다. '호이리게'란 원래 그 해에 만들어진 포도주를 의미하는 것으로 보통 자체 포도원에서 만든 새 술을 내놓는 술집을 말한다. 새 술이 나왔다는 의미로 소나무 가지를 늘어뜨려 놓는다.

음악 기행

하일리겐슈타트와 〈전원교향곡〉

음악 전문가들은 베토벤의 제6번 〈전원교향곡〉을 '최초의 표제음악', '고전주의에서 낭만주의 시대를 연 음악'이라고 정의한다. 그러나 전문적 음악 지식보다는 그 곡이 우리에게 어떤 교훈이 되는지를 생각해 보기로 하자.

귓병이 나을 것이란 기대로 찾아온 곳, 하지만 그의 청력은 회복되지 않았다. 음악가에게 소리를 듣지 못한다는 것은 가장 치명적인 결함이었다. 절망에 빠진 베토벤은 자살할 결심으로 유서를 쓰기도 했다. 그러나 베토벤은 이 치명적인 절망을 딛고 주옥같은 곡을 써 내려갔다. 아이러니하게도 이때 탄생한 곡들은 그의 상황과는 대조적으로 매우 밝고 낙천적이다. 〈전원교향곡〉은 그 대표적인 곡으로서, 절망을 딛고 나온 곡이라 더 특별하게 들린다.

〈전원교향곡〉을 작곡한 뒤 베토벤은 지금까지도 전 세계인의 사랑을 받는 〈엘리제를 위하여〉를 작곡했다. 성경으로 따지자면 이곳은 쓴물이 단물로 변하던 '마라'이거나 절망한 제자들이 주님을 만나던 '엠마오' 같은 곳이다. 이곳에서 베토벤은 제2의 전성기를 맞았다.

우리 모두는 콤플렉스도 있고 열등감도 있다. 그러나 음악가로서 청력을 잃은 베토벤에 비하면 그것들은 아무것도 아닐 수 있다. 하일리겐슈타트에 와서 베토벤의 〈전원교향곡〉을 들어 본다면 '어떤 시련도 능히 감당하고 도전해 볼 만하다'라고 속삭이는 베토벤의 소리를 들을 수 있을 것이다.

5. 에로이카 하우스

(Beethoven Eroicahaus)

• 〈영웅교향곡〉 관련 지역

〈영웅교향곡〉이 작곡된 곳이다. 당시 명곡을 작곡하던 흔적과 명판 등이 남아 있었으나 현재는 전시물이 없이 폐관된 상태다. 이 책을 통해 더 많은 사람들이 이곳을 찾게 되어 다시 개관되기를 바란다. 이 집 안에 있는 나무는 400년 된 것으로서 베토벤이 〈영웅교향곡〉을 작곡하며 봤던 나무다.

하일리겐슈타트에서 올 경우 트램 37번을 타고 Barawitzkagass에서 내리면 된다.

+주소 Döblinger Hauptstraße 92
+전화 +43(0)1 505 8747 85173
+입장 전화로 예약 시만 입장 가능
+교통 U4 Spittelau Bahnhst, 트램 37번

음악 기행

영웅교향곡

베토벤은 플라톤의 저서를 읽고 공화정을 예찬하던 인물이다. 그러던 1789년 '자유, 평등, 박애'의 구호를 내건 프랑스 혁명이 발생했고, 유럽의 '제국'들 속에 공화정부가 들어서게 되었다. 그 중심에는 나폴레옹이 있었다.

'음악의 영웅' 베토벤이 '정치의 영웅' 나폴레옹에게 헌정하기 위해 만든 곡이 제3번 〈영웅교향곡〉이다. 최초의 제목은 나폴레옹을 기리며 '보나파르트'라고 붙였다.

그러나 1804년 5월 나폴레옹이 스스로 황제로 선언하며 왕좌에 오르자 크게 실망한 베토벤은 '나폴레옹도 별 수 없구만…' 하며 한탄하다가 갑자기 분노에 휩싸여 칼로 악보 제목을 오려 버렸다. 이 위대한 곡의 제목이 '보나파르트'에서 '에로이카'로 바뀌는 순간이었다. 〈영웅교향곡〉은 베토벤의 음악에 전환점을 가져온 작품이라는 평가를 받는다. 하일리겐슈타트 유서를 쓴 후 태어난 첫 번째 곡으로서 베토벤은 이때부터 자기 내면의 세계를 표현하기 시작했다. 이 악보를 출판사에 보낼 때 그는 다음과 같이 적었다. "이것은 모차르트와 하이든을 뛰어넘는 그 무엇이다."

청각의 상실은 베토벤 개인의 인생을 보면 시련이고 위기일 수 있다. 그러나 청각에 의존하지 않고 자기 내면을 표현하기 시작한 전환점이 되었다는 점에서 그것은 새로운 기회이자 축복이었다.

6. 베토벤 파스콸라티 하우스

(Beethoven Pasqualatihaus)

• 〈운명교향곡〉 관련 지역

베토벤은 독일 본 출신이지만 음악 공부를 위해 빈에 온 후 35년이란 오랜 시간을 빈에서 보냈다. 빈 대학 맞은편 낮은 언덕에 위치한 베토벤 파스콸라티 하우스는 베토벤이 빈에 머물던 35년 중 8년간을 살던 곳이다. 베토벤은 괴팍한 성격과 요란한 피아노 소리에 대한 이웃들의 불만으로 인해 한 곳에 오래 살지 못했는데, 빈에서만 30번 이상 이사한 것을 고려하면 8년간은 꽤 오래 머문 셈이다.

파스콸라티 하우스는 베토벤의 제5번 〈운명교향곡〉이 작곡된 곳으로 유명한데, 그 외에도 4, 7, 8번 교향곡과 오페라 〈피델리오〉가 이곳에서 작곡됐다. 넓은 공간은 아니지만 그의 젊은 시절의 초상화와 라이브 마스크를 비롯해 다양한 자필 악보들과 그가 사용하던 피아노 등이 전시되어 있다. 관광객의 눈을 끌 만한 것은 많지 않지만, 베토벤 마니아라면 다양한 자료들을 꼼꼼히 살펴보며 베토벤의 삶과 음악을 느껴 보면 좋을 것이다.

^ 베토벤 자필 악보

+주소 Mölker Bastei 8(Fourth floor 18호)
+전화 +43(0)1 535 8905
+입장 화-일 10:00-13:00,
14:00-18:00(월요일 휴관)
+요금 성인 2€(할인 1€)
+교통 U2 Schottentor

음악 기행

운명교향곡

'빠바바밤 빠바바밤…'으로 시작하는 아주 유명한 교향곡이 〈운명교향곡〉이다. 그런데 세계에서 이 곡을 〈운명교향곡〉이라고 부르는 나라는 한국과 일본뿐이다. 다른 나라에서는 단순히 5번 교향곡으로 부른다. 베토벤의 제자가 이 곡의 도입부가 이렇게 장엄하게 시작되는 이유를 묻자 베토벤은 "이렇게 문을 두드리는 것이 '운명'이다"라고 대답했다고 한다. 이로 인해 일본과 우리나라에서 〈운명교향곡〉으로 부르게 되었다.

〈운명교향곡〉이 언제나 우리에게 감동을 주는 것은 한 음악가의 머릿속에서 제작된 음악이 아니라 그 자신이 절망과 운명의 시련에 맞서 만들어 낸 곡이기 때문이다. 이 교향곡은 4악장으로 구성되었는데, 운명을 극복하는 장엄함, 평온함 그리고 삶의 열정을 느낄 수 있다. 이 음악을 듣고 당신도 운명의 문을 힘차게 두드리길 바란다.

7. 베토벤 하우스

(Beethovenhaus)

• 9번 교향곡 〈합창〉 관련 지역

Ungargasse는 위대한 음악가의 곡들이 탄생한 곳이지만 지금은 그들의 족적을 확인할 수 있는 명판만 있을 뿐이다. Ungargasse 5번지에서는 '환회의 송가'로 유명한 〈9번 교향곡〉이, 2번지에서는 브람스의 〈독일 레퀴엠〉이 작곡되었다. 지금은 맥주 집으로 바뀌어 아쉬움이 남는다.

+주소 Ungargasse 5
+교통 U3 Landstraße - Wien Mitte

음악 기행

9번 교향곡 〈합창〉

한 곡을 30년간 구상할 수 있을까? 독일 본에서 머물던 시절, 베토벤은 실러의 《환희의 송가》라는 작품에 곡을 붙이고 싶다는 꿈을 꾸었고, 빈에서 1812년부터 본격적으로 작곡을 시작했다. 그리고 1824년에 이곳에서 작곡을 마치고 초연되었다.

귀가 들리지 않는 노파가 지휘자 옆에 자리를 잡고 앉았다. 연주가 시작되었지만 그는 도무지 들을 수 없었기 때문에 연주와 상관없이 악보를 넘기곤 했다. 연주를 마치자 사람들은 경외감에 빠져들었고, 그 곡에 최고의 찬사를 보냈다. 박수 소리조차 들을 수 없었던 노파는 누군가의 도움으로 뒤를 돌아보았고, 사람들이 환호하는 모습을 보고서야 고개를 숙였다고 한다.

베토벤은 이 위대한 곡을 남기고 3년 후 세상을 떠났다. 그는 임종 전에 신앙고백을 했다고 하는데 9번 교향곡을 완성할 때즈음 이미 하나님의 존재와 그의 '운명'을 인도하시는 손길을 느낀 것이 아닐까 상상해 본다. 실제로 그의 자필 악보에는 '백만 인이여, 서로 껴안으라'는 메시지를 넣었고, 하나님의 사랑을 음악으로 표현하려고 했다.

이 곡은 위대한 실러의 가사와 함께 베

토벤의 가장 아름다운 곡으로 평가 받는다. 100년 후에 한 신학교수는 이 곡에 하나님을 찬양하는 가사를 붙여 찬송가에 수록하기도 했다. 독일 본 지역의 〔찬송가 기행〕을 참고하자.

+주소 Nußdorfer Straße 54
+전화 +43(0)1 317 3601
+입장 화-일 10:00-13:00, 14:00-18:00
+요금 성인 2€(할인 1€)
+교통 U6 Nußdorfer Straße, 트램 37, 38번, 버스 N36, N38번

Part 2 › 슈베르트 발자취

1. 슈베르트 생가
(Schubert Geburtshaus)

'가곡의 왕'으로 불리는 슈베르트는 빈에서 태어나 빈에서 생을 마감한 진정한 빈 출신 음악가다. 슈베르트가 태어나 어린 시절을 보내던 생가는 기념관으로 꾸며져 있다. 2층에 위치한 슈베르트 생가에는 그의 초상화를 비롯해 그가 사용하던 악기와 자필 악보 등을 볼 수 있으며 슈베르트 얼굴의 상징과도 같은 작은 알의 안경도 볼 수 있다. 초상화에서만 보던 작은 안경을 직접 보면 묘한 기분에 젖어들 것이다.

인물 연구

가곡의 왕, 프란츠 슈베르트
- Franz Peter Schubert, 1797~1828

1797년 슈베르트는 초등학교 교장이던 아버지 밑에서 넷째 아들로 태어났다. 어려서부터 타고난 음악적 재능을 나타내 8세에 교회에서 음악지도를 받기 시작했고 11세에는 빈 궁정 예배당의 소년합창단으로 활동했다. 이 합창단 훈련 기간 동안 궁정악장 살리에리에게 작곡법을 배우게 된 슈베르트는 13세에 작곡을 시작해 15세에는 최초의 서곡을, 16세에는 교향곡을 작곡하였다. 이후 슈베르트는 많은 교향곡과 가곡을 작곡했는데 18세까지 그가 작곡한 가곡은 140여 곡에 달했다. 슈베르트는 16세부터 아버지의 학교에서 보조교사로 저학년 수업을 담당했으나 3년 만에 그만두었다. 이후 두 차례에 걸쳐 헝가리 에스테르하지 백작집의 교사로 초빙된 것을 제외하고는 어떤 공직도 없이 친구의 집을 옮겨 다니며 음악에만 전념하였다.

형과 친구의 집을 전전하며 가난하고 불안정한 생활을 하던 슈베르트는 병마에 시달리다 1828년 31세의 나이로 짧은 생을 마감했다. 그의 병은 매독이었다고 알려졌는데, 그의 젊은 시절을 짐작할 수 있다.

슈베르트의 유해는 그의 유언에 따라 벨링크 묘지에 있는 베토벤의 무덤 옆에 묻혔다가 이후 지멜링크 중앙묘지로 함께 옮겨졌다. 슈베르트는 생전에 베토벤을 매우 존경했는데 무겁고 장중한 베토벤의 음악과 달리 슈베르트의 음악은 밝고 자유로웠다. 슈베르트는 짧은 생에도 불구하고 교향곡, 피아노, 실내악곡 등 다양한 분야에서 무려 998개에 이르는 많은 작품을 남겼는데 이 중 600곡 이상이 가곡이다. 〈아름다운 물방앗간의 처녀〉, 〈겨울 나그네〉 등 주옥같은 가곡들을 남긴 슈베르트는 고전파 시대에 주목받지 못하던 가곡을 독립적인 음악의 한 부분으로 끌어올림으로써 '가곡의 왕'이라는 칭호를 얻었다.

2. 슈베르트 교회

(Schubertkirche)

슈베르트 생가에서 계단을 따라 내려오면 마르크트 거리(Marktgasse)에 리히텐탈(Lichtental) 교회가 있다. 슈베르트가 유아세례를 받고 성가대원으로 활동하던 교회다. 이 교회에는 그가 세례를 받은 세례반이 있고, 그가 작곡할 때 쓰던 오르간이 있는데 〈F장조 미사〉를 작곡할 때 사용했다. 슈베르트 생가에서 불과 300m밖에 떨어져 있지 않다. 내부에는 온 벽과 천장에 성경과 관련된 장엄한 그림이 전시되어 있다.

+주소 Marktgasse 40
+정보 www.schubertkirche.at

3. 슈베르트 하우스

(마왕의 집)

슈베르트가 젊은 시절 많은 곡들을 작곡하던 집이다. 그는 이 집에 있으면서 〈마왕〉을 작곡했는데, 괴테의 시를 읽고 나서 1시간 만에 이 곡을 피아노로 표현했다고 한다. 이때부터 사람들은 천재 작곡가 슈베르트의 집을 '마왕의 집'이라 불렀다고 한다. 슈베르트는 이 작품을 통해 가곡의 새로운 장을 열었다. 피아노를 성악의 부수적인 위치에서 탈피시켜 성악과 피아노의 2중주를 시도함과 동시에 불협화음을 비롯한 여러 방법을 도입함으로써 천재성을 유감없이 발휘했다.

+주소 Grünentorgasse 11
+교통 U4 Roßauer Lände

음악 기행

슈베르트의 작품

슈베르트의 친구 슈파운의 증언에 따르면 슈베르트는 놀라운 음악적 천재성을 지닌 음악가였다. 그가 슈베르트를 방문했을 때 그는 부친과 함께 슈베르트 하우스에서 살고 있었는데, 그는 괴테의 시를 큰 소리로 읽고 또 읽었다. 그러더니 갑자기 오선지에 곡을 써 내려가기 시작했다. 슈베르트의 집에는 피아노가 없어서 친구들은 그 곡을 가져가 연주했고, 그날 밤 초연되어 우레 같은 박수갈채를 받았다. 천재가 세인에게 알려지는 순간이었다.

과연 슈베르트의 작품 모티프는 무엇일까? 베토벤의 음악이 인고(忍苦)를 이기기 위한 몸부림이었다면, 또 쇼팽이 민족의 아픔을 한(恨)으로 담아냈다면, 그리고 슈만이 한 여인을 죽도록 사랑한 것이 모티프였다면, 슈베르트는 단순한 천재성이라고 해야 할까?

그는 괴테를 존경하여 〈들장미〉, 〈마왕〉 등의 작품을 괴테에게 직접 보냈으며, 베토벤에게도 작품을 보냈다. 이 천재의 별명이 '맥주통'일 만큼 술을 좋아했으며, 번 돈은 즉시 술과 쾌락에 탕진했다. 형제와 친구들의 집을 전전하며 살던 중 31세의 젊은 나이에 매독에 걸려 사망했다.

슈베르트에게 베토벤과 같은 처절한 몸부림이 있었더라면, 무너지는 조국에 대한 쇼팽의 아픔이 그에게도 있었더라면, 한 연인을 흠모하는 슈만의 사랑이 그에게 있었다면, 슈베르트는 역사 속에서 다시 평가되었을지도 모른다. 슈베르트에게 조국은 단순히 존재하는 공간이었고, 여인은 즐기는 대상이었다. 그런 관점에서 볼 때 슈베르트에게 고난과 역경이 없었다는 것이 가장 큰 저주인지도 모르겠다.

4. 슈베르트가 죽은 집

(Schuberts-Sterbewohnung)

슈베르트의 형 페르디난트의 집으로 슈베르트는 이곳에서 살다가 숨을 거뒀다. 평생 자기 집을 가져 본 적 없이 떠돌던 슈베르트는 마지막 임종도 형의 집에서 맞았다. 이 집에는 그의 유작 악보들과 유품들이 전시되어 있어 슈베르트의 말년의 삶을 느낄 수 있다.

▲ 슈베르트가 죽은 집 ⓒ commons.wikimedia.org/ Penlan 님 사진

+주소 Kettenbrückengasse 6
+전화 +43(0)1 581 6730
+입장 수 · 목 10:00-13:00, 14:00-18:00
+요금 성인 2€(할인 1€)
+교통 U4 Kettenbrückengasse

5. 알저 교회

(Alserkirche)

악성 베토벤이 생애를 마감하고 이 교회에서 장례식을 가졌다. 베토벤의 장례를 기념한 명판이 이곳에 붙어 있다. 슈베르트의 마지막 미사곡인 D.954번 〈믿음, 소망, 사랑〉 성악곡은 이 교회에 새 종(鐘)이 봉헌된 것을 기념해서 작곡되었다. 슈베르트는 숨을 거두기 불과 얼마 전인 1828년 9월에 이 곡을 작곡했다. 〔역사의 발자취 27〕을 참고하자.

+주소 Alser Straße 17
+교통 U6 Alser Straße

6. 호텔 횔드리히뮐레

(Hotel Höldrichsmühle)

슈베르트가 〈보리수〉를 작곡했고, 〈아름다운 물방앗간의 처녀〉 등의 영감을 얻었던 집이다. 현재는 4성급 호텔로 운영되고 있는데, 슈베르트의 마지막 숨결을 간직하고 있다. 1827년에 그는 반복되는 두통을 호소했고, 결국 1828년에 세상을 떠나고 말았는데, 유명한 〈겨울 나그네〉에 포함된 〈보리수〉는 이 마지막 시기에 작곡된 것이다.

Meidling-Philadelphiabrücke역에서 Mödling역으로 기차를 타고 온 후 364번이나 365번 버스를 이용해서 Gaadner Straße에 있는 Höldrichsmühle에서 하차하면 된다. 또는 U6 Siebenhirten역에서 269, 270번 버스를 타고 Mödling으로 온 후 364, 365번 버스를 이용해도 된다.

+주소 Gaadner Straße 34
+전화 +43(0) 2236 262740
+정보 www.hoeldrichsmuehle.at

음악 기행

슈베르트의 〈보리수〉

1823년에 작곡한 〈아름다운 물방앗간의 처녀〉가 밝고 소박한 서정이 느껴진다면 4년 후에 작곡된 〈보리수〉는 이보다 무거운 느낌이다. 정신적 지주인 베토벤이 떠난 뒤 슈베르트는 자신 역시 이듬해에 떠난다는 것을 알았을까? 끊임없이 괴롭히는 두통과 질병은 그의 공허한 지난날을 되돌아보게 했는지도 모른다. 실제로 〈보리수〉의 가사에는 슈베르트의 상념과 슬픔이 배어 있는 듯하다. 이 곡 가사와 슈베르트의 인생을 보면 시편 90편의 모세의 고백이 생각난다. "우리에게 우리 날 계수함을 가르치사 지혜로운 마음을 얻게 하소서"(시 90:12).

• **성문 앞 우물가에 선 보리수 한 그루**

그 그늘 아래서 난 꿈을 꾸었네
달콤한 꿈을
나무줄기에 사랑의 말 가득 새겨 놓고
기쁠 때나 슬플 때나 언제든
이끌려 가곤 하오
오늘도 난 모두가 잠든 고요한 밤에
그 보리수나무를 지나쳐야 했소
캄캄한 밤이었지만 두 눈을 꼭 감았지
마치 나뭇가지들이 나를 부르는 듯
바스락바스락 소리를 냈소.
"친구여, 내게 오시게. 이곳이라면
자네가 편히 쉴 수 있을 거네"

1. 모차르트 하우스

(Mozartwohnung)

빈에 남아 있는 유일한 모차르트의 집으로 모차르트와 가족이 1784년부터 1787년까지 살던 곳이다. 이곳에서 보낸 2년 반은 짧았지만 모차르트의 인생에서 가장 경제적으로 여유 있고 성공적인 기간이었다. 모차르트는 이곳에서 많은 작품을 썼는데 8곡의 피아노 협주곡과 그의 가장 유명한 오페라 〈피가로의 결혼〉을 작곡했다. 그래서 이곳은 '피가로 하우스'라는 애칭으로 더 많이 알려져 있다.

잘츠부르크를 비롯해 여러 곳에 모차르트 관련 박물관이 있지만, 그중에서도 피가로 하우스는 가장 흥미로운 구성을 보여 준다. 다양한 전시물과 함께 시청각 자료를 통해 클래식에 익숙지 않은 관람객도 모차르트의 삶과 음악을 쉽게 접할 수 있도록 구성한 것이다. 오디오 가이드를 이용하면 각 코너마다 모차르트의 음악과 함께 자세한 설명을 들을 수 있고 최첨단 멀티미디어 기술을 이용한 오페라도 감상할 수 있다.

^Mozart and Women

박물관은 4층짜리 건물로 2층은 실제 모차르트와 가족이 살던 공간이다. 모차르트가 살던 집 중 가장 좋은 곳이었다. 3층과 4층에는 모차르트의 삶과 음악 등을 자료로 전시하고 있다. 〈돈 조반니〉, 〈마술피리〉 등 그의 음악과 관련된 영상과 자필 악보를 볼 수 있는데 그중에서도 〈레퀴엠〉과 함께 듣는 모차르트의 죽음에 대한 이야기는 흥미진진하다. 모차르트와 관련된 많은 여인들의 초상화와 편지들도 볼 수 있는데 쾌락을 일삼던 모차르트의 젊은 시절을 느낄 수 있다.

모차르트에 대해 더 많은 것을 알기 원한다면 잘츠부르크를 방문해 보자.

+주소 Domgasse 5
+전화 +43(0)1 512 1791
+입장 10:00-19:00
+요금 성인 9€(할인 7€)
+교통 U 1, 3 Stephansplatz

모차르트와 그의 작품

모차르트의 〈피가로의 결혼〉은 〈세비야의 이발사〉와 함께 최고의 오페라로 꼽힌다. 〈세비야의 이발사〉가 유럽에서 흥행에 성공하자 모차르트가 이 작품의 2부에 해당하는 것을 오페라로 만든 것이 바로 〈피가로의 결혼〉이다. 1부 〈세비야의 이발사〉에서 이발사 피가로는 백작이 결혼할 수 있도록 도왔지만 2부 〈피가로의 결혼〉에서 백작은 피가로와 사랑을 나누던 수잔나마저 탐함으로써 갈등이 빚어진다. 모차르트는 이 오페라를 통해 유럽 사회에 만연한 귀족들의 성 윤리 타락과 횡포를 풍자했는데, 실제로 이 작품이 초연된 뒤 많은 귀족들이 상영 금지를 명령하기도 했다.

모차르트는 1786년에 이 작품을 무대에 올리면서 많은 반향을 불러 일으켰다. 3년 뒤 프랑스 혁명이 일어나고 유럽 사회를 뒤흔들자, 나폴레옹이 "이미 프랑스 혁명은 〈피가로의 결혼〉에서 시작되었다"고 했을 만큼 〈피가로의 결혼〉은 흥행뿐 아니라 사회에 큰 영향을 미친 작품이었다.

- 〈피가로의 결혼〉의 명대사

백작은 제 아내 수잔나를 좋아합니다. 그래서 교묘하고 뻔뻔하게 초야권(하인들이 결혼하면 귀족들이 먼저 첫날밤을 행사하는 권리)을 들먹거리죠. 백작은 결코 수잔나를 차지할 수 없어. 귀족의 지위와 부를 누렸다고 잘난 척하지만, 도대체 스스로 한 것이 뭐야? 태어난 것 외에 도대체 무엇을 했지?

- 출생에 따른 귀족들의 운명을 비판함

평범한 녀석을 사랑해 봐야 뭐 하겠어? 높은 사람들을 사랑하는 게 낫지 않겠어?

- 당시 사회에 만연한 귀족들의 이중생활을 풍자함

이렇게 우리의 하찮은 신분을 탓한들 뭣 하겠나? 강한 자들과 다툰다 해도 십중팔구는 그들이 이기잖아?

- 사회 부조리를 항상 평민이 감내해야 함을 자조적으로 풍자함

2. 모차르트 광장과 분수

(Mozartplatz)

U1 Taubstummengasse역에서 하차하면 인근에 모차르트 광장이 있다. 광장 가운데에 모차르트 기념 분수가 있다. 1905년에 세워진 분수로서 모차르트의 〈마술피리〉에 나오는 주인공 타미노와 파미나의 상이 새겨져 있다. 마술피리에 대해서는 〔음악기행〕을 참고하자.

음악기행

모차르트와 〈마술피리〉

모차르트의 마지막 작품인 〈마술피리〉는 조수미, 혹은 과거 키메라가 '밤의 여왕의 아리아'를 부를 때 나오는 '아아아아아 아아아아~'를 떠올리면 될 것이다. 〈마술피리〉는 어둠의 세계를 지배하는 '밤의 여왕'과 빛의 세계를 지배하는 '자라스트로'의 대립을 다룬 걸작 중의 걸작이다. 모차

르트 광장에는 왕자 타미노와 밤의 여왕의 딸 파미나를 볼 수 있다. 빛과 어둠의 극명한 대립이 펼쳐지다가 결국 빛의 세계가 승리로 끝난다는 내용이다. 일반적으로는 당시 비밀 결사조직인 '프리메이슨'을 빛의 세계로 묘사했다고 알려져 있다. 따라서 모차르트가 비밀 조직 프리메이슨의 실체를 작품 속에서 폭로했다고 주장하는 사람들이 있다. 그 반대로, 프리메이슨이 어둠 속에서 세상을 지배하려고 한다면서 그들을 어둠의 세력으로 모차르트가 묘사했다고 주장하는 이들도 있다. 분명한 것은 모차르트가 이 작품을 통해 당시의 실체를 폭로하고 있다는 것이다.

어쨌든 모차르트가 극심한 가난으로 힘들던 때 누군가로부터 거액의 금액을 받고 〈마술피리〉를 완성했다. 모차르트는 미리 받은 이 거액의 돈을 갚기 위해 몸을 사리지 않고 작품 활동을 하다가 35세의 젊은 나이에 세상을 떠나고 말았다. 과로로 죽었다고 알려져 있지만 정확히 왜, 어떻게 죽었는지는 아무도 모른다. 그의 명성에 비해 그의 죽음은 미심쩍은 부분이 너무 많기 때문이다. 분명한 것은 그의 마지막은 하나님을 찬양하던 바흐, 드보르자크, 헨델, 하이든과 같은 음악가들에 비하면 너무도 초라하고 보잘것없었다.

3. 성 마르크스 묘지

(Friedhof St Marx, St Marx Cemetery)

모차르트가 죽은 후 처음 그의 시신이 묻힌 곳이다. 하지만 그의 정확한 무덤 위치는 알려지지 않았고 가장 가능성이 높은 곳에 그의 가묘가 만들어져 있다. 성 마르크스 묘지에 도착한 후 정문에서 직진해서 죽 걸어 들어가면 정면에 예수님의 비석 왼쪽에 모차르트의 가묘가 있는데, 그의 묘지에는 천사가 슬퍼하는 모습이 조각되어 있다. 이것이 천재 음악가의 최후라고 생각하니 인생의 무상함을 느낀다.

모차르트와 대조되는 인물은 바흐다. 바흐는 젊은 시절 방황하며 지냈지만 라이프치히 성 토마스 교회 반주자로서 30년간 섬기며 교회 음악에 큰 족적을 남겼다. 반면 모차르트는 어렸을 때부터 신동이라는 찬사를 받았으나 방탕하게 살다가 꽃다운 나이에 세상을 떠나고 말았다. 모차르트에 대해서는 잘츠부르크 부분을 참고하자.

+주소 Leberstraße 6
+교통 U3 Zippererstraße

음악 기행

모차르트와 레퀴엠

어릴 때부터 신동(神童) 소리를 들으며 세간의 주목을 받던 모차르트는 음악적 천재성을 유감없이 발휘한다. 고향 잘츠부르크를 떠나 빈으로 온 후 그의 명성은 더욱 높아졌다. 문란한 생활과 낭비벽으로 인해 그의 생활은 갈수록 곤궁해졌고, 말년에는 극심한 가난으로 겨우 연명했다.

〈아마데우스〉라는 영화에서도 나타나듯이 지극히 가난한 모차르트에게 누군가 나타나 거금을 주면서 〈레퀴엠〉을 작곡해 달라고 한다.

레퀴엠은 라틴어로서 '진혼곡'(鎭魂曲)을 뜻한다. 〈마술피리〉 발표를 위해 바쁜 나날을 보내던 중 〈레퀴엠〉의 의뢰를 받은 모차르트는 그 절반에 해당하는 돈을 미리 받았으나 건강이 급속히 악화되어 결국 1791년 12월에 숨을 거두고 만다. 〈레퀴엠〉은 끝내 완성되지 못하고 그의 사후에 미완성곡으로 세상에 발표되었다.

안타깝게도 그의 시신을 옮긴 사람은 인부 두 명뿐이었다. 그런 까닭에 모차르트의 정확한 묘지 위치는 아무도 모른다. 그의 마지막 명작 〈레퀴엠〉은 어쩌면 자신의 영혼을 위한 작품이었는지도 모른다. 묘비를 보고 있으면 다음 구절이 생각난다.

"초상집에 가는 것이 잔칫집에 가는 것보다 나으니 모든 사람의 끝이 이와 같이 됨이라 산 자는 이것을 그의 마음에 둘지어다"(전 7:2).

1. 요한 슈트라우스 하우스

(Wien Museum Johann Strauss Wohnung)

요한 슈트라우스가 1863~1870년에 살던 집으로 1995년 기념관으로 개관하였다. 이곳에서 〈아름답고 푸른 도나우〉 등 명곡들이 작곡되었다. 현재 일반 아파트 안에 있어 눈에 잘 띄지 않는다. 기념관 안에는 요한 슈트라우스의 초상화와 데스마스크를 비롯해 그가 사용하던 피아노와 오르간, 바이올린 등 악기와 책상 등이 보존되어 있다. 요한 슈트라우스 부자의 왈츠곡도 들을 수 있다.

+주소 Praterstraße 54
+전화 +43(0)1 214 0121
+입장 화-일 10:00-13:00, 14:00-18:00
+요금 성인 2€(할인 1€)
+교통 U1 Nestroyplatz

인물 연구

왈츠의 왕, 요한 슈트라우스

- Johann Strauss, 1825~1899

아버지와 이름이 똑같은 요한 슈트라우스 2세는 '왈츠의 아버지'라고 불리는 요한 슈트라우스의 장남으로 태어났다. 당대 유명 음악가였던 아버지의 영향으로 슈트라우스는 물론 그의 동생들 요제프와 에두아르트도 음악에 조예가 깊었다. 아버지는 음악가였음에도 자식들이 음악가가 되기를 원치 않았고 장남인 슈트라우스도 은행업을 배우게 했다. 하지만 음악에 대한 열정을 포기할 수 없어서 슈트라우스는 아버지 몰래 음악을 공부했다. 이후 아버지가 어머니와 불화로 별거를 하자 아버지의 그늘에서 벗어나 1844년 자신만의 15인조 악단을 조직해 무도곡으로 데뷔했다.

슈트라우스의 악단은 점차 성장해 아버지의 악단과 경쟁 관계가 되었고 1849년 아버지가 죽자 아버지의 악단까지 합병함으로써 그의 입지는 더욱 확고해졌다. 〈예술가의 생애〉, 〈빈 숲 속의 이야기〉, 〈아름답고 푸른 도나우〉 등 뛰어난 왈츠를 작곡한 슈트라우스는 당시 빈의 왈츠 장려 정책과 맞물려 최고의 전성기를 구가하였고 아버지를 뛰어넘어 '왈츠의 왕'이라는 칭호를 얻었다. 1870년경부터는 오펜바흐와 수페 등에게서 자극을 받아 오페레타도 작곡했는데 〈박쥐〉, 〈집시남작〉 등이 유명하다.

음악 기행

오스트리아의 상징 〈아름답고 푸른 도나우〉

〈아름답고 푸른 도나우〉는 요한 슈트라우스의 대표작으로서 독일에서 시작해 유럽을 관통하는 아름다운 도나우 강의 물결을 연상시키는 경쾌한 선율의 왈츠 곡이다. 이 곡은 밝고 경쾌한 곡의 분위기와는 달리 19세기 중반 어둠의 그림자가 오스트리아를 덮고 있던 시기에 작곡되었다. 1866년 오스트리아-프로이센 전쟁에서 패한 후 슬픔과 침체에 빠져 있던 오스트리아 국민에게 힘과 용기를 북돋우기 위해 빈 남성합창단이 당대 최고의 작곡가였던 요한 슈트라우스에게 의뢰해 만들어진 곡이다. 전쟁의 폐허 속에서 탄생한 밝고 아름다운 선율의 왈츠 곡인 〈아름답고 푸른 도나우〉는 오스트리아인들에게 희망의 상징과도 같은 곡으로 비공식적으로는 오스트리아 제2의 국가로까지 여겨진다. 매년 새해 정시에는 모든 방송에서 일제히 이 곡이 흘러나오고 빈 필하모닉 오케스트라는 신년음악회의 앙코르곡으로 매년 연주해 유럽과 미국 등으로 생방송된다. 브람스 역시 "이곡이 내 작품이 아닌 것이 안타깝다"고 말했을 정도로 최고의 찬사를 보냈다.

2. 하이든 하우스

(Haydnhaus)

1809년 77세의 일기로 세상을 떠날 때까지 하이든이 말년을 보낸 곳으로 그의 집은 2층에 위치하고 있다. 그는 이곳에서 12년간을 보내며 〈천지창조〉와 〈사계〉 등 주요 작품을 작곡했다. 그가 사용하던 피아노를 비롯해 자필 악보들이 전시되어 있으며 그의 초상화와 흉상, 데스마스크도 볼 수 있다. 한편 2층에는 평소 하이든을 존경하던 브람스의 기념관도 조성되어 있다.

하이든 하우스에서 지하철로 한 정거장 떨어진 Neubaug역 주변의 마리아힐프 교회 앞에서

하이든의 동상을 볼 수 있다. 이외에도 하이든의 마니아라면 빈 외곽의 아이젠슈타트를 방문하길 바란다. 하이든이 30년간 봉직하던 지역으로 그의 흔적이 많이 남아 있으며 그의 무덤도 이곳에 있다. 하이든에 관해서는 아이젠슈타트 〔인물연구〕 편을 참고하자.

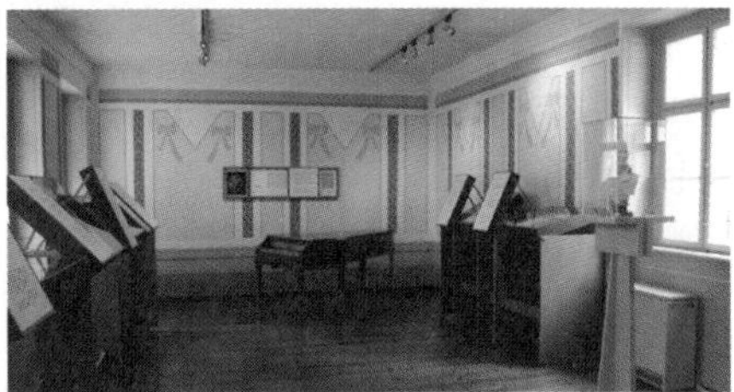

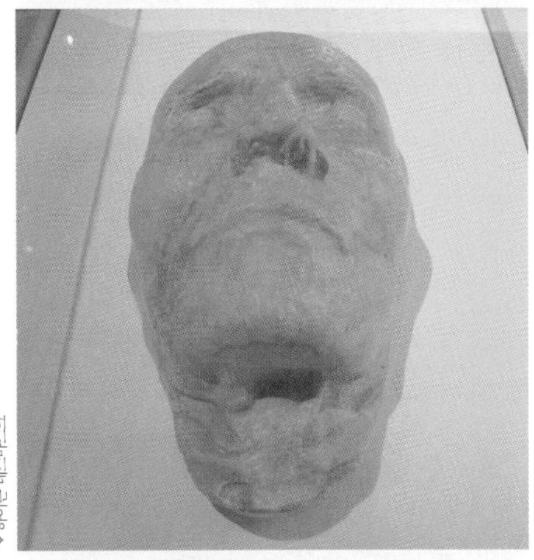

하이든 데스마스크

+주소 Haydngasse 19
+전화 +43(0)1 596 1307
+입장 화-일 10:00-13:00, 14:00-18:00
+요금 성인 4€(할인 3€)
+교통 U3 Zieglergasse

음악 기행

하이든의 〈천지창조〉

하이든의 대표작 〈천지창조〉는 그의 신실한 신앙심을 느낄 수 있는 곡이다. 그는 이 곡을 작곡할 당시 가장 행복감을 느꼈고 경건한 마음으로 작곡에 몰두할 수 있었다고 한다. 하이든은 〈천지창조〉를 작곡하는 동안 매일 아침 십자가 앞에 무릎을 꿇고 이 작품을 만들 수 있는 힘을 달라고 기도했다. 또한 그는 〈천지창조〉의 곡들이 완성될 때마다 '하나님을 찬양합니다'라는 의미의 'Laus Deo'를 써 넣었다. 하나님께 영광을 돌리기 위해 노년의 하이든이 마음을 다하여 기쁜 마음으로 작곡에 열중하는 모습을 상상하면 감동이 밀려온다.

〈천지창조〉는 하이든이 영국 여행 중 헨델의 〈메시아〉를 듣고 감동을 받아 작곡한 곡으로 헨델의 〈메시아〉, 멘델스존의 〈엘리야〉와 함께 3대 오라토리오로 불린다. 헨델의 웅장한 합창 양식에 하이든이 추구해 온 교향곡 기악 양식이 더해진 〈천지창조〉는 힘차면서도 화려한 〈메시아〉와 달리 친숙하고 쉬운 멜로디로 겸손하고 소박하게 하나님을 찬양한다.

〈천지창조〉는 영국의 시인 리들레가 성경의 창세기와 존 밀턴의 《실낙원》에 근거하여 쓴 대본을 바탕으로 천지창조의 과정을 음악으로 묘사한 곡이다. 총 3부로 구성되었는데 천사 가브리엘, 우리엘, 라파엘이 천지창조의 과정을 노래한다. 천지가 창조되기 이전의 혼돈 상태를 묘사한 서곡에 이어 1부는 첫 4일간의 창조 과정을, 2부는 다섯째와 여섯째 날의 창조 과정을 묘사하고 있다. 3부에서는 마지막으로 창조된 아담과 하와가 등장하고 창조주에 대한 감사와 서로에 대한 사랑을 노래한다.

찬송가 기행

저 높고 푸른 하늘과

- 새 찬송가 78장, 구 찬송가 75장

1791년에 영국 런던을 방문한 하이든은 헨델의 〈메시아〉를 통해 큰 도전을 받았다. 하나님에 대한 신실한 사랑을 음악으로 표현해 오던 하이든이었기에 〈메시아〉로 받은 도전은 누구보다 컸다. 그리고 3년간 창조주 하나님을 찬양하는 대작에 착수하면서 늘 무릎을 꿇고 하나님을 의지했다. 그리고 마침내 불후의 명곡 〈천지창조〉가 완성되었다. 그중 창조에 대한 부분 중 12번을 발췌한 것이 이 찬송가다. 하이든은 하나님 앞에서 "나는 음악을 맡은 청지기에 불과하다"고 고백했고, 자신의 재능마저도 하나님의 창조물임을 고백했다. 하이든이 하나님을 경외하는 마음과 창조주의 영광을 노래하는 마음이 이 찬송가 곡조에 그대로 반영되어 있다. 이 찬송을 함께 부르면 마치 하나님의 창조 순간에 서 있는 듯한 착각에 빠져든다.

3. 브람스 기념관

브람스는 빈을 중심으로 왕성한 음악 활동을 했고 빈에서 죽었지만, 현재 브람스만의 기념관은 남아 있지 않다. 하이든 하우스 2층에는 브람스의 방이 있으며 그의 초상화와 물품들이 전시되어 있지만 사실 이곳은 브람스와는 아무 관계가 없다. 1907년 브람스 기념관이 있던 건물이 없어지면서 생전에 브람스가 존경하던 하이든 하우스의 방 하나를 브람스 기념관으로 조성하였다.

브람스는 카를 광장 근처 Karlssgasse 4번지에 살았으며 카를 성당에서 장례식을 치렀다.(빈에서의 산책 부분 참고). 현재 그 집은 남아 있지 않으며 명판만 볼 수 있다. 또한 브람스는 베토벤이 살면서 〈9번 교향곡〉을 썼던 Ungargasse 5번지와 가까운 곳인 Ungargasse 2번지에서 3년간 살았는데 이곳에서 〈독일 레퀴엠〉을 완성했다.

인물 연구

요하네스 브람스

- Johanne Brahms, 1833~1897

빈에서 활동하다 생을 마감한 브람스는 1833년 독일 항구 도시 함부르크에서 태어났다. 그의 아버지는 시립극장의 콘트라베이스 연주자로 브람스는 5세 때부터 아버지에게 음악을 배웠다. 브람스는 어려서부터 뛰어난 음악적 재능을 나타내 이미

10세에 피아니스트로 데뷔했다. 하지만 브람스의 음악 인생은 순탄치 않았다. 어려운 가정 형편 때문에 학교를 중퇴하고 술집, 식당, 사교장 등을 돌며 피아노 연주로 생계를 책임져야 했다. 그밖에 피아노 개인지도, 합창곡 편곡 등 돈이 되는 일은 무엇이든 했다.

그의 음악 인생에 기회가 온 것은 1853년 연주 여행 중 슈만 부부를 만나면서부터였다. 브람스의 재능을 높이 평가한 슈만은 브람스를 적극적으로 소개해 음악계에 진출시켜 주었고, 슈만 부부는 브람스와 매우 친밀한 관계를 유지했다.

이때 스무 살의 젊은 브람스는 클라라를 사랑하게 되는데 이후 64세 죽음에 이르기까지 그녀만을 사랑했다. 클라라는 그의 작품 활동에 매우 중요한 모티프가 되었다(독일 뒤셀도르프 편 참고).

1857년~1859년까지 브람스는 데트몰트 궁정에서 피아니스트로 첫 공적 직위를 갖게 된 후 빈에서 활발한 음악 활동을 전개하며 〈알토 랩소디〉, 〈독일 레퀴엠〉, 〈대학 축전 서곡〉, 〈헝가리 무곡〉 등 뛰어난 작품을 남겼다.

온화하고 내성적인 브람스의 성격을 반영하듯 그의 음악은 멜랑콜리하고 낭만적이면서도 소박하다. 브람스는 만년에 종교적이고 죽음을 암시하는 장엄한 곡들을 많이 작곡했다. 독일 출신의 브람스가 개신교 신앙을 가졌는지는 논란이 있으나, 그는 성경을 많이 읽었던 것으로 유명하다. 그가 태어나서 가장 먼저 읽은 책이 어머니가 준 어린이 성경이었고 그는 평생 동안 매일 성경을 읽었다고 고백했다. 브람스가 그렇게 열심히 읽었던 성경 말씀은 그의 음악 활동에도 투영되었는데 〈독일 레퀴엠〉이나 만년에 지은 〈네 개의 엄숙한 노래〉에 이르기까지 성경 말씀은 그의 작품 활동의 중요한 모티프가 되었다.

1896년 클라라의 죽음으로 큰 상심에 빠진 브람스는 간암으로 투병하다 이듬해 64세의 일기로 세상을 떠났다.

음악 기행

브람스의 〈독일 레퀴엠〉

1856년에 슈만이 죽자 브람스는 그의 죽음을 애도하기 위해 곡을 쓰기 시작했고, 자신의 어머니마저 세상을 떠나자 더욱 작곡에 몰두해서 1868년에 〈독일 레퀴엠〉을 완성했다.

레퀴엠은 원래 망자의 영혼을 위로하기 위한 것으로 가톨릭 미사를 목적으로 하는 음악이다. 반면 〈독일 레퀴엠〉은 사랑하는 이의 죽음으로 남겨진 자들에게 성경 말씀을 통해 위안을 주는 것이 목적으로 인생의 무상함, 남겨진 자들의 슬픔, 위안, 부활의 희망 등을 노래한다. 또한 미사용이 아닌 순수한 음악회용으로 작곡되었으며 루터의 독일어 성경 구절을 가사로 사용하고 있다. 독창과 합창, 그리고 대규모 오케스트라의 화음이 합쳐진 〈독일 레퀴엠〉은 장중하면서도 시적인 음악으로 브람스의 최고 걸작으로 평가된다.

기독교인들에게 죽음이란 끝이 아니다. 그럼에도 사랑하는 이를 떠나보낸 후 남겨진 이들에게 죽음이란 여전히 슬픔으로 다가오는 것이 사실이다. 브람스는 "살아 있는 사람을 위해 레퀴엠을 바치고 싶다"고 했다. 슈만과 어머니의 죽음, 또 슈만의 비극적 죽음으로 절망에 빠진 클라라를 위로하기 위한 그의 애절한 마음 때문일까? 〈독일 레퀴엠〉은 오늘날까지도 많은 이들에게 위로와 평안을 주는 곡이다.

브람스의 〈네 개의 엄숙한 노래〉

브람스의 마지막 가곡인 〈네 개의 엄숙한 노래〉는 브람스가 평생 사랑하던 클라라의 죽음을 예견하고 쓴 곡이다. 1896년 봄, 클라라가 뇌졸중으로 쓰러졌다는 소식을 듣고 브람스는 이 곡을 쓰게 되었는데 자신의 63세 생일인 5월 7일에 완성되었다. 하지만 그로부터 13일 만에 클라라의 죽음을 듣게 되었고, 결국 이 곡은 브람스가 그녀에게 보내는 마지막 이별 노래가 되었다. 자신의 거목과도 같던 클라라가 이생을 마감하자 상심에 빠진 브람스는 간암으로 투병하다 이듬해 64세의 일기로 세상을 떠났다.

이 곡의 모든 가사는 성경 구절을 기본으로 삼고 있는데 전도서를 시작으로 해서 고린도전서 13장으로 끝난다. 안단테의 1곡은 전도서 3장 19절로 시작하는데 네 곡 중 가장 아름답고 장엄하다. 2곡은 전도서 4장 1~3절의 내용을 담고 있으며, 장중하고 묵직한 3곡은 가톨릭 시라크서 41장을 담고 있다. 마지막 곡은 흔히 사랑장이라고 부르는 고린도전서 13장을 내용으로 생기 있는 분위기 속에 클라이맥스로 치닫다가 여운을 남기며 끝난다. 음악과 함께 성경 구절을 읽노라면 평생의 사랑 클라라의 죽음을 앞둔 브람스의 죽음에 대한 통찰과 슬픔 그리고 사랑이 느껴진다.

4. 안익태 선생과 애국가

당시 독일 최고의 음악가였던 리하르트 슈트라우스는 빈에서 지내면서 국립오페라극장의 지휘자를 역임했는데, 그가 살던 집은 현재 네덜란드 대사관 건물이 되었다. 우리나라 애국가를 작곡한 안익태 선생은 이 집에서 하숙하는 동안 슈트라우스로부터 음악 지도를 받았다. 대사관 집 벽에는 슈트라우스가 살던 것을 기념하는 부조가 붙어 있다. 이곳에서 지내는 동안 안익태 선생의 머릿속을 가득 메웠을 조국에 대한 사랑과 염려를 느낄 수 있기를 바란다. 〔인물연구〕에서 안익태 선생과 슈트라우스의 만남을 감상해 보자.

+주소 Jacquingasse 8-10
+교통 U1 Südtiroler Platz

인물 연구

안익태 선생과 리하르트 슈트라우스

빈에 위치한 네덜란드 대사관 건물은 20세기 독일 최고의 음악가 리하르트 슈트라우스가 살던 집이었다. 음악인으로서는 최고의 길을 걷고 있을 무렵 1933년에 나치가 집권했다. 히틀러의 오른팔이던 괴벨스(베를린 부분 참고)는 1935년 슈트라우스를 제국음악부 최고의 자리에 임명했다. 왜냐하면 슈트라우스만큼 바그너 음악을 이해하는 인물이 없었기 때문이다. 그리고 슈트라우스는 1936년 베를린 올림픽을 위해 올림픽 송가를 작곡했다. 이런 외형적 이력으로 인해 많은 사람들은 슈트라우스를 나치 음악인으로 생각했다. 아르투로 토스카니니(Arturo Toscanini)는 다음과 같이 말했다. "작곡가로서 슈트라우스 앞에서 모자를 벗는다. 그러나 인간으로서는 결코 모자를 벗지 않는다."

그러나 슈트라우스는 최고의 음악가 자리에 임명되었으면서도 정치적 중립 자세를 유지했다. 그가 나치에 참여한 이유는 유대인 며느리, 손자 때문이었다. 나치가 집권하면서 두 유대인 손자들은 학교에서 극심한 인종차별을 겪어야 했다. 많은 유대인들이 수용소로 끌려가던 당시에 시아버지로서, 할아버지로서 그들을 지킬 수 있는 최선이었던 것이다.

그는 새로운 음악을 작곡해서 반나치 움직임에 가담했다. 그가 유대인 친구에게 쓴 편지의 내용은 다음과 같다. "이보게. 자네는 내가 일거수일투족 '독일인'이라는 의식으로 행동한다고 믿는가? 그렇다면 모차르트가 작곡할 때, 자기가 아리아인이라고 의식하면서 작곡했겠는가? 세상에는 두 부류의 사람만 있네. 그것은 독일인-유대인의 부류가 아니네. 재능이 있느냐, 없느냐의 차이밖에 없네." 이 편지가 게슈타포에게 발각됨으로써 슈트라우스는 빈으로 거처를 옮겨야 했다. 그리고 그곳에서 1942년 동양의 한 사내를 만나게 된다.

이 젊은이는 일본 국적으로서 일본과 미국에서 음악을 공부한 이후 유럽으로 건너왔다. 이 젊은이의 이력을 들어 보니 동정이 가는 구석이 있었다. 1935년에 미국에서 나라를 위한 곡을 만들었다는데, 그 나라는 자신의 국적 '일본'이 아니었다. 25년 전에 없어진 나라였다. 이 젊은이가 만든 곡은 아일랜드에서 초연되어 큰 호응을 얻었다. 아일랜드 역시 영국의 지배를 받았기 때문에 동병상련(同病相憐)을 느낀 것이다. 이 젊은이는 부다페스트와 베를린에서 활약하다가 빈으로 왔는데, 바로 안익태 선생이다.

^안익태 선생과 리하르트 슈트라우스

안익태 선생은 어린 시절 3·1운동을 목격했다. 그때 사람들은 영국 민요에 애국가 가사를 붙여 불렀는데, 나중에 꼭 영국 민요가 아닌 우리의 곡조를 붙이겠다고 결심했다. 그리고 20년 후 그의 열망이 이루어졌다. 우리가 애국가를 부르거나 들을 때면 왠지 모르게 가슴 한구석이 아프고 감격적인 것은 안익태 선생의 혼이 그 속에 담겨 있기 때문일 것이다.

03 빈(Wien) 주변, 아름다운 명소를 찾아서

➡ 프롤로그

빈 자체도 아름답지만 오스트리아에는 특별한 매력을 간직한 곳이 많다. 잘츠부르크와 그 주변 호수 지방은 매우 아름다우며, 인스브루크를 둘러싼 티롤 지방도 절경을 간직하고 있다.

빈 주변에도 가볼 만한 곳이 몇 곳 있으니 소설《장미의 이름》의 배경이 된 멜크 수도원과 도나우 강을 따라 빈으로 들어오는 길목의 '바하우(Wachau) 계곡', 그리고 하이든의 도시인 아이젠슈타트 등이다. 빈에서 오랫동안 머물 계획이라면 이런 곳들에서 유럽의 정취를 느껴 보자.

➡ 방문정보

1. 아이젠슈타트

(Eisenstadt)

빈에서 1시간가량 남쪽으로 달리면 나오는 아이젠슈타트는 '철처럼 단단한 도시'라는 뜻을 갖고 있다. 아이젠슈타트는 하이든의 도시라고 불릴 만큼 하이든과 불가분의 관계에 있다. 하이든이 에스테르하지 후작 집안의 악장으로 30년간 봉직하면서 지냈기 때문에 곳곳에 그의 흔적이 남아 있다.

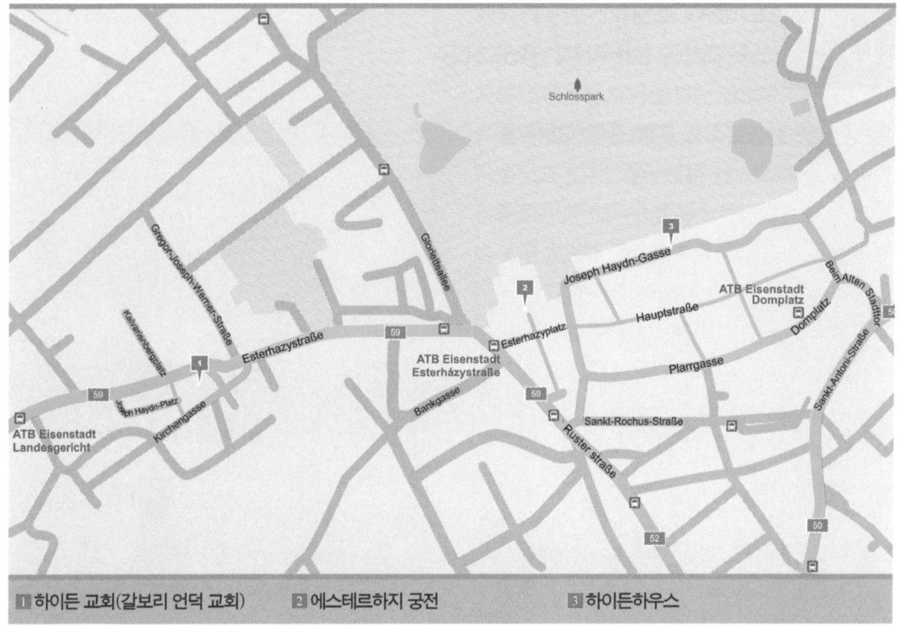

1 하이든 교회(갈보리 언덕 교회) 2 에스테르하지 궁전 3 하이든하우스

빈에서 A2 고속도로를 타고 오다가 A3 도로로 갈아타서 조금만 더 가면 아이젠슈타트 팻말을 볼 수 있다. 대중교통을 이용할 경우 빈의 U1 Südtiroler Platz역에서 566번 버스를 타면 아이젠슈타트에서 내릴 수 있다.

▲하이든 교회에서 바라본 아이젠슈타트 마을

• 하이든 교회

(갈보리 언덕 교회 Kalvarienbergkirche)

기라성 같은 음악가들이 활약하던 교회들처럼 웅장하고 거대한 교회는 아니지만 하이든의 숨결이 깃든 아름답고 아담한 교회다. 이 교회는 하이든의 유해가 안치되어 있어 하이든 교회라고 불리지만 정식으로는 갈보리 언덕 교회다. 하이든의 관 뚜껑에는 아기 천사들이 양쪽에서 하이든의 죽음을 애도하고 있는 조각이 있는데, 관이 놓여 있는 뒷벽에는 두 명의 여신이 하이든의 관을 내려다보며 그의 죽음을 슬퍼하고 있다. 이 교회에는 1797년 그가 연주하던 오르간도 보관되어 있다.

입장료를 내고 들어가면 왼쪽에 하이든의 무덤을 볼 수 있으며, 교회 꼭대기로 올라가면 아이젠슈타트 마을과 주변 풍경들을 볼 수 있다. 하이든이 30년간 지내면서 음악 활동을 하던 흔적들이 교회 주변으로 내려다보인다.

▲ 하이든 무덤

+주소 Haydnplatz 1
+전화 +43(0) 2682 62638
+요금 성인 3€(할인 성인 1€)
+정보 haydnkirche.z-web.at

인물 연구

교향곡의 아버지, 프란츠 요제프 하이든

- Franz Joseph Haydn, 1732~1809

'교향곡의 아버지'로 불리는 하이든은 오스트리아 남부 빈촌인 로라우 출신으로 목수의 아들로 태어났다. 다른 음악가들이 음악적 재능을 부모로부터 받은 것과는 시작부터 달랐다.

하이든은 5세부터 친척이자 교회 음악가인 프랑크에게 교육을 받았고 1740년에는 빈의 슈테판 대성당의 소년합창단에 들어가 마리아 테레지아의 총애를 받았다. 하지만 변성기에 들어가면서 하이든은 합창단을 나오게 되었고 이후 10년간 경제적으로 어려운 가운데 불안정한 생활을 해야 했다. 독학으로 음악을 공부하는 한편 귀족 집안의 음악가로 일하기도 하고 세레나데 악단에 참여하여 빈 거리에서 돈을 벌기도 했다. 하이든의 생활이 안정을 찾은 것은 1761년 헝가리의 귀족 에스테르하지 후작 집안의 부악장에 취임하면서부터였다. 1766년에는 악장으로 승진하였고 이후 하이든은 30년 동안 에스테르하지 후작 집안의 악장으로 충실히 근무하면서 100여 곡의 교향곡을 작곡했다.

1790년 에스테르하지 후작이 사망하자 그는 악장에서 물러나 빈으로 돌아왔다. 이후 런던에서 오케스트라를 거느리던 J.D. 잘로몬의 권유로 하이든은 런던을 방문하여 오케스트라 시즌에 출현하며 《잘로몬 교향곡》을 작곡하였고 옥스퍼드 대학에서 명예음악박사를 받기도 했다. 독실한 가톨릭 신자였던 하이든은 만년에 주로 교회 음악 작곡에 전념했는데 뛰어난 미사곡 6곡과 오라토리오의 대작인 〈천지창조〉와 〈사계〉를 작곡했다. 수많은 교향곡과 근대적인 현악 4중주곡, 오페라 등을 작곡하며 고전파 음악의 기반을 마련한 하이든은 77세의 나이로 세상을 떠났다.

• 에스테르하지 궁전

(Schloss Esterhazy)

하이든 교회에서 마을 중심으로 걸어가다 보면 왼쪽에 화려한 건물이 있다. 과거 에스테르하지(Esterhazy) 후작 소유의 궁전으로서 하이든은 이곳에서 30년간 악장을 역임하며 수많은 음악을 연주했다. 내부에는 '하이든 잘'이라는 홀이 있는데, 하이든이 자주 연주를 지휘하던 곳이다. 하이든의 오페라를 생생하게 느낄 수 있는 'Haydn explosive' 프로그램도 있다. 네오 클래식 양식의 내부 장식이 아름다운 홀에서 최첨단 멀티미디어 기술을 이용해 하이든의 오페라를 감상할 수 있으며, 그의 초상화와 자필 문서들, 그리고 하이든 당시의 악기와 오페라 프로그램 등이 전시되어 있어 당시 하이든의 음악 활동을 느낄 수 있다.

+주소 Esterházyplatz 5
+전화 +43(0) 2682 63854-12
+입장 9:00-17:00(4~10월 18:00까지)
+요금 궁 성인 7.5€(할인 6.5€) /
Haydn Explosive 성인 8€(할인 6€)
+정보 kultur.esterhazy.at

• 하이든 하우스

(Haydn-haus)

하이든이 악장을 역임하는 동안 1766년부터 1778년까지 머물던 집이다. 그는 이곳에서 많은 음악들을 작곡했는데, 현재는 하이든 박물관으로서 그와 관련된 여러 유물들을 볼 수 있다. 끊임없이 하이든의 음악이 흘러나오는 가운데 2층에는 응접실과 그의 방이 있고, 자필 원고와 악보들이 전시되어 있다. 부엌, 침실을 지나면 그가 사용하던 피아노를 볼 수 있다. 특히 조명, 화면, 음향의 조화가 돋보이는 감상실에서는 그의 음악을 감상할 수 있다. 이곳에서 〔찬송가 기행〕을 묵상하자.

+주소 Joseph-Haydn Gasse 19 & 21
+전화 +43(0) 2682 719 3000
+정보 www.haydnhaus.at

찬송가 기행

시온 성과 같은 교회

- 새 찬송가 210장, 구 찬송가 245장

이 찬송가는 세계적으로 널리 알려진 'Amazing Grace', 즉 '나 같은 죄인 살리신'의 저자 존 뉴턴에 의해 작시된 곡이다. 노예무역 상인이던 뉴턴은 회심한 후 일평생 교회를 섬겼는데, 구약에서 말한 교회의 영광을 시온에 비유하며 가사를 썼다. 뉴턴에 대한 자세한 내용은 '3권 영국편'에서 참고하자.

존 뉴턴과 비슷한 시기에 오스트리아에서는 신실한 작곡가 하이든이 활동했다. 그는 이 곡을 오스트리아-헝가리 제국의 황제 앞에서 초연했고, 오스트리아 찬송 곡조로 그 용도를 활

용했다. 그는 곡을 쓸 때마다 하나님을 생각하며 작곡한 것으로 유명한데, "나는 하나님을 생각할 때면 늘 부풀어 오르는 감격과 기쁨을 억누를 수가 없어 펜으로 악보들을 정신없이 그리게 된다"고 했다. 이 곡조는 현재 독일 국가의 곡조가 되었다.

2. 멜크

(Melk)

빈에서 서쪽 린츠, 잘츠부르크 방면으로 A1 고속도로를 타고 30분을 넘게 달리다 보면 오른쪽에 푸른 초원에 황금색 거대한 수도원이 나온다. 운전하다가도 찬란하고 아름다운 색상에 한동안 눈을 떼지 못할 만큼 아름답다. 중세시대에 10만 권의 도서를 소장했고, 인쇄술이 발명되기 전 많은 필사본을 보유한 탓에 수많은 수도사들이 중유럽의 보고(寶庫)라고 여긴 곳이 바로 멜크 수도원이다.

움베르토 에코 역시 이 수도원에서 영감을 받아《장미의 이름》을 썼다. 거의 200m나 되는 직선의 긴 복도와 천장 가득한 프레스코 그림들은 이 멜크 수도원의 아름다운 예술 작품들이다.

+주소 Abt Berthold Dietmayr Straße 1, 3390 Melk
+전화 +43 (0) 2752-555-0
+입장 9:00-16:30(5~9월은 17:30까지, 30분 전까지 입장 가능)
+요금 성인 9.5€(할인 5€)
+교통 빈에서 A1 고속도로를 타고 오다 멜크(Melk)에서 빠지면 된다. 대중교통을 이용할 경우 Westbahnhof역에서 출발하는 기차를 타고 멜크역에서 내리면 된다.
+정보 www.stiftmelk.at

3. 바하우 계곡

(Wachau)

오스트리아, 헝가리, 세르비아 등을 거쳐 흑해로 흘러가는 길고도 긴 도나우 강의 구간 중에서 가장 아름다운 강변 마을이다. 멜크에서부터 크렘스(Krems an der Donau)까지의 구간은 너무나 평화롭고 아름답기 그지없는 마을 풍경이 펼쳐진다. 강변 좌우로 난 예쁜 마을과 포도밭은 한 폭의 그림이 따로 없으며, 9월부터는 포도주를 생산하기 위해 아름다운 열매들이 맺힌다.

빈에서는 Franz-Josef-Bahnhof역에서 출발할 수 있는데, U6의 Spittelau역이나 U4의 Heiligenstadt역에서 기차를 타고 크렘스로 향할 수 있다. 이 기차는 강변을 따라 운행된다. 크렘스에서 멜크 사이를 운행하는 1431번, 1438번 버스는 도나우 강의 백미라 할 수 있는 곳을 지난다. 아마도 차창 밖으로 뛰쳐나가고 싶은 마음이 들 것이다.

04 잘츠부르크(Salzburg), 모차르트와 〈사운드 오브 뮤직〉의 도시

프롤로그

'소금의 성'이라는 뜻을 가진 잘츠부르크는 모차르트가 태어난 도시다. 그의 생가, 연주하던 성당, 동상은 물론 시내 곳곳의 상점에 모차르트 초콜릿이 전시되어 있을 만큼 잘츠부르크는 모차르트를 위해 존재하는 도시처럼 느껴진다. 모차르트의 팬은 물론 음악에 문외한인 사람일지라도 잘츠부르크를 거닐다 보면 모차르트의 삶과 음악에 대해 생각하게 된다. 천재 음악가를 배출한 잘츠부르크는 빈과 함께 오스트리아를 대표하는 음악의 도시로 여름철이면 5주에 걸쳐 유럽 최고 수준의 잘츠부르크 음악제가 열려 도시 전체가 콘서트 홀로 변한다. 또한 잘츠부르크와 인근의 잘츠카머구트는 영화 〈사운드 오브 뮤직〉의 배경이 된 곳으로 푸르른 자연 속 아름다운 도시를 여행하다 보면 어디선가 영화 속 아이들의 맑은 노래가 들릴 것만 같다.

잘츠부르크는 도시를 가로지르는 잘자흐 강과, 알프스의 푸르름이 빚어내는 아름다운 경관, 그리고 바로크 양식의 중세 건물들이 잘 보존된 구 시가지의 모습 때문에 세계에서 가장 아름다운 도시라는 찬사를 받는다. 이 도시는 1996년 유네스코 세계문화유산으로 지정되었다.

➡ 교통정보

잘츠부르크는 빈과 인스브루크, 린츠, 뮌헨 등지에서 기차로 연결되어 쉽게 올 수 있다. 동으로는 빈, 서로는 인스브루크, 북으로는 뮌헨과 독일, 남으로 죽 내려가면 이탈리아 북서부를 통해 베네치아로 이어진다. 기차뿐 아니라 자동차로 잘츠부르크에서 갈 만한 곳이 매우 많다. 특히 자동차로 이곳에 온다면 시간을 가지고 여유 있게 둘러보자.

잘츠부르크의 볼거리는 미라벨 정원과 모차르트 하우스를 제외하고는 구 시가지에 몰려 있다. 중앙역에서부터 도보로도 충분히 돌아볼 수 있는 거리다. 중앙역에서 잘자흐 강을 따라 걷다 슈타츠 다리(Staats Brücke)를 건너면 게트라이데 거리인데 본격적인 잘츠부르크 여행이 시작되는 곳이다.

여행tip

잘츠부르크 카드 - Salzburg Card

잘츠부르크에 하루 이상 머물며 박물관이나 성, 궁전 등 내부 관람을 계획하고 있다면 잘츠부르크 카드를 이용해 보자. 잘츠부르크 카드는 시내 대중교통을 무제한 무료로 이용할 수 있으며 모차르트 생가 등 주요 관광지 입장이 무료다. 단 시외로 가는 포스트버스 이용은 적용되지 않는다. 요금은 2011년 성인 기준 24시간 25유로, 2일 34유로, 3일 40유로다. 잘츠부르크 중앙역이나 호텔에서 판매한다.

+온라인 예약 www.salzburg.info/en/sights/salzburg_card

➡ Story

Part 1 › 모차르트 발자취

1. 게트라이데 거리(Getreidegasse)
2. 모차르트 생가(Mozarts Geburtshaus)
3. 모차르트 광장(Mozartplatz)
4. 모차르테움(Mozarteum)
5. 모차르트 하우스(Mozart Wohnhaus)

Part 2 › 〈사운드 오브 뮤직〉 산책

1. 미라벨 궁전과 정원 (Schloss Mirabell und Mirabell garten)
2. 레지덴츠 광장(Residenzplatz)
3. 논베르크 수도원 (Nonnberg Convent, Stift Nonnberg)
4. 호헨잘츠부르크 성 (Festung Hohensalzburg)
5. 헬브룬 궁전(Schloss Hellbrunn)
6. 트랩 대령의 집(Villa Trapp)

Part 3 › 믿음의 발자취

1. 잘츠부르크 대성당 (Salzburg Cathedral)
2. 성 베드로 교회(Stiftskirche St. Peter)
3. 성 베드로 묘지(Petersfriedhof)와 카타콤(catacomb)

➡ 방문정보

Part 1 › 모차르트 발자취

1. 게트라이데 거리

(Getreidegasse)

잘츠부르크 최고 번화가로 유명 상점과 기념품점들이 즐비하다. 꼭 쇼핑을 하지 않더라도 상점마다 걸린 예쁜 수공예 철제 간판이며 예쁘게 진열된 상품들을 돌아보는 재미가 쏠쏠하다. 수

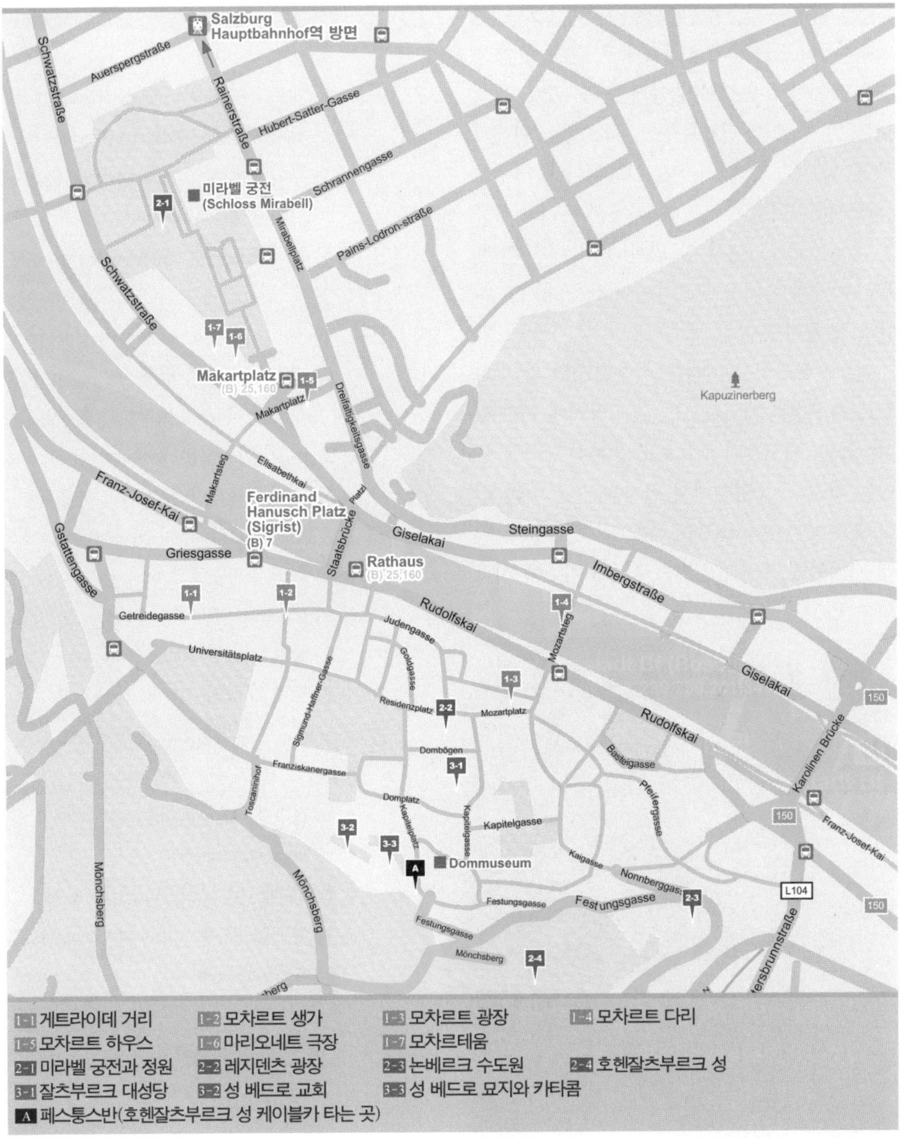
Salzburg
Hauptbahnhof역 방면
Schwatzstraße
Auerspergstraße
Rainerstraße
Hubert-Satter-Gasse
Schrannengasse
미라벨 궁전
(Schloss Mirabell)
Mirabellplatz
Pains-Lodron-straße
Makartplatz
(B) 25,160
Dreifaltigkeitsgasse
Kapuzinerberg
Makartsteg
Elisabethkai
Franz-Josef-Kai
Ferdinand
Hanusch Platz
(Sigrist)
(B) 7
Staatsbrücke
Platzl
Giselakai
Steingasse
Gstattengasse
Griesgasse
Rathaus
(B) 25,160
Imbergstraße
Getreidegasse
Rudolfskai
Judengasse
Mozartsteg
Universitätsplatz
Goldgasse
Sigmund-Haffner-Gasse
Residenzplatz
Mozartplatz
Karolinen Brücke
Dombögen
Basteigasse
Franziskanergasse
Toscaninihof
Domplatz
Pfeifergasse
Kapitelplatz
Kapitelgasse
Mönchsberg
Dommuseum
Kaigasse
Nonnberggasse
L104
150
Festungsgasse
Festungsgasse
Mönchsberg

1-1 게트라이데 거리　1-2 모차르트 생가　1-3 모차르트 광장　1-4 모차르트 다리
1-5 모차르트 하우스　1-6 마리오네트 극장　1-7 모차르테움
2-1 미라벨 궁전과 정원　2-2 레지덴츠 광장　2-3 논베르크 수도원　2-4 호헨잘츠부르크 성
3-1 잘츠부르크 대성당　3-2 성 베드로 교회　3-3 성 베드로 묘지와 카타콤
A 페스퉁스반(호헨잘츠부르크 성 케이블카 타는 곳)

공예 철제 간판은 원래 문맹이 많던 중세시대에 간판만 보고도 무슨 가게인지를 알 수 있도록 하기 위해 시작되었다고 하는데 이후 예술성까지 더해져 세계에서 가장 아름다운 쇼핑 거리가 되었다. 15세기에 세워진 구 시청사와 최대 관광 포인트인 모차르트 생가도 이 거리에 있다.

MUSIKHAUS
NORDSEE

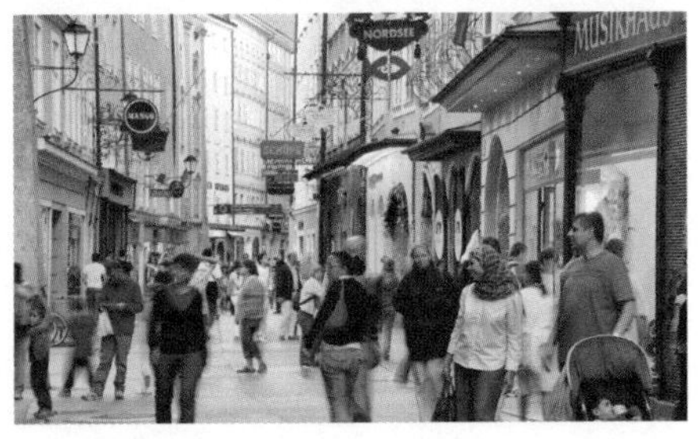

2. 모차르트 생가

(Mozart Geburtshaus)

모차르트 생가는 잘츠부르크 여행에서 빼놓을 수 없는 곳이다. 1756년 1월 27일 음악의 신동 모차르트가 태어난 곳이며, 그가 태어날 때 그의 가족은 이미 26년간 이 건물 4층에 거주하고 있었다. 모차르트의 가족은 모차르트가 17세 되던 해인 1773년까지 이곳에서 살았으며, 이후 미라벨 궁전 근처의 더 큰 집으로 이사갔다.

모차르트 생가는 모차르트 박물관으로 사용되고 있고, 2층에서 티켓을 끊으면 4층으로 올라간 후 관람을 하면서 내려오도록 되어 있다. 모차르트가 태어난 방에는 그가 사용하던 바이올린 등 그가 남긴 흔적들을 간직하고 있다. 이 방에는 그의 아내 콘스탄체와 주고받던 친필 편지도 볼 수 있다. 아래층으로 내려오면 모차르트의 명성이 높아지면서 기사화된 잡지와 신문들이 있다. 이외에도 모차르트 가족의 자료도 있으며 당시 생활 모습을 재현한 것도 있다.

+주소 Getreidegasse 9
+전화 +43(0)662 844313
+입장 9:00-17:30(7~8월은 20:00까지, 30분 전까지 입장 가능)
+요금 성인 7€

천재 음악가 모차르트의 삶의 명암

3세 때 피아노를 치기 시작했고, 6세 때 피아노용 미뉴에트를, 8세 때 교향곡을 작곡한 '음악의 신동' 모차르트, 그는 35세의 짧은 생을 살았지만 〈피가로의 결혼〉, 〈돈 조반니〉, 〈마술피리〉, 〈레퀴엠〉 등 수많은 불멸의 곡들을 남기며 열정적으로 살았다.

잘츠부르크 궁정악단의 음악가였던 아버지 레오폴트와 어머니 마리아 안나는 독실한 가톨릭 신자로 모차르트는 엄격한 가톨릭 신앙 안에서 양육되었다. 레오폴트는 아들의 천재성이 하나님의 기적의 증표라고 믿었고 모차르트를 통해 하나님께 영광을 돌리고자 했다. 이에 그와 가족은 모차르트를 열정적으로 뒷받침했고 모차르트가 6세

되던 해부터 뮌헨을 시작으로 매년 음악 여행을 떠났다. 유럽 전역으로 떠나는 음악 여행을 통해 어린 모차르트는 유명인사가 되었고, 여행 중 만난 음악의 거장들을 통해 그의 음악은 더욱 깊어졌다.

그가 신의 은총을 받은 특별한 사람이며 하나님의 기적의 증표라는 레오폴트의 믿음에 대해 이의를 제기할 사람은 없을 것이다. 하지만 안타깝게도 모차르트는 하나님의 뜻대로 살지는 못했다. 모차르트는 유아세례를 받았고 잘츠부르크 대성당에서 오르간 연주를 했으며 60여 편의 종교 음악을 작곡한 가톨릭 신자였다. 하지만 그의 삶에서 하나님은 나타나지 않았다.

"My wish and my hope is to achieve honour and fame and make money"(나의 소원, 나의 바람은 명예와 명성과 부를 성취하는 것이다).

모차르트의 이 고백은 그의 인생관을 그대로 보여 준다. 그는 음악에 대한 재능과 열정이 대단했지만 사회 부적응자였다. 대인관계에 커다란 결함이 있어서 늘 다른 사람들을 무시했으며 가족을 돌보지 않은 채 주변의 여성들과 정욕을 일삼았고 유부녀들과도 염문이 끊이지 않았다. 모차르트는 과소비와 사치스러운 생활로 인해 늘 돈이 부족해 빚을 지고 살았고 궁핍한 삶 때문에 음악 활동을 해야만 했다. 바흐나 헨델, 하이든이 '하나님의 영광'을 위해 음악을 하던 모습과는 너무나 대조적이다.

비록 오늘날까지 그는 세계에서 가장 뛰어난 음악가로 세상 사람들의 존경과 추앙을 받고 있지만, 그의 삶은 하나님 앞에서 비참하기 짝이 없었다. 결국 말년에 병마에 시달리던 모차르트는 35세의 젊은 나이로 파란만장한 일생을 마감했다.

3. 모차르트 광장

(Mozartplatz)

잘츠부르크의 중심에는 모차르트 다리, 모차르트 광장, 레지덴츠 광장이 연달아 있다. 모차르트 광장에는 이 도시의 상징인 모차르트 기념상이 세워져 있는데 1842년 모차르트를 열정적으로 숭배하던 바바리아의 루트비히 1세의 기부에 의해 뮌헨의 조각가 루트비히 슈반탈러가 만들었다. 모차르트의 부인인 콘스탄츠가 죽은 직후로 모차르트의 두 아들만 참석한 가운데 제막식이 거행되었다.

모차르트 광장 앞에 있는 모차르트 다리는 〈사운드 오브 뮤직〉에서 마리아와 아이들이 도레미송을 부르며 지나갔던 곳으로 이곳에 서면 아이들의 맑은 노래 소리가 들릴 것만 같다.

^ 모차르트 광장에 있는 동상

4. 모차르테움

(Mozarteum)

1841년 모차르트를 기념하기 위해 세워진 모차르트 연구기관으로 모차르트에 관한 자료를 보존하는 기념관과 음악가를 양성하는 모차르테움 음악원이 있다. 모차르트의 유골이 보관되어 있으며 모차르트의 음악 콘서트도 진행된다. 인근에는 〈마술피리〉, 〈피가로의 결혼〉 등 상설 인형극 공연이 진행되는 마리오네트 극장(Marionetten theatre)이 있다.

+주소 Schwarzstraße 26
+전화 +43(0)662 88940 -0
+정보 www.mozarteum.at

5. 모차르트 하우스

(Mozart Wohnhaus)

미라벨 정원 근처에 위치한 모차르트 하우스는 1773년부터 1787년까지 모차르트 가족이 거주하던 곳이다. 구 시가지의 노란색 모차르트 생가는 당시 4층만 모차르트의 집이었는데 아이들이 커 가면서 더 넓은 집이 필요해지자 1773년 이곳으로 이사했다. 분홍색의 예쁜 집으로 구 시가지 생가에 비해 넓고 고급스럽다.

모차르트는 1781년 빈으로 떠날 때까지 이곳에서 살면서 많은 작품을 썼다. 1784년 모차르트의 누나 난넬이 결혼하여 떠난 후 아버지 레오폴트가 혼자 남아 살다가 1787년 숨을 거두었다. 내부의 넓은 공간에는 그가 사용하던 악기와 물품들을 비롯해 모차르트와 가족과 관련된 자료들이 전시되어 있다. 모차르트와 관련된 여인들의 이야기, 모차르트 가족 여행 등 특정 주제별로 구성된 코너도 있다. 관람 시에는 오디오 가이드가 무료로 제공되는데 각 전시물과 관련 있는 모차르트의 음악과 설명이 흘러나와 흥미롭게 관람할 수 있다.

▼ⓒcommons.wikimedia.org/MatthiasKabel 님 사진

+주소 Makartplatz 8
+전화 +43(0)662 87422740
+입장 9:00-17:30(7~8월 20:00까지, 30분 전까지 입장 가능)
+요금 성인 7€

 여행 tip

모차르트 고향에서 즐기는 디너 콘서트

음악의 도시 잘츠부르크에서는 저녁과 함께 콘서트를 즐길 수 있는 디너 콘서트가 많다. 호헨잘츠부르크 성과 미라벨 궁전의 디너 콘서트와 성 베드로 교회 뒤쪽에 있는 슈티프트켈러(Stiftskeller St. Peter)의 모차르트 디너 콘서트가 유명하다.

호헨잘츠부르크 성 디너 콘서트에는 입장료와 케이블카 이용료가 포함되어 있으므로 호헨잘츠부르크 성을 올라갈 계획이라면 디너 콘서트에 참여하는 것도 좋은 선택이다. 호헨잘츠부르크 성과 미라벨 궁전의 경우 식사를 먼저 한 후 장소를 옮겨 콘서트를 보는 반면, 슈티프트켈러에서는 식사를 하면서 공연을 즐긴다. 오페라 본고장에서 수준 높은 공연과 맛있는 식사를 즐기고 싶다면 생각보다 가격이 비싸지 않으므로 특별한 추억을 만들어 보기를 권한다.

+정보 및 예약
www.salzburg-concerts.com,
www.classictic.com/Salzburg

2차 대전 당시 나치를 피해 미국으로 망명했던 가족 합창단 '트랩 패밀리 싱어즈'의 실화를 바탕으로 한 영화 〈사운드 오브 뮤직〉은 견습 수녀 마리아와 트랩 대령 일가의 사랑을 다룬 영화다. 오래된 영화지만 '도레미송', '에델바이스', '안녕' 등 맑고 순수한 노래들이 아름다운 알프스의 경관과 어우러져 전 세계인의 사랑을 받고 있다.

영화의 배경이 된 잘츠부르크에서는 영화 속 촬영 장소를 방문하는 '사운드 오브 뮤직 투어'가 진행되고 있다. 미라벨 정원과 논베르크 수녀원, 성 베드로 교회 등 잘츠부르크 시내의 촬영 장소를 비롯해 인근 잘츠카머구트의 아름다운 경관도 볼 수 있다. 마리아와 트랩 대령이 결혼하던 몬드제 호반의 미하엘 성당도 빼놓을 수 없는데 실제로 트랩 대령과 마리아는 논베르크 수녀원에서 결혼식을 올렸다고 한다.

현지에서 진행되는 가이드 투어는 영어로 진행되기 때문에 다 이해하긴 어렵지만 〈사운드 오브 뮤직〉의 마니아라면 도착하는 순간 영화 속으로 빠져드는 경험을 하게 될 것이다. 잘츠부르크 내 여행객들이 많이 머무는 숙소에서는 〈사운드 오브 뮤직〉을 상영해 주기도 한다. 다시 한 번 영화를 보고 테마 여행에 참가한다면 감동이 더 생생해질 것이다.

티켓은 잘츠부르크역 안내소(information center)에서 구매하거나 현지 여행사 프로그램에 참가할 수 있다. 자가용을 이용한 여행객이라면 개인적으로 돌아보며 영화 속 장면들을 여유 있게 느껴 보는 것도 좋을 것이다.

›사운드 오브 뮤직 투어
+정보 및 문의 www.bobstours.com / www.panoramatours.at

1. 미라벨 궁전과 정원

(Schloss Mirabell und Mirabell Garten)

미라벨 궁전은 여름철 잘츠부르크 음악제 기간을 비롯해 콘서트가 많이 열리는 곳으로 음악 애호가들이 즐겨 찾는다. 특히 어린 모차르트가 대주교를 위해 연주를 하던 곳으로 유명한 대리석 홀에서는 지금도 실내악 연주회가 자주 열린다.

궁전 앞 미라벨 정원은 규모가 크지 않지만 형형색색의 꽃들과 연못, 분수, 조각들이 어우러져 아름다운 경관을 만들어 낸다. 정면으로 보이는 호헨잘츠부르크 성의 모습 또한 매우 아름답다. 미라벨 정원은 영화 〈사운드 오브 뮤직〉에서 마리아가 아이들과 '도레미송'을 부르던 곳이다.

+주소 Mirabellplatz,
+전화 +43(0)662 8072-0
+입장 월·수·목 8:00-16:00, 화·금 13:00-16:00(정원은 새벽 6시경부터 해질 때까지)
+요금 무료

2. 레지덴츠 광장

(Residenzplatz)

바로크 양식의 분수가 아름다운 레지덴츠 광장은 잘츠부르크에서 가장 큰 광장으로 잘츠부르크 대주교의 거주지였던 레지덴츠 궁이 있다. 레지덴츠에는 모차르트가 지휘하던 회의실을 비롯해 황제의 방, 기사의 방 등 볼거리들이 많으며 갤러리에서는 렘브란트, 브뤼헐, 루벤스 등의 명화들도 볼 수 있다. 광장 건너편의 흰색 건물은 글로켄슈필이라는 유명한 종탑으로 매일 오전 7시, 11시, 오후 6시에 35개의 종이 모차르트의 음악을 연주한다. 이어 호헨잘츠부르크 성에서는 '잘츠부르크의 황소'라 부르는 오르간의 우렁찬 소리가 울려 퍼진다.

영화 〈사운드 오브 뮤직〉을 유심히 보면 호헨잘츠부르크 성을 배경으로 광장에서 마리아와 아이들이 함께 다니는 모습을 볼 수 있다. 트랩 대령의 가정교사로 가게 된 마리아가 자신감을 얻기 위해 '나는 할 수 있어'(I have confidence in me)라는 노래를 부르는 장면도 레지덴츠 광장에서 찍은 것이다. 모차르트 광장 앞에 있는 모차르트 다리에서도 마리아와 아이들이 도레미송을 부르며 지나갔다.

3. 논베르크 수도원

(Nonnberg Convent, Stift Nonnberg)

영화 〈사운드 오브 뮤직〉의 주인공인 마리아가 수도원에서 나오는 장면이 영화 앞부분에 나오는데, 바로 그곳이다. 수도원에서 나오는 장면 옆으로 잘츠부르크 시내가 내려다보인다. 〈사운드 오브 뮤직〉 영화를 봤다면 수도원으로 올라가는 길과 내려다보이는 전망, 그리고 수도원의 검게 바랜 문이 그대로 재현되는 모습에 몹시 반가울 것이다. 모차르트 광장에서 올라가는 길이 아담하고 소박하며, 점점 눈에 들어오는 시내와 잘자흐 강의 모습도 아름답다.

+주소 Nonnberggasse 2
+전화 +43 (0) 662 8416070

4. 호헨잘츠부르크 성

(Festung Hohensalzburg)

잘자흐 강 언덕에 우뚝 솟아 있는 호헨잘츠부르크 성은 잘츠부르크의 상징이다. 1077년 게브하르트 대주교에 의해 세워진 것으로 중부 유럽에서 파손되지 않고 보존된 가장 큰 요새다. 로마 교황과 독일 황제의 대립이 심해지던 11세기 교황 측이던 게브하르트 대주교가 독일 제후의 공격을 대비해 세운 성으로 1000여 년의 가톨릭 역사를 고스란히 간직하고 있다. 내부에는 성채 박물관과 중세 무기, 고문 도구, 공예품 등이 전시된 라이너 박물관이 있다. 성 입구에는 슈베르트의 〈보리수〉의 배경이 되었던 보리수 나무와 우물도 볼 수 있다('빈, 불후의 명곡을 찾아서, 슈베르트 편' 참조). 성에서는 대성당을 비롯한 시내 모습이 한눈에 들어오는데 시가지를 굽이굽이 흐르는 잘자흐 강과 구 시가지의 모습이 매우 아름답다. 영화 〈사운드 오브 뮤직〉에서는 성으로 올라가면서 시내가 내려다보이는 길 위에서 '도레미송'을 부르는 장면이 나온다.

성으로 올라갈 때는 걸어갈 수도 있지만 꽤 오래 걸린다. 트로페를반(tropferlbahn)이라고 불리는 케이블카를 이용할 수 있는데 케이블카 비용에는 성 입장료도 포함되어 있다. 저녁에는 저녁식사와 클래식 콘서트를 즐길 수 있는 디너 콘서트도 열린다.

+주소 Mönchsberg 34
+전화 +43(0)662 842430-11
+입장 9:30-17:00(5~9월 9:00-19:00)
+요금 성인 7.4€, 케이블카(성 입장료 포함) 10.5€
+정보 www.hohensalzburg.com

▼돔 광장에서 바라본 호헨잘츠부르크 성

5. 헬브룬 궁전

(Schloss Hellbrun)

〈사운드 오브 뮤직〉에서 가장 인상 깊은 장면이라면 헬브룬 궁전에서 촬영한 부분이 아닐까 싶다. 이 궁전 정원에서 볼 수 있는 유리 정자는 영화에서 가장 아름다운 장면 중 하나다. 대령의 큰딸이 우편배달부 랄프와 함께 이곳에서 사랑을 속삭이며, 대령 역시 마리아에게 청혼을 하던 곳이다. 모차르트 하우스 근처 Makartplatz에서 버스 25번을 타면 헬브룬 궁전에 도착할 수 있다.

+주소 Fürstenweg 37
+전화 +43(0)662 820372-0
+입장 4·10·22월 9:00-16:30
5·6·9월 9:00-17:30
7~8월 9:00-21:00
+요금 성인 9.5€(할인 6.5€)
+정보 www.hellbrunn.at

6. 트랩 대령의 집

(Villa Trapp)

영화 속 트랩 대령의 집은 호숫가에 위치하고 있지만, 실제 트랩 대령 일가가 살았던 곳은 아니다. 트랩 대령의 실제 저택은 시내에서 떨어져 있으며, 2008년 이후 호텔로 일반에게 공개되고 있다. 트랩 대령의 가족이 살던 당시의 스타일을 잘 보존하고 있으며 실제 대령과 아이들이 사용하던 방에서 잠을 잘 수 있다. 집 안 곳곳에 대령과 가족의 사진이 걸려 있어 영화 속 실제 인물의 모습을 보는 즐거움이 있다. 주변에는 트랩 대령 가족이 거닐던 공원도 있어 산책하기에 좋다. 한적하고 쾌적한 곳이긴 한데, 시내에서 떨어져 있고 주변에 편의시설이나 볼거리가 부족해 일반 여행객에게는 다소 지루한 곳이 될 수 있다. 하지만 〈사운브 오브 뮤직〉의 팬이라면 실제 영화 속 인물들이 살던 공간과 거리를 거닐며 영화 속 정취를 생생하게 느끼는 것만으로도 큰 기쁨이 될 것이다.

+주소 Traunstraße 34, Aigen
+전화 +43(0)662 630860
+교통 기차 또는 7번 버스를 타고 Aigen역에 하차. 모차르트 생가 앞 도로에서는 7번을, 모차르트 하우스 앞에서는 160번을 타고 Aigen Bahnhof에서 하차하면 된다.

Part 3› 믿음의 발자취

1. 잘츠부르크 대성당

(Salzburg Cathedral)

잘츠부르크 대성당은 주변 지역에서 교구 성당의 역할을 하던 교회다. 지리적 위치상 독일과 동유럽 사이에서 가톨릭을 전파하는 중개 역할을 하기도 했다. 소금광산에서 나오는 막대한 부를 과시하기라도 하듯, 이 성당의 화려함은 절대 다른 어느 곳에 뒤지지 않는다. 특히 내부에 그려진 그림과 사방에 위치한 파이프오르간의 거대한 파이프는 사람을 압도한다. 6,000개의 파이프로 만들어진 규모는 유럽 최대를 자랑한다. 대성당은

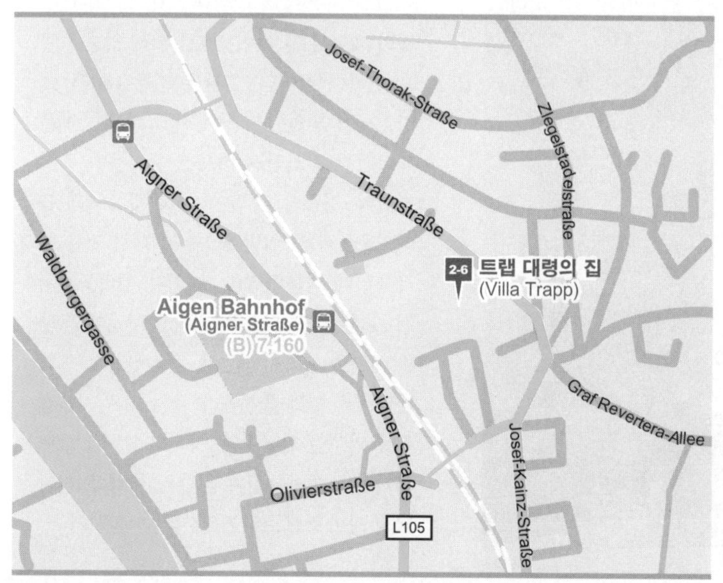

모차르트가 유아세례를 받던 곳이자 어린 시절 미사에 참석해 오르간 연주를 하던 곳으로 그의 작품 중 몇 곡이 이곳에서 초연되기도 했다.

한편 이곳은 프란츠 요제프 하이든의 동생 요한 미하엘 하이든(Johann Michael Haydn)이 40년간 음악 사역자로 활동하던 곳이기도 하다. 미하엘 하이든은 형과 마찬가지로 빈 슈테판 성당에서 소년합창단으로 활동했으며 이후 잘츠부르크 지기스문트 대주교의 궁정 음악단 연주자로 들어갔다. 1771년 지기스문트의 죽음을 애도하는 레퀴엠을 비롯해 평생 360여 곡의 교회 음악을 작곡해 교회 음악의 대가로 불린다. 그는 이곳에서 사역하면서 찬송가 '영광의 왕께 다 경배하며'를 작곡했다.

+주소 Domplatz
+전화 +43(0) 662 8047-7950
+입장 월-토 8:00-18:00, 일·공휴일 13:00-18:00(동절기 17:00시까지, 하절기 19:00시까지)
+요금 무료

찬송가 기행

영광의 왕께 다 경배하며

- 새 찬송가 67장, 구 찬송가 31장

^미하엘 하이든

요한 미하엘 하이든이 작곡한 찬양으로서 전능하신 하나님을 높이는 가사와 너무도 잘 조화되는 곡이다. 동생 하이든은 비록 형 하이든의 명성에 가려지긴 했으나 교회 음악에 관한 업적을 놓고 보면 형을 능가한다. 그는 40년간 잘츠부르크에서 음악으로 하나님께 영광을 돌렸다. 이 찬양을 부르면 마치 전능하신 하나님 앞에서 그분의 이름을 높여 드리는 기분이 든다.

그의 찬양은 로버트 그랜트 경이 붙인 가사와 잘 부합한다. 그랜트 경은 하이든의 곡조에 하나님의 영광을 찬양하는 가사를 붙였는데, 지금까지 예배에서 널리 사용되며 사랑 받고 있다.

그랜트 경이 더욱 위대한 이유는 유대인들의 해방과 정치적 보호를 위해 입법 활동을 했다는 점이다. 그랜트 경은 1807년에 변호사가 되었는데 당시 영국에서 노예를 해방시킨 윌리엄 윌버포스가 활동하던 시기였다. 영국의 제국주의 시절에 노예와 유대인들을 위해 입법 활동을 한다는 것은 매국행위나 다름없었다. 그러나 윌버포스처럼 그랜트 경도 각고의 노력 끝에 유대인 해방 법령을 통과시키는 데 성공했다. 그는 하나님을 높임과 동시에 눈을 돌려 약자들을 위해 싸우던 인물이다. 자신의 고백을 표현하기라도 하듯 4절의 인간의 연약함, 하나님의 자비를 호소하는 가사가 인상적이다.

2. 성 베드로 교회

(Stiftskirche St. Peter)

언덕 아래 웅장하게 세워진 교회가 성 베드로 교회(장크트 페테르 교회)다. 성 베드로 수도원의 교회인 이곳은 성 루페르트(St. Rupert)에 의해 696년에 세워졌다. 그는 오늘의 잘츠부르크를 있게 한 인물로 보름스에서 사제로 임명을 받고, 바이에른 지역으로 파송된 선교사였다. 그가 이곳에 온 후 많은 귀족들을 개종시키고, 가는 곳마다 놀라운 복음의 영향들이 나타났다고 한다. 그는 복음 전파의 핵심이 '교육'에 있음을 알고 교육을 장려했으며, 교육을 바탕으로 한 많은 교회 개혁을 일으켰다. 또한 이곳에서 생산되는 암염(巖鹽)을 통해 산업을 크게 촉진시켰고, 이를 바탕으로 '잘츠부르크'라는 명칭이 생겨났다. 교회 내부에는 성 루페르트의 무덤이 있다.

한편 성모 채플에는 이곳의 수도원장을 지낸 요한 폰 슈타우피츠의 무덤을 볼 수 있다. 요한 폰 슈타우피츠는 루터의 스승으로서 아우구스티누스 수도원 시절 루터의 신학에 지대한 영향을 미친 영적 아버지와 같은 존재다(에르푸르트 참조). 하지만 루터가 가톨릭 교리에서 벗어나면서 점차 멀어지게 되었고 종교개혁 당시 루터를 변호하다가 가톨릭으로부터 루터의 동조자라는 의심을 받았다. 그는 1522년 베네딕토회 수사가 되어 이곳 수도원장이 되었다.

성 베드로 교회는 모차르트의 지휘로 〈다단조 미사곡〉이 최초로 연주된 곳으로 매 음악제 때에 〈다단조 미사곡〉을 연주한다.

+주소 St. Peter-Bezirk 1
+전화 +43(0)662 844576
+정보 www.stift-stpeter.at

3. 성 베드로 묘지와 카타콤

(Petersfriedhof & catacomb)

성 베드로 교회 인근에는 수도원 건물이 있고, 그 안으로 들어가면 베드로 공동묘지가 조성되어 있다. 이곳에는 모차르트의 누이인 마리아 안나 모차르트(난넬)와 미하엘 하이든의 무덤도 안장되어 있다. 영화 〈사운드 오브 뮤직〉에서 대령의 가족이 독일군을 피해 숨어 있던 곳이기도 하다.

묘지에서 절벽으로 올라가면 215년부터 그리스도인들이 거주했다고 알려진 카타콤을 볼 수 있다. 마르쿠스 아우렐리우스 황제의 박해 이후 많은 그리스도인들이 맨손으로 절벽에 토굴을 파서 숨어 지내던 곳이다. 생명의 위협 속에서도 신앙을 지키던 이들의 순결한 믿음을 느낄 수 있는 곳, 하지만 모차르트와 〈사운드 오브 뮤직〉의 인기에 가려져 외면을 받고 있다. 초기 그리스도인들의 흔적이 잊혀져 가고 있음이 안타깝다.

05 잘츠부르크 주변(Salzburg), 아름다운 호수 마을

➡ 프롤로그

잘츠부르크 주변에는 너무도 아름다운 곳들이 많다. 잘츠부르크에서 A1 고속도로를 타고 동쪽 빈 방면으로 20~30분 달리면 오른쪽으로 호수들이 보인다. 처음 접하는 호수의 이름이 몬드제 호수(Mondsee)이며, 팻말에 나오는 몬드제(Mondsee)는 몬드제 호수에 인접한 마을이다. 이 마을에 있는 노란색 예쁜 성당은 〈사운드 오브 뮤직〉의 대령과 마리아가 결혼을 한 미하엘 성당으로 많은 관광객들의 사랑을 받는 곳이다.

몬드제 호수 남쪽으로 볼프 강 호수(Wolfgang-see)와 푸슐암제(Fuschl am See) 호수도 너무나 아름답다. 볼프 강 호수 서쪽 끝자락에 위치한 장크트 길겐(St. Gilgen)이라는 마을은 모차르트의 어머니 안나 마리아가 태어난 곳으로, 호숫가에 위치한 이슐러 가(Ischlerstraße) 15번지에는 모차르트와 그의 어머니를 기념한 명판이 있다.

몬드제에서 빈 방면으로 달리다 보면 그문덴(Gmunden)이라는 마을이 나오는데, 이 마을과 인접한 트라운제(Traunsee) 호수는 브람스가 너무나 사랑하던 곳이었다. 특별히 물이 맑으며 호수에서 바라보는 주변 풍광이 아름답다.

그문덴에서 145번 국도를 따라 남쪽으로 30분가량 달리면 잘츠카머구트의 백미라 할 수 있는 할슈타트(Hallstatt) 호수와 마을이 나온다. 확신하건대 이 마을과 호수를 본 순간 달력이나 어디선가 봤을 법한 광경에 탄성부터 나올 것이 분명하다.

➡ 방문정보

• '고요한 밤 거룩한 밤' 교회

잘츠부르크 북서쪽으로 오베른도르프(Oberndorf)라는 마을이 있다. 정식 명칭은 'Oberndorf bei Salzburg'로서 이 마을에서 세계적으로 유명한 성탄 찬송인 '고요한 밤 거룩한 밤'이 태어났다. 잘츠부르크에서 156번 국도를 타고 가면 이 마을로 진입할 수 있다. 대중교통을 이용하려면 잘츠부르크에서 기차를 타거나 혹은 기차역 앞에서 111번 버스를 타면 오베른도르프에 도착할 수 있다.

낮은 언덕 위에 세워진 팔각형의 작은 이 교회에서 성탄절 때면 부르는 유명한 찬송가가 태어났다. 하이든, 슈트라우스, 모차르트 같은 이들에 의해 만들어진 것이 아니라 무명의 3인에 의해 만들어진 이 찬송은 성탄을 대표하는 세계인의 찬송가가 되었다.

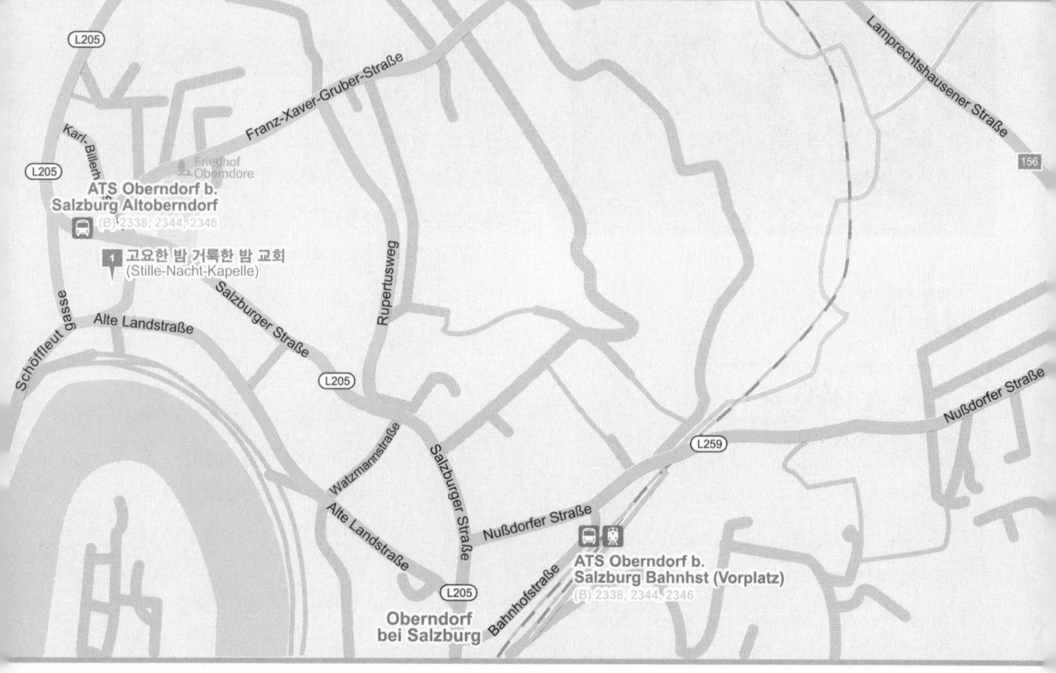

고요한 밤 거룩한 밤 악보

찬송가 기행

고요한 밤 거룩한 밤

- 새 · 구 찬송가 109장

작은 마을 오베른도르프에 이름 없는 26세의 목회자 조셉 모르(Joseph Mohr) 목사가 시무하고 있었다. 성탄절이 다가오는데, 교회의 오르간이 고장 났다. 근심하고 있을 때, 성도 중 한 명이 출산하게 되었고 어쩔 수 없이 그 가정을 방문했다. 가난한 가정에서 태어난 아기를 축복하며 그는 예수님의 탄생을 떠올렸다. 모르 목사는 이날 밤을 회상하며 시를 적어 내려갔다. 성탄절을 위해 오르간 반주자에게 이 시를 전해 주면서 곡조를 붙여 달라고 부탁했다. 오르간 반주자 그뤼버(Grüber)는 오르간 대신 기타를 꺼내 들었다. '장엄한 악기' 오르간이 고장 나자 대신에 '세속적인 악기' 기타를 꺼내 든 것이다. 이렇게 모르 목사의 곡과 그뤼버의 기타 곡으로 탄생한 것이 '고요한 밤, 거룩한 밤'이다. 마침 오르간을 수선하기 위해 온 칼 마우라키는 이 연주를 듣고 감동을 받은 나머지 악보를 그려 이 곡을 알렸다.

역사에는 '만약에'라는 가정이 무의미하지만, 만약에 성탄절에 오르간이 고장 나지 않았다면, 그뤼버가 오르간이 고장 났을 때 작곡과 연주를 하지 않았다면, 마우라키가 오지 않았다면 이 곡은 우리에게 전달되지 않았을 것이다. 무명들이 만든 명곡이었다.

이 에피소드를 들으면서 생각나는 구절이 있다. 우리는 늘 '거창한' 꿈을 꾸며 그것을 '하나님께 영광'이라고 표현한다. 그 영광이 하나님을 위함인지, 아니면 자신을 위한 것인지는 모르지만…. 그러나 하나님은 우리에게 다음과 같이 말씀하신다.

"네가 적은 일에 충성하였으매 내가 많은 것을 네게 맡기리니"(마 25:21).

^ 모차르트 어머니가 태어난 장크트 길겐 마을

10. 체코

- Czech

체코 이야기

21세기 들어 여행자들의 관심이 폭발적으로 집중된 체코이지만 대체로 프라하에 한정되며, 기독교와 관련된 다양한 자료들이 많이 알려지지 않았다. 체코 방문의 키워드는 '얀 후스'와 '신구교의 갈등'이다. 이 주제 안에서 종교개혁과 모라비안 경건주의자들의 계보와 신앙의 흐름이 이해된다.
이 주제를 모르고 방문한다면 프라하는 아름다운 강이 흘러가는 붉고 예쁜 도시에 지나지 않을 것이다.

프라하에는 후스와 케플러, 티코 등의 신앙의 유산들이 남아 있다. 후스의 고향인 체코 남부의 후시네츠와 신구교의 피비린내 나는 전쟁이 펼쳐진 타보르도 방문해 볼 만한 곳이다. 또 체코 동부의 브르노에는 교과서에서만 만난 '유전학의 아버지' 멘델이 활동하던 흔적이 남아 있다. 체코의 소박하면서도 진솔한 이야기들을 만나러 가자.

01 프라하(Praha), 프라하와 후스의 종교개혁

➡ 프롤로그

▲카를교에서 바라본 프라하의 상징 프라하 성

20세기 체코는 공산국가였기에 우리에겐 낯선 곳이었다. 다른 동유럽 국가들이 그렇듯이 잘살지 못할 것이라는 편견도 있었다. 그러나 2000년대 들어 드라마와 TV 광고 등을 통해 프라하의 아름다운 모습이 국내에 소개되면서 이제 프라하는 한국 관광객들에게 유럽 여행의 필수 코스가 되었다. 한때 신성로마제국의 황제를 배출하며 유럽의 학문과 문화의 중심지였던 보헤미아의 수도 프라하는 과거의 영광스러움을 간직하듯 아름다운 자태를 뽐낸다.

유네스코 세계문화유산으로 지정될 만큼 중세의 모습을 잘 간직한 구 시가지는 블타바 강과 함께 어우러져 너무나 아름다운 풍경을 만들어 낸다. '북쪽의 로마', '백탑의 도시'라고도 불리는 아름다운 도시, 하지만 프라하는 그 아름다움 너머로 많은 아픔을 간직한 곳이기도 하다. 프라하의 봄, 벨벳 혁명 등 근대사는 물론, 중세시대 민족주의와 종교개혁을 외치다 가톨릭과 황제 권력에 의해 무자비하게 탄압당한 신교도들의 개혁정신이 곳곳에 남아 있다. 오늘날 프라하는 과거 아픔의 역사를 뒤로하고 관광 도시로 거듭났다. 하지만 그 넘쳐나는 인파 속에서 우리의 발걸음을 멈추게 만드는 그들의 자취를 밟다 보면 어느새 프라하는 아름다움 이상의 그 무언가로 다가온다.

Vozovna Střešovice
Pražský hrad
Mariánské hradby
Chotkovy sady
Brusnice
Jelení
Královská zahrada
Patočkova
Keplerova
U Brusnice
U Prašného mostu
Jelení příkop
Staré zámecké schody
Fuestenburská zahrada
Ledeburská zahrada
Nový Svět
Vikářská
Jiřská
Hard III. nadvoří
Zahrada Na valech
Hládkov
Černínská
Kapucínská
Kanovnická
U Kasáren
Loretánské náměstí
Hradčanské nám.
Zámecké schody
Thunovská
Valdštejnská zahrada
Letenská
Ke Hradu
Loretánská
Nerudova
Malostranské náměstí
Pohořelec
Úvoz
Parléřova
Mostecká
Karlův most
Dlabačov
Vrtbovská zahrada
Velkopřev
orské nám.
Strahovská
U Sovových mlýnů
Kinského zahrada
1-1 구 시가 광장과 얀 후스 동상
1-2 구 시청사와 시계탑
1-3 틴 성당
1-4 베들레헴 교회
1-5 카를교
1-6 프라하 성
2-1 케플러 박물관
2-2 케플러와 브라헤 동상
3-1 스메타나 박물관
3-2 드보르자크 박물관
4-1 국립박물관
4-2 바츨라프 광장
4-3 공산주의 박물관
A 루돌피눔
B 킨스키 궁전
C 화약문
D 무하 미술관
E 국민극장
F 존 레논 벽화
G 로레타 성당
H 스트라호프 수도원

Mánesův most
Staroměstská
Starý židovský hřbitov
Široká
Dlouhá
Pařížská
Maiselova
Kaprova
Platnéřská
Celetná
Týnská
Malá Štupartská
Staroměstské nám.
Karlova
Karlovy lázně
Betlémská
Husova
Jilská
Skořepka
Perlová
Rytířská
Železná
Ovocný trh
Na Příkopě
Můstek
Václavské náměstí
Náměstí Republiky
Praha Masarykovo nád
Hybernská
Senovážné náměstí
Jindřišská
Panská
Politických vězňů
Opletalova
Washingtonova
Wilsonova
Hlavní
Národní třída
Jungmannova
Vodičkova
Spálená
Štěpánská
Muzeum
Ve Smečkách
Krakovská
Mezibranská
Žitná
Karlovo náměstí
Resslova
Ječná
Legerova
Sokolská
Bělehradská
Vinohradská
Anglická
Rumunská
I.P. Pavlova
Smetanovo nábřeží
Masarykovo nábřeží
Rašínovo nábřeží
Moráň
Na Moráni
U nemocnice
Kateřinská
Ke Karlovu
Na bojišti
V Tůních
Lípová
Jugoslávská
Londýnská
Rubešova
Balbínova
Legerova

➡ 교통정보

한국에서 프라하로 가는 직항이 있어 편하게 갈 수 있다. 항공 외에도 유럽 주요 도시들과 기차로 매우 편리하게 연결되어 있고, 유로버스를 통해서도 갈 수 있다. 시내에서도 지하철이 발달되어 있어 이동하는 데 어려움이 없다.

중유럽의 보석이라고 여겨지는 프라하가 한국에 본격적으로 소개된 것은 최근 10년간이다. 그만큼 신비로우면서도 아름답기에 어지간한 곳은 얼마든지 걸어서 다닐 만하다.

프라하 기차역에서 메트로를 타고 A선 Staroměstská역에서 내린 후 프라하 성과 구 시가지 주변을 걸어다니며 만끽할 수 있다. 이외에 떨어진 지역은 다시 메트로나 트램을 이용하면 편리하게 이동할 수 있다.

➡ 모놀로그

프라하는 경치도 아름답지만 다양한 스토리가 있는 곳이다. 그런 만큼 지형별로 표시하기가 여간 어렵지 않았다. 모두 관심사가 다르기 때문이다. 따라서 몇 가지 테마별로 프라하의 이동경로를 엮어 보았다. 드보르자크와 스메타나를 좋아하는 사람이 과학자 요하네스 케플러를 함께 좋아하지 않을 수 있기 때문이다. 따라서 스토리에 따라 이동경로를 정해서 여행하는 것이 좋다.

➡ Story

Part 1› 보헤미아의 종교개혁가 얀 후스

1. 구 시가 광장과 얀 후스 동상 (Staroměstské náměstí & Pomník mistra Jana Husa)
2. 구 시청사와 시계탑 (Staroměstská Radnice)
3. 후스파의 근거지 틴 성당 (Kostel Matky Boží Před Týnem)
4. 후스의 개혁정신을 담은 베들레헴 교회(Betlémská Kaple)
5. 카를교(Karlův Most)
6. 프라하 성(Pražský Hrad)

Part 2› 세계관의 변화를 이끈 요하네스 케플러와 튀코 브라헤

1. 케플러 박물관(Kepler Museum)
2. 케플러와 브라헤 동상

Part 3› 체코의 국민 음악가 스메타나와 드보르자크

1. 스메타나 박물관 (Bedrich Smetana Museum)
2. 드보르자크 박물관 (Antonin Dvořák Museum)
3. 체코 민족의 발상지 비셰흐라드 (Vyšehrad)

Part 4› 체코의 민주항쟁, 프라하의 봄

1. 국립박물관((Národní Muzeum)
2. 바츨라프 광장(Vaclavsky namesti)
3. 공산주의 박물관 (Museum of Communism)

➡ 방문정보

Part 1› 보헤미아의 종교개혁가 얀 후스

1. 구 시가 광장과 얀 후스 동상

(Staroměstské náměstí & Pomník mistra Jana Husa)

프라하 여행에서 빠뜨리지 않고 가는 곳이 바로 구 시가 광장이다. 구 시가 광장은 프라하의 주요 볼거리가 몰려 있는 프라하 관광의 핵심

지역으로 과거 체코인들의 삶이 녹아 있는 곳이자 격동기를 겪은 체코 역사의 현장이기도 하다. 1945년에는 독일 나치에 의해 구 시청사가 크게 파손되었고 1948년에는 광장 주변의 킨스키 궁전 발코니에서 공산당 선언이 발표되면서 체코의 공산화가 이루어졌다. 1968년 8월에는 '프라하의 봄' 이후 바르샤바 조약군이 탱크를 앞세우고 이 광장을 점령하기도 했다.

체코 역사의 중심인 구 시가 광장에는 커다란 얀 후스 청동상을 볼 수 있는데 우리에겐 매우 낯선 이름이지만 그는 체코의 정신적 지주와도 같은 인물이다. 많은 젊은이들이 무심히 걸터앉아 잡담을 나누는 곳이자 약속 장소로 전락해 버렸지만 체코 역사의 중심인 구 시가 광장을 내려다보듯 서 있는 후스 동상은 체코 역사에서 그의 중요성을 느끼게 한다.

얀 후스는 15세기 보헤미아의 위대한 종교개혁자이자 보헤미아의 독일화 정책에 저항하던 민족주의자였다. 우리는 '종교개혁' 하면 루터를 떠올리지만 후스는 루터보다 약 100년 전 인물로 교황권을 부인하고 오직 성경만이 진리라고 주장하다 가톨릭에 의해 이단으로 정죄 받고 1415년 콘스탄츠에서 화형을 당했다 (체코 후시네츠, 독일 콘스탄츠 편 참고). 구 시가 광장의 청동상은 후스가 화형을 당한 지 500주년을 기념하여 세워진 것으로 동상 밑에는 "진실을 사랑하고, 진실을 말하고, 진실을 행하라"는 그의 명언이 새겨져 있다. 당대 보헤미아의 정신적 지주였던 후스가 화형당하자 그의 추종자들은 황제에 저항하며 후스전쟁을 일으키기도 했다. 하지만 가톨릭 세력인 합스부르크 가 군대에 저항하던 후스 추종자들은 결국 1621년 빌라호라 전투에서 참패한 후 프로테스탄트 지도자 대부분이 국외로 추방되었고 27명은 이곳 구 시가 광장에서 처형당했다. 이후 합스부르크 가의 극심한 종교 탄압과 반종교개혁운동으로 체코의 암흑기가 시작되었다.

2. 구 시청사와 시계탑

(Staroměstská Radnice)

구 시청사는 크지 않은 소박한 건물이지만 천문시계(Astronomical Clock)와 구 시가지를 한눈에 조망할 수 있는 전망대가 있어 늘 사람들로 북적이는 곳이다. 아름다운 프라하의 전경을 보기 위해 많은 관광객들이 이 탑을 오르지만, 탑에 예배당이 있다는 사실을 아는 사람들은 많지 않다. 광장 주변에 크고 아름다운 성당들이 즐비한데 이 좁은 탑 안에 왜 예배당이 있을까 의아해지곤 한다. 이 예배당은 과거 구 시가 광장에서 처형이 있을 때마다 기도를 하던 곳이다. 1621년 프로테스탄트 지도자 27명이 처형되었을 때도 이곳에선 기도가 올려졌을 것이다. 예배당 아래 외벽에는 당시 처형된 27명의 이름이 적힌 명판이 있다. 또 돌출된 창 오른쪽 아래 길바닥에는 27개의 흰 십자가 돌 문양이 있는데 당시 처형된 지도자들의 머리를 모아 둔 곳이라고 한다. 처형당한 장소에는 왕관 모양의 칼을 교차한 커다란 십자가가 있다. 당시 황제 권력에 의해 무참하게 이루어진 처형을 암시하는 듯하다. 바닥에 새겨진 1621은 처형된 연도를 나타낸다. 400여 년이 지난 지금 잊혀져 가는 이 아픔의 역사를 바닥의 십자가들만이 묵묵히 간직하고 있다.

+주소 Betlémské náměstí 1
+입장 4~10월 9:00-18:00 / 11~3월 9:00-17:00(월요일 11:00부터)

현장 취재

허무한 인생을 향한 메시지, 천문시계

시계탑의 천문시계는 프라하 관광의 하이라이트로 매 정시가 되면 이 천문시계의 쇼를 보기 위해 수많은 사람들이 몰려든다. 위아래 두 개의 원으로 구성된 천문시계는 당시 천동설에 기초를 둔 우주관과 기독교의 기념일들을 표시하고 있다. 칼렌다륨이라고 불리는 위의 원은 지구를 중심으로 회전하는 태양과 달 그리고 기타 천체의 움직임을 나타내는데 1년에 한 바퀴를 돌며 년, 월, 일, 시간을 나타낸다. 플라네타륨으로 불리는 아래 원은 12개의 계절별 장면을 묘사한 것으로 농경 생활과 관련이 있다.

매시 정각이 되면 종소리와 함께 해골이 줄을 당겨 종을 치고 작은 문으로는 열두 사도의 인형들이 나와 원을 그리며 돌아간다. 타종이 끝나면 '베드로의 닭'이라고 불리는 맨 위의 황금 닭이 울면서 천문시계의 쇼는 끝난다. 짧은 시간에 일어나는 인형들의 움직임에 많은 이들이 그저 신기해하며 바라보지만, 이들 움직임에는 모두 의미가 있다. 시계 양 옆에는 4개의 인형이 있는데 모래시계를 든 해골은 죽음을, 거울을 든 청년은 허영을, 금자루를 든 유대인은 부에 대

한 욕심을, 악기를 든 터키인은 쾌락을 의미한다. 종소리와 함께 모래시계를 든 해골이 움직이는 것은 부와 쾌락과 허영을 추구하는 인간들에게 곧 죽음의 시간이 닥칠 것임을 암시하며, 죽음 앞에서 모든 것이 헛되다는 메시지를 전하고 있다. 반면, 고개를 가로젓는 다른 인형들은 "아니야, 그럴리가 없을 텐데…" 라고 말하는 세상의 어리석은 인간들을 묘사하고 있다. 허무한 인생들을 향한 짧지만 강력한 메시지, 유럽에 수많은 유명한 시계탑들이 있지만 이 천문시계가 더욱 사랑받는 이유인 것 같다.

+주소 Celetná 5
+전화 +42(0)222 318 186
+입장 화-토 10:00-13:00, 15:00-17:00
+정보 www.tyn.cz

3. 후스파의 근거지 틴 성당

(Kostel Matky Boži Před Týnem)

구 시청사 맞은편 킨스키 궁전 옆에는 두 개의 첨탑이 인상적인 아름다운 교회가 있다. 프라하 구 시가지를 대표하는 이 틴 성당은 과거 후스파의 근거지였던 교회인데 1621년 가톨릭 성당으로 바뀌었다. 높이가 80m에 달하는 첨탑 사이에는 황금 성모 마리아상이 있다. 원래는 후스파의 상징이던 황금 성배가 있었는데 가톨릭 성당으로 바뀌면서 황금 성배를 녹여 성모 마리아상을 만들어 부착했다. 500여 년 전 진리를 위해 죽기까지 싸우던 그들의 믿음을 가리려는 듯 화려하게 빛나는 황금 마리아상이 서글프게 다가온다. 그래서일까, 틴 성당을 바라보는 후스 동상이 더 슬퍼 보인다.

틴 성당의 외관은 고딕 양식이지만 내부는 바로크 양식으로 다소 어두운 분위기를 띤다. 북쪽 벽에 있는 로코코 양식의 거대한 제단과 동북쪽의 아름다운 출입문이 유명하며 보헤미아에 살던 덴마크 천문학자인 튀코 브라헤(Tycho Brahe)의 무덤도 있다.

^튀코 브라헤 무덤

진리와 이권 사이에서

1415년부터 1621년까지 200여 년간 프라하를 중심으로 한 체코는 구교와 신교의 첨예한 투쟁지였다. 1415년은 프라하의 개혁자 후스가 화형당한 해이며, 1621년은 200년간 개신교를 지켜 오던 프라하의 틴 성당이 공식적으로 가톨릭으로 개종하던 해다.

후스의 영향으로 인해 체코 국민들은 목숨을 걸고 진리를 수호했고, 피비린내 나는 칼날 속에서도 믿음을 지켰다. 그러나 세월이 지나고 진리가 시들해지면서 후스의 후예들은 진리냐, 아니면 정치적 이권이냐라는 선택의 기로에 놓였고 결국 가톨릭으로 돌아섰다. 목숨을 걸고 지켜 온 흔적들을 녹여 황금 마리아상을 만들고, 첨탑을 더욱 더 높였다. 이로 인해 프라하는 로마 가톨릭의 호의를 받으며 정치적인 안정을 누렸지만 수많은 후스의 후예들은 가톨릭의 탄압을 받고 다른 지역으로 망명을 떠나야 했다. 핍박 받던 이들이 바로 모라비안 교도들이다. 이들은 사회적 지위와 안위를 마다하고 신앙을 찾아 국경을 넘기 시작했다. 계시록의 표현대로 체코의 '촛대'가 떠나는 순간이었다. 종교개혁의 기초가 된 후스, 그리고 모라비안 교도들이 있던 국가였지만 촛대가 옮겨진 후로 지금까지 이렇다 할 만한 복음의 흔적은 없다. 후스의 고향에서도, 후스 전쟁의 격전지에서도 복음의 생명력은 찾아보기 힘든 나라가 되었다.

무엇인가를 결정할 때는 반드시 책임이 따르게 마련이다. 우리는 종종 진리와 세상의 유혹 사이에서 선택을 강요받을 때가 있다. 기억하라. 명예와 재물, 권력 등은 언제든 만회할 수 있지만 우리에게서 진리의 촛대가 옮겨지면 다시 돌아올 수 없다는 사실을…. 혹시 지금 선택의 기로 속에 있다면 당신의 선택은 무엇인가?

4. 후스의 개혁정신을 담은 베들레헴 교회 (Betlémská Kaple)

프라하에서 후스의 정신을 가장 잘 느낄 수 있는 곳이 베들레헴 교회다. 후스에게 관심이 있는 사람이라면 꼭 방문해 보길 바란다. 체코 개혁의 요람인 베들레헴 교회는 얀 후스가 1402~1412년까지 설교하던 곳으로 당시 교회의 부조리를 개혁하고 말씀만을 전하고자 한 후스의 고민과 개혁정신을 곳곳에서 느낄 수 있다. 후스는 당시 이곳에 모인 3,000여 명의 군중 앞에서 타락한 로마 교회를 비난하고 성경의 권위를 주장하며 종교개혁 사상을 전파했는데 그의 종교개혁은 조용하면서도 과감하게 이루어졌다. 당시 교회에서 성직자들은 라틴어로 설교한 탓에 성도들은 이해할 수 없었다.

후스는 라틴어가 아닌 자국 언어로 설교했고 성경을 체코어로 번역했다. 이로써 무지한 평신도들도 진정한 복음의 메시지를 들을 수 있었다. 그는 성찬 시 성도들 누구나 포도주 예식에 참여하게 했는데, 주님의 피를 상징하는 성배는 후스파의 상징이 되었다.

베들레헴 교회는 다른 성당과는 상당히 다른 분위기다. 외관도 유럽의 화려하고 웅장한 성당들과 달리 심플하고 평범해서 자칫 그냥 지나칠 만하다. 성당 내부도 유럽의 다른 성당들처럼 화려하지 않고 아주 단순하다.

후스는 제단 위의 수많은 성상을 없애고 그

곳에 성경을 올려놓았다. 벽에는 화려한 금장식 대신 찬송가를 그려 넣었다. 베들레헴 교회는 구조도 말씀 선포에 적합하도록 독특하게 구성했다. 높은 천장과 아치들, 긴 장방형인 다른 성당들과 달리 이곳은 설교단을 중심으로 좌석들이 거의 같은 거리에 배치되어 있다. 말씀을 선포하는 설교단에서 성도들의 자리까지도 5m 정도밖에 떨어지지 않았다. 하나님 앞에서 모두가 평등하고 존귀한 존재라는 후스의 생각을 잘 나타내는 구조다.

사제들과 귀족, 그리고 평민이 앉는 자리가 구분되어 눈에 보이지 않는 계급이 형성되어 있던 당시 상황을 고려할 때 후스의 개혁은 매우 과감하고도 실천적인 것이었다. 그가 사용하던 초라한 설교단이 지금도 보존되어 있는데, 오직 말씀만을 전하려는 그의 의지에 다름 아니다.

교회 2층은 작은 박물관처럼 꾸며져 있는데 후스에 의해 진행된 프라하의 개혁 실상을 볼 수 있다. 후스를 기념한 동판이 있고, 연대별로 사건들을 소개해 주는 전시물들이 있다. 콘스탄츠 종교회의에서 화형당하는 그림도 볼 수 있다.

베들레헴 교회는 1661년 가톨릭 성당으로 바뀌었고 1786년에 파괴되었으나 1950년에 옛 모습으로 복원되었다. 후스 당시의 건물벽 3개가 아직 남아 있으며 당시의 역사적 사실을 나타내는 조각 일부를 볼 수 있다.

베들레헴 교회

아직도 후스의 개혁정신을 간직한 이곳에선 매년 후스가 화형당하기 전날인 7월 5일에 그를 추모하는 기념행사가 열린다. 입장권을 살 때 한글로 된 소개문도 받을 수 있으므로 참고하면 좋다. 단, 나올 때는 다시 반납해야 한다.

베들레헴 교회 예배당

+주소 Betlémské náměstí 4
+전화 +42(0) 224 248 595
+입장 4~10월 10:00-18:30
11-3월 10:00-17:30
+요금 성인 40Kč(할인 20Kč)

비전 노트

네 눈을 열라!

카노사의 굴욕을 기억하는가? 1077년 이후 교황은 민중에게 하나님과 다름없었다. 교황의 말은 곧 하나님의 말씀이었고, 사제들의 말에 따라 민중은 천국과 지옥을 넘나들었다. 교황이 발행하는 칙서, 사제가 주는 면죄부는 곧 죄 사함의 증표라고 믿었다. 그런 까닭에 사제들은 자신을 더욱더 권위 있게 보이려고 교회를 높고 웅장하게 만들었고, 성만찬을 강조해서 개개인을 독립된 영혼으로 자유롭게 한 것이 아니라 자신의 영적 권위 아래 굴복시키려 했다. 그런 배경으로 인해 중세 교회는 그렇게 화려하고 웅장하게 축조되었다.

베들레헴 교회를 보자. 건물 자체에 후스의 사상이 그대로 녹아들어 있다. 후스에게 예배 시간에서 가장 중요한 것은 설교였고, 말씀을 민중에게 전하는 것이었다. 교회는 성도가 모이는 곳이며, 각 지체로 구성된다. 역할의 차이는 있겠지만 서열의 차이가 있는 것은 아니다. 또한 오직 구원은 사제가 아닌 하나님만이 베푸시는 것이다. 그런 후스의 개혁사상이 베들레헴 교회 구조에 그대로 녹아들었다. 후스는 어떠한 사제나 추기경도, 심지어 교황도 성경과 반대된다면 그들을 따를 수 없음을 민중에게 알렸다. 성상과 마리아 숭배, 미신적 순례를 배척하고 성경의 내용이 무엇인지를 알려주었다.

후스는 베들레헴 교회에서 많은 시간을 보내며 설교했다. 그가 목숨을 걸고 외친 메시지는 '네 눈을 열라! 그리고 성경을 보라'였다. 교황과 사제의 권위가 걷히고 성경 말씀이 민중의 눈에 들어오기 시작했다. 비록 후스는 1415년 화형을 당했지만 체코인들의 눈을 열어 주었고, 이것은 교황의 권위에 맞서 저항할 수 있도록 해준 원동력이었다. 후스파 저항의 배후에는 후스가 베들레헴 교회에서 외친 개혁사상이 있었다.

^후스 설교단

우리의 신앙생활에도 많은 요소들이 있다. 그것이 미신적으로 변질되느냐, 생명력을 가지느냐는 성경을 근거하느냐에 달려 있다. 우리는 눈을 열어 성경을 주목해야 한다.

5. 카를교

(Karlův Most)

구 시가지에서 프라하 성으로 갈 때 건너게 되는 카를 교는 프라하의 또 다른 관광 명소다. 길이가 516m에 달하는 카를교는 블타바(몰다우) 강에 세워진 13개 다리 중 가장 아름답고 오래되었다. 다리 양쪽에는 고딕 양식의 문과 정교하게 조각된 30명의 성인상이 마주보고 있다.

다리 위에는 그림을 그리는 화가들과 악사들의 연주가 더해져 활기가 넘친다. 카를교에서 바라보는 프라하 성의 야경은 매우 아름다워 밤마다 사람들로 북새통을 이룬다.

6. 프라하 성

(Pražský hrad)

블타바 강 서쪽 흐라차니 언덕에 있는 프라하 성은 역대 체코 왕들의 궁으로 프라하 관광의 하이라이트라 할 수 있다. 성 안에는 왕궁을 비롯해 프라하 최대의 고딕 건축물인 성 비투스 성당과 10세기에 세워져 프라하에서 가장 오래된 성 이르지 교회, 황금 소로 등 볼거리가 많다.

프라하 성 입구에 도착하면 정문 기둥에는 칼과 몽둥이를 들고 잔인하게 사람을 학대하는 조각상이 살벌하게 여행객들을 맞는다.

그리스 신화의 거인 타이탄을 형상화한 이 조각은 18세기 체코가 오스트리아의 지배를 받던 시절에 만들어진 것으로 몽둥이와 칼을 든 거인은 당시 막강한 힘을 가졌던 합스부르크 왕가를 상징하며, 깔려 있는 사람은 체코인들을 묘사한 것으로 피지배인들을 향한 경고의 메시지다. 당시 지배 세력이던 가톨릭 합스부르크 황제의 절대 권력과 승리의 상징이겠지만, 당시 체코인들과 신교도들에 대한 핍박이 어떠했을지 가늠할 수 있다.

정문을 들어오면 보이는 건물은 보헤미아 역대 왕들의 궁전으로 사용되었던 구 왕궁으로 현재는 대통령의 집무실과 영빈관으로 사용되고 있다. 구 왕궁 3층에 있는 대법관의 방은 1618년 가톨릭의 수호자를 자처하며 신교도들을 탄압하던 보헤미아의 왕 페르디난트에 반기를 든 프로테스탄트 귀족들이 가톨릭 관리 두 명과 황제의 비서를 창밖으로 내던진 '프라하 창문 투척 사건'의 현장이다. 이 사건으로 신구교 간의 기나긴 종교 전쟁인 30년 전쟁이 일어났다.

구 왕궁의 뒤편에는 웅장한 성 비투스 대성당이 있다. 구 왕궁과 성당을 지나면 중세시대 연금술사들이 살던 황금 소로가 나온다. 이름대로 작은 골목에 색색의 집들이 늘어서 있어 동화 속을 걷는 듯한 느낌을 준다. 특히 하늘색의 22번 집이 유명한데 프라하의 대표작가인 프란츠 카프카의 작업실이던 곳으로 그의 작품 《성》(城)이 이곳에서 씌어졌다.

∨ 구 왕궁 정문의 압제 당하는 체코를 상징하는 상

∧ 구 왕궁

∧ 성 비투스 대성당

+주소 Hradschin
+전화 +42 (0)224 372 423
+입장 건물 내부 입장 4~10월 9:00-18:00, 11~3월 9:00-16:00(성 안 둘러보기는 24:00까지 가능, 성 비투스 대성당: 일요일은 12:00부터 입장 가능)
+요금 코스에 따라 다름
(주요 코스 성인 250Kč, 할인 125Kč)
+교통 메트로 A Malostranská
+정보 www.hrad.cz

프라하는 천문학의 두 거장인 요하네스 케플러와 그의 스승 튀코 브라헤가 활동하던 곳이다. 덴마크 출신인 튀코 브라헤는 천체 망원경이 없던 시절 육안으로 행성의 운행을 정밀하게 관측했다. 신성로마제국 황실의 천문학자로 프라하에서 활동하던 브라헤는 수많은 관측 자료에도 불구하고 행성의 운행 원리를 밝히지 못하던 중 수학적 재능이 뛰어난 케플러가 브라헤의 연구팀에 합류하면서 행성 운행의 원리를 수학적으로 밝힐 수 있었다. 그것이 바로 그 유명한 케플러의 법칙이다.

1. 케플러 박물관

(Kepler Museum)

프라하의 주요 볼거리 중 하나인 카를교 근처에는 과거 케플러가 살던 집이 있다. 카를교에서 횡단보도를 건너 시작되는 카를로바 거리 오른편에 케플러의 명판을 볼 수 있으며, 명판 밑의 아치를 지나면 오른쪽으로 케플러의 집이던 작은 박물관이 나온다. 집 앞에 있는 청동 지구본이 케플러의 집이었음을 상징적으로 알려 준다. 이곳은 케플러가 브라헤의 천문학 연구팀에 참여하기 위해 프라하로 온 후 거주하던 곳으로 케플러의 제1, 제2 법칙이 소개된 《새 천문학》이 씌어진 곳이다.

케플러 박물관

사실 케플러 박물관은 그의 명성을 생각할 때 규모나 전시물 모두 당황스러울 만큼 실망스럽다. 하지만 케플러의 법칙이 세계관과 과학사에 미친 영향을 아는 과학도라면 케플러가 한때 살았다는 사실만으로도 이곳은 가슴 떨리는 곳이 될 것이다.

케플러 박물관 팻말 뒤로 카를교 입구가 보인다.

+주소 Karlova 4
+입장 10:00-18:00(월요일 휴관)
+요금 성인 30Kč(할인 20Kč)
+정보 www.keplerovomuzeum.cz/en/

세상을 바꾼 그리스도인

요하네스 케플러

- Johannes Kepler, 1571~1630

"하나님은 마치 건축가처럼, 질서와 법칙에 따라서 세상의 기초를 놓으시고, 그런 방식으로 모든 것을 측정하셨음을 알게 된다."

근대 과학의 창시자 중 한 명으로 평가받는 위대한 천문학자 케플러의 고백이다. 케플러는 뉴턴과 함께 대표적인 기독교 과학자로 알려져 있다. 코페르니쿠스의 지동설 발표 이후에도 아직 대부분의 사람들이 천동설을 지지하던 당시 천체의 움직임을 수학적으로 해석해 지동설을 증명해 낸 케플러의 법칙은 천문학사에서도 매우 중요한 위치를 차지한다.

케플러는 원래 천문학자가 아닌 수학자였다. 그가 천문학의 중요한 원리를 밝힐 수 있었던 데는 질서의 하나님이 세상을 창조하셨다는 신앙적 전제가 결정적인 역할을 했다.

어린 시절 할아버지를 통해 기독교 신앙을 갖게 된 케플러는 우주는 창조주에 의해 설계되었다는 확신을 가지고 있었고, 우주 행성들의 움직임에는 반드시 논리적인 패턴이 있을 것이라고 믿었다. 케플러가 튀코 브라헤 사후 브라헤의 자료를 연구해 세 개의 법칙을 발견하기까지는 20여 년이 걸렸다. 그만큼 행성의 움직임을 법칙화하는 것은 쉽지 않았다. 하지만 수학자였던 과거의 이력과 그의 신앙이 많은 과학자들이 포기하던 행성 운행의 비밀을 풀 수 있도록 인도했다.

케플러는 행성의 궤도를 수학적으로 설명할 수 있음을 발견하자 그에게 지동설을 가르쳐 준 스승 마스트린 교수에게 이렇게 말했다

"저는 자연이라는 책 속에서 인정받기 원하시는 하나님의 영광을 위하여 이것을 발표하려고 합니다. 저는 신학자가 될 생각이었습니다. 그러나 천문학을 통해서도 하나님께 영광 돌릴 수 있다는 것을 알게 되었습니다."

우주의 수학적 질서를 밝힘으로써 지혜의 하나님을 드러내고자 했던 과학자 케플러, 그의 신앙은 근대 과학에 커다란 진보를 가져왔다.

2. 케플러와 브라헤 동상

브라헤는 케플러에 비해 덜 알려져 있으나, 브라헤의 정확하고 치밀한 관측이 없었다면 위대한 케플러의 발견도 불가능했을 것이란 점에서 이 둘은 서로에게 떼려야 뗄 수 없는 존재다. 행성의 궤도가 원이 아니라 타원이라는 케플러의 획기적인 이론에 감명 받은 브라헤는 케플러를 초청했지만 케플러의 재능을 시기한 나머지 자신의 자료들을 잘 보여 주지 않았다. 하지만 두 사람이 만난 지 1년 후 브라헤의 급작스런 죽음으로 케플러는 브라헤의 모든 자료를 볼 수 있게 되었고, 이를 바탕으로 행성의 운행 법칙을 발견할 수 있었다.

브라헤와 케플러는 여러 면에서 대조적이었다. 튀코 브라헤는 귀족 출신인 반면 케플러는 가난한 시골 출신이었고, 눈이 매우 좋아 정확한 관측을 할 수 있었던 브라헤와는 달리 케플러는 지독한 근시였다. 케플러는 수학적 천재였지만 브라헤는 계산에 영 소질이 없었다. 하지만 이렇듯 달랐던 이들의 역사적 만남이 있었기에 서로의 부족한 점을 채울 수 있었고 결국 위대한 법칙이 탄생할 수 있었다. 이러한 둘의 관계를 잘 보여 주는 브라헤와 케플러의 동상을 포호르젤레츠(Pohořelec) 잔디밭에서 볼 수 있다. 6분의를 들고 있는 쪽이 브라헤의 동상으로 브라헤는 사후 틴 성당에 묻혔는데, 제단 앞에 그의 무덤이 있다.

+교통 메트로 A Malostranská역이나 B선 Národní třída역에서 22번 트램을 타고 Pohořelec에서 하차

Part 3 체코의 국민 음악가 스메타나와 드보르자크

스메타나와 드보르자크는 체코가 자랑하는 국민 음악가다. 이들이 활동하던 19세기 중반은 체코가 오스트리아의 지배를 받던 시대였다. 1859년 오스트리아가 이탈리아와의 전쟁에서 패하면서 체코 민족에 대한 억압 정책이 완화되자 프라하를 중심으로 민족운동이 일어나기 시작했다. 이런 시대적 배경에서 체코의 민족정신을 고취시키고자 애쓰던 음악가가 바로 스메타나였다. 스메타나는 대표작 〈나의 조국〉에서 선조들의 자랑스러운 과거를 통해 독립을 위한 용기를 불어넣고자 했다.

국민 음악가인 드보르자크는 스메타나의 영향을 받은 인물이다. 1862년 프라하에는 체코 국민을 위한 가설극장이 세워졌는데 바로 오늘날의 국민극장이다. 드보르자크는 국민극장의 관현악단에서 10년간 비올라 연주자로 일했다. 1866년 스메타나가 국민극장의 지휘자로 부임하면서 드보르자크는 스메타나로부터 큰 감명을 받아 국민 음악가로서 자신의 역할을 깨닫게 되었다. 드보르자크가 작곡가로서 처음으로 주목 받은 곡인 〈빌라 호라의 후계자들〉과 〈후스 교도〉는 그의 애국적 색체를 잘 보여 준다.

이들에 대한 프라하 시민들의 사랑과 존경은 지금까지 이어져 매년 스메타나가 죽은 5월 12일에는 〈나의 조국〉을 시작으로 '프라하의 봄 음악제'가 열린다. 체코의 자랑 드보르자크와 스메타나가 살던 집은 현재 박물관으로 잘 보존되어 있다.

1. 스메타나 박물관

(Bedrich Smetana Museum)

스메타나 박물관은 카를교 아래쪽에 있는데 다리 위에서는 잘 보이지 않는다. 카를교를 지나 구 시가 방면으로 가기 전 횡단보도 오른쪽으로 조금 걸어가면 강변에 스메타나의 동상과 박물관을 볼 수 있다. 박물관에는 그가 사용하던 악기, 자필 편지, 악보 등 스메타나의 생애와 작품을 설명해 주는 자료들이 전시되어 있다.

+주소 Novotného lávka 1
+전화 +42(0)222 220 082
+입장 10:00-17:00(화요일 휴관)
+요금 50Kč, 사진촬영 시 30Kč 추가
+정보 www.nm.cz/ceske-muzeum-hudby/bedrich-smetana.php

2. 드보르자크 박물관

(Antonin Dvořák Museum)

바로크 양식의 대저택과 아름다운 정원이 인상적인 드보르자크 박물관에는 그의 생애를 담은 사진들과 초상화, 흉상을 비롯해 그가 사용하던 피아노와 책상, 친필 편지, 자필 악보 등 다양한 자료들이 잘 소장되어 있다. 2층에는 드보르자크의 음악이 흘러나오는 작은 홀도 있는데 그의 생애를 담은 책들과 CD, 그리고 그가 사용하던 안경, 지갑 등의 소지품들이 전시되어 있다. 그중에는 그가 읽던 성경책도 있다.

+주소 Ke Karlovu 20
+전화 +42(0)224 923 363
+입장 화-일 10:00-17:00(4~9월 목요일은 11:00-19:00, 월요일 휴관).
+요금 50Kč, 사진촬영시 30Kč 추가
+교통 메트로 C, I.P. Pavlova역, 트램역 Stepanska
+정보 www.nm.cz/ceske-muzeum-hudby/antonin-dvorak.php

인물 연구

기독교 음악가 드보르자크

- Antonín Dvořák, 1841~1904

드보르자크는 기독교 음악가로 잘 알려져 있다. 드보르자크는 1873년 국민극장을 떠나 프라하의 성 아달베르트 교회의 전속 오르가니스트로 활동했다. 그의 작품 중 〈스타바트 마테르〉는 교회 음악의 걸작으로 꼽히는 곡이다. 원래는 가톨릭 종교시(宗敎詩)로서 십자가에 못 박힌 그리스도를 바라보는 성모 마리아의 슬픔을 노래한 것이다. 드보르자크가 이 작품을 작곡한 것은 그의 나이 30대 후반, 큰딸의 죽음을 계기로 시작되었다. 장녀인 요세파가 죽은 다음해 둘째 딸과 아들마저 연이어 잃는 슬픔을 겪으면서 그는 큰 시련에 빠지게 된다. 이때 드보르자크는 예수님의 죽음을 바라보는 어머니 마리아를 통해 위안을 얻었다. 자식을 잃은 자신의 슬픔을 마리아의 슬픔으로 표현한 것이 바로 〈스타바트 마테르〉로 이 곡에는 어머니 마리아의 눈에 비친 십자가의 고통이 생생하게 담겨 있다. 신앙을 통해 슬픔을 이겨 낸 드보르자크의 작품 원고 첫 장에는 '하나님과 함께'(With God), 마지막 장에는 '고마우신 하나님'(God be thanked)이라고 쓰곤 했다고 하는데 그의 신앙을 잘 느낄 수 있다.

^ 드보르자크 묘지

3. 체코 민족의 발상지 비셰흐라드

(Vyšehrad)

스메타나와 드보르자크의 민족주의 음악에 관심이 있다면 비셰흐라드 언덕을 방문해 보자. 비셰흐라드 공원 한쪽에는 체코의 명사들이 쉬고 있는 국립명예묘지가 조성되어 있는데 우리나라의 현충원과 같은 곳이다. 스메타나와 드보르자크, 19세기 체코 출신의 유명화가 알폰스 무하 등 체코를 빛낸 명사들이 잠들어 있다. 묘지 앞에는 비셰흐라드의 상징과 같은 잿빛의 웅장한 성 페테르 파울루스 성당이 있다. 비셰흐라드 언덕은 원래 체코의 먼 조상들이 가장 먼저 정착했던 곳으로 알려졌다. 체코의 발상지와 같은 곳으로 후스 전쟁 당시에는 가톨릭파의 거점이었으나 1420년 후스파가 점령하면서 파괴되었고 오랜 세월이 지나면서 폐허가 되었다. 스메타나는 〈나의 조국〉 제1곡에서 체코의 발상지인 비셰흐라드의 영광과 폐허가 된 아픔을 노래했다.

^ 스메타나 묘지

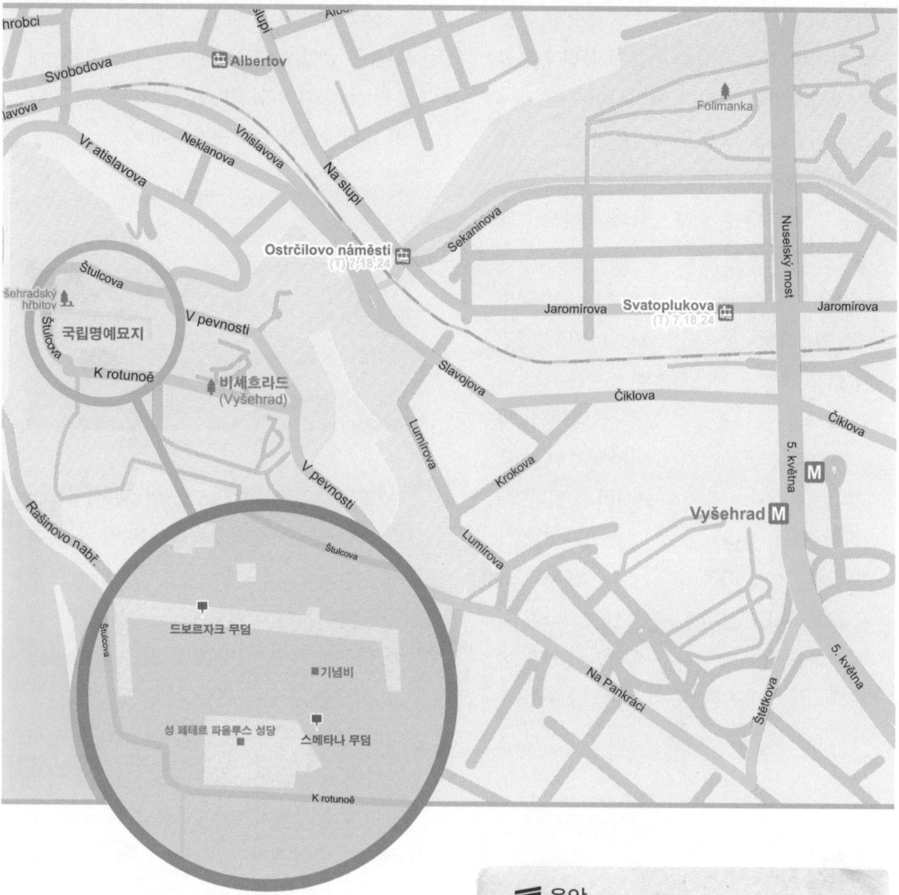

비셰흐라드 언덕에서는 블타바 강과 함께 프라하의 아름다운 전경을 볼 수 있다. 이곳에서 스메타나의 〈나의 조국〉을 감상해 보자. 조국을 향한 그의 뜨거운 애정을 느낄 수 있다. 성 페테르 파울루스 교회 정문에서 묘지 입구로 들어오면 정면으로 만나는 무덤이 드보르자크 무덤이며, 오른쪽으로 가면 기념탑이 보이고, 그 오른쪽에 스메타나의 무덤이 있다(지도 참고).

메트로 C Vyšehrad 역에서 하차해서 언덕으로 올라가면 비셰흐라드에 도착한다.

음악 기행

스메타나의 〈나의 조국〉

^스메타나

스메타나의 〈나의 조국〉은 체코 민족에게 자긍심과 독립의 용기를 북돋우는 곡으로, 체코 역사의 자랑스러운 과거와 아름다운 체코의 자연을 노래하고 있다. 총 6곡으로 구성되어 있으며, 1곡은 체코의 발상지인 비셰흐라드, 2곡은 가장 유명한 곡으로 블타바 강의 독일식 이름인 몰다우, 3곡은 보헤미아의 전설적 여전사인 사르카, 4곡은 아름다운 체코의 자연을 노래한 보헤미아의 숲과 초원이다. 한편 5곡 '타보르'와 6곡 '블라니크'는 후스와 후스전쟁을 배경으로 한 곡으로 체코 역사에서 후스의 중요성을 다시 한 번 느끼게 해준다. 제5곡의 제목인 '타보르'는 후스파의 마지막 격전지였다(타보르 편 참고). 주제 선율은 후스파의 합창곡이던 '동포는 모두 신의 투사'라는 곡으로 후반부의 몰토 비바체의 빠른 멜로디는 후스파의 봉기를 묘사하고 있다. 제6곡의 제목 '블라니크'는 후스파가 진지를 마련하던 산의 이름이다. 초반부에는 평화로운 블라니크 산의 모습이 묘사되다가 이후 적의 습격으로 평화가 깨지면서 격전 속에 후스파가 승리한다는 내용을 담고 있다.

비전 노트

스메타나의 회한, 우리의 과제

스메타나의 음악에는 체코의 역사와 정서가 함께한다. 비셰흐라드에서 듣는 스메타나의 〈비셰흐라드〉는 듣는 이들의 가슴을 울린다. 스메타나는 19세기 외세의 압제를 당하던 당시 현실의 암울함을 넘어 400년 전 피비린내 나는 민족의 종교 전쟁인 후스 전쟁을 기억했다. 그 당시 후스파는 가톨릭 세력의 거점인 비셰흐라드를 점령한 후 폐허로 만들어 버렸다. 그 폐허의 흔적이 지나간 후 같은 장소에서 스메타나는 민족의 아픔을 음악에 담은 것이다. 스메타나는 내부의 분열이 없었더라면 현재의 굴종을 당하지 않았으리라고 느꼈을 것이다.

비셰흐라드에서 바라보는 블타바 강과 프라하 시내 전경

그가 보았을 비셰흐라드의 폐허는 후스파 개신교도들이 가톨릭을 점령한 후 파괴시킨 것이다. 원수와 이웃을 사랑하라고 성경은 가르치지만 현실에선 구교와 신교 간에 많은 살육들이 있었다. 피는 피를 불렀고, 복수는 복수를 낳았다. 단 한 번이라도 그리스도의 말씀을 실천하여 상대를 용서했다면 어땠을까. 물론 구교-신교 간에는 정치적 이해까지 맞물려 용납하기 어려운 부분이 있었겠지만, 항상 구교는 신교를, 신교는 구교를 핍박하고 정죄했다.

비셰흐라드에서 듣는 스메타나의 음악은 애잔하면서도 한편으로는 그리스도인으로서 책임감을 느끼게 만든다. 혹시 마음의 담을 높이 쌓았다면 그 담을 허물고 용서의 손을 내밀어 보자.

과거 체코는 슬로바키아와 연합국가로서 체코슬로바키아로 불리던 시절이 있었다. 1948년 구 시가 광장의 킨스키 궁전 발코니에서 공산당 선언이 발표됨으로써 체코슬로바키아는 공산화되었다. 소련의 위성국가로 오랫동안 소련의 정치적 압박과 간섭을 받아야 했던 체코슬로바키아 국민은 점차 민주와 자유화를 향한 열망이 깊어 갔고 1968년에는 개혁파 정권이 집권하면서 본격적인 자유 민주화 운동이 진행되었다. 이로써 소련의 간섭과 공산정권의 마수로부터 벗어나 자유의 봄이 찾아오는 듯했다. 이를 '프라하의 봄'이라고 부른다.

하지만 프라하의 봄은 오래가지 못했다. 체코의 자유주의 운동이 다른 동유럽 국가에까지 번질 것을 우려한 소련은 바르샤바 조약기구 5개국의 연합군과 함께 탱크를 앞세우고 불법으로 무력 침공을 감행했다. 이에 프라하의 시민들은 바츨라프 광장에 모여 소련의 불법 침공을 규탄하며 비폭력 시위를 벌였고 소련은 이 시위를 잔인하게 무력 진압했다.

그렇게 프라하에는 다시 겨울이 찾아왔다. 하지만 겨울의 매서운 바람도 봄을 막을 수는 없었으니, 많은 시민들의 피로 얼룩진 프라하의 봄은 21년 후에 비로소 완연한 꽃을 피웠다. 1989년 11월 평화적 학생운동을 공산정권이 잔인하게 진압하자 이에 분개한 프라하 시민 50만 명이 바츨라프 광장에 운집하였고 바츨라프 하벨의 주도하에 평화시위를 벌였다. 체코의 공산정권은 결국 퇴진하였고 최초의 자유선거로 하벨 대통령이 선출되었다. 세계 민주주의 혁명사에서 가장 이상적인 혁명으로 여겨지는 이 평화시위를 '벨벳혁명'이라 부른다.

1. 국립박물관

(Národní Muzeum)

바츨라프 광장 남쪽에 위치한 르네상스 양식의 국립박물관은 체코의 대표적인 근대 건축물이다. 임시궁전으로 사용될 만큼 아름다운 건물로, 프라하의 봄 당시 바르샤뱌 조약군이 정부기관이나 TV방송국으로 오해해 총알 세례를 퍼부었는데 지금도 건물 정면에는 총알 자국을 지운 흔적이 남아 있다. 국립박물관 앞에는 바츨라프 왕의 기마상을 볼 수 있다. 1818년 과학박물관으로 개관했으며 각종 화석과 광물, 고화폐 등이 전시되고 있다. 영화 〈미션 임파서블〉의 배경이 되기도 했다.

+주소 Václavské námestí 68
+전화 +42(0)224 497 111
+입장 10:00-18:00(매월 첫 화요일 휴관, 매월 첫 수요일 20:00까지)
+요금 성인 150 Kč
+교통 메트로 A, C Muzeum
+정보 www.nm.cz

2. 바츨라프 광장

(Vaclavsky namesti)

프라하 신 시가지의 중심 거리로 국립박물관에서부터 1km가량 뻗어 있는 대로를 바츨라프 광장이라고 부른다. 보헤미아 최초의 왕인 바츨라프의 이름을 딴 것으로 1968년 무력 침공한 소련군에게 대항하던 '프라하의 봄'과 1989년 '벨벳혁명'의 무대가 된 역사적인 장소다. 벨벳혁명 당시 하벨 대통령의 성명을 듣기 위해 100만 명에 달하는 체코 시민들이 이곳에 모이기도 했다. 민주화를 향한 시민들의 피가 흘려진 곳, 이곳에서 체코의 역사를 생각하다 보면 우리나라의 현대사(現代史)가 떠오른다. 일본의 압제에 평화적으로 저항한 3·1운동과 민주화를 향한 4·19혁명, 광주민주화항쟁까지… 자유와 민주화라는 꽃을 피우기까지는 많은 희생이 필요한 모양이다.

3. 공산주의 박물관

(Museum of Communism)

바츨라프 광장에서 체코의 민주항쟁에 관심이 생겼다면 바츨라프 광장 근처에 있는 공산주의 박물관을 방문해 보자. 과거 체코 비밀경찰의 아지트였던 곳에 조성된 박물관으로 규모는 작지만 체코의 공산주의뿐 아니라 공산주의의 종주국인 소련과 관련된 자료들이 많다. 레닌과 마르크스의 동상을 비롯한 관련 유명인들의 흉상과 초상화가 전시되어 있으며 다양한 공산주의 포스터들은 어린 시절 그리던 반공포스터를 떠올리게 한다.

교실과 상점의 풍경, 오토바이, 식기류 등 생활용품들과 많은 그림들에서 당시 공산주의 치하의 생활 모습을 엿볼 수 있다. 이곳에는 공산주의에 맞서 바츨라프 광장에 운집한 시민들의 모습을 담은 사진들과 하벨 대통령의 흉상 등 벨벳혁명 당시를 보여 주는 많은 자료들도 있다. 혁명 당시의 기록물도 상영하고 있는데 잔인한 무력 진압 앞에 피 흘려 간 많은 희생자들의 기록물들을 보고 있자면 우리의 민주화 과정에서 빚어진 비극이 떠올라 가슴이 아프다. 전쟁과 민주화 항쟁을 겪지 않은 오늘날의 젊은이들에게 이곳은 '세계에서 유일한 분단국가'라는 우리의 현실을 다시금 생각하게 만든다.

+주소 Na Prikope 10
+전화 +42(0)224 212 966
+입장 9:00 - 21:00
+요금 성인 180Kč(할인 140Kč)
+교통 메트로 B. Mustek
+정보 www.muzeumkomunismu.cz

참가자 다이어리

프라하는 정말 아름다운 도시다. 프라하 성에서 내려다보는 빨간 지붕의 시내 전경과 카를교에서 바라보는 야경은 정말이지 적당한 표현을 찾을 수 없을 만큼 아름답다. 하지만 무엇보다도 후스 님과의 만남으로 인해 프라하를 잊지 못할 것이다.

● 최연규, 사랑의교회

카를교에서 바라보는 프라하의 야경은 말로 표현할 수 없을 정도로 아름다웠다. 카메라에도 담을 수 없어 보고 또 보며 눈에, 머리에, 마음에 고이고이 담아 왔다.

● 김지연, 강남교회

02 후시네츠(Husinec), 얀 후스의 고향

프롤로그

보헤미아 남부의 작은 마을인 후시네츠는 우리나라 70~80년대 시골 마을을 연상케 한다. 작지만 그다지 예쁘지 않고, 인적도 드물며, 약간 개발되지 않은 느낌마저 든다. 재래식 스타일의 버스가 운행되며, 주민들의 모습도 시골스럽기는 마찬가지다.

이곳에서 태어난 한 인물이 체코와 유럽을 변혁의 소용돌이로 몰아넣었으니 바로 체코의 종교개혁자 얀 후스다. 그리스도인으로서 믿음의 발자취를 따라가기 원한다면 반드시 후시네츠를 방문해 보기 바란다.

교통정보

프라하에서 기차를 타고 프라하티체(Prachatice)로 오면 이곳에서 버스를 타고 후시네츠로 갈 수 있다. 혹은 프라하티체행 시외버스를 타면 후시네츠에 도착할 수 있다. 프라하 시외버스터미널에서 스트라코니체(Strakonice)를 거쳐 프라하티체로 가는 버스는 후시네츠를 경유하는데 하루에 2~3회 운행한다. 운행 횟수가 많지 않으니 버스 시간을 반드시 확인해야 한다.

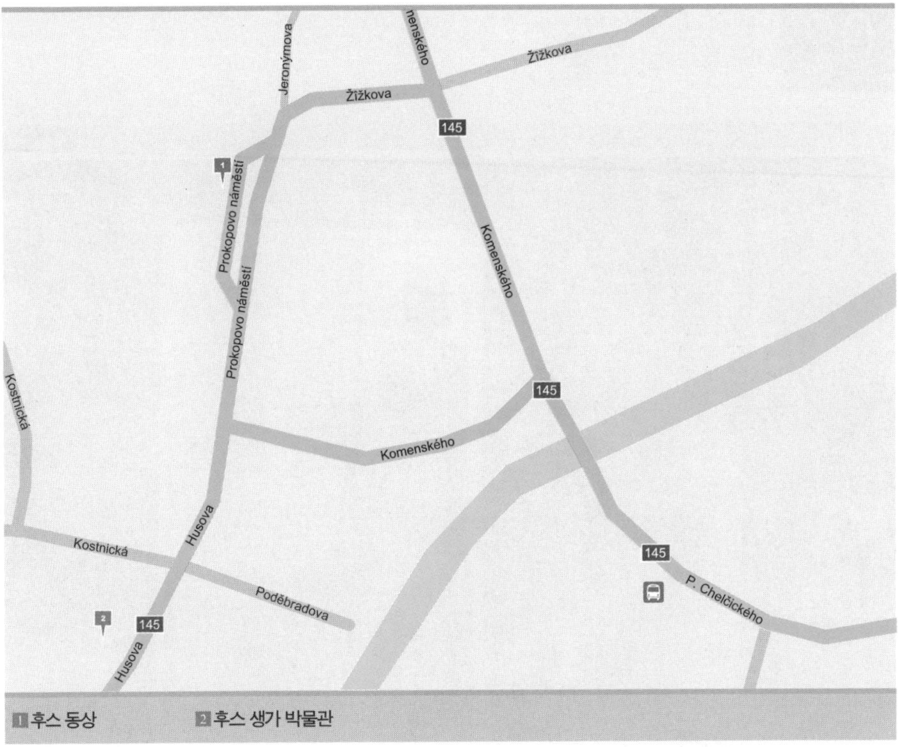

1 후스 동상 2 후스 생가 박물관

- 후스와 관련된 다른 지역:

1. 체코 프라하(프라하 부분 참고)
2. 독일 보름스(종교개혁 기념비)
3. 독일 콘스탄츠(후스의 생애 기념 벽화, 감금 터, 화형장, 콘스탄츠 회의장 등)

➡ Story

1. 후스 동상
2. 후스 생가 박물관(Jan Hus's Memorial)

➡ 방문정보

1. 후스 동상

후소바(Husova) 거리가 시작되는 지점에 젊은 후스의 동상이 있다. 뒤로는 가톨릭교회를 등지고 있는데, 로마 가톨릭에 의해 처형을 당한 후스의 생애를 마치 역설적으로 보는 듯하다. 이 작은 마을에 태어난 개혁가는 체코의 역사를 바꾼 인물이 되었다. 그의 사후 후스 전쟁이 발발했으며, 많은 개신교도들이 이단으로 정죄되어 죽임을 당했지만 이곳에 심겨진 복음의 씨앗은 300년이 지나 모라비안 교도들로 다시 태어나게 되었다.

그러나 오늘날 후스나 모라비안 교도들의 신앙을 이 마을에서는 찾아볼 수 없다. 그저 동상만이 역사적 사실을 입증할 뿐이다.

2. 후스 생가 박물관

(Jan Hus's Memorial)

후스 동상에서 후소바(Husova) 거리를 따라 내려오면 36-38번지 지점에서 작은 박물관을 볼 수 있다. 안으로 들어가면 매표소가 있는데, 바로 이곳이 후스가 태어난 생가이자 박물관이다. 후스는 이 집에서 1372년경에 태어났다. 그 후 프라하 대학으로 알려진 카를 대학에서 신학 공부를 하고, 큰 영향력을 행사했으나 가톨릭 세력과 충돌한 이후 고향인 이곳으로 돌아왔다. 그는 처형당하기 2년 전에 이 집으로 다시 돌아와서 《성직 매매에 대하여》, 《교회론》 등을 저술한 후 독일 콘스탄츠로 소환되어 화형을 당했다. 그가 태어나고, 만년에 큰 영향력을 미친 저서들이 씌어진 곳이 바로 이 집인 셈이다. 그는 프라하에서 활동하는 동안 신학적, 종교적인 문제가 있을 때면 이곳으로 내려와 자신의 사상들을 저술 활동으로 정리하곤 했다. 기념비적인 저술들이 이곳 후스 생가에 잘 보존되어 있다. 그가 화형당한 7월 6일을 기념해 매년 후스와 관련된 행사가 이곳에서 열린다. 그가 영향력을 미친 여러 권의 저서들을 전시하고 있으며, 그가 저술 활동을 하던 것을 복원해서 그의 연구실로 꾸며 놓았다. 그의 초상화와 화형당하는 그림 등 후스의 숨결을 느낄 수 있는 것만으로도 이곳을 방문한 보람이 있다.

+주소 36-38 Husova, Husinec
+전화 +42(0) 725 062 066
+입장 9:00-12:00, 13:00-16:00
(7~8월 17:00까지, 월요일 휴관)
+요금 성인 30 Kč(할인 15Kč)
+문의 pamatnikmjh@husinec.cz

^ 후스의 방

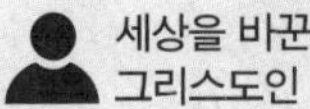

얀 후스와 거위의 꿈

– Jan Hus, 1372~1415

후스는 1372년경 체코 남부 후시네츠에서 태어났다. 그의 부모가 어떤 인물인지, 그가 어떤 어린 시절을 보냈는지는 잘 알려져 있지 않다. 후스는 당시 모든 이들이 선망(?)하는 성직자의 길을 가려고 독일 가톨릭의 영향이 강하던 체코 프라하 대학에서 신학과 문학을 배웠다. 이후 프라하 대학 신학교수를 거쳐 1409년에는 총장의 자리까지 올랐다. 하지만 이 과정에서 후스는 점차 가톨릭교회의 오류와 성경의 진리를 깨닫게 되었고 이에 따라 개혁자의 길을 걷게 됐다. 당시 그를 변화시킨 것은 두 가지 요소였는데, 성경과 위클리프의 사상이다. 위클리프는 영국에서 성경을 번역하면서, 사람이 구원을 받는 것은 예수 그리스도의 은혜로만 가능하며, 성경은 무오하고, 교회와 교황은 성경의 권위 아래 굴복되어야 한다고 주장했다(영국 편 참고). 후스는 이러한 위클리프의 사상을 수용하면서 체코인들에게도 이 내용을 설교로 알렸다.

후스는 프라하 베들레헴 교회를 중심으로 활동했다(프라하 부분 참고). 후스의 가르침은 민중의 삶에 깊이 받아들여져서 프라하 남쪽 타보르 후스파들에게서도 그의 흔적을 볼 수 있다(타보르 부분 참고). 그러나 후스는 이단으로 파문되어 독일 남부 콘스탄츠에서 화형되었다(독일 콘스탄츠 참고).

후스의 삶과 사상을 보면 마치 대중가요 '거위의 꿈'이 생각난다. '후스'는 체코어로 '거위'라는 뜻인데, 후스의 반대파들은 후스가 설교할 때 거위가 꽥꽥거린다고 조롱했다. 후스는 화형당하면서 그들에게 "당신들은 지금 거위 한 마리를 태우지만 100년 후 백조가 나타날 것인데 당신들은 그 백조를 결코 태울 수 없을 것"이라고 예언했다. 그리고 그 예언이 실현되었으니 1517년 95개조 반박문을 내걸고 등장한 마르틴 루터였다.

혹 때론 누군가가 뜻 모를 비웃음 내 등 뒤에 흘릴 때도
난 참아야 했죠 참을 수 있었죠 그날을 위해…
언젠가 나 그 벽을 넘고서 저 하늘을 높이 날을 수 있어요.
이 무거운 세상도 나를 묶을 수 없죠.
내 삶의 끝에서 나 웃을 그날을 함께해요.

-'거위의 꿈' 중에서

참가자 다이어리

어두운 가운데 창문으로 들어오는 부드러운 빛이 인상적이었던 후스의 방과 그곳에 걸려 있던 결연한 눈빛의 후스의 초상화가 잊혀지지 않는다. 어두운 세상 속에서 한 줄기 진리의 빛이 되었던 후스의 삶을 느끼며 자신의 신앙을 돌아보기에 이 조용한 시골 마을 후시네츠는 더없이 좋은 곳이다.

● 최연규, 사랑의교회

03 타보르(Tábor), 후스파의 격전지를 찾아서

➡ 프롤로그

붉은 지붕의 요새 같은 중세풍의 마을인 타보르는 강으로 둘러싸인 평화로운 마을이다. 구시가지는 성벽으로 둘러싸여 시간을 되돌린 듯한 느낌을 준다. 시간이 멈춰 버린 듯 아름답기만 한 이 마을이 과거 피비린내 나는 참혹한 전쟁의 무대였다는 사실이 믿기지 않는다.

후스는 체코의 영혼을 깨운 인물이다. 그러나 그가 죽은 후 가톨릭의 압박이 거세게 밀려왔다. 교황은 칙서를 발행하여 후스파 이단(신교도)들을 죽이면 죄를 사면해 준다면서 개신교도들을 가혹하게 진멸했다. 가톨릭에 군사적으로 대응하던 중심지가 바로 타보르였고, 후스 사후 개신교도들을 이끌던 영웅이 바로 지슈카(Johann Ziska) 장군이었다.

1412년, 모든 공직에서 떠난 후스가 이곳에 오면서 도시 이름을 타보르라고 불렀다. 왜냐하면 예수님의 용모가 변화되던 변화산이 이스라엘에서는 타보르 산이라고 불렸는데, 보헤미아 사람들에게 이 도시는 변화, 혹은 계시의 도시로 인식되었기 때문이다. 실제로 광장에는 변화산 기념교회가 세워져 있을 만큼 도시 건립은 신앙적인 내용을 담고 있다. 그다지 큰 도시는 아니지만 깊은 감동과 교훈을 주기에 충분한 곳이다.

➡ 교통정보

프라하에서 불과 80km밖에 떨어져 있지 않기 때문에 대중교통은 큰 불편이 없다. 프라하에서 기차가 자주 운행되며, 버스도 하루에 20회 이상 운행된다. 기차는 프라하뿐 아니라 체

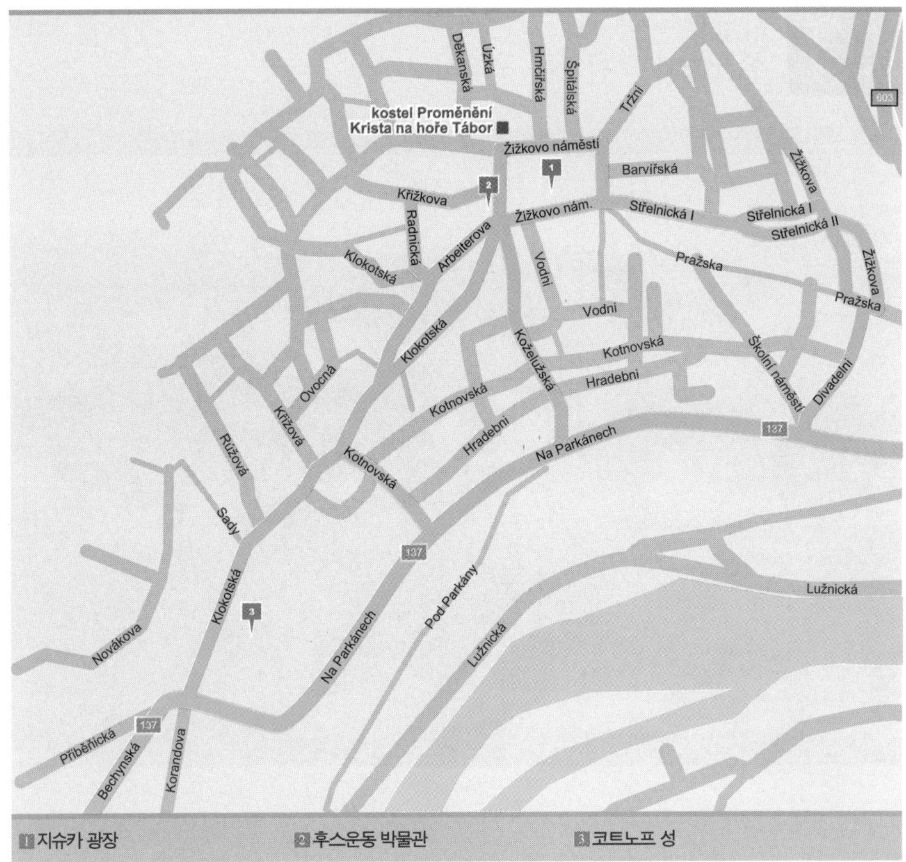

스케부데요비체, 오스트리아 린츠 등지에서 운행된다. 버스는 플제니, 브르노 등지에서 운행된다. 기차역과 시외버스터미널이 가까이 붙어 있고, 시내버스를 타면 구 시가지로 갈 수 있다.

➡ 모놀로그

타보르에서 만난 후스파의 후예들과 후스 전쟁에 대한 정보는 역사 속에 나타난 다른 어떤 종교전쟁과는 다른 의미로 다가온다. 십자군 전쟁을 포함해 대부분의 종교전쟁이 종교라는 명분을 가장한 정치적 투쟁이었다면 후스 전쟁은 살기 위한 몸부림이었다. 지하 동굴을 파면서까지 항전한 지슈카 장군과 후스파 사람들의 투쟁이 눈물겹다.

루터가 개혁을 일으키기 전에 이미 성경을 번역하고 말씀을 실천하려는 이들의 모습은 신앙이 느슨해질 대로 느슨해져 버린 우리들을 크게 일깨우는 현장임에 틀림없다.

➡ Story

1. 지슈카 광장(Žižkovo namesti)
2. 후스운동 박물관(Husitské Muzeum)
3. 코트노프 성(Kotnov Hrad)

→ 방문정보

1. 지슈카 광장

(Žižkovo náměstí)

지슈카 광장은 구 시가지의 중심이다. 체코의 영웅 지슈카의 동상이 있으며, 주변으로 카페와 교회, 집들이 둘러싸고 있는 매우 평화로운 광장이다. 자동차로 올 경우 이곳에 주차를 할 수도 있지만 주차 공간이 그다지 많지 않다는 점을 기억해야 한다. 시청사 건물에 여행안내소가 있어 다양한 기념품은 물론 지도와 안내 자료들을 얻을 수 있다.

여행안내소를 등지고 보이는 왼쪽의 교회는 변화산 기념교회(kostel Proměnění Krista na hoře Tábor)다. 체코어로 그대로 풀어 쓴다면 '다볼 산 위의 주님의 변화 기념교회'인데, 성경을 접해 왔다면 '변화산 기념교회'라는 말이 익숙할 것이다. 이 교회는 지슈카 광장에서 가장 눈에 띄는 멋진 건물로서 탑 위에서 타보르 마을을 바라보는 경관이 일품이다. 이 교회의 탑은 5~8월까지만 개방하며, 10시부터 오후 5시까지 오픈한다. 요금은 성인 15Kč(코루나), 어린이는 6Kč다

∨ 변화산 기념교회

∧ 지슈카 광장의 지슈카 동상

2. 후스운동 박물관

(Husitské Muzeum)

시청사와 인접한 후스운동 박물관은 후스 전쟁 당시의 흔적들을 재현해 놓았다. 1층 입구는 박물관으로 꾸며 놓았으며, 그 아래 지하로 내려가는 길이 있다. 전쟁 당시 주민들이 이곳에 모여서 항전하다가 화재로 인해 수많은 사람들이 질식해 죽었다.

∧ 시청사(흰색 건물) 왼쪽에 위치한 후스운동 박물관

지하로 내려가는 것은 매우 위험하기 때문에 반드시 가이드를 따라 들어가야 하며, 전시관과 지하 가이드 투어는 따로 입장료가 책정되며 통합권도 있다. 지하에 들어서면 좁고 긴 통로들로 연결되는데, 마치 전장의 포화 속에 숨어 지내던 후스파의 숨결이 들리는 듯하다.

+주소 Žižkovo náměstí 1
+전화 +42(0) 381 252 242
+입장 4~9월 9:00-17:00(10~3월은 월·화 휴관)
+요금 어른 80Kč(할인 40Kč), 사진 촬영 티켓 20Kč
+정보 www.husmuzeum.cz

개념 정리

후스 전쟁에 대하여

후스가 체코에서 종교개혁을 일으키자 가톨릭은 콘스탄츠 회의를 열어 후스를 화형에 처했고, 후스를 추종하던 세력들을 진압하기 시작했다. 후스 이전의 체코로 회귀하느냐 아니면 현재의 상황을 유지하느냐의 기로에서 얀 지슈카 장군은 타보르를 거점으로 후스의 사상을 고수하고 가톨릭 세력에 대항했다. 교황은 체코 지역을 진압하여 확고한 권력을 다지기 위해 유럽에서 십자군을 일으켰다. 교황은 칙서를 발행해서 누구든지 후스의 추종자들을 진멸하면 천국으로 직행할 수 있다는 칙서를 발행했다. 결국 많은 사람들이 십자군에 가담하여 타보르로 진격했고, 이후 피비린내 나는 내전이 발생했다.

이런 후스파들의 흔적은 200년 후 모라비안 교도로 나타난다. 체코가 다시 가톨릭으로 선회하면서 신앙을 찾아 독일로 망명하던 이들은 친첸도르프 백작의 호의를 입어 헤른후트에서 정착하게 되었다(독일 헤른후트 부분 참고).

3. 코트노프 성

(Kotnov Hrad)

코트노프 성은 13세기에 건립되어 후스파에 의해 사용된 성으로서 성채와 탑 위에서 성벽을 향해 진군하던 적들에게 쏜 대포들도 볼 수 있다. 마치 전쟁의 함성과 화염 냄새가 나는 듯하다. 이곳에서는 후스 전쟁 당시 후스파 개신교도들의 생활상을 그대로 보여 주고 있으며 성 아래로 흘러가는 강과 마을 주변의 전원 풍경을 감상할 수 있다.

성문처럼 생긴 곳에서 계단을 따라 올라가면 매표소가 나온다. 후스파 전시관에서는 당시 발굴된 유물들을 중심으로 가정용품, 농업용품, 무기 등의 전시물들을 관람할 수 있다.

가장 중요한 곳은 매표소와 같은 층에 있는 전시관 마지막 부분으로서 후스파의 종교적 모습을 엿볼 수 있다. 이미 후스 전쟁이 발발하던 15세기에 후스의 영향을 받아 번역된 자국어 성경이 전시되어 있다. 성찬과 예식이 종교 생활의 주류를 이루던 당시, 이곳에서는 성경이 생활의 중심이었음을 알 수 있다. 성경은 모든 교육의 중심으로서 교과서 기능을 하고 있었다. 후스파는 성경의 말씀을 실천으로 옮겼는데, 가

난한 자들과 병든 자들을 극진히 보살피던 흔적을 볼 수 있다. 이런 실천적인 삶이 당시 후스파 부흥의 원동력이었다.

+주소 Klokotská 127
+전화 +42(0) 381 252 788
+입장 9:00-17:00(10~4월은 휴무).
+요금 어른 40Kč(할인 20Kč),
사진 촬영 티켓 20Kč
+정보 www.husmuzeum.cz

비전 노트

후스파의 믿음

코트노프 성에는 후스파와 관련된 아담한 박물관이 있다. 당시 후스의 후예들이 생활하던 모습을 전시하고 있는 곳이다. 박물관 한쪽에 병자들을 극진히 돌보는 모습과 어린아이들까지 성경을 통해 교육시키는 모습을 그린 그림이 인상적인데, 연약하고 병든 사람들을 사랑으로 돌보며 섬기는 모습에서 그들의 진실함을 배우게 된다. 종교개혁자 후스의 사상을 받아들인 이들은 성경 말씀을 철저하고 진실되게 순종하였다. 믿음의 많고 적음은 지식의 유무에 있는 것이 아니라 말씀을 순종함에 있다는 것을 다시금 깨닫게 된다.

^성경 교육을 하는 모습

^병자들을 극진히 돌보는 모습

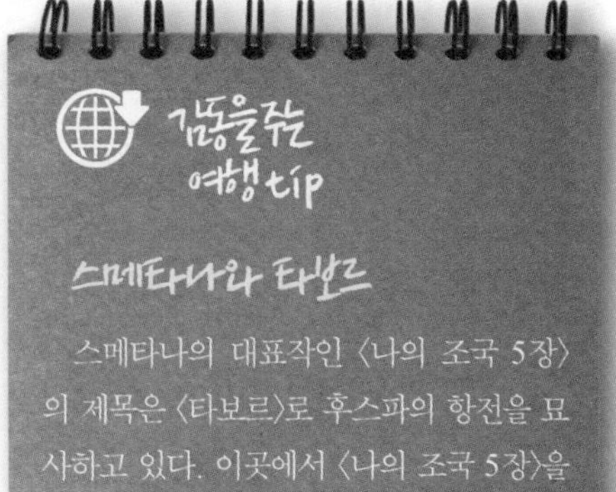
감동을 주는 여행 tip

스메타나와 타보르

스메타나의 대표작인 〈나의 조국 5장〉의 제목은 〈타보르〉로 후스파의 항전을 묘사하고 있다. 이곳에서 〈나의 조국 5장〉을 듣는다면 더욱 생생한 감동에 젖게 될 것이다.

참가자 다이어리

신앙을 지키기 위해 춥고 축축한 땅속에 숨어 살며 가톨릭에 저항하던 후스파의 투쟁이 눈물겹다. 목숨을 걸기까지 수호하던 그들의 신앙 앞에 인스턴트 같은 나의 신앙이 부끄러워진다.

● 최연규, 사랑의교회

04 브르노(Brno), 멘델의 법칙

➡ 프롤로그

▼ 슈필베르크 성에서 바라본 멘델 박물관과 수도원

브르노는 체코 제2의 도시이자 과거 모라비아 왕국의 수도였다. 그러나 프라하의 명성 탓인지 브르노는 체코 제2의 도시라는 말이 무색할 만큼 프라하의 그것과는 사뭇 대조된다. 과장을 보탠다면 마치 우리나라 1970~1980년대로 되돌아온 느낌이다. 유럽 특유의 우뚝 솟은 교회들이 보이지만 위풍당당하기보다는 상냥하고 소박하다.

오늘날 DNA 연구와 유전학 분야는 하루하루가 다르게 급속히 발전하고 있다. 이 유전학의 기원은 브르노의 한 성직자로부터 유래되었다. 우리가 교과서에서 배운 '우성, 열성', 그리고 '완두콩' 등을 실험한 멘델을 만나 보자.

➡ 교통정보

자동차를 이용한다면 오스트리아 빈과 브르노 사이의 E461번 도로를 추천한다. 체코의 다른 지역에서는 느낄 수 없는 모라비아의 소박함이 있고, 마치 우리나라 1970년대로 되돌아온 듯한 느낌이다. 대중교통을 이용할 경우 프라하, 오스트리아 빈, 슬로바키아의 브라티슬라바 등에서 기차로 연결된다. 프라하에서 출발할 경

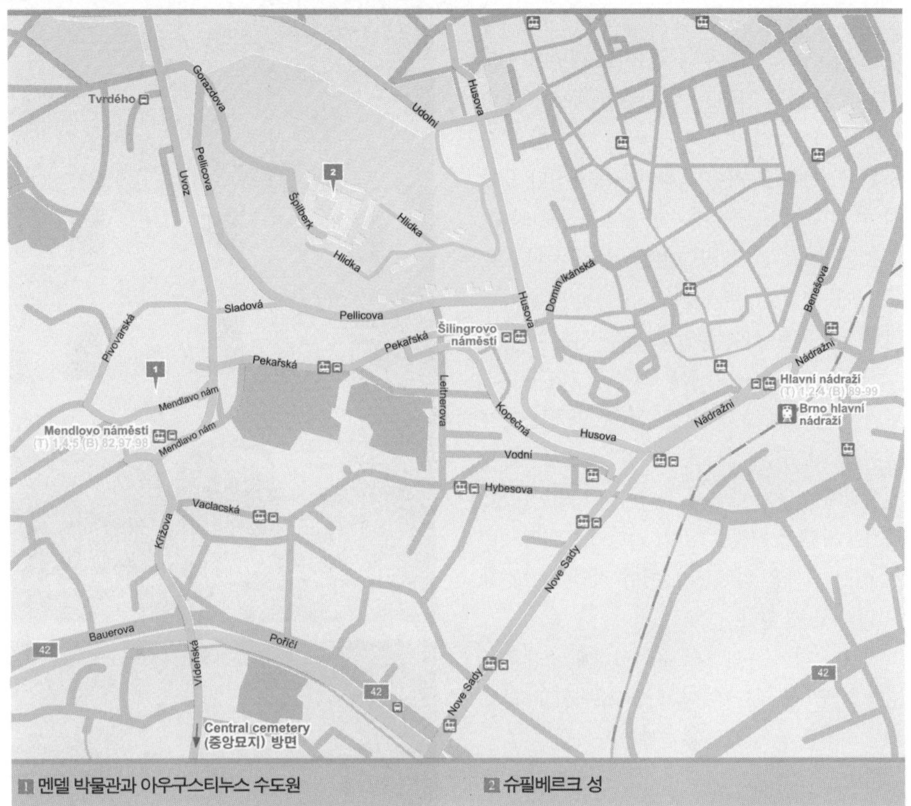

1 멘델 박물관과 아우구스티누스 수도원 2 슈필베르크 성

우 버스가 빠르고 편리하다. 버스가 자주 운행되며 약 2시간 소요된다. 프라하에서 기차를 탈 경우 홀레쇼비체(Holesovice)역에서 출발한다. 브르노 기차역에서 멘델 박물관까지는 버스와 트램이 연결되는데, Mendlovo náměstí에서 하차하면 된다. 이 사이를 운행하는 대중교통은 트램 1, 4번이나 버스 82, 97, 98번을 이용하면 된다.

➡ 모놀로그

브르노는 주요 도시로 이동하는 길목에 자리 잡은 도시로 대부분의 여행자들이 프라하에서 부다페스트로 가는 중간 기착지쯤으로 들른다. 멘델 박물관 외에 추천할 만한 곳은 슈필베르크 성 정도다.

비록 멘델 박물관은 규모 면에서 크지 않지만 사제의 신분으로서 과학사의 한 획을 그은 현장이라는 점, 그리고 학창 시절의 노스탤지어를 느끼게 한다는 점에서 색다르게 다가온다.

➡ Story

1. 멘델 박물관과 아우구스티누스 수도원
2. 슈필베르크 성
3. 브르노 중앙묘지

➡ 방문정보

1. 멘델 박물관과 아우구스티누스 수도원
(Mendelova Muzeum & Augustiniánské Opatství)

Mendlovo náměstí 거리에서 마치 교회 뜰처럼 생긴 곳으로 들어가면 멘델 박물관이다. 걸어 들어오면 오른쪽이 박물관이고 정면이 수도원인데, 수도원 입구 아치 모양의 바로 윗방이 멘델이 사제로서 머물던 곳이다. 그의 방은 수도원 소속이므로 가이드 투어를 통해서만 들어갈 수 있다. 수도원 앞에는 멘델의 동상도 있다.

오른쪽으로 들어가면 멘델 박물관이 나오며, 그 앞에는 150년 전 멘델이 실험하던 것을 기념하여 완두콩을 심어 놓았다. 빨간색과 흰색 꽃이 3:1로 피어 있는 이 작은 정원은 그의 유전의 법칙을 잘 보여 준다. 멘델 박물관 안에는 그가 실험하던 도구들, 저서들이 진열되어 있으며, 유전법칙이 어떻게 세상에 태어나게 되었는지 그 과정들을 잘 소개하고 있다. 그가 수도원장으로서 어떤 의복을 입었으며, 어떤 직인을 썼는지도 직접 볼 수 있다.

전시관 안에는 멘델의 유전법칙을 소개하는 영상을 볼 수 있는데, 마치 중·고등학교 시절 생물 수업을 듣던 때로 되돌아간 듯하다.

박물관 밖에는 멘델이 실험하던 양봉장(beehouse)도 있는데 평소에는 입구가 닫혀 있으며 매표소에서 요청하면 볼 수 있다. 별도의 요금이 추가된다.

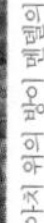

∧아치 위의 방이 멘델의 방이다.

∨수도원 소속 성당

∧수도원 앞 멘델의 동상

+주소 Mendlovo náměstí 1a
+전화 +42(0)543 424 043
+입장 4~10월 10:00-18:00,
11~3월 10:00-17:00(월요일 휴관)
+요금 전시실 성인 60Kč(할인 30Kč)
양봉장 성인 30Kč(할인 15Kč)
+정보 www.mendelmuseum.muni.cz
- 멘델의 방 견학 5~10월 화·수·토 오후 1시,
단체 가이드 투어 요청 시 연중 가능
- 문의 www.opatbron.cz, info@opatbrno.cz

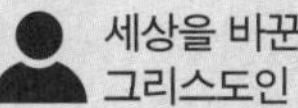

세상을 바꾼 그리스도인

생명의 비밀을 밝힌 유전학자 그레고르 멘델

- Gregor Johann Mendel, 1822~1884

생명공학의 시대라고 불리는 오늘날, 동물 복제는 물론 과거 공상 만화영화에나 등장하던 복제인간도 이론적으로 가능한 시대가 되었다. 이러한 놀라운 시대의 문을 연 사람은 유전학자 그레고르 멘델이다.

멘델은 체코의 가난한 소작인의 아들로 태어났다. 어려서부터 부모님을 도와 농사와 원예를 짓던 멘델은 이때 자연과 친해졌다. 학문에 대한 열정은 컸으나 어려운 가정 형편으로 인해 대학 진학을 포기하고, 1843년 브르노의 아우구스티누스 수도원에 들어갔다. 멘델은 수도원에서 일하며 신학을 공부했고 1847년에는 사제가 되었다. 1851년 수도원의 지원으로 빈 대학에 유학을 가서 과학의 기초를 배웠다. 1853년 수도원으로 돌아온 멘델은 수도원의 일을 보는 한편 수도원 정원에서 완두콩의 교배실험을 하였다. 품종이 다양하고 수분(受粉)이 쉬운 완두콩을 이용한 8년간의 교배실험을 통해 멘델은 유전의 법칙을 발견하였고 1865년 브르노의 자연과학협회에 '식물 잡종에 관한 연구'라는 논문을 발표했다.

하지만 당시 무명의 수도사인 그의 논문은 주목받지 못했다. 더욱이 그의 놀라운 발견을 깨닫기엔 당시 지방 과학협회는 너무 전문적이지 못했다. 어쨌든 여러 이유로 그의 이론은 그렇게 묻혀진 채 1884년 멘델은 수도원장으로 조용히 세상을 떠났다. 그의 사후 35년이 지나서야 그의 이론은 세상의 조명을 받게 되었다. 1900년 네덜란드 과학자 휘호 더프리스와 독일 과학자 코렌스, 오스트리아의 식물학자 체르마크는 독자적인 실험을 통해 멘델의 법칙을 재발견하였고 이후 멘델의 이론은 크게 각광 받아 '유전학의 아버지'라는 칭호를 얻었다. 멘델의 법칙은 비단 유전학뿐 아니라 세포학, 발생학, 우생학 등 생물학 전 분야에 걸쳐 엄청난 영향을 미쳤으며 20세기 생물학 발전의 기점을 마련한 것으로 평가받고 있다.

비전 노트

생물학의 두 거장 다윈과 멘델

과학사상 생물학 분야에서 가장 큰 영향력을 미친 인물을 꼽으라면 대부분 다윈과 함께 멘델을 꼽는다. 이 둘은 동시대를 살았다. 다윈과 멘델은 공통점도 있지만 대비되는 면도 많다. 이 둘은 모두 신학을 공부했으며 이후 생물학을 연구했고 세상에 엄청난 영향력을 미쳤다. 하지만 이들이 걸어온 길과 미친 영향력은 너무나 대조적이다.

다윈은 부유한 의사의 아들로 태어나 케임브리지의 명문 대학에서 공부하였고 생계에 대한 고민 없이 배를 타고 세상을 누비며 자연 관찰과 곤충 채집 등을 즐겼다. 반면 가난한 소작농의 아들로 태어난 멘델은 정식 대학 공부를 할 수가 없어 수도사가 되었고 그에겐 수도원 담장의 작은 정원이 세상의 전부였다. 세상과 분리된 채 고요한 이 수도원에서 그가 할 수 있는 것은 그저 반복적인 실험뿐이었다. 멘델은 8년간 225회의 인공교배를 통해 1만 2,000종의 잡종을 얻어 냈다. 그의 이론은 끈기와 집중력의 결과였던 것이다.

멘델이 겸손함과 끈기 있는 실험을 통해 하나님이 창조하신 생명 현상의 법칙을 밝혔다면 신학의 길을 접고 세상을 누비던 다윈은 하나님을 대적하는 가설을 만들어 많은 사람들을 하나님으로부터 등지게 만들었다. 살아생전 부유함과 명성을 누리던 다윈과 달리 멘델은 가난했고 무명했다. 하지만 훗날 하나님 앞에 섰을 때 이들의 삶은 전혀 다른 평가를 받게 될 것이다.

사람들은 누구나 넓은 세상을 누비며 인정받는 다윈과 같은 삶을 원한다. 하지만 하나님은 멘델처럼 세상에서는 무명해도 겸손하게 하나님께 집중하며 최선을 다하는 삶을 살 때 그 인생을 사용하신다.

개념 정리

성경과 멘델의 법칙

1865년 멘델이 자신의 연구 결과를 발표했을 때 유럽은 6년 전에 발표된 다윈의 《종의 기원》으로 인해 크게 흔들리고 있었다. 반면 일개 수도사 멘델의 연구는 세상에서 전혀 주목 받지 못했다. 《종의 기원》 초판이 하루 만에 매진된 것과는 참으로 대조적이었다.

만약 멘델의 연구 결과가 진화론보다 먼저 발표되었다면 세상은 어떻게 됐을까? 영국의 생물학자 베이트슨은 다윈이 멘델의 실험 결과를 미리 알았더라면 그의 《종의 기원》은 쓰여지지 않았을 것이라고 말했다. 하지만 아이러니하게도 오늘날 멘델의 유전법칙은 진화론의 증거처럼 자주 언급되곤 한다.

다윈의 진화론이 사회적으로 크게 받아들여지던 당시에도 다윈에겐 해결해야 할 문제가 있었다. 자연 선택된 형질이 어떻게 계속 후대에 전달될 수 있는가 하는 것이다. 유전에 대한 지식이 없던 다윈은 동물이 짝짓기를 하면 부모의 형질이 혈액에 섞여서 자식에게 전해진다고 생각했다.

다윈의 생각이 맞다면 백인과 흑인이 결혼하면 황인종의 자식이 나와야 한다. 하지만 실제로 자연현상은 그렇지 않다. 이런 불일치로 인해 고민하던 진화론자들은 멘델의 법칙이 알려지자 이 유전법칙을 진화론과 연결하여 사용하기 시작했고 마치 유전법칙이 진화론을 지지하는 양 인식되었다.

하지만 멘델의 법칙이 말하는 사실은 전혀 다르다. 멘델의 법칙을 요약하자면, 각 개체들은 부모 세대로부터 물려받은 유전 정보를 일정한 질서에 따라 다음 세대로 물려줄 수 있으며 각 종이 가지고 있는 유전 정보 내에서만 변이가 가능하다는 것이다.

즉 부모 세대가 가지고 있는 형질만이 다음 세대에 나타날 수 있다는 것으로 부모 세대와 다른 형질을 가진 새로운 종으로의 전이를 주장한 다윈의 진화론과는 다르다. 성경에는 하나님이 만물을 창조하실 때 '종류대로' 만드셨다고 했다. 다시 말해 하나님은 처음부터 독특한 특성을 가진 다양한 생명체를 만드셨으며, 각 생명체의 독특한 특성은 유전에 의해 보존되는 것이다.

또 하나 흥미로운 사실은 멘델이 발견한 열성 형질의 존재가 이미 성경에 기록되어 있다는 점이다. 창세기 30장에는 야곱과 삼촌 라반이 서로 자신의 몫을 더 많게 하려고 애쓰는 이야기가 나온다. 야곱은 라반이 자신의 몫으로 주기로 한 아롱진 양, 점 있는 양, 검은 양이 많이 나오게 하기 위해 주위의 버드나무, 살구나무, 신풍나무의 껍데기를 벗겨 얼룩진 환경을 만들었다. 반면 라반은 야곱의 몫을 적게 하기 위해 얼룩진 양들을 따로 분리해 사흘 길을 떼어 놓는다. 하지만 이상하게도 흰 양들끼리 교배했는데도 야곱의 양이 많아지는 기현상이 발생한다. 야곱은 자신의 노력이 성공한 것으로 착각하지만 하나님께서는 창세기 31장 12절을 통해 그 비밀을 설명하신다.

멘델 박물관 입구의 정원. 그의 유전법칙을 설명하고 있다.

"이르시되 네 눈을 들어 보라 양 떼를 탄 숫양은 다 얼룩무늬 있는 것, 점 있는 것과 아롱진 것이니라."

비록 겉으로는 흰 양이지만 그 속에 열성 형질을 가진 양들을 교배시킴으로써 하나님은 라반의 양을 빼앗아 야곱에게 주신 것이다. 20세기에 와서야 비로소 이해되기 시작한 열성인자의 존재가 3500년 전에 씌어진 성경에 이미 기록되어 있다는 사실이 참으로 신기할 따름이다. 결국 과학은 새로운 발명이라기보다 하나님께서 만들어 놓으신 질서와 법칙을 발견하는 것이다.

2. 슈필베르크 성

(Hrad Spilberk)

브르노의 구 시가지 언덕에 위치한 13세기의 성 터다. 원래 브르노를 보호하기 위해 건축한 성이었으나 17세기 건물의 일부가 감옥으로 바뀌었고 1960년 이래로는 시립 박물관으로 사용되고 있다. 슈필베르크 성은 오랫동안 정치범들과 권력에 저항하는 세력들의 수감 장소로 사용되었다. 19세기에는 이탈리아, 헝가리, 폴란드 등의 혁명주의자들이 이곳에 수용되었고, 2차 대전 때에는 나치의 정책에 반대하는 시민들을 감금하는 감옥으로 이용되었다. 이로 인해 이곳은 '합스부르크의 민중 감옥'이라고 불리기도 한다. 1939년에는 게슈타포에 의해 감옥으로 사용되었고, 전쟁이 끝난 후에는 군사시설로 이용되었다. 현재 건물 내부에 설치된 지하실과 고문실이 일반인들에게 공개되고 있다.

성을 둘러싼 공원은 산책하기에 좋으며, 성에서 내려다보면 소박하면서도 아름다운 모라비아의 자연과 브르노의 시가지가 한눈에 들어온다.

> 브르노 시립박물관(Brno City Museum)
+주소 Špilberk 1
+전화 +42(0)542 123 611
+입장 5~9월 9:00-18:00,
10~4월 10:00-17:00(월요일 휴관)
+요금 지하 감옥 성인 70Kč
(할인 50Kč, 코스마다 다양함)
+정보 www.spilberk.cz

3. 브르노 중앙묘지

(Bruno Central Cemetery)

1884년 세상을 떠난 멘델은 브르노 외곽의 중앙묘지(central cemetery)에 묻혔다. 그가 잠든 곳으로 가기 위해서는 멘델 박물관 앞 **Mendlovo nám.**에서 트램 5번이나 버스 82번을 타고 **Ústřední hřbitov**에서 하차하면 된다.

11 폴란드
- Poland

폴란드 이야기

개인적으로 독자들에게 추천하는 곳이 폴란드다. 물론 루터와 관련된 종교개혁지도 가 봐야겠지만 독일, 오스트리아, 체코 등지에 비해서 폴란드는 아직도 한국인들에게는 생소한 곳이다. 그러나 폴란드가 주는 경험은 유럽 어느 나라에서 주는 그것과는 다르다. 폴란드에는 알프스 같은 아름다운 곳이나 에펠탑 같은 유명한 곳도 없다. 그러나 가슴으로 느끼고 이해하고 성찰해야 할 소재들로 가득하다. 우리나라에서 느끼는 한(恨)을 폴란드에서도 느낄 수 있다.

이 책을 통해 폴란드를 방문한 독자들이라면 어느 누구도 그곳에 간 걸 후회하지는 않을 것이다. 어쩌면 영화에서 본 장면들이나 아픔의 현장에 서 있게 될지도 모른다.

01 바르샤바(Warszawa), 폴란드에서 한(恨)을 느끼다

⇒ 프롤로그

유럽에서 우리나라와 가장 비슷한 역사와 정서를 가진 나라가 폴란드다. 오랜 시간 외세의 침략을 받았고, 2차 대전 당시 독일군에 의해 초토화되는 아픔도 겪었다. 당시 시내 건물의 90%가 파괴되었지만 그것을 딛고 현재의 모습으로 일어선 저력을 보여 주었다. 전쟁의 상처와 저력을 지닌 바르샤바. 전쟁의 상처와 일제치하의 아픈 역사를 지닌 동질감 때문일까. 낯설기만 하던 동유럽의 땅에서 동병상련(同病相憐)을 느낀다.

⇒ 교통정보

바르샤바로 직접 들어가는 항공편은 우리나라에 없다. 그러나 독일, 체코, 헝가리 등지에서 다양한 항공 노선 및 기차가 연결되어 있어 바르샤바로 가는 것은 그다지 어렵지 않다.

중앙역 인근의 Centrum역에서 지하철을 타고 Ratusz에 하차하면 유대인 관련 지역과 구 시가지 근처를 둘러볼 수 있으며 이후 Krakowskie Przedmieście와 Nowy Świat를 따라 내려오면서 쇼팽의 발자취를 볼 수 있다. 하지만 바르샤바 지하철은 노선이 많지 않아 트

램을 함께 이용하는 것이 좋다. 지도의 트램 노선을 참고해서 환승을 하면 방문지 주변을 효율적으로 이동할 수 있다. 바르샤바에서는 1일권(one day travel card)을 구입하면 버스, 지하철, 트램의 모든 대중교통을 무제한 이용할 수 있으므로 편리하다. 1일권은 지하철역이나 도로의 가판대에서 살 수 있다.

➔ Story

Part 1› 전쟁의 흔적을 떠올리며

1. 게토 지구 흔적
2. 파비악 형무소 박물관
(Muzeum Pawiak Prison)
3. 게토 영웅 기념비
(Pomnik Bohaterów Getta)
4. 죽음의 역(Umschlagplatz)

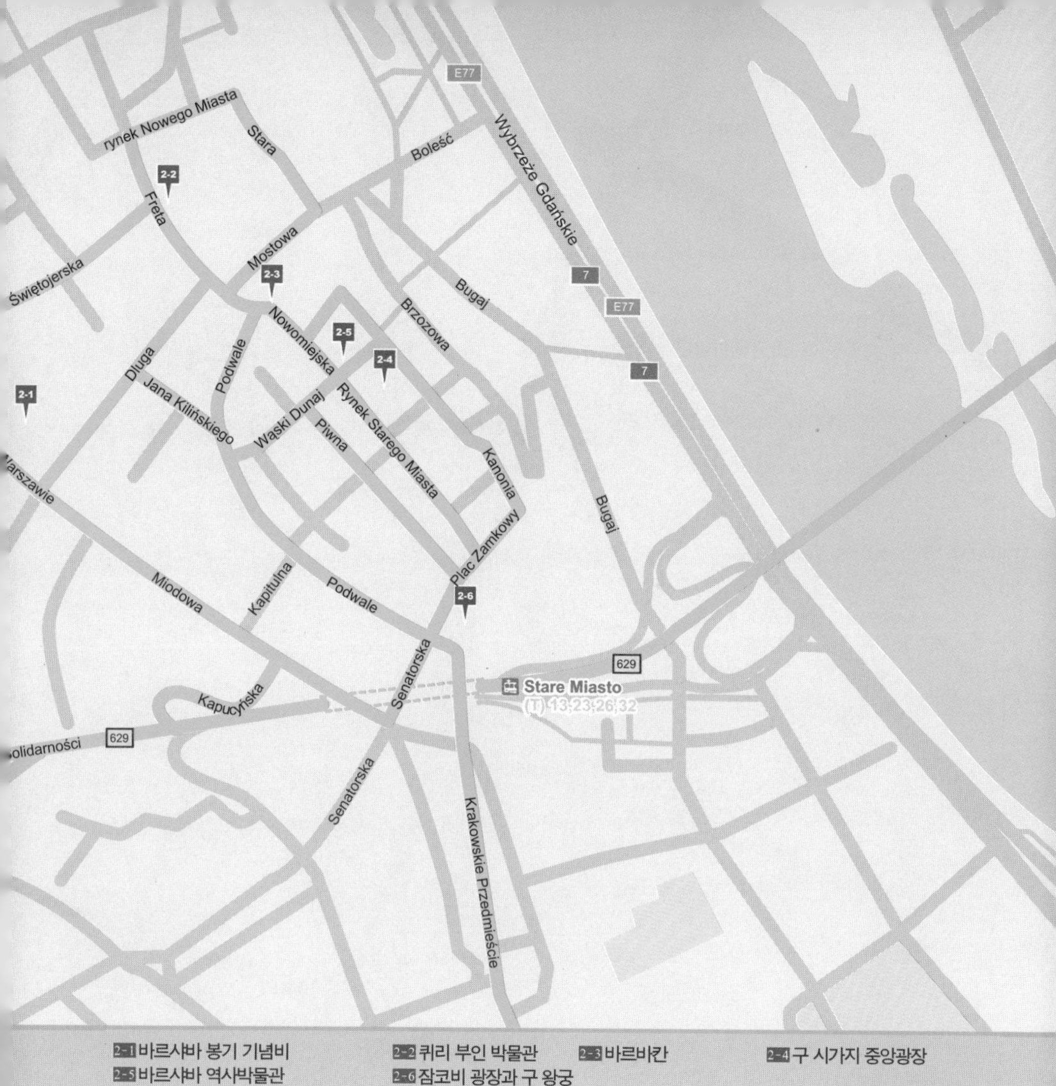

Part 2› 구 시가지 근처:
바르샤바의 역사를 찾아서

1. 바르샤바 봉기 기념비
(Pomnik Powstania Warszawskiego)

2. 퀴리 부인 박물관
(Muzeum Marii Skłodowskiej-Curie)

3. 바르바칸(Barbakan)

4. 구 시가지 중앙광장(Rynek)

5. 바르샤바 역사박물관
(Muzeum Historyczne m.st. Warszawy)

6. 잠코비 광장과 구 왕궁
(Plac Zamkowy & Zamek Królewski)

Part 3› 쇼팽의 발자취

1. 바르샤바 대학
(Uniwersytet. Warszawski)

Nowolipie
Aleja Jana Pawla II
Aleja Solidarn
629
Kino Femina
629
Aleja Jana Pawla II
Hala Mirowska
Aleja Jana Pawla II
Grzybowska
Grzybowska
Twarda
Świętokrzysk
719
Rondo Daszyńskiego
Prosta
719
Emilii Plater
Emilii Plater
Twarda
Sienna
1-1
Aleja Jana Pawla II
Złota
Złota
War
1-1 게토 지구 흔적
3-1 바르샤바 대학
3-2 쇼팽의 집
3-3 성 십자가 교회
3-4 코페르니쿠스 동상
3-5 쇼팽 박물관

Ogród Saski w Warszawie
Kazimierzowski Palace
Krakowskie Przedmieście
Królewska
Romualda Traugutta
Kredytowa
Tadeusza Vzackiego
Mazowiecka
Marszałkowska
Rysia
Świętokrzyska
719
Metro Świętokrzyska
rzyska
Warecka
Ordynacka
Nowy Świat
Tamka
Oboźna
Sewerynów
Kazimierza Karasia
Juliana Bartoszewicza
Dynasy
Browarna
Złota
Muzeum Narodowe
(T) 7,8,9,22,24,25
Aleje Jerozolims
Aleje Jerozolimskie
631
Centrum
(T) 7,8,9,15,18,22,24,25,35,36
3-1
3-2
3-3
3-4
3-5
A 문학과학 궁전
B 국립 박물관
C 사스키 공원

2. 쇼팽의 집(Salonik Choinów)

3. 성 십자가 교회

(Kosciola Świętego Krzyża w Warszawie)

4. 코페르니쿠스 동상

(Pomnik Mikolaja Kopernika)

5. 쇼팽 박물관(Muzeum Chopina)

➡ 방문정보

Part 1 › 전쟁의 흔적을 떠올리며

1. 게토 지구 흔적

2차 대전 이전 바르샤바에는 전체 인구의 30%에 달하는 많은 유대인들이 거주하며 나름의 문화를 형성하고 있었다. 하지만 폴란드를 점령한 나치는 1940년 게토 지구를 만들어 유대인들을 강제로 몰아넣었다. 게토에는 이중의 높은 담이 세워졌고 출입을 철저히 통제당했다. 많은 유대인들이 트레블링카 수용소로 보내져 강제 노동에 시달리거나 학살당했으며 게토 내 유대인들도 비인간적인 환경 속에서 기아와 질병으로 죽어 갔다. 게토는 수용소로 가기 전 임시 대기소와 같은 곳이었다.

바르샤바 중앙역에서 나와 Aleja Jana Pawła II를 따라 북쪽으로 걸어가면 왼쪽 Złota 거리가 나오는데, 62번지 근처, 즉 이 골목 오른쪽에 당시 유대인들이 강제로 격리되던 게토의 담장이 있다. 게토 영웅 기념비, 죽음의 역에 이르는 이 지역 일대가 모두 게토 지구였지만, 이곳이 그나마 유일하게 현존하는 게토의 흔적이다. 중간에 벽돌이 빠진 것은 미국 홀로코스트 박물관에 전시하기 위해 빼간 것이라고 한다. 중앙역에서 불과 500m도 채 떨어지지 않은 이곳에 서면 왠지 유대인들의 신음 소리가 들리는 듯하다.

2. 파비악 형무소 박물관

(Muzeum Pawiak Prison)

2차 대전 당시 폴란드를 침공한 독일 나치 게슈타포의 본부 건물이었다. 이곳에는 유대인들을 포함하여 독일에 저항하던 많은 폴란드 정치범들이 수용되어 있었다. 전쟁 당시에는 형무소 기능을 했지만 현재는 박물관으로 당시 게슈타포의 압제 상황을 지하에 재현해 놓았다. 전쟁 기간 동안 10만 명 이상이 이곳에 수용되었고, 4만 명이 고문과 가혹 행위를 당한 후 죽음을 맞았으며, 6만 명이 각종 수용소로 보내졌다.

이곳에는 지금도 전쟁의 참상과 흔적을 몸소 체험하려는 많은 이들의 발길이 끊이지 않고 있다. 그런 까닭에 이곳을 찾는 사람들의 표정과 모습에서는 숙연함마저 느껴진다.

입구 정면에는 수많은 종이쪽지를 붙인 나무를 볼 수 있는데, 아픈 전쟁의 기억을 뒤로한 채 평화를 기원하는 메시지가 적혀 있다. 평화를 염원하는 폴란드인들의 정신을 느낄 수 있다.

+주소 Dzielna 24/26
+전화 +48(0)22 831 9289 ·
+입장 수·금 9:00-17:00, 목·토 9:00-16:00, 일 10:00-16:00
+요금 무료
+교통 게토 지구 흔적이 있는 Aleja Jana Pawła II 거리에서 16, 17, 19, 33번 트램을 타고 Nowolipki에서 하차
+정보 http://www.deathcamps.org/occupation/warsawpawiak.html

3. 게토 영웅 기념비
(Pomnik Bohaterów Getta)

나치의 탄압과 학살이 극에 이르자 1943년 게토의 유대인들은 자체 저항 조직을 조직하여 무장봉기를 하였는데 이를 바르샤바 게토 봉기라고 부른다. 게토 봉기는 나치 치하에서 가장 큰 유대인 저항운동으로 기록되지만 오래가지는 못했다.

죽음을 각오한 필사의 항전에도 불구하고 화력에서 한계를 드러내며 28일 만에 막을 내렸고 이후 처절한 응징으로 이어졌다. 게토 내 남아 있던 유대인들이 무차별 사살되었고 5만 명은 수용소로 보내져 죽음을 맞아야 했다. 비록 게토 봉기는 실패로 끝났지만 그들의 정신은 이후 폴란드 레지스탕스에 전해져 바르샤바 봉기로 이어졌다. 그리고 그들의 저항정신을 기념하기 위해 이곳에는 기념비가 세워졌다.

게토기념비 앞뒤로 슬픈 유대인들의 모습과 결연한 저항군들의 모습이 묘사되어 있다. 이곳은 학생들의 현장 학습 장소이기도 하다. 역사의 현장에서 아픔의 역사를 되새기며 배우는 젊은 세대에서 폴란드의 미래가 느껴진다.

한편 이곳은 서독의 총리가 독일의 과오를 반성하며 무릎을 꿇던 곳으로도 유명하다. 1970년 바르샤바를 방문한 빌리브란트 총리는 게토 기념비를 찾았다. 무고하게 희생된 유대인들을 기리며 헌화하던 그는 돌연 빗물이 흥건한 바닥에 무릎을 꿇었고 고개를 숙인 채 눈물을 흘렸다. 이 뜻밖의 광경은 전 세계인들을 감동시켰고 차갑던 폴란드인들의 마음을 녹이기에 충분했다. 이후 이 지역은 빌리 브란트 광장으로 명명되었고 2000년에는 브란트 부조상도 세워졌다. 붉은색 벽돌의 기념비에는 무릎을 꿇은 독일 총리의 모습을 묘사한 부조가 붙어 있다. 같은 전범임에도 불구하고 역사를 왜곡하며 자신들의 과오를 감추기에 급급한 일본의 모습과는 참으로 대조적이다. 상처 받은 폴란드에 진심 어린 용서를 빌었던 가해자 독일의 모습에서 바람직한 한일 관계의 미래를 꿈꾸게 된다.

죽음의 역 Stawki에서 Stanisława Dubois 거리를 따라 5분가량 걸어오면 오른쪽에 게토 영웅 기념비가 있다.

여행tip

2000년대 초반에 상영된 영화 〈피아니스트〉와 〈업라이징〉은 바르샤바 봉기와 게토봉기를 배경으로 한 영화다. 바르샤바 시내를 배경으로 전쟁의 잔인함과 아픔을 잘 묘사하고 있다. 바르샤바를 여행하기 전 영화를 보고 간다면 더욱 감동적으로 다가올 것이다.

4. 죽음의 역

(Umschlagplatz)

전쟁 당시 가장 암담하고 아픈 역사를 지닌 장소가 바로 이곳이다. 흰 벽면에 독일어로 '환승장'이라는 의미의 'Umschlagplatz'가 새겨져 있는데, 이곳은 2차 대전 당시 '죽음의 역'으로 불렸다.

많은 유대인들이 기차에 실려 이곳으로 호송된 뒤 각지의 수용소와 가스실로 분류되어 보내졌다. 현재 그 규모는 많이 축소되었지만 바로 이곳은 사지(死地)로 내몰리기 위해 유대인들이 대기하던 암울한 울분의 장소였다. 매일 이곳에서 7,000명씩 가스실로 보내졌다고 하니 이곳을 통과한 사람들에게는 죽음의 환승역이나 마찬가지였던 셈이다. 영화 〈피아니스트〉에 나오는 한 장면도 바로 이곳을 배경으로 하고 있다. 주인공의 온 가족이 유대인이라는 이유로 이곳에 호송되었는데, 일부는 아우슈비츠 같은 수용소로 보내진 반면 어떤 이들은 바르샤바 동부의 트레블링카(Treblinka)라는 가스실로 보내졌다.

죽음의 역은 시내 북쪽에 위치하고 있지만 트램을 타고 쉽게 도착할 수 있다. Aleja Jana Pawła II 거리에서는 16, 17, 19, 33, 35번 트램을 타고 Stawki에서 하차해서 Stawki거리를 따라 조금만 걸어가면 되고, Marszałkowska 거리에서는 15, 35번 트램을 타고 Dzika에서 하차하면 바로 앞에서 내릴 수 있다.

▲ 죽음의 역으로 불리던 Umschlagplatz

비전
노트

당신의 소망은 무엇인가?

영화 〈피아니스트〉에서 일가족이 죽음의 역에 집결된 후 다음 목적지를 가기 위해 대기하던 장면이 생각난다. 어떤 이들은 노동력을 위해 아우슈비츠로 호송될 테지만, 노동력이 없는 '쓸모없는' 사람들은 트레블링카로 바로 보내져 죽음을 맞이할 것이었다. 그렇게 많은 유대인들이 이곳에 빽빽하게 집결해 그들의 운명을 기다린 것이다. 가족은 혹시 이별할지도 모른다는 절박한 마음에 두 손을 꼭 잡았다. 이곳에서 한 소년이 캐러멜을 팔았는데, 주인공 가족은 그것을 먹기 위해 소년에게 귀금속을 빼어 주며 "여기서 돈을 벌어서 무엇 하겠니?"라고 말했다.

당시 죽음의 역을 생각하면 마치 우리 인생의 축소판을 보는 듯하다. 운명의 갈림길에서 몇 푼이라도 더 벌어 보겠다고 캐러멜을 파는 어린아이, 소지품을 조금이라도 더 챙겨 보겠다고 짐을 꾹꾹 누르는 사람들, 일분일초가 아까워 가족의 손을 붙드는 사람들….

그들에게 진정한 소망은 무엇인가? 독일군을 '통째로' 물리치고 그 상황을 구원해 줄 누군가가 아니겠는가? 그 상황에서 가족의 손을 잡는 것도, 캔디를 하나 더 먹는 것도, 귀금속을 챙기는 것도 덧없을 뿐이다. 우리의 압제를 '통째로' 제거해 주신 분이 그리스도시다. 그러나 아직도 많은 사람들은 캐러멜 맛을 탐닉하거나 돈 몇 푼에 목숨을 건다.

넓게 본다면 인생 역시 죽음의 역에 있는 것과 크게 다르지 않다. 지혜의 마음을 품고 무엇이 우선순위가 되어야 하는지, 무엇이 우리의 삶에 소망이 되어야 하는지 다시 한 번 점검할 필요가 있다. 지금 당신이 우선순위로 삼거나 집착하고 있는 것은 무엇인가?

Part 2 › 구 시가지 근처: 바르샤바의 역사를 찾아서

1. 바르샤바 봉기 기념비

(Pomnik Powstania Warszawskiego)

2차 대전 당시 나치의 지배하에 있던 폴란드인들은 1944년 독립을 위해 지하조직을 만들어 바르샤바 봉기를 일으켰다. 당시 폴란드군은 많은 시민들의 참여 속에서 8월 2일 바르샤바를 손에 넣고 신문을 발행하며 독립을 이루는 듯했다. 하지만 도와줄 것으로 믿었던 소련군이 외면한데다 봉기가 유럽 내 다른 지역으로 확산될 것을 우려한 독일군은 이 반란을 무자비하게 진압했다.

저항의 대가는 참혹했다. 저항군을 비롯한 무고한 시민들이 잔인하게 처형되었고 무차별 폭격이 가해져 시내는 초토화가 되었다. 당시 독일군의 지휘관이던 하인리히 힘러의 지시는 간결하면서도 잔혹했다. "이 도시는 지구상에서 완전히 사라져야 한다. 독일군을 위한 열차역만 남기고 돌 하나도 남기지 마라. 모든 건물을 초토화시켜라."

불행한 역사에 희생된 수많은 이들의 저항정신을 기리기 위해 바르샤바 봉기 기념비가 세워졌다. 슬픔이 가득한 군인들과 성직자의 표정이 전쟁을 알지 못하는 오늘날의 세대에게 당시의 아픔을 전해 준다. 일제 치하의 독립운동과 전쟁의 상처를 지니고 있는 우리이기에 그 슬픔이 더 절절하게 다가오는지도 모르겠다.

+주소 Plac Krasińskich

2. 퀴리 부인 박물관

(Muzeum Marii Skłodowskiej-Curie)

구 시가지 북쪽에 위치한 퀴리 부인 박물관은 폴란드 출신의 위대한 과학자인 퀴리 부인의 생가로 그녀의 탄생 100주년을 기념하여 1967년에 개관했다.

퀴리 부인은 파리 소르본 대학으로 유학을 간 후 프랑스인 피에르 퀴리와 결혼하면서 남은 생을 프랑스인으로 살았기 때문에 폴란드에는 그녀와 관련된 곳이 별로 남아 있지 않다. 이곳 박물관은 퀴리 부인이 프랑스로 가기 전 생활하던 방과 작업실로 구성되어 있다. 퀴리 부부의 흉상을 비롯해 퀴리 부인과 가족의 사진, 초상화를 볼 수 있으며 연구 자료들과 그녀의 업적을 나타내는 다양한 자료들이 전시되어 있다. 가장 안쪽에서는 퀴리 부인 작업실의 사진과 그녀가 사용하던 실험기구들도 볼 수 있다. 오늘날 최첨단 기구들에 비하면 너무나 보잘것없는 것들이지만 당시 열악한 환경 속에서 연구에 전념했을 퀴리 부인을 생각하면 그녀의 업적이 더욱 위대하게 느껴진다. 입구에 한국어 안내문이 비치되어 있다.

+주소 Freta 16
+전화 +48(0)22 831 8092
+입장 수~금 9:30-16:00(화 8:30, 토 10:00부터), 일 10:00-15:00(6~8월은 17:00까지)
+요금 성인 11zł(할인 6zł)
+정보 muzeum.if.pw.edu.pl

인물 연구

마리 퀴리

- Marie Curie, 1867~1934

과학 분야에서 방사능의 양을 나타낼 때 사용하는 단위는 Ci이며 '퀴리'라고 읽는다. 바로 방사성 원소 연구의 선구자인 퀴리 부부의 이름에서 따온 것이다.

퀴리 부인의 '퀴리'는 프랑스인 남편 피에르 퀴리의 성을 딴 것이다. 마리 퀴리는 원래 폴란드 바르샤바 출신으로 1867년 교육자 부모의 막내딸로 태어났다. 당시 바르샤바는 러시아의 지배를 받고 있었고 폴란드어 수업마저 금지되는 등 어둡고 슬픈 시절을 보내고 있었다. 이러한 때 태어난 마리의 어린 시절도 평탄하지는 못했다. 그녀의 아버지는 폴란드어로 된 답안지를 인정했다는 이유로 실직을 당했고 어머니는 마리가 열한 살 때 결핵으로 세상을 떠났다. 마리는 공립학교를 뛰어난 성적으로 졸업했지만 당시 폴란드에서 여성은 대학에 진학할 수 없었다. 이에 마리는 가정교사를 하며 돈을 벌어 1891년 파리 소르본 대학으로 유학을 떠났다.

마리는 소르본 대학의 첫 여성 물리학 박사가 되었고 이곳에서 남편 피에르 퀴리를 만나 결혼하여 프랑스 국적을 취득했다. 남편 피에르와 함께 방사능 연구에 착수해 최초의 방사성 원소인 폴로늄과 라듐을 발견했고, '방사능'이라는 용어도 퀴리 부부에 의해 처음으로 만들어졌다. 방사성 물질에 대한 연구 업적으로 1903년 퀴리 부부는 노벨 물리학상을 받았고 피에르는 소르본 대학의 교수가 되었다.

뛰어난 연구 성과를 내며 연구에 전념하던 1906년 퀴리 부인에게 비극이 찾아왔다. 남편 피에르가 마차에 깔려 죽은 것이다. 남편의 죽음으로 퀴리 부인은 한동안 슬픔에 젖어 끔직한 나날을 보냈지만 남편의 뜻에 따라 다시 연구를 시작했고 남편의 자리를 이어받아 소르본 대학 최초의 여교수가 되었다. 1911년에는 노벨 화학상을 받아 2개의 노벨상을 탄 수상자가 되었다. 이후로도 퀴리 부인은 라듐 연구소를 열고 밤낮 연구에 전념했는데 오랜 방사선 노출로 인해 그녀의 몸은 점차 쇠약해졌고 1934년 백혈병으로 세상을 떠났다. 그녀의 유해는 프랑스 명사들만이 들어갈 수 있는 팡테옹에 안치되어 있다.

프랑스 학자로서 위대한 업적을 이룩한 퀴리 부인은 늘 자신이 폴란드 출신임을 잊지 않았다. 그녀가 발견한 첫 방사성 원소 폴로늄은 조국의 이름, 폴란드를 따서 붙인 것으로 조국을 향한 퀴리 부인의 마음을 느낄 수 있다.

3. 바르바칸

(Barbakan)

17세기 구 시가지를 보호하기 위해 세워진 성벽이다. 붉은 벽돌로 지어진 성벽이 구 시가지를 둘러싸고 있다. 원래 성벽은 2차 대전 때 파괴되었고 현재의 것은 복원된 것이다. 날씨가 좋을 때는 성벽에 무명 화가들이 작품을 전시하기도 한다. 성벽을 따라 걷다 보면 커다란 방탄모를 쓰고 있는 어린이의 동상을 볼 수 있다.

1944년 독일군의 바르샤바 공습 당시 독일군에 대항하다 희생된 안텍이라는 어린이를 추모하기 위한 것이라고 한다. 어린아이들까지 무참히 살육한 당시의 참상이 느껴진다.

4. 구 시가지 중앙광장

(Rynek)

잠코비 광장에서 붉은색 성벽인 바르바칸을 지나면 바르샤바에서 가장 오래된 지역인 구 시가지 중앙광장이 나온다. 중앙광장은 아름다운 중세 건물들과 레스토랑, 카페 등이 즐비하고 거리 화가들이 그림을 그리는 낭만적인 곳으로 많은 관광객들이 찾는다. 이 광장 역시 나치에 의해 파괴되었다가 다시 복구되었는데 유네스코가 세계문화유산으로 지정했을 만큼 완벽에 가깝게 복구되었다. 광장 중앙에는 바르샤바의 수호신인 인어상이 있는데 덴마크 코펜하겐의 상징인 인어공주 동상과는 사뭇 다른 모습이다. 전쟁의 역사 때문일까? 칼과 방패를 들고 전투적인 자세를 취한 모습은 강인한 폴란드인의 정신을 상징하는 듯하다.

◀ 바르샤바의 수호신인 인어상

5. 바르샤바 역사박물관

(Muzeum Historyczne m.st. Warszawy)

구 시가지 중앙광장에 위치한 바르샤바 역사박물관은 외관상 평범해 눈에 잘 띄지 않는다. 입구부터 아담한 느낌을 주는 박물관이지만 폴란드와 바르샤바를 이해하기 위해서는 꼭 방문해야 할 곳이다. 넓은 건물은 아니지만 4층까지 폴란드 역사를 전시하고 있으며, 그 내용도 매우 충실하다. 이 전시물들을 제대로 본다면 폴란드의 역사가 한눈에 이해될 것이다.

1~3층까지는 고대부터 19세기까지를 전시해 약간 인내심이 필요하다. 그러나 4층에는 20세기의 역사를 총망라하고 있다. 히틀러에 의해 무참히 짓밟힌 바르샤바의 자료들을 볼 수 있는데, 현재 아름답고 고풍스럽게 재건된 모습과 비교가 돼 폴란드인의 숨겨진 저력과 끈기를 느낄 수 있다. 6·25의 폐허를 딛고 세계 강국으로 우뚝 솟은 대한민국의 역사와 흡사하다. 아우슈비츠나 크라쿠프로 갈 예정이라면 이 박물관을 먼저 관람하고 가길 권한다. 폴란드를 훨씬 더 깊이 이해할 수 있을 것이다. 바르샤바에서 강력히 추천하는 박물관이다.

+주소 Rynek Starego Miasta 28/42
+전화 +48(0)22 635 1625
+정보 www.mhw.pl
+입장 화, 목 11-18시, 수, 금 10-15.30,
토, 일 10:30-16:30(월요일휴관)
+요금 2011년 현재 내부 공사로 폐관
요금 추후책정, 2010년 요금 10zł(성인)

6. 잠코비 광장과 바르샤바 구 왕궁

(Plac Zamkowy & Zamek Królewski)

파스텔풍의 중세 건물들과 아름다운 왕궁이 어우러진 잠코비 광장은 바르샤바 시민들의 만남의 장소이자 많은 관광객들이 모이는 곳이다. 광장 중앙의 높은 원기둥 위에 서 있는 청동상은 바로 크라쿠프에서 바르샤바로 수도를 옮긴 지기스문트 3세의 동상이다. 동상 오른쪽으로 붉은색의 아름다운 르네상스 건축물은 역대 폴란드 왕조의 왕궁으로 1차 대전 이후 대통령의 거주지로 사용되었다. 2차 대전 때 나치에 의해 완전히 파괴되었으나 이후 국민의 정성 어린 성금으로 복원된 폴란드 국민의 사랑과 애정이 담긴 곳이다. 16~17세기 왕궁은 의회를 포함한 폴란드 정치의 중심지로서 종교적 자유를 보장하는 법안과 이교도들에게 법적으로 자유를 부여하는 법안이 통과되었으며 1791년에는 유럽 최초로 성문헌법이 상원을 통과함으로써 폴란드의 근대국가 형성 및 개혁이 이루어진 역사적인 장소다. 현재는 박물관으로 사용되고 있다.

^지기스문트 3세 동상

^구 왕궁

> 구왕궁(Zamek Królewski)
+주소 plac Zamkowy 4
+전화 +48(0)22 35 55 170
+입장 5-9월(10-17시), 10-4월
(10-15시, 월요일 휴관)
+요금 성인 22zł(할인 15zł, 일요일 무료)
+정보 www.zamek-krolewski.pl

Part 3 > 쇼팽의 발자취

잘츠부르크가 모차르트의 도시라면 바르샤바는 쇼팽의 도시다. 구 시가지 중심 거리인 Krakowskie Przedmieście를 중심으로 쇼팽이 살던 집은 박물관으로 보존되고 있으며, 그가 다니던 학교, 그의 심장이 묻힌 성당 등 곳곳에 쇼팽과 관련된 장소가 많다. 상점에는 쇼팽의 이름이 새겨진 티셔츠와 컵 등 다양한 상품들을 볼 수 있으며, 심지어 거리에는 쇼팽의 의자까지 있다.

쇼팽은 바르샤바의 근교 젤라조바 볼라에서 태어났지만 6개월 만에 바르샤바로 이사한 후 20세까지 줄곧 바르샤바에서 살았다. 1830년 오스트리아 빈으로 음악 여행을 떠났다가 때마침 발발한 내전으로 인해 고국에 돌아오지 못하고 파리로 가서 활동하다 생을 마감하였다. 비록 쇼팽의 삶의 반은 타국에서 머물렀지만 그에 대한 바르샤바 시민들의 사랑은 각별하다. 바르샤바의 자존심과도 같은 쇼팽의 흔적을 밟아 보자.

> 쇼팽의 의자를 구경하는 아이.
버튼을 누르면 쇼팽의 음악이 흘러 나온다.

1. 바르샤바 대학

(Uniwersytet Warszawski)

바르샤바 대학은 폴란드에서 크라쿠프의 야기엘론스키 대학에 이어 두 번째로 지어진 명문대학이다. 바르샤바 대학은 쇼팽이 공부하던 곳이기도 하다. 정문에서 곧장 걸어가면 끝에 대학 도서관이 있고 오른쪽으로 들어가면 노란색의 Kazimierzowski Palace가 보인다. 17세기에 지어진 바로크 양식의 궁전으로 이후 바르샤바 대학의 일부가 되었다. 쇼팽의 아버지는 이곳에서 불어를 가르쳤고 어린 쇼팽도 이곳에서 공부했다. 1층 로비로 들어서면 오른쪽 벽에 쇼팽의 명판을 볼 수 있다. 건물 앞에는 쇼팽의 의자도 있으니 잠시 앉아 쇼팽의 음악을 감상해 보면 좋을 것이다. 궁전을 등지고 왼쪽을 보면 궁전과 유사한 노란색의 건물이 또 하나 있는데 벽에는 쇼팽의 얼굴 부조가 붙어 있다. 이 건물 2층은 어린 시절 쇼팽이 젤라조바 볼라에서 이사온 후 가족과 함께 살던 곳이다.

Kazimierzowski Palace

쇼팽이 살던 집

+주소 Krakowskie Przedmieście 26/28

2. 쇼팽의 집

(Salonik Choinów)

성 십자가 교회에서 조금 더 내려온 5번지는 바르샤바 예술학교(Academy of Fine Arts)인데 이 건물 2층에 쇼팽의 가족이 1827년부터 1836까지 살던 방이 있다. 정문을 들어서면 쇼팽의 방이 있음을 알려 주는 안내판이 있고 길가 건물 외벽에는 쇼팽의 명판도 볼 수 있다. 건물 2층의 왼쪽 끝이 쇼팽이 살던 방으로 그가 사용하던 피아노와 가구, 쇼팽의 젊은 시절 초상화 등을 볼 수 있다. 규모 면에서는 크지 않지만 실제 쇼팽이 살던 공간이라는 점에서 쇼팽의 팬이라면 방문해 볼 만하다.

+주소 Krakowskie Przedmieście 5,
+전화 +48(0)22 320 02 75
+입장 월-금 10:00~16:00, 토 9-13시(일 휴관)
+요금 성인 3zł(할인 2zł)
+정보 www.chopin.museum

3. 성 십자가 교회

(Kosciola Świętego Krzyża w Warszawie)

바르샤바 대학 맞은편에 위치한 성 십자가 교회는 쇼팽의 심장이 묻힌 곳으로 유명하다. 예배당 중앙 통로 왼쪽으로 흰색과 빨간색 테이프로 장식된 부조가 붙어 있는 기둥 아래에 쇼팽의 심장이 묻혀 있다. 파리에서 활동하던 쇼팽은 결국 고국 땅을 밟지 못한 채 39세의 젊은 나이로 파리에서 숨을 거뒀다. 폴란드인들은 그의 주검을 조국으로 가져오기 원했지만 이루어지지 않았고, 쇼팽의 유언에 따라 그의 여동생에 의해 심장만이 옮겨져 이곳에 안치되었다. 2차 대전 당시 독일군에 의해 이 교회도 3분의 1이 파괴되었고 이때 쇼팽의 심장까지 파헤쳐지는 수난을 겪었지만 전쟁이 끝난 후 바르샤바 시민들의 노력으로 교회가 복구되면서 쇼팽의 심장도 제자리를 다시 찾았다. 한편 성 십자가 교회는 바르샤바 게토 이야기를 다룬 영화 〈피아니스트〉의 배경으로도 유명하다. 교회 입구에 있는 십자가를 진 예수님 상이 영화에 등장해 교회를 유명하게 만들었다.

^ 쇼팽의 심장이 묻힌 기둥

+주소 Krakowskie Przedmieście 3

4. 코페르니쿠스 동상

(Pomnik Mikolaja Kopernika)

성 십자가 교회에서 신세계 거리 방면으로 조금만 내려오면 왼쪽에 코페르니쿠스 동상을 볼 수 있다. 근대 세계관을 열어 준 사람으로서 폴란드인들이 매우 자랑스러워하는 인물이다. 코페르니쿠스 동상 밑으로는 태양계를 나타내는 동심원을 볼 수 있다. 자세한 내용은 토루뉴 편을 참고하자.

코페르니쿠스 동상

5. 쇼팽 박물관

(Muzeum Chopin)

신세계 거리를 걷다 오른쪽의 Ordynacka 거리로 조금 내려가면 아름다운 바로크 양식의 오스트로그스키 궁전(Ostrogskis Palace)이 나온다. 낡은 궁전은 리모델링된 후 쇼팽협회가 사용하고 있는데 2층에 쇼팽 박물관이 조성되었다. 세계적인 건축사무소들의 치열한 경쟁을 거쳐 2010년 새롭게 조성된 쇼팽 박물관에는 쇼팽이 마지막으로 사용하던 피아노를 비롯해 편지와 자필 악보, 초상화 등 쇼팽과 관련된 귀중한 자료들이 전시되어 있다. 하지만 이곳은 단순히 유품만을 보여 주는 것에서 그치지 않고 독특한 구성과 다양한 음악, 영상을 통해 쇼팽을 느끼고 알 수 있도록 한 것이 특징이다.

박물관 곳곳에는 쇼팽의 명곡이 잔잔히 흐르고 11개 방은 각각 '파리', '연인', '피아노' 등 쇼팽의 삶에서 중요한 테마별로 구성되어 있다. 또한 최첨단 컴퓨터 기술을 이용한 터치스크린 방식의 영상을 제공함으로써 방문객들은 자연스럽게 쇼팽을 느끼고 경험할 수 있다. 바르샤바에 쇼팽 관련 장소가 많지만 가장 흥미롭게 구성된 곳으로 쇼팽의 마니아라면 놓치지 말아야 할 곳이다.

+주소 1 Okólnik Street
+전화 +48(0)22 44 16 251
+입장 화-일 12:00-20:00(월 휴관)
+요금 성인 22zt(할인13zt)
+정보 www.chopin.museum

참가자
다이어리

폴란드인들은 아픔의 역사를 감추지 않는다. 바르샤바 곳곳에 기념비들을 세우고 과거의 아픔을 기억하며 다시 이런 역사가 되풀이되지 않도록 후대에게 가르치는 것이다. 과거 일제 통치의 아픔을 겪은 우리나라가 일본의 잔재를 남기지 않으려고 하는 것과는 사뭇 대조된다. 자신의 치부를 드러내며 미래를 준비하는 역사 정신, 어쩌면 이것이 진정한 폴란드인들의 힘일지도 모르겠다.

● 최연규, 사랑의교회

한 걸음 더

쇼팽의 고향 젤라조바 볼라

-Żelazowa Wola

경쾌하고 세련된 음률로 수세기가 지난 지금도 여전히 많은 사람들의 사랑을 받고 있는 쇼팽은 폴란드 국민의 자랑이다. 쇼팽이 태어난 젤라조바 볼라는 바르샤바에서 서쪽으로 1시간여 떨어져 있는데, 애써 찾아보지 않으면 그냥 지나쳐 버릴 만큼 작은 마을이다.

몇 년 전만 해도 생가 입구가 도로변에 위치한 작은 공원의 문처럼 생겨서 눈여겨보지 않으면 찾기 힘들 정도였다. 그러나 지금은 쇼팽을 기념하는 박물관과 기념품 가게 등의 시설들이 들어서고 주차장까지 갖춰져 쉽게 찾을 수 있다.

잘 꾸며진 정원을 따라 들어가면 안쪽에 작은 집 한 채가 있는데, 그곳에서 천재 음악가가 태어났다. 쇼팽의 피아노 선율을 들으며 그가 사용하던 피아노, 자필 문서 등을 이곳에서 만날 수 있다. 박물관뿐 아니라 쇼팽의 음악을 들으면서 거니는 정원도 운치 있다. 카페도 있는데 커피와 쇼팽은 참 잘 어울리는 친구 같다.

1930년대 쇼팽협회 회원들의 기증을 통해 나무, 동상 등을 갖추고, 생가를 리모델링해서 오늘과 같은 박물관으로 태어났다. 생가 앞과 뒤쪽 정원에는 쇼팽을 기념하는 기념비들이 세워져 있는데 쇼팽의 음악을 들으며 산책해 보자. 이보다 좋은 음악 감상실이 없다.

그 어떤 음악가보다 한국에서 마니아층을 많이 보유하고 있는 점을 고려한다면 현재 쇼팽 생가는 서운하리만치 한국인들을 위한 배려가 없다. 일본 관광객들을 위한 안내문이나 가이드가 매우 잘 되어 있는 것과 대조적이다.

+주소 Żelazowa Wola 15, 96-503 Sochaczew
+전화 +48(0)46 8633300
+입장 화-일 9:00-19:00 (4, 10월 18시까지, 11~3월 17시까지, 폐관 30분 전까지 입장)
+요금 쇼팽 공원 7zł, 공원과 박물관 22zł, 영어 오디오 가이드 10zł 사진 촬영 티켓 20zł
+교통 바르샤바 중앙역에서 기차를 타고 Sochaczew에서 내린 후 6번 버스를 타면 젤라조바 볼라까지 올 수 있다. 버스로는 바르샤바 서역 옆에 위치한 PKS 버스터미널에서 Sochaczew행 버스를 타고 젤라조바 볼라에서 내리면 된다.
+정보 www.chopin.museum

02 토루뉴(Toruń), 코페르니쿠스를 만나다

➡ 프롤로그

▲성 요하네 성당 위에서 바라본 시내. 질서 있으면서도 절제된 느낌의 도시다.

코페르니쿠스를 만나러 간다는 두근거림은 잊을 수 없다. 한 사람의 영향이 얼마나 엄청난 것이었는지, 역사는 이를 '코페르니쿠스 혁명'이라고 부른다.

화려하지는 않지만 붉은색 벽돌들로 치장된 토루뉴 시내에는 소박함이 감돈다. 1997년 유네스코 세계문화유산으로 지정된 이곳은 단아하면서도 힘이 느껴지는 곳이다. 광장 한가운데에 코페르니쿠스 상이 있고, 주변에는 그의 생가가 있다. 그의 생가는 당시 살던 환경과 더불어 그의 이론과 저서들을 한눈에 보기 쉽게 구성하고 있다. 우리는 지금 혁명가 코페르니쿠스와 500년의 시간을 초월한 만남을 갖고 있다.

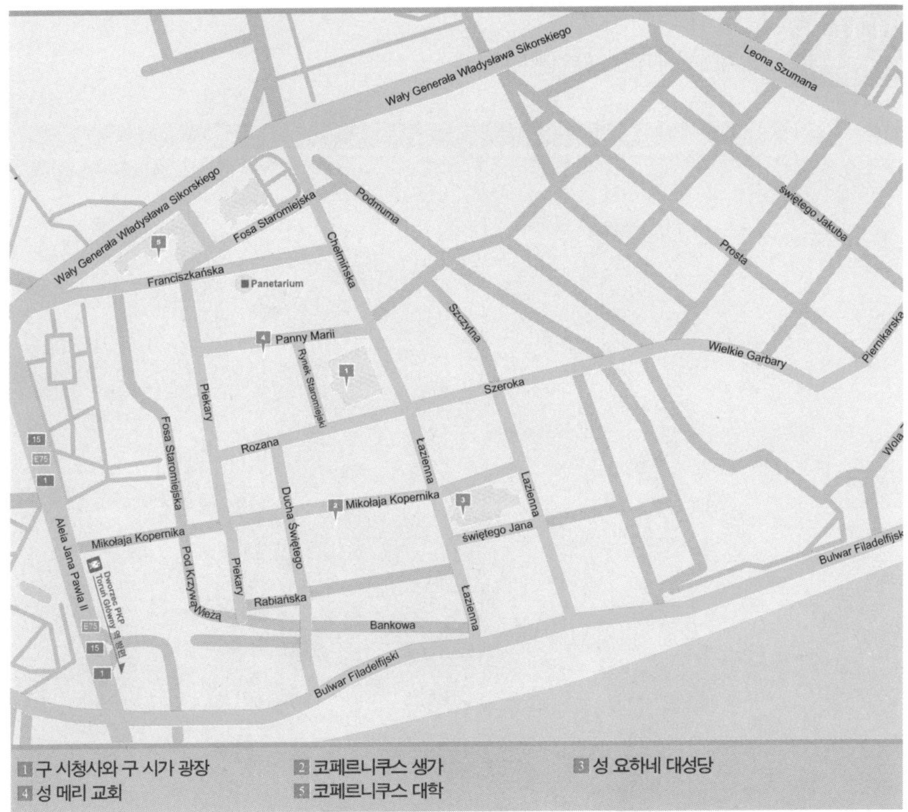

➡ 교통정보

바르샤바에서 토루뉴까지는 기차로 4시간가량 소요된다. 바르샤바에서 운행하는 버스도 있고 토루뉴과 그단스크를 연결하는 버스도 운행된다. 토루뉴 기차역에서 구 시가지까지는 22번이나 27번을 타고 진입할 수 있다. 대략 1.5km 거리로 다소 멀지만 시간이 된다면 걸어보는 것도 좋다. 중세시대 붉은 성벽과 비스와 강을 바라보는 멋은 버스나 택시가 주지 못할 서정이다.

토루뉴 구 시가지에서는 진저 브래드(생강빵)를 맛볼 수 있고, 성 요하네 성당 앞에서는 코페르니쿠스 쿠키를 구입할 수 있다. 토루뉴를 대표하는 음식이며, 비싸지 않으므로 꼭 맛보도록 하자.

토루뉴에 대한 자세한 정보는 www.visittorun.pl을 참고하자.

➡ Story

1. 구 시청사(Ratusz)와
   구 시가 광장(Rynek Staromiejski)
2. 코페르니쿠스 생가
   (Muzeum Mikolaja Kopernika)
3. 성 요하네 대성당
   (Katedra Św. Jana Chrzciciela i Jana Ewangelisty)
4. 성 메리 교회(Kościół Mariacki)

5. 플라네타륨과 코페르니쿠스 대학

(Planetarium & Uniwersytet Mikołaja Kopernika)

➡ 방문정보

1. 구 시청사와 구 시가 광장

(Ratusz & Rynek Staromiejski)

광장은 토루뉴의 중심지다. 광장에는 코페르니쿠스의 청동상이 있다. 당시에 정설이던 천동설을 반박하듯 코페르니쿠스의 한 손에는 천체가 들려 있다.

코페르니쿠스 상 뒤로 보이는 큰 건물이 구 시청사로 유럽에서도 손꼽히는 아름다운 건물이다. 이 건물에 인포메이션 센터도 함께 위치하고 있으므로, 발걸음을 내딛기 전에 이곳에서 지도와 다양한 정보들을 얻은 후 코페르니쿠스 동상 앞에서 계획을 세워 보자.

▼구 시가지 광장 구 시청사 앞의 코페르니쿠스 동상

2. 코페르니쿠스 생가

(Muzeum Mikolaja Kopernika)

구 시가 광장에서 채 5분도 떨어지지 않은 곳에 이 도시의 자랑인 코페르니쿠스 생가가 있다. 짙은 색 건물이 보잘것없어 보이지만 그 속에는 세계를 바꾼 것들로 가득 차 있다.

입장 티켓과 함께 사진 촬영 티켓을 구입하면 마음껏 사진을 촬영할 수 있다. 왼쪽 계단으로 올라가면 당시 생활상을 엿볼 수 있는 방들을 접할 수 있고, 다시 내려와서 오른쪽으로 올라가면 코페르니쿠스의 모든 것이 전시되어 있다.

그의 놀라운 이론들을 필기하던 노트들, 당시 수많은 반대자들과 논쟁을 벌이던 그림, 초상화 등이 있다. 임종을 맞으며 자신의 주요 저서인 《천구 회전에 관하여》(De Revolutionibus Orbium Coelestium)를 들고 있는 그림이 인상적이다. 그의 방에는 자필 편지와 노트들이 있는데, 이런 필기들이 모여서 세상과 세계관을 바꾼 이론이 나온 것이다(〔세상을 바꾼 그리스도인〕을 참고하자). 위층 방들로 올라가면 그가 사용하던 다양한 물품들이 있으며, 코페르니쿠스의 영향을 받은 후대 과학자 뉴턴, 튀코 브라헤, 갈릴레이의 저서들도 볼 수 있다.

+주소 Kopernika 15/17
+전화 +48(0)56 622 7038
+입장 화-일 10:00-18:00(10~4월 16:00까지)
+요금 성인 10zł(할인 7zł) 사진 촬영 6zł
+정보 muzeum.torun.pl

세상을 바꾼 그리스도인

니콜라스 코페르니쿠스

- Nicolaus Copernicus, 1473~1543

천동설에 따르면 지구는 우주의 중심이고 그 중심은 또한 사람이었다. 하지만 코페르니쿠스의 지동설로 인해 지구와 인간은 우주의 중심에서 밀려났고 이후로도 지위는 계속 강등되어 오늘날 지구는 그저 무한히 펼쳐진 우주의 작은 행성에 불과해졌다. 하나님께서 자신의 형상을 따라 사람을 창조하셨고, 사람을 위해 모든 자연을 만드셨다는 기독교 세계관에 커다란 타격을 준 것이다. 그래서 사람들은 코페르니쿠스를 교회의 권위를 무너뜨린 용감한 과학자라고 말한다.

그런데 뜻밖에도 그는 과학자이기 전에 충실한 성직자였다. 코페르니쿠스는 1473년 토루뉴에서 부유한 상인의 아들로 태어났으나, 열 살 때 아버지의 죽음으로 신부인 외삼촌의 손에 양육되었다. 크라쿠프에서 수학과 천문학을 배웠고 이후 외삼촌의 영향으로 이탈리아로 가서 신학을 공부했다. 1512년 외삼촌이 죽자 코페르니쿠스는 외삼촌을 대신해 프롬보르크 대성당의 신부가 되었다. 이후 코페르니쿠스는 성직자로 봉직하는 한편 천체를 관측하며 지동설 이론을 발전시켰고 이곳에서 신부로서 생을 마감하였다.

그의 이론은 당시 루터를 비롯한 교회로부터 많은 비난을 받았고 그의 책은 교황에 의해 금서가 되었다. 코페르니쿠스 역시 교회와의 갈등을 염려해 지동설 발표를 미뤘고 임종의 순간에 이르러서야 평생에 걸쳐 연구한 결과를 책으로 출간했다. 하지만 코페르니쿠스는 과연 성경의 오류를 밝혀 교회의 권위를 무너뜨린 교회의 적이었을까?

사실 코페르니쿠스의 이론은 그의 신앙에서 비롯되었다. 코페르니쿠스가 살던 시대에는 지금처럼 망원경이 발달되어 있지 않았고 정확히 행성의 운행을 관측하기가 어려웠다. 당시의 천문학 이론은 관측에 의한 것이라기보다는 철학적인 성격이 강했다.

기원전 4세기 아리스토텔레스에 의해 천명된 천동설은 프톨레마이오스에 의해 체계화되었고, 중세 교회가 이것을 받아들였다. 그러나 많은 별들이 발견되면서 천동설은 너무나 복잡해졌고 이런 복잡하고 혼란스러운 우주관은 성직자였던 코페르니쿠스의 우주관에 부합되지 않았다. 코페르니쿠스는 하나님이 만드신 우주는 조화롭고 질서가 잡혀 있다고 믿었고 이에 수학적으로 우주의 현상을 잘 설명할 수 있는 지동설을 생각했다. 이러한 사고는 이후 위대한 천문학자인 케플러, 갈릴레이에게도 적용되었다. 충실한 성직자였던 코페르니쿠스의 지동설은 사실 교회의 권위에 도전한 것이 아니라 아리스토텔레스 이론에 도전한 것이었다.

하나님의 창조 섭리에 대한 확신이 중세의 정설을 무너뜨렸던 것이다.

3. 성 요하네 대성당

(Katedra Św. Jana Chrzciciela i Jana Ewangelisty)

성 요하네 성당은 15세기부터 토루뉴의 정신적 버팀목이 된 성당이다. 전 세계의 존경을 받고 서거한 폴란드 교황 요한 바오로 2세가 이 성당을 방문하여 기도하던 곳으로 그것을 기리는 기념물도 있다. 성 요하네 성당은 코페르니쿠스가 유아세례를 받았던 곳으로 그 세례반이 지금도 남아 있으며 코페르니쿠스의 기념비와 흉상도 볼 수 있다.

이 성당의 핵심은 바로 탑으로 올라가는 것이다. 탑 꼭대기에는 폴란드에서 가장 큰 종이 있으며, 정상에서는 사방으로 토루뉴의 독특한 아름다움을 파노라마로 느낄 수 있다.

^ 코페르니쿠스 세례반

+주소 Żeglarska Street
+전화 +48(0)56 621 0422
+입장 4~10월 월-토 8:30-19:30,
일 16:30-19:30
+요금 성당 성인 3zł(할인 2zł),
성당+탑 성인 6zl(할인 4zl)

4. 성 메리 교회

(Kościół Mariacki)

코페르니쿠스 생가에서 코페르니쿠스 대학 방면으로 가는 길목에 성 메리 교회가 있다. 붉은색의 단조롭지만 웅장한 건물은 여느 가톨릭 성당과 다를 것이 없어 보인다. 이곳은 원래 14세기에 지어진 프란체스코 수도회의 교회였다. 16세기 종교개혁 시대에는 개혁 신앙을 받아들여 개신교회가 된 후 예수회의 반종교개혁에도 개혁 신앙을 수호한 곳이었다. 그러나 18세기에 다시 가톨릭 성당이 되었고 지금은 개혁의 흔적을 찾을 수 없다.

+주소 Panny Marii Street

5. 플라네타륨과 코페르니쿠스 대학

(Planetarium & Uniwersytet Mikolaja Kopernika)

코페르니쿠스 생가와 동상이 코페르니쿠스의 '과거'라고 한다면 플라네타륨과 대학은 그의 '현재'라고 할 수 있다. 세계적 천문학자의 고향답게 천체에 관해 알차게 전시한 플라네타륨은 1시간 15분 간격으로 들어갈 수 있는데, 천문학에 대한 생생한 정보들을 제공한다. 그 맞은편에는 코페르니쿠스를 기념하여 코페르니쿠스 대학이 들어서 있다.

+주소 Franciszkanska 15-21
+전화 +48(0)56 622 5066
+입장 화-금 9:00-15:15, 토 12:00-17:00,
일 12:00-16:00(입장 시간 홈페이지 참조)
+요금 성인 11zł(할인 9zł),
Orbitarium 성인 9zł(할인 7zł)
+정보 www.podkopcem.pl,
www.planetarium.torun.pl

플라네타륨

한 걸음 더

북해 자락의 그단스크와 프롬보르크

- Gdańsk & Frombork

폴란드에서 가장 아름다운 도시로 알려진 그단스크는 외경에 비해 슬픈 역사를 간직하고 있다. 항구이며, 동·서유럽 및 스칸디나비아로 진출할 수 있는 지리적 요인으로 인해 예부터 잦은 침략을 받았고, 2차 대전 때는 독일과 소련의 전쟁터가 되기도 했다. 이런 역사의 아픔으로 인해 대부분의 도시가 파괴되었으나 지금은 다시 복원되어 그 아름다움을 뽐내고 있다.

^그단스크

바르샤바 중앙역에서 그단스크로 가는 기차가 있다. 버스를 이용할 경우 바르샤바와 토루뉴에서 가는 버스가 있으며, 반나절이 소요된다. 그단스크 버스터미널에서는 프롬보르크로 가는 버스를 탈 수 있다.

프롬보르크는 중세를 무너뜨린 천문학자 코페르니쿠스가 만년을 보낸 곳이다. 프롬보르크의 대성당 언덕(Cathedral hill) 위에 대성당과 코페르니쿠스의 흔적들을 접할 수 있다.

코페르니쿠스는 가톨릭의 위협으로 인해 이 성당에서 성직자로서 조용히 살다가 1543에 이 성당에 묻혔다. 그러나 그의 저서와 연구들은 세계를 변화시켰고, 가톨릭은 그의 저서를 1835년에서야 금서(禁書) 지정을 철회했다. 현재 이 성당에 위치한 그의 무덤은 2010년에 재안장된 것으로서 그의 지동설을 탄압해 온 가톨릭의 유감을 표시한 문구도 볼 수 있다. 지동설의 상징인 태양계의 모형을 무덤에 장식해 놓았다.

언덕에는 대성당뿐 아니라 박물관을 오픈하고 있으며, 코페르니쿠스의 흔적들을 어느 곳보다 잘 접할 수 있다. '주교의 궁전'(Bishop's Palace)이라 불리는 전시홀에서는 코페르니쿠스의 생애와 다양한 업적들을 엿볼 수 있다.

^프롬보르크 성당

코페르니쿠스 타워는 그가 평생을 연구하며 많은 발견들을 이룬 현장이다. 그러나 2차 대전의 포화로 인해 허물어졌다가 1965년에 현재와 같은 모습으로 재건되었다. 그밖에 Belfry 천문대는 코페르니쿠스와 직접적인 관련은 없으며, 다양한 천문도구와 전시물들을 관람할 수 있다.

자세한 주소와 입장 정보는 www.frombork.art.pl에서 얻을 수 있다.

03 크라쿠프(Krakow), 중세와 현대의 절묘한 조화

➡ 프롤로그

폴란드의 두 대도시인 바르샤바와 크라쿠프는 뚜렷이 대비되는 도시다. 세련된 멋과 근대의 역사를 간직한 곳이 바르샤바라면 크라쿠프는 중세의 흔적과 폴란드 전통을 보관한 느낌을 받는다. 저녁마다 곳곳에서 폴란드 전통 공연이 펼쳐지며, 건물들은 중세로 회귀하도록 시간을 재촉하는 느낌이다.

크라쿠프의 관람 포인트는 두 가지다. 하나는 중세와 종교를 대변하는 테마이며, 다른 하나는 유대인들과 관련된 흔적이다. 유럽 어느 곳도 크라쿠프만큼 유대인들에 대해 좋은 정보를 제공하는 곳이 없다. 크라쿠프 시내에는 오스카 쉰들러 공장이 있고, 크라쿠프 근처에는 그 유명한 아우슈비츠 수용소가 있다.

역사만큼 우리에게 좋은 스승은 없다. 크라쿠프에 왔다면 크라쿠프를 방문했다기보다 크라쿠프라는 좋은 스승을 만난다고 생각해야 할 것이다.

➡ 교통정보

우리나라에서 크라쿠프로 직항하는 항공편은 없다. 그러나 유럽 내에서는 바르샤바보다 크라쿠프로 운행되는 저가 항공이 많다.

기차는 바르샤바는 물론 주변의 주요 도시들과 연결된다. 빈, 프라하, 부다페스트 등지에서도 크라쿠프로 연결된다. 바르샤바에서 크라쿠프행 버스도 여러 편 운행된다.

Kraków Główny
Jagiellonen-Universität
Basztowa
Planty
Stanisława Worcella
Lubicz
Westerplatte
Floriańska
Szpitalna
świętego Marka
świętego Tomasza
Sławkowska
Rynek Główny
Mikołajska
świętego Krzyża
Sienna
Jagiellońska
świętej Anny
Podwale
Julliana Dunajewskiego
Karmelicka
Krupnicza
Studencka
Kapucyńska
Gołębia
Wiślna
Bracka
Karola Olszewskiego
Marszałka Józefa Piłsudskiego
Smoleńsk
Franciszkańska
Straszewskiego
Grodzka
Stolarska
Dominikańska
Starowiślna
Poselska
Zwierzyniecka
świętej Gertrudy
Podzamcze
świętego Idziego
Droga do Zymku
Stradomska
Józefa Dietla
Krakowska
Brzozowa
Miodowa
Plac Nowy
Jakuba
Szeroka
Dajwór
Izaaka
Nowa
Józefa
Wąska
Bartosza
świętego Wawrzyńca
Grzegórzecka
Aleja Powstania Warszawskiego
Aleja Pokoju
Kotlarska
Podgórska
most Kotlarski
most Powstańców Śląskich
Zabłocie
Przemysłowa
Ślusarska
Tadeusza Romanowicza
Gustawa Herlinga-Grudzińskiego
Lipowa
1 바르바칸
2 중앙시장 광장
3 성 마리아 성당
4 성 보이체프 교회
5 콜레기움 마이우스
6 그로츠카 거리
7 바벨 성과 대성당
8 스타라 시나고그
9 이삭 시나고그
10 쉰들러 공장

여행tip

크라쿠프도 대표적인 관광 지역이지만 주변의 아우슈비츠 수용소와 비엘리치카 소금광산도 전 세계 사람들이 많이 찾는 곳이다. 이런 지역들은 크라쿠프에서 출발하는 것이 좋다. 크라쿠프에서 아우슈비츠나 소금 광산으로 가는 방법은 기차, 버스 모두 가능하다. 해당 지역들의 교통정보를 참고하자.

→ Story

크라쿠프의 대표적 방문 추천 지역은 구 시가지와 카지미에시 지역(Kazimierz)으로 나뉜다. 구 시가지는 종교, 역사적으로 중요한 건물들이 있고, 카지미에시 지역에는 유대인 관련 흔적들이 많다.

1. 바르바칸(Barbakan)
2. 중앙시장 광장(Rynek)
3. 성 마리아 성당과 성 보이체프 교회 (Bazyliki Mariackiej & Kościół św. Wojciecha)
4. 야기엘론스키 대학 (Uniwersytetu Jagiellońskiego)
5. 그로츠카 거리(Grodzka)
6. 바벨 성과 대성당 (Zamek Królewski na Wawelu)
7. 카지미에시 지구(Kazimierz)
8. 쉰들러 공장(Oskar Schindler's Enamel Factory)

→ 방문정보

1. 바르바칸
(Barbakan)

크라쿠프 중앙역과 중앙버스터미널은 서로 붙어 있다. 이곳에서 구 시가지로 들어오는 길에 웅장한 중세 건물을 볼 수 있는데 바로 바르바칸과 플로리안스카 문이다. 비록 구 시가지를 둘러싼 성벽들은 허물어져 존재하지 않지만 구 시가지 북쪽에 위치한 요새 건물인 바르바칸과 플로리안스카 문은 수많은 외침(外侵)을 막아 내고 당당히 서 있다. 우리나라도 과거 사대문(四大門) 주변은 언제나 많은 사람들로 붐빈 것처럼 플로리안스카 문 주변에 늘어선 노점 갤러리와 사람들이 친밀하게 느껴진다.

< 바르바칸

2. 중앙시장 광장
(Rynek)

폴란드어로 리네크 광장이라고 부르는 중앙시장 광장은 크라쿠프 관광의 중심지다. 중앙의 폴란드 민족시인 미츠키에비치의 동상을 중심으로 아름다운 성당을 비롯한 역사 유적들과 고풍스러운 저택들이 광장을 둘러싸고 있다. 광장 주변에는 상점과 노천카페들이 있고 종종 야외 공연도 열린다. 이 광장에서 커피 한 잔을 마신다면 크라쿠프의 여유를 느낄 수 있을 것이다. 이 광장과 구 시가지는 1978년에 유네스코 세계문화유산으로 지정될 만큼 생동감이 있는 아름다운 곳이다.

미츠키에비치 동상 뒤편에 있는 노란색의 기다란 르네상스 건축물은 직물회관으로 14세기에는 직물과 옷을 판매하던 유럽 굴지의 대시장이었다. 현재는 민속인형, 테이블보, 수공예품 등 기념품을 파는 상점들이 있고 2층은 국립박물관의 일부로 폴란드 대표 회화작품들이 전시되어 있다. 직물회관 옆에는 옛 시청사의 탑이 있는데 시청사는 소실되고 현재는 시계탑만 남아 박물관의 일부로 사용되고 있다.

중앙시장 광장.
왼쪽의 직물회관과 오른쪽의 성 마리아 성당이 마주보고 있다.

시청사 탑

3. 성 마리아 성당과 성 보이체프 성당

(Bazyliki Mariackiej & Kościół św. Wojciecha)

중앙시장 광장에 왔다면 직물회관 맞은편에 위치한 성 마리아 성당을 방문해 보자. 크라쿠프 관광의 포인트 중 하나인 성 마리아 성당은 높이가 서로 다른 두 첨탑이 인상적이기는 하지만 붉은색의 벽돌로 지어진 외관은 다소 평범한 느낌을 준다. 하지만 막상 내부에 들어서면 푸른 천장과 벽면을 둘러싼 수많은 금장식들의 화려함에 눈이 휘둥그레질 것이다. 규모 면에서야 유럽 전역에 훨씬 더 큰 성당들이 많지만, 내부의 화려함에서만큼은 어디에도 밀리지 않는다. 성 마리아 성당은 1320년부터 매 시간 울리는 나팔 소리로도 유명하다. 매시간 4번 네 방향으로 나팔을 부는데 잘 들어 보면 중간에 소리가 끊긴다. 13세기 몽고인의 침략을 알리기 위해 나팔을 불다 화살에 맞고 죽은 나팔수를 기념하기 위해서라고 한다. 침략의 세월을 지닌 역사처럼 과거의 아픔을 잊지 않으려는 그들의 마음이 느껴진다.

한편 광장 한쪽에는 초록색 돔의 작은 성당이 있는데 성 보이체프 성당이다. 기네스북에 등록된 세계에서 가장 작은 성당으로 겨우 20명이 앉을 수 있다. 지금도 종종 미사가 행해지고 있다. 근처의 크고 화려한 성 마리아 성당과 대조를 이루는 성 보이체프 성당은 유럽 여행 중 초고층의 웅장한 성당에 익숙해진 여행객들에게 오히려 신선함으로 다가온다.

성 마리아 성당 내부

성 마리아 성당

성 보이체프 성당

성 마리아 성당
+주소 Plac Mariacki 5
+전화 +48(0)12 422 5521
+정보 www.mariacki.com

4. 야기엘론스키 대학

(Uniwersytetu Jagiellońskiego)

폴란드 최초의 대학이며, 동유럽에서도 프라하 카를 대학 다음으로 오랜 전통을 가진 명문이다. 코페르니쿠스와 교황 요한 바오로 2세도 이 대학 출신이다. 중세 대학을 느끼고 싶다면 이 대학에서 가장 오래된 건물인 콜레기움 마이우스(Collegium Maius)를 방문해 보자. 현재 대학 박물관으로 쓰이는 콜레기움 마이우스는 코페르니쿠스가 1490년부터 1495년까지 공부하던 건물로서 대학의 역사와 전통을 느낄 수 있다. 거리에서 이 대학을 봤을 때는 낡고 초라해 보이지만 안으로 들어오면 작은 안뜰을 중심으로 붉은 벽돌의 아케이드가 둘러싸고 있는데, 한국의 캠퍼스와는 달리 심문을 받는다는 느낌이 들 정도로 '중세'가 압도한다. 내부는 가이드 투어로만 볼 수 있다. 야기엘론스키 대학가인 야기엘론스키 거리(Jagiellonska)는 대학생들과 여행자들로 늘 생동감이 넘친다. 거리 입구에는 이 대학의 자랑인 코페르니쿠스 동상을 볼 수 있다.

콜레기움 마이우스 ⓒ commons.wikimedia.org/Cancre님 사진

콜레기움 마이우스 안뜰

+주소 Jagiellonska 15
+전화 +48(0)12 422 0549
+입장 월-토 10:00-14:20(4~10월 17:20까지, 마지막 입장 시간 기준)
+요금 어른 12zł(할인 6zł)
+정보 www.maius.uj.edu.pl

5. 그로츠카 거리
(Grodzka)

중앙시장 광장에서 바벨 성으로 갈 때는 그로츠카 거리를 걸어 보자. 이 거리에는 크고 작은 아름다운 성당과 교회들이 가득해 중세 기독교 도시 크라쿠프를 만끽할 수 있다. 성 요셉 성당, 성 안드레 성당, 성 베드로 바울 성당 등 아름다운 고딕 양식과 르네상스 양식의 성당들이 전쟁의 포화에도 손상되지 않은 채 잘 보존되어 있다.

6. 바벨 성과 대성당
(Zamek Królewski na Wawelu)

비스와 강 옆 언덕에 서 있는 바벨 성과 바벨 대성당은 크라쿠프의 지표다. 구 시가지에서 10~15분 걸으면 도착할 수 있고, 이곳까지 인력 자전거도 운행된다.

붉은 벽돌과 지붕이 인상적인 바벨 성은 과거 폴란드 국왕들이 거주한 성 치고는 웅장하고 위풍당당하기보다는 마치 대저택과 같은 느낌이다. 성 안에 들어서면 넓은 안뜰을 둘러싼 3층의 회랑식 건물이 나타난다. 아름다운 르네상스 양식인 바벨 성은 현재 박물관으로 사용되고 있으며 폴란드의 진귀한 유물들로 가득 차 있다.

바벨 성 옆에 위치한 대성당은 과거 폴란드 왕들의 대관식이 치러지던 곳으로 지하에는 폴란드 왕과 영웅들의 묘가 있다. 바벨 성은 폴란드인들의 자존심으로서 수도를 바르샤바로 옮긴 후에도 왕의 대관식과 장례식 등 국가의 주요행사들이 이곳에서 열렸다. 바벨 대성당은 요한 바오로 2세가 사제서품을 받은 곳이자 젊은 시절 주교로 10년간 봉직하던 곳이기도 하다. 성 안에는 요한 바오로 2세의 동상과 그의 유품이 전시된 작은 박물관이 있다. 대성당 옆에는 과거 상인들이 기증한 작은 예배당들을 볼 수 있는데 그중에서도 황금색 돔으로 된 지기스문트 예배당은 중부 유럽 르네상스 양식의 걸작품으로 평가 받고 있다. 대성당의 탑 2개 중 옥색 빛의 지기스문트 탑은 폴란드 최대의 종이 만들어 내는 아름다운 종소리로 유명하다. 탑 위에서 바라보는 크라쿠프의 전경 또한 장관이다.

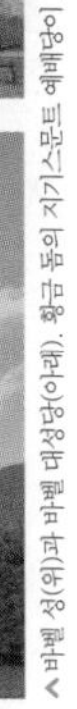

▲바벨 성(위)과 바벨 대성당(아래). 황금 돔의 지기스문트 예배당이 보인다.

7. 카지미에시 지역
(Kazimierz)

유럽에는 유대인 지구가 여럿 있지만 크라쿠프만큼 유대인에 대해 잘 느낄 수 있는 곳도 없다. 인근의 아우슈비츠와 함께 유대인들이 많이 거주하던 크라쿠프는 그들의 아픔을 고스란히 간직하고 있기 때문이다. 카지미에시 지역은 유대인 거주 지역으로 2차 대전 때 나치에 의해 많은 부분이 파괴되었지만 아직도 여러 시나고그(Synagoga, 유대교 회당)와 유대인 시청사 등 유대인들의 문화유산이 많이 남아 있다. 이중 일부는 박물관으로 개조되어 그들의 생활상과 2차 대전 당시 유대인들의 참상을 보여 주고 있다.

폴란드에서 가장 오래된 스타라 시나고그(Synagoga Stara)는 20세기 초까지 이 지역의 중심 회당이었지만 2차 대전 때 나치에 의해 예술품과 유물들을 약탈당하고 창고로 쓰이기도 했다. 현재는 유대인 박물관으로 이용되고 있다. 크라쿠프에서 가장 아름다운 회당인 바로크 양식의 이삭 시나고그(Synagoga Izaaka)에서도 2차 대전의 참상을 담은 역사적 사진들과 다큐멘터리 필름들을 볼 수 있다.

카지미에시 지역은 무엇보다도 스티븐 스필버그 감독의 영화 〈쉰들러 리스트〉의 배경이었던 곳으로 유명하다. 영화 속 배경들이 아직도 남아 있어 영화를 본 사람이라면 천천히 거리를 걷는 것만으로도 특별한 경험이 될 것이다. 독일군을 피해 숨을 곳을 찾아 헤매는 모습, 언덕에서 독일군들의 잔인한 학살 장면을 내려다보던 쉰들러의 눈에 비친 유대인 거리의 모습, 한강철교를 닮은 듯한 다리 등 영화 속 장면들이 잘 보존되어 있다. 카지미에시 지역은 마치 흑백 영화를 보는 것처럼 끔찍하던 과거의 아픔을 간직하고 있다.

카지미에시 지역. 정면에 스타라 시나고그가 보인다.

>Old Synagogue(Synagoga Stara)
+주소 Szeroka 24, Kazimierz,
+전화 +48 (0)12 422 0962
+입장 화-일 9:00-15:00, 금 11:00-18:00
(매월 첫 주 주말 휴관)
+요금 7zł

^이삭 시나고그

>Synagoga Izaaka
+주소 Kupa 18
+전화 +48 (0)12 430 5577
+입장 일-금 9:00-19:00
+요금 7zł

^유대인 시청사
ⓒcommons.wikimedia.org/ Jakub Hatun 님 사진

8. 쉰들러 공장

(Oskar Schindler's Enamel Factory)

크라쿠프 외곽에는 영화 〈쉰들러 리스트〉의 실제 배경 장소가 또 하나 있다. 일반 여행책자에는 잘 소개되지 않지만 크라쿠프에 왔다면 반드시 가 봐야 할 곳이다. 수용소로 끌려가는 유대인들을 고용해 군용품을 만들던 오스카 쉰들

러의 실제 공장으로 현재 이 공장은 박물관으로 개조되어 2차 대전 당시의 다양한 역사적 자료들을 전시하고 있다. 슈베르트의 〈군대행진곡〉이 울려 퍼지지만 명곡 감상을 하는 곳이 아니라 전쟁의 참상을 생생히 느낄 수 있는 곳이다.

아우슈비츠가 유대인 학살, 감금 등의 장소라면 쉰들러 공장은 마치 전쟁 한복판에 서 있는 듯한 느낌을 준다. 천천히 전쟁의 참상과 분위기를 느끼며 박물관을 걷노라면 한 시간도 모자랄 정도로 치밀하고 알차게 구성되어 있음을 알 수 있다. 전쟁과 관련된 다양한 다큐멘터리와 영화 필름들을 공개하고 있으며, 당시 실제 육성도 그대로 재현하고 있다. 맨 마지막 부분에는 회색 원통에 쉰들러 리스트에 등록된 사람들의 이름들이 빼곡히 새겨져 있다. 바로 생과 사의 갈림길에 서 있던 이름들이다. 반드시 가 보기를 바란다.

+주소 Lipowa 4
+전화 +48(0)12 257 1017
+입장 화-일 10:00-18:00(월 14:00까지, 마지막 입장은 폐관 1시간 30분 전까지만 가능)
+교통 시내에서 125, 425번 버스가 운행된다.

비전 노트

쉰들러 리스트에 대한 단상

스티븐 스필버그의 명작 〈쉰들러 리스트〉는 나치 배경의 영화다. 많은 유대인들이 아우슈비츠로 끌려가 목숨을 잃었을 때, 독일인 오스카 쉰들러는 수많은 유대인들을 사지에서 구해 준 인물로 잘 알려져 있다. 오스카 쉰들러에 의해 구원받은 명단이 바로 '쉰들러 리스트'다. 그 리스트에 이름이 없는 이들은 끌려가 죽임을 당했다. 많은 이들이 나치에 동조했을 때, 독일인 오스카 쉰들러는 목숨을 건 용기를 보여 주었고, 그의 용기는 많은 이들에게 큰 감동과 교훈을 주고 있다.

^ 쉰들러 리스트, 쉰들러 공장에서 볼 수 있다.

한 걸음 더 나아가서 쉰들러 리스트는 '지저스 리스트'를 상기시킨다. 쉰들러 리스트에 자신의 이름이 없다면 죽음으로 내몰린 것처럼 만일 하나님의 심판대 앞에서 어린양의 리스트, 즉 지저스 리스트에 내 이름이 없다면 영원한 절망으로 떨어지는 것이다.

 한 걸음 더

비엘리치카 암염 채굴장
-Wieliczka Salt Mine

크라쿠프 교외에는 정말 독특하고 신비로운 체험을 할 수 있는 곳이 있다. 바로 지하 60~70m 깊이로 내려가는 암염(巖鹽) 채굴장으로 연간 1,000만 명의 관광객들이 찾는 폴란드의 대표적인 방문지다. 지하에 이렇게 거대한 소금광산이 있다는 것이 놀라울 따름이다.

1978년에 유네스코 세계문화유산으로 지정된 이곳은 이미 900년간 소금 채굴장으로 활용되고 있다. 유럽 소금 채굴장으로서는 최대 규모와 최고(最古)를 자랑하며, 폴란드와 지역 주민들에게 큰 이익을 가져다주고 있다. 이런 까닭으로 2차 대전 때 독일이 이곳을 소유하려고 했다.

아직도 채굴이 진행되고 있는 이곳에는 2,000개가 넘는 방이 있으며, 그 길이만도 400km에 이를 정도로 어마어마한 소금 규모를 자랑한다. 그러나 일반에게 공개된 곳은 2km 정도에 불과하다. 미로와 같은 구조이므로 개인적으로는 들어갈 수 없으며 가이드 투어를 받아야 한다. 가이드 투어는 총 2시간이 소요되며, 영어 가이드 투어가 자주 진행된다.

계단을 따라 끊임없이 나선형으로 내려가는데, 계단에서 머리를 내밀어 아래 위를 보면 얼마나 깊은 곳인지 알 수 있다. 지하로 내려가서 처음 만나는 방은 코페르니쿠스 방이다. 1973년에 채굴된 곳으로서 폴란드의 자랑인 코페르니쿠스 탄생 500주년을 기념해서 이름 붙여졌고, 소금으로 조각된 그의 동상도 있다. 이곳에서 보는 조각과 장식은 모두 소금이다.

투어의 하이라이트는 바로 킹가 채플(St Kinga Chapel)이다. 바닥도, 조각도, 벽화도 모두 소금으로 장식되었고, 그 섬세한 조각 하나하나에 관광객들은 압도당하고 만다. 최후의 만찬과 예수님의 일생을 다룬 소금 벽화는 가히 예술 중의 예술이라 할 것이다. 그 얼굴과 표정 하나하나까지 세심하게 조각한 정교함이 압권이다.

^ 끝없이 계단을 따라 내려가야 한다.
킹카 채플은 소금광산의 백미 중의 백미다.

비엘리치카 투어에서 또 한 번 놀라게 되는 것은 이 깊은 지하에서 만나는 호수다. 소금 호수는 두 곳이나 되는데 여기서 보는 소금물은 용해점의 한계에 도달한 상태로 더 이상 녹을 수 없다고 한다. 두 번째 호수를 접할 수 있는 곳은 바이마르 방(Weimar Chamber)으로서 18세기 후반에 바이마르 왕자와 괴테가 이곳을 방문한 기념으로 이름 붙여졌다. 괴테의 조각상을 볼 수 있으며, 무엇보다도 쇼팽의 〈이별의 노래〉와 함께 진행되는 조명쇼는 저절로 탄성을 자아내게 한다.

+주소 10 Daniłowicza Street, 32-020 Wieliczka
+전화 +48(0) 122787302
+입장 영어 가이드 투어 9:00~17:00까지 약 1시간 간격으로 입장(1월 1일, 부활절 주일, 11월 1일 휴관)
+요금 성인 65zł(할인 51zł)
+교통 크라쿠프 남동쪽으로 15km 정도 떨어진 이곳은 자동차로 금방 도착할 수 있다. 비엘리치카에 들어오면 안내표지판을 쉽게 볼 수 있다.
크라쿠프-비엘리치카 구간을 운행하는 기차가 있다. 그러나 비엘리치카에서 암염 채굴장까지는 1km 남짓 걸어야 한다.
크라쿠프 중앙역에서 출발하는 버스가 있으며, 304번 버스가 운행된다. 20분 간격으로 운행되며 비엘리치카에서 하차하면 된다.
+정보 www.kopalnia.pl

^코페르니쿠스 동상

^소금으로 조각된 최후의 만찬

비전 노트

소금과 노아 홍수 이야기

이곳에서 소금이 발견된 것은 기원전 20세기로 거슬러 올라간다. 이미 고대인들은 이곳에 거대한 소금광산이 있다는 것을 알았고, 중세시대부터 상업화되었다. 어떻게 내륙 한복판에 거대한 소금 덩어리가 있을까? 과학자들에 따르면 이곳의 소금은 바다의 소금과 동일하다고 한다. 중세시대 많은 이들이 이곳을 방문했고 종교개혁자들도 폴란드 내륙 한가운데에서 소금이 생산되는 것을 알았다. 종교개혁자 마르틴 루터는 이 거대한 소금 덩어리의 기원을 노아의 홍수로 꼽았다. 루터의 표현대로 지구를 뒤덮던 물 그리고 엄청난 지각 변동, 거대한 양의 바다 소금 덩어리… 아무리 생각해도 노아 홍수 외에는 다른 답을 찾을 수가 없다.

많은 신학자들은 구약의 사건을 신화쯤으로 치부한다. 그러나 루터의 말대로 암염 채굴장이 과거 노아 홍수의 사실을 입증하는 것이라면 소금을 만지는 것은 곧 하나님의 옷자락을 만지는 느낌이리라. 하나님의 면전에 선 기분이다.

04 아우슈비츠(Auschwitz), 슬픈 역사의 현장

➡ 프롤로그

▼ 비르케나우 수용소의 '죽음의 문'

《안네의 일기》의 안네도 수감된 유대인 학살의 대명사, 아우슈비츠. 이곳은 유럽의 그 어느 지역보다 가 보고 싶던 곳이었다. 지금도 핏자국이 남아 있지는 않을까, 유령들이 걸어 다니지는 않을까….

이곳에서 희생된 사람들의 수는 무려 110만 명에 달한다. 모두 유대인은 아니었다. 동성애자, 장애인, 정신지체자들은 열성인자를 보유하고 있다고 해서 끌려와 죽었고 소련군 포로 1만 명, 집시 2만 3,000명, 폴란드 정치범 7만 명 등

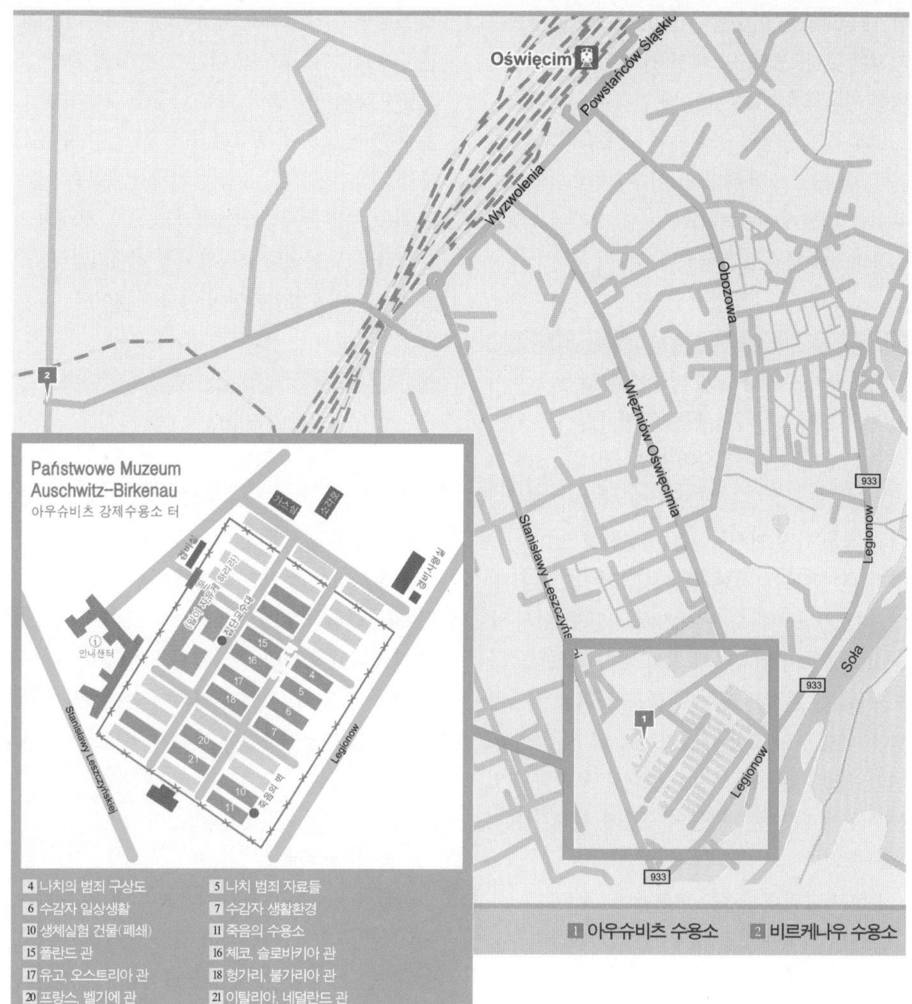

다양한 출신의 포로들이 이곳에서 죽임을 당했다. 하지만 가장 많은 희생자는 역시 유대인으로 100만 명이 이곳에서 죽어 갔다.

내가 청년들을 인솔해서 유럽을 방문한 지도 벌써 10년 가까이 된다. 여러 번 가 본 곳은 식상해져서 혼자 쉬고 싶을 때가 있다. 그러나 아우슈비츠는 개인적으로 세 번 방문했지만 다시 가라고 해도 언제든지 달려가고 싶은 곳이다. 이곳에만 오면 나도 모르게 숙연해지고 겸손해진다. 많은 청년들이 유럽에서 꼭 가 볼 만한 곳이 어디냐고 물을 때면 나는 주저 없이 대답한다. 폴란드의 아우슈비츠!

➡ 교통정보

독일식 발음으로는 아우슈비츠, 폴란드식 발음은 오시비엥침(Oświęcim). 자동차로 오시비엥침을 향해 달리면 오시비엥침 시내에서 '아우슈비츠 박물관' 표지판을 어렵지 않게 볼 수 있지만 대중교통을 이용한다면 반드시 크라쿠프를 거쳐야 한다. 크라쿠프에서 기차를 타면 오시비엥침 기차역까지 2시간이 채 걸리지 않는다.

크라쿠프 중앙역 근처에서 아우슈비츠로 가는 17번 버스가 운행된다. 아우슈비츠와 제2수용소인 비르케나우 사이에는 한 시간에 1대씩 셔틀버스가 무료로 운행된다.

➡ Story

아우슈비츠 수용소가 박물관과 같은 느낌이라면 비르케나우 수용소는 광활하면서도 막막한 느낌을 준다. 아우슈비츠는 규모가 그리 크지 않고, 많은 건물들이 인접해 있으며, 건물마다 특징을 가진 전시물들을 진열하고 있어 건물마다 색다르고 다양한 경험들을 할 수 있다. 반면, 비르케나우는 넓은 부지에 지금도 당시 수용소 건물들이 엄청나게 많이 남아 있다. 그 규모와 넓이, 환경은 보는 이들로 하여금 가슴을 탁 막히게 한다. 2차 대전이 종전된 지 벌써 65년이 지났지만 수용시설을 그대로 보관하고 있는 이곳에 서면 유대인들의 고통과 절규가 들려오는 듯하다.

1. 아우슈비츠 수용소(아우슈비츠 1 수용소)
2. 비르케나우 수용소(아우슈비츠 2 수용소)

➡ 수용소 설립 배경

원래 아우슈비츠는 유대인 학살을 위한 수용소가 아니라 나치의 점령에 위협이 되는 폴란드 정치범을 수용하기 위해 세워졌다. 처음에는 1만 명 수용소 시설을 갖췄으나 이윽고 3만 명 수용 규모로 확대했다. 1941년부터 소련 전쟁 포로들을 수용했고, 그후 유대인들을 조직적으로 탄압했다.

아우슈비츠가 정치범들과 포로들을 감금하기 위한 수용소였다면 비르케나우는 더욱 악랄하게 노동력을 착취하고 학살하기 용이하게 설계된 수용소였다. 풍부한 석탄과 물 등의 자연 조건과 최고의 군수공장 시설을 갖춘 탓에 수용소를 통한 노동력이 필요해졌고, 곧 집단 수용소 시설이 갖추어졌다. 유럽 전역에서 죽음의 열차를 타고 수많은 유대인들이 이곳으로 보내졌으며 그들은 노동으로 소멸되도록 계획되었다. 조직적이고 체계적인 학살이 이뤄진 것이다.

➡ 방문정보

1. 아우슈비츠 수용소

(Auschwitz Concentration)

아우슈비츠 수용소에 주차를 하고 입구에 들어서면 안내소가 있다. 아우슈비츠는 정보 없이 그냥 둘러보는 것만으로는 아쉬움이 많이 남는 곳이다. 다양한 언어로 가이드와 오디오 서비스가 제공되고 있지만 안타깝게도 한국어 가이드는 찾을 수 없다. 다행히 한국어 안내책자를 팔고 있으므로 구매하거나 영어 가이드를 이용하는 것이 좋다.

• 영상 상영관

우선 수용소 내부로 들어가기 전에 30분 간격으로 상영되는 다큐멘터리 필름을 반드시 보고 들어가는 것이 좋다. 사료를 편집한 다큐멘터리 필름이므로 수용소에서 관련된 전시물들을 많이 접할 수 있기 때문이다.

• 정문, '일이 자유롭게 하리라!'

안내센터를 지나면 수용소 정문에 'ARBEIT MACHT FREI'라는 문구가 있다. '일이(너희를) 자유롭게 하리라'는 뜻으로서 수용소 본부에 해당하는 뮌헨 근처 다카우 수용소에서 모방한 것이다. 나치가 포로들을 어떻게 세뇌시켰는지를 정문에서부터 알 수 있다. 'ARBEIT'에서 'B'를 잘 관찰하면 상하가 뒤바뀐 것을 볼 수 있는데, 이것은 강제로 제작에 참여한 포로들이 일종의 저항으로 만들었다고 전해진다.

당시 고압 전류가 이중으로 세워져 있었다.

집단 교수대

정문을 통과해서 한 블록을 지나면 오른쪽에 그네 기둥처럼 생긴 구조물이 있다. 이곳에서 매일매일 수많은 포로들을 처형했다. 또 아침저녁으로 이곳에서 점호를 실시하면서 하루의 시작과 끝을 보냈다.

집단 교수대. 반역자들을 처형하여 수감자들에게 경고의 메시지를 던졌다.

가스실과 소각로

정문에서 오른쪽 집단 교수대 쪽이 아닌 왼쪽으로 꺾으면 철조망이 나온다. 이중으로 된 철조망에 고압 전류가 흐르고, 코너마다 경비초소가 배치되어 있어서 이곳을 탈출한다는 것은 불가능했다. 높은 이중 철조망 사이에 서면 외부와 철저하게 단절되고 고립된 그들이 느꼈을 좌절감이 전해진다.

가스실

소각로

철조망을 지나면 굴뚝처럼 생긴 소각 굴뚝이 보인다. 수십만 명의 시체가 연기가 되어 저 굴뚝을 빠져나갔으리라.

소각로 뒤쪽 교수대는 악랄하던 아우슈비츠 수용소장 루돌프 해스(Rudolf Häss)와 악질 친위대원들이 전범 재판을 받고 사형 당한 곳이다. 소각로에서 왼쪽으로 가면 가스실이 나온다. 노동력의 가치가 없는 노약자와 병든 포로들이 즉시 죽임을 당하던 곳이다.

이 어둡고 밀폐된 공간에 갇힐 때 엄습해 오던 공포, 그리고 삶을 향한 몸부림들… 벽에는 그들이 살기 위해 몸부림을 치며 남긴 손톱 자국들이 희미하게 남아 있다. 지금도 그들의 절규와 신음 소리가 들리는 듯하다. 가스실 천장에는 독가스 주입구가 보인다. 독가스인 치클론 B(Cyclon B)를 한번 살포할 때마다 수백 구의 시체가 무더기로 쌓였으며, 이 시체들은 수레에 실려 소각로를 통해 처분되었다. 2차 대전이 막바지로 치달으면서 시체 처리 능력보다 더 많은 포로들이 학살당해 시체를 처분하는 것이 불가능할 정도가 되었다고 한다.

• 13~21호동

가스실에서 나와서 몇 개의 수용소를 지나면 13호동이 나온다. 13호부터 21호까지는 이 수용소에 잡혀 온 국가별로 당시의 참상과 포로들의 모습을 전시하고 있는데, 폴란드인들을 수용하던 15호동은 꼭 둘러보자. 총살, 교수형 등 나치들의 횡포를 알 수 있는 다양한 자료들과 포로들의 사진이 전시되어 있다. 포로들이 이곳에 끌려오기 전에 찍은 사진들도 있는데 그들에게 찾아올 끔찍한 현실을 꿈에도 몰랐을 행복한 시절의 사진들, 특히 너무나 예쁘고 똘망똘망한 아이들의 눈망울이 보는 이들을 안타깝게 한다.

• 4~7호동

130만 명 중 110만 명의 유대인들이 아우슈비츠에 수용되었는데, 그 참상을 이곳에서 볼 수 있다. 4호동부터 7호동에 이르는 4개 동에서는 나치의 범죄들을 낱낱이 고발하고 있다. 당시 포로들이 사용하던 방, 침대, 화장실 등 비참한 포로들의 생활상부터 가득히 쌓인 포로들의 유품들을 볼 수 있고, 전쟁의 진행 과정 또한 생생히 접할 수 있다.

'Material rooms of crimes'라고 씌어진 5호동에는 이곳에서 죽어 간 수많은 포로들의 물품을 전시하고 있다. 신발, 안경, 가방, 장애인의 의족까지 유리 전시관에 가득 쌓인 물품들은 이곳에서 죽어 간 포로들의 수가 얼마나 많았는지 짐작하게 한다. 포로들의 머리카락과 그 머리카락으로 만든 카펫은 놀랍기까지 하다. 산더미처럼 쌓인 가방엔 하나하나 이름이 적혀 있다. 집을 떠날 때 각자에게 가장 소중한 것만을 챙겨 담았을 저 가방들, 따로 운반되어 전달될 거라는 약속을 믿고 가방에 이름을 써 놓고 기차를 탔지만 결국 이 짐들은 주인에게 전달되지 못했고 독일군들에 의해 귀중품만 빼앗긴 채 버려졌다. 이 버려진 가방들은 빼앗긴 그들의 행복을 상징하는 듯해 마음을 아프게 한다. 심지어 수북이 쌓인 어린아이들의 옷과 신발들을 볼 때면 인간의 잔인함 앞에 좌절감마저 느끼게 된다.

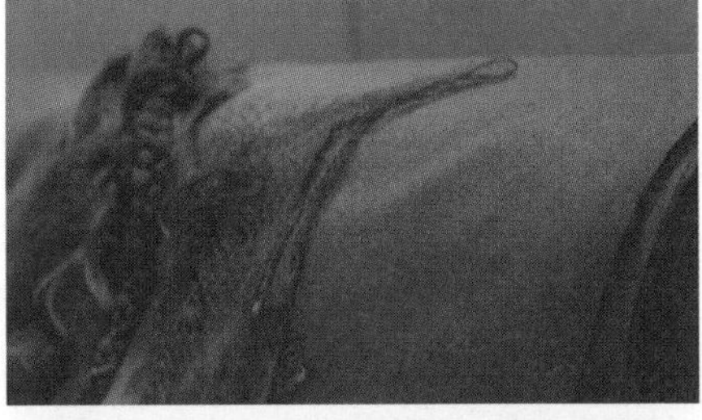

▲ 포로들의 머리카락으로 만든 카펫

▲ 가방에 쓴 이름들. 포로들은 언젠가 이 가방을 들고 귀가하기를 갈망했다.

6호동은 초상화와 사진들을 통해 포로들의 생활상을 보여 준다. 앙상한 뼈만 남은 아이들과 여성 포로들의 모습, 복도마다 걸린 무표정한 포로들의 사진은 보는 이들의 마음을 무겁게 누른다. 우리와 전혀 다를 것이 없는 평범한 사람들이 정치적인 이유로 인해 이곳에서 모진 고통을 당하다 한 줌의 재로 사라졌다는 사실이 인간의 본성을 다시 한 번 돌아보게 만든다.

- **생체실험의 현장**(10호동)

요제프 멩겔레(Joseph Mengele) 박사에 의해 자행되었고, 역사상 가장 많은 쌍둥이 어린이들이 이곳에서 학살당한 생체실험장이다. 쌍둥이 어린이에게 병균을 주입해서 똑같이 사망해야 한다는 멩겔레의 가설을 입증하기 위해 수많은 아이들이 죽어야 했다. 쌍둥이가 똑같이 죽어야 한다는 것을 실험하기 위해 동시에 굶겨서 아사 상태를 확인하거나, 사지를 잘라 과다 출혈로 사망 시간을 서로 비교하기도 했다. 사인(死因)을 규명하기 위해 동시에 해부했고, 장기기관들을 베를린으로 보냈다. 2차 대전 직후 세계 최고의 의학 강국은 독일이었다. 바로 포로들의 피 값으로 얻은 것이었다. 안타깝게도 10호동은 일반에게 개방되지 않는다.

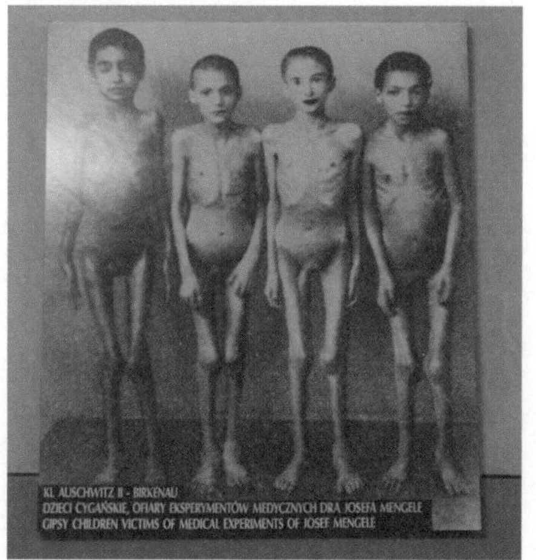

- **죽음의 블록**(11호동)

가장 끔찍한 곳이자 아우슈비츠 수용소의 하이라이트다. 10호동과 11호동 사이의 안쪽에는 즉결 처형이 이루어진 죽음의 벽이 있다. 반항적인 유대인들과 포로들이 이곳에 끌려와 총살을 당했는데, 지금도 많은 사람들이 무고한 희생자들을 위로하며 이곳에 화환을 바치고 있다.

11호동은 가장 행동이 반항스러운 포로들을 처형하기 위해 감금한 곳인데, 얼마나 고통스럽게 그들을 가뒀는지를 보여 준다. 지하 끝에는 '서 있는 감옥'이라고 하여 아주 좁은 감옥에 포로들을 앉을 수조차 없도록 가둬 두었고, 이튿날 또 노동에 가담시키곤 했다. 좁고 밀폐된 이곳에 감금된 포로들은 과로, 혹은 질식으로 죽는 것이 예사였다고 한다.

∧ 죽음의 벽

▼서 있는 감옥

비전 노트

독일군들의 세뇌와 이데올로기

100만 명의 유대인들이 잔인하게 학살당한 현장에는 수많은 독일군들이 있었다. 종교개혁의 나라, 경건주의의 발생지, 루터교의 국가인 독일 젊은이들에게 이런 일들은 어떻게 비쳐졌을까? 당시 생존한 독일군들을 취재했을 때, 그들은 놀랍게도 자신들의 소행에 대해 죄책감을 느끼지 못한 채 당연하다고 대답했다. 그들이 죽는 게 당연하다니!

^ 이곳 가스실에서 하루에도 수백 명씩 학살당했다.

2차 대전 발생 직전에 불어닥친 경제공황으로 인한 어려움이 악한 유대인들 때문이며 유대인들은 독일인의 피를 빨아먹는 기생충이라고 선전되었는데, 여기에 나치 기독교가 동조함으로써 정당성을 갖게 했다. 예수님은 나치를 위해 오셨으며, 유대인들을 처단하는 것이 하나님의 영광을 위한 것이라고 선전한 것이다. 베를린의 마르틴 루터 기념교회는 이러한 사실을 구체적으로 잘 보여 준다(베를린 편 참고).

예나 지금이나 하나님의 이름을 빙자한 많은 사람들이 있다. 그러나 자신의 더러운 탐욕을 정당화하기 위한 수단인지 하나님의 뜻을 위한 것인지는 말씀으로 판단해야 한다. 우리 시대에도 기복(祈福)주의, 율법(律法)주의, 이단의 가르침들이 사회에 가득하다. 하나님을 언급하는 것이 중요한 것이 아니라 하나님의 뜻대로 행하는 것이 중요한 것이다. 결국 성경으로 다시 돌아가야 한다.

2. 제2수용소, 비르케나우 수용소 (Birkenau Concentration)

- **수용소 조망**

제2수용소 비르케나우는 아우슈비츠에서 3km 떨어져 있다. 규모는 아우슈비츠의 10배로 크지만 보존 상태는 떨어진다. 대부분의 수용소들이 현재 남아 있기는 하지만 아우슈비츠의 전시물과 비교했을 때, 그냥 방치된 느낌이다. 주변에 펼쳐진 방대한 땅 위에 세워진 수용소의 모습은 보는 이들의 가슴을 답답하게 만든다.

• **죽음의 문**(정문)

유럽 각지에서 많은 유대인들이 이곳으로 수송되었다. 효율적인 수송을 위해 철로가 만들어 졌고, 그 철로는 이곳 비르케나우 수용소에서 끝난다. 유대인들은 3일 밤낮을 화물칸에 빽빽하게 실려 이곳에 도착했을 것이다. 기찻길이 통과하는 수용소의 정문을 '죽음의 문'이라고 불렀다. 들어갈 수는 있으나 나올 수는 없는 곳이었기 때문이다. 화물칸에 실려 저 문을 바라보는 포로들에게 이 길은 지옥으로 들어가는 기찻길이었다. 살아 들어왔을지언정 결코 살아 나갈 수 없는 곳….

기차가 이 길로 들어오면 다시는 나올 수 없었다.

• **플랫폼**(죽음의 종착역)

이곳으로 선로가 들어오지만 그것으로 끝이다. 이곳에 유대인과 포로들이 내리면 두 그룹으로 나뉠 뿐이었다. '노동에 필요한가, 그렇지 않은가?' 의사들은 사람들의 상태를 즉각 체크해서 나눴고, 그것은 곧 생사를 가르는 것이었다. 수용소 막사로 가는 사람과 바로 가스실로 끌려가는 무리였다.

생과 사의 갈림길. 두 줄로 나뉘어 한 줄은 수용소로, 다른 한 줄은 가스실로 보내졌다.

도착하는 포로들의 70%가 3시간을 넘기지 못하고 죽음을 맞이해야 했다. 생과 사의 갈림길에서 영원한 이별을 해야 했던 곳이다.

• **가스실과 소각장**

플랫폼에서 노동에 불합격 판정을 받은 포로들은 기찻길을 따라 안쪽으로 걸어 들어가야 한다. 그곳 끝에 가면 커다란 가스실 4개가 있었다. 독일군은 전쟁에 패함과 동시에 자신들의 악행을 감추기 위해 가스실을 파괴했고 현재 폐허로 남아 있다. 그 아래에서 거대한 살인공장 기계가 가동된 것이다.

노인, 아이들, 장애인들은 샤워를 하라는 명령을 듣고 옷을 벗은 후 이곳에 들어갔다. 그러나 샤워기에는 물 대신 독가스 치클론 B가 살포되었다. 삶을 위한 몸부림이 있은 지 10분 후 그들은 모두 싸늘한 주검이 되었다. 시체는 곧바로 소각되지 않았다. 머리카락이 수거되었고, 각종 비누와 군수 물자를 위한 생체 기름 등이 수거된 뒤 소각되었다. 살아 있을 때는 노동으로, 죽어서는 장기와 신체로 독일군을 위해 활용된 셈이다. 가스실에서 배출되는 시체는 소각장에서 처리되는 속도보다 훨씬 많았다. 때문에 큰 구덩이를 파고 수백, 수천 구의 시체를 매장하거나 휘발유를 붓고 태웠다. 이 주변이 그런 일들을 자행하던 곳이었다. 여름에는 주변에 시체 썩는 냄새가 수 km 밖으로 퍼져 나갔다.

위령비(위)와 파괴된 가스실이 있다. 이 가스실은 대량 살인공장이었다.

여자 수용소

정문에서 플랫폼을 봤을 때 왼쪽으로 들어가면 여자 수용소 부지였다. 아우슈비츠에 비해 보존 상태가 좋지는 않다. 아우슈비츠가 박물관처럼 꾸며 놓았다면 비르케나우는 꾸미지 않은 모습 그대로 보존했다. 막사 하나를 평균 740명이 같이 썼다. 이 작은 건물에 그 많은 사람들이 어떻게 같이 썼을까? 닭장처럼 삼층 침대를 빼곡히 넣었다. 수용소 안은 추위, 질병, 악취, 세균으로 가득했다. 이곳에서 눈을 뜨면 동료의 시체가 덩그러니 누워 있었다. 《안네의 일기》의 안네의 언니 역시 이곳에서 병을 앓고 죽었다고 한다. 당시 위생 상태나 주거 환경을 고려하면 충분히 그럴 만하다. 패전이 임박한 독일은 안네를 이곳에서 베르겐 벨젠 수용소로 보냈다. 이 여성 수용소에서 독일군들이 찾아와 성폭행을 일삼는 경우도 빈번했다.

여자 포로 수용소 안에 740명이 수감되었다. 3층 침대로 수용했고, 이곳은 세균의 온상이었다.

남자 수용소

여자 수용소에서 철길 건너편에 있는 방대한 부지가 남자 수용소였다. 건장한 남자들로부터 얻을 수 있는 노동력이 아우슈비츠 주변 군수공장의 핵심이었기 때문이다. 기찻길을 따라 정문을 통과하면 오른쪽으로 난 길로 가다가 왼쪽에 있는 수용소 건물들 내부로 들어갈 수 있다. 이곳에서는 공동 화장실을 볼 수 있다. 포로들의 체중이 평균 23~36kg이었으므로 적지 않은 포로들이 화장실 속으로 빠졌다고 한다.

공동 화장실

비전 노트

우리와 우리 자손에게 돌리소서

예수님이 빌라도의 재판장에 섰다. 유대인들은 일제히 소리 질러 "그 피를 우리와 우리 자손에게 돌리소서!"라고 소리쳤고 예수님은 십자가에 못 박혀 돌아가셨다. 대략 주후 30년경에 일어난 사건이다. 그리고 불과 40년 후 유대전쟁이 발발했고, 로마 티투스 베스파시아누스 황제는 예루살렘을 침공해 100만 명가량을 학살하고 거민들을 예루살렘에서 쫓아냈다. "우리에게 돌리소서"가 현실이 된 순간이다.

132년 하드리아누스 황제에 의해 예루살렘과 유대는 폐허가 되었고, 유대인들은 유대 땅에서 살 수 없다는 법이 내려졌다. 이로 인해 유대인들이 전 세계로 뿔뿔이 흩어졌다. 가는 곳마다 유대인들에게는 칼이 따라다녔다.

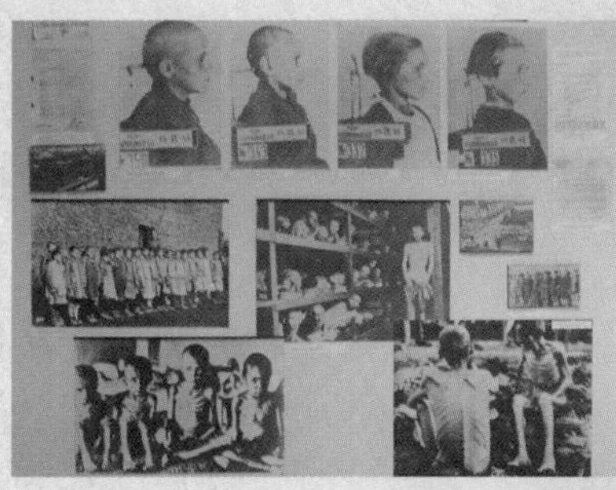

신명기 28장에는 하나님의 말씀을 순종하지 않을 때 나타나는 저주들을 설명해 놓았다. 이 구절들을 읽고 있자니 역사 속에서 피 흘린 유대인들이 떠오른다. 5세기 프랑크 왕국이 들어설 때도 유대인들에 대한 대대적인 학살과 핍박이 있었다. 5~7세기에 스페인 톨레도, 마드리드 등지에서 유대인들을 살해했으며, 1095년 십자군들은 가는 곳마다 유대인들을 살해했다. '예수를 죽인 악마의 백성'이 그 이유였다. 흑사병이 창궐했을 때도 그 책임을 유대인에게 돌려 종교재판소에서 공식적인 살해가 이뤄졌다. 그리고 2차 대전 때 아우슈비츠에서만 100만 명의 유대인들이 학살당했다. "그 용모가 흉악한 민족이라 노인을 보살피지 아니하며 유아를 불쌍히 여기지 아니하며"(신 28:50)라는 기록처럼 무자비하게 가스실에서 죽임을 당했다.

아우슈비츠의 한 유대인 생존자는 이곳의 참상이 너무 끔찍해서 "저녁이 되면 빨리 아침이 되었으면 좋겠고, 아침이 되면 빨리 저녁이 되었으면 좋겠다고 생각했다"고 말했다. 놀랍게도 그 증언은 성경의 예언에도 나와 있다. "네 마음의 두려움과 눈이 보는 것으로 말미암아 아침에는 이르기를 아하 저녁이 되었으면 좋겠다 할 것이요 저녁에는 이르기를 아하 아침이 되었으면 좋겠다 하리라"(신 28:67).

참가자 다이어리

인간은 어디까지 잔인해질 수 있을까? 깊은 절망감이 느껴진다. 외면할 수 없는, 아니 외면해서는 안 되는 역사의 진실 앞에 겸손히 하나님의 은혜를 구하게 된다.

● 최연규, 사랑의교회

길고 긴 달림 속에 너무나 짧았지만 강렬한 만남. 아마 천 년이 두 번 지나도 잊을 수 없는 곳일 것이다. 하나님은 살아 계셨다.

● 강운영, 승리교회

감사의 글

5년의 기다림 끝에 이 책이 세상에 알려질 수 있도록 인도해 주신 하나님께 감사를 드리며, 출판할 수 있도록 도와주신 두란노 관계자 분들에게 진심으로 감사를 드린다.

청년들을 인솔해서 유럽을 방문할 때, 책을 쓴다는 생각을 전혀 하지 못했기에 이렇게 출판될 수 있도록 도움을 주신 분들이 기억 속에 스쳐 지나간다.

나의 영원한 스승님이자 멘토이신 강남교회의 송태근 목사님, 목회의 스승님이신 생수교회 이성헌 목사님은 한국 교회를 이끌어 가실 분들이다. 역사 학도의 길을 가게 해주신 나의 은사님인 총신대 김봉수 교수님, 대학원 시절 지도교수님이시며 한국 최고의 로마사가(史家)이신 고려대 김경현 교수님께 깊은 감사와 사랑을 드린다. 이런 분들의 가르침이 이 책에 뿌리 깊게 스며들었음을 고백한다.

또, 대학 시절부터 나를 영적으로 길러 주신 승리교회 이태선 목사님, 첫 사역을 잘 감당하도록 깊이 배려해 주신 아현장로교회 김우일 목사님, 목회자의 길로 인도해 주신 부산 안디옥교회 한상조 목사님께 깊은 감사의 마음을 전한다.

책을 내보자고 의기투합하여 '원탁의 기사'라는 이름으로 결집한 소문수 목사와 김자영, 정지환, 한희진, 김지연, 서은화, 최연규, 배미숙에게 진심으로 감사를 전한다. 포기하고 싶을 때마다 큰 격려가 되어 준 소문수, 김자영의 도움이 없었다면 이 책은 결코 빛을 보지 못했을 것이다. 철학과 신학적 관점으로 필자에게 도움을 주었던 사랑하는 후배 안병렬 목사와 당진중앙교회 방병만 목사님께 감사를 드린다.

책의 밑거름이 되었던 지난 수년간 비전트립의 모든 참가자들에게 큰 감사를 전한다. 2002년 당시 멋모르던 전도사를 충심으로 도와준 아현장로교회의 김동찬, 권순태, 최정수 집사님, 그리고 박홍구, 김이덕, 김국중, 윤정미, 윤난영, 정은희 선생님은 내 사역의 첫 사랑이다. 또한, 김영현, 정우혁, 정윤성 군에게도 고마움을 전한다.

진심 어린 동역을 해 주셨던 강남교회의 서우덕 장로님과 구귀영 권사님, 홍순명 집사님, 매번 공항까지 청년들을 태워주신 최현 집사님께 감사의 마음을 전한다. 늘 성실한 도움을 주었던 이재하, 황은진, 이정숙, 이선영, 한주연, 박석명에게 감사를 전하며, 멋진 사진으로 책을 빛내준 박윤경에게도 고마움을 전한다.

승리교회 시절 늘 든든한 힘이 되어 주셨던 서윤길 장로님, 심정옥 권사님, 박종성, 윤영희 집사님, 동역자가 되어준 전순용, 윤영철, 하광희 집사님께도 감사의 마음을 드린다. 박지민, 강운영, 이재천, 이호진, 유미혜, 한미영, 김선혜, 강태경에게 사랑을 전한다. 원고 작업을 성심껏 도와준 사랑의교회 이혜정, 빛과진리교회의 지소현에게도 큰 감사와 사랑을 전한다.

큰 용기를 불어 넣어주신 국민일보의 김지방 기자님에게 감사를 드린다. 일본에서 참된 용기를 몸소 보여준 학창시절 친구 고 이수현에게 우정과 사랑을 전한다. 지금까지 나에게 '큰 바위 얼굴'이 되어 준 가수 김광진 님에게도 애정을 전한다. 우리 가족을 물심 양면으로 도와 주신 하나은행 유영희 지점장님, 장은희 지점장님과 박주연 차장님께 깊은 감사를 드린다. 독일 원고를 도와주신 노춘식 선교사님과 유로코(Euro-Kor) 대표 서태원 집사님께도 감사를 전한다. 기도로 힘을 실어 주신 한국 최고의 IELTS 강사 샤론 김정인 선생님께도 고마움을 전한다. 늘 격려를 아끼지 않으셨던 고려대학교 역사 연구소의 김경현 박사님, 고려대와 영국에서 늘 고마운 존재였던 이상덕 학형(學兄)에게도 감사를 드린다.

지금까지 한국 교회를 위해 고민과 기도로 동역의 길을 걸어온 총신대 신학과 93학번 동기들에게 감사의 마음을 전한다. 동기들의 표본이 되었던 사랑의교회의 김정윤 목사, 앞서서 동기들을 이끌어준 금광교회의 임남규 목사, 한결같은 벗이 되어준 알바니아의 신은철 선교사, 카운셀러가 되어준 병점평안교회의 노명선 목사, 선한 영향력을 준 군산개복동교회의 이정현 목사, 귀한 추억을 간직한 수영로교회의 이성규 목사, 평창동산교회의 최재봉 목사, 미국의 안경민 목사, 분당중앙교회의 김환열 목사. 언제나 따뜻한 벗이 되어준 사랑의교회 길기정 전도사, 이들은 차세대 한국교회의 지도자들이 될 것으로 확신한다.

에버딘에서 늘 힘이 되어 준 정용신 목사님과 이주애 사모님에게 감사를 드린다. 이분들을 통해 이 책이 중국어로 번역될 수 있기를 기도한다. 우리 가정을 성실히 도와 주신 신현상, 기영희 집사님 가정, 남정희 사모님, 기도로 동역해 주신 존 목사님과 김진 사모님 가정 늘 힘이 되어주신 석유공사(KNOC)의 임원규 과장님과 김민숙 집사님 가정, 오준석, 김지영 성도님 가정 및 에버딘 한인교회 성도님들과 청년들에게 진심으로 감사를 전한다. 베를린 원고를 도와준 이누리, 기도의 동역자인 10년지기 친구 Russell과 그의 아내 Michell에게 큰 사랑과 감사를 전한다.

이 책의 시작부터 끝까지 기도로 동역해 주신 두란노의 남희경 팀장님과 정민숙 부팀장님, 꼼꼼히 교정을 해준 신순자 선생님, 열심히 지도를 그려준 최설희 디자이너, 이 책의 디자인을 담당한 이종헌 디자이너께 특별히 감사드린다.

끝으로, 지난 세월 동안 인생을 바쳐 헌신과 뒷바라지를 해 주신 내 부모 박지식 장로님과 김금옥 권사님께 말로 표현할 수 없는 감사를 전한다. 오랜 벗처럼 든든한 버팀목이었던 누나 경향신문 박경은 기자와 매형 이기수 기자, 변함 없이 오빠를 응원해 준 여동생 박지은과 매제 원지환에게 감사를 드린다. 지금까지 기도로 도와 주신 장모 김옥순 권사님께 감사 드리며, 병상 중에 계신 홍용옥 장인께서도 빨리 쾌차하시길 기도한다. 무엇보다도 씩씩하게 잘 자라주며 삶의 활력소가 되어준 아들 박영민 군과 늘 곁에서 내조의 여왕이 되어준 아내 홍미라 사모에게 감사와 사랑을 전한다.